세계명언 인생독본

레프 톨스토이 저

남창현 · 이경숙 · 김정오 역편

도서출판 한글

저자 서문

    이 책에 실은 사상은 대목마다 그 끝에 이름을 적어 놓았듯이 여러 문장과 사상서(思想書)에서 내가 추려 모은 것이다. 그 출처를 적을 필요 없는 것, 작자 미상의 책에서 추린 것, 그리고 나 자신의 것도 있다.
    그 이외의 것에는 작자명을 적어 두었다. 그러나 내가 이 책에 옮겨 쓸 때 어떤 문장에서 나온 것인지 유감스럽게도 그 출처를 정확히 알 수 없는 것도 있다. 가끔 원어에서가 아니라 타국어로 번역된 것으로부터 다시 중역하기도 하였다. 그래서 그러한 것은 그 작자의 말을 충분히 원형대로 전달하지 못하고 있다. 또 그 밖의 이유로서도 충분히 원형대로의 모양을 보여주지 못하는 것이 있다. 말하자면 긴 사색의 흐름에서 부분적인 사상을 추려내기를 종종 하였으므로 인상의 명확과 통일을 위하여 어떤 말이나 명제를 없애 버리거나 혹은 그런 경우는 아주 드물기는 하나 어떤 말은 다른 말로 바꾸어 놓기도 하였다.
    나는 독자 여러분께서 내가 문장이나 사상서에서 추려낸 여러 사상중의 어떤 것에 그 작자명을 적지 못한 것과 또 정확치 못한 번역은 용서해 주시기 바란다. 내가 추려낸 부분은 그것을 원어로 읽기를 원하거나 읽을 수 있는 독자는 언제든지 원서나 정확한 번역에서 찾아낼 수 있을 것이다. 그리고 중요한 점은 나의 이 편저의 목적은 작자들을 언어적으로 정확하게 번역하려는 데 있음이 아니라 여러 작자들의 위대하고 풍부한 사상을 살려서 독자에게 좋은 사상과 감정을 독서를 통해 매일 깨우쳐 주는 반려를 보내 드리려 함에 있는 것이다.
    나는 독자들이 날마다 이 책을 읽음으로써 내가 이 책을 편찬할 때 경험하였으며 또 지금도 다시 읽을 때마다 경험하는 고귀한 감정을 경험하시기를 비는 바이다.

야스나스 · 포리야나에서
레프 · 톨스토이

발 간 사

　조상이 보던 책을 내가 받고, 내가 본 다음 후손에게 권할 수 있는 책이 이 세상에 몇이나 있을까? 한번 보고 버려야 하는 책이 수두룩한데 혼자 보기에는 너무 아까워 이웃이나 후손에게까지 읽을 것을 권할 수 있는 양서가 바로 이 책이 아닌가 한다.

　나는 출판인으로 외길을 걷고 있는 보잘것없는 사람이지만 세상에서 성경을 빼고 이보다 더 귀한 책이 없으리라 생각되어 감히 이 책의 발행을 결심하게 되었다.

　원문 중심으로 번역을 하다 보면 다 그러하듯이 우리말로의 이해가 어려워서 매우 난해한 문장으로 원고가 작성되었다. 그래서 문장력이 좋은 분들에게 의뢰하여 문장을 수정하여 독자가 쉽게 이해할 수 있는 책으로 내놓기에 이르렀다. 꼬박 3년 2개월이 걸려서야 수정을 마치게 되었으니 이 책이 초역(抄譯)에서 수정을 거쳐 발행되기까지는 5년이 걸렸다.

　참으로 지루한 기간을 보내며 원고를 다듬어 내놓게 되어 기쁘다. 미비하다고 생각되는 점이 한두 가지가 아니지만 원저자의 서문에서도 원작자의 작품 이해가 어려워다고 하였듯이 수정작업을 맡은 편자들의 어려움 역시 이루 말할 수 없이 컸다.

　많은 분들의 애독과 지도 편달을 바라면서 책이 나오기까지 수고한 여러분께 감사를 드린다.

발행인　심혁창

차 례

저자 서문 … ‖ 2
발 간 사 … ‖ 3

1월 1일 / 13

독서관(讀書觀) … ‖ 13
미신·종교·신앙 … ‖ 15
하나님이 준 달란트 … ‖ 17
선량한 사람들과 사악(邪惡)한 사람들 … ‖ 18
말의 힘 … ‖ 20
정욕제어(情慾制御) … ‖ 21
선이 아니면 악이 된다 … ‖ 22
기독교와 석가(釋迦) … ‖ 24
참 지식 … ‖ 25
종교적 교화와 교육 … ‖ 27
겸양(謙讓)과 인격의 완성 … ‖ 28
두 가지 평화 … ‖ 30
신(神)과 인류의 사랑 … ‖ 32
죽음과 삶 … ‖ 34
인간의 생활 … ‖ 36
하나님(神)의 법칙과 생활 … ‖ 37
학문과 교양 … ‖ 39
자기부인(自己否認) … ‖ 41
기독교 … ‖ 42
인간의 정신적 완성 … ‖ 44
도덕상의 악(惡)——전쟁 … ‖ 45
악의 형태 … ‖ 47
인류의 나갈 길 … ‖ 50
사람들에게 필요한 지식(知識) … ‖ 51
이웃을 못살게 구는 사람들 … ‖ 53
사람을 사랑하는 것 … ‖ 56
인간과 자유 … ‖ 58
성지(聖智) … ‖ 60
대지(大地) … ‖ 63
전제주의, 부정, 폭압(暴壓) … ‖ 65

2월 1일 / 67

정신적인 것과 물질적인 것 … ‖ 67
죽음을 잊고 있는 생활 … ‖ 70
선(善) … ‖ 72
슬기와 진리 … ‖ 74
물질적 세계의 완성 … ‖ 75
욕망(慾望) … ‖ 77
자기 완성 … ‖ 78
악담 … ‖ 81
전쟁의 폐해(弊害) … ‖ 82
겸손 … ‖ 84
불행(不幸) … ‖ 86
육체의 죽음 … ‖ 87
종교(宗敎)는 이해될 수 있는 철학(哲學) … ‖ 88
하나님의 왕국(王國) … ‖ 90
단순(單純) … ‖ 92
선한 생활 … ‖ 93
자기 부정(自己否定) … ‖ 96
노동(勞動) … ‖ 97
참된 진화(進化) … ‖ 98
미개인(未開人) … ‖ 100
하나님을 아는 사람들 … ‖ 102
이 세상에 현존하는 조직 … ‖ 103
진과 선 … ‖ 106
기도(祈禱) … ‖ 107
무지(無知)한 사람 … ‖ 108
자비(慈悲) … ‖ 110
예술이란 무엇인가 … ‖ 111

3월 1일 / 114

죽음을 두려워하는 것 … ‖ 114
인간의 의지와 신의 뜻 … ‖ 115
하늘을 보고, 땅을 보고 생각하라 … ‖ 117
폭식(暴食) … ‖ 118
지혜 있는 사람 … ‖ 119
신(神)에 대한 사랑 … ‖ 120
일하는 것 … ‖ 122
기도 … ‖ 123
전쟁 … ‖ 124
인생은 하나 … ‖ 125
인간의 정욕(情欲) … ‖ 127

과거의 영향 … ‖ 128
성자의 자격 … ‖ 129
채식주의 … ‖ 131
적을 사랑하는 마음 … ‖ 132
과학의 폐단 … ‖ 134
악에서 구원받는 길 … ‖ 137
남 판단 … ‖ 138
큰 재산 … ‖ 139
선의 보응 … ‖ 141
칭찬 … ‖ 143
정의로운 삶 … ‖ 144
고뇌 … ‖ 146
심령의 근원 … ‖ 148
상부상조 … ‖ 149
신앙적 변화 … ‖ 150
하나님을 믿지 않는 사람 … ‖ 153
지혜와 화합 … ‖ 154
인간의 정욕 … ‖ 156
선의 힘 … ‖ 158
회개 … ‖ 159

4월 1일 / 161

지식의 영역 … ‖ 161
도덕 생활 … ‖ 163
죽음이란? … ‖ 164
인생은 기쁨 … ‖ 166
일과 폭력 … ‖ 167
공동의 운명 … ‖ 169
악을 악으로 갚지 말고 … ‖ 171
전쟁 … ‖ 172
불멸의 신앙 … ‖ 174
하나님 나라 임박 … ‖ 176
덕성과 기만 … ‖ 177
하나님이 준 선함 … ‖ 178
신의 섭리 … ‖ 180
권력과 빈부 … ‖ 182
이교도와 재산 … ‖ 184
유한한 인생 … ‖ 185
기독교가 주는 정신 … ‖ 186
지식은 양보다 질 … ‖ 188
고뇌의 가치 … ‖ 190
자기부정 … ‖ 192

사람은 모두 짐승 같고 … ‖ 194
자신을 앎 … ‖ 195
참된 선 … ‖ 197
하나님이 함께 하는 사람 … ‖ 199
인간의 본체 … ‖ 200
따르기 힘든 교훈 … ‖ 201
심판 … ‖ 203
실직과 근로 … ‖ 204
병 … ‖ 207
왜 사느냐? … ‖ 208

5월 1일 / 211

진리 … ‖ 211
진리의 실행 … ‖ 212
과학과 행복 … ‖ 214
언어의 힘 … ‖ 216
정의와 교육 … ‖ 217
죽음을 극복하는 힘 … ‖ 218
행복은 자기 안에서 찾아라 … ‖ 220
선을 수반한 겸손 … ‖ 223
인생의 변화 … ‖ 225
참된 존재 … ‖ 226
이상이 주는 것 … ‖ 229
인간의 착오 … ‖ 231
삶과 죽음의 의미 … ‖ 233
영적 의지 … ‖ 234
진리가 주는 행복 … ‖ 236
인류와 종교 … ‖ 237
완전한 기쁨 … ‖ 240
영과 혼 … ‖ 241
신의 법칙 … ‖ 242
자유와 부자유 … ‖ 244
선 … ‖ 246
정신적 발전 … ‖ 248
끝없는 욕망 … ‖ 249
사랑의 법칙 … ‖ 251
인간과 언사 … ‖ 253
죽음과 평화 … ‖ 255
잘못된 재판의 죄 … ‖ 257
행위와 심판 … ‖ 259
인간의 존엄성 … ‖ 261
땅의 가치 … ‖ 262
자기 허물은 모르는 족속 … ‖ 264

6월 1일 / 266

죽음과 선택 …‖ 266
여자가 할 일과 남자가 할 일 …‖ 268
불멸 …‖ 269
거짓 신앙 …‖ 271
보이지 않는 세계 …‖ 273
악의 열매 …‖ 275
공손 …‖ 276
정의와 선 …‖ 278
세상과 제도 …‖ 279
동물에 대한 감정 …‖ 283
외면적인 변화와 내면적인 변화 …‖ 284
인생은 순례자 …‖ 285
이성의 가치 …‖ 287
원망과 비방 …‖ 289
선을 사랑 …‖ 290
제도와 도덕 …‖ 291
전쟁의 참화 …‖ 294
인간 의식의 의무 …‖ 296
양심의 본질 …‖ 297
이성(理性)과 사랑 …‖ 300
어리석은 고뇌 …‖ 301
참 종교 …‖ 303
신과 자유 …‖ 304
근 면 …‖ 306
신앙과 허영 …‖ 308
이성의 사명 …‖ 310
의로운 삶 …‖ 312
가정과 신앙 …‖ 314
우울한 감정 …‖ 316
내면세계에 충실 한 삶 …‖ 318

7월 1일 / 321

예술과 창조 …‖ 322
죄와 벌 …‖ 326
인간의 죄 …‖ 328
신(神)을 부정하기 …‖ 332
인간 삶의 모순(矛盾) …‖ 334
박식(博識)에 대하여 …‖ 336
참된 신앙(信仰) …‖ 338

참된 자비(慈悲) … ∥ 340
만물의 생명 … ∥ 341
기독교 교리 … ∥ 342
하나님의 나라 … ∥ 344
육체(肉體)의 삶 … ∥ 345
옛날 사회의 근저(根抵) … ∥ 347
진리(眞理)에 관한 말씀들 … ∥ 347
단순한 것이 유익 … ∥ 350
근로(勤勞)는 도덕이 아니다 … ∥ 351
사람이 재산을 얻는 길 … ∥ 352
벌을 준다는 말은 가르친다는 뜻이다 … ∥ 353
노력(努力) … ∥ 356
인간의 규범 … ∥ 358
타인의 고뇌(苦惱)와 나 … ∥ 360
하나님(神)은 마음이다 … ∥ 361
지식은 도구이지 목적은 아니다 … ∥ 363
정신적 성숙과 참회 … ∥ 364
돌(石) … ∥ 366
인간에게 필요한 것 … ∥ 367
도덕상의 규범(規範) … ∥ 368

8월 1일 / 371

인간을 자유롭게 할 수 있는 것 … ∥ 371
육체의 죽음과 정신 … ∥ 373
선과 악의 보답 … ∥ 375
자기 부정 … ∥ 377
참새 … ∥ 378
거짓된 해로운 사상(思想) … ∥ 379
이지(理智)는 삶에 대한 유일한 지침이다 … ∥ 380
죄악(罪惡)이란? … ∥ 385
인간은 자유로운 것이 아니다 … ∥ 386
목에 걸고 있는 십자가(十字架) … ∥ 388
세속적인 지혜 … ∥ 390
질서 유지 … ∥ 391
자기 인식 … ∥ 393
정신적인 결합(結合) … ∥ 395
선(善) … ∥ 396
기독교는 왜 진리인가 … ∥ 397
일을 한다는 것 … ∥ 398
단순한 머리 쓰기 … ∥ 400
기도(祈禱) … ∥ 401

허위(虛僞)의 과학 … ‖ 403
완전한 덕성(德性) … ‖ 405
인류의 진행 … ‖ 407
인생은 진행(進行)이다 … ‖ 409
행위(行爲)가 이루어졌을 때 … ‖ 410
기쁨 … ‖ 412
신앙(信仰) … ‖ 413

9월 1일 / 422

인생의 규범(規範)에서 벗어날 때 … ‖ 422
인생의 규범(規範)에서 벗어날 때 … ‖ 423
높은 덕성(德性) … ‖ 426
착오(錯誤) … ‖ 429
만일 인생이 행복하다면 … ‖ 430
인생을 참되게 이해하지 못하는 사람 … ‖ 432
과학이라고 불리는 지식 … ‖ 434
인간의 동물적 본성 … ‖ 435
신앙의 약속 … ‖ 437
신(神)과 재물 … ‖ 438
성자의 운명관 … ‖ 440
폭력(暴力) … ‖ 441
진리의 인식 … ‖ 442
허위(虛僞)의 폭로 … ‖ 443
토지를 재산으로 소유하기 … ‖ 444
삶의 본질 … ‖ 445
거짓된 신앙 … ‖ 447
선한 것이란 … ‖ 449
인간이 노동에 익숙해지면 … ‖ 451
불멸에 대한 신앙 … ‖ 452
참된 지식(知識) … ‖ 454
육식(肉食) … ‖ 455
생물에 대한 동정 … ‖ 457
도덕상(道德上)의 노력 … ‖ 460
남의 악담(惡談) … ‖ 462
사람들의 행위(行爲) … ‖ 463
전쟁보다 무서운 것 … ‖ 465
사람이 고독하게 되면 … ‖ 467

10월 1일 / 469

성자가 두려워하는 것 … ‖ 469
종교와 도덕상의 가르침 … ‖ 470
재산(財産) … ‖ 472
자기의 결점(缺點) … ‖ 473
시간은 흘러간다 … ‖ 475
질병(疾病) … ‖ 476
신(神)의 존재 … ‖ 477
인간의 물욕(物慾) … ‖ 479
인생에서의 자의식(自意識) … ‖ 481
도덕과 물질 … ‖ 483
오만(傲慢) … ‖ 484
습관 고치기 … ‖ 486
세상의 관습(慣習) … ‖ 487
예술(藝術)이란 무엇인가 … ‖ 488
인간의 사명(使命) … ‖ 490
신은 모든 인간 속에 살고 있다 … ‖ 491
신과 인간의 관계 … ‖ 492
인생의 의의(意義) … ‖ 495
인생은 봉사(奉仕) … ‖ 497
인간의 정욕·불안·공포·번뇌 … ‖ 498
자애(自愛)는 오만의 시작이다 … ‖ 501
양심 … ‖ 502
삶의 근원 … ‖ 503
자기 사명 … ‖ 505
불멸의 영혼(靈魂)의 완성 … ‖ 506
참된 종교(宗敎) … ‖ 507
자신이 병을 느낌 … ‖ 509
덕성과 영혼의 힘 … ‖ 512
도를 넘은 자아애(自我愛)는 정신병 … ‖ 513
인간의 역사 … ‖ 515

11월 1일 / 516

자기의 운명 … ‖ 516
인간적인 영예 … ‖ 517
불변의 규범(規範) … ‖ 518
진리와 논쟁 … ‖ 520
사상과 진리 … ‖ 521
비난은 어리석은 짓 … ‖ 523
삶과 죽음 … ‖ 524
죽음과 인간과 동물 … ‖ 528

세상의 근원 … ‖ 529
인생의 완성 … ‖ 531
겸손은 강하 … ‖ 532
선한 삶 … ‖ 541
물질적인 죄와 정신적인 죄 … ‖ 543
악은 사랑을 부정한다 … ‖ 545
인간의 완성 … ‖ 546
내적 인간의 만족 … ‖ 547
인생의 본질 … ‖ 549
자애는 물질보다 정신적이다 … ‖ 550
악은 더 큰 죄를 부른다 … ‖ 552
본이 되는 삶 … ‖ 553
정욕의 지배 … ‖ 555
죽음은 생명의 변화 … ‖ 556
말과 인격 … ‖ 557
땅은 공동의 재산 … ‖ 559

12월 1일 / 561

여성과 남성 … ‖ 561
살 생 … ‖ 562
누구나 가진 능력 … ‖ 563
미 신 … ‖ 564
그릇된 삶 … ‖ 565
변화의 윤회 … ‖ 567
삶의 본질 … ‖ 569
말의 유혹 … ‖ 570
보람과 기쁨 … ‖ 572
선의 힘 … ‖ 573
신앙과 행위 … ‖ 574
마음과 신 … ‖ 576
신과 진리 … ‖ 577
사랑의 힘 … ‖ 578
노력과 완성 … ‖ 582
행복과 선행 … ‖ 583
사이비 기독교와 참 교회 … ‖ 586
사회 개혁 … ‖ 588
영원의 진리 … ‖ 590
과학과 철학 … ‖ 591
정신발달과 육체의 쇠약 … ‖ 591
진실을 위한 희생 … ‖ 592
교육의 실천 … ‖ 593
시간과 인생 … ‖ 601

1 월

1월 1일

지식을 얻기 위하여 이것저것 많은 책을 찾는 것보다 분량은 적더라도 질적 수준이 높은 책을 선택하라. 악서가 아닌 책이라 해도 양서를 가려 읽는 것이 참으로 중요하다.

독서관(讀書觀)

1

서재 안에는 누가 있는가? 거기는 수 천년간 개명국(開明國)으로부터 전해 온 현인들과 성공한 사람들, 그리고 그들의 연구와 업적들이 정돈된 채 기다리고 있어 언제고 누구나 그것들을 만날 수 있는 곳이다. 그것들은 책 속에 숨어 있기 때문에 가까이 하기 어렵고 멀어 보인다. 또한 그 책들은 모두가 함부로 다루면 노할 것 같고 아무하고나 어울릴 것 같지 않은 느낌을 준다. 그러나 친근한 벗에게도 털어놓지 않았던 그들의 진지한 사상이 서재에서 세기(世紀)를 달리하는 낯선 독자를 위해서 분명한 기록으로 살아 있다. 독자는 높고 슬기로운 경험에서 나온 매우 진귀한 연구와 사상을 책에서 얻을 수 있다.

―에머슨

2

인간은 지식을 반추하는 동물이다. 아무리 많은 서적을 서재라는 밥통 속에 넣는다 해도 그것으로 다 된 것은 아니다. 좋은 지식을 되풀이해 삭이고 또 삭여 자기의 핏으로 만들지 않으면 책은 우리에게 아무 도움도 끼지 않는다.

―록

3

저속한 작가가 쓴 저질 서적을 읽어 머리가 혼탁해 진다든지 마음의 혼란이 없도록 조심해야 한다. 살과 피와 같은 지식을 얻고 삶에 귀중한 영양을 얻으려면 뛰어난 천재성과 지성이 있는 작가의 저서에 의해서만 가능하다. 부질없는 과독(過讀)은 두뇌를 과로하게 할 뿐. 하나를 읽어도 깊이가 있는 책을 읽어라. 때로는 잠깐 가벼운 책을 읽고 싶은 충동이 들더라도 다시금 곧 처음 서적으로 되돌아가기를 잊지 말라.

— 세네카

4

양서를 읽을 기회를 놓치지 말라. 그렇지 않으면 후회할 날이 온다.

— 트로오

5

독서는 생각의 샘이 메말랐을 때만 할 것이 아니다. 슬기로운 사람들에게도 흔히 있는 일이기는 하나 확고하지 못한 사상을 서적 때문에 망쳐 버리는 수도 있다. 이는 정신에 대한 중대한 범죄이다.

— 쇼펜하우어

6

문학서에서도 삶에서와 똑같은 현상이 되풀이된다. 삶의 선택에 있어서도 어느 쪽을 택하든 소위 저속하다고 하는 사람들과 마주칠 것이다. 속된 말이지만 그들은 마치 날아다니는 파리 떼 같이 가는 곳마다 우글댄다. 그와 같이 세상엔 악서(惡書)도 흔하다. 그런 책들은 사회의 좋은 싹을 문학이라는 이름으로 망쳐 버리고 결국 깜부기 같은 달갑지 않은 수확을 낸다. 그리고 훌륭한 과업과 고상한 인생 문제로 소비해야 할 시간과 돈을 빼앗아 버린다.

악서는 무익할 뿐 아니라 유독한 것이기도 하다. 흔해빠진 문학의 홍수가 그저 무지한 대중의 호주머니에서 돈이나 긁어내려는 목적으로 출판되지 않는가? 그 같은 작가를 위해서 출판업자나 인쇄업자가 머리를 짜내어 서적의 수량만 불리고 있는 것은 더 큰 해악이다.

뜨내기 작가일수록 유독하고 부정하며 비양심적인 속임수로 독자를 우롱하고 여기 저기서 조금씩 표절하여 나열하는 일당벌이 꾼들은 독자의 취미를 어지럽혀 진실한 교양을 욕되게 한다.

그 같은 피해를 입지 않기 위해서는 그 따위 것들은 아예 쳐다보지 않는 것이 좋다. 어느 시대에나 대중의 고상한 주의를 끌어 세상의 평판에 오를 수 있는 서적을 읽어야 한다. 쉽게 말하자면 출판된 첫 해가 마지막 해가 되어 버리는 단명한 책을 향해 침을 뱉으라는 말이다.

우둔한 독자를 상대하는 작가는 좋은 독자를 잃는다. 사람은 모든 시대, 모든 국가를 막론하고 제 1급의 현인들, 민중 속에 종 탑처럼 우뚝 솟아 있는 천재들, 불멸의 영예를 확보한 성자들과 지기(知己)가 될 수 있는 서적을 구해 읽어야 한다. 그 같은 저자만이 민중을 바르게 교화시킬 수 있기 때문이다.

악서는 아무리 적게 읽어도 적다고 말할 수 없고, 양서는 아무리 많이 읽어도 과다고 하지 않는다. 왜냐하면 악서는 정신에 독이 되어 머리를 둔하게 하지만 양서는 많이 읽을수록 인격을 고양시키기 때문이다.

그럼에도 저속한 대중들은 모든 시대의 양서를 읽지 않고 그저 현대의 최신작만을 읽으려 한다. 어느 시대고 뜨내기 작가의 글은 숨막힐 정도로 좁은 지식으로 쓸데없는 사족을 반복해 되풀이할 뿐이다. 그런 저속한 흥미에 빠지면 누구든 서적의 오염에서 빠져 나오기 힘들다.

— 쇼펜하우어

♣

육체의 독약과 정신의 독약과의 차이는 다음과 같다. 즉 육체의 독약은 대부분 그 맛이 불쾌한 것으로 끝나지만 하류신문이나 악서 속에 숨어 정신을 혼돈케 하는 독약은 매우 매혹적이다. 그런 글을 읽고 끌려가는 사람이 많으면 많을수록 사회는 사악(邪惡)해진다.

1월 2일

가장 무서운 미신은 과학자들이 '인간은 신앙 없이도 살 수 있다'고 오신(誤信)하게 하는 것이다.

미신 · 종교 · 신앙

1

어느 시대나 인간은 어디서 와서 어디로 가는지에 대한 문제와 최종적 삶의 목적이 무엇인가를 알려고 노력해 왔고 그에 대한 답을 듣고자 했다. 그래서 종교는 인간을 인도하여 공통된 대법(大法)을 가르쳐 주려는 목적을 갖게 되었고 하나의 공통된 근원, 하나의 공통된 인간 문제, 공통된 궁극적인 목적을 가지는 모든 인간을 형제와 같이 결합시키려 했고 모두를 사랑해야 한다. 는 원리를 밝혀 주는 진리로 나타난 것이다.

— 마도지니

2

진실한 종교는 육신의 삶을 둘러싸고 있는 무한한 정신에 대한 다음과 같은 관계이다. 즉 인간 생활을 그 무한한 것과 결합시켜 내면적 행위를 인도하는 그런 관계이다. 모든 종교의 본질은 왜 내가 생존하고 있는가? 그리고 나를 에워싸고 있는 무한의 세계와 나와는 어떠한 관계가 있는 것일까? 라는 질문에 대한 답변으로만 성립된다. 현명한 것에서부터 어리석은 것에 이르기까지 무릇 어떠한 종교든 그 근저에는 인간을 둘러싸고 있는 세계와 인간의 근본을 파악하고 그 관계를 알아내려는 진리에 대한 마음이 있다.

3

종교는 교육에 있어서 가장 고귀한 인도자이며 문화의 가장 위대한 힘이기도 하다. 그러나 종교의 표면적 발로와 같은 정략적, 이기적인 행동은 인간성의 진보에 중대한 장애가 된다. 종교의 본질은 영원성이며 신성이고 언제 어디서나 마음에 평안을 갖게 해야 한다. 그저 사람의 감정이 느낄 수 있고, 심장이 고동 칠 수 있다면 학구의 논리적 추론에서 모든 위대한 종교의 기초가 동일함을 알게 된다. 이는 인간의 삶에 있어서 태초부터 오늘까지 발전해 온 근본적 가르침이 동일하다는 의미이다. 모든 종교의 깊은 곳에는 오직 하나의 영원한 계시가 있으니 그것은 인간에게 동일하게 주어진 하나님 말씀의 흐름이다.

조로아스터 교도에게도 유대교도에게도 기독교도에게도 또 마호메트 교도에게도 잠재된 종교 의식이 있다. 그러나 모든 의식은 그들 각자의 형식이며 상징일 뿐 근본적인 본질은 이웃에 대한 사랑이다. 그것이야말로 그리스도를 비롯해서 조르아스터, 석가, 소크라테스, 마호메트 등이 한결같이 주장하고 요구한 것이다.

— 모리스 프르겔

4

종교는 신(神)의 계시에 관한 특별한 연구내용보다도(왜냐하면 그것은 종교학이라고 해야 할 것이니까) 신의 명령으로서의 보편적인 모든 의무의 내용이 종교를 이루는 것이다.

— 칸트

1월 3일

사람이 마땅히 해야 할 바는 조물주 하나님의 뜻을 따라 그의 善義를 완성시키는 데 있다. 사람은 각자가 하나님이 준 달란트(재주, 기술 등)와 임무를 가지고 신성한 의무에 참여한다. 그러나 사람은 그 신성한 의무의 목적이 어디에 있는지를 잘 모른다. 그래서 그 의무에 대한 참여가 어떤 의미를 갖는지도 모른 채 그저 따라가려 한다. 그러면서 늘 왜 자신이 그것을 해야 하느냐? 하는 의문을 가지고 산다.

하나님이 준 달란트

1

'주여! 주여!' 하는 자마다 천국에 갈 수 있다고 생각하면 안 된다. 오직 하나님 아버지의 뜻을 따르는 자만이 하나님의 나라에 들어갈 수 있다.

— 성경

2

불을 붙이고도 불씨를 살리는 힘이 없다면 그것을 끄는 힘도 없을 것이다.

3

건전한 지혜의 법칙을 아는 자는 그것을 사랑하는 자보다 못하고 그것을 사랑하는 자는 그것을 행하는 자보다는 못하다.

— 중국 격언

4

인간은 마땅히 해야 할 일을 충실히 하는 것이 중요하다. 왜냐하면 짧은 삶의 동안이나마 사람을 땅으로 보내신 조물주 하나님이 당신이 원하는 일을 잘하고 있는지 않는지를 지켜보시기 때문이다.

— 탈무드

5

괴로울 때 하나님께 구원을 청하라. 그리고 주 앞에 봉사하라. 봉사는 하나님을 섬기는 것이지만 하나님이 내리는 구원은 봉사가 아니다. 겸손히 봉사하며 자비를 기다리면 괴로움은 하나님이 해결하신다.

6

이 세상과 하늘의 천국과는 크게 다를 것이 없다. 하나님이 창조물인 인간에게 주신 이 땅이 멸시 천대와 죄악과 이기주의와 폭력으로 얼룩지도록 버려진 곳이라고 생각한다면 그것은 하나님에 대한 모독이다. 세상은 속죄의 자리가 아니라 인간이 진리와 정의와 이상(理想)을 추구하며 살 수 있도록 축복된 곳이다. 그래서 모든 인간은 마음에 간직하고 있는 이상을 실현하기 위하여 힘쓰지 않으면 안 된다.

— 마도지니

7

누구든지 노역은 충직하고 성실하게 감당해야 한다. 막연히 때가 오면 천사가 될 것이라든가, 언젠가 옛날에는 연체동물이었다는 따위를 믿는 어리석음을 버리고 현재의 사명을 수행하기에 성실해야 한다

— 존 러스킨

♣

아무리 어려운 처지에서도, 살아 있는 것만으로도 인생은 행복한 것이라고 생각하라. 그러면 어떤 어려운 역경도 대수롭지 않게 되리라. 전통과 이지(理智)와 심장의 맥박이 말하는 뜻에 감사하라. 삶의 의미란 그대를 세상으로 보내 주신 하나님에 대한 봉사임을 알라. 그것을 받아들일 때 비로소 인생은 값있고 기쁨인 것을 알 것이다.

1월 4일

설사 원치 않는다 하더라도 인간은 주위의 모든 세계와 연합되어 있음을 부정할 수 없다. 사상・교역(交易)・지식이 우리 모두를 맺어 준다. 그 가운데 중요한 것은 세상에서의 지위와 관계를 서로 인정하고 믿어 주는 데서 우리가 연합된다는 점이다.

선량한 사람들과 사악(邪惡)한 사람들

1

선한 사람은 남을 의심하기 전에 먼저 돕는다. 그러나 악한 사람은 착한 사람을 다른 사람에게서 떼어놓으려고 계략을 짠다.

— 중국 속담

2

인간에게는 누구나 인생의 짐이 있고 그 만의 결점이 있다. 그래서 누구도 남의 도움 없이 살아갈 수가 없다. 그러므로 서로가 위로하고 충고하며 돕지 않으면 안 된다.

3

우리가 살고 있는 사회 조직의 힘은 천 명의 사람이 공동으로 일해서 천 명이 사용할 양만큼만 얻는 것이 아니라 훨씬 더 그 이상의 많은 것을 생산할 수 있다. 그러나 그것을 위하여 9백 99명의 사람이 오직 한 사람의 노예가 되어서는 안 된다.

― 헨리 조지

4

유덕한 사람은 부덕한 사람의 스승이다. 부덕한 사람은 유덕한 사람에게 배워야 한다. 스승을 존경하지 않고, 배움을 받아야 할 사람을 경시하는 자는 아무리 영리한 척해도 실수는 누구에게나 따른다.

― 노자

♣

우리가 알 수 있는 옛 시대부터의 모든 인류사는 대다수와 합일(合一)에 대한 끊임없는 인류의 운동이다. 이 합일은 온갖 종류의 수단으로 이루어진다. 그리하여 이 합일을 위해서는 그것을 위해 힘쓰는 사람들뿐 아니라 반대로 배반되는 사람들에게까지도 봉사해야 한다.

1월 5일

사람들이 가득 차 있는 건물에서 어떤 사람이 거짓말로 '불이야!' 하고 외친다면 그곳에는 혼란이 일어나 수많은 사상자가 날 것이다. 거짓말이 주는 해독은 이렇듯 엄청나다. 그러나 때때로 거짓말 때문에 상하는 사람이 많아도 눈에 띄지 않아 보지 못할 경우가 많다. 거짓말의 해독이 크다는 것을 한시도 잊어서는 안 된다.

말의 힘

1

총에 맞은 상처는 치료할 수 있어도 말에 입은 상처는 고칠 수 없다.

— 페르시아 속담

2

사람은 누구나 죄를 짓는다. 그러나 말로 죄를 짓지 않는 사람은 완전한 사람이고 남을 지배할 수 있는 인물이다.

인간은 말(馬)에게 말(言)을 잘 듣게 해 부려먹기 위하여 재갈을 물리고, 아무리 강한 바람 앞에서도 배는 작은 키의 방향에 따라 '키잡이'의 뜻대로 이끌려 간다. 말도 이와 똑같다. 소수 몇몇 사람의 말일지라도 그가 누구냐에 따라 그 말에 매우 큰 차이가 생긴다. 작은 불이 얼마나 많은 것을 살라 버리는가를 생각해 보라. 말의 힘도 불과 같다. 거짓말은 많은 사람을 더럽힐 수 있고 지옥 불같이 세상을 사르기도 한다

— 성경

3

남의 악담을 들을 때 더불어 분개하지 말고 아첨하는 말을 들을 때 더불어 기쁜 얼굴을 하지 말라.

그러나 유덕한 사람의 말에는 귀를 기울여라. 그리고 그 말을 본받으려 애쓰고 기뻐하라. 덕이 높은 사람의 행실을 보았을 때 진심으로 좋아하라. 선한 일을 보았을 때 충심으로 기뻐하라. 선한 일이 더할 때마다 진심으로 기뻐하라. 그러나 옳지 못한 일을 들을 때는 등골에 바늘이 꽂힌 듯 아픔을 느껴라. 사람의 선한 일을 들을 때는 화관(花冠)과 같이 받아라

— 중국 성언

4

말다툼에 끼지 말라. 아무리 대수롭지 않은 다툼이라도 격정과 흥분이 있게 마련이다. 격노는 언제나 어리석은 자의 전유물이다. 무엇보다 정의에 대하여 이성을 잃지 말라. 분노는 사람의 눈을 멀게 하고 그 마음을 어지럽힌다.

— 고골리

대중의 합일(合一) 속에서 파괴자가 되지 않도록 조심하라. 내가 한 말에 사람들이 등지고 나쁜 감정을 일으키지 않도록 조심하라.

1월 6일

선한 일을 위해 노력하는 것도 중요하지만 그보다 중요한 것은 악한 일을 하지 않도록 조심하는 것이고 그보다 중요한 것은 정욕을 제어(制御)하는데 힘쓰는 일이다.

정욕제어(情慾制御)

1

성덕(聖德)에 이르려면 자제력이 필요하다. 자제력은 어릴 때부터 길들여져야 한다. 만약 어릴 때부터 습관돼지 않는다면 많은 선을 쌓는 것처럼 보여도 덕이 되지 않는다.

— 노자

2

사람들이 그렇듯 매혹되어 있는 행복, 그리고 그것을 얻으려고 그렇게도 흥분하고 골몰하는 행복이라는 것이 실상은 작은 만족조차 주지 못한다. 사람들은 행복을 생각하기를 자기가 얻고자 하는 것을 얻을 때 이뤄지는 것으로 생각하고 그것을 얻기 위해 온갖 수단을 다해 투쟁한다. 그러나 추구하던 것을 얻자마자 또다시 자신이 갖지 못한 것을 향해 열중하며 시기하고 슬퍼하기 시작한다. 그렇게 되는 것은 당연한 것이다. 왜냐하면 사람은 자기 욕망이 이루어졌을 때 마음의 자유를 얻는 것이 아니라 오히려 그것을 지키기 위한 부담감 때문에 자제력을 잃기도 하고 때로는 새로운 욕망에 매달려 마음의 자유를 스스로 포기하기 때문이다. 진실로 자유롭고 행복한 사람이 되고자 한다면 당장 주어진 상황에 만족하며 분에 넘치는 욕망을 버려야 한다. 그렇게 함으로써 더 많은 마음의 자유와 행복을 얻을 수 있다.

— 피크테타스

3

시련을 극복한 자에게 복이 있으리라. 하나님은 모든 사람에게 시련을 주신다. 어떤 이에게는 재산으로, 또 다른 이에게는 빈곤으로. 재산 있는 사람에게는 재산을 필요로 하는 자에게 인색하게 굴지 않는가를 지켜보시며 빈궁한 자에게는 불평 없이 시련을 천명으로 알고 견디어 내고 있는가를 지켜보신다.

― 탈무드

4

훌륭한 마부란 사나운 말이든 고삐만으로 다루어지는 순한 말이든 부릴 때 한결같이 노여움을 억제할 수 있는 사람이다.

― 불경

5

불쾌한 사건으로 순간적인 노여움이나 갈등을 느낄 때는 그 사건에서 스스로 멀리 떨어져 자신에게서 자제력을 빼앗는 그 감정에 휩쓸리지 않도록 노력하라. 의지력에 의해서 평안한 정신 상태로 돌아가는 습관을 갖도록 노력하는 정도가 크면 클수록 정신적 평안을 얻는 능력이 더해지는 것이다.

― 오레이아스

♣

정욕을 이기지 못해 실패하는 경우가 아무리 많아도 결코 낙심해서는 안 된다. 정욕에 의한 갈등을 겪을 때마다 낙심하면 의지력이 약해진다. 정욕을 과감히 다스릴 때 의지력도 강해지는 것이다.

1월 7일

인간 관계에서 선(善)을 지키는 것은 당연한 의무이다. 만약 타인에게 선이 되지 못 한다면 당신이 악(惡)일지도 모른다. 그 경우 당신은 타인에게 악에 눈뜨게 만드는 셈이다.

선이 아니면 악이 된다

1

각양 각색의 사람 중에는 소위 비천하다는 사람도 있다. 그런 사람을 대할 때 비록 천하고 가엾다고는 할망정 인격까지 무시해서는 안 된다. 모두의 인격 속에는 그 나름의 존중할 만한 가치가 있다. 요컨대 영원히 존재할 그들만의 존중할만한 가치를 발견하는 것이 중요하다. 때로는 매우 악한 인격의 소유자를 만날 때라도 '그렇지, 이 세상에는 저런 추악한 존재도 필요해서 존재하겠지'라고 생각하라. 만약 그 사람을 감정대로 적대시한다면 때로는 원치 않는 불의의 결과를 가져올 수도 있다. 그 같이 불의한 사람에게 맞선다는 것은 간혹 죽음을 자초할 수도 있다. 어떤 사람도 인간의 성격·능력·기질·용모를 뜯어고칠 수는 없다.

어떤 사람이든 그가 행한 비난받을 만한 행위 때문에 그의 인격의 본질까지 비난할 수는 없다 인격의 본질적 속성은 인격 그 자체 내에 갈등해야만 하는 내면의 미흡함과 불완전성을 내포하고 있어서 외면적인 마찰은 상존하는 것이다. 이해하기 어려운 행위가 나타났다고 해서 인격의 본질을 논쟁의 대상으로 삼는 것은 그 본질이 다른 것으로 바뀐다는 조건 하에서만 가능한데 그 본질은 누구도 바꿀 수 없는 것이다.

이웃과 더불어 살아야 하는 한 그런 사람들 틈에 섞여 사는 것을 거부할 수는 없다. 그것에 맞부딪쳐 고뇌할 것이 아니라 가능한 한 모든 인격에 내재하는 개성을 인정하고 견디어내지 않으면 안 된다. 그 본질을 바꿀 생각은 아예 말고 또 그런 사람을 비난할 생각조차도 하지 말라.

— 쇼펜하우어

2

유혹을 이겨내지 못했다고 해서 가혹하게 대하지 말고 오히려 그대가 남에게 위로 받고 싶었던 때처럼 그를 위로해 주어라.

3

오늘 일을 내일로 미루지 말라. 자기가 할 수 있는 일을 남에게 미루지 말라. 값이 싸다고 소용없는 물건을 사지 말라. 긍지(矜持)는 의식주에 필요한 모든 것보다 귀중하다. 분수에 맞게 살면 후회할 일이 없다. 과분한 일을 저질러 놓고 후회하는 일이 얼마나 많은가? 후회는 미래가 아니고 과거에서 오기 때문에 고칠 기회가 없다. 화가 나면 열까지 세어라. 그래도 화가 나거든 백까지 다시 세어라.

— 제퍼슨

4

어떤 사람이라도 업신여기지 말라. 이웃에 대한 비난이나 의심은 마음에서 털어 버려라. 남의 행위나 언사는 너그러운 마음으로 받아들여라. 항상 겸손하게 자기보다는 남에게 관대하라.

♣

친절은 인생을 아름답게 하고 불신을 해결하는 열쇠가 된다. 얽힌 것을 풀어 주고, 어려운 것을 해결하며 암담한 상황을 기쁨으로 바꾸어 준다.

1월 8일

기독교의 교리는 어린아이라도 혼자서 이해할 수 있을 만큼 자연스럽고 이해하는데 어려움이 없다. 그러나 기독교도인 척 거짓을 꾸며 이웃에게서 훌륭한 기독교도라는 말 듣기를 바라는 사람들에게는 이해하지 못할 만큼 어렵다.

기독교와 석가(釋迦)

1

석가는 이렇게 말했다. "진실로 종교에 신실한 사람은 캄캄한 집안에 등을 켜 들고 들어오는 사람과 같다. 그가 들어서면 어둠은 금세 사라지고 밝아진다. 성현(聖賢)의 도(道)를 구할 때는 악착스러워도 좋다. 진리를 터득하기 위해서는 탐욕스러워도 좋다. 그런 마음속에는 진리의 빛이 구석구석 비치게 된다."

2

한 나라의 위대성과 권력이 형성되는 힘은 어디에서 오는가? 국가가 위기를 당했을 때 그것을 막고 부흥시키는 것은 민중이 아니면 누굴까? 국가의 병폐가 깊어 멸망을 면키 어려울 때 낡은 가지 같은 기득권자를 물리치고 새움처럼 나타나 국가의 운명을 짊어질 젊은 싹 또한 민중 속에서가 아니면 어디서 돋아날 것인가? 그러므로 예수는 민중 속으로 눈을 돌렸던 것이다. 그 때문에 민중은 예수가 가르친 하나님을 알고 그 이름을 부르게 되었고 그 권위에 굴복했던 것이다. 그것을 안 집권자들은 예수를 저주하고 그를 죽였다. 그러나 예수는 죽지 않았다. 사형 집행에도 불구하고 예수는 민중 속에서 더 큰 승리를 거둔 것이다. 그 결과 기독교는 민중 속에 더욱 널리 전파되었다. 예수를 믿는 힘없는 민중 속에서부터 앞으로도 계속 정의로운 세계가 탄생할 것이다. 이미 자신의 종말이 가까워 오는 것을 안 기득권자들이 공포에 사로잡혀 권력으로 예수를 물리쳐 버렸던 그들은 어떻게 되었는가. 민중의 편에 서신 하나님의 뜻 안에서 새 시대를 끌어갈 어린 싹은 언제나 그리고 지금도 자라고 있다.

― 라메에

3

위험한 두 개의 미신(迷信)을 경계하라. 첫째는 하나님의 본질을 말로 왈가왈부하는 것이며 둘째는 하나님의 능력을 과학적 방법에 의하여 밝힐 수 있다고 하는 과학의 미신이다.

— 존 러스킨

4

예수의 최후의 권고에는 그의 모든 가르침이 함축되어 있다.

'내가 너희들을 사랑하듯이 너희도 서로 사랑하라. 그렇게 서로 사랑함으로 너희가 내 제자임을 모든 사람들이 알게 되리라.'

'너희의 말과 같이 믿는다는 것은 경험이나 지식이 진보해 감에 따라 진전하고 변천해 간다. 그러나 사랑은 시간의 흐름이나 지식의 진보와 상관이 없다. 즉 사랑은 변함이 없으며 영원한 것이기 때문이다.

5

나의 종교는 무릇 '생명이 있는 것이라면 그 어떤 것이든 사랑'하는 것이다.

— 이브라힘 꼴도프스키

♣

기독교 정신은 사악(邪惡)을 없애는 것만으로는 불충분하다.

1월 9일

참된 지식은 스스로 존재할 수 있다.

참 지식

1

지금까지 배운 것을 모두 버릴 때 비로소 새롭게 자신의 것이 된 신선한 지식을 발견하게 된다. 어떤 일을 연구하려 할 때 그 일이 나보다 앞선 학자들에 의하여 이루어진 것이라면 나는 거기에 가까이할 가치가 없다. 어떤 일을 창조적으로 개척하려면 지금까지 전혀 본 일도 없고 들은 적도 없는 새로운 것을 자기 지식으로 개발하지 않으면 안 된다.

— 트로

2

자기 주관 없이 남의 사상이나 받아들인다면 자기의 사상은 거기서 끝나게 된다. 만약 자기에게서 생겨난 것이 아니고 자기 의지로 그런 흐름에 대항할 수 있는 주관이 뒷받침되지 못하다면 그 사상은 마비되고 만다. 그렇게 되면 읽고 배운다는 것이 점점 머리를 어지럽게 할 뿐이다.

사상과 지식은 일치하여야 한다. 그렇지 못할 때 사상과 지식 체계는 그 자체의 목적과 결합성이 약하게 되는 것이다. 남의 저서에 의존하여 자기 사상을 등한시한다는 것은 남을 위해 자기의 논밭을 파는 것과 같다. 셰익스피어도 그런 인물들을 비난한 일이 있다.

어떤 일에 관해 개발하고자 할 때 스스로 연구해 보기도 전에 그에 관한 남의 저서를 지나치게 의존하는 것은 해롭다. 왜냐하면 새로운 소재를 잡기도 전에 남의 관점이나 방법이 먼저 자리잡기 때문이다. 그로 말미암아 태만이 스스로 사고해 보려는 노력을 막는다. 이러한 습관은 곧 뿌리를 내리기 쉽고 그 버릇이 뿌리를 내리면 사상은 운하(運河)로 들어가는 개울과 같이 그저 재래의 일을 겨우 답습하게 될 뿐이다. 그것은 개성 있는 새로운 것의 개발을 훨씬 더 어렵게 만들고 독창성을 후퇴시키는 요인이 된다.

— 쇼펜하우어

3

지식은 돈과 같다. 스스로 노력하여 얻은 금화(金貨)를 닦아 빛을 내려고 한다면 그는 그 금화를 자랑할 만하다. 금화가 아니고 동화(銅貨)라 할지라도 정직하게 스스로 일해서 얻은 것이라면 그것은 자랑해도 좋다. 그러나 수고도 없이 길가는 사람이 던져 준 것을 받은 것이라면 그것은 자랑할 가치가 없다.

— 존 러스킨

4

위대한 사상가의 업적은 다음과 같은 점이 다르다. 즉 이전에 이미 있었던 서적과 전통으로부터 벗어나 창의적으로 사고한 것을 표현하고, 그것이 이전에 존재했거나 생존해 있는 사람이 사고한 것이 아님을 증명한다.

머릿속에 섬광과 같이 떠오르는 보석 같은 사상을 잡지 않으면 안 된다. 그러한 행운은 별같이 수다한 시인이나 현자들의 가르침을 추종하여 배우는 것보다 큰 의의를 지니고 있기 때문이다.

— 에머슨

♣

비록 학력이 낮더라도 살아가는 데 필요한 것을 배웠으면 그것으로 족하다.

1월 10일

종교적 교화(敎化)는 교육의 기초이다.

종교적 교화와 교육

1

하나님을 믿는 사랑스러운 사람을 유혹하는 자는 그 목에 맷돌을 달아 깊은 바다 속에 처넣는 편이 나으리라.

― 성경

2

교육과 예술에는 다음과 같은 원칙이 있어야 한다. 즉 예기적(豫期的)인 계획이 있어야 한다. 아이들을 현대가 아니라 미래에 적응하도록 교육해야 한다. 보다 나은 인간 그리고 보다 나은 삶의 형태에 대하여, 말하자면 인간성의 이념과 그 충분한 의의에 대하여 적응하게끔 교육해야 한다는 말이다. 이 원칙은 매우 중요하다. 부모들은 현세가 비록 부패되어 있을 망정 현세에 적응하게끔 자식들을 교육하는 것이 보통이다. 그러나 세상 어버이들은 더욱 훌륭하게, 즉 미래의 인류가 좀더 좋은 상태를 이끌어 갈 수 있는 방향으로 아이들을 교육해야 한다.

― 칸트

3

현실의 시대에 살고 있으면서 미래에 적응할 인간을 교육하기 위해서는 이상적인 완전한 인간의 모습을 스스로 간직할 수 있도록 교육하는 것이 좋다. 마치 교육자들은 자신이 살기 원하는 그 같은 시대의 인간을 교육하는 심정이 필요하다는 말이다.

4

아이들을 가르쳐 신의 본질에 대한 자의식(自意識)에 이르게 하는 것은 어버이와 교육자들의 최고의 의무이다.

― 찬닝

5

교육의 진실한 목적은 사람에게 선행을 하도록 강조하는 데 그치는 것이 아니라 선행을 하는 것 자체에서 기쁨을 찾게 하는 데 있다. 모든 일에 깨끗하게 할뿐더러 깨끗함을 자랑하도록 하는 것이다. 정의를 지키게 할뿐만 아니라 정의를 목마르게 희구함에 있다.

— 존 러스킨

♣

종교적인 교화는 교육의 기초이다. 그러나 현대의 기독교도 세계에 있어서는 그것은 성실하게 가르쳐지는 듯 가장되어 있을 뿐이고 누구 하나 그런 것을 믿으려 들지 않는다. 어린이들은 날카로운 투시력을 가지고 본다. 그리하여 가르침뿐만 아니라 가르치는 사람마저 믿으려 들지 않는다.

1월 11일

다른 사람에게 그들의 신과 세계에 대한 관계를 결정지어 줄 권리가 자신에게 있다고 생각하는 사람들이 있다. 또 그런 권리가 내게 있는 것이 아니라 다른 사람에게 있다고 생각하고 그들이 말하는 것을 맹목적으로 믿으려는 사람도 있다. 후자에 속하는 사람들은 엄청나게 많기도 하다.

겸양(謙讓)과 인격의 완성

1

종교적인 의문은 누구에게든지 석연하게 밝혀져야 하고 종교상의 모든 법칙의 수립과 적용도 마찬가지이다. 그럼에도 불구하고 그런 문제를 의문의 석명(釋明)과 법칙의 수립을 위해 애쓰는 사람에게만 맡겨 버리는 사람이 있다.

어떤 사람이든 모든 의문에 대하여 절대적으로, 그리고 결정적으로 알고 있는 일이라면 어찌하여 애쓸 필요가 있는가? 그런 삶들은 단지 자신은 만족과 안락 속에서 일생 동안 달콤한 꿈만 좇으면서 빈들빈들 살고 싶어하는 인간들이다.

지혜에 대한 노력은 이렇듯 어리석은 인간을 구하려는 나머지 사람들만으로는 항상 부족할 수밖에 없으며 본질적인 미흡을 안고 있다.

종교상의 독단주의가 남겨 놓은 멍에의 흔적이 오랫동안 우리들의 목에 남아 있음을 나는 두려워한다.

— 밀턴

2

　인간이 스스로 도덕적인 의무를 거부한 때부터,──자신의 마음속의 소리에 의하여서가 아니라 어떤 계급이나 동료의 이익에 의하여 자신의 의무를 한정하게 된 때부터,── 자기는 수천만이라는 인간들 중의 하나에 지나지 않는다는 이유로 한 인간으로서의 자신의 의무를 저버릴 때부터─ 그 순간 그는 도덕성을 잃어버린 인간이 된다. 그 때부터 그는 오직 신만이 이룰 수 있는 것을 인간에게 기대하는 자가 된다. 그때부터는 그는 신의 힘이 있는 곳에 인간의 천박한 지혜라는 쓸모 없는 무기를 두는 자가 된다.

― 찬닝

3

　무릇 모든 사람들은 어린이와 같아야 한다. 어린이는 유모에게서 배운 진실을 어겨서는 안 되는 것으로 알고 선생에게서 배운 것, 그리고 차차 자라남에 따라서 알게 되는 여러 사람들이 가르친 교훈을 어겨서는 안 된다고 생각하게 된다.

　사람은 어째서 그토록 많은 고난을 무릅쓰고 그것을 지키려고 애쓰는가? 그러나 자신이 이들 선인이 서 있던 단계에까지 이르러 그 진실의 뜻을 이해할만한 때가 되면 환멸은 매우 크고, 그로 말미암아 그들에게 들은 이야기의 모든 것을 잊어버리고 싶은 생각이 들게 된다.

― 에머슨

4

　자신을 스승이라고 자칭할 수는 없다. 왜냐하면 인간에게는 오직 하나의 스승밖에는 없기 때문이다. 그는 그리스도이시다. 그리고 나머지 우리는 모두 형제이다.

― 성경

5

　가짜 예언자를 조심하라. 그들은 양의 탈을 쓰고 너희에게 가까이 오지만 속은 탐욕스러운 늑대와 같다. 열매를 보고 그들을 분간하라. 가시덤불에서 포도 열매를 딸 수 있는가? 우엉에서 무화과 열매를 딸 수 있는가? 이렇듯 온갖 좋은 나무는 좋은 열매를 맺고 나쁜 나무는 나쁜 열매를 맺는 것이다. 좋은 나무가 나쁜 열매를 맺을 수 없거니와 나쁜 나무가 좋은 열매를 맺을 수 없다.

그 맺은 열매로 그 나무를 판단해야 한다.

— 성경

♣

　인간은 과거의 성현(聖賢)이 후대에 끼친 선물을 이용할 수는 있다. 그러나 그 선물을 검토하여 취하고 혹은 버려야 하는 것은 스스로의 판단에 따라 할 일이다. 그렇게 함으로 사람은 세계와 하나님에 대한 자기와의 관계를 스스로 확립할 수 있다.

1월 13일

신앙은 마음에 평화를 가져온다.

두 가지 평화

1

　신과 그 말씀에 순종하라. 그리고 자신을 큰 질서 속에 있게 하라. 겸손한 태도로 이 세상의 혼란을 풀고 다스리는 신에게 자신을 맡겨라. 때로는 파멸이, 때로는 회생(回生)도 오게 하라. 와야 할 것은 오고 말 것이다. 그런 연후에 오는 것이 은혜이다. 인생의 도리에는 모든 것들의 선(善)을 믿는 것, 그 이상으로 필요한 것이 없다.

— 아미엘

2

　종교에는 선인(善人)을 만드는 것 이상으로 더 높은 목적이 있다. 종교에는 이미 선인이 존재하고 있다. 그러므로 종교의 중요한 목적은 이 선인을 더 높은 이해의 단계까지 끌어올리는 데 있다.

— 레싱

3

　두 가지 평화가 있다. 그 하나는 소극적 평화인데 그것은 단지 사람을 고달프게 하는 소란이 없어진 것에 불과하다. 그것은 싸움이 있은 뒤에 오는 평온이며 폭풍이 지나간 뒤의 평온일 뿐이다. 또 다른 하나의 평화가 있는데 이것은 더욱 완전한 정신의 평화이다. 이 평화는 모든 것을 이해한 신과 같은 평화로 실로 '신의 나라가 내 속에 있도다.'라고 부르짖을 수 있는 평화이다. 이 같은 정신의 평화는 우리들에게 종교를 부여한다. 이것은 신과 우주와의 의미에서 합일이며, 모든 존재와의 사랑의 결합이며, 욕망과 이익을 희생하는 지혜이며, 우주의 정신과 삶에 참여이며, 끝없는 원천이 있는 근원과의 조화이다. 행복은 이와 같은 평화 속에만 깃들일 수 있다.

— 찬닝

4

벗이여! 무엇 때문에 존재의 신비에 대하여 속을 썩이는가? 행복하게 살라. 시간을 기쁨으로 채워라. 죽음에 임해서는 아무도 그대에게 왜 이 세상이 이렇게 되어 있는가 라고 묻는 사람은 없을 것이다.

아침을 보라. 젊은이여, 일어나라! 그리하여 새벽의 기쁨을 호흡하라. 언젠가 때가 오면 이 허망한 세상에서 우리를 그토록 놀라게 하던 인생의 이 한 순간을 그대가 아무리 찾아도 얻을 수 없게 되리라. 아침은 어둠의 장막을 벗겼다. 그렇다고 무엇을 탓할 수 있겠는가. 일어나라, 아침을 노래하자. 왜냐하면 많은 아침은 이미 우리의 호흡이 끊어졌을 때에도 힘차게 숨쉬고 있을 것이기 때문이다.

5

이런 말을 한다. 즉 최후의 날이 오면 대심판(大審判)이 열리고 선하신 신께서 대노(大怒)하신다고. 그러나 선(善) 그 자체에서는 선 이외의 아무 것도 나올 수 없다. 두려워할 것 없다.

최후의 날은 기쁨으로 가득 채우리라. 신앙의 차이로 말미암아 인류는 72종의 민족으로 나뉘어 있다.── 그들의 모든 독단 중에서 나는 오직 하나의 것, 즉 하나님의 사랑을 택했다.

— 페르시아의 케이얌

6

선한 인간이란 누구를 두고 말하는 것이냐? 오직 종교적 인간만이 선한 인간이다. 그렇다면 선이란 무엇인가? 무엇보다 첫째로 중요한 것은 양심(지혜)과 의지와 조화이다.

— 불전

7

'하늘에서와 마찬가지로 지상에서도 신의 뜻은 "참"으로 존재한다. 즉 신은 영원의 세계에서와 마찬가지로 이 덧없는 인생에서도 존재한다. 그런 신념의 토대 위에서 비로소 불멸에 대한 확신도 증명도 필요가 없어진다. 이미 영원한 존재의 뜻을 찬양하면서 그 뜻에 나를 맡기는 것이다. 나는 그 뜻이 바로 사랑인 것을 안다. -내게는 그 이상의 것은 무의미하다.

예수는 죽음에 임하여 말씀하셨다. '아버지여, 당신의 손에 저의 영혼을 맡기나이다'라고. 이와 같은 참이 있는 말의 뜻을 이해하고 그것을 말할 수 있는 이에게는 그 이상 아무 것도 필요치 않다. 신앙— 참된 신앙은 인생의 아프고 어려운 모든 것을 해결한다.

이 신앙을 얻기 위해서는 그것을 자신 속에 가꾸는 꿈이 필요하다. 따라서 그것을 기르기 위하여서는 신앙의 과업을 창조해야 한다.

신앙 과업의 본질은 큰 행위에 있는 것이 아니라 작은 사상(事象) 속에 있다. 그것은 결코 사람의 눈을 끄는 일도 없을 만큼 극히 사소한 것이지만 특히 신을 위하여 창조된 사상(事象)이다.

파스칼은 말했다. 죽음은 홀로 온다. 그렇기 때문에 사람들 앞에서의 홀로가 아니라 신 앞에서의 홀로 살아간다는 것이 중요하다.

♣

신앙 없이 정신적 평화를 찾을 수 있다고 생각해서는 안 된다.

1월 14일

육체적 자아를 사랑하는 것은 신에 대한 사랑의 진실성을 훼손하는 행위이다. 자신 안에 있는, 그리고 모두의 마음속에 똑같이 존재하는 영혼을 사랑하는 것은 곧 신을 사랑하는 것을 의미한다.

신(神)과 인류의 사랑

1

"랍비여, 법 중에 가장 큰 법은 무엇입니까?" 하고 물으니

"네 마음을 다하며 목숨을 다하며 힘을 다하며 뜻을 다하여 주 너의 하나님을 사랑하고 또한 네 이웃을 네 몸과 같이 사랑하라. 이것이 첫째 되는 가장 큰 법이다. 둘째 법도 이와 같다. 이웃 사랑하기를 너 자신을 사랑함과 같이 하라. 이 두 가지 명령 위에 모든 예언자들은 신의 법을 증거 했느니라." 라고 예수는 대답하셨다.

— 성경

2

　모든 인간은 자신의 생각만으로 존재하거나 독단적인 자신만으로 사는 것이 아니라 사람과 사람사이에서 함께 그리고 사랑이 있는 곳에서 더불어 산다. 그래서 하나님은 한 사람에게 소용되는 것을 계시하지 않으시며 모든 사람의 필요와 모두에 관계되는 것을 계시하신다.

　사람은 자신이 번뇌와 삶의 노고로 살고 있다고 생각한다. 그러나 실은 사랑으로 살고 있는 것이다. 사랑 속에 살아가는 사람은 하나님의 보호 안에 사는 사람이며 하나님도 그 사람 속에 존재하신다. 왜냐하면 하나님은 곧 사랑이기 때문이다.

3

　인간은 사랑에 의하여 살아간다. 자신에 대한 사랑은 죽음의 시작이고, 신과 인류에 대한 사랑은 삶의 시작이다.

4

　사람이 그 형제를 용서할 수 없다면 그는 형제를 사랑하고 있지 않다는 말이다. 참된 사랑은 무한한 것이며 그것이 참된 사랑이라면 용서할 수 없는 어떠한 모욕도 없다.

5

　하나님은 사랑이다. 그 사랑 속에 사는 사람은 하나님 안에 살아가는 셈이다. 그러면 하나님도 그의 속에 계신다. 그 누구도 하나님을 본 사람은 없다. 우리가 서로 사랑한다면 하나님은 우리들 속에 계실 것이며 하나님의 사랑이 우리들 속에서 완성되어진다. '나는 하나님을 사랑하나 형제는 미워한다'라고 말하는 사람은 거짓을 말하는 것이다. 왜냐하면 눈앞에 보이는 형제를 사랑할 수 없는 사람이 어찌 눈에 보이지 않는 하나님을 사랑할 수 있겠는가? 형제여, 서로 사랑하자!　사랑하는 사람은 하나님으로부터 생겨난 사람이며 신을 아는 사람이다. 신은 사랑이기 때문에 사랑하며 사는 사람은 하나님 안에 사는 자이며 신도 그의 속에서 사신다.

― 성경

6

　사랑은 인생 최초의 근본이 아니라 사랑은 그 마지막 것이다. 사랑은 원인이 아니라 그 원인이 자신 속에서 신의 정신을 의식하게 하는 것이다. 이 자의식(自意識)이 사랑을 요구하며 또 사랑을 낳는 것이다.

♣

자기 마음에 드는 것만을 사랑하는 것은 하나님을 사랑하는 것도 아니며 사람을 사랑하는 것도 아니다.

참된 사랑은 노력 안에서 얻어진다. 그대가 사귀고 있는 사람도 그대가 그대 자신을 사랑하고 있음과 똑같이 그도 그 자신을 사랑하고 있음을 생각하라. 그러면 그에게 어떻게 해야 할 것인가를 알게 되리라.

1월 15일

죽음과 삶은 두 개의 한계이다. 이 두 개의 한계를 넘은 곳에 그 무엇이 있다.

죽음과 삶

1

모든 사람이 고귀한 삶을 살거나 비천한 삶을 사는 것과 같이 죽음에도 역시 고귀한 죽음과 비천한 죽음이 있다. 인간의 심령적 자아(自我)는 그 자아 속에 주어진 천명을 극복할 수가 없다. 그럼에도 불구하고 자신의 이기적인 것에는 조건 없이 의존하고 자신이 타협할 수 없는 힘에는 조건 없이 복종하는 인생은 높은 천명인 죽음에 이르러서도 그 죽음과 타협하려 하며 스스로 다스려야 할 본연의 인간성을 끝내 이해하지 못한다.

그러나 이와 반대로 올바른 천명을 이해하고 자신의 심신을 신의 섭리와 사랑 안에서 영예를 빛나게 하는 자아가 있다. 그것은 마치 선한 일꾼과 같이 자신의 일에 자신의 연장을 쓰고 주어진 재료를 지혜롭게 쓸 수 있는 자아이다. 이와 같은 자아는 죽음에 이르러 조용하고 평화롭게 연장과 재료를 거두어 놓고 자기에게 주어지지 않은 상황이나 욕구에 전혀 흔들림 없이 자신에게 천명으로 주어진 또 다른 세계로 들어갈 수 있는 것이다.

— 에드워드 카펜터

2

현실이 아닌 것, 즉 비현실적인 가치를 현실의 삶에 필요한 형태로 간직하는 사람은 극히 드물다. 사후(死後)에 내가 가야 할 곳이 있다면 그 곳은 지금의 현실에서는 생각하기 매우 어렵다 그러나 내 생각에 그 비현실은 내가 태어나기 이전 상태와 같은 것일 게다. 현실은 결코 냉혈 상태가 아니다. 왜냐하면 냉혈이라 할지라도 감각의 가능성을 가지고 있기 때문이다. 그러나 그것은 아무 것도 느낄 수 없는 상태일 것이다. 그 곳에서 '자아'라든가 '상태'라든가 따위의 말은 이미 존재를 표현하기에는 알맞은 것이 못된다. 이것은 아주 평형적인 영원한 인생의 그 무엇일 게다. 어떤 상태든지 (생명적 존재이든 비생명적 존재이든지) 모두 좋은 상태일 것이다. 거기에서 존재하고 기다리며, 그리고 자신의 지혜에 따라 행동하는 그것이 인간의 의무일 것이다. 왜냐하면 인간은 근원적으로 모든 전체를 파악할 수 없기 때문이다.

— 립텐베르크

3

기쁘고 행복한 상태에서는 죽음의 문제가 그리 흥미롭지 못하다. 그럴 때는 모든 게 좋고 또 미래도 역시 좋으리라는 희망적인 생각뿐이다. 인간에게 무엇보다 가장 필요한 것은 삶에 있어서 미래에 있을 법한 그 무엇을 믿는 일이다. 지금까지 살아온 것 이상으로 의미 있는 삶을 살 수 있을 것이라는 믿음을 가져야 한다는 말이다. 그 같은 믿음은 인간이 몇 백만 년, 몇 천 세기의 영원한 삶을 사는 것보다 더 유익하고 더 많은 평화를 가능케 한다.

4

마음은 인간이 살아 있을 동안 죽어 있는 것이며 단지 육체 속에 파묻혀 있을 뿐이다. 그러나 인간이 죽을 때 마음은 살아난다.

— 소크라테스

5

인간의 정신은 육체와 더불어 아주 멸망해 버리는 것이 아니다. 정신으로부터는 영원한 영혼이 남는 것이다.

— 스피노자

6

죽음이란 없다. 단지 인간이 이미 경험하고 또 경험하게 될 변화의 병렬선 상에 있을 따름이다.

♣

영원한 삶에 대한 깊은 사색에 몰입한다면 과거의 삶에서 무심히 지나온 비밀에 관한 생각이 필연적으로 생겨나리라.

1월 16일

삶이 거칠어지는 주된 원인은 거짓 신앙 때문이다.

인간의 생활

1

경찰·군대·형법과 감옥·자선시설·고아원·양로원·학교·수도원·정신병원·병원(특히 매독과 폐병을 위한) 보험회사·소년재판소 등 어떤 것은 의무적이며 또 어떤 것은 강제적인 대중을 위한다는 여러 가지 설비는 어떤 목적으로 존재하는가

어떤 것은 단지 악한 외면을 감춘다는 목적만을 가지고, 또 어떤 것은 악의 내면에 있는 충동을 억제시키기 위한 목적으로 또 어떤 것은 악이 외부에 나타나기 전에 예방을 위해 있어야 한다고 말한다. 그럼에도 불구하고 이 모든 시설 때문에 쓰이고 있는 막대한 정력이나 자원에 비해 악은 날로 더 크게 조장되고 있는 것이 사실이다. 얼마나 운명적인 형태로서 그것들에서 지혜롭지 못한 일이 일어나는가? 악을 감추면 도리어 더 큰 악을 낳고, 마치 뒹굴어 가는 눈송이와도 같이 악을 증대시키고 있는 것을 보지 않는가? 악은 흥미의 문제가 아니라 지극히 본질적인 문제이다. 심하게 말하자면 악은 인간이 생존하고 있다는 증거이며 존재의 증거이기도 하다. 학교·뇌병원·고아원·감옥·군대를 보라. 이 모든 것들이 있음으로써 감추고 싶고 없애고 싶은 악이 얼마나 개선되고 있는가? 이는 단지 더 크게 반동하는 악을 다소간 개선할 수 있으리라는 희망일 뿐이다.

2

깊은 주의를 가지고 사회 사정에 관여해야 한다. 스스로의 의견에 구애됨이 있어서는 안 된다. 낡은 생각을 버리고 새로운 의견을 받아들여야 한다. 편견을 버리고 아주 자유로운 두뇌로 판단해야 한다. 바람의 방향이 달라진 것을 모르고 항상 같은 방향으로 돛을 달고 있는 뱃사공은 아무리 오랜 세월이 가도 목적하는 항구에 도착하지 못한다.

― 헨리 조지

3

역사가 주는 교훈을 보면 인간의 끝없는 욕망의 결과는 언제나 그 욕망의 결과로 얻은 어떤 가치와 어떤 존재로도 자신의 이상에 도움이 되지 않으며 결국 전혀 필요로 하지 않는 것을 섬겼거나 그 헛된 이상이 불러오는 오만과 악으로 어두워진 이성의 눈으로 섬길 필요조차 없는 것에 대한 막연한 희구였음을 알게 될 뿐이다. 인류가 한 덩어리가 되어 죄 속에 살고 있으며 또 각자가 그 속에 살고 있는 무서운 거짓을 떠나 밝게 살자면 솔직하고 담대하게 그리스도의 가르침을 진리로 받아들이는 것이 필요하다.

♣

부정한 요구에 복종하는 것은 불행을 자초하는 요인이 된다.

1월 17일

자신 속에 내재한 천명을 알고 정신이 관계하는 한 선의 법칙으로만 행하라. 그러면 저절로 사회는 더불어 향상될 것이다.

하나님(神)의 법칙과 생활

1

현 시대의 인간은 마치 선생님이 강의하는 교실에 늦게 들어와 강의가 채 끝나기도 전에 나가 버리는 아이들과 같다. 강의의 서론을 듣지도 못하고 강의의 결과조차 내려지기 전에 나갔기 때문에 무엇인가 듣기는 했으나 아무 것도 이해할 수 없는 현상이 그렇다. 하나님의 위대하신 가르침은 인간이 태어나기 훨씬 이전부터 시작되었고 또 인간이 한 줌 흙으로 돌아간 뒤에도 계속될 것이다. 그러므로 인간은 그 일부만을 듣고 보았을 따름이다. 그래서 들은 것 중의 대부분은 이해할 수 없고 본 것도 믿지 못하는 것이다. 그러나 어쨌든 극히 적고 막연하나마 위대하고 상상을 초월하는 영감적인 신성한 그 무엇이 인간의 삶을 수용(收容)하게 하는 능력으로 작용하기 때문에 삶은 의미 있는 것이다.

— 다빗 토마스

2

환상가는 흔히 미래를 확신적으로 한정해 버린다. 그리고 저들은 미래를 기다리려고 하지 않는다. 저들은 미래가 곧 눈앞에 다가오기를 원하고 미래에 대하여 매우 성급하다. 자연의 세계에서도 수천 년의 세월이 필요한 현상을 저들은 자기 생애에서 완전히 보기를 원한다.

— 레싱

3

왜 그대는 그토록 곤고한 상태에서 부질없이 괴로워하는가? 그대들은 선(善)을 희망하면서도 그것을 어떻게 얻을 것인가를 모르고 있다. 인생은 주는 자만이 얻을 수 있음을 알라. 그대들은 하나님 없이는 그 무엇도 얻을 수 없다. 그대들은 정욕의 침대에서 뒹굴면서 도대체 무엇을 찾았는가?

그대들은 때로 폭군을 멸망시키기도 했지만 그러나 그보다 더 악한 색다른 폭군이 나왔고 그대들은 노예제도를 없앴으나 그러나 또 새로운 피(血)의 제도와 또 새로운 노예제도가 생겨났다.

나는 신과 그대들의 중간에 서 있다고 말하는 인간들을 믿지 말라. 그런 인간들은 단지 마음에 악한 뜻을 품고 있을 따름이다. 자유의 힘은 하나님에게서 오고 또한 거기서 변함 없는 사랑이 오는 것이다.

자신의 생각과 자신의 뜻으로 만든 인간의 법칙에 의하여 그대들을 인도하는 자들이 그대들을 위해 무엇을 할 수 있겠는가? 그들이 선한 뜻을 품고 오직 선한 것만을 원한다 하더라도 어쨌든 그들은 하나님의 법칙 대신 자기의 뜻을 그대들에게 요구하고 정의 대신 자신의 사상을 강요하는데 불과하다. 그런 것은 폭군들이나 하는 짓이다. 하나의 폭군을 다른 폭군으로 바꿔 채우기 위해서 그 폭군을 없애 버렸댔자 유익은 아무 것도 없다.

자유는 이 폭군 혹은 그 폭군이 지배하는 곳에는 이루어지지 못한다. 오직 하나의 신이 지배하는 곳에서 이루어지는 것이며 신이 지배하지 않는 곳에서만 인간도 무엇이든 지배할 수 있을 뿐이다.

신의 왕국은 정의로운 지혜와 마음에 자비가 가득한 왕국이다. 이 왕국의 기초는 신에 대한 신앙이고, 예수의 가르침에 대한 신앙이다.

예수는 하나님의 법칙 즉 정의와 자비의 법칙을 밝혀 가르치셨다. 정의의 법칙은 하나님 앞에서 그리고 스승이신 예수 앞에서는 모든 것이 하나임을 가르치신다. 자비의 법칙은 오직 한 아버지의 아들로서 그리고 오직 하나의 스승의 제자로서 서로 사랑하고 서로 도와야 함을 가르치신다. 그러나 이전에는 그 누구도 정의가 과연 무엇인가를 알지 못했다. 정의가 내게서 생겨나니 나를 믿어라. 그러면 내가 그대들을 만족시킬 만한 정의를 세우리라' 하고 말하는 자가 있다면 그는 당신을 속이는 자이다.

만약 그가 진실로 자유를 약속한다면 그는 스스로를 속이는 것이다. 왜냐하면 그런 자들은 당신이 그를 상전으로 모시기를 바라고 있기 때문이다. 그렇게 되면 자유는 단지 이들 새로운 상전을 섬기는 조건에 한정될 뿐이다.

그들에게 대답해 주라. 그대들의 주인은 오직 하나의 신이며 그대들은 다른 상전을 바라지 않고 신만이 그대들을 자유롭게 할 수 있는 것이라고.

― 라메에

4

이 그릇에서 저 그릇으로 물을 떠 담을 수 있듯이, 지혜라는 것도 많이 가진 자로부터 가지고 못한 자에게 퍼 넣어 줄 수 있는 것이라면 얼마나 편리하겠는가. 그러나 지혜를 받는 것은 물 담듯이 되는 것이 아니다. 남의 지혜를 받아들이자면 자기 노력이 그보다 몇 배 더 요구되는 것이다.

5

남에게 선을 가르칠 수 있다 하더라도 자신이 그 선을 실행하지 않는다면 그것은 아무 것도 아니다. 남들이 당신의 가르침을 받아들일 생각을 보이지 않음에도 불구하고 그것을 강요한다면 모든 것을 잃을 것이다. 현명하고 어진 사람은 어리석은 사람의 말에도 귀를 기울인다.

― 중국 성언

♣

하나님의 뜻을 따라 인생을 살아가라. 그렇게 할 때 사회도, 당신의 삶도 보다 풍성하고 여유 있게 되리라.

1월 18일

스스로 천명(天命)을 깨닫고 그것을 이루기 위해 노력하는 사람이 참으로 유덕한 사람이다.

학문과 교양

1

학문이 높은 사람이란 책을 많이 읽고 많은 것을 아는 사람이고, 교양 있는 사람이란 그 시대의 지식이나 양식(樣式)을 많이 아는 사람이며, 유덕한 사람이란 인생의 의미를 아는 사람이다.

2

인류의 존재 이래로 모든 민족 모든 집단에는 교사가 자연스럽게 등장한다. 그들은 인간이 무엇보다 먼저 알고 행해야 하는 것에 관한 학문을 세운 인물들이다. 학문이란 모든 인간의 참된 행복과 삶을 살아가는데 관한 지식을 말한다. 그러므로 학문은 다른 지식의 목적을 달성하기 위한 수단에도 쓸모가 있는 것이다.

학문의 범위는 한없이 넓다. 삶의 목적과 행복이 무엇에 의하여 이루어지는가는 지식이 없다면 그 무한한 학문 속에서 방향을 잃게 된다. 지식이 결핍될 경우 지식이나 예술은 해로운 오락거리로 전락되고 만다. 불행히도 그런 일은 흔히 볼 수 있는 현상이다.

3

자기는 학문이 있고 덕도 있다고 생각하는 사람들이 깨닫지 못하는 것이 있다. 그것은 어리석고 썩은 냄새를 풍기는 무지 속에서 꿈틀대는 자신의 진면목을 알지 못할 뿐더러 오히려 그 무지를 자랑으로 삼고 있다는 점이다. 반대로 화학이나 천문학 그리고 라디오의 원리조차 모르는 사람들과 그보다 더 무식한 사람들 중에도 유덕한 사람이 있다. 그들은 자신의 진면목을 알고 있으면서도 그것을 자랑으로 여기지도 않는다. 그런 사람들은 자신의 학문이 높다고 생각하고 자만에 빠져 자신의 실상을 알지 못한 채 세속적인 지식만 절대시하는 앞서 말한 자와 같은 인간을 딱하게 여길 따름이다.

♣

학문은 무엇이 참된 선(善)인가를 알게 할 수 있어야 하며 그 선을 일으킬 수 있는 힘을 가져야 진정한 학문이다.

1월 19일

사회는 자기를 부인(自己否認)할 수 있는 사람들에 의해 건전하고 아름답게 발전한다.

자기부인(自己否認)

1

'제비가 봄을 가져오는 것이 아니다'라는 속담이 있다. 제비가 봄을 가져오지 않는다는 말은 맞다. 그러나 제비가 봄을 느끼면서도 기다리기만 하고 날아오지 않는다면 겨울이 멀리 가 버렸음도 어찌 알겠는가? 땅도, 풀도 그저 기다리기만 한다면 봄은 결코 오지 않을 것이다. 그와 마찬가지로 하나님의 나라를 이룩하자면 하나님의 때를 먼저 아는 사람들이 하늘 나라의 비밀을 세상에 알려야 한다. 그렇지 않은 사람은 자기가 첫 번째 제비인지, 열 번째 제비인지를 생각할 필요가 없다.

2

하늘과 땅은 영원하다. 하늘과 땅이 영원한 것은 하늘과 땅이 모두 자기 자신을 위하여 존재하는 것이 아니라는 데 있다. 이것이야말로 하늘과 땅이 영원한 이유이다. 어느 시대나 성현은 자기 자신에 집착하지 않는다. 그는 자신의 구원을 위하여 그 무엇도 구하지 않는다. 그렇기 때문에 더 큰 모든 것을 이룰 수 있었던 것이다.

3

인생을 보다 유익하게 살기 원한다면 언제라도 자신을 버릴 수 있는 용기가 있어야 한다. 그 법칙은 개인적으로나 공적으로 다 통하는 법이다.

4

예전에 없었던 거대한 선과 악의 투쟁이 벌어질 조짐이 있을 때, 세계 방방곡곡에서 이미 큰 우레 소리가 들리고 모든 사람들이 두 개의 군대, 즉 신의 군대와 악마의 군대가 드디어 충돌할 때가 왔다는 징조와 또한 인류 미래의 운명이 자유로워질 것인지 노예의 상태로 전락될 것인지가 그 충돌 결과에 달려 있다고 예감할 진지한 때에 무엇보다도 다음과 같은 것을 알아야 한다.

즉, 신의 군대의 소환에 과감히 참가하는 사람, 즉 대의를 위하여 자신을 버릴 수 있는 사람은 정실에 끌리지 않고 언제 어디에서나 도움이 필요한 곳이나 싸움이 있는 곳이라면 어디라도 갈 수 있고 누구에게도 무엇에게도 얽매임이 없어야 하며, 적일지라도 망멸한 자를 묻어 줄 수 있는 사람이어야 하며, 그러한 사람들만이 신성한 투쟁에 응할 수 있는 것이다. 일시적이며 덧없는 것에 마음이 끌려 분별력을 상실했거나 물욕에 사로잡혀 자신의 영혼이 자유를 부르짖는 소리를 듣지 못하고 사는 사람 그리고 위대한 자유를 수호하기 위해 죽는 것을 이해하지 못하는 사람들은 멸망할 사람들이다.

— 라메에

5

한 인간을 평가할 때 중요한 것은 그 사람이 무엇을 목적으로 살았는가 하는 것이다. 목적과 상관없이 이루어진 업적은 우연한 사정에 기인(起因)된 것이 많다. 그리고 우연한 기회 때문에 그 사람의 위대한 목적을 포기한 경우도 있다. 의지와 결과에는 때를 얻어야 한다는 말이다. 위대한 사람들의 인생은 그들이 실현한 결과보다는 그들의 목적과 노력의 과정에서 더 많은 것이 표현된다. 뿐만 아니라 그들에 관한 평가도 그들의 목적과 그에 수반된 열정이 그들이 이룩한 결과보다 가치 있는 것이 많다.

— 존 러스킨

♣

희생 없이 구악을 개혁하려는 시도는 무익하다. 그러한 시도는 성공할 가능성을 감소시킬 뿐이다.

1월 20일

기독교는 인간과 하나님의 직접적인 교섭을 이루는 종교이다.

기독교

1

예수 그리스도의 가르침의 본질이 무엇인가 묻는다면 나는 인간 영혼이 위대하다는 것에 대한 그의 신념에 있다고 대답하겠다. 예수는 인간에게 신의 그림자와 신의 형상을 보였던 것이다. 그런 고로 예수는 인간의 속죄를 갈망하고, 어떤 부류의 사람이든 어떤 처지에 있는 사람이든 가리지 않고 사랑했던 것이다. 예수는 물질적인 뚜껑을 열고 사람 속에 내재된 사람의 본질을, 즉 신의 눈으로 존재를 보았던 것이다. 예수는 인간의 영혼 속을 들여다 본 것이다.

육체는 예수 앞에서 존재 의미가 없다. 예수는 부유한 자의 영혼을 통해서, 그리고 가난한 자의 영혼을 통해서 인간의 속을 보았고 예수는 무지의 암흑과 죄의 시궁창에서도 인간이 가진 불멸의 성질과 무한히 발전할 수 있는 힘과 완성의 싹을 발견했던 것이다. 가장 낮은 곳까지 타락한 자, 가장 못 쓰게 부패한 자, 그 속에도 예수는 이 세상의 천사로 바뀔 수 있는 바탕을 보았던 것이다.

— 찬닝

2

일에는 근원적으로 나쁜 일도 위험한 일도 없다. 그것은 모두의 발전 과정이다. 마치 아이들이 혼자 걷기를 배우기 위해 지금까지의 습관을 스스로 버리고 성숙해 가는 과정의 단면과 같다. 처음에는 길 잃은 고독한 자와 같으나 그렇게 외면적인 자신을 버리게 되면 그는 내면으로 들어가 이윽고 자기를 파악하게 된다. 그리고 자신이 위대한 신이 존재하는 진실의 눈앞에 있음을 깨닫는다.

결국 그는 글자로서가 아니라 자신의 영혼으로 십계명이나 성서나 사도서(使徒書)를 읽는다. 그리함으로 그의 작은 예배소는 위대한 천국의 전당으로까지 확대되는 것이다.

— 에머슨

3

신에 대한 사람의 인식은 때때로 연약하여 위험한 과실에 빠지기 쉽다. 깊은 신앙에서 흘러나오는 덕성으로 신을 인식할 때만이 높은 도덕을 부여하는 신의 본성을 의식할 수 있고, 그러한 의식은 신앙을 더욱 진실하게 하고 또 진실 이상의 것을 얻게 한다.

— 칸트

✧

오직 신만을 경외하라. 마음속에 자리잡고 있는 환상이나 심상을 경계하라.

1월 21일

인간의 정신적 완성은 이지(理智)에 강하고 욕정을 억누를 때 이루어지는 것으로 그 완성을 스스로 의식하고 유지할 때 행복한 것이다.

인간의 정신적 완성

1

어떤 행위는 사회로부터 칭찬과 박수를 받는다. 그러한 칭찬을 눈앞에 맞이할 때 사람은 마치 먼 곳에 무지개를 가까이 보는 듯하다. 그것은 젊은이에게는 유달리 매혹적이기도 하다. 그러나 그 무지개, 즉 그 상황이 사라져 버리면 그와 동시에 노력하는 힘도 사라져 버린다.

기독교도 앞에도 영원히 무지개가 빛을 내고 영원의 상황이 보인다. 기독교도는 그 젊은이와 같이 인생의 도전을 갈망한다. 기독교도에게는 늘 싸워야 할 것과 나아가야 할 것이 있다. 왜냐하면 늘 맑고 밝은 자아의 반성은 자신의 내면적인 새로운 결점을 폭로하기 때문이다. 그리하여 결점과 싸우기 시작하지 않으면 안 되기 때문이다. 그러므로 기독교도의 힘은 잠자거나 약해지거나 하지 않게 되어 항상 눈뜨게 되는 것이다. 좀더 선하고 싶다는 소원은 제아무리 노력해도 만족할 줄 모르는 야심가에게는 주어질 수 없는 것이다. 다른 사람들은 퇴화해 가는데 왜 기독교도는 발전해 가는가? 그리고 기독교도로서의 정진해 나감에 따라서 왜 점점 더 깊은 지식을 얻는가? 그 원인이 여기에 있다.

—고골리

2

과오나 실수 때문에 방황하는 일이 없도록 하라. 자기 잘못을 아는 것처럼 좋은 교훈은 없다. 그것은 자기 수양의 중요한 방법 중의 하나이다.

—칼라일

3

알지 못하는 일에 매달려 스스로 당하는 괴로움을 피하고 자기와 관계없는 일에 개입하려면 그 시간을 자기 발전을 위해 사용하라.

4

인간의 삶은 도덕에 대한 봉사로 이루어진다. 그것은 마치 인류의 삶이 종족에 대한 봉사로 이루어져 있음과 같다. 인간 사이에 위대한 행위가 이루어지는 것을 보면 인생은 모두 언제나 고귀하다고 생각할 수 있다.

—존 엘리옷

5

어떤 경우에도 '그러한 행동은 대수롭지 않은 것이다. 나도 해 보일 수 있다'라고 하거나 '그런 도덕은 하찮은 것이다. 그 따위는 없어도 살아갈 수 있다.' 라는 말은 하지 않는 것이 좋다.

♣

성장해 가는 정신 세계를 의식하지 못하고 단지 동물적 세계만 집착하는 인간상태는 위험하다. 그러한 사람은 오래 살면 살수록 인생이 시들어 마침내 그 무엇과도 대치할 수 없는 상태가 된다.

무릇 문화라고 하는 것은 물리학적 현상을 인간의 지혜와 덕성의 문제로 바꾸어 놓는 데서 이루어지는 것이라고 할 수 있다.
도덕상의 원칙인 '너 스스로를 사랑하듯이 이웃을 사랑하라'고 말하는 것은 영원한 규범이다. 그리하여 이 규범은 인력(引力)이나 화합이나 기타의 물리학의 법칙과 같은 필연적인 법칙으로서 실행되지 않는 한 아무 소용도 없다. 좀더 자세히 말하자면 물리학상의 여러 법칙은 한때는 의심되던 것이고. 자연이 표시하는 모든 현상 속에 공통적인 것도 아니었으나 연구 노력한 결과 어쩔 수 없는 것으로 인정되게끔 되었다. 도덕상의 법칙도 이와 마찬가지로 그것은 사람들에 의하여 노력되어야 한다.
이지(理智)가 있는 사람들은 현세의 목적은 일체의 존재의 끝없는 각성과 통합에 있다고 생각한다. 인생은 그것을 향하여 나가고 있는 것이다. 그러는 동안 처음에는 인간이 나중에는 일체의 존재로 점차로 이지의 법칙을 받아들이면서 모두 똑같이 다음과 같은 것을 이해하여야만 된다는 점을 알아차리게 되는 것이다. 즉 인생의 행복은 각자가 개인적인 행복을 얻으려 노력하는 데 있는 것이 아니라 이지의 법칙에 따르면서 개개의 존재가 다른 모든 존재의 행복을 위해 노력하는 것에 있음을 깨닫게 되는 것이다.

1월 22일

세상 악 중에서 전쟁을 일으키는 악이 가장 크다.

도덕상의 악(惡)──전쟁

1

젊은이들이여 고귀함과 위대함이란 예컨대 한 사람이 자기 욕망을 거둬 차버리고 타인의 의로운 욕망을 위한 도구가 되어 그 때문에 죽음을 당하든지 굶주림과 목마름과 비바람이나 한서 때문에 고초를 당하며 불구가 되었음에도 그 연유에 초연할 수 있는 사람에게 부여될 수 있는 귀중한 가치이다. 이것은 죽은 뒤의 불멸이라든지 신문이 제멋대로 죽이기도 살리기도 하는 세속의 영광 따위와 덧없는 찬사에 웃고 웃지 않는다.

　총소리가 난다. 그는 부상당해 쓰러진다. 전우들은 그를 군화로 짓밟고 전진하므로 그대로 죽어간다. 아직 숨이 붙어 있던 그 병사는 그 자리에서 불멸의 죽음이라는 고마운 찬사를 받는다. 그러나 전우들도 친척들도 그의 죽음 따위는 잊어버린다. 그리고 그 병사가 자신의 행복과 고뇌와 인생과 모든 것을 바쳤던 그 죽음 따위에는 아랑곳하지 않는다. 2, 3년 지나서 누가 그의 백골이라도 찾아내면 그 백골로 영국식 구두약이 만들어져 그가 소속했던 군대의 장군이 구두를 그것으로 닦게 되는 것이다.

2

　전쟁은 젊은이가 인간이라는 고유의 품성을 하직하고 죽음을 연습하고 죽임을 배우는 병사로 교육한다. 따라서 병사는 관습적으로 사회로부터 격리된다. 병사들의 중요한 감정은 상관에 대한 봉사이다. 상관이라는 사람은 영내에서 전제주의를 교육하는데 전력을 다한다. 전제주의는 자기 목적을 폭력으로 달성하기 위해 이웃의 권리를 노리개로 생각한다. 병사들의 주된 만족은 모험과 폭풍우와 같은 위험이다. 결국 그들은 평화로운 노동에는 등을 돌리게 된다.

　전쟁은 또 다른 전쟁을 낳고 전쟁은 끝없이 계속되어 간다. 전쟁에 이긴 국민들은 승리에 도취되어 또 새로운 승리로 향하여 나가려 하며 패전의 고배를 마신 국민들은 그들의 명예와 손실을 회복하려고 서두른다.

　서로 물어뜯고 분노에 미친 국민들은 서로 상대방의 멸망을 바라며 적국에 질병이나 기아 사고나 내란이 일어나기를 바란다. 따라서 인간을 죽인다는 것은 이런 국민들 사이에는 괴로운 고뇌가 아니라 승리의 기쁨일 뿐이다. 그래서 인간이 인간을 죽이는 일이 거리거리에 전광 등불로 번쩍이게 하고 방방곡곡에서 큰 잔치가 벌이는 축제가 되기도 한다. 때문에 인간의 마음은 거칠어질 대로 거칠어지고 사악한 욕심을 길러낸다. 결국은 동정이나 인도적 감정을 잃어버리게 한다.

—찬닝

3

　예수는 어디에 있는가? 그의 가르침은 어디에 가면 찾을 수 있는가? 기독교 국가의 국민들에게서 예수를 찾아 볼 수 있는가? 대체 어디서 찾아볼 수 있단 말인가? 제도 속에서인가? 그 제도 속에 예수가 있을 리 없다. 뼛골 속까지 부정과 불공평으로 짜여 있는 법률 속에서란 말인가? 거기에도 예수가 있기는 뭐가 있어. 이기주의로 속속들이 젖어 있는 도덕 속에서란 말인가? 그런 데에 예수가 있을 턱이 없다. 그렇다면 과연 예수의 가르침은 어디에 있단 말인가? 그것은 다가올, 그리고 바야흐로 준비중에 있는 깊은 인간의 본성에 대한 위대한 사업 속에 있다. 그것은 지상 끝에서 끝까지 계속해서 통분해 있는 사람들의 염원 속에 있다. 그런 사람들의 양심 속에 있다. 왜냐하면 올바른 양심은 이 세상에 현존하는 모든 악을 내버려두지 않기 때문이다. 위대한 가르침은 악이 사랑과 동포애의 부정, 사악한 유산 확보, 신의 호흡에 거절하고 대항하는 세력이라는 것을 지적하기 때문이다.

—라메에

1월 23일

악에는 일정한 형태가 없기 때문에 어디서나 사람들 사이를 맴돌며 부딪치고 있다.

악의 형태

1

분노에 휩쓸리지 않기 위한 좋은 방법은 마치 폭군에 대하여 취해야 할 태도와 매우 같다. 즉 분노를 앞에 두고 자신의 얼굴을 스스로 때리는 방법이다. 그러면 냉정해지고 거친 행동이나 고함을 질러 정열을 부채질하는 일은 자제될 것이다. 거친 행동이나 고함은 더욱 고통을 크게 할 뿐이다.

정렬이든 사랑이든 질투든 공포든 그 어느 하나도 모든 절대적인 가치를 훼손하지는 못한다. 그러나 분노는 모든 것에 도전하여 적·친구·어린이·어른·신·짐승·물질 등 모든 것을 가리지 않고 덮쳐 평화를 유린한다.

나는 옳고 그름에 상관없이 분노를 고치기 위하여 스파르타 파늘이 노예의 만취한 추태를 연구하듯이 타인이 분노한 행동을 연구했다. 무엇보다 첫째로 어떠한 병에서도 볼 수 없는 가장 무서운 조짐을 히포크레스에게서 보았던 것을 기억한다. 나는 인간의 분노 때문에 아주 미칠 듯이 분별력을 잃고 말투·얼굴빛·걸음걸이·목소리 할 것 없이 모두 바꾸어져 버리는 것을 보고 그것이 분노라는 정념의 열기로, 또는 형상으로 깊이 생각하게 되었다. 그리고는 아주 정떨어지는 기분으로 이렇게 생각했다. '만약 내 친구나 아내나 딸들이 별안간 내가 이토록 무섭고 사나운 꼴이 되어 난폭하고 사악한 눈초리로 노려보면서 분노의 목쉰 소리로 꽥꽥 고함 지르는 꼴을 본다면 어떻게 생각할까?' 하고.

사나운 바람이 바다 해초를 송두리째 뽑아버릴 수 있는 것은 누구나 잘 알 것이다. 바다에서와 같이 마음속에 폭풍우가 생겼을 때에도 분노가 상스럽고 험상궂은 사악한 말을 뱉어 버리게 한다. 인간의 입이란 그런 말로 가득 차 있고 더렵혀진 상태로 어느 때라도 내뱉을 준비를 한다.

그러나 분노가 닥쳐왔을 때 주의 깊게 반성하면 분노가 도대체 어떤 것인지 잘 이해하고, 결코 그런 감정으로 끌려가지 않을 수 있고 도리어 그 같은 감정의 파산적인 성격을 똑똑하게 깨닫게 된다.

무엇보다 먼저 이 자아반성은 분노가 결코 고상한 것도 남성적인 것도 아니고 분노에는 결코 지양된 감정도 위대한 감정도 있을 수 없다는 것을 알게 한다. 그러나 무지한 사람들은 그런 것을 알지 못한다. 왜냐하면 그들은 광태를 적극성으로, 공감을 용기로, 불순을 힘으로, 잔인을 힘의 기호로, 경박을 견고함으로, 심술을 악에 대한 혐오라고 생각하기 때문이다.

사실상 분노하는 사람의 행동은 모두 그 사람의 약함과 어리석음을 표시하는 것이다. 그것은 예컨대 그 삶이 격분해서 아이들을 때리거나 아내에게 행패를 부리는 경우뿐만 아니라 개나 말을 차고 때리지 않으면 안 되겠다고 생각할 때도 마찬가지이다.

심하게 매질하면 몸이 붓는 것과 같이 약한 마음이 상처를 받으면 점점 더 약해지는 것이 아니라 도리어 강한 분노가 생긴다. 여자는 남자보다 노하기 쉽고, 병든 사람이 건강한 사람보다 노하기 쉬운 원인이 바로 여기에 있다.

이와 같이 분노는 강한 마음의 표현이 아니라 그와 반대로 약한 마음의 표현인 것이다. 약한 마음은 몸부림치면서 고집을 잊어버릴 수 없을 뿐만 아니라 구정물을 내뿜는 폭풍우의 바다와 같이 자신을 암흑으로 더럽힌다.

―시네카

2

구두쇠는 남이 가지고 있는 것을 자기 것으로 만들려 애쓴다. 구두쇠는 자기만 부자가 되면 그만이기 때문에 자기 이익을 위하여 남을 해친다. 그가 저지르는 악은 보통 생각하는 것보다 훨씬 크다. 그는 자기 죄악으로부터 아무런 이익도 없으면 남을 해친다. 그는 남에게 악을 전할 뿐더러 자기에게도 전한다. 이것이야말로 집안・몸・정신 할 것 없이 망쳐버리는 가장 무서운 광태가 아니고 무엇인가?

―소크라테스의 회화

3

분노의 발작에 휩쓸려 드는 자는 남자다운 인간이 아니다. 친절과 상냥스런 마음씨를 가지고 있는 사람이야말로 남자다운 사람이다.

4

분노가 남이 보기에 아무리 불쾌하다 하더라도 화를 내는 본인보다 더 하지는 않다. 분노로 시작된 것은 수치로 끝난다. 분노는 분노를 가져오게 하는 모욕보다도 해로운 것이다.

5

악에 경계선이 없어진 사람, 즉 악 속에 완전히 싸여버린 사람은 가장 강력한 적(敵)이 자신을 기다리는 곳으로 자신을 데리고 갈 뿐이다. 갓 따른 우유는 시지 않다. 악한 일은 금방 열매를 맺지 못한다. 그러나 재 속에 숨겨 있는 불씨처럼 점점 살아나서 사람을 괴롭힌다.

―석가

6

악으로 보복하며 미워하는 자에게 고통으로 대가를 치르게 할 때 이성(理性)을 잃은 이지(理智)는 그와 비길 수 없을 만큼 큰 악을 그대에게 선물할 것이다. 부모도 친척도 이웃도 이지(理智)만큼 많은 행복을 가르쳐 주지는 못한다.

♣

어른들이 서로 추한 모습으로 싸우는 꼴을 보면 아이들은 곧 그 광경을 바르게 평가한다. 즉 아이들은 누가 옳고 그르다는 것에는 관계없이 공포와 혐오로 그들로부터 도망쳐 버린다는 말이다.

1월 24일

인류는 어디를 향해 가는가? 를 아무도 알 수가 없다. 가장 높은 지혜란 어디로 가야 할 것인가를 아는 것에서 얻어진다. 즉 신을 향하여 높은 완성으로 걸어나가야 한다는 사실을 깨닫는 일이 그것이다.

인류의 나갈 길

1

참된 삶으로 가는 길은 좁기 때문에 그것을 찾아낼 수 있는 사람도 극히 드물다. 또 그 길이 자신 안에 있기 때문에 자신의 길을 찾는 자도 드물다. 대개는 다른 데서 길을 찾기 때문에 자기 길을 찾기 어렵다.

―류시 마로리

2

인간은 세 부류로 구분할 수 있다. 그 하나는 하나님을 찾아서 섬기는 사람으로 그들은 슬기롭고 행복하다. 다른 하나는 하나님을 찾으려고도 하지 않고 거부하는 사람으로 이런 사람은 지혜도 없고 행복도 없다. 셋째는 신을 찾아내고도 믿지 않는 사람으로 이들은 지혜는 있으나 행복하지는 못하다.

―파스칼

3

인생은 진리 탐구로부터 시작된다. 진리에 대한 탐구가 멎으면 인생도 멎는다.

―존 러스킨

4

신에게 모든 것을 의지하고 인생을 이상(理想)을 향한 행동으로 삼고 감사와 친절과 용기로 살아가는 것―여기에 마카스 오렐리아스의 놀라운 관찰이 있다. 지혜를 욕하고 지혜가 없어도 살아갈 수 있다고 생각하는 사람들은 기독교도로서는 큰 악이다. 지상에서의 신의 왕국에 만족하지 않고 무덤 저편에서도 신의 왕국을 인식하는 자를 존중하라.

거짓된 종교생활은 신과의 결속은 고사하고 신을 알지 못하는 것과 같다. 참된 지(智)와 유덕은 신으로부터 무상으로 받은 품성이다.

―아미엘

5

지혜를 찾는 자를 지적(知的)인 사람이라 말한다. 그러나 그가 지혜를 찾아냈다고 생각한다면 그는 지혜가 없는 자이다.

—페르샤의 성전

6

인간은 현재의 자리잡고 있는 위치가 소중한 것이 아니라 움직이고 있는 방향이 소중한 것이다.

—존 러스킨

♣

속세나 사회의 목적이 인간의 행위를 한정하는 것이 아니다. 모두의 인생에 주어진 것과 동일한 사명이 행위를 한정하는 것이다.

1월 25일

누구에게나 지식은 필요하다. 그러나 그 지식을 자기 것으로 만들지 못하면 유익하지 못하다. 필요한 지식이라고 모두 유익한 것이 아니며 때로는 해로울 수도 있다.

사람들에게 필요한 지식(知識)

1

소크라테스는 그의 제자에게 늘 이런 말을 했다. 즉, 바르게 수립된 교육에는 어떤 과목이든 그냥 넘겨 버릴 수 없는 가치가 있다. 그 과목이 아무리 일반적인 문제를 취급할지라도 도달해야만 하는 목적이 담겨 있다는 말이다. 유산을 분배하거나 노동자들에게 일을 나누어주는 단순하고 자의적(恣意的)인 일에도 꼭 필요한 규칙과 질서규범이 있고 지구의 넓이를 모두 측량할 경우와 같이 어렵고 힘든 문제에 부딪혀도 고생이나 어려움으로 생각하지 않고 할 수 있어야 한다고 소크라테스는 그의 제자들에게 늘 말해 왔다.

그러나 그는 기하학상의 매우 어려운 문제는 설명하지 않았다. 설사 자기가 그 문제를 잘 알고 있다해도 그런 문제는 인생을 낭비케 하고 실제 아무런 유익도 없다고 생각했기 때문이다. 그런 특별한 문제 때문에 다른 유익한 과목을 놓쳐서는 안 된다고 생각한 것이다. 천문학으로 그는 하늘의 여러 가지 현상에 의하여 밤의 길이를 알고, 낮과 밤을 알고, 길을 잃지 않고, 해상에서 방향을 바르게 알고, 앞을 예측할 수 있다고 말한다.

'천문학은 아주 편리한 과목이다. 사냥꾼이나 항해사나 일반적으로 조금이라도 그것을 알고 싶어 하는 사람은 누구라도 배울 수 있는 것이다'라고 그는 덧붙여 말했다. 그러나 천문학에서도 천체상의 여러 가지 궤도를 연구하고, 별의 크기를 계산하고, 지구로부터의 거리나 운동이나 변화를 배우는 것을 그는 매우 나무랐다. 왜냐하면 그런 일에서는 전혀 실제적인 이익을 찾아볼 수 없었기 때문이다. 그가 이런 학문에 대해서 그토록 낮은 평가를 하고 있었던 것이 그 자신이 무지했던 탓이 아니다. 왜냐하면 그는 그런 일을 충분히 깊게 연구하고 있었기 때문에 쓸데없는 일로 유익하게 쓰일 수 있는 시간이 낭비되는 것을 원하지 않았기 때문이었다.

2

지식을 이것저것 주워 모으려 하지 말라. 자족(自足)하지 못하는 철학자나 인생을 마치 재물을 모으는 것과 같이 끝을 모르는 연구가들은 불쌍한 인간들이다. 이렇듯 어리석은 부자들은 매일같이 자기 지식을 자랑하는 잔치를 차려 놓고 떠들썩하는 동안 가난한 사람들은 더욱 더 굶주리고 있는 것이다. 왜냐하면 공허한 지식은 내면적인 것이나 보편적인 완성과는 아무런 관계가 없기 때문이다.

—페누론

3

무지(無知)를 두려워하라. 그러나 그보다는 그릇된 지식을 더 두려워하라. 거짓의 세계로부터 그대의 눈을 멀리 하라. 자기 감정을 믿지 말라. 감정은 자신을 속이는 수가 있다. 그러므로 자신의 내면적인 영원한 인간성을 탐구하라.

—석가

4

학문이 높고 하나님을 사랑하는 사람은 무엇과 같을까? 그는 연장을 손에 든 장인(匠人)과 같다. 학문은 있으나 마음속에 하나님의 사랑이 깃들여 있지 않은 자는 연장이 없는 공인(工人)과 같다. 하나님을 사랑하긴 하나 학문에는 외눈도 거들떠보지 않는 자는 연장은 있으나 일을 모르는 공인과 같다.

—탈무드

5

한 가지 일 자체에만 종사하나 철학적 의지가 없을 때 실험과학은 흡사 눈 없는 얼굴과 같다. 그 같은 일에는 이렇다 할 뛰어난 천재는 없고 단지 어중간한 능력이 있는 자들뿐이다. 그런데 그 따위 능력은 이들 정밀한 연구에는 방해가 될 뿐이다. 그런 불완전한 능력밖에 없는 자들은 모든 힘과 지식을 단지 한 가지의 세분된 과학 분야에 기울여 버린다. 그렇게 되면 다른 학문의 영역에는 아주 백지(白紙)라는 조건 아래 그 한 가지 분야에만 지식을 충분히 얻을 수 있을 것이다. 이들은 어떤 부서에서는 시침만을, 다른 부서에서는 용수철만을, 또 다른 부서에서는 시계 줄만 만드는 시계 공장의 직공과 같고 자기 악기만을 탈 줄 아는 오케스트라의 악사들과 같다.

─쇼펜하우어

6

머리를 쓰는 일로는 배부름을 누릴 수 없다. 어떤 정원에 두 사나이가 들어왔다. 그 하나는 높은 학문이 있고, 다른 하나는 신을 의지하며 사는 사나이다. 학문이 있는 사나이는 곧 그 뜰에 있는 나무의 값을 계산하기 시작했다. 열매 수를 세어 그 뜰의 가치를 결정했다. 신에 의지하여 사는 사나이는 곧 그 뜰 주인과 친밀하게 되어 나무 아래에 가서 그 열매를 배부르게 먹었다.

열매를 잘 이용하라. 잎을 세던가 여러 가지 가치를 중얼대고 계산해 보았댔자 배는 부르지 않다. 모든 것을 머리로 계산해서 행동하지 않아도 신을 의지하여 살아가면 그대는 비싼 행복을 배부르게 먹게 되리라.

─바라문교 성전

7

아무런 이익도 없는 것을 많이 배우느니보다 쓸모 있는 몇 가지를 배우는 편이 낫다.

─세네카

♣

일반적인 지식이든 특수한 지식이든 필요 없는 것은 언제나 해롭다.

1월 26일

일생 동안 늘 이웃을 못살게 구는 사람들— 무릇 부자들의 생활이 그런데, 결코 남에게 자애를 보여줄 수 없다.

이웃을 못살게 구는 사람들

1

　진수성찬 풍성한 밥상에 앉아 웃어대면서 배부르게 먹으면서도 거리를 헤매는 사람들이 울고 슬퍼하는 소리나 그 울음소리에 귀를 기울이지 않을 뿐더러 그런 사람을 욕하고 책망한다면 그보다 더 악한 행위가 없을 것이다. 단지 한 조각 빵 때문에 누구든지 거짓말을 할 수도 있다. 그럴 때 그들을 불쌍히 여기는 것도 필요하지만 그 사람을 곧 굶주림으로부터 구하는 것이 더 중요하다. 만약 아무 것도 주고 싶지 않더라도 최소한 그를 모욕해서는 안 된다. 만약 물에 빠져 죽는 자를 구하고 싶지 않더라도 그를 더 깊은 곳으로 밀어 넣어서는 안 된다.

―조르아스터의 교훈

2

　누구에게 무엇을 주려고 할 때 결코 인색해서는 안 된다. 가지고 있는 대로 주면 된다. 왜 인색해지는가? 그 이유는 탐욕으로 얻은 재산이기 때문이다. 그 때문에 자선하는 데도 인색한 것이다. 그러나 노략질을 업으로 삼는 자는 이와는 반대의 경향을 보인다. 남의 것을 노략질해 온 자는 자기 것을 남에게 생각 없이 주어 버린다. 개가 강아지 때부터 육식으로 자라면 가축을 감시할 수 없게 된다. 그래서 포수는 그런 개는 죽여 버린다. 육식으로 자라난 개는 이윽고 그 때문에 굶어죽을 것이므로 성경에도 이렇게 씌어 있다. '자비를 베풀라. 그대의 모든 것은 맑고 깨끗하게 되리라고 주님께서 말씀하셨다.'라고. 자비는 결코 부정에서는 나오지 못한다. 왜냐하면 그것은 이미 자비가 아니라 학대이며 비인간적이기 때문이다. 어쨌든 하나의 인간을 헐벗겨서 다른 인간에게 입혀 보았댔자 무슨 소득이 있는가? 자비란 긍휼에서 오는 것이다. 그 이외에 자비는 잔학의 일면이며 겁탈해 온 것을 남에게 나누어주는 것은 아무런 의미도 없다.

―조르아스터의 교훈

3

　남에게서 겁탈하기를 그쳐라. 그리고 난 후에 자선을 베풀라. 고액 변리를 받아먹는 일에서 손을 떼라. 그리고 나서 자선에 손을 뻗쳐라. 자기 손으로 한 인간을 발가벗겨서 그것을 다른 사람에게 입히려고 한다면 그 자선은 죄악 행위이다. 그러한 자선은 베푸느니보다 오히려 않음이 낫다.

―조르아스터의 교훈

4

가장 몹쓸 죄악적인 자선의 일례는 어떤 공작 부인이 가난한 사람들을 위한 다는 구실로 개최한 수억 원짜리 다이아몬드 전시회였다.

5

부자들의 잔학성은 그들이 개최하는 각종 자선회에서 잘 볼 수 있다.

그들은 자선 받은 사람이 아첨하고 굽실대며 사례를 하지 않으면 얼굴을 찡그린다. 자선이라는 이름으로 인간과 인간과의 관계가 시작될 때 그 표식이 바로 사례이기 때문이다.

6

부잣집에는 식구 세 사람에 방이 열 다섯이 있어도 찾아든 거지가 하룻밤 쉬어 갈 구석이 없다. 그러나 가난한 농민의 단칸방 오막살이 속에 일곱 식구가 살고 있어도 낯선 나그네가 찾아들면 쉴 자리가 있다.

7

인간은 미완성의 존재이다. 그래서 욕망을 갖게 되고 물질을 사랑하는 것도 그 욕망의 한 형태일 뿐이다. 미완성의 존재이기 때문에 인간의 생활 법칙 안에서 노력이 필요하고, 인간 정의의 법칙으로써 사랑이 필요하다. 이러한 규칙은 신이 정해 주신 것이다. 완성이란 오직 신에게만 있는 것으로 인간의 지혜가 완성을 추구하면 할수록 신의 사업과 인간의 일 사이에 오히려 격차만 더 커질 뿐이다.

―존 러스킨

8

지혜의 첫째 열쇠가 자신을 아는 것에 있듯이(설사 아무리 어렵더라도) 사랑의 첫째 열쇠는 자신에게 만족하는 데 있다.(설사 이에 못지 않게 어렵더라도) 오직 이 같이 자신을 알고 자신에게 만족을 가질 수 있는 사람만이 남에 대한 사랑에서 굳세고 적극적이 될 수 있다.

―존 러스킨

9

세상에서 높은 자리를 차지하고 있으면서도 형제가 곤경에 빠진 것을 보면서 마음을 닫은 자에게 어찌 하나님이 들어갈 수 있으랴. 사람들이여! 말이나 입으로만 남을 사랑하지 말고 실제 행동으로 남을 사랑하라.

—공자

♣

부자가 자비심을 갖게 되자면 무엇보다 예수가 돈 많은 젊은이에게 말한 것을 실천하여야 한다. 물질을 섬기면서 동시에 하나님을 섬길 수는 없다.

1월 27일

사랑할 수 있는 마음에 행복이 들어온다. 사랑은 인간을 신과 결합시킬 수 있기 때문이다.

사람을 사랑하는 것

1

사람의 정신적 향상을 방해하는 것은 그 사람 자신 안에 원인이 있다. 외부적 요인은 그 원인이 될 수 없다. 몸이 약하거나 특별한 학문이 없더라도 그런 것은 정신적 향상에 조금도 방해가 되지 않기 때문이다. 그런 것은 모두 사랑에 의하여 정복될 수 있으나 이런 것들이 정신적인 향상에 방해가 된다면 그것은 내면의 사랑이 부족하기 때문이다.

—류시 말로리

2

사랑하는 사람은 이익이 있어서 사랑하는 것이 아니다. 사랑한다는 것에서 행복을 느끼기 때문에 사랑하는 것이다.

—파스칼

3

후회의 이야기를 말하지 말라. 슬퍼하고 탓해 본들 무슨 소용이 있겠는가? 거짓은 '후회하라'고, 말하나 진실은 '오직 사랑하라'고, 말한다. 신에게서 떠난 자는 살아 있지 않은 자와 같다. 모든 기억을 내던져 버려라. 자신이 걸어 나가는 길 위에는 전통은 방해가 될 뿐이다. 지나간 일을 말하지 말라. 사랑의 그늘 아래서 살라. 그리고 모든 것들은 지나가게 하라.

4

"학문이 무엇입니까?" 라고 사람들이 성자에게 물었다.

"인간을 아는 것이다." 하고 성자는 대답했다.
"도덕이 무엇입니까?" 하고 사람들이 또 물었다.
"사람을 사랑하는 일이다." 하고 성자는 대답했다.

─중국 성언

5

행복이란 인간의 삶에 있어서 절대적 가치로 추구될 수 있으나 노력과 희망으로 보장되거나 지속되지 않는다. 그런 관점에서 생각하면 인간과 행복의 문제는 일방적이고 불안정한 관계이다. 왜냐하면 인간의 가장 높은 노력으로 이룰 수 있는 행복의 분량은 지극히 미약하고 잠깐의 순간에 불과할 뿐만 아니라 때로는 인간이 행복을 향해 나아갈수록 행복의 정체는 더 멀어질 수도 있기 때문이다. 의무를 다하는 것도 평화를 가져오기는 하나 행복은 가져오지 못한다. 오직 하나님의 성스러운 사랑과 신에 대한 신앙에 합치하는 일만이 이 곤욕을 제거한다. 신앙으로 결속된 하나님과의 관계에서만 희생도 기쁨이 된다. 이러한 기쁨은 끊임없이 성장해 가며 파괴할 수 없는 행복이며 영혼의 만족이 보장된 기쁨이다.

─아미엘

6

사랑하라. 괴로움을 던져주던 자를 사랑하라. 비난하고 미워하던 자를 사랑하라. 마음을 숨기고 보이지 않는 자도 사랑하라. 모든 자를 사랑하라. 그러면 맑은 개울물 속을 들여다보듯이 그 사람 속에 존재하는 성스러운 사랑의 본질을 보리라. 그러면 그를 용서할 필요도 없고, 또 용서할 이유도 없어질 것이다. 오직 자신만을 용서할 일이 남게 되리라. 마음속에 신이 계셨는데 그 신을 사랑하지 않았던 것에 대하여, 그리고 사랑하지 않았으므로 그 하나님을 볼 수 없었던 것에 대하여 말이다.

나는 이 세계를 변혁할 수 있는 힘을 내 자신 속에서 인식한다. 그 힘은 밀지도 치지도 않으며 비록 그것이 느릿느릿하기는 하나 도저히 저항하기 어려운 힘으로서 나를 끌고 가는 것을 느끼고 있다. 그리고 무엇인가 나를 끌고 있는 것을 본다. 그래서 나는 끌려간다. 그리하여 새로운 결합을 향한 진행을 의식한다. 지남철의 끄는 힘의 중심에 있다면 그대 자신도 지남철이 될 것이요, 모두가 자신의 사명과 힘을 의식하는 정도가 커지면 커질수록 점점 뚜렷하게 새로운 세계가 이루어져 간다. 인간은 신으로부터 그것을 직접 물려받으면서 신의 법칙에 종사자가 되어야 한다. 그러면 인간이 만든 법칙은 인간들 앞에서 시들어 버린다. 나는 내 자신 속에 있던 그 힘에게 묻는다.
"너는 도대체 무엇이냐?"
그러면 그 힘은 대답한다.
"나는 사랑이며 천국의 주인이다. 그러나 나는 이 지상의 주인도 되고 싶다. 나는 천국에서 가장 강한 자다. 그래서 지금 미래의 왕국을 세우기 위하여 온 것이다"

— 크로스비

8

일생을 걸고 자신의 인생에 유일한 존재이며 희망인 자식을 길러 보호하는 어머니처럼— 모든 사람의 내면에 있는 생명에 대하여 친애(親愛)의 감정으로 보호하도록 하라.

— 메타스타

♣

사랑이 일으키는 용기·평화·환희는 매우 위대한 것이다. 사랑(사람들 사이의)에 의하여 얻어지는 세상의 외면적인 행복. 사랑의 내면적인 행복을 아는 사람에게는 물론 알지 못하는 사람에게도 사랑은 위대한 것이다 사랑은 힘이기 때문이다.

1월 28일

인간이 자유하기 위해서는 육체적인 삶으로부터 정신적인 삶으로 향상되어야 한다.

인간과 자유

1

나를 이 지상으로 보내준 것은 '진실'이다. 나는 '그'에게서 들은 것을 전하는 자이다.
'그'가 하나님 아버지에 대하여 말한 것을 사람들은 이해하지 못했다. 그래서 예수는 사람들에게 말했다
"내가 그대들에게 말하는 것은 나 자신의 생각을 말함이 아니라 하나님 아버지가 내게 가르쳐주신 것을 말하는 것이니라."

2

예수는 참된 예언자였다. 그는 인간의 영혼 속에 있는 비밀을 보았고, 하나님의 자녀로서의 인간의 위대성을 깨달았던 것이다. 그는 인간 속에 존재하는 그것을 믿었고 인간의 모습을 가진 하나님을 보였다. 그는 위대한 환희를 느끼면서 말했던 것이다.

"나는 하나님의 아들이다. 하나님은 나를 통하여 행하시고 나를 통하여 말씀하신다. 그 증거를 보고 싶거든 지금 내가 생각하고 느끼는 것처럼 생각하고 느끼게 되었을 때 그대 자신을 살펴 보라."

인간의 마음속에 내재하는 절대의 법칙을 알고 예수는 그 법칙을 다른 어떤 것에도 종속시키지 않았다. 그는 하나님 안에 있는 법칙으로 인식했던 것이다.

— 에머슨

3

"나와 신은 하나이다." 라고 스승은 말씀하셨다. 그러나 나의 육체를 보고 신의 형태라고 생각한다면 그것은 잘못이다. 만약 다른 존재에 비하여 무엇인가 특별한 나의 정신적 본질을 신이라 생각해도 그것은 잘못이다. 그야말로 신과 하나인 참된 나의 '아(我)'에까지 배어 들어갈 수 있을 때에만 비로소 당신은 올바르게 될 것이다. 나의 '아'를 볼 수 있는 길은 하나밖에 없다. 그것은 그대들 각자 속에 자신의 '아'를 보는 것이다. 그 '아'야말로 나의 '아'와 신과 하나인 그것이다. 그대가 이것을 인식했을 때, 즉 자신 안에서 고상한 인격을 인식했을 때 그대 속에서 작용하는 인식과 그대 속에 존재하는 '아'와의 사이에는 아무런 본질적인 차이도 없음을 깨달으리라. 그대의 본성에 깊이 잠기라. 거기에서 그대는 신과 마주쳐 신과 하나가 되리라. 그것은 '我'와 '아'가 하나로 된 신이다.

한 사람 한 사람이 다른 특수한 인간인 것처럼 보이는 것은 단지 객관적 외면(外面)일 뿐이다. 그것은 마치 화산과 화산이 지구의 표면에서는 서로 멀리 떨어져 있어서 하나 하나가 특수한 불을 뿜고 있는 것같이 보이는 것과 마찬가지이다.

— 표도르 스트라호프

4

현세의 짧은 일생은 영원한 인생의 법칙에 따라 살아가야 한다.

— 트로오

5

　인간의 정신적 본질은 기독교적이다. 기독교적 정신은 새로운 정신이나 사상의 돌출이 아니라 사람의 마음에서 오랫동안 잊혀졌던 진심을 회복시키는 것이다. 그러면서도 기독교적인 정신은 인간을 높은 곳으로 향하게 한다. 그 정신은 슬기로운 법칙에 따른 기쁨의 세계가 인간 앞에 열리게 한다. 참된 기독교적 정신을 아는 사람에 의하여 경험된 느낌은 컴컴하고 갑갑한 탑 속에 갇혔던 사람이 탑 위의 전망이 좋은 높은 곳에 올라가서 지금까지 본 적이 없던 아름다운 세계를 보았을 때의 경험과 흡사하다.

♣

　인간이 만든 법칙에 따르는 의식은 노예와 같다. 그러나 신의 법칙에 따르는 의식은 자유를 위한 것이다.

1월 29일

　신의 의지가 어떤 조건 때문에 그 뜻을 나타낼 수 없다면 그런 조건이란 인간의 어리석음과 악함 이외에 아무 것도 없다.

성지(聖智)

1

　세 가지 길로 우리들은 지혜에 이를 수 있다. 그 첫째는 사색에 의한 길이며 이 길은 가장 높은 길이다. 그 둘째는 모방에 의한 길이며 이 길은 가장 쉬운 길이다. 그 셋째는 경험에 의한 길이며 이 길은 가장 고달픈 길이다.

―공자

2

　현대를 세계사적 견지에서 판단하는 것도, 역사를 지질학적, 천문학적 입장에서 판단하는 것도 사상으로 할 수 있는 자유이다. 때로는 인간의 삶이 마치 개미의 삶처럼 묘하기도 하다. 반대로 하루살이의 생명이 모든 티끌까지도 하나의 생존양식으로 존재하는 온 천체의 차원에서는 끝없이 장수하는 것으로 생각되기도 한다. 사람들은 스스로를 아주 작은 것으로 또는 아주 큰 것으로도 생각한다. 그리고 자신의 존재를 높은 천체로부터 볼 수도 있고 동시에 유럽을 뒤흔드는 돌개바람에 날리는 아주 작은 새와 같이 보기도 한다.

— 아미엘

3

사물을 이해한다는 것은 그 사물 속에 들어갔다가 그것으로부터 다시 빠져나온 것과 같은 의미를 갖는다. 그 속에서 포로가 되었다가 석방되고, 매혹되었다가 각성하고, 열중하였다가 제 정신으로 돌이키는 것과 같이— 아직 열중하고 있는 사람은 열중해 본 일이 없는 사람처럼 그 일에 대해서는 합당한 자격이 있는 사람이 못된다. 우리는 우선 그것을 믿고 나서 나중에 잘 사고했던 것만을 알고 있는 것이다. 이해하기에는 자유로움이 필요하다. 그러나 그에 앞서 그 일의 포로가 되어야 한다.

4

나를 알고 싶거든 남의 일에 주의하라. 남을 알고 싶거든 자기 마음속을 들여다보라.

— 쉴러

5

내면으로부터 혹은 배후로부터 빛이 꿰뚫고 빛나는 사람은 자신이 무엇이며, 사물의 뒷면까지 빛이 비추이는 것을 안다. 인간의 형식은 모든 성지(聖智)와 모든 선이 자리잡고 있는 사원(寺院) 건물의 정면에 불과하다. 흔히 인간이란 존재는 먹고, 마시고, 앉고, 계산하는 그러한 존재인 고로 참된 빛에서의 인간으로는 생각되지 않는다. 인간은 때로 거짓되고 인간 자체가 존귀한 것이 아니라 그 정신이 존귀하므로 인간은 그 기능에 불과하다. 만약 인간이 오직 정신만을 나타낸다면 모두가 그 인간에게 머리를 숙일 것이다. 정신이 그 사람의 지(智)를 통해서 나타나면 그것은 천재이고, 그 사람의 의지를 통해서 나타나면 그것은 덕성이며, 그의 감정을 통해서 나타난다면 그것은 사랑이다.

재미있는 속담이 있다. '신은 초인종을 누르지 않고 찾아온다'고. 이 뜻은 인간과 영원과의 사이에는 담장이 없을 뿐 아니라 인간(결과)과 신(원인)과의 사이에는 벽이 없음을 의미한다. 벽은 제거되고 인간은 모조리 신의 본성의 깊은 의지 속에서 벌거숭이가 된다.

— 에머슨

6

정신은 그 자체가 스스로 판사이며 검사이기도 하다. 그러므로 이것저것 모든 것을 잘 알고 있는 정신을 다쳐서는 안 된다. 높은 내심의 재판을 다치게 하지 않기 위해서.

―마누우

7

꾀만 많고 일은 하지 않는 인간은 나뭇가지는 많으나 뿌리가 작은 나무라고 말 할 수 있다. 어떤 날 거센 바람이 불면 그 뿌리가 뽑히고 넘어져 버릴 것이다. 꾀는 없으나 일은 열심히 하는 사람은 커다란 뿌리는 가지고 있으나 가지가 작은 나무에 비유할 수 있다. 온 세상 바람이 불어닥쳐도 그 나무를 흔들 수는 없다. 바른 인간은 약속을 적게 하고 이행을 철저히 한다. 그러나 잘못된 사람은 약속은 많아도 실행이 없다.

―탈무드

8

인간의 가치는 지식 수준의 높이로 평가해서는 안 된다. 진리를 지키기 위해 얼마나 고난을 이겨냈느냐에 의해 평가해야 된다.

―레싱

9

인생은 학교이다. 거기서는 성공보다 실패가 인생의 교사이다.

―스테이만 그라나드스키

♣

신성한 지혜는 그 성질상으로 보아 특수한 사람들의 능력이라고 생각해서는 안 된다. 지혜는 모든 사람에게 필요하다. 그러므로 지혜는 모두가 얻을 수 있는 것이다. 성지(聖智)는 스스로 사명을 깨닫고 그것을 행하는 방법을 안다.

1월 30일

대지는 어떤 한 사람의 소유물이 아니다.

대지(大地)

1

소크라테스는 그가 어디 태생이냐는 질문을 받았을 때, 그는 세계 시민이라고 대답했다. 그는 스스로를 우주 전체의 주민이며 시민이라고 생각했다.

— 시세로

2

인간이 사는 모든 땅이 지주들의 소유가 되어 버리고 그 지주들이 지상에 대한 모든 권리를 갖는다면 지주가 아닌 자는 지상에 대한 권리를 갖지 못한다. 이렇듯 지주가 되지 못한 자는 지주의 동의를 얻는다는 조건에서만 그들이 두 발로 밟고 있는 곳에 대한 권리를 얻는 것이다. 그래서 만약 지주들이 그들에게 휴식 장소를 주기 싫다고 생각한다면 지주가 되지 못한 사람은 이 지구로부터 밖으로 밀려나 버리지 않으면 안될 것이다.

— 스펜서

3

토지를 사유로 하는 것은 노예를 사유하는 것과 동일하다. 그리고 본질적으로 노동에 의하여 만들어진 물품을 사유하는 것과는 또 다른 문제이다.

한 사람 혹은 민족으로부터 금이나 물건이나 가축을 훔쳐도 그 겁탈은 그대가 없어져 버리면 끝나 버린다. 시간의 흐름이라는 것이 그대의 죄악을 좋은 일로 만들어 버리지는 않으나 결국 죄악의 결과는 소멸시켜준다. 비록 그 죄악이 갑작스레 처벌되지 않아도 그것은 곧 그것에 가담했던 사람들과 더불어 아득한 과거 속으로 사라져 버린다. 죄악에 대하여 보복을 하려 하면서 새로운 죄악을 범할 위험에 가없이 노출되기도 한다. 과거는 늘 현실의 능력밖에 있다. 아무도 죽은 사람을 처벌할 수도 앙갚음을 할 수도 없다.

그러나 민족으로부터 토지를 빼앗는다면 그 약탈은 영원히 그치지 않을 것이다. 그것은 변천해 나가는 시대를 따라 새로운 약탈이 될 것이다.

— 헨리 조지

4

인간은 외딴 섬에서 노동을 하면서 살고 있는 것과 같다. 그 섬에 난파된 사공이 파도에 휩쓸려 바닷가에 올라왔다고 하자. 그 사공에게 어떤 권리가 있는가? 그는 이렇게 말할 수 있을까? -나도 인간이다. 나도 역시 땅을 경작할 수 있는 권리를 가지고 있다. 그러므로 나도 그대들과 마찬가지로 일해서 먹고 살기 위하여 이 토지의 일부를 차지할 수 있다고.

— 라웨에레

5

근본적인 잘못은 하나님께서 모든 인간에게 주신 땅을 몇몇 인간들이 나누어 사유할 수 있다고 인간의 법을 만든 어리석은 제도에 있다. 토지의 사유는 노예제도와 같은 횡포이다.

— 뉴먼

6

만약 토지에 대한 권리를 갖지 못한 사람이 한 사람이라도 있다면 나의 권리도 그대의 권리도, 또 모든 사람의 토지에 대한 권리도 부정(不正)한 것이다.

— 에머슨

7

대지는 우리 모두의 어머니이다. 그는 우리를 키우고 살 곳을 마련해 주고, 기쁘게 해주고, 포근하게 해 준다. 태어난 순간부터 어머니다운 그 품안에서 내가 영원한 꿈을 좇게 해주고 안식이 얻어지지 못하는 동안 끊임없이 부드럽게 포옹해주고 애무해 준다. 새로운 삶에 대한 일체의 각성을 주는 해돋이를 비로소 보았던 그 언덕은 그 무엇과도 바꿀 수 없는 기억이다. 모두의 생모인 대지에 연결시키는 뿌리는 신비스럽고도 깊다. 어떤 나무의 뿌리도 이토록 튼튼하게 뻗은 것이 없다. 더구나 보라! 그럼에도 불구하고 인간들은 토지를 사고 팔 이야기를 하지 않는가? 참으로 이 시대는 대지마다 가격이 메겨지고 매매가 결정되어 주인을 옮기기도 한다. 그러나 하나님의 뜻으로 만들어진 대지를 인간이 매매하는 것은 횡포이며 어리석은 짓이다. 다시 말하자면 대지는 단지 전능의 신과 대지 위에 사는 인간의 후예와, 그리고 대지 위에서 일하는 인간의 후예에게만 속할 수 있는 것이다. 대지는 하나의 종족이나 시대의 소유물이 아니다. 그 위에서 일하던 모든 과거와 현재 그리고 미래의 종족 및 시대의 공유물인 것이다.

— 칼라일

♣

그 누구도 토지를 사유(私有)할 권리를 가질 수 없다.

1월 31일

전제주의, 부정, 그리고 횡포의 가장 심한 단계는 다수의 순진한 본능이 소수의 사악한 목적에 의해 이용당하는 현상이다. 법률이라는 칼이 정의로운 수단으로 이용되지 못하고 살생과 행악의 방패로 사용되더라도 전혀 양심의 흔들림이 없는 철면의 신념을 가진 사람에 의해 법이 만들어지는 현상이야말로 최악의 잔혹함이다. 무엇을 위해 법이 존재하는가는 영원한 의문이다.

전제주의, 부정, 폭압(暴壓)

1

"어때? 우리 이야기가 맞았지? 대중이란 늘 속여먹을 필요가 있어. 보라! 놈들이 얼마나 저속하고 야만인가를!"

아니 저속하고 야만인 것은 모든 몹쓸 놈의 사기꾼들이다. 우선 자기부터 진실되어라. 진실로 그들을 인간성으로 인도하라.

— 괴테

2

만약 진실한 일이거든 모든 사람에게 부귀·빈천·남녀·노소 할 것 없이 모든 사람에게 그것을 믿도록 하라. 만약 진실이 아니거든 부귀·빈천·대중·남녀·노소 할 것 없이 누구 한 사람도 그것을 믿지 않도록 하라. 진실한 일이라면 지붕 위에서 큰 소리로 떠들어댈 필요가 있다. 사람들에게 알리는 것이 두려운 것은 쉴새 없이 문 뒤에서 속살거리고 있는 것들이다. 그것이 거짓임을 알지만 일반 대중이라는 무지한 작자들에게는 이익이 되기 때문이라고 말한다. 진실은 대중의 신념을 흔들리게 해서 나쁜 짓을 하도록 부추긴다고 속삭인다. 그러나 굽은 길은 굽은 길이다. 설사 그들이 잠시 많은 대중을 속일 수는 있다고 해도 눈에 보이지 않는 정의의 양심은 거짓을 영원히 허용하지 않는다. 오직 하나의 충동력, 즉 진실을 추구하는 힘만을 알라. 설사 그 길이 우리를 어디로 이끌어 가든지 간에 진실은 그 눈으로 어둠을 꿰뚫고 있다.

— 크리포드

3

학자라고 자칭하는 인간을 주의하라. 그는 긴 가운을 걸치고 다니기를 좋아하고, 회합에서 인사하기를 좋아하고, 교회에서는 윗자리를 차지하고 싶어하고, 주인이 죽은 초상집에 불려 가면 선두에 나서서 음식을 다 먹고 마음에도 없는 기도를 오랫동안 한다. 그런 인간들은 무엇보다도 남의 비난을 모르는 체 지나쳐 버리는데 능수이다.

4

이상스러운 일은 어느 시대에나 악인은 자기의 야비한 행위에 종교나 도덕이나 애국심 그리고 모두를 위한 봉사의 탈을 씌우려 애쓴다는 것이다.

5

아무도 자신을 스승이라고 자칭할 수 없다. 왜냐하면 오직 한 사람의 스승 그리스도가 계시기 때문이다. 사람들은 모두 형제이다. 그리고 지상에서 그 누구도 진정한 아버지라 칭해서는 안 된다. 왜냐하면 오직 한 아버지는 하늘에 계시기 때문이다. 스스로를 전도자라고 자칭할 수도 없다. 왜냐하면 그대들에게는 오직 한 사람의 전도자이신 그리스도가 계시기 때문이다.

―성경

2 월

2월 1일

 어떠한 이유를 붙여도 정신적인 것을 물질적인 것으로 돌이킬 수는 없다. 그리고 정신적인 것이 물질적인 것에서 연유한다고 설명할 수도 없다.

정신적인 것과 물질적인 것

1

 나는 개가 선택·기억·사랑·두려움·공상과 같은 것을 할 수 있는지 알지 못한다. 그러나 개의 내면에 있는 것은 정열도 감정도 아니고 그것은 단지 상이한 여러 물질이 결합해서 이루어진 유기체의 자연적이며 필연적인 운동에 불과하다고 들었을 때 나는 그 의견에 동의할 수 있었다. 그러나 나는 사색한다. 그리고 나는 내가 사색한다는 사실을 안다. 그래서 사색할 수 있는 것과 여러 가지 물질이 결합으로 이루어진 것, 즉 길이, 너비, 깊이에서 방향이나 측량의 상이로만 구별되는 것과의 사이에 공통되는 무엇이 있는가. 도 역시 알지 못한다.

― 라 부류이엘

2

 정신과 육체, 이 두 가지의 상반되고 또한 분리할 수 없는 문제에 관하여는 여러 관점으로 상정할 수 있다. 그러나 이 문제에 접근하기 전에 알아야 할 것은 인간의 본질이 정신에 있다는 점을 전제해야 한다는 점이다. 이러한 전제를 인식하고 모든 자연의 정신이 육체보다 근원적인 것이므로 정신은 마땅히 인생의 외면적 더러움과 독소로부터 경계하고 육체적인 것으로 인해 정신을 압박하는 일이 없게 하고 육체적인 삶에 집착하지 않고 정신적인 삶의 안위를 위해 자신을 투여하라. 그러면 진실만을 행하려는 노력이 생기고 따라서 평화롭게 신의 왕국을 마음에 두고 기쁜 마음으로 사명을 다해 살 수 있을 것이다.

― 오렐리아스

3

 과학자는 자신의 지식으로 세상을 자기 뜻대로 조형하려 하고 운명론의 철학자는 세상을 관조한다. 그것이 필요하거나 필요치 않음은 문제될 것이 없다고 생각한다. 그러나 이 세계에 오직 하나의 의지를 본다.

그것은 비록 학자들이 확신을 가지고 뭐라고 할지라도 또한 유일한 최초의 일리아드가 널려 있던 활자로부터 우연히 이루어졌다고 말할지라도 상관없이 나는 서슴지 않고 그들에게 말하리라. '옳지, 그럴지도 몰라, 그러나 그것은 거짓이다. 나는 내 자신이 그것을 곧이듣지 않는다는 것밖에는 그것을 믿지 않을 이유를 갖고 있지 않지만 그것은 거짓이며 그것은 편견이다'라고. 그리고 또한 마찬가지로 정확치 못한 그대들의 지식으로 어찌 나의 편견에 반대할 수 있단 말인가? 라고, 나의 편견은 그대들의 지식 이상으로 사람을 설득하는 힘을 가지고 있지 않는가? 라고 나는 대답할 것이다. 그들은 또 '정신적인 것과 육체적인 것, 두 개의 본체(本體)가 있을 리 없다'라고. 말 할 것이다. 그러면 나는 나의 생각과 나무(木)와의 사이에 아무런 공통점도 없다고 말하리라. 그리고 무엇보다 교활한 짓은 학자들이 서로들 제멋대로 궤변을 조작하면서 인간의 정신을 인식하기도 전에 돌(石) 속에 억지 다짐으로 정신을 다져 넣고자 하는 짓이라고 할 것이다.

―루소

4

다른 모든 사람의 내면성이나 나의 내면에 있는 사상이 단지 작은 물질로 결합된 것에 지나지 않는다면 도대체 그 누가 이 세상에서 물질적이 아닌 그 무엇에 관한 사상을 발견했을까? 물질은 그 근저에 정신의 작용인 사상과 같은 순수하고 참된 비물질적인 사상을 가지고 있지 않은가? 물질은 정신을 부정할 필요 없이 존재의 내면으로부터 정신을 끄집어내는 원인이 되어야 하지 않는가? 어떻게 물질이 인간 속에서 사색하는 것을 담고, 즉 인간은 물질이 아니라는 신념에 대해서 거부하지 않는가?

―라 부류이엘

5

형이상학은 현실에 존재한다. 그것은 과학 같지는 않게 자연적인 경향으로 존재한다. 왜냐하면 인간의 지혜와 지식은 불가항력의 자력(磁力)에 의해 앞으로 진행하는 것이고, 또 단지 많은 것을 알고 싶다는 근원적 욕구에 허영과 희망이 동시에 작용하는 것이다. 근원에서 꿈틀대는 욕망은 어떤 특별한 일을 요구하게 되며 결국에는 그 일에 상관된 조건으로부터 지혜의 본원(本源)에서 벗어난 또 다른 문제에 도달한다. 그리하여 지혜가 사상에까지 확대된 사람들에게는 늘 형이상학이 있었던 것이다. 그리고 앞으로도 늘 있을 것이다.

―칸트

6

모든 문제는 "정신의 존재를 믿을 것인가 믿지 않을 것인가" 라고 하는 믿음에 관련된다. 사람들은 정신적인 관계 속에 산 자와 죽은 자로 나뉜다. 즉 믿는 자와 믿지 않는 자로 나뉜다.

믿지 않는 자는 말한다. '대체 어디에 정신이라는 것이 존재한단 말인가? 먹고 즐기고 하는 것이야말로 내가 아닌가?'라고. 이 같은 인간은 깊은 생각 없이 그저 표면적인 것에만 골몰하여 속되고 옳지 못한 행세를 하고, 거짓을 말하고, 거만하고, 그러면서도 노예 근성에 젖어, 향상하려는 생각이 없다. 그런 사람에게는 자유 · 진리 · 사랑 · 이지란 모두 이 세상으로부터 자취를 감춰 버릴 것으로 생각한다. 왜냐하면 그런 인간은 죽어 있는 것과 같으며, 이 세상은 오로지 살아 있는 자에게만 삶을 주는 것이므로. 죽은 자는 마르고 썩어져 갈 뿐이다. 정신에 삶의 의미를 두는 것은 인간의 사상에 다른 방향을 제시한다.

그 존재를 믿고 고귀한 삶에 대한 믿음에 눈 뜬 자는 자기 내면에 주의를 돌려 감정과 사상을 캐내는 데 힘쓰며, 높은 요구와 조화되어 스스로의 삶을 올바르게 하는데 힘쓰게 된다. 그런 사상으로 행위에 올바름을 유지하면 삶을 자유롭고 올바르고 사랑으로 가득히 채울 수 있다. 삶에 여러 사건에서 정신을 모든 선과 모순 없이 조화될 수 있는 사상과 감정에 결합되게 애써라. 그리고 진리를 구하면서 빛을 향하여 손을 내밀라. 왜냐하면 정신적인 삶은, 세상에서 태양 빛 없이 살수 없듯이 지혜의 빛 또한 그런 것이다. 그것은 계율(戒律)로 말해진 존재 '나는 너의 신이다'라는 것이다.

사람 눈에는 아무 벽장으로 없으니 아무 한신힌 빛의 시림도 없며. 단지 모든 사람은 두 갈래 길목에 서 있을 뿐이다. 각자가 걸을 수 있는 힘이 있으므로 때로는 저기로 때로는 여기로 오가는 것이다. 그러나 정신의 존재를 믿고 또 지혜의 광명 아래 사는 사람은 신의 왕국에 있는 것과 같고 그는 삶의 영원성을 정신으로 소유할 수 있게 된다. 이윽고 때가 되면 한 사람도 죽음 없이 모두가 정신의 소리에 귀를 기울이게 될 것이다.

―부 카

♣

정신적인 것과 물질적인 것과의 구별은 단순한 어린이의 지혜로나 가장 깊은 성자의 지혜로나 똑같이 분명하다. 정신적인 것과 물질적인 것에 관하여 다투는 것은 아무런 소득도 없다. 그런 따위 논쟁에 의해서는 아무 것도 밝혀지지 않는다. 오히려 분명하고 의심의 여지가 없는 것까지도 알지 못하게 될 뿐이다.

2월 2일

죽음에 대하여 전혀 걱정하지 않는 삶과 시시각각 죽음이 가까워온다고 생각하며 걱정하는 삶은 다른 어떤 것보다도 확실히 다른 두 개의 상태이다.

죽음을 잊고 있는 생활

1

죽음에 대하여 두려움이 전혀 없을지라도 죽음, 그 자체는 생각하지 않는 편이 편하다.

―파스칼

2

육체라는 외면의 뚜껑을 벗어 던져 버릴 때가 오고 있음을 확신하고 그것을 겸손한 마음으로 이해할 때야말로 그 마음에 정의가 보이고 올바르게 행할 수 있게 되며 또한 운명에 따르는 것이 어렵지 않게 된다. 시중의 얘기나 소문이나 행태를 냉정히 보게 되고, 여하한 일에도 대범함을 보이게 된다 사람들은 부질없는 것에만 열중한다. 오늘 주어진 일을 모두 바르게 완결하고 자신에게 지워진 짐도 불평 없이 질 수 있게 될 것이다. 그럴 때 결국 내면적 세계에 도달할 수 있을 것이다. 그것은 모든 소원이 오직 한 가지에만 집중되므로. 즉 하나님의 나라에 살고 싶다는 열망에 집중되기 때문이다.

―오렐리아스

3

죽음에 관해 생각하라. 그리고 어떻게 할 것인지 죽을 사람처럼 하라.

어떤 번민이라도 밤에 죽을지 모른다는 것을 생각하면 그 번민은 곧 사라진다. 그리고 의무라는 것이 무엇이며 소원은 어떤 것이어야 할 것인가? 라는 것을 생각하라.

4

질투하고, 분격하고, 앙갚음을 하려고 생각하는가? 그러나 그 사람이 내일 죽을는지도 모른다는 것을 생각해 보라. 그러면 그 사람에 대한 분노와 앙갚음은 흔적도 없이 사라질 것이다.

5

대개의 경우 사람은 언제가 될지 모르는 자신의 죽음을 향해서 나아간다고 생각해야 한다. 죽음은 두려움보다 오히려 초연히 맞이해야 할 것으로 생각하게 되면 자신의 삶 속에서 행위의 중요성과 참다운 삶의 도리에 따라 신의 이상에 좀더 접근할 수 있을 것이다.

머지않아 처형되기로 언도된 사람은 능력을 증가시키거나, 처지를 보존하거나, 좋은 혜택을 바라거나, 자기 민족이 전쟁에서 타민족을 이기거나, 새로운 유성이 발견된다는 것 따위에는 마음을 쓰지 않는다. 그러나 처형 1분전의 그는 슬퍼하는 자를 위로하고, 넘어진 늙은이를 부축하여 일으키려 하고, 상처받은 자를 치료하며, 어린이 놀이기구를 수선할 만큼 여유를 갖게 되고 선해진다.

6

사람은 정원이나 독서나 어린이들을 귀여워한다. 그러나 죽으면 이들 모든 것을 빼앗기게 된다. 그 때문에 죽기가 싫고 죽는 것이 두려운 것이다. 모든 것이 욕망대로 만족해 졌을 때, 그 만족을 빼앗는다면 누구나 두려워하지 않을 수 없게 된다. 그러나 그 욕망이나 만족이 자기 안에서 변화하여 다른 희망 즉 신의 뜻을 따라 자신의 지금 그대로의 모양으로, 그리고 장래에 있을 수 있는 어떤 모양으로 언제나 신을 섬기려는 희망으로 바꾼다면, 그러한 방향으로 욕망이 바뀌어지는 일이 많으면 많을수록 죽음이 두려워지지 않을 뿐더러 점점 죽음이라는 것이 단지 세속적 의미 외에 달리 중요성이 없다는 것을 알게 된다. 모든 욕망을 완전히 바꿀 수 있다면 삶 이외에는 아무 것도 존재하지 않게 된다. 즉 죽음까지도 존재 의미가 없어지게 된다.

세속적이고 일시적인 것을 영원한 것으로 바꾸는 것이 인생의 길이다. 그 길을 걸어가지 않으면 안 된다. 그러나 그 길을 피하려는 것은 왜일까? 누구나 그 대답은 각자가 마음속에 감추고 산다.

♣

부질없이 죽음을 생각하는 것은 죽음에 대한 두려움을 갖기 때문이다. 죽음을 두려워할 필요는 없다. 어차피 죽음은 누구에게나 시시각각 다가오고 있다는 것을 알고 언제나 평화롭고 즐겁게 살 줄 아는 지혜가 필요하다.

2월 3일

선(善)으로 마음을 가득히 채우는 것은 건강이 육체에 넘치는 것과 같다. 그것은 눈에 띄지 않는다. 그러나 그것은 성공을 가져온다.

선(善)

1

덕이 높은 사람은 자기가 유덕하다고 생각하지 않는다. 바로 그 점이 유덕한 것이다. 덕이 낮은 사람일수록 덕을 자랑하고자 한다. 그러므로 그런 사람들은 덕을 얻지 못한다. 덕이 높은 사람은 함부로 나서지 않고 자기를 내세우지 않는다. 반대로 덕이 낮은 사람들은 함부로 나서고 스스로를 내세운다.

탁월하게 선량한 사람은 실제 선한 행실을 하지만 그것을 나타내려 하지 않고 뛰어나지 못한 자는 자랑하기 좋아하고 자기를 나타내려 애쓴다.

정의감이 투철한 사람은 실제로 행동한다. 그러나 그것을 내세우지 않는다. 그러나 정의감이 없는 자는 작은 선행도 곧 자랑하려 애쓴다.

뛰어나게 실력 있는 사람은 뽐내려 하지 않는다. 그러나 실력이 모자라는 자는 자기가 행동을 해도 누구 하나도 그것에 응하는 사람이 없을 때 억지로라도 자기의 주장을 행하도록 강요한다.

지식은 이지의 꽃이지만 무지의 시초이다. 그러므로 성자는 꽃이 아니라 열매를 잡는다. 최후의 것은 버리고 최초의 것을 잡는다.

— 노자

2

덕이 높은 사람은 바른 길을 끝까지 가려고 힘쓰며 반도 못 가 포기하는 것을 두려워한다.

— 중국 성언

3

인간에 내재하는 덕성은 보석과 같다. 그래서 어떤 일이 일어나도 천연의 아름다움을 변함 없이 보존해야 한다.

―오렐리아스

4

자기가 한 일에 선함을 아는 것은 귀중한 보수이다. 선을 만들어내는 기쁨을 알라. 선은 남 몰래 행할 때 기쁨이 크다. 남이 그 선을 알았을 때 그 선은 더 아름답게 빛난다.

5

사람에게는 자기가 행복하면 그 행복을 더 크게 생각하고 남에게도 나누어 주고 싶어하는 특성이 있다.

―벤탐

6

하나님은 우리가 행복스럽게 어울려 잘 살기를 원하신다. 우리가 서로 미워하고 불행하게 죽음의 두려움 속에 사는 것을 싫어하신다. 사람은 기쁨으로 남을 도울 수는 있어도 슬픔으로는 남을 돕지 못한다.

―존 러스킨

7

초목은 행복을 빛 속에서 찾는다. 그늘을 피하고 빛 쪽으로 뻗어나갈 뿐이다. 그 빛보다 더 좋은 다른 빛이 어딘가 더 있는가를 알려고도 하지 않는다. 다만 이 세상에 있는 유일한 빛을 향하여 손을 내민다.

사람은 행복을 어디에서 찾는가? 남의 행복을 빼앗아 자기가 좋아하는 사람에게 주는 것은 행복이 아니다. 희생이 요구될 때 자기를 주는 사랑보다 더 훌륭한 사랑은 없다. 자기 마음을 벗에게 주는 것도 사랑이지만 그보다 큰사랑은 스스로 희생을 감수할 때이다. 그러한 사랑 속에서 행복을 찾을 수 있고 사랑의 보수를 받을 수 있다. 사람 사이에 그러한 사랑이 존재하는 조건으로만 이 세상은 존재할 가치가 있는 것이다.

♣

선행을 습관화하는 것만큼 인생을 아름답게 하는 것은 없다.

2월 4일

슬기(智)에는 끝이 없다. 인간은 진리로서만 자유로울 수 있다. 그리고 진리는 슬기 속에서 열린다.

슬기와 진리

1

지성의 특질은 자기 운명에 스스로 따르는 데 있다. 동물처럼 수치를 모르고 투쟁하는 것은 지성이 아님을 알라.

―오렐리아스

2

눈으로 사물을 볼 수 있다는 것을 알지 못하고, 한번도 눈을 떠본 일이 없는 사람이 있다면 그는 가엾은 사람이다. 그리고 불쾌한 감정을 조용히 가라앉힐 수 있는 지혜가 기회를 주었을 때 깨닫지 못하는 인간이 있다면 그는 더욱 가엾은 인간이다. 지혜의 힘에 의해 모든 불행은 극복할 수 있다. 지혜가 높은 사람은 이길 수 없을 정도로 불쾌한 감정을 당하는 일이 없다. 그에게 불쾌한 감정이란 있을 수 없기 때문이다. 그러나 우리는 가엾게도 자주 그것으로부터 벗어나지 못하여 괴로워할 때가 얼마나 많은가. 하나님은 누구에게나 지혜를 주심으로 스스로가 자기 길을 갈 수 있도록 배려해 주셨다. 다만 그것을 유용하게 사용하지 못하는 사람이 불행한 것이다.

―에피쿠테타스

3

길거리에 호두와 과자를 뿌려 놓는다면—곧 아이들이 달려와서 주우려고 서로 때리고 차고 할 것이다. 그러나 어른들은 그 따위 일로 싸움은 하지 않는다. 그러나 텅 빈 껍데기라면 아이들도 주우려고 하지 않는다.

내게 돈이나, 지위, 명예는 모두 호두열매나 어린아이들의 과자와 같다. 아이들에게는 그것을 줍게 하고 쫓아다니며 서로 싸우게 하라. 그리고 그들에게 부자나 장관이나 회사 중역의 손에 키스하게 하라. 내게 이러한 모든 것은 호두의 껍데기다. 만약 내 손에 우연히 호두열매 같은 것이 떨어진다면 그것을 먹지 않을 것이라고 말할 수는 없다. 그러나 그것을 줍고자 허리를 구부리던가, 싸우든지, 발길로 차든지 하는 따위는 하찮은 일이다.

―에피쿠테타스

4

오직 지(智)의 보고(寶庫)만이 실질이다. 그것은 아무리 나누어도 없어지지 않는다. 나누면 나눌수록 불어 간다. 이 같은 보고를 얻기 위하여 노력하지 않으면 안 된다.

―데모필

♣

인간이 자유롭지 못한 것은 정욕이나 남에게 약점이 잡혀 있을 때이다. 그것은 지혜로부터 멀리 떨어져 있을수록 더욱 심하다. 참된 자유는 오류를 벗어버릴 수 있는 이지에 의하여 완성된다.

2월 5일

물질적 세계에서 완성된 것일지라도 모든 근원적인 것은 정신과 사상의 세계에 있다. 따라서 한 가지 사실에 대한 설명은 사실에 앞서는 사실 속에서가 아니라 사실에 앞서는 정신과 사상 속에서 구해지는 것이다.

물질적 세계의 완성

1

무엇에 대하여 생각해야 하는가 라는 점도 중요하지만 무엇에 대하여 생각할 필요가 없는가. 라는 것도 중요하다.

2

삶은 사상의 결과이다. 삶은 인간의 마음속에서 생겨 사상을 통해 나온다. 옳지 못한 사상을 품고 말하거나 행동하게 되면 고뇌가 끊임없이 따른다. 예컨대 달구지를 끌고 가는 소의 발굽이 뒤를 따르는 달구지 바퀴처럼 고뇌가 뒤를 따라다닐 것이다.

삶은 사상의 결과이다. 같은 이치로 사람이 의롭고 선한 사상을 품고 말하거나 행동한다면 결코 자기를 저버리지 않는 그림자처럼 기쁨이 그의 뒤를 변함 없이 따를 것이다.

―석가

3

　인간은 삶의 상태에 의하여 변하는 것이 아니고 만족은 커다란 물질적 보수가 제시됨에 따라서 왕성하게 되는 것이 아니다. 마음이 육체를 만들고 사상이 그에게 보람 있는 삶을 이루어 주는 것이다.

―마도지니

4

　관능적이고 세속적인 사상은 상식 위에 특별한 장식을 붙인 것이고 사람은 그런 속된 사상일수록 쉽게 끌린다. 그래서 자신도 모르는 사이에 높은 진리를 저급한 것으로 바꾸어 버린다. 관습적인 사상은 마치 달팽이 껍질과 같이 어디든지 가지고 다닐 수 있는 튼튼한 무기가 된다.

5

　사상이 좋고 나쁨에 따라서 어떤 사람은 극락으로, 어떤 사람은 지옥으로 가기도 한다. 극락이나 지옥은 천상이나 지하에 있는 것이 아니라 삶 속에 있는 극락이며 지옥이기도 하다.

―류시 말로리

6

　사상은 자유로운 것 같이 보인다. 그러나 인간의 내면에는 사상보다 강하게 사상을 지배하는 그 어떤 힘이 있다.

♣

　자기 속에 또는 남의 속에 성립된 삶의 걸음을 바꾸기 위하여서는 여러 가지 사건들이 아니라 그 사건을 일으킨 사상과 투쟁하여야 한다.

2월 6일

　인간을 억세게 사로잡는 욕망은 음란의 욕망이다. 음란의 욕망은 결코 충족되는 일이 없을 뿐 아니라 오히려 충족을 바라면 바랄수록 더 커질 뿐이다.

욕망(慾望)

1

노예가 얼마나 자유롭게 살고 싶어 하는가를 보라. 무엇보다 먼저 노예는 쇠사슬에서 풀려나기를 원한다. 그 사슬이 풀리지 않고서는 자유와 행복을 말할 수 없다. 그는 말한다. '만약 이 쇠사슬이 풀리기만 한다면 나는 곧 만족한 행복을 얻을 수 있을 것이다. 나는 주인의 비위를 맞추거나 일을 해줄 필요도 없고 주인과 나하고는 대등한 관계에서 이야기도 하고 주인의 허가를 얻지 않고도 가고 싶은 곳으로 마음대로 갈 수 있다'라고.

그러나 일단 쇠사슬이 풀리면 곧 그는 자기를 감싸줄 상대를 찾기 시작할 것이다. 이제는 주인이 먹여 살리지 않으므로 밥을 얻어먹기 위해서이다. 그것을 찾기 위해 그는 온갖 비열한 짓을 거리낌없이 할 것이다. 드디어 그는 이전보다 더 고통스런 노예가 되어 버렸음을 스스로 깨닫게 될 것이다.

그런 사람이 부자가 되면 음탕한 계집을 애인이랍시고 데리고 다니기도 한다. 또는 고민하고 울기도 한다. 그는 특별히 어려운 일이 일어나면 앞서 노예 시절에 있었던 일을 생각하고는 '그 주인 밑에 있을 때가 괜찮았지! 염려 안 해도 밥을 먹여 주었고, 신발도 사 주었고 옷도 사 주었지 병이 나면 이리저리 시중도 들어주었다. 일이란 것도 쉬운 것뿐이었는데 그런데 지금은 이 무슨 꼴인가? 부자가 되자면 대관절 몇 사람의 비위를 맞추어야 하는가?'라고 말할 것이다. 그렇다고 이 노예가 스스로 깨달음의 길로 든 것은 아니다. 그는 부자가 되고 싶어서 그 때문에 모든 고난을 참았을 뿐이다.

그러나 원하던 것을 얻게 되면 또 다른 여러 걱정으로 헤매고 또 다른 노예의 삶이 있음을 깨닫게 된다. 그가 한없이 후회해야 하는 것은 그에게 지혜가 없기 때문이다. 만약 그가 위대한 장군이 된다면 모든 불행은 끝나고 세계의 총아가 되겠지만 지금은 온갖 손해를 감수해야 하며 죄수처럼 고생하며 두 번 세 번 행진의 대열에 끼여주기를 부탁해야 한다.

불행으로부터 자유롭고 싶다면 스스로 반성할 수 있어야 한다. 무엇이 인생의 참된 행복인가를 깨달아야 한다. 인생의 한 걸음 한 걸음을 마음속에 어느 때라도 흔적을 알아 볼 수 있는 진(眞)과 선(善)의 법칙에 따라 걸어가야 한다는 것을 알아야 한다. 그런 후에야 비로소 참된 자유를 얻을 것이다.

―에피쿠테타스

2

지혜 없는 자의 정욕은 끝없이 자란다. 나팔꽃 덩굴처럼 틀어가며 자란다. 그리하여 열매를 찾아 숲 속 이 나무에서 저 나무로 뛰어넘는 원숭이처럼 헤맨다. 이토록 저열한 정욕에 사로잡힌 인간은 독이 가득 찬 정욕으로 인해 돌돌 휘어 감는 나팔꽃 덩굴처럼 고뇌가 휘어 감는다. 그러나 그토록 힘이 강한 정욕을 이겨낸 사람에게는 연꽃잎에서 빗방울이 굴러 떨어지듯 모든 고뇌가 떨어지게 될 것이다.

—석가

3

탐욕으로 소요나 악을 행하는 것은 모두 추한 일이다. 선한 일은 모두 평화 안에서 이루어진다.

4

욕망을 자랑하는 자는 많다. 그러나 욕망을 이겨내는 힘을 자랑하는 자는 적다.

♣

이전에 모진 욕망을 느끼던 일을 아직도 못 버리고 있는 것을 생각해 보라. 지금 갈망하고 있는 모든 것도 미래에는 마찬가지가 될 것이다. 욕망을 채우려고 싸우다가 얼마나 많은 것을 잃었는가 생각해 보라. 미래도 현재와 마찬가지이다. 욕망을 억눌러 가라앉히는 것이 가장 이익이 큰 것이다.

2월 7일

자기 완성은 인간의 내면적인 일이기는 하나 동시에 외면적인 일이기도 하다. 다른 사람들과 사귀지 않고 인간은 완성되지 않는다. 그가 다른 사람들에게 주는 영향을 생각지 않고서는 그의 완성을 생각할 수 없다.

자기 완성

1

인간에게는 세 가지 유혹이 있다. 거친 육체적 욕망과, 도도한 오만, 그리고 모질고 불손한 욕심이다. 이 세 가지 유혹 때문에 모든 불행이 과거에서 현실로 또 미래로 영원히 인류의 무거운 짐이 되고 있다. 지상에서의 육체적 욕망과 오만, 그리고 욕심이 없었다면 완전한 질서가 지배했을 것이다. 그러면 이같이 무서운 병, 즉 인간의 마음속에 있는 그 욕망과 오만이라는 병의 싹에 대하여 가져야 할 태도는 무엇인가? 그것은 각자가 자신에게 쌓아야 할 수양밖에 없다. 힘을 빌리는 법칙이란 있을 수 없다. 왜냐하면 법칙이라는 것은 단지 그 법칙을 만들어내는 사람들의 이익을 위하여 규정될 경우가 거의 전부이기 때문이다. 이 세상의 어느 곳에서도 법칙으로는 명령권을 가진 자들이 그 권력을 어떻게 자신의 이익을 위해 쓰는가를 볼 수 있을 따름이다. 만약 어질고 성스러운 법칙이 있다면 그 법칙은 인간의 양심을 깨우는 신의 법이 있을 뿐이다

  보다 나은 삶을 찾으려면 마치 압착기가 포도알을 눌러 버리듯 억누르고 있는 육체적 욕망이나 욕심으로 괴로움을 받는 자신 속에 있는 뿌리 깊은 이 세 가지 악을 송두리째 뽑아 버려야 한다. 그런 것들이 마음속에 살고 있는 한 어찌 남의 마음속에서만 그런 것들이 죽기를 바랄 수 있는가? 만약 이들 악의 뿌리가 모든 사람의 마음속에 살아 있다면 영원히 갖가지 슬픈 열매와 독이 가득 찬 씨앗──즉 폭군·노예·이기주의·참혹한 학대 그리고 다른 모든 불행과 음란이 계속될 것이다. 모든 사람이 각자 자기부터 시작하지 않고서는 어떠한 선으로의 전환도 있을 수 없다. 많은 사람들이 여하한 가난도 싫다 하지 않을 정도의 자기 완성에 도달했을 때 사람들은 서로 의지하여 참된 사회를 이룰 수 있을 것이다. 그런 사회에는 계속하여 사람이 모여들 것이다. 육체적 욕망, 오만, 그리고 욕심을 정복한 사람들의 수가 더 많아졌을 때 힘은 정의의 수중으로 들어갈 것이다. 그제야 비로소 신의 영원한 법칙과 일치하는 세계가 이루어질 것이다.

── 라메에

2
  참을성을 배우려면 음악가에 못지 않은 연습이 필요하다. 선생이 언제 올 것인지조차 잊고 있을 만큼.

── 존 러스킨

3
  어리석었음을 깨닫고 지혜를 배우는 것은 언제 해도 늦지 않다.

4
  하나님 아버지가 완전하듯이 너희도 완전하라.

—성경

5

　절대적으로 완전한 것은 하늘의 법칙이다. 그러므로 완성, 즉 하늘의 법칙을 알기 위해 정력을 기울이는 것은 인간의 행동 법칙이다. 항상 끊임없이 자기 완성을 위해 노력하는 사람이 성인(聖人)이다. 성인은 선과 악을 분간하고 선을 택하며 언제나 그것에 따른다.

—공자

6

　교육 정도는 낮을지라도 지혜로운 길을 걸어갈 수는 있다. 단지 두려워해야 할 것은 오만이다. 높은 지(智)는 단순한 것이나 사람은 바른 길 걷기를 싫어하고 굽은 길 걷기를 좋아한다.

—노자

7

　위로는 황제에서 아래로는 백성에 이르기까지 무릇 인간이란 무엇보다 먼저 덕성의 완성에 힘쓰지 않으면 안 된다. 왜냐하면 그것은 모든 것에 공통되는 행복의 원천이기 때문이며 전자의 것이 완성되지 않고 어찌 후자의 것이 완성될 수 있겠는가?

—공자

8

　이상스러운 일이기도 하다! 사람들은 외부로부터, 즉 다른 사람에게 있는 악에는 화를 내지만 자기 자신의 악과는 싸우려 하지 않는다. 누구나 남의 악을 없앨 수는 없지만 자기 악은 스스로 이겨낼 수 있다.

—오렐리아스

♣

　자신이 살고 있는 동물적인 삶을 남에게 요구하는 것처럼 해로운 것은 없다. 그러나 자기가 건전한 생활을 하면서 남에게 따르기를 요구하는 것처럼 유익한 것도 없다.

2월 8일

　사람은 남의 욕하기를 좋아한다. 동료끼리 어울려 기분을 돋구면서 남의 욕을 하지 않기가 더욱 어려운 일이다.

악담

1
두 사람이 싸우고 있을 때 두 사람은 다 나쁘다.

2
숨어서 욕하는 자는 상대를 두려워하는 자이고 면전에서 치사하는 자는 상대를 업신여기는 것이다.

―중국 속담

3
심판을 받지 않으려거든 심판하지 말라. 남을 심판하는 자는 자기도 심판을 받아야 한다.

―성경

4
남을 심판하지 말라. 남을 심판하지 않는다면 심판 받지 않을 것이다. 왜냐하면 남을 심판한 심판으로 자기도 심판 받게 되고, 남을 재면 자신도 재어지기 때문이다. 형제의 눈 속에 티만 보지 말고 자기 눈 속의 들보를 보라. 형제의 눈 속에서 티를 빼내어도 자기 눈 속의 대들보는 어찌할 것인가? 그것은 위선자의 짓이다. 먼저 자기 눈 속의 대들보를 뽑아 내고 형제의 눈에서 티를 뽑아내어라.

―성경

5
남의 잘못은 찾아내기 쉬우나 자기 잘못을 알아차리기는 어렵다. 모두 남의 잘못에 대해서 이러쿵저러쿵 말하기 좋아하나 자기 과실은 투전꾼이 가짜 주사위를 숨기듯 감춘다. 사람은 언제나 남의 욕설을 하는 경향이 있다. 남의 잘못을 찾아내기에 정신이 없을 동안 그의 분노는 더욱 더 커지고 그 자신은 점점 더 나쁜 상태에 빠진다.

―석가

6
남에 대한 욕설로 입을 더럽히지 말라. 남을 해치려고 한 말은 반드시 자기에게로 돌아온다. 그리고 그 되돌아온 것이 크면 클수록 더욱 더 몹쓸 욕설을 생각해 낸다. 말이 끝내 남을 해치기를 중지하지 않는다면 입에 자물쇠를 잠가

라. 그 때문에 몸에 상처가 생기는 것쯤은 두려워하지 말라. 악담은 남을 해친다고는 하나 악담을 들은 자가 아니라 악담을 한 자를 해치기 때문이다.

— 유대 격언

7

항상 자기 지키기에 힘쓰고 남의 악담을 하기 전에 자신을 먼저 돌아 보라.

8

남의 악담을 하고 싶을 때 그것이 자기 마음에 끼칠 해독을 생각해 보라. 그것은 신을 배반하는 것임도 유념하라. 그러면 마음에 평안이 올 것이다.

9

조심성 없는 칭찬도 조심성 없는 악담처럼 해를 끼친다. 해독은 악담 속에 만들어지는 독이다. 확증 없는 비난은 피하라. 그러면 입에 진리의 무기가 진을 칠 것이다.

— 존 러스킨

10

악담은 한꺼번에 세 사람을 해친다. 악담을 들은 자, 악담을 전한 자, 악담을 한 자이다. 그 중에 가장 크게 다치는 자는 악담을 한 자이다.

— 와시리이 웰키이

♣

남의 악담을 하지 말라. 주정꾼이 술을 끊었을 때와 골초가 담배를 끊었을 때와 같은 기쁨을 경험하라. 그것은 매우 깨끗한 느낌이다.

2월 9일

전쟁이 준 폐해가 아무리 크다 해도 사람의 마음에서 선과 악을 구별할 수 있는 이성을 흐리게 하는 피해에 비하면 아무 것도 아니다.

전쟁의 폐해(弊害)

1

전쟁이 일깨우는 정염(情炎), 국민과 국민사이의 백해무익한 증오, 전승(戰勝)에 대한 숭배, 승리와 복수에 대한 상반된 감정은 인간의 양심을 짓밟아 고귀한 협동적 본능을 맹목적 자기애(自己愛)로 위장한다. 자기애는 때로 애국이라는 이름으로 오도되기도 한다. 그 같은 감정들은 자유에 대한 사랑을 소멸케 하고 결국 남의 목을 칼로 찔러야 직성이 풀리는 따위의 야만적인 욕구 때문에, 또는 남이 자기 목을 찌르지나 않을까 하는 공포 때문에 전제주의자나 정권 찬탈자에게 굴복하도록 유인되어 간다. 그런 사조(思潮)는 인간의 종교성을 사악한 감정으로 바꾸어 버리므로 신실한 기독교인들까지도 살인과 겁탈을 강요케 하며 나아가 그리스도의 이름으로 악독한 영주들에게 승전에 대한 감사와 축복을 하게 한다. 그런 영주들을 위해 땅 위에는 병신이 된 사람과 시체로 가득히 채워지고 무죄한 백성의 끓는 애통이 멈추지 않는다.

—헨리 조지

2

어린 아기의 웃는 모습에는 마음에서 우러나는 선한 기쁨이 나타난다. 사람은 누구나 그 같은 어린 아기 때가 있었다. 그런데도 어떤 사람은 예전에 본 일조차 없는 외국인을 혐오하고, 심하면 죽이려는 경우도 있다. 그런 감정이나 행동이 얼마나 어마어마한 죄악인가!

3

가장 좋은 무기는 가장 나쁜 악을 낳는다. 지혜로운 사람은 무기에 의지하지 않고, 평화를 존중하며, 전쟁에 이겨도 기뻐하지 않는다. 전쟁의 승리를 기뻐하는 자는 살인을 기뻐하는 것과 같기 때문이다. 살인을 기뻐하는 인간은 참다운 인생의 목적을 이루지 못한다.

—노자

4

'분배하라. 그리고 지배하라' 이는 모든 폭정자의 공통된 금언이다. 숙명적인 적개심, 국민간의 증오, 기열적인 편견을 충동질하여 다른 국민에게 권기하도록 찌르쓰는 폭정자들은 귀족집단과 전제주의를 조직하고 그것을 지지하도록 억압한다.

—헨리 조지

♣

전쟁이란 인간의 힘으로 신적인 영광을 얻으려는 행위이다. 또한 전쟁이란 저열하고 악한 욕심이다

2월 10일

겸손은 사람에게 확고한 지반(地盤)을 만들어 준다. 그런 지반 위에 있을 때 사람은 자신의 사명을 감당할 수 있다. 그러므로 겸손을 모르고 자기 자랑에 지나치면 뽐낸 만큼 허약해진다.

겸손

1

물같이 살라. 물은 막는 것이 없으면 흐르고 둑이 막으면 고였다가 둑을 치우면 또 흐른다. 모난 곳에서는 모나게, 둥근 곳에서는 둥글게 맞춘다. 이 같은 특성 때문에 물은 어디에나 필요하고 무엇보다 강하다.

— 노자

2

겸손은 자신이 죄인이라고 생각하는 마음과 자신이 행한 선한 일을 대수롭지 않게 여길 줄 아는 마음에서만 나온다.

3

마음의 내면을 깊이 파고 들어가면 갈수록 자신이 보잘것없는 존재라는 것을 발견하게 되고 진정한 겸손을 보이게 된다. 겸손에 관하여 예수는 물론 그의 사도들이 수없이 가르쳤다. 그러나 사람들은 그것을 행하지 않았다. 겸손은 스스로 알고자 할 때 그 내부에서 우러나오는 감정이며 지혜를 한층 깊게 한다. 고로 자기 결점을 안다는 것은 힘이 된다.

— 찬닝

4

신의 가르침은 물과 같다. 물이 높은 곳에서 낮은 곳으로 흐르듯이 신의 가르침도 오직 겸손한 사람들에게만 받아들여지는 것이다.

— 탈무드

5

성지(聖智)는 마치 물이 높은 곳에 머물러 있지 않는 것과 같이 불손한 자에게서는 찾아볼 수 없다. 성지와 물은 낮은 곳을 찾는다.

— 페르시아의 성언

6
성자(聖者)는 자기가 하고 싶은 선을 베풀 수 없을 때 슬퍼한다. 그러나 사람들이 자기를 알아주지 않는 것과 오해하는 것에는 슬퍼하지 않는다.
―중국 격언

7
성자는 덕을 베풀 때 남의 눈을 피하고 자기의 적선이 알려지지 않음을 슬퍼하지 않는다.

8
학문을 탐구하는 자는 보이게 커가지만 참된 지혜를 찾는 자는 모든 것에 겸손할 때까지 작아진다. 모든 것에 겸손할 수 있을 때는 만사를 이룰 수 있다.
―노자

9
아무리 자기 결점을 모르는 사람이라도 자기 결점보다 남의 약점을 더 많이 알기는 어렵다.
―웨슬레

10
선성(善聖)을 갖춘 사람의 존경할 점은 자기는 극히 조금밖에 아는 것이 없다고 생각하는 겸손에 있다. 그리고 자기보다 많이 아는 사람으로부터 배우기를 구한다. 동시에 자기는 남에게 가르쳐 줄 것이 있다고 생각하지 않는다. 겸손은 가르치거나 인도해서 되는 것이 아니다.
―존 러스킨

11
자신을 잘 아는 사람은 자신을 낮게 평가할 줄 아는 사람이다.

♧

자기 능력을 알되 그 능력을 낮게 평가하기를 두려워 말고 과장해서 평가하는 것을 두려워하라.

2월 11일
하나님의 법을 성취해 가는 것이 인생의 본질이다.

불행(不幸)

1

불행— 특히 죽음과 고통은 사람이 육체적이며 동물적인 본체의 법칙을 인생의 법칙으로 그릇 생각할 때 나타난다. 사람이면서도 짐승의 영역으로 떨어졌을 때 사람은 죽음과 고통을 당하는 것이다. 그 죽음의 고통은 악마처럼 위협하며 막다른 길로 몰아넣는다. 죽음의 고통은 인간이 하나님의 법칙을 위반하고 당하는 징벌에 불과하다. 진리의 법대로 사는 사람에게는 죽음도 고통도 없다.

2

인생의 짐과 향락은 아무 상관이 없다. 져야 할 인생의 짐은 옳은 법칙을 따라 성실히 살면 되는 것이다. 인생의 무거운 짐을 이유로 향락과 짐을 혼합하려 하지만 그 두 가지는 결합되지 않는다. 그것이 결합된다면 의무의 관념은 행위로 나타나지 않고, 육신의 삶이 향락에 빠져 강하게 된다면 도덕적인 삶은 사라지게 되고 돌아오지 못한다.

―칸트

3

건강·기쁨·애착·신선한 감정·기억·일에 대한 능력 —— 이 모든 것이 우리를 버렸을 때, 인간은 어떻게 할 것인가? 태양이 식어버린 것 같고 삶의 의욕을 잃었을 때, 인간은 무엇을 할 것인가? 모든 희망이 사라졌을 때, 어찌할 것인가? 미치광이가 될 것인가, 아니면 돌처럼 굳어 버릴 것인가? 해답은 하나밖에 없다. 삶의 의무를 다하라, 하늘이 무너져도 길은 있게 마련이다. 해야 할 일만 하라. 그 밖의 일은 신께서 하실 것이다.

―아미엘

♣

하늘의 이치가 모든 종교의 가르침에 의하여 가르쳐지고 그 것이 정욕과 거짓된 사상으로 말미암아 어두워지지 않는다면 인간은 내면성에 의해 그 이치를 스스로 인식할 수 있다. 하늘의 지혜로운 이치를 인생에 적용하려 시도해 보라. 그 무엇으로도 깨뜨릴 수 없는 행복을 열어주는 이치는 신이 명령하는 참된 이치의 요구이기도 하다.

2월 12일

인생에 있어서 누구에게나 죽음은 당연하고 확실한 당위(當爲)이다. 그러나 모두는 죽음 따위를 아랑곳하지 않는 듯 살아간다.

육체의 죽음

1

육체의 죽음과 함께 인생이 끝나는 것일까? 이 의문은 인류 최대의 문제이다. 그런데 인간은 이 문제에 대하여 생각하는 일이 극히 드물다. 그러면 지금 당신은 생명이 영원할 수 있음을 믿는지 그렇지 않는지, 그리고 행실이 지혜로운가 아니면 분별이 없는가를 살펴 보라. 대개 지혜로운 행실은 인간이 불멸한다는 것을 믿는 곳에서 나온다.

무엇보다 마음에 중요한 것은, 인생은 분명히 불멸의 존재라는 것을 깨닫는 일이다. 어떤 이들은 전력을 다하여 그것을 밝히려고 애쓴다. 그런 사람은 자신의 삶과 삶의 결과가 사후에 결정 난다는 것을 알기 때문이다.

영혼 불멸에 대하여 의심하거나 그것 때문에 부담을 가지고 산다는 것은 불행이다. 그러나 영혼 불멸을 믿는 사람들은 진리를 위하여 아무 것도 아끼지 않는다. 싫증도 내지 않고 끊임없이 진리를 탐구하며 그 진리를 삶에서 가장 중요한 가치로 생각한다.

그런가 하면 이 문제에 대하여 전혀 생각하지 않는 사람들이 있다. 바로 그 자신의 문제임에도 불구하고 그토록 무관심할 수 있다는 것은 놀라운 일이 아닐 수 없다.

— 파스칼

2

인생에 있어서 고뇌를 없앨 수 없고 선을 전혀 행할 수도 없다면 세상의 삶은 실로 무서운 것이다. 사실 이 세상은 말로 다할 수 없을 만큼 잔악하고 환멸과 슬픔으로 찬 저속한 조직이다. 말로 다 할 수 없을 만큼 어지러운 것이다.

이 세상에 인간이 산다는 것은 태어나자마자 내 버려진 것 같은 삶이다. 마치 행복의 잔 안에 슬픔을 섞어 놓고 죽음의 독을 마시는 것과 같다. 따라서 산다는 것은 무서운 악을 짊어지는 것과 같다. 하나님과 영혼의 불멸성이 없다면 인생은 혐오스러울 것일 뿐이다. 그리고 그 혐오는 현세의 무질서에서 피할 수 없는 무서운 도덕적 혼란이 될 것이다.

그러나 하나님이 우리 위에 계시고 영원히 우리 앞을 인도하실 것을 믿고 그 믿음으로 앞을 볼 수 있다면 만사는 달라진다. 삶의 악(惡)에서 선을, 삶의 암흑에서 빛을 발견해야 비로소 희망으로 절망을 쫓아 버릴 수 있을 것이다.

그러면 선악간에 어느 것을 택할 것인가? 인간은 도덕적인 존재이다. 그리고 인간에게는 현세와 현재에 존재하는 질서를 지킬 의무가 주어져 있고 세상의 모순을 해결할 수 있는 능력도 가지고 있다. 하나님과 생명의 영원성이 없다면 인간은 현세와 자기 생일을 저주해야 할 것이다. 하나님과 영생이 확실히 존재한다고 확신한다면 인생은 그 자체가 복된 것이다.

— 에머슨

3
삶의 의미를 깊이 알면 알수록 죽음에 대한 공포는 사라진다.

4
인간은 자신의 사후 모습을 상상해 보려 하지만 그것은 마치 하나님의 모습을 상상할 수 없듯이 불가능하다. 가능한 것은 죽음도 하나님께서 베푸시는 은혜라는 것을 깨닫는 것이다.

♣

죽음에 대하여 깊이 생각해 보지 않은 인간은 영혼 불멸을 믿지 않는다.

2월 13일

종교는 인간의 이해를 돕는 철학이며, 철학은 종교에 대한 증명이어야 한다.

종교(宗敎)는 이해될 수 있는 철학(哲學)

1
나는 아무 증명도 필요치 않은 다음과 같은 기초적 명제를 받아들인다. 즉 선한 생활을 하지 않아도 신에게 적응할 수 있다고 생각하는 것은 종교의 오류이며 신 앞에 거짓된 봉사라는 것이다.

— 칸트

2

예수교의 도덕적 특징은 선과 악을 구별할 때 하늘과 땅을 구별하듯 하지 않고 천국과 지옥을 구별하듯 한다는 점이다. 이 비유적 방식은(지옥의 광경과 천국의 모습을 마음속에 그리게 하고) 마음을 자극한다. 더구나 그 특징은 철학적으로도 믿을 수도 있다. 말하자면 선과 악, 광명과 암흑의 나라가 서로 경계선을 잇대고 있는 것이지 선악과 명암의 경중(輕重)에 의한 상대적 단계로 결합되어 있다고 생각하지 않기 때문이다.

―칸트

3

유혹에 대처하는 선대의 교훈은 믿어도 좋다. 왜냐하면 훌륭한 사람일수록 그런 문제에 부딪쳐 극복하고 체험을 교훈으로 남겼기 때문이다.

―레싱

4

종교는 마음을 가꾸는 바른 도리이고 그 바른 도리가 이른바 성지(聖智)인 것이다.

5

큰 지식을 얻으려면 신앙에 의존해야 한다. 그래서 스스로 배우고 확신을 얻으려면 참된 철학도 중요하지만 종교에 대해 진지하게 생각해야 한다. 그래야 자신이 습득하고 경험한 모든 사고와 깊은 사색이 신성한 지혜와 결합될 수 있을 것이다.

―쇼펜하우어

6

신의 가르침에는 어떤 경우든지 행위가 있기 때문에 인간도 마땅히 상응되는 행위를 해야 하다는 생각은 언제나 옳은 것은 아니다. 도리어 인간이 자신의 마음으로부터 행위에 대한 강박감을 느끼기 때문에 행위를 함이 신의 가르침이라고 생각할 뿐이다.

―칸트

7

'장차 무슨 일이 일어날지, 장래의 환경이 어떻게 변화할 것이며 어떤 환경에서 살아야 할지도 모르면서 장래 어떻게 살 것인가?'를 염려하는 사람이 많다. 그러나 인생은 미래를 모를 때만이 삶이 참될 수 있으며 비로소 인간을 창조하신 조물주 하나님의 뜻을 깨우칠 수 있다. '하나님만이 알고 계시다'고 하는 삶의 인식이 하나님의 법칙에 대한 신앙을 입증해 준다. 그래야 진정한 자유와 진정한 삶이 가능한 것이다.

♣

종교는 철학적 사색을 광명하게 하는 빛이다. 철학적 사색은 종교적 진리를 좀더 확실하게 한다. 고로 살아 있든 죽었든 간에 진실로 종교적인 사람과 참된 철학적인 사람에게 교제를 청하라.

2월 14일

인간의 내면에는 신의 마음이 깃들여 있다.

하나님의 왕국(王國)

1

거듭나지 않으면 천국을 볼 수 없느니라.

―성서

2

덕성에서 나오는 지혜는 선천적인 도덕이고 지혜에서 나오는 덕성은 후천적인 신성이다. 덕성의 완성에는 지혜의 빛이 필요하고 지혜의 빛에는 덕성의 완성이 필요하다.

―중국 성언

3

사랑과 지혜는 같은 것의 다른 두 측면이다. 이 두 개의 측면에 의하여 인간은 신을 생각할 수 있다.

4

'마음은 만족할 때가 없다.'

평범한 사나이가 어떤 왕녀와 결혼했다. 그는 왕녀를 호사스럽게 해 주려고 노력했으나 헛수고였다. 왕녀에게는 그런 것이 모두 하찮고 귀찮기만 했다. 왜냐 하면 왕녀는 언제나 자신의 고귀한 신분만을 생각하기 때문이다. 인간의 마음도 이와 같아서 현재적인 것에 집착하여 그것으로 만족하려 한다면 마음은 만족을 느끼지 못한다. 왜냐하면 마음은 하늘이 인간의 육신에게 보낸 딸이기 때문이다.

―탈무드

5

선이 무엇인지 모른다는 사람도 마음속에는 선을 간직하고 있다.

― 공자

6

정신이 높은 경지에 도달하기 위해 노력하는 것으로 이미 인간은 선한 행위를 하는 것이며 그것이야말로 행복의 누림이다. 의지의 높은 경지는 노력으로 도달할 수도 있다. 그러나 손을 하늘로 치켜드는 것은 어리석은 일이다. 다름아니라 교회 목사에게 하나님이 자기 소원을 들어주시도록 하나님이 계신 곳까지 가게 해달라고 부탁하는 것은 어리석은 짓이다.

하나님은 언제나 바로 우리 곁에 계시고 또 마음속에 계신다. 그렇다. 나는 확신한다. 우리 내부에 존재하는 모든 선과 악의 증인이며 감시자이신 신성한 정신이 하나님이심을. 그분은 우리와 함께 행하며 악을 막고 계시다. 누구도 신 없이 선할 수는 없다. 오직 신의 도움에 의하여 행복을 맛볼 수 있다. 덕성이 있는 사람의 마음속에 신은 깃들이신다.

―세네카

7

인간의 마음이 보이지 않듯 신도 보이지 않는다. 그러나 신이 창조하신 모든 피조물 속에서 인간은 신을 볼 수 있다. 마음속에 있는 신의 권능은 알지 못할 찌라도. 신은 창조적인 힘과 기억하는 능력과 노동 가운데 나타난다.

―세네카

8

마음은 그 자체가 본체이고 피난처이다. 마음에 상처를 내지 말라.

―인도의 교전

♣

하나님이 사람과 함께 계시다는 것을 명심하면 하나님은 인간이 악으로부터 과감히 떠나 선을 행할 수 있도록 도우신다.

2월 15일

자연 그대로의 단순성과 이지(理智)가 깃 든 단순성이 있다. 전자는 사랑을, 후자는 존경을 불러온다.

단순(單純)

1

인생의 문제는 방정식처럼 풀 수 있어서 그 해답은 매우 단순하다.

2

진리는 꾸밈이 없고 단순하다.

— 칸트

3

위대한 진리는 가장 단순한 것이다.

4

단순성은 사람을 매혹하는 힘이 있다. 어린이와 짐승의 매혹은 그 단순성에서 온다.

5

자연은 인간이 세워 놓은 신분의 차별을 알지 못한다. 신분이 높든지 부유하든지 상관없이 자연은 공정한 마음의 관계 속에 있다. 선량한 감정은 거의 예외 없이 단순한 사람들 속에서만 찾아볼 수 있다.

— 칸트

6

말을 꾸미는 사람 중에 높은 덕을 가진 사람은 없다.

— 칸트

7

단순한 말은 선한 말이고 아무에게나 이해가 쉽다. 그리고 깊은 사상을 지니고 있기도 하다.

— 동양의 성언

♣

지나치게 기교적인 것, 요사스러운 것, 주의를 끄는 것을 피하라.

2월 16일
선은 조심성과 노력에 의하여 이루어진다.

선한 생활

1
하나님의 나라는 노력으로 얻어지며 그 노력은 곧 기쁨이 된다.
— 성경

2
작은 의무를 다하는 데도 영웅에 못지 않은 힘이 필요하다.

3
험난한 길을 걸어가면서 과연 끝까지 갈 수 있을까. 를 의심하는 사람은 도덕이 무엇인지를 알면서도 그 진실성을 의심하는 사람과 같다. 걷는 길을 의심하게 되면 그 길은 갈 수가 없다. 현실에 사는 동안 여러 의심이 있을지라도 절벽 위에도 오솔길도 있음을 의심치 않고 절벽 길을 가는 사람처럼 도덕의 길도 그렇게 걸어야 한다.
— 불전

4
위대한 것, 선한 것은 한두 번의 초청으로 오는 것이 아니다. 대단히 쉬운 것처럼 보여도 사랑방에 나타나듯 그렇게 오지는 않는다. 그 같이 '하나님이 지시한 길은 가시덤불 같은 길이며 험준한 길이다'라고 폴피리는 말했다.
— 에머슨

5
구하라 그러면 구할 것이라. 찾아라 그러면 찾을 것이라. 두드려라 그러면 열리리라. 언제나 구하는 자는 얻을 수 있고, 찾는 자는 찾을 수 있고, 두드리는 자에게는 열리기 때문이다
— 성경

6
'도덕적인 정신에서 벗어나지 않도록 힘쓰라'고 피하골은 말했다. 그것이 무엇보다 어려운 일일지라도 그러나 그것에 익숙해지면 무엇보다 큰 기쁨이 된다.

7

물이 가득 채워진 컵을 쏟지 않으려면 컵을 똑바로 들어야 한다.
그와 같이 칼날을 세우려면 날이 설 때까지 숫돌에 갈지 않으면 안 된다.
— 노자

♣

행복이 부럽거든 신의 섭리를 따르라. 신의 법칙을 따르는 것은 오직 노력에 의해서만 가능하며 이 노력이야말로 삶의 기쁨이 될 뿐더러 노력 자체는 인간에게 신이 원하시는 일에 참여하고 있다는 의식을 주기도 한다.

2월 17일

평등 사상은 기독교의 기본 원리이다. 그러나 오늘날 예수교의 본질이 어떻게 변질되었고 그것을 지키는 자가 얼마나 되나? 그 같은 올바른 신앙인이 어느 정도인가를 보면 그 수가 극히 적은 것에 놀라지 않을 수 없다. 참된 평등을 사명으로 가르치는 곳이 기독교 외에 또 어디에 있는가? 모든 사람은 하나님의 아들이며, 모든 사람은 형제이며, 따라서 모든 사람의 인생은 똑같이 신성하다는 것을 사명으로 가르치는 곳이 예수교 이외에는 없다는 말이다. 진정한 평등은 계급이나 지위나 재력을 타파할 뿐 아니라 불평등에서 일어나는 암과 같은 폭력을 제거할 수 있다. 평등은 사회적 기준에서 실현되는 것이 아니라 그것은 오직 신(선과 진실)에 대한 사랑, 그리고 인간에 대한 사랑으로 실현된다. 신과 사람에 대한 사랑은 사회적 표준이 아니라 참된 종교적 가르침의 실천이다.

그러나 인간의 자유나 동포애나 평등이 또한 무거운 형벌을 통해서 실현될 수 있다고 생각하는 어리석은 과실에 빠졌다. 이는 그 같은 폭력적 편견이 부정되어야 함을 말하는 것이 아니라, 그릇된 사람들의 그런 편견을 실현코자 했던 방법이 부정되어야 함을 말하는 것이다.

2

평등은 근원적으로 불가능하다고 말한다. 왜냐하면 사람은 각기 힘의 세기가 다르고 지혜의 정도가 각기 다르기 때문이라고 말한다. 그러나 립텐베르크는 이렇게 말했다. '어떤 사람이 다른 사람보다 힘이 세고 더 슬기롭기 때문에 평등 사상이 더 필요한 것이다'라고.

지혜나 힘이 불평등함에도 권리마저 평등치 못하다면 약한 자가 강한 자로부터 받는 폭압은 더 커질 것이기 때문이다.

3

기독교나라 국민들은 자신의 삶의 방식을 성찰할 필요가 있다. 어떤 나라들은 전혀 불필요한 일, 올바른 지각을 가진 사람들로서는 이해할 수 없는 부도덕하고 무모한 일에 온 국력을 쏟기도 하고 지도자들은 온갖 향락과 이욕에만 정신을 판다. 이기적인 욕망 때문에 그들은 공평을 말하면서도 불공평을 꾀한다. 그들은 교회와 사회의 정의를 알면서도 교묘하게 율법을 설교하지만 그 설교는 가증스럽고 잔학하기도 하다. 평등은 특별한 이익을 용납하지 않으므로 자신만의 이익을 위해서는 불평등을 평등으로 미혹해야 함으로 양의 탈을 쓴 늑대처럼 평등을 내세우고 설교한다.

4

어린이야말로 참된 평등을 실현하는 존재다. 그런데 어른들은 어린이들의 이 신성한 감정을 깨뜨리고 훼방한다. 어른들은 어린이들에게 이 세상에는 존경해야 할 왕이나 부자나 귀인이 있고, 반대로 은혜를 베풀어주어야 할 종이나 노동자나 거지가 있다고 가르친다. 과연 어린이들의 순수성을 유혹하는 자는 누구인가?

♣

다양한 현상 위에서 만인의 평등은 금방 쉽게 실현할 수 있는 것이 아니라거나. 점진적으로 평등을 실현해서 먼 장래에나 얻을 수 있다고 하는 따위의 말을 믿지 말라. 어린이들에게서 배워라. 그러면 평등은 전혀 어렵지 않고 쉽게 얻어질 수 있다. 평등은 특별한 시설이나 법률(법률은 노상 부수적인 것이다)을 통해서가 아니라 삶 속에서 교섭의 필요성을 가지는 모든 사람들과의 관계에 의하여 얻어지는 것이다. 자신만이 위대하고 고귀한 인간이라 생각하는 사람에게 유달리 굴종을 보일 필요도 없이, 그리고 자신을 하찮고 낮은 신분이라고 생각하는 사람들에게 자신에게 하듯이 똑같은 손길을 보내야 한다.

2월 18일

하나님 앞에서 자신이 지극히 하찮은 존재임을 인식하는 사람을 오히려 하나님은 크게 보신다.

자기 부정(自己否定)

1

신을 사랑하고 자아를 부정하라.

— 파스칼

2

나는 다시 태어나기 위하여 생명을 버린다. 그러므로 하나님은 나를 사랑하신다. 누구도 내게서 생명을 빼앗을 수 없으나 나 스스로 생명을 버리는 것이다. 생명을 버릴 수 있는 권한도 하나님 아버지께서 받은 것이기 때문이다.

— 성경

3

죽으면 신앙도 다 쓸데없으므로 신앙보다 삶이 먼저라는 생각은 무지한 생각이다.

정의의 결과는 최대의 행복이다. 자기 부정은 강하고 뚜렷한 인간 정신에서 나온다. 그의 발 밑에는 아무 것에도 유혹되지 않는 세계가 있다.

— 아미엘

4

자아와 자아욕을 부정할 수 있다면 모든 일이 쉽고 선하게 이루어진다.

5

자기를 부정하는 자에게만 하나님의 말씀이 운동력을 갖는다.

6

자기 생명을 위하는 자는 잃을 것이며, 하나님을 위하여 버리는 자는 얻을 것이다.

— 성경

7

눈앞의 이익이나 명예나 육적인 것을 버릴 줄 아는 자는 참된 인생을 아는 자이다.

♣

자신의 경험이 대화나 사색에 있어서 장애나 제한이 된다면 사상의 실마리를 잃고 말 것이다. 자신의 경험이나 일과 상관없이 자아에서 벗어났을 때만 타인과의 충실한 교제가 성립될 것이며 비로소 참된 봉사를 실천할 수 있다.

♣

　말로만 사랑한다고 하면서 행위가 따르지 않으면 그 사람의 사랑은 모두에게 의심을 살 수 있다. 또한 말로서도 행위로도 자신만을 사랑해서는 안 된다. 많은 경우 자기가 남을 사랑한다고 생각하고 자신은 물론 남에게도 그토록 믿게 한다. 그러나 사실은 남을 사랑하는 것은 말뿐이고 행위로는 자기 자신을 사랑한다. 남이 먹을 것을 주거나 잠자리를 마련해 준 것은 잊고 있으나 자기 것이라면 절대로 잊지 않는다. 남을 진정으로 사랑하기 위해서는 자신의 먹을 것이나 잠자리 같은 것은 잊어버릴 정도가 되어야 한다. 자기 것을 잊지 않으면 남에게 해 줄 일은 잊게 마련이다. 희생이 크면 클수록 사랑도 크다. 사랑이 크면 클수록 그 사업은 더 많은 열매를 맺을 수 있고 또 이익도 크다.
　인생에는 두 가지 부류가 있다. 그 하나는 남을 위하여 자신의 삶을 희생할 수 있는 자이고, 그 둘째는 자신의 요행을 지키기 위해 발버둥치는 자이다. 모든 인간은 이 두 종류 중의 하나다. 전자는 자기 희생을 통해 예수의 뒤를 따르고자 하는 제자에 속하고, 후자는 삶을 바꾸라고 하면 돌아서서 도망치는 부잣집 도령과 같다. 이 두 종류 사이에서 일부분만 따르는 척하는 회색 분자가 있다. 그렇게 되지 않기 위하여 끊임없이 전자를 향하여 돌진해야 한다.

2월 19일

노동에서의 해방은 죄악이다.

노동(勞動)

1

자기 힘으로 할 수 있는 일에는 불안이 없다.

2

자기 노동의 대가로 먹지 않는 계층 사람이 참된 종교인의 모습과 순수한 덕성을 실천하는 것은 생리적으로 불가능하다.

―존 러스킨

3

가장 순수한 기쁨은 노동 후에 갖는 휴식이다.

―칸트

5

부자나 가난뱅이나, 강자나 약자나 일하지 않는 자는 내쫓아라. 사람은 참된 기술 즉 손수 하는 노동을 배워야 한다. 이것은 노동을 경시하는 편견을 타파하기 위하여 필요하다. 노동자와 같은 수준에 서라. 그것은 유한계급보다 더 향상된 삶이다.

—루소

6

참된 신앙은 휴식을 위해서가 아니라 노동을 위하여 존재한다

—존 러스킨

7

쉬지 말고 일하라. 일하는 것을 불행하다고 생각지 말라. 일을 하고 칭찬이나 이익을 바라지 말라. 바라야 할 것은 사회 전체의 행복이다.

—오렐리아스

♣

남에게 준 것 이상으로 받을 생각을 말라. 자신의 노동뿐 아니라 더 큰 이익을 남기는 타인의 노동도 재지 말라. 누구나 인간은 시시각각 일할 힘을 잃어버린다. 아무도 남의 노동의 덕을 보게 되는지도 모르지 않는가? 그러므로 남에게 주도록 힘써라. 그것은 불의의 혜택을 입지 않기 위해서이다.

2월 20일

참된 진화(進化)는 종교적인 진화이다.

참된 진화(進化)

1

종교는 인간이 나갈 방향을 계시하며 모든 것을 단순하고 알기 쉽고 자세하게, 그리고 지식과 잘 조화하는 동시에 도덕적인 문제와 사회적인 결함을 완성하는 역할을 한다.

2

종교적인 진화(루터의 종교 개혁을 뜻함)가 있기 전에 이미 종교 개혁이 필요한 것은 알고 있었으나 그대로 머물러 있어야 한다고 생각한 사람은 이미 진리로부터 멀리 떠나 있었기 때문이다. 주어진 진화의 빛은 그것을 물끄러미 바라보기만 하라는 것이 아니라 그것에 의하여 아직도 감춰져 있는 오염된 진

리를 바로 잡고 세우라는 것이다.

— 밀턴

3

세상의 권세가들이 폭력으로 예수의 가르침을 억압하려는 것을 도처에서 볼 수 있다.

그들은 성경의 정신이 민중 속에 들어가 그 진리의 가르침을 깨닫고 국민의 권리와 의무에 대해 이전보다 명백하게 알게 되고 법률을 알게 되어 약자를 보호해야 한다는 평등주의에 입각한 인권제도를 요구하지나 않을지? 국민 사이에 적개심을 심어 줘야 정권 유지가 유리한데 국민들이 서로 형제애를 가지고 단합된다면 어떻게 되겠는가?

압제자들은 민중들 안에서부터 나오는 원망의 소리에 장차 다가올 멸망을 예감하기나 한 것처럼 두려운 환상에 사로잡혀 민중을 더욱 강하게 얽어맬 쇠사슬을 준비한다. 예수는 바로 그러한 민중을 해방시키고자 찾아왔던 것이다. 예수의 가르침이 미치는 곳에는 언제나 쇠사슬이 풀어지고 말 것이다. 땅 속에서 들려오는 소리가 압제자들의 꿈을 놀라게 한다. 소박한 민중의 이상 깊은 곳에서 하나님의 나라는 이루어지고 있다. 그 일은 누구도 막을 수 없다. 그 일은 갓 돋아난 새싹 같지만 끝내 세상의 죄악을 깨뜨리고, 약한 자를 소생케 하며, 슬퍼하는 자를 위로하고, 갇힌 자의 쇠사슬을 끊고, 결국은 백성의 평등한 권리가 누려지는 새로운 길을 열어줄 것이다. 그 길을 걸을 때 비로소 '평화와 사랑이 바로 이것' 이라고 말할 것이다.

— 라메에네

4

사회적 진화는 종교의 진화에 기반을 두고 있다. 종교적인 진화는 새로운 종교적 진리가 나온다던가 세계와 조물주에 대한 인간의 새로운 관계를 뜻하는 것이 아니다. 새로운 것은 아무 것도 필요하지 않다. 인간적인 이해 관계 때문에 종교와 관계없이 예부터 내려오는 제도를 일신하는 것이다. 사실상 새로운 종교적 진리란 있을 수 없다. 인간의 지혜가 깊어지면 세계와 조물주와의 관계는 최초의 인간과 신과의 관계로 회복될 수 있을 것이다. 종교적 진화는 새로운 무엇이 나타나는 것이 아니라 이미 가르쳐진 진리가 인간의 욕심으로 얼룩진 양심의 먼지를 털어 내고 새로 세우는 것에 불과하다.

5

종교는 어느 시대나 어느 사회에서나 선구자다운 사람을 통하여 인간이 도달할 수 있는 모범의 본을 보여주었다. 그리고 그 본을 따라 모든 사람이 필연적으로 변함이 없이 그것에 다가가게 한다.

♣

종교적 진화와 기술적, 과학적, 예술적 진화를 혼돈하지 말라. 기술적, 과학적, 예술적 성공이 종교적 진화를 수반한다면 아주 위대한 변화를 가져올 것이다. 이는 어느 시대나 동일하다.

하나님에게 봉사하고자 한다면 무엇보다 먼저 종교적 진화 즉, 종교적인 의식을 따를 때 부딪치는 비진리와 미신과의 투쟁에 이기지 않으면 안 된다.

2월 21일

야만스런 미개인은 육식밖에 모르지만 야채를 먹는 것은 초보적이고 자연스런 교화의 결과이다.

미개인(未開人)

1

도살장으로 끌려가는 짐승을 보면 왜 애처로운 마음이 드는가? 그것은 마음속 깊은 곳에 거역할 수 없는 생명에 대한 애착심이 있기 때문이다. 마음이 허락하든 아니든 무죄한 생물을 죽이는 육식을 피하라.

— 스트르웨이

2

어린이 보호회나 동물 보호회 등의 단체가 채식주의에 대하여 전연 냉담한 것은 참으로 이해할 수 없는 일이다. 육식을 위해 인간은 얼마나 잔인한 행위를 자행해야 하는가. 그런 행위는 죄를 짓게 하는 큰 원인을 제공하고 있는 데도 말이다. 감정을 만족시키기 위하여 짐승을 학대하거나 죽이는 잔인한 행위는 그 고기를 먹기 위하여 학대하거나 죽이는 가혹한 행위와 같은 것이다. 짐승의 고기를 먹기 위해 인간은 잔인한 화로에 불을 지피고 있는 것이다.

— 류시 말로리

3

저주받을 세 가지 습관이 있다. 그것은 육식과 음주와 흡연이다. 이 세 가지 습관은 사악하고 음탕한 정욕과 함께 인생을 구원할 길을 망쳐 버리고 하나님의 아들인 인간을 짐승 같은 수준으로 끌어내린다. 그 결과 거리마다 뒷골목은 지옥으로 들어가는 통로가 되어 버린다.

— 아놀드 힐스

4

짐승에 대하여 도덕적인 책임을 느낄 필요는 없다고 말하나 이는 잘못된 생각이다. 입으로는 도덕을 강론하면서 동물에 대해서는 아무런 의무도 없다는 말은 교만이요 오류이다. 이러한 오류와 교만으로 인간의 무서운 잔학성과 야만성이 나타난다.

— 쇼펜하우어

5

한 나그네가 아프리카를 여행하다가 식인종이 사람 고기를 먹고 있는 곳에 이르렀다. 식인종은 그 여행자에게 짐승의 고기보다 사람의 고기를 좋아하는 이유를 말해 주었다. 그 이유는, 짐승은 더럽지만 인간은 하루에 세 번씩이나 목욕을 하기 때문이라는 것이었다.

"끔찍한 일이다." 하고 나그네는 식인종의 음식을 눈앞에 보면서 소리쳤다. 그러자 "아니, 이것에 소금을 처먹으면 아주 맛있는 거야" 하고 식인종 추장이 대답했다. 채식 인종은 문명국 사람들의 식탁 위에 놓인 돼지고기나 양고기를 보고 끔찍스러운 일이라고 말할 것이다. 그러나 "이것에 소금을 처먹으면 아주 맛있는 거요." 하고 문명인은 대답할 것이다. 그렇다면 그들과 식인종과 무엇이 다르단 말인가? 문명인들도 마찬가지로 자신들이 먹는 그 육체가 당하는 고통에 대해서는 무감각하지 않는가?

— 뷰시 발로리

♣

육식을 끊자면 주위 사람들이 비난하거나 비웃거나 해도 흔들리지 않아야 된다. 그러면 육식주의자들도 채식주의자들을 공격하지 않을 것이다. 육식주의자들은 초조해하고 있다. 그것은 이제야 그들이 자신의 죄를 의식하게 되었고 그 죄에서 벗어날 힘이 없다는 것을 깨달았기 때문이다.

2월 22일

많은 사람이 하나님을 알지 못한다고 하지만 그들이 세상 만물을 알고 이용하는 것은 하나님을 알고 있는 까닭이다.

하나님을 아는 사람들

1

곧 드러나는 지혜는 영원한 지혜가 되지 못한다. 이름으로 불려지는 것은 영원할 수 없다.

— 노자

2

평화는 세상에 있는 모든 것, 하늘과 땅에 존재하는 모든 것을 그 속에 품는다. 그것은 구체적이지는 않지만 모든 것을 포용할 수 있는 지혜이다. 만약 명명을 한다면 그것이야말로 영원 불변이라고 부를 수 있다.

— 노자

3

신은 무한한 존재이므로 인간에게 정의를 요구하기도 한다.

— M · 아놀드

4

인간은 반쪽 짜리 존재이고 신은 그 온전한 존재이다.

5

하나님을 찾아다니는 사람은 어리석다. 하나님은 모든 것에 내재하기 때문이다. 종교는 여러 가지가 있을 수 있으나 하나님은 한 분이시다. 자기 자신도 모르는 인간이 어찌 하나님을 알 수 있겠는가.

— 인도의 성언

6

내가 태어나기 전까지는 나는 존재하지 않았다. 그러나 지금 이처럼 내가 존재하는 것은 나의 뜻에 의하지 않았다. 마치 언젠가 내가 사라지리라는 것도 나의 뜻으로 되지 않는 것과 같다. 그럼에도 불구하고 나는 나 이전에도 있었고 나 이후에도 있을, 그리고 나보다는 전능한 힘에 의하여 나의 존재가 시작되고 그 힘에 의하여 존재가 유지되고 있는 것이다. 그런데도 '신은 없다'고 생각하는 사람들이 많다.

— 라 부류이엘

7

참으로 하나님을 아는 사람에는 두 부류가 있다. 즉 낮은 신분으로 멸시받고 살면서도 겸손한 마음으로 이웃을 사랑하며 하나님을 섬기는 사람들과 어려운 처지에서도 지혜를 가지고 진리를 구하는 사람들이다.

8

'우리가 지금은 흐린 유리를 통하여 보듯이 꿈속에서처럼 보고 있으나 때가 오면 얼굴과 얼굴을 맞대고 보리라. 지금은 일부분밖에는 알지 못하나 때가 오면 현재 여기에 있는 사실처럼 확실히 알 수 있으리라.'

— 성경

♣

인간은 하나님의 법을 따르는 정도에 따라 하나님을 안다고 말할 수 있다. 그러므로 하나님께 가까이 가면 갈수록 그에 대한 인식은 바뀌게 된다.

2월 23일

조직은 사회적 양심에 위배되며 이지(理智)에도 위배되는 것이다.

이 세상에 현존하는 조직

1

조직적인 사고를 가진 사람은 세상 사물의 실질적인 가치를 이렇게 생각한다. 말하자면 조직에 의하여 무질서한 대중들 서로가 서로를 이간하게 할 수도 있고, 순진한 아이들이나 힘없는 늙은이를 시궁창에 밟아 넣게도 할 수 있고, 조직성 없는 노동자 계급을 이용하여 쓸데없는 무기를 만들어 내는 따위를 제도라고 생각한다. 무조직한 노동자는 어느 때든 모을 수도 있고 어디론가 보내어 굶어 죽든 말든 버릴 수도 있다고 생각한다.

— 존 러스킨

2

보리밭의 비둘기를 생각해 보라. 비둘기는 아무 것이나 쪼지 않고 꼭 필요한 것만 취한다. 그리고 큰 더미가 되기까지 먹이를 정성껏 모은다. 그러면서도 자기를 위해서는 겨만 남겨두고 주워 모은 큰 더미는 그들 중에서 가장 약하고 여윈 비둘기를 위하여 저축해 두기도 한다. 비둘기 떼가 둥글게 둘러앉아 그 약한 비둘기가 같이 먹으면서 흘리고 엎지르는 것을 보고 있는 장면은 한 폭의 그림과 같다. 그런데 그보다 놀라운 것은 힘이 센 다른 비둘기가 약한 비둘기의 먹이를 다칠 경우 모든 비둘기들이 달려들어 그 비둘기를 갈기갈기 찢어버리는 무서운 광경이다.

만약 비둘기와 같은 모양을 인간 사회에서 볼 수 있다면 어떠하겠는가.

3

싸우기 위하여 지혜를 짜고, 함정을 만들어 빠뜨리고, 배반하려고 지혜를 짜는 반면 선을 멀리하고 악의 뿌리만 내리는 세상을 어찌할 것인가.

— 페고니스

4

사랑은 선한 사람은 물론 악한 사람까지도 천사를 만든다. 사랑이 미치는 곳에는 마치 모든 사람에게 똑같은 마음과 똑같은 넋이 있기나 하듯 아름다운 변화가 일어난다. 그러나 사랑이 떠나고 서로의 사이가 좋지 못하게 되면 모든 것은 망쳐 버린다. 사랑만큼 화평을 이루는 것도 없지만 도덕만큼 이교도를 교화시키는 것도 없다. 사랑이 메마른 곳에는 이교도와 마귀의 유혹이 범람한다. 사랑 없이 원수를 사랑하라고 설교하거나 고리채를 놓거나, 약탈하거나, 증오심을 불태우거나, 같은 종족을 짐승 대하듯 한다면 누가 그 설교를 경청하겠는가. 또 기독교도가 죽음을 앞에 두고 떨고 있는 모습을 보인다면 어찌 불사(不死)를 가르친 말씀을 믿겠는가? 정염의 노예가 되어 있는 것을 보면 이교도의 가르침을 따라갈 것이다.

— 요한 조로아스터

5

인간은 흙 · 햇빛 · 식물 · 동물계 · 광석층 등 자연이 부여한 자원을 극히 소량만을 이용할 뿐이다. 그 모든 자원을 인간의 욕구를 만족시킬 수 있는 보물창고로 만들기 위해서는 참된 지식을 유익하게 써야만 한다. 자연은 빈곤과 상관없을 만큼 풍부하다. 병이나 노쇠 현상이 생기는 것도 그 원인이 자연에서 오는 것보다 인간이 사회적 동물로서 지나친 탐욕에 의하여 인위적으로 발생시킨 결과이다. 탐욕의 늪에서 벗어날 수만 있다면 자연에서 필요한 일체의 것을 얻을 수 있음에도 인간은 스스로를 억제할 힘을 상실함으로써 자연이 주지 않은 병을 앓아야 한다.

— 헨리 조지

6

문명이 진보함에 따라 복잡해진 사회 업무를 처리하기 위해서는 몇몇 사람의 생각에 의해서가 아니라 대중의 의견을 수렴하는 방법이 중요하다. 사회적 중대사를 공무원에게만 맡겨서도 안 되지만 정치·경제학자인 대학 교수들에게만 의지해서도 안 된다. 중론을 집약하여 처리하는 것이 효과적이다. 그래야만 민중이 협조하기 때문이다.

— 헨리 조지

7

문명이 아무리 확고하게 보여도 그것을 파괴하는 힘이 그 문명 안에서 성장한다. 그것은 인적이 없는 숲 속이 아닌 바로 우리들이 살고 있는 거리의 뒷골목이나 길 위에서 야만스럽게 자라고 있다. 그래서 지금도 옛날 반달인들이 했던 것과 똑같은 짓을 하고 있는 것이다.

— 헨리 조지

8

교육은 민중 속에서 민중을 위하여 이루어져야 한다. 오늘날같이 교육이 진급의 조건으로 쓰여지고 있는 한 또 하나의 귀족주의를 가져올 뿐이고 민중을 구제하는 데는 도움이 되지 못한다.

— 마도지니

9

사람들은 서로 미워하며 가능하면 이웃을 자기 정욕을 채우는 데 이용하려 한다. 마치 정욕이 행복의 목적인 것 같이. 그러기 위해서라면 위선의 가면이나 거짓된 사랑조차도 마다하지 않는다. 그런데도 본질적인 인간의 기만성은 감춰져 드러나지 않는다.

— 파스칼

♣

인간은 지혜로운 동물이면서도 사회 생활은 지혜로 하지 않고 폭압으로 하려 한다.

2월 24일
진(眞)과 선(善)은 서로 뗄 수 없는 관계이다.

진과 선

1

진실을 전하는 데는 두 사람이 필요하다. 그 하나는 그것을 말하는 자요, 다른 하나는 그것을 듣는 자이다. 진실을 전하는 유일한 방법은 사랑으로 말하는 일이다. 사랑이 깃 든 인간의 말만이 듣는 사람이 귀를 기울이게 한다. 이치만 따져서 말할 것은 못된다. 그것은 부자연스럽게 들리기 때문이다.

― 트로오

2

진실을 말하는 것은 글씨를 잘 쓰는 것과 같아서 둘 다 기술적인 문제라고 할 수 있고 그 어느 것도 의지의 문제라기보다 습관의 문제이다. 이러한 습관을 붙이는데 도움이 될 만한 모든 기회는 언제나 유익하다.

― 오렐리아스

3

남들 앞에서 탈을 쓰는 습관은 자기 자신 앞에서도 탈을 쓰게 한다.

― 라로시프코

4

자신의 기본적 사상은 자신의 진리에 대한 이해와 그 인생을 본질적으로 소유할 수 있다. 남의 서적에서 얻은 사상은 남의 밥상의 찌꺼기와 같고 남의 몸에만 꼭 맞는 옷과 같다.

― 쇼펜하우어

5

만약 진실을 앞에 두고 그것을 깨닫지 못하고 진실 대신에 거짓된 것을 붙잡는다면 영원히 후회를 면치 못할 것이다.

6

진리를 사랑하는 훌륭한 지혜는 진리를 독점하려는 편협함에 비교될 수 없다. 지혜는 어디서 만나도 감사로 진리를 받아들인다. 그리고 진리 위에 그 누구의 이름이나 도장도 찍지 않는다. 왜냐하면 훨씬 전부터, 그리고 영원한 미래에까지도 진리는 신에게 속해 있기 때문이다.

—에머슨

♣

진리는 사람을 악인으로 만들지 않으며 오만하게도 만들지 않는다. 진리는 겸허하고 단순하기 때문이다.

2월 25일

기도가 습관이 되는 것은 유익하다. 그러나 습관적으로 기도를 드림으로써 신에게 기도를 공적(功績)으로 보여드릴 수 있다고 생각할 때는 해롭다.

기도(祈禱)

1

기도에 들어가기 전에 정신을 집중할 수 있는가 없는가를 살펴라. 할 수 없다고 생각되거든 기도를 그만 두어라. 기도할 때는 슬픈 마음이나 태만이나 웃음이나 잡념과 같은 경박한 감정이 남아 있어서는 안 된다. 신성한 긴장이 마음에 가득할 때 기도에 임해야 한다. 만약 마음의 상태가 좋지 못하거든 기도를 하지 말라. 기도를 습관으로 만드는 자의 기도는 진실하지 못하다.

—탈무드

2

매일같이 먹고 자고 해도 인간은 싫증을 느끼지 않는다. 왜냐하면 허기와 야망이 계속 나타나기 때문이다. 허기와 꿈이 없다면 먹는 것도 자는 것도 싫증이 날 것이다. 정신적인 향연에 만족할 수 없을 때 인간은 싫증이 날 것이다. 산상 수훈(垂訓)을 기억하라.

—파스칼

3

기도는 인간의 약한 의지를 강하게 한다. 신에게 가까이 가는 일체의 정신상의 노력은 자아에 대한 생각으로부터 해방되게 한다. 신에게 구원을 청하면 구원받을 수 있음을 믿어라. 신이 인간을 바꾸는 것이 아니라 인간이 신에게 가까이 가면서 자신을 바꾸는 것이다. 그럼으로써 신에게 바라는 것을 스스로 얻을 수 있는 것이다. 자신의 약함을 앎으로 스스로의 힘을 더해 가는 것이다.
— 루소

4

기도는 관중들 앞에서나 거리에 서서 사람들에게 보라는 듯이 하는 거짓되게 해서는 안 된다. 그런 자들은 그 행위 때문에 응보(應報)를 받을 것이다. 기도는 자기만의 공간에 들어가 문을 닫고 하나님 아버지께 아뢰는 신성한 제사이어야 한다. 아버지는 남 몰래 드리는 기도를 남몰래 돌보시며 응답해 주신다. 기도할 때는 중언부언하지 말라. 그런 것은 이교도들이나 할 짓이다. 왜냐하면 그들은 말을 잘하면 하나님이 귀를 기울여 주시리라고 생각하기 때문이다. 그들처럼 해서는 안 된다. 왜냐하면 아버지께서는 너희가 기원하기 전에 이미 너희가 필요로 하는 것이 무엇인가를 알고 계시기 때문이다.
— 성경

5

기도는 자기 집에서 올리는 것이 좋다. 집회에서는 질투나 잡담이나 비방을 피할 수 없고 죄 짓기 쉬운 여러 조건을 피할 수 없기 때문이다. 쓸데없는 사설로 기도하려거든 아예 기도를 그만두는 편이 낫다.
— 탈무드

♣

인간은 끊임없이 성장하고 변한다. 그러므로 하나님에 대한 관계도 계속 어린아이와 같이 유치할 수만은 없다. 생각과 지혜가 끊임없이 자라고 바뀌어지기 때문에 기도 역시 차원 높은 하나님과의 관계로 바뀌고 성장해야 한다.

2월 26일

오랫동안 누구와 이야기한 후에 무슨 이야기를 했던가를 다시 생각해 보도록 하라. 서로 주고받은 이야기가 얼마나 하찮고 쓸데없는 것이며, 얼마나 나쁜 것이었는가에 놀랄 것이다.

무지(無知)한 사람

1

무지한 자는 잠자코 있는 것이 현명하다. 그러나 그것을 알고 있었다면 그는 이미 무지한 자가 아니다.
— 사디

2

좋은 말이란 겸손하게 하는 말이고, 좋은 이야기란 잘 생각해서 하는 이야기이다. 한 마디를 할 때는 그 말이 침묵보다 가치가 있어야 한다.

―아라비아 속담

3

한 마디 못한 것을 유감으로 생각한다면 백 마디 한 것은 백 번 유감으로 생각해야 한다.

4

참된 말은 듣기에 쓰지만 거짓으로 꾸민 말은 듣기에 달콤하다. 선한 사람은 논쟁을 즐기지 않으며 논쟁을 즐기는 자는 선한 자가 되지 못한다. 성인이란 학문이 높은 자를 말하는 것이 아니며 학문이 높은 자라고 모두 성인이 아니다. 마음이 성스러운 자는 아무 것도 주워 모으는 것이 없다. 그러나 남을 위해 힘쓰면 힘쓸수록 더욱 많은 것을 얻는다. 성인은 행하기를 먼저 하나 논쟁할 줄 모른다.

―노자

5

하찮은 일에 참견하지 않는 사람은 잔손질로서도 많은 이익이 생긴다.

6

잘 듣고, 총명하게 묻고, 조용히 대답하고, 그 이상 아무 것도 말할 필요가 없을 때 입을 열지 않는 사람은 인생의 가장 귀한 의의(義意)를 간직할 수 있다.

―라화테일

♣

무엇이든지 말하기 전에 생각해 볼 여유가 있거든 말하려는 것이 말할 가치가 있는지 아닌지, 누구를 해치는 일이 있는지 없는지를 생각해 보라.

2월 27일

자비는 희생일 경우에만 진정한 자비이다.

자비(慈悲)

1

금은보배도 녹이 슬듯이 보배는 모두 배반하는 것들이며 불같은 위세로 인간의 정신과 육체를 좀먹는 것이다. 인간은 재물을 모으면서 최후의 배반 앞으로 가까이 가고 있는 것이다.

2

황금을 소유하려는 물욕에는 부도덕한 의식이 같이 한다.

3

신의 은총을 받으려면 행동으로 자신을 보여라. 어쩌면 부잣집 아들이 이렇게 말할지도 모른다.
"저는 모든 계율을 지키고 있습니다. 훔치지도, 살인도, 간통도 하지 않았습니다"라고.
그러나 그리스도는 그런 것만이 아닌 그 이상의 것을 요구하신다.
"너희 소유를 다 팔아 가난한 이웃에게 나누어주어라. 그리고 나를 따르라."
나를 따르라 하는 것은 행동으로 예수의 본을 받으라는 것이다. 왜냐하면 그 청년이 조금도 아쉬운 것 없이 살면서 가난한 처지에 있는 사람들을 업신여기고 있다면 어찌 그 청년이 이웃을 사랑한다고 말할 수 있는가? 사랑은 반드시 행동으로 보여주어야 한다.

―요한 조르아스터

4

동정심이 많은 사람은 부자가 되지 못한다. 바꾸어 말하면 부자는 동정심이 없다는 것이다.

―몽고의 속담

5

돈 많은 자선가는 그가 가난한 사람들에게 자선을 베푼다고 생각하는 것 이상으로 가난한 사람들에게서 더 많은 것을 빼앗는 셈이 된다는 것을 깨닫지 못한다.

6

부자는 가난한 사람에게 동정을 베푸는 것으로 만족해한다. 그들은 가난한 사람들에게 베풀면서 자기가 품는 해독을 생각하지 못한다. 물질적인 풍족을 자랑하며 그것을 귀중하게 여기며, 가난한 자를 업신여기는 것에서 행복을 맛보는 것은 죄이다.

—찬닝

7

부자가 하나님 나라에 들어가기보다 낙타가 바늘구멍 통과하기가 쉽다.

—성경

♣

부자가 선을 행하려면 먼저 재물로부터 해방되어야 한다.

2월 28일

예술은 인간을 결합시키는 수단이다.

예술이란 무엇인가?

1

뛰어난 예술이라도 도덕적인 이상에 부합되지 않고 그 자체의 만족에만 치우쳐 있다면 방종과 향락의 도구가 될 따름이다. 방종과 향락에 빠질수록 예술은 빠르게 전파된다. 그것이 마음의 불만을 채우기 위한 수단으로 사용되기 때문이다. 그리고 그것은 더욱 무익한 불만을 낳을 뿐이다.

—칸트

2

돈의 노예가 되어 가난한 자를 조롱하는 예술은 번영할 수 없다.

—모리스

3

예술은 의식을 가장 강하게 움직이는 힘으로 죄악적인 것에나 선한 것에나 가리지 않고 영향을 미친다. 그러므로 예술의 영향력을 조심해야 한다. 낡은 종교(마호메트교와 정교)는 그것이 두려워 모든 예술을 배척해 왔다. 그들이 옳았던 것은 오늘날의 예술이 미치는 영향을 볼 때 더욱 수긍이 간다.

4

예술과 과학의 지혜는 모든 사람을 공평히 섬기는 그 속에 존재한다.

— 존 러스킨

5

예술은 대주교와 같다. 동시에 차이는 있으나 교묘한 배우이기도 하다.

— 마도지니

6

예술은 때와 장소에 맞을 때에만 유익하다. 그것은 또한 사랑으로 이루어져야 한다. 예술이 오락거리로 전락하여 진리를 보여주지 못할 때 그것은 수치스런 행위가 되고 만다.

— 존 러스킨

7

부유한 계급을 위하여 만들어진 오락거리 예술은 매춘부와 같고 매소부(賣笑婦)의 몸짓에 지나지 않는다.

♣

예술에 대한 토론은 무의미한 말싸움이다. 예술을 논하는 데는 각각 독특한 언어로 하기 때문에 입으로 시비하는 것은 무익하다. 그래서 '예술을 논할 때는 많이 떠들어 대는 자들이 예술을 이해 못하는 자들이며 예술을 알지 못하는 자들이라'고 말할 수 있다.

2월 29일

이상(理想)은 인생의 이정표이다. 그것이 없다면 삶의 방향이 서지 않을 뿐 아니라 행위도 없고 삶도 없다.

1

진리는 구체적인 것이 아니다. 진리는 정신 속에서 종소리처럼 힘차고 자비스럽게 마음을 울리기만 하면 그만이다.

— 괴테

2

완전은 하늘의 표준이며 완전을 지향하는 것은 인간의 목표이다.

―괴테

3

　이상은 인간 속에 있고 이상을 막는 장애도 인간 속에 있다. 환경은 이상을 실현할 수 있는 재료이다.

4

　인생은 먹는 것도 아니고 행복의 추구도 아니다. 인생은 쉴러의 말대로 투쟁이고 행진이다. 선과 악의 투쟁, 정의와 부정의 투쟁, 자유와 억압, 협동단결과 개인주의와의 투쟁이다. 이 모두는 이상을 실현하기 위한 행진이다.

―마도지니

5

　이상' 비록 그것이 먼 미래에나 도달할 수 있을 것으로 생각되더라도 이상의 실현이 관념이나 사상 속에서도 가능하다면 그리고 이상에 도달하는 정도가 무한하다면 비로소 그것을 이상이라 할 것이다.

♣

　선이 세상에 있기를 바라고 믿는 것은 선을 실현하기 위한 중요한 조건이다. 선을 믿지 않고 지금처럼 나쁜 인간들이 여태까지 살아왔듯이 그렇게 살아갈 것이라고 생각하는 것은 선의 실현을 막는 중대한 장해가 된다.

3 월

3월 1일

죽음을 두려워하는 것은 어리석은 것이며 죽음에 대한 공포는 죄로 인한 것이다.

죽음을 두려워하는 것

1

삶의 의미를 아는 사람은 죽음을 두려워하지 않았다.

—칸트

2

죽음을 걱정하는 자는 인생을 즐길 수 없다.

—칸트

3

히틀러가 세상에 산 것은 1세기지만 지금이나 그때나 마찬가지다. 태양, 지구, 세상, 가지가지 형상들, 이런 것들은 하루 전이나 1세기 전이나 마찬가지이다. 오늘 있는 것이 내일도 있다. 죽음을 통해 육체는 땅으로 돌아가고 심령만은 죽음이라는 경계 저 편으로 사라질 뿐이다. 태어난 날로부터 불안하고 고달픈 삶에 지쳐 있는 인간도 더 살아야 한다는 사실에는 싫증을 내지 않는다. 뿐 만 아니라 인간은 모두 더 오래 살기를 갈망한다. 환자나 고통이나 송장을 보면서 또 하나의 세계를 인식하는 것을 두려워한다. 그러한 인간을 위해서 종교의 힘이 필요하다.

—라 부류이엘

4

삶의 의미를 모르는 자는 죽음을 두려워한다.

—제이메

5

죽음이란 개인주의로부터 해방되는 것이다. 개인주의는 인간의 핵심적인 본질이기보다 인간의 본질을 병들게 하는 것이다. 인간 본연의 상태로의 완전한 부활이라고 할 수 있는 죽음의 순간이야말로 참된 자유가 시작된다. 죽은 사람의 대부분이 평화스런 표정을 짓는 이유는 분명히 여기에 있다. 선하게 산 자의 주검은 평온한 것이 보통이다.

― 쇼펜하우어

6

사람이 죽음에 대한 공포를 가지는 감정은 삶의 내면적 모순에 대한 의식에 불과하다. 이는 환영을 보고 두려워하는 것이 정신병적인 의식에 불과한 것과 같다.

8

인생에 대하여 그릇된 생각을 가지고 있는 사람들이 냉정하게 판단할 수 있고, 올바른 사고를 할 수 있다면 이러한 결론에 도달할 수 있을 것이다. 즉 죽음이라는 육체적 변화는 모든 생명체 사이에서 일어나는 평범한 현상이다. 그것은 조금도 두려운 것이 아니라는 결론이다.

9

삶이란 신이 내린 벌(罰)이라고 생각한 성자는 많았지만 건전한 두뇌를 가진 평범한 사람 중에 죽음을 벌이라고 한 사람은 없었다.

― 레싱

♣

죽음은 밤이 오고 겨울이 오는 것 이상으로 피할 수 없는 철칙이다. 밤이나 겨울에 대하여는 대비하고 살면서 죽음에 대해서는 어찌 대비를 하지 않는가? 죽음에 대한 대비는 하나밖에 없다. 그것은 선한 인생을 사는 것이다. 선한 삶을 살면 살수록 더욱 죽음은 무의미하게 되고 죽음의 공포도 사라질 것이다. 성자에게 죽음은 존재하지 않는다.

3월 2일

자기 의지와 하나님의 뜻을 어느 정도 일치시킬 수 있느냐에 따라 자신의 나갈 길을 다른 사람 앞에서 장담할 수 있다.

인간의 의지와 신의 뜻

1

하나님이 나에게 무엇을 원하시는지는 아무도 알 수가 없다. 그것은 마치 주인이 멍에를 건 말을 어디로 무엇 때문에 무엇을 싣고 가는가를 알 수 없는 것과 같다. 만일 말이 주인의 명을 따르지 않으면 채찍질을 받을 것이고 순순히 주인을 위하여 하자는 대로하면 신세는 편해질 것이다. 그때 '나의 멍에는 행복하고 나의 짐은 가볍도다'라고 찬송할 수 있을 것이다.

2

인간이 하나님의 뜻을 의지로 이룩할 때 하나님은 인간의 의지를 돕는다. 자신의 욕구를 하나님의 욕구와 조화되도록 행할 때 하나님은 스스로 인간의 욕구와 조화되도록 하신다.

3

진실한 마음으로 '하나님, 저를 당신의 뜻대로 하소서' 하고 고백할 수 있을 때 비로소 예속에서 벗어나 참 자유를 얻게 된다.

―에피쿠테타스

4

신의 뜻을 따라 행하고 모든 것을 신에게 의지하고 순종하는 사람에게는 참으로 믿을 수 없을 만큼 큰 힘이 역사한다.

―오렐리아스

5

발자취가 보이지 않게 걸어라. 보이지 않는 발자취는 의심을 받지 않는다. 설사 그 걸음이 뒷걸음치듯이 보일지라도 의심하지 않는다.

―레싱

6

예수의 가르침은 인생이란 자기의 것이 아니고 호흡을 주신 하나님의 것이라는 것, 인생의 목적은 삶이 아니라 인생을 주신 신의 뜻에 있다는 것, 그런 까닭에 신의 뜻을 알고 그것을 실천하는 것이 옳다는 것을 분명하게 이해했을 때에 그의 소유가 된다는 것이다.

7

아무 것도 원하지 않는 것만큼 강한 힘은 없다. 그러나 이것이 삶에 필요한 조건은 못된다. 필요한 것은 신께서 원하시는 것을 따르는 것이다. 즉 자기 부정에서 남을 위한 희생으로 옮겨가는 것이다.

―아미엘

8

스스로를 멸시하지 말라. 어떠한 처지에서도 행동하고 고민하며 승리를 거두어라. 대지의 어느 곳에서도 인간은 다 같이 하늘에 가깝고 영원에 가깝다.

—아미엘

♣

하나님의 뜻은 좁은 길로. 마치 습지에 놓인 다리처럼 인간을 인도한다. 그러나 길을 잃는 것은 무지하거나 악의 늪에 빠져 있기 때문이다.

3월 3일

젊으면 젊을수록 물질적인 현실을 믿으려 한다. 그러나 나이를 먹으면 먹을수록 지혜가 깊어가고 지혜가 깊어 가면 정신적인 세계에서 가치를 찾는다.

하늘을 보고, 땅을 보고 생각하라

1

참된 삶은 눈앞에 일어나는 외면적이고 물질적인 삶에서가 아닌 정신의 내면적인 삶이다. 눈에 보이는 외면적인 삶은 단지 정신이 성장하는 건물을 짓는 데 필요한 나무에 지나지 않는다. 나무 자체는 일시적인 의미밖에 지니지 못하며 그 구실을 다 마치고 나면 아무 소용도 없는 장해물이 된다.

눈앞에 커다랗게 우뚝 솟은 그리고 철책으로 둘러싸인 나무가 보이고 이제 겨우 기초 공사가 끝난 건물을 보고 사람들은 그 건물보다는 나무에 더 큰 뜻을 두는 오류를 저지르기 쉽다. 이들 나무는 임시적인 것이며 건물을 짓기 위해 잠시동안 세운 것일 뿐이며 나무의 유일한 존재 의의는 건물을 지을 수 있는 가능성에 있을 뿐이다. 마찬가지로 동물적인 면의 삶은 정신적인 생활을 완성하기 위해서만 그 유일한 의미가 있을 뿐이다.

2

하늘을 보고 땅을 보고 생각하라. 모든 것은 지나가고 산도 내도 지나간다. 각기 다른 인생의 형태도 자연의 산물도 모두 지나간다. 마음이 그 같은 경지에 이를 때 광명이 비친다.

—불전

3

세상에서 가장 강한 것은 보이지 않는 것, 들리지 않는 것, 만질 수 없는 그런 것이다.

— 노자

4

사람이 죽는 것이 아니라 육체가 죽는다는 것을 믿어라. 육체가 나타내고 있는 존재가 인간이 아니고 정신이 사람의 본질이다. 이는 손가락으로 가리킬 수 있는 그런 것이 아니다. 사람은 신에게 속한 존재이다. 사람에게 깃들여 있는 정신이 움직이고 느끼고 기억하고 예견하고 지배하며 육체를 이끌고 있는 것을 알라. 정신은 마치 신이 이 세상에 군림하듯 육체 위에 군림하는 것이다. 그리고 영원의 신이 세계를 이끌고 있듯이 불멸의 정신이 인간의 육체를 이끌고 있는 것이다.

— 시세로

♣

육체만이 참으로 실재하는 중요한 존재라고 인정하는 감정의 기만에서 벗어날 때 인간은 참된 사명을 감당할 수 있다.

3월 4일

포식은 죄악이다. 사람이 그것을 죄악으로 깨닫지 못하는 이유는 모든 사람이 그 죄를 범하고 있기 때문이다.

폭식(暴食)

1

식욕이 없으면 한 마리 고기도 그물에 잡히지 않고 잡힌 고기도 그물을 빠져나간다. 식욕은 손을 묶는 쇠고랑이며 발을 잡아매는 쇠사슬이기도 하다. 식욕의 노예는 하나님 공경을 모른다.

— 사디

2

소크라테스는 모든 사치품을 물리칠 수 있었다. 그렇게 하는 것은 보통 사람에게는 매우 어렵다. 그는 자기를 본받을 줄 모르며 식욕이 당기는 음식에 손을 대지 않고서는 견딜 수 없는 사람들―비록 배부른 때라도 더 마시고 싶은 미각을 돋구는 음료에 손을 내밀지 않고는 견딜 수 없는 사람들 (비록 갈증이 없어졌을 때라 할지라도)에게 향하여 설교했다. 그는 육체·두뇌·정신에 이러한 불필요한 물건보다 더 해로운 것은 없다고 설파했다.

3

하나님은 인간에게 먹을 것만을 주시나 악마는 요리사를 보낸다.

4

육체가 지적으로 괴로움을 받는 것은 아무렇지도 않다. 그러나 지적인 힘이 육체적인 욕정으로 괴로움을 받을 때는 악이다.

―탈무드

5

먹기를 조심하라. 병은 입으로 들어간다. 식탁에서 일어날 때 조금만 더 먹었으면 할 정도에서 그쳐라.

♣

식욕의 무절제가 죄악이라고 생각하는 사람은 없다. 식욕이 남에게 해를 끼치지 않기 때문이다. 그러나 인간의 존엄성에 위배되는 까닭에 식욕은 죄악이 되는 것이다. 음식의 무절제는 죄악 중의 하나이다.

3월 5일

많은 사람이 세상에서는 죽음으로 모두 끝난다고 생각한다. 그러나 지혜 있는 사람은 그것을 믿지 않는다.

지혜 있는 사람

1

현세의 목적에만 매달려 사는 자나 내세의 목적만을 위해 사는 사람에게는 평안이 없다. 사람과 사람 사이에서 삶에 시달리면서도 신에게 봉사하는 자만이 평안을 얻는다.

2

살기가 귀찮다고 죽음을 택하지 말라. 모두가 걸머진 세상의 무거운 도덕적 짐이 자신의 사명을 다하도록 강요하는 것이다. 이 무거운 짐으로부터 벗어나는 길은 자신의 사명을 완수하는 일이다. 자신에게 운명 지워진 책임을 완수할 때에만 무거운 짐이 벗어진다.

―에머슨

3

인간이 지워진 운명을 다하기 위하여 세상에 태어난 것이라고 생각하지 않는 한 교화는 불가능하다.

―중국 성언

4

인생은 고뇌도 향락도 아니다. 다만 인간으로 완수해야 할 의무가 주어진 사업이다. 그것은 정직하게 끝까지 완수하여야 할 사업이다.

―토크빌

5

어떠한 경우에도 의무와 이상(理想)이 없는 경우는 없다.

―칼라일

♣

현세는 하나님 앞에서 봉사할 지역이다. 그러므로 봉사에 전력을 다해야 한다.

3월 6일

신에 대한 사랑은 완성에 대한 사랑이다. 완성에 대한 사랑은 완성에 대한 노력이다. 완성에 대한 노력이 인생의 본질이다. 그러므로 인간의 삶은 항상 신에 대한 의식적이거나 무의식적인 사랑이다.

신(神)에 대한 사랑

1

예수를 시험하던 법률가가 이렇게 물었다.

"랍비여! 법 중에 가장 중요한 것이 무엇입니까?"

"너희의 마음과 영(靈)과 지혜를 다하여 하나님을 사랑하라. 이것이 법 중에 가장 중요한 것이다. 법을 사랑하듯 이웃을 사랑하라. 이 두 가지에 의하여 모든 법칙도 예언도 이루어지는 것이다."

2

모든 불행과 정신적 고뇌는 어디서 오는가? 그것은 물질에 대한 애착과 불가능한 것을 갖고자 하는 욕망에서 온다. 그 같은 욕망은 끝없이 자라는 종기 같아서 마음을 괴롭힌다. 그래서 서로 적이 되어 해치고 미워하는 원인이 된다. 스스로 이만하면 충분하다고 생각하라. 그 이상의 소유할 수 없는 것에 애착을 갖는 것은 낭비이며 악이다. 영원 무궁한 사랑만이 마음에 순수한 기쁨을 준다. 인간의 최대 행복은 신과 자신과의 사랑의 관계이다. 인간이 원하는 이 최후의 목적을 성취하는 방법은 신의 사랑 안에서만 알 수 있고 그것을 알지 못하면 결국 불행해 진다.

― 스피노자

3

하나님에 대한 사랑 없이 이웃을 사랑한다는 것은 뿌리 없이 서 있는 나무와 같다. 그런 사랑은 자기 마음에 드는 자들만 사랑하게 되고 굴종적인 사랑만을 구한다.

4

흔히 이렇게 말한다.
'하나님을 사랑한다는 것이 무엇을 뜻하는지 알 수 없다'라고. 그러나 무엇을, 누구를 사랑한다는 것이 무엇을 의미하는지는 다른 사람도 알 수 없다. 사랑하는 사람 자신만이 그것을 알 수 있기 때문이다.

가령 예술을 사랑하고 과학을 사랑한다는 것이 무엇을 의미하는 것인지 모른다고 하자. 예술이 무엇인가? 또한 과학이 무엇인가? 를 알지 못한다면 어찌 그것을 설명할 수 있겠는가?

5

사랑은 인격에 대하여서만 가능하다.
'신은 인격자가 아니므로 사랑할 수 없다'라고 말하는 사람이 있다. 그러나 나는 인격자이기 때문에 신을 사랑한다.

♣

남을 꺼리지 않고, 죽음을 두려워하지 않고, 마귀에 쫓기지 않고, 세상 권세에 매이지 않고 초월하여 살 수 있는 길은 오직 하나님을 가까이하고 사랑하는 길이다.

3월 7일

　최선을 다하여 일하는 것은 인생에 있어서 당연하면서도 피치 못할 조건이다. 인간은 일할수록 외부의 요구로부터 해방될 수 있다. 반면에 자신의 일을 남에게 하도록 강요할 수는 있으나 그렇게 되면 육체적 욕구로부터 해방될 수가 없다.

일하는 것

1

　인생의 사명은 일이다. 일하는 사람의 마음으로부터는 신성한 힘이 생긴다. 거기서 신성하고 천성적인 활력이 나온다. 사람이 마땅히 해야 할 노동에 종사할 때 사람 속에 심어진 고귀한 힘이 깨우쳐지며 또한 그 사람을 유익한 지식으로 깨우치게 한다. 참된 지식은 일하는 것에서 얻어진다.

―칼라일

2

　노동은 의혹을 모르고 일할 때만 기쁨이 된다.

3

　대가를 위한 노동이 아니라 일 자체의 중요성을 인식하는 사람에게는 창조주 하나님이 주인이 되어 주신다. 그러나 일 자체보다 보수가 먼저라고 생각하면 그는 보수의 노예가 된다. 그것이 바로 악마의 노예이다.

―존 러스킨

4

　유럽인들은 중국인들에게 '기계 공업은 인간을 노예 상태로부터 해방시켰다'라고 기계 공업에 의한 생산을 자랑한다. 그러나 중국인들은 '노동은 행복이다. 노동에서 해방되는 것은 불행이다' 라고 대답한다.

5

　노동은 인간에게 주어진 중요한 사명이다. 노동은 인간에게 큰 혜택을 부여한다. 따라서 아이에게 아무 것도 가르치지 않는 것은 도둑질을 가르치는 것과 같다.

―탈무드

♣

짐승은 근육을 쓰지 않고 살아갈 수 없다. 사람도 역시 마찬가지다. 기왕에 근육을 쓰려거든 유익한 일. 이웃에 봉사하는 일로 써야 한다.

3월 8일

기도는 하나님과의 관계를 확실하게 하는 것이다.

기도

1

기도는 다음과 같이 하라.
'하늘에 계신 하나님 아버지, 이름이 거룩히 여김을 받으시옵고 그 왕국에 임하옵시며 뜻이 하늘에서 이루어진 것같이 땅에서도 이루어지이다. 오늘날 우리에게 일용할 양식을 주옵시고 우리가 우리에게 빚진 자를 탕감해 준 것같이 우리 죄를 사하여 주옵시고 우리를 시험에 들게 마옵시고 악에서 구하옵소서 아멘'
이 기도 속에는 하나님과 인간의 관계가 잘 표현되어 있다. 이 같은 기도를 하루에도 몇 번씩 되풀이하는 것은 매우 유익하다. 그러나 기도의 참 뜻을 의식하고 드릴 때만 더 유익하다.

2

신앙은 인생의 이상(理想)을 닦는 일이다. 매일 일어나는 우발적인 사건들로 정체되고 혼탁하고 초조하게 되는 인간의 내면을 안정 상태로 돌려준다. 그리고 기도는 정신에 뿌리는 향유와 같아 삶과 육신을 치료하는 효과와 함께 평화와 용기를 회복시킨다. 더불어 하나님의 명령과 인간의 의무를 상기시켜 주며 이렇게 말한다. '사랑 받은 만큼 남을 사랑하고 도움 받은 만큼 남에게 돌려 주라. 죽지 않으면 안 될 인간으로 태어난 이상 살아 있는 동안 임무에 최선을 다하라. 분노를 관대하게 정복하라. 악을 선으로 정복하라. 어리석은 생각과 하나님 앞에서 불경스런 행위를 금하라. 반드시 속세에서 성공해야 한다는 의무는 없지만 어차피 당해야 할 일은 과감히 당하라. 매사에 확실한 증인은 양심뿐이다. 양심은 인간에게 대화를 나누어주는 신이다.'

3

기도를 하거나 소원을 빌 때마다 신의 대답은 인간이 스스로 할 수 있는 것과 그것으로 말미암아 마음이 정화되고 고결해지는 것이 바로 신의 능력이라는 것을 알아야 한다.

―탈무드

4

기도를 하면서 자신이 개성적인 신에게 호소하는 것이라고 느껴지는 것은 신이 개성적이어서가 아니라 그 자신이 개성적인 존재이기 때문이다. 신은 개성적일 수 없음이 분명하다. 왜냐하면 개성이란 유한한 것이지만 신은 무한이기 때문이다. 다시 말하자면 눈에 파란 빛깔의 유리알이 끼어 있는 동안은 모든 것이 초록빛으로 보이지만 원래의 사실은 초록이 아닌 것과 같은 이치이다.

5

정직한 사람의 기도는 매 순간마다 선한 일에 몰두하게 한다. 또한 그 기도는 사람과 사람의 관계를 빛나게 하며 아비와 자식의 관계와 같은 신과 인간 사이의 관계와 의무를 깨우친다. 그 기도는 자신의 오류를 청산하게 하고 과거에 범했던 과실이나 착오를 장래에 다시금 범하지 않게 올바르게 판단하게 하는 신성한 지혜이다.

―탈무드

6

신에 대한 봉사는 기도에 의해서만 가능하다.

―존 러스킨

♣

기도하고 싶을 때 기도하라. 기도가 죽은 습관이 되지 않도록 주의하라.

3월 9일

전쟁은 인간이 만들어내는 최대의 우환이다.

전쟁

1

자신이 하는 일도 자신의 의지와는 상관이 없어서 어쩔 수 없는 현상이라고 단정하고 사는 인간은 공포를 모른다. 이 같은 사람도 그 의식을 치료해 줄 필요가 있다.

2

무장된 평화는 언젠가 파괴되고 만다. 그 때는 사회 상층부에 의해서가 아니라 하층부에 의하여 일어난다.

— 할두엔

3

문명의 진보에도 불구하고 전쟁이 광대한 지역으로 번져 가는 것은 인간이 발달된 힘을 전쟁 준비에 쏟기 때문이다. 그 때문에 인간은 두 가지 무거운 짐을 지고 산다. 하나는 간접세이고, 둘째는 국제 차관(借款)이다.

— 헨리 조지

♣

예수의 사역은 마침내 새로운 사회의 기틀을 마련했다. 그가 탄생하기 이전에는 많은 사람이 한 사람 또는 여러 사람의 주인에게 예속되어 있었다. 그 같은 현상은 마치 가축과 다름없는 상태였다. 왕과 권력자들은 자신의 자랑과 이욕을 위해 백성들에게 견딜 수 없는 무거운 짐을 지웠다. 예수는 이 같은 상태를 종결시키고 노예를 해방시켰던 것이다. 예수는 가르치기를 '사람은 신 앞에서 평등하다. 그러므로 인간은 자유를 누릴 권리가 있다. 어떤 인간도 동포를 지배할 특권이 없다. 평등과 자유는 인류가 신께 받은 권리이다. 남의 자유를 빼앗는 권력은 그 어떤 것이든 정당하지 못하다. 다만 좋은 사회를 만들기 위하여 의무와 봉사를 스스로 달게 받는 굴종은 필요하다.'

3월 10일

인생은 동질이며 모두가 하나이다.

인생은 하나

1

생명이 있는 것은 어떤 것이든 고뇌가 있고 죽음을 두려워한다. 인간도 하나의 생명체이다. 살생을 피하고 죽음의 원인을 만들지 말라.

— 석가

2

모든 인간의 내면에는 '신다운' 것과 '인간다운' 것이 있다. 이것은 누구나 꼭 같은 것으로 인간은 자연이라는 하나의 거대한 신체의 일부분이기 때문이다. 자연은 인간을 혈연 관계로 같은 재료로 같은 목적을 위하여 이 세상에 태어나

게 한 것이다. 자연은 인간에게 상호 애를 불어넣어 협동적으로 살게 만들었
다. 또 자연은 정의와 감정을 고루 배정하였다. 자연에 의하여 세워진 이와 같
은 배려 때문에 남을 파멸시키는 것이 자신을 파멸시키는 것보다 악하다. 자연
의 명에 의하여 인간의 손은 항상 남을 돕기 위한 준비를 해야 한다. 인간의
결합은 돌로 만든 둥근 천장과 같아서 만약 서로 받쳐주지 않으면 부서져 떨어
질 것이다.

— 세네카

3
참 행복은 이웃에 대한 봉사에서 얻을 수 있다. 세상의 삶의 기초는 바로
봉사이다.

4
이웃과 나는 하나라는 사실을 똑똑히 의식하라. 그와 같은 의식은(다소 정
도의 차이는 있지만) 짐승과 나 사이에도 있다. 정도가 낮기는 하지만 그 같은
의식은 벌레나 초목 사이에도 있다. 그 의식은 현미경이나 망원경으로 보이는
것이 아니다. 단지 그런 존재들과 인간이 하나라고 할 만한 기관(器官)이 없다
는 것뿐이지 그 사실이 없다는 것이 아니다.

5
인류는 모두가 하나라고 말할 수 있다면 인생의 행로 역시 하나이어야 한
다. 인류의 영원한 욕망도 모두가 인생의 길에서 하나로 모여져야 한다. 인류
모두가 하나가 되는 이 인생의 기초 위에 놓여 있는 그 길은 너무도 넓어 누구
도 이 길에 서지 않을 수 없다. 그 길 끝에는 진리이신 하나님이 계시다. 하나
님은 모든 진리의 시작이며 마지막이다. 신의 진리는 인간의 가장 깊은 곳에
뿌리 내려 있어서 어른이나 어린이에게 똑같다. 인생의 행로는 넓다. 그러나
많은 사람들이 그 길을 버리고 각기 다른 죽음의 길로 나가는 것이다.

♣

생명이 있는 것은 모두가 인간과 하나이다. 이러한 사상을 갖지 못하게 방해하는
악을 속으로부터 몰아내라.

3월 11일
무모한 정욕으로 갖는 성 관계는 죄악과 고뇌의 근원이다.

인간의 정욕(情欲)

1
남녀의 동서 생활(同棲生活)은 결혼이 아니다. 아무리 호화로운 선물을 주고 수천 마디 달콤한 말로 굳게 약속을 한다고 해도 그건 결혼이 아니다. 도리어 그것은 결혼이라는 신성한 천부의 관계를 왜곡하고 파괴하는 동기가 된다.

2
더 큰 행복을 위해 배우자에게 의무를 게을리 해야 할 경우도 있고, 의무에서 야기되는 고통을 피할 수밖에 없을 경우도 있다. 하지만 그래 본들 무엇을 찾을 것인가? 비애일 뿐이다. 그 비애는 의무를 잃은 더 비참한 비애이다.
— 조지 엘리어트

3
결혼도 계약이다. 성(性)이 다른 두 인간이 만나 아이를 낳기 위한 의무로 체결하는 계약이다. 그 계약을 깨뜨리는 것은 배신이고 죄악이다.

4
두 영혼이 영원히 맺어진다는 것은 매우 위대한 일이다. 험난한 행로에서 서로 부축하고, 고뇌할 때 위로하고, 죽음이라는 영원한 이별을 앞에 두고 떨어지지 않기 위해 몸부림치는 관계는 위대하다.

5
부부가 같은 목표를 향하여 서로의 욕심을 버리고 상대를 위하여 희생과 봉사할 자세로 서로 도와가며 산다면 얼마나 행복할 것인가!

6
바리새인이 와서 예수께 여쭈었다. '어떤 때에 남편은 아내와 이혼할 수 있느냐'고. 예수는 말씀하셨다. '너희는 최초에 남자와 여자를 만든 이가 부부를 만들었다고 하는 것을 읽지 못했느냐'고.

그리고 또 말씀하셨다. '결혼은 남자와 여자가 결합하여 두 사람이 하나의 육체가 되는 것이다. 그리하여 두 남녀는 두 사람이 아니고 한 사람이다. 하나님이 이렇게 맺어주신 것을 사람이 나눌 수는 없는 것이다.'라고. 그리고 단호히 '아내와 이혼하고 다른 여자와 결혼하는 남자는 간음하는 것이다. 남편을 버린 여자와 결혼하는 남자도 간음죄를 범하는 것이다.'라고 하셨다.

—성경

♣

성적 결합은 개인에게 중요하듯 인류 전체 종족의 존속에도 중요하다. 그 결합의 절차는 매우 어렵고 번거로우며 형식도 천차만별하다. 아무리 연구해도 다할 수 없는 게 그것이다.

3월 12일

인간은 과거의 영향을 현재에 받는다. 그것을 인도에서는 카루마, 즉 인과응보라고 한다.

과거의 영향

1

한 영혼이 육체를 버리고 떠돌아 다녔다. 매우 음습하고 으스스한 곳에서 무서운 여자 형체를 만났다. 썩어 문드러지듯 못난 계집이었다. 영혼이 물었다.
"너는 누구냐?" 그녀가 대답했다. "도대체 넌 뭐야? 악마보다도 구역질나게 더러운 너는 누구냐?"라고 물으니 "나는 너의 행실이다."라고 대답했다.

—페르샤의 알다 부라하

2

어려움에서 구원을 청할 때 도움이 오는 곳은 과거의 선한 행실에서 온다. 신은 바로 그 곳에 계신다. 선한 일이란 인자하고, 친절하고, 공손하고, 고운 말만 하고, 곤경에 빠진 이웃을 돕고, 정직한 마음씨를 가지고, 항상 배우고, 진실을 말하고, 인내심을 가지고 스스로 만족하고, 이웃을 사랑하고, 부끄러움을 알고, 윗사람을 존경하고, 어버이와 스승을 존경하는 것을 말한다. 거짓을 말하고, 훔치고, 게으르고, 엉큼한 눈초리로 여자를 바라보고, 속이고, 비방하고, 이웃이 망하기를 바라고, 오만하고, 크게 떠들고, 중상 모략을 좋아하고, 인색하고, 불손하고, 염치없고, 화를 잘 내고, 복수심이 강하고, 추접스럽고, 고집스럽고, 시기심이 많고, 악행을 두려워 않고, 미신적이며 나쁜 마음보를 가진 자는 선한 마음씨를 가진 자의 적이다.

3

율법만 찾지 말고 선을 실천하라.

―탈무드

4

지옥을 만들어 내는 자는 그곳에 떨어지기를 두려워한다.

―류시 말로리

5

선한 일은 미루지 말라. 죽음은 인간이 의무를 다했는지 다하지 않았는지까지 살펴주지 않기 때문이다. 죽음은 존경도 미움도 모른다. 죽음에는 벗도 없지만 적도 없다. 인간에게 주어질 보응은 그가 행한 실천에 따라 달라진다.

―아구니 브라나

♣

과거는 현재 행위가 바꾸어 놓는다.

3월 13일

성자의 자격은 도덕성에 있다.

성자의 자격

1

선한 사람은 안전보다 의무에 마음을 쓴다. 의무는 인간이 할 일이고 결과는 신께서 할 일이다.

2

환경이 평화를 빼앗는 게 아니라 만족할 줄 모르는 욕망이 평화를 빼앗는다. 하고 싶은 일을 하는 사람이라도 얼마 안 가서 싫증을 낼 것이다.

3

육체적으로 약해졌다고 느낄 때가 정신적으로 강해질 수 있는 때이다.

―류시 말로리

4

성자는 언제나 선한 방면으로 정진하는 노력으로 증명한다.

―몽테뉴

5
정신력을 높이고 사회에 유익이 되는 일만 하라

― 헬더슨

6
슬프고 괴로울 때는 이렇게 생각하라.
① 괴롭고 슬픈 일은 나에게만 있는 것이 아니라 남에게도 일어난다.
② 이왕에 당한 슬픔과 괴로움에 자기를 다 빼앗기지 말고 무관심 쪽에 마음을 옮겨 놓고 좋았던 날도 회상해 보라.
③ 슬프고 괴로운 것은 경험을 만드는 수련 과정이다. 그 경험에 의해서만 정신적인 힘이 배가된다.

7
마음은 때로 만족한 상태에 있기도 하고 때로는 부족한 상태에 있기도 하다. 좋은 상태에 있을 때 조심하라. 그 상태에서 나쁜 것을 몰아내라.

― 베이컨

8
성자는 싸움을 싫어하고 이웃을 좋아한다. 성자는 너그럽고 이해성이 넓다. 성자는 겸손의 주인이다. 성자에게 선을 빼내면 교활과 배반이 남는다. 독수리처럼 현명하고 비둘기처럼 정결하라. 마음을 깨끗이 갖자면 마음이 굳어야 한다.

9
항상 변함 없이 배우라.

10
잃을 것이 없는 것도 큰 재산이다.

― 중국 속담

♣

지혜는 무한하다. 그것에 가까이 가면 갈수록 더욱 필요함을 알게 된다. 그래서 인간은 한없이 착해질 수 있는 것이다.

3월 14일

옛날에 부르짖던 채식주의는 오랫동안 버림받아 왔다. 그러나 지금은 해마다 많은 사람들이 마음을 바꾸고 있다. 사냥이나 생물체 해부나 취미를 위한 살생도 없어질 날이 올 것이다.

채식주의

1

인간이 인육에 대해 느끼는 혐오를 짐승의 고기에서도 느낄 날이 올 것이다.

― 라 말티느

2

현대는 아기를 버리거나, 검객들에게 칼싸움을 시키거나, 죄수를 학대하거나, 야만적인 행위 등을 천대하고 수치스럽게 생각한다. 그러나 그런 일들이 조금도 비난할 일이나 정의에 위배되는 일로 생각되지 않던 시대가 있었다. 그와 같이 짐승을 잡아 그 시체를 밥상에 올려놓는 것도 부도덕하고 용서할 수 없는 일로 생각될 시대가 올 것이다.

― 투이멜만

3

아이들이 고양이나 새를 못 살게 굴며 기뻐하는 것을 방관해서는 안 된다. 입으로는 짐승을 가엾이 여겨야 한다고 가르치면서 자신은 사냥을 하거나, 비둘기 잡기나 낚시나 경마를 즐긴다. 그리고 짐승의 목숨을 빼앗아 차려놓고 밥상에 마주앉는다. 이러한 모습은 모든 사람이 똑같다.

4

채식주의는 얼마 안 가서 놀라리만큼 성공을 거둘 것이다. 지금은 한 집 내지 열 집 건너 채식전문 요리점이 있다. 만약 채식주의에 찬성하고 있는 신문 잡지들이 그저 평범하게 채식이 더 낫다고 하는 의견을 쓸 정도이나 그 이상으로 채식주의의 도덕적인 의의에 더 많은 관심을 갖게 된다면 성결한 식사를 지키자는 운동은 더욱 눈부시게 확대될 것이다. 단순히 채식주의에 관한 생각만으로 참된 채식주의자가 되는 것이 아니다. 고기를 살 수 없는 가난만으로도 사람을 채식주의자로 만들 수 없다. 현재는 채식주의를 지키려는 굳건한 동기, 즉 그 고기를 먹기 위하여 목숨이 있는 것을 죽이거나 괴롭히는 일은 용서할 수 없는 일이라는 단순한 생각에 머물고 있을 뿐이다.

—류시 말로리

5

먹고 숨쉬고 마시며 같이 살아가는 목숨 있는 짐승이 인간의 손에 의해 소름 끼치는 비명을 지르며 죽어간다. 인간에게 짐승을 해칠 권리는 없다. 프르다르프는 그렇게 생각했다. 그러나 물고기는 예외로 취급했다.

♣

자기 만족이나 취미 때문에 짐승을 살상하는 것은 명백한 죄악이다. 그런 점을 의식하면서 저지르는 악한 행위는 나쁜 것을 알면서 감추고 행하는 것으로써 더 큰 죄악이다.

3월 15일

큰사랑은 적에게 베푸는 사랑이다. 싫은 사람, 미운 사람, 원수 된 사람을 사랑할 수 있을 때 그것이 진정한 사랑이다.

적을 사랑하는 마음

1

자신을 사랑하는 사람이나 호감을 갖게 하는 사람을 사랑하는 것은 누구나 할 수 있는 일이다. 그러나 원수를 사랑하는 것은 오직 하나님의 사랑으로만 가능하다. 인간의 사랑은 미움으로 바뀌는 일은 얼마든지 있지만 하나님의 사랑에는 언제나 변함이 없다. 그 무엇도, 죽음조차도 그것을 파괴할 수가 없다. 그러므로 하나님의 사랑은 인간의 본질이기도 하다.

2

고마운 일을 해준 사람에게 고맙게 해주는 것이 어찌 감사받을 일이냐? 그것은 죄인이라도 할 수 있는 일이다. 돌려주리라는 것을 기대하면서 빌려주는 것이 어찌 감사받을 일인가? 그런 것은 죄인이라도 할 수 있는 일이다. 원수를 사랑하라. 돌려주기를 바라지 말고 빌려 주라. 그러면 하늘에서 너희가 받을 상급은 참으로 크고 숭고할 것이다. 숭고한 사람은 감사를 바라지 않으며 악인에 대해서도 은혜를 베풀 수 있는 사람이다. 너희는 하나님이 너희에게 베풀 듯이 남에게 베풀라.

―성경

3

참된 기독도는 가까운 사람에게 뿐 아니라, 적에게도 선을 베푼다. 그리고 원수에게 뿐만 하니라 하나님의 적에게도 선을 베푼다.

―파스칼

4

자기를 아껴주는 사람을 사랑하기는 쉽다. 그러나 자기를 배반하고 해치고자 하는 자를 사랑하기는 대단히 어렵다.

5

노여움은 사랑으로 극복하라. 악에는 선으로 대하라. 탐욕은 너그러움으로 극복하라. 거짓은 거짓에 의하여 부서진다.

―석가

6

원수를 사랑하면 원수는 없어질 것이다.

―12사도의 교훈

7

너희는 이웃을 사랑하고 원수를 미워하라고 들었을 것이다. 그러나 "원수를 사랑하고 너를 저주하는 자를 축복하라. 너희를 미워하는 자에게 감사하고 배척하는 자를 위하여 기도하라. 그렇게 하면 너희는 하나님의 아들이 될 것이다. 하나님 아버지께서는 태양에게 선한 사람과 악한 사람을 가리지 말고 그 위에 다 같이 비치라고 명하셨다. 그리고 비에게도 바른 자나 바르지 못한 자에게나 다같이 내리라고 명하셨다."

―성경

8

자기를 희생하고 선을 행하기에 앞서 남을 미워한 죄를 회개해야 한다.

9

한 사람만을 좋아하는 정열을 흔히 사랑이라고 말한다. 이는 야생 나무와 같아서 야생나무에도 참 과수를 접목해야 좋은 열매를 맺게 할 수 있다. 야생의 나무에서만 자란 가지로는 좋은 열매를 맺을 수 없다. 맺더라도 시고 떫은 열매를 맺어 달콤한 맛을 내지 못한다. 마찬가지로 정열만으로 하는 사랑은 아름다운 사랑이 아니다. 그런 사랑은 아름다운 결실을 내지 못한다. 도리어 악을 더할 수 있다.

10

금방 싹튼 사랑은 약간만 다쳐도 상하고 만다. 성장했을 때에만 비로소 사랑은 강하다.

11

완전한 사랑은 이웃을 사랑하는 것이다. 이웃이 좋든지 나쁘든지 가리는 일 없이 모든 사람에게 선한 일을 하는 사람이다.

―마호메트

12

사악한 자에게는 친절이 무기다. 칼은 부드러운 명주를 베지 못한다. 부드러운 말이나 선한 행위는 한 올의 머리카락으로도 코끼리를 끌 수 있을 만큼 위대한 힘을 갖는다.

―프리스탄·사아디

3월 16일

과학의 폐단은 과학만으로는 모든 것을 알 수 없다. 그 점이 과학의 폐단이다. 종교의 능력 없이는 무엇을 배울 것인가 조차도 깨달을 수 없다. 그런데도 과학은 필요한 것, 흥미로운 것만을 연구하려 한다. 그리고 때로는 옳지 못한 생각으로 필요한 이익만을 추구한다.

흔히 그들이 구하는 흥미로운 것은 더 큰 지혜의 노력이 아니라 실제 적용도 필요치 않은 그저 공허한 호기심의 만족뿐이다.

과학의 폐단

1

자연 과학의 연구는 특히 독일에서 열광적이다. 신에게는 벌레나 인간이나 매한가지다. 그러나 인간의 생각이나 감각은 그렇게 생각하지 않는다.

'자비로운 하늘이시여! 새나 나비의 일을 걱정하기에 앞서 얼마나 많은 사

람들이 대우주의 질서 속으로 들어가지 않으면 아니 될까요?'

 육체의 삶에 관하여 배우는 것도 좋지만 정신적 사유에 관한 탐구가 있어야 한다. 지식은 더할수록 의혹을 불러들이지만 영혼의 수양은 평화를 불러온다. 인간 전체를 알도록 배우라. 이웃의 행복을 위하여 진리를 말하는 마음으로 무장하라. 그래도 할 일이 없거든 수학으로 두뇌를 훈련하라. 그리고 벌레의 분류에 전심하라. 지식도 껍데기뿐인 지식은 무익할 뿐이다. 바른 지식만이 미래를 보장한다.

 "신은 태양의 빛과 마찬가지로 벌레에게도 무한하다. "
 신은 바닷가 모래알에게도 불변하여서 모래알은 천차만별이나 신은 그 속에서 언제나 하나이다. 모래밭에서 보석을 찾고 싶거든 거기 머물러 그것을 갈아 보라.

— 립텐벨크

2

 참된 지혜는 지식의 다소에 있지 않다. 인간의 탐욕에 한이 없듯이 그것의 지식도 무한하여 아무리 배워도 그것을 다 알 수는 없다. 많이 안다고 하여 참된 지혜라고 할 수는 없다. 인간의 참된 지혜는 대우주의 질서를 앎에 있다. 지혜는 무엇이 지식보다 중요하고 무엇이 지식보다 중요치 않은가를 아는 능력에 있다. 인간에게 필요한 지식 중에서 가장 중요한 지식은 어떻게 살 것이냐 하는 것, 어떻게 하면 될 수 있는 대로 악을 물리치고 선을 행할 수 있는가를 아는 데 있다. 유감스럽게도 현대 과학은 그런 선한 지식을 다른 세상지식의 밑에 있는 것으로 알고 있든지 또는 그런 것을 전혀 인정하지 않으려 한다.

3

 이 세상에서 가장 담대한 일은 자기가 해서 안될 일은 하나님께도 부탁하지 않는 일이다.

— 칼빈

4

 조금밖에 모르는 사람이 더 수다스러운 법이다. 많이 아는 사람은 침묵할 줄을 안다. 무지한 인간은 자기가 알고 있는 것이 무엇보다 대단한 일이라고 생각한다. 그래서 누구에게나 말하고 싶어한다. 그러나 참으로 많이 아는 사람은 그 지식을 남에게 말하기가 어렵다는 것을 안다. 그는 당장 더 많이 떠들어

댈 수도 있지만 후에 더 많은 것을 준비하기 위해 침묵한다.

―루소

5

위대한 학자는 흥미로운 이론을 세워 그것을 실현하려고 노력한다. 그 보다 다음쯤 되는 학자는 그런 이론을 들으면 그것을 자세히 연구하든지 아니면 잊어버리고 만다. 그러나 어리석은 학자는 그런 이론을 들으면 곧 비웃어 버리고 만다.

―노자

6

지식은 두뇌의 양식이다. 음식이 육체에 대한 양식이 되는 것과 같이 지식은 두뇌의 양식이 된다. 그러나 때때로 남용되기는 둘 다 마찬가지다. 양식과 같이 지식도 여러 가지로 혼합되고 오용되어 두뇌를 불건전하게 하는 수가 있다. 고로 아무리 두뇌의 좋은 양식이라도 지나치면 병이 되어 죽음을 초래한다.

―죤·러스킨

7

지식의 높고 낮음과 학문을 이해하는 정도에 대한 평가에 필요한 근거는 그 사람이 어떤 질문을 어떻게 하는가에 달려 있다. 가령 질문 자체가 보잘것없거나 그 질문에 대답할 필요조차 없을 정도라면 그런 질문을 한 사람은 자기 치부를 드러낸 꼴이 되며 상대방은 그 질문에 바보 같은 대답을 한다는 것이 더 어리석기 때문에 답변하지 않을 것이다.

옛 말 대로라면 젖을 따라 담는데 체를 들이대는 식으로 어리석은 일이기 때문이다.

―칸트

3월 17일

악한 조직이나 악한 죄악에서 구원받는 길은 그들에게 종교 의식을 심는 것이다.

악에서 구원받는 길

1

종교적 신앙의 뿌리가 없으면 확고한 지식도, 진지한 사회적 진보도 있을 수 없다. 또한 고명한 학문도 높은 종교적 신앙의 욕구에 따르지 않으면 미래의 운명과 영원의 문제를 해결하는 일에도 무관심하게 되고 새로운 사회 실현을 향한 의지도 무력해질 것이다. 어쩌면 아름다운 형식을 꾸며낼 수 있을지는 모르나 그 형식만으로는 프로메타스가 하늘에서 따온 저 불꽃을 영원히 담을 수는 없다.

— 마도지이니

2

먼저 하나님의 나라와 그의 의를 구하라. 그러면 모든 대답이 제시되다. 건전한 사회를 만들기 위한 첫 걸음은 모두에게 물질적으로나 정신적으로 평등한 권리를 보장하는 일이다. 그 보장이 전부를 다 해결할 수는 없으나 그 다음에 오는 문제를 쉽게 해결 할 수는 있다. 그러나 이 보장이 확보되지 않는 한 다른 어떤 것도 이루지 못한다.

— 헨리·죠오지

3

사회는 공통된 신앙과 목적 없이는 존재할 수 없다. 시정(施政)은 종교에 성립돼 있는 원칙을 부연하는 데 불과하다.

— 마도지이니

4

좋은 사회란 위대한 진리가 실현되는 사회이다.

♣

현재 사회의 악하고 부패된 구조 때문에 고민하고 괴로워한다면 그 조직과 싸워야 한다. 그 대책은 한 가지 방법밖에 없다. 그것은 종교적 의식을 심는 것이다. 그러자면 무엇보다 먼저 자기 자신에 심어야 한다. 다른 사람들에게 그것을 심기 위하여서는 자기 속에 확고한 종교 의식을 심는 것이 더 급하다는 말이다.

3월 18일

남을 판단하는 일은 언제나 옳지 못하다. 그 누구도 남의 마음속에 일어난 일과 일어날 일을 알 수 없기 때문이다.

남 판단

1

가장 저지르기 쉬운 과실은 누가 선한 사람이라든가, 악한 사람이라든가, 어리석다든가, 영리하다든가 라고 판단하는 일이다. 인생은 개울처럼 흘러가며 끊임없이 변화하고 각각의 삶에 방식을 가지고 산다. 인간에게는 모든 가능성이 있어서 어리석은 사람이라도 영리하게 될 수가 있고 악하다고 하는 사람도 선하게 될 수 있다. 또한 그 반대의 경우도 가능하다. 그래서 인간은 위대하다고 말하는 것이다. 따라서 어떻게 인간을 단지 선악과 우매로 판단할 수 있겠는가! 그는 어떠한 사람인가? 하고 그대가 판단하려 할 때 그 사람은 이미 변하고 있다는 사실을 기억하다.

2

만약 사실만 말하고, 거짓을 버리고, 의심해야 할 것만 의심하고, 선한 것, 유익한 것만을 생각할 만큼 평안하다면 그 사람은 나쁜 사람이나 어리석은 사람에게도 화를 낼 수 없을 것이다.

"저놈들은 도둑놈들이야 불량배들이야" 하고 말한다. 그러나 도둑이나 불량배가 무엇인가? 부패되고 낙오된 사람들이 아닌가? 그런 사람들은 불쌍하게 생각해야 한다. 그런 사람에게는 화를 내도 소용이 없다. 만약 저들의 삶이 저들 자신을 위해서도 좋지 않다는 것을 설득하여 믿게 할 수 있다면 저들은 나쁜 짓을 하지 않을 것이다. 그러나 저들이 선악을 이해하지 못하는 한 불량한 삶은 계속될 것이며 "이 자들을 벌하지 않을 수 없다"고 말하게 될 것이라.

그러나 그렇게 하기 전에 저들이 이 세상에서 무엇보다 중요한 것을 잘못 알고 있기 때문이라고 생각해야 한다. 대단히 잔인한 말이나 저들은 눈이 장님이 아니라 정신이 장님이 된 것이다. 만약 어떤 사람이 눈을 다쳐서 시력을 잃었다면 그 사람에게 벌을 주라고 말하지는 않을 것이다. 그러하거늘 눈보다 더 귀중한 것, 가장 큰 행복을 잃은 저들에게 벌을 주려고 하는가? 저들은 단지 삶의 지혜를 잃었을 뿐이다. 저들에게 화를 내어 보았댔자 별 도리가 없다. 그저 불쌍히 여겨 주어야 한다.

그 불행한 사람들을 불쌍히 여기고 그들의 과실을 탓하기 전에 내 자신이 얼마나 과실을 저지르고 죄를 범하였는가를 생각해야 한다. 화는 오히려 자기 속에 자리 잡고 있는 악이나 허물에 대하여 노하는 편이 낫다.

—에피크테타스

3
자기 잘못을 반성하는 사람은 남의 흠을 찾을 겨를이 없다.

—동양 속담

4
그 사람의 처지가 되어 보지 않는 한 남의 일을 이렇다 저렇다 판단하지 말라.

—탈무드

5
다른 사람은 많이 용서하되 자기 잘못은 무엇 하나도 용서치 말라.

6
인간은 자신의 본질에 의해서가 아니라 무엇에 강요되어 진리나 절제나 정의나 선으로부터 멀어진다. 그 사실을 확실히 알면 알수록 더욱 남에게 친절해질 수 있다.

—오오레리아스

♣

인간의 본성은 선하고 악은 본성이 아니다. 그러므로 남이 무슨 생각을 하고 있는지 알 수 없어도 자기도 모르게 다른 사람들을 악하다고 생각기보다 선하다고 생각하는 것이다.

3월 19일

거부의 큰 재산은 가난한 자들의 희생으로 얻어진다.

큰 재산

1
돌멩이가 항아리 위에 떨어져도 그것은 항아리의 불행이고, 항아리가 돌멩이 위에 떨어져도 그것은 항아리의 불행이다. 이유야 어쨌든 항아리의 불행인 것이다.

—탈무드

2

　부자가 자선을 하겠다는 말은 대개 불안정한 입장에서 자신들의 지배권을 보호하려는 수단에서 나온다. 그러나 가난한 사람은 그 수단의 진의를 알지 못한다. 그렇게 부자가 가난한 사람들에게 보여주는 도움이 자선이란 칭호를 받을 만한 가치가 있을까? 그런데 부자는 그것을 자랑으로 삼는다.

―칸트

3

　부자의 만족은 가난한 자의 눈물로 얻어진다.

4

　비록 황금이나 토지를 강탈하지는 않는다 해도 인간은 수많은 사기나 절취의 수단을 생각해 내어 악행을 자행한다. 예컨대 시장의 상거래에서도 팔 때나 살 때에 온갖 트집을 잡아 치러야 할 돈보다 적게 내려고 잔꾀를 부린다. 끊임없이 그런 일에 머리를 쓴다. 그것은 약탈이 아닌가? 남의 집이나 노예를 빼앗는 것이 아니라고 변명해도 소용없다. 약탈하는 물건의 가치에 따라 정의나 불의가 결정되는 것을 어찌 합당하다고 할 것인가? 정의와 불의는 수량의 다소에 관계없이 가려지는 것이다. 남의 지갑을 털어서 돈을 훔치는 자를 도둑이라고 부르듯 시장에서 물건을 사면서 시세나 값을 속이는 자도 도둑이다. 또 벽을 뚫고 남의 집에서 물건을 훔쳐 가는 자만이 강도가 아니라 정의를 깨뜨리고 이웃에서 무엇이든 가져가는 자도 강도이다. 그러니 자기 할 일마저 잊고 남의 일에 참견하기를 그치고, 남을 사랑할 수 있는 기회가 있음에도 불구하고 남의 죄악만 찾아다니는 짓을 금해야 한다. 어느 때 자신도 죄를 저지를지 모른다는 것을 생각하자.

―조로아스터

5

　솔로몬은 남의 가난을 기회로 훔치지 말라고 했다. 이 '남의 가난을 기회로 훔친다'라는 말은 약탈을 경계한 말이다. 즉 남의 가난함을 이용해 노동을 착취하고 싼 노임을 치르는 일이 있다. 이와는 반대되는 약탈, 즉 누구는 돈이 많으니까 그것을 빼앗는 것은 당연한 일이라고 생각하는 것도 또한 유익이 적고 위험이 크므로 지혜로운 자들은 하지 않는다.

―존·러스킨

6

재산이 노동의 집적(集積)이라고 하는 말은 진실이다. 그러나 어떤 사람들은 노동에만 종사하고 또 어떤 사람은 그 집적만을 얻고 산다. 그것을 현명한 자들은 노동의 부당한 분배라고 한다.

♣

죄를 짓지 않고 부자가 되려 하면 예속된 희생자가 없는 세상에서만 가능하다. 즉 한 사람의 부자를 위해 많은 거지가 발생하는 곳에서는 무죄한 재산형성이 불가능하다는 말이다.

3월 20일

완전한 선은 그 행위 자체 속에 보응이 들어 있다. 보응을 의식하고 베푸는 선은 선이 돌려주는 기쁨을 감소시킨다.

선의 보응

1

남에게 선을 베풀 수 있는 사람은 자신에게도 선하다. 이 말의 뜻은 남에게 행한 선의 보답을 말하는 것이 아니라 선을 행한 그 행위 자체 속에 그 뜻이 있다. 이는 선을 행했다고 하는 의식이 인간에게 최고의 보답이기 때문이다.
— 세네카

2

어떤 회교도의 승(僧)이 기도를 드렸다.
"신이시여! 악한 자에게만 은혜를 베푸소서. 선한 자에게는 이미 은혜를 베푸셨잖습니까. 선한 일을 한 자는 이미 선한 자가 되었으니까요"
— 사아되

3

선한 일을 하고 보답을 바라는 것은 선한 행위와 보답을 함께 잃는 것이다.

4

인간은 남이 자신에게 베푼 친절은 쉽게 잊으면서도 자기가 남에게 베푼 봉사는 절대로 잊지 않는다.

5

오른손이 하는 일을 왼손이 모르게 하라.

―성경

6

남에게 봉사를 하면 자기도 봉사를 받을 권리가 있다고 생각하는 사람이 있다. 그리고 곧 그 보수를 되받으려 하지는 않더라도 자기가 한 봉사를 잊지 않고 빚을 꼭 받을 것이라고 생각하는 사람이 있다. 그런가 하면 마음 내키는 대로 전혀 사심 없이 남에게 봉사하는 사람도 있다. 이 사람은 포도나무와 같다. 포도나무는 포도송이가 장차 어떻게 되든 생각 않고 열매를 완전히 익히는 것에만 충실하다.

―오오레리아스

7

선행에 대한 찬사를 받고도 더 큰 보답을 바란다면 선행의 순수한 대가는 잃어버린 것이다. '마음이 인색한 자는 목적을 이룰 때 모두를 잃는다'

―존·러스킨

8

모든 성과는 괴로움을 겪음으로써 얻고 참된 성과는 대가를 치르고 얻어야 한다. 거저 얻은 성과는 더 많은 대가를 치르게 한다.

―존·러스킨

9

도덕적인 것이라면 무엇이든 실행하고 죄악적인 것이라면 무엇이든 피하라. 모든 덕행은 다음의 덕행을 배후에 가지며, 모든 죄악은 다음의 죄악을 숨기고 있다. 덕행의 보수는 덕행이고 죄악의 보수는 죄악이다.

―펜차사이

♣

선한 일을 하는 것은 그 자체가 기쁨이다. 자기가 한 선한 일을 아무도 모르고 있음을 알 때 기쁨은 더욱 커지는 것이다.

3월 21일

인간은 자기 몸을 스스로 들 수 없듯이 자기가 자기를 칭찬할 수도 없다.

칭찬은 남이 해줌으로 가치가 있는 것이다. 자기가 자기 칭찬을 하려고 수단을 쓴다면 그것은 오히려 자기 가치를 떨어뜨리는 것이 된다.

칭찬

1

자기 일을 좋다 궂다 말하지 말라. 좋게 말한다면 남이 믿지 않을 것이고 나쁘게 말한다면 남들은 들은 것 이상으로 나쁘게 생각하기 때문이다. 가장 좋은 방법은 아무 말도 하지 않는 것이다.

2

자기가 공손하다고 스스로 말하는 자는 결코 공손치 못하다. 나는 아무 것도 모릅니다 라고 하는 자는 공손이 무엇인지 아는 자이다. 무엇이든 다 안다고 하는 자는 아무 것도 모르는 자이다. 무슨 말이든 하지 않는 자가 현명하다.

―웨타나

3

어렸을 때 나는 매우 종교적이어서 신을 엄격히 섬기며 절제에도 견디었다. 어느 날 밤 나는 아버지 앞에서 코란을 무릎 위에 놓고 밤새도록 자지 않았다. 다른 사람들은 모두 깊이 잠들어 있었다. 나는 아버지께 말씀드렸다. "이 많은 사람들 중에 누구 하나 깨어서 신을 섬기려고 하지 않는군요! 마치 죽은 사람들처럼 자고 있지 않아요?" 그러자 아버지께서 말씀하셨다. "그 따위 소리를 하려면 너도 자는 편이 나을 걸. 남의 나쁜 점을 말하지 말라. 자만하는 자는 자기밖에 아무 것도 보이지 않는 법이다. 자기 눈에는 자기 잘난 점밖에는 보이지 않는다. 만약 네가 신을 볼 수 있는 눈을 가지고 있었더라면 어디에서도 자기보다 약점이 많은 사람은 찾지 못했을 것이다.

―사아되

4

좋게 생각해 주기를 바랄지라도 스스로 자신을 자랑하지는 말라.

―파스칼

5

사상과 사상의 표현은 어느 쪽도 모두 진지하다. 자신을 정당화하기 위하여 언어로 남을 희롱하지 말라.

♣
억지 보답이나 나쁜 대가를 원하지 않는다면, 스스로 자기 업적을 치하하거나 남이 칭찬하도록 만들지 말라.

3월 22일

정의로운 삶을 살 생각이라면 있는 그대로의 삶을 숨기지 말라. 인심은 변해도 정의는 변하지 않고 언제나 살아 숨쉰다.

정의로운 삶

1

인간사회는 언제나 서로가 서로를 바라보며 살아야 한다. 그러므로 서로의 눈초리에서 두려움을 느껴야 할만큼 떳떳하지 못한 삶은 떨쳐 버려야 하며 항상 흠 없는 모습으로 살아야 한다. 남의 눈을 피하여 어떤 이익을 얻으려는가. 사람의 눈은 속여도 신의 눈까지 속일 수는 없다. 하늘이 자신에게 은총을 베풀기를 원하거든 선하게 살라. 신을(신의 높은 이상) 경외하는 사람은 신께 순종하기를 결코 거부하지 못한다. 그러나 인간의 행위는 지금 어떠한가? 인간의 보편적인 삶이 어떤 키에 의하여 안내되고 있는가?

피는 어떤 일이 있더라도 흘려서는 안 된다는 것을 모르는가? 신의 인간을 향한 인도는 하나의 원칙에 의해 이뤄진다. 즉 모두가 위대한 전체의 일부분으로. 자연은 인간을 한 집안의 식구로 결합시킨다. 자연은 같은 요소를 재료로 인간을 만들어냈다. 그러나 인간은 서로 제멋대로 퍼져 흩어지려 한다. 또한 자연은 정의와 진리의 법칙을 따른다. 그 법칙에 의하면 타인에게 비방 받는 것보다 타인을 비방하는 것이 더 악하다. 자연의 법에 따르면 손은 서로가 서로를 돕는데 쓰도록 주어진 것이다.

사물의 본질을 볼 때 형식만 보아서는 안 된다. 각각의 모든 것은 그 것만의 참된 용도에 의하여 평가해야 하고 속된 생각의 판단으로 그 가치를 판단해서는 안 된다. 극기(克己)는 마음에 괴로움을 입히나 정의와 인생의 참된 의미를 찾게 한다. 인간의 행위 자체는 이와 같이 말과 일치하지 않는 한 올바르지 못하다. 모든 행위는 의지에 의하여 이뤄져야 하기 때문이다.

―세네카

2

　정의를 도덕적인 삶의 최고 조건이라고 하지는 않는다 그러나 그것은 첫째 조건이다. 어떤 선한 가치가 정의 이상인 것 같아도 그것은 단지 정의에 근거할 뿐이며 선하고 진실된 것은 그 자체 속에 정의를 간직하며 그 진실은 정의를 통해서 얻어진다. 유대 종교의 발전과 경과(기독교 정신을 통하여 계승된 것)에 있어서 "그대의 신은 정의의 신이다"라고 하는 고시(告示)는 사랑의 신에 대한 감동적 계시(啓示)보다 훨씬 앞서 이미 존재하고 있었다. 사람이 정의의 영원성을 인식하지 않는 한 사랑의 영원성도 감춰질 것이다. 참된 관용을 얻기에 앞서 먼저 정의를 지켜야 한다. 따라서 인간 사회는 자비와 평화로 향상되기에 앞서 정의의 기초를 먼저 세워야 한다.

―헨리・죠오지

3

　이웃에게 정의를 보여라. 그를 사랑하든 않든 정의로움을 보여야 한다. 그리고 나면 사랑하는 마음이 생긴다. 반면에 이웃을 사랑하지 않는다는 이유로 이웃에 불의를 행한다면 그것은 증오라는 최악의 죄가 되고 만다.

―죤・러스킨

4

　막대한 생산 능력이 헛되이 낭비되는 것은 자연의 법칙에 순응하지 않는 사회의 무질서 때문이다. 노동자들은 무질서로 말미암아 진정한 휴식과 즐거움을 얻지 못한다. 정당한 보수마저 빼앗기는 원인도 여기에 있다.

―헨리・죠오지

5

　선한 사람들도 많은 실수를 저지른다. 악한 사람들의 악을 피하려고 눈앞에 보이는 악을 방관하고, 그 악에 의해 초래된 해독을 싫어하면서도 점잖게 악수를 청하며, 나쁜 줄 알면서도 때로는 그것들과 어울리기까지 한다.

　낮에는 자신의 욕망을 채우기 위해 타락한 자들의 허물을 덮어 주기도 하며 그리고 밤이면 타락한 자들과 어울려 먹고 마시면서 그들의 부와 삶을 부러워하기도 한다. 부러워하는 그들 앞에서 타락한 자들은 수천 명의 인간을 몰락시킨 대규모 도박 흉내를 내며 부패한 음모를 꾸미기도 한다. 그 때문에 몇 십 년 걸려 이룬 이상을 불과 몇 시간만에 파괴해 버리기도 한다. 그런 것을 외면하지 못하는 것이 선한 사람들이 저지르는 과실이다.

—존·러스킨

6

좋아하지 않는다는 이유로 이웃을 구렁텅이 속에 밀어 넣고는 '신께서 내린 징벌'이라고 말한다. 현대의 기독교도들 중 그와 같은 사람들이 많다. '우리가 언제 그랬느냐'고 항의할 수도 있다. 매일 어떻게 살았는가를 기록하지 않는 한 자신의 한 일을 모두 기억할 수는 없다고 말할 수도 있다. 그러나 남의 죄를 방관하고 전도하지 않는 것은 이웃이 구렁텅이 속으로 들어가는 것을 도와준 것과 같기 때문이다. '정의를 지킨 한 시간은 70년의 기도보다 낫다'라고 한 말을 안다면 그런 의미에서 기독교도는 자기 성찰이 필요하다.

—존·러스킨

♣

정의가 무엇을 가르치지 않는다 하더라도 정의는 늘 무엇을 해야 된다는 것과 무엇을 그만두어야 한다는 것을 가르쳐 준다.

3월 23일

고뇌는 인간이 성장해 나가는 데 없어서는 안될 인생의 조건이다.

고뇌

1

진실로 너희에게 이르노라. 너희가 울부짖고 슬퍼하더라도 세상은 기뻐할 것이다. 그러나 너희의 슬픔은 곧 기쁨이 될 것이다. 여성은 아이를 낳을 때 고통을 당해야 하지만 낳고 나면 곧 기쁨으로 슬픔을 잊을 것이다. 그것은 인간이 이 세상에 태어났기 때문이다.

—성경

2

고뇌는 성장의 계단이다. 따라서 고뇌 없이는 하나의 틀에서 다른 틀로 옮아갈 수 없으므로 고뇌 자체가 성장이다. 원인은 결과이며 결과는 원인이기도 하듯 정신적 생리는 시간도 공간도 없다.

3
고뇌가 없으면 인간은 경제를 알지 못하고, 또 자신을 알지 못할 것이다.

4
고뇌를 두려워 말고 오히려 그것에 깊이 침잠하라. 인간은 누구나 자신만의 고뇌를 갖는다. 그것은 행복을 위해서이다. 도덕적인 삶의 표준보다 내려가려 할 때와 그 표준보다 위로 오르려고 할 때 그것이 고뇌이다. 또 한 곳에서 움직이지 않으려는 것도 때로는 고뇌이다. 그때마다 양심이 꾸짖기 때문에 괴로운 것이다. 양심의 비난은 고뇌 그 자체보다 더 견디기 어렵다. 그것이 인간을 발전하게 하며 도덕적으로 완성되게 한다.

— 표도르 · 스뜨라호프

5
청년은 어린 날의 환상을 버리고 장년은 청년 시대의 무지와 폭풍우와 같은 정열을 버린다. 그리고 장년에 갖는 이기주의를 버리고 서서히 보편적인 인간으로 돌아가며 마침내 높고 참된 인생의 계단으로 올라간다. 그리고 외면적인 사회적 관계와 환경을 버리고 신과 가까워진다. 신은 그러한 사람에게 다가온다. 그리하여 自我愛라는 옷이 벗겨지고 신과 일치되어 신의 뜻에 합류하여 신의 장엄 속으로 들어가는 것이 인생이다.

— 에머슨

6
슬기로워짐에 따라 인간은 진리에 가까이 간다.

— 존 · 러스킨

7
자신의 고뇌는 하나님 이외 누구에게도 털어놓아서는 안 된다. 잠자코 견디는 것이 지혜다. 고뇌는 전염병과 같아서 남에게 옮아가 그 사람도 괴롭힌다. 고뇌는 자신 속에서 타 버려야 하고 그 속에서 조금씩이나마 인간은 완성을 향하여 가까이 가게 된다.

♣

고뇌 속에서 정신적 성장의 의미를 찾아라. 그러면 고뇌와 슬픔은 사라질 것이다.

3월 24일

하나님은 심령의 근원이다. 그러므로 말로 정의할 수 없다.

심령의 근원

1

예수는 말씀하셨다.
"나를 믿으라. 이 산상에서도 아니요, 예루살렘에서도 아니다. 너희가 하나님을 예배할 때가 오리라. 그 때 비로소 참 믿음이 있는 자들은 하나님을 예배하게 될 것이다. 하나님은 그와 같은 사람을 찾고 계시며 그런 사람의 마음에 계신다. 하나님을 예배하는 자는 진실과 신령으로 예배하여야 한다."

—성경

2

하나님의 존재에 관해서 한두 번 의심한 일이 없는 신자는 없다. 그 같은 의혹은 사실상 해로운 것이 아니다. 도리어 하나님에 대한 높은 이해를 위해서 유익한 의혹은 필요하기도 하다.

하나님을 잘 안다고 생각하는 사람은 습관이 되어 마침내 하나님의 존재를 잊어버리게 된다. 하나님이 계시해 주신 것을 믿고 새로운 마음으로 전심을 다하여 하나님을 찾을 때 비로소 믿음은 살아 성장한다. 하나님의 계시는 헤아릴 수 없이 무한하다.

3

모세는 기도했다.
"하나님! 어디로 가면 당신을 찾을 수 있으리까?"
"그대가 부를 때 이미 나를 찾았느니라."
어떤 사람이 유목민에게 물었다.
"그대는 어떻게 하나님이 계신 줄 아는가?"
유목민은 대답했다.
"먼동이 트는 것을 보는 데 횃불이 필요할까요?"

하나님은 상상이나 사상을 넘어 훨씬 위에 계신 분이다. 하나님이 존재한다는 것을 이해하거나 파악하려고 할 때 인간은 이미 하나님을 잃은 것이다. 고로 하나님을 이성이나 철학으로 찾으려는 노력은 부질없는 짓이다. 다만 순종하는 침묵 속에서 하나님을 경외하는 것으로 만족하라.

— 아라비아 성언

유대인들은 하나님의 이름을 부르는 것을 죄악으로 여긴다. 하나님의 이름이 입에 오르내리는 것을 금하는 역사적 근거는 깊고 엄숙하다. 모든 정신적인 것에 이름이 없듯이 하나님께도 이름이 있을 수 없다는 것이다. 이름이란 육신적이며 물질적인 것일 뿐 정신적인 것이 아니기 때문이다. 하나님은 마음이다. 어떤 이름에 의하여 정의될 수 없다. 하나님의 이름에 정의를 내리려는 것은 하나님에 대한 모독이다.

3월 25일

사람은 서로 도와야 한다. 남의 도움 없이는 살아갈 수 없다. 그러나 그 도움은 서로 주고받는 것이어야 한다. 삶은 서로 간에 관련돼 있어서 어떤 사람들은 남을 돕고 어떤 사람은 도움을 받는다. 그러나 어떤 사람은 남의 도움만을 받는 것 같지만 우리가 알지 못하는 사이에 또 다른 사람에게 도움이 된다.

상부상조

1

사람은 누구나 이전 시대에 살던 사람들과 자신과 같은 시대를 살아 온 사람들의 근로 결과 그 혜택 위에서 살아간다. 그러므로 자신의 것도 남에게 줄 수 있도록 타인을 위하여 근로해야 한다.

언제나 자기가 얼마나 얻고 얼마나 주는가를 일일이 따지며 사는 사람은 없다. 채무자가 되고 싶지 않거든 될 수 있는 대로 적게 얻고 많이 주어라.

2

소유하고 사용하는 모든 것은 근로의 소산이므로 그것을 낭비하거나 부수는 것은 근로 의욕을 경감시키고 삶을 낭비하는 것과 같다. 거간은 물품을 돈으로만 계산하지만 아무리 값싼 것이라도 그 물품은 형제인 인간에 의하여 만들어졌다는 것을 알고 근로 정신을 존경해야 한다. 존경을 표시하는 방법은 근로의 소산을 진심으로 소중히 다루는 것이다.

— 존·러스킨

3

부자는 물건을 살 때 내가 사주는 것 이상의 것으로 생각지는 않는다. 그러나 노동자와 소비자 사이에는 서로 긴요한 관계가 있다는 사실을 잊어서는 안 된다. 현재는 기독교인들마저도 그 점에 대해 아주 무관심할 뿐만 아니라 그 문제는 아직 누구에 의해서도 지적되지 않고 있다. 근로자들이 온 힘을 바쳐 아무리 더럽고, 불쾌하고, 혹독한 일이라도 소비자를 위해 일하지만 대개의 경우 부자는 임금(賃金)만 주면 계산은 다 치러진 줄로 안다. 문제는 노동자들도 우리의 형제라는 점이다. 그들이 돈 때문에 일했을 뿐이라고만 생각한다면 모두는 서로간의 인간관계를 맺을 수 없다. 그들을 위하여 노동의 대가 이상을 마음으로 갚는 인정이 필요한 것이다.

♣

인간은 상부상조해야 한다. 또한 부조는 자발적인 것이라야 한다. 그리고 동포의 도움을 받는 자들은 단지 금전으로만이 아니라 존경과 감사 그리고 동포의 삶에 대한 친화(親和)로 그 대가를 치러야 한다.

3월 26일

인간 생활에서 가장 중요한 변화는 신앙적 변화이다.

신앙적 변화

1

예수는 생애의 종말에 이를 때 다음과 같은 두 가지 문제를 통찰했다. 그 하나는 그리스도 자신의 이름이 악용되는 것이고 다른 하나는 삶의 고난과 고통 즉 파괴적인 삶의 충격을 받더라도 인간이 하나님에 대한 신앙을 철저히 지키게 하는 것이었다. 예수는 제자들과 뒤를 따를 모든 후예들에게 장차 사이비 그리스도와 사이비 선지자가 나타나리라는 것과 그들이 어떠한 기적을 나타내 보이더라도 조심하라는 경고였다. 결국 사이비들은 권력을 잡을 것이며 권력에는 교회의 지도자들까지도 매혹될 것이라고 경고했다.

사이비 그리스도란 무엇인가? 비록 그 형식이 기독교와 같더라도 기독교적이 아닌 것이다. 그것을 어떻게 분간할 수 있을까? 열매를 보고 나무를 분간하듯이 저들의 행위를 보고 알 수 있다는 것이다. 자신을 낮추고, 자비를 베풀며 희생적인 사랑이 없는 곳에 그리스도는 거하지 않는다. 사이비 그리스도와 사이비 선지자는 수없이 많을 것이며 언제든지 계속해서 나타날 것이다. 세상의 종말이 올 때까지 나타날 것이다. 세상의 종말은 오직 하나님 아버지만이 아시며 모든 사람이 불안에 떨며 민족이 민족을 해하고 권세와 폭력이 왕성하며, 흑암의 권세가 대지를 흔들며, 그 무엇도 안정된 것이 없을 때 종말의 시간이 도래할 것이다. 그는 불원간 그리스도가 지배하는 새로운 세상이 올 것을 선언했다. 그리스도의 새 세상은 아득한 장래의 일이 아니라 도둑같이 온다고 하였으니 그때를 맞을 준비를 하는 것이 중요하다.

—라메에

2

사람의 불행을 보고 예언자가 말하였다. '그대들은 하나님을 잊어버렸다. 그래서 하나님도 그대들을 떠나셨다. 그렇지 않고는 이렇게 불행할 수가 없다. 그대들은 하나님의 말씀에 따라 살지도 않고 영원한 생명의 구원도 믿지 않는다. 악한 생각과 기만을 좇고 의식적으로 진실을 존중하지 않는다. 때문에 자연의 인간에 대한 협력마저 사라지고 있음을 알지 못한다. 저널리스트나 정치가나 출판업자는 물론 일반 모두가, 날개 없는 두 발 가진 짐승까지도 다 눈이 멀었다. 인간들은 자연을 죽은 것으로 오해한다. 마치 몇 천년 전, 옛날에 만들어진 태엽을 감아서 1주일 정도만 돌아가다 죽는 시계와 같은 것으로 생각한다. 자연은 시계 탭처럼 한시적으로 돌아가다 멈추는 것이 아니다. 자연이라는 시계는 영원히 살아서 돌아간다. 나는 자연이 죽은 것으로나 양철 판을 잘라 감은 시계 같지 않다는 것을 알고 기뻐할 수 있다. 언젠가는 이 유성(遊星)에서 가장 머리 나쁜 사람도 진리가 깨달아질 것이라는 확신을 가지고 산다.

—카아라일

3

세상은 마지 낭떠러지에 곤두박실쳐 서수로 벌어시는 사남을 붙들어 구러는 사람을 바보 같다는 코웃음과 비방의 소리로 엉뚱하게 비난하는 주정뱅이와 같다. 온갖 불의한 소득에 취해서 코앞에 닥쳐올 불행한 운명을 구하려는 예언자의 안타까운 외침을 비웃는다. 하나님은 종말에 이렇게 말씀하실 것이다. "오오! 예루살렘이여! 너희에게 보낸 선지자를 죽인 백성이여! 나는 어미 새가 날개 밑에 새끼를 품듯 너희를 안고자 했는데 너희는 나를 번번이 거절하는구나"

—루씨·말로리

4

오래 살수록 인생의 온갖 일을 많이 경험하게 된다. 이토록 많은 일과 사건으로 쌓여 있는 시대는 일찍이 없었다. 그래서 이 시대는 진정한 의미에서 혁명이 필요하다. 물질적 혁명이 아니라 도덕적 혁명, 사회 건설과 인간성 회복의 높은 사상의 혁명이 있어야 한다. 그것을 완전히 이루는 데는 사람의 지혜로는 불가능하며 오직 신앙으로만 가능하다.

—찬닝

5

기독교에 대한 불만의 소리가 사회 전반의 공론이 됐다. 비난과 노여움 때로는 슬픔으로 표현하기도 한다. 그러나 진정한 하나님의 왕국이 도래하기를 갈망하는 의로운 가슴에는 천국의 소망이 다가올 것이다. 느리지만 현재보다 훨씬 순수한 기독교가 단지 이름만으로 불려지던 그 자리를 메워가고 있다.

6

예전에 어떤 사상가가 내린 정의에 의하면 인간성(人間性)이란 '영원히 배우는 것'이라고 했다. 사람은 누구나 죽지만 그가 남긴 사상과 행적만은 그의 죽음과 더불어 죽지 않고 남는다. 인류는 그들의 훌륭한 사상과 가르침을 역사의 보고(寶庫)에 간직하고 옛 사람의 무덤에서 그들에 의해 이루어진 모든 것을 이용한다. 인간은 누구나 나면서부터 옛 사람들이 남긴 사상이나 신앙의 여건에서 성장한다. 그러므로 누구든지 무의식중에 크든 작든 선대에게 물려받은 특징을 지니게 된다.

인류의 교육은 동방의 피라미드가 건립된 바와 같이 혼자가 아닌 여럿의 힘에 의해 완성된 것이다. 피라미드 건축물을 지나는 자는 누구나 그렇게 돌을 쌓아 올리듯 인간도 한정된 삶을 살다 가지만 모두는 어딘가 비어 있는 자리를 채우기 위하여 태어난다. 그리고 죽어 간다. 인류의 교육은 느리기는 하나 먼 동이 터 오듯 빛이 더해 가면서 완성을 향하여 진보한다.

—마도지이니

♣

진리는 변하지 않아도 종교 형태는 변한다. 종교의 불변을 믿는 것은 마치 타고 가는 나룻배가 움직이지 않으면서 나아간다고 믿는 것과 같다. 그 같이 불변하는 종교는 보이지 않게 진화하고 있을 뿐 결국 인류의 진화는 종교적 진화에 의해서 이루어진다.

3월 27일

사람이 사람을 두려워하는 것은 조물주 하나님을 믿지 않기 때문이다.

하나님을 믿지 않는 사람

1

목적이 달성되지 않았더라도 절망해서는 안 된다. 그만한 가치가 있다고 생각하면 목표 달성에 차질이 있더라도 다시 도전할 수 있어야 한다. 시련은 당연한 시험대로 알고 참아내야 한다. 일단 의식적으로 물러서서 처음의 자신으로 돌아가라.

— 오오레리아스

2

사람을 두려워하는 자는 하나님을 두려워하지 않는 자이다.

3

유능하면서도 그 것을 자랑하지 않는 사람을 존경하라. 그런 사람은 멀리 내다보고 영원한 것을 향하여 전진할 뿐 인간적 간계나 칭송은 초월할 수 있다. 그런 사람은 어떤 어려움을 당해도 스스로 문제를 찾고 해결하는 사람이며 남달리 자랑하거나 명성이 빛나기를 바라지 않는다. 또 앞을 내다보고 비방의 대상이 되는 도덕적 불의를 가까이 않고 사방에 있는 적이 될 만한 요소는 화합으로 제거시킨다. 높은 덕성은 현세적 명리와 거리가 먼 법이다.

— 에머슨

4

진리가 의식화되기 위해서는 다음 세 단계를 벗어나야 한다.
첫째 '이 것이라면 거론할 가치조차 없을 만큼 유치하다'와
둘째 '도덕적으로나 종교적으로 위배된다'와
셋째 '이런 것은 이미 다 알려진 사실이다' 라고 하는 것이다.

5

모든 것을 두려워하는 자는 아무 것도 두려워하지 않는 자보다 강하다.

— 쉴러

6

세상의 비방을 받는 사람도 그 내면에 선한 것이 있음을 알라.

♣

자신을 하나님의 능력에 맡긴 사람은 사람의 힘에 의존하지 않는다.

3월 28일

지혜와 화합

1

듣기는 많이 하고 말하기는 더디 하라. 묻지 않는 말에 대답하지 말라. 무엇이나 물을 때는 간결하게 대답하라. 모르는 것을 부끄러워 말라. 다투기 위한 다툼을 하지 말라. 자랑하지 말라. 제공되더라도 능력 이상의 지위를 탐내지 말라. 지나치게 공손히 굴지 말라. 그것은 남에게 지나치게 공손을 강요하는 결과가 되며 상대를 불쾌하게 만들기 때문이다. 예의에 어긋나지 않는 것이라면 이웃의 습관을 따라라. 예의가 아니면 무엇도 하지 말라. 그렇지 않은 습관은 우상이 되기 쉬우므로 스스로의 우상을 파괴하여야 한다.

―스우피

2

다른 사람의 눈으로만 나의 결점을 볼 수 있다.

3

인간은 자신의 진상을 비춰볼 수 있는 거울을 다른 사람의 마음속에 감추고 있다 그 거울에 의해서만 자신의 결점이나 죄악을 진솔하게 바라볼 수 있다. 그런데도 대부분의 사람은 그 거울 앞에 서서 강아지같이 아양을 떨어댄다. 거울에 비친 것은 자신이 아니고 다른 개라고 생각하고 거울을 향해 짖어댄다.

―쇼펜하우어

4

'먼저 자신을 알라.' 이 말은 기초적 규범이다. 자신만을 바라보고서야 어떻게 진정한 자신을 알 수 있겠는가? 이웃이나 친구들의 행동과 생각을 봄으로 비로소 많은 사람 가운데 유일한 자신을 알 수 있게 된다. 자신의 능력과 다른 사람의 능력을 비교해 보라. 자신의 이익과 다른 사람의 이익을 비교해 보라. 자신의 이익을 이웃이나 친구의 이익보다 중요하게 생각할 때 얼마나 자신이 비겁한가를 생각해 보라. 타인의 인격의 존엄성 앞에 머리를 숙여라. 자신이 결코 다른 사람보다 아무 것도 나은 것이 없음을 시인하라.

—존·러스킨

5

세 사람이 모이면 그 중에 두 사람은 스승이다. 좋은 사람에게서는 좋은 것을 배우고 나쁜 사람에게서는 그 나쁨을 보고 경계하며 바르게 사는 법을 깨닫기 때문이다.

—중국 성언

6

사람은 스승으로부터 많은 것을 배운다. 그러나 친구에게서는 그 이상을 배우고 제자들에게서는 더 많은 것을 배운다.

—탈무드

7

성자를 만나면 자신의 덕성을 살피고 악인을 만나면 자기 죄를 살펴라.

—중국 성언

8

죄인을 응징할 때 그 사람의 영혼을 욕되지 않도록 조심하라.

—만슬·L·호라이

9

죄는 미워하되 사람은 미워하지 말라.

10

참된 사랑은 말에 있는 것이 아니라 행실에 있다. 참된 사랑은 어리석게 보일지라도 성(聖)과 슬기(智)가 있다.

♣

인간은 만나면 무엇인가 얻을 수 있고 결합하고 협동하면 더 많이 얻는다.

3월 29일

인간은 자신의 정욕을 극복할 수 있다. 마부가 말을 세울 때 고삐를 조여

잡아야만 그 말이 멎는 것처럼 사람도 자신의 정욕을 극복하기 위해서는 정신의 고삐를 조여야 한다. 어렵다고 고삐를 놓아서는 실패하고 만다.

인간의 정욕

1

이성(理性)은 성정(性情)을 지배한다. 이것이 곧 절제의 의의(意義)다. 절제에 대하여 어떤 이는 이렇게 말하였다.
'절제가 덕성이 아니라 덕성이 위대한 사람이다' 라고.

―존슨

2

욕심을 버리면 유순해지고 욕심을 품으면 죄악이 눈을 뜬다.

―아미엘

3

과욕과 몽상과 사치와 분노를 지배하라.

4

많이 먹는 사람은 태만을 이기지 못하고 포식하고 태만한 자는 성적인 정욕을 이기지 못한다. 절제에 대한 노력은 포식의 자제로부터 시작된다.

5

인간은 맹수의 조련사와 같다. 맹수란 인간의 정욕을 뜻한다. 조련사가 맹수의 어금니와 발톱을 뽑아내고 달래서 가축으로 만들면 사납게 포효하던 맹수가 유순한 양처럼 되고 만다. 그렇듯 인간도 교육으로 정욕을 억제시키면 가축처럼 심성이 변하게 된다.

―아미엘

6

전쟁에서 수천, 수만 명을 물리치고 승리했다 해도 욕망과 정욕을 스스로 물리친 자신과의 싸움에서 승리하는 것만 못하다. 적을 이기기보다 자기 자신을 이기는 편이 낫다는 말이다. 누구도 자신에게 이기고 자신을 지배하는 자의 승리를 뺏을 수는 없다.

―쟈마파아다

7

남을 자신처럼 소중히 여기고, 남에게 받고 싶은 만큼 남에게 할 수 있다면 그 사람은 진정한 사랑을 아는 사람이라고 말할 수 있다. 세상에 그 이상의 사랑은 없다.

―공자

8

젊은이여 욕망에 사로잡히지 말라. 모든 욕망을 아예 부정하는 스토아파와 같지는 않아도 향락을 누리려는 에피큐리안적인 경향을 거부하라. 관능적인 욕망의 억제, 향락의 절제는 참다운 인간이 되는 길이다. 관능적 향락이 자신의 극기에 지배되는 것은 어떤 이데아에 의하여 얻는 만족보다 가치가 있고 그 폭이 넓고 깊다. 관능이란 순간의 만족과 함께 사라지는 것이기 때문이다.

―칸트

9

정욕의 시작은 거미줄 같으나 그 끝은 굵은 밧줄과 같아서 처음에는 전혀 남처럼 보이다가 그 다음에는 손님같이 보이고 마침내 집주인이 되어 버린다..

―탈무드

10

방종은 자살의 시초이다. 그것은 마치 집 밑을 흐르는 가는 물줄기 같아 눈에 띄지 않지만 마침내 그 집의 토대를 허물고 만다.

―브렛키

11

자신을 극복할 수 있는 사람이야말로 참으로 강한 사람이다.

―동양 성언

12

분노를 깨뜨리고, 진실만을 말하며, 친절하고, 유순하고, 비난하지 않으며 빈내아기 어려운 일에 내아니노 놋놋이 삼아내나, 사기를 동상하는 사남에게 호의를 베풀며, 정욕이 왕성하면서도 그 정욕으로부터 자유로운 사람― 이러한 사람이야말로 정말 훌륭한 사람이다.

―쟈마파아다

♣

절제한다는 것은 정욕을 강하게 하는 것이 아니라 약하게 하려는 노력이다. 시간은 누구에게나 절제를 위한 노력에 조력한다.

3월 30일
선은 덕성이며 기쁨이고 투쟁의 무기이다.

선의 힘

1
죄인, 사기꾼, 사람에게 손해를 끼친 자에게 선을 베풀기는 쉽지 않다. 그러나 그러한 사람에게 선을 베푸는 것은 피차를 위하여 유익하다.

2
베드로가 말했다.
"주여, 내게 죄 지은 자에게 몇 번이나 용서하면 되겠습니까? 일곱 번 용서하면 되겠습니까?"
예수는 말씀하셨다.
"일곱 번이 아니라 일흔 번의 일곱 배라도 용서해야 한다."

—성경

3
자신의 생각이 정말로 옳음을 확신하고 그 생각으로 인해 많은 사람에게 유익이 되기를 바란다면 될 수 있는 한 그 생각을 설득하고 이해시키기에 최선을 다해야 한다. 시대가 악하면 악할수록 선한 생각은 받아들여지지 않는다. 그런 상황에서 소신을 굽히지 않는 것이 대단히 중요하고 바람직하다. 생각이 같은 사람과는 잘 어울려 대화할 수 있지만 상대가 선한 생각과 그 의견을 믿지 않거나 이해하려 하지 않을 때 즉 그것이 옳다는 것을 믿게 하려다가 상대가 전혀 거부하게 되면 침착성을 잃고 초조해 진다. 뿐만 아니라 상대에게 불쾌한 어조로 분노하여 "이런 벽창호, 몰상식한 자에게는 설명해 줄 필요도 없다"고 포기해 버린다. 상대에게 이해할 수 있도록 진리를 말하려고 할 때는 초조해하거나 악담이나 욕설은 금물이다.

—에피쿠테타스

4
친구나 이웃이 과실을 범하거든 친절히 위로하고 어떤 점이 잘못 되었는가를 겸손히 가르쳐 주어야 한다. 만약 그것이 잘 되지 않으면 자신을 반성하되 아무도 원망하지 말라.

―오오레리아스

♣

형제와 틈이 생겨 사이가 좋지 못할 때나, 이웃이 자기에게 불만스러운 태도를 보이거나 친구가 배신했을 때는 그에게 죄가 있는 것이 아니라 자신에게 선과 덕이 부족했다고 생각하는 편이 옳다.

3월 31일

회개는 자신의 죄와 허물을 시인하고 다시는 죄를 범하지 않겠노라고 신 앞에서 다짐하며 각오를 새롭게 하는 것이다.

회 개

1

사람은 선하나 과실을 인정하지 않고 제 의견만 고집할 때 악인이 된다.

―탈무드

2

실수는 어떤 것이든 숨기지 말라.

3

실수를 인정할 때는 마음의 짐이 가벼워지지만 실수를 감출 때는 마음의 짐이 무거워진다.

―탈무드

4

허물이 많은 사람일수록 남의 허물을 찾는다. 특히 죄책감을 가진 사람의 허물을 찾으려 한다. 회개는 뉘우친 죄를 다시는 짓지 않기로 결심할 때에만 진실하다.

5

선한 사람은 자기 허물을 인정하며 자신의 선함은 잊어버릴 수 있는 사람이다. 악인은 이와 반대이다. 자신을 용서하지 않는 사람이라야 남을 용서할 수 있다. 믿음이 돈독한 사람은,

"노년을 부끄럼 없이 살 수 있도록 청춘이여 주의 은혜를 받으라"

라고 말하고, 회개하는 자는
"청춘을 속죄하여 줄 노년이여 은혜 있으라!"
라고 말한다. 그리고 믿음이 돈독하고 회개한 사람은 이렇게 말한다.
"죄 없는 자가 받을 행복을 내려 주소서!"

―탈무드

6
악을 선한 행실로 갚는 자는 마치 구름을 거두고 뜬 달과 같다.

―석가

7
힘있을 때 죄를 뉘우칠 수 있는 사람은 복 있는 사람이다. 힘이 있을 때 회개하는 것은 영혼의 불이 꺼지기 전에 기름을 붓는 것과 같다.

―탈무드

4 월

4월 1일

지식의 영역은 한없이 넓다. 그러므로 참된 지식을 얻으려면 그 속에서 무엇이 가장 중요하고 무엇이 중요하지 않은가를 알아야 한다.

지식의 영역

1

많은 연구 결과로 현대는 참으로 많은 지식을 집적하게 됐다. 그러나 인간의 능력은 너무 보잘 것이 없어서 그 많은 지식 중에서 필요한 일부분만을 사용할 뿐이며 그것도 잠깐 뿐이다. 또한 많은 문화 유산이 있으나 그것을 모두 받아들이자면 그 만큼 많은 것을 버려야 한다. 그러므로 지나치게 무거운 지식의 짐을 짊어지게 하지 않는 편이 낫다.

―칸트

2

어릴 때의 다독(多讀)은 지나치게 많은 정보를 이것저것 얻기 때문에 감정이나 천성(天性)을 잃기 쉽다. 그러므로 철학이 필요한 것이다. 철학은 인간의 감정에 원시적인 순수성을 찾게 할뿐 아니라 때로는 하찮은 사상이나 의견에 끌려 세월을 허송하는 자신을 깨닫게 해 준다. 그리고 자신의 주장을 말하게 함으로써 '자기 자신'으로서 존재하게끔 한다.

―립텐벨크

3

나는 자신에게 이렇게 타일렀다. '전력을 다하여 모든 학문을 알라'고.
그러나 이해할 수 없는 몇 가지 의문이 늘 따랐지만 모든 것은 내가 좀더 성숙한 뒤에 이해하게 될 것이라고, 그러나 그것도 순간에 지나가 버리고 말았다. 그리고 보니 결국 나는 아무 것도 아는 것이 없다.

―벨사의 성전

4

천지간의 모든 것을 알려는 생각을 마음속에서 뽑아 버려라. 예언을 통한 미래와 인간 존재의 진리에 관하여 알 수 있는 것은 매우 적기 때문이다. 지금 아는 것으로 족하다. 더 많은 것을 알려는 노력이 결코 행복의 조건이 되지는 못한다. 다만 겸허한 생활과 맑고 깨끗한 자족(自足)에 주어진 삶의 원칙을 신실히 지켜라. 주어진 한계를 넘는 것은 혼란을 더 하며 한계를 넘는 모든 지식은 고뇌를 더할 뿐이다.

—죤·러스킨

5

천문학자들의 관측이나 계산은 놀라울 정도의 많은 지식을 산출했다. 그러나 그와 같은 연구의 가장 중요한 결과는 역설적으로 인간이 얼마나 무지하고 미흡한가를 폭로해 주었을 뿐이다. 말하자면 무한한 하늘에서 얻게 된 많은 지식이 비로소 인간의 이성(理性)을 깨운 결과 망망대해와 같은 거대한 우주적 환경에서 인간이 자랑하는 지식이라는 것이 얼마나 보잘것없는 것인가를 인식하게 되었다는 말이다. 이런 사실에 근거해 보면 지금까지의 지적인 과업의 궁극적 목적을 결정하는 생각에 커다란 변화가 일어나야 한다.

—칸트

6

"땅 위에는 풀들이 나 있습니다. 이 지구상에서는 누구나 그 풀을 볼 수 있습니다. 그러나 달에서는 보이지 않을 것입니다. 또한 풀에는 꽃술이 있습니다. 꽃술에는 작은 생물이 있습니다. 그밖에는 아무 것도 없습니다"

이 얼마나 터무니없는 자부(自負)인가!

"인체는 복잡한 여러 요소로 되어 있습니다. 그 요소는 스스로 어떻게 할 수 있는 것이 아닙니다." 이 얼마나 엉터리 같은 자신(自信)인가!

—파스칼

7

무지함을 두려워 말고 거짓된 지식을 두려워하라. 세상의 악은 무지에서 생기는 것이 아니라 거짓에서 생긴다.

♣

지식은 무한하다. 그래서 많은 지식을 가진 사람은 조금밖에 알지 못한 사람에 대하여 우쭐해 하지만 그것은 아무 것도 아닌 지극히 근소(僅少)한 차이에 지나지 않는다는 것을 알지 않으면 안 된다.

4월 2일

도덕적 삶은 그 자체가 끊임없는 노력이다.

도덕 생활

1

사람의 습관은 모두가 다 좋은 것이 아니다. 비록 선한 행실이라 할지라도 그것이 습관이라면 좋다고 할 수 없다. 그것이 습관인 까닭에 선한 행실이지만 도덕적이라고 말할 수는 없다.

— 칸트

2

자신에게 주어진 책무가 불만스러울지라도 그것이 선한 일에 대한 봉사가 될 수 있게 노력하라. 어떤 경우든지 지혜로 삶에 필요한 것을 끄집어내도록 하라. 마치 밥솥이 쌀로 밥을 만들어 내듯이 그리고 불에는 무엇을 집어넣어도 활활 타오르듯이.

— 오오레리아스

3

주어진 십자가의 고통은 물리치려 하면 할수록 더 무거운 짐이 된다.

— 아미엘

4

어떤 일에든 충실하라. 어떠한 일에도 "그것이 충실치 못했던 까닭"이라고 생각하는 후회는 용납하지 말라.

— 공자

5

눈에 띄지 않을 만큼 지극히 작고 단순하더라도 도덕적 가치를 위해 노력하는 사람은 마침내 다른 사람이 가질 수 없는 매우 귀중한 입지에 서게 된다. 그런 사람은 언제나 힘차게 이 세상 세파 속에서 불길처럼 행동할 수 있다.

— 에머슨

6

어떤 성장은 서서히 진행되는 과정 속에서 이루어진다. 그러나 급진적인 진행은 때때로 성장을 가로막는다. 급작스런 사상적 충격으로 과학의 모든 영역을 알 수 있겠는가. 정신적 진보란 지혜로운 가르침에 인도되는 끊임없는 인내와 노력밖에는 없다.

―찬닝

♣

도덕적인 삶의 노력과 그 삶의 진정한 기쁨은 마치 육체적 노동과 그 휴식의 기쁨과 같다고 할 수 있다. 육체의 노동 없이는 휴식의 기쁨이 있을 수 없고 도덕적인 노력 없이는 삶의 기쁨이란 있을 수 없다.

4월 3일

죽음은 누구에게나 행복이다 ― 죽음이란 인간의 독특한 특질을 다른 형태로 바꾸어 버리는 일이다. 그것은 자신의 外皮를 벗고 만물의 끝없는 기원과 합류하는 일이다.

죽음이란?

1

삶을 하나의 꿈이라고 해도 틀린 말이 아니다. 그리고 죽음을 깨달음이라고 해도 역시 과언이 아니다. 그러나 인간의 개성(個性)이나 자아(自我)도 꿈과 같은 것이어서 깨우치지 않는 의식이라고 생각한다면 죽음은 인간 모두에게는 파멸이다.

―쇼펜하우어

2

죽음은 유기체(有機體)의 파괴이다. 그리고 죽음은 인간은 물론 모든 유기체들이 계속된 생명의 연속선상에서 거역할 수 없는 삶의 방법이기도 하다.

단지 죽음은 밖을 내다보던 유리를 깨뜨려 버리는 일과 같아서 그 유리를 다른 것에 바꿔 낄 수 있을 것인가와 그 유리창으로 무엇이 보일 것인가를 인간이 알 수 없다는 것이다.

3

무화과(無花果)나무를 재배하는 사람이 그 열매가 익을 때를 알고 있듯이 하나님은 바른 사람이 이 세상을 떠날 때를 알고 계시다.

4

인간의 삶에는 어떤 경우든 한계가 있어야 한다. 수목의 열매나 대지와 같이, 그리고 시간과 같이 시작되어 계속되고 그리고 지나가지 않으면 안 된다. 지혜로운 사람일수록 한계를 알고 자진하여 하나님이 주신 질서에 따르지만 어리석은 사람일수록 자신의 한계를 모르고 신에게 따지고 대항한다. 하나님이 세워 놓으신 자연의 법칙에 반항하는 것은 파멸을 자초하는 일이다.

―시세로

5

올바른 신앙은 건전한 의식으로도 알 수 없는 것을 알게 하고 건강한 눈으로 볼 수 없는 것도 확신하게 한다. 마치 인간의 삶이 영원하다고 확신할 수 있는 의식과 같이 존재의 저 너머에 있는 것까지 바라볼 수 있는 힘을 갖게 한다. 매우 불리한 상황을 전화위복(轉禍爲福)의 상황으로 바꿀 수 있는 힘도 그러한 신앙이다. 그러나 신은 보이지 않는 것을 믿도록 강요하지는 않는다.

―N. C

6

영혼 불멸을 믿지 않는 사람은 죽음이 바로 불행이나 역경을 끝내는 것이라고 생각한다. 그러나 영혼의 불멸을 믿는 사람은 죽음이야말로 또 다른 새로운 삶을 얻는 큰 기쁨으로 받아들인다. 만약 죽음에 고통이 따르지 않는다면 인간은 모두 미련 없이 죽음을 향하여 줄달음질쳐 갈 것이다. 그래서 고통은 인간이 섣불리 죽음으로 가지 못하도록 하기 위하여 주신 하나님의 선물이라고 할 수 있다. 누구든지 고통을 통하지 않고는 죽음으로 갈 수 없다.

7

그 누구도 죽음의 실체를 알지 못한다. 죽음은 사람에게 가장 좋은 선물일 수도 있다. 그러나 대개는 죽음을 마치 크나큰 악으로 생각하여 두려워한다.

―플라톤

8

죽음을 바라면서도 죽음을 두려워하는 자는 현자라고 할 수 없다.

―아라비아의 속담

9

만약 하나님이 '당장 죽겠느냐, 아니면 가난과 걱정과 질병 가운데서라도 오래오래 살겠느냐? 아니면 건강의 혜택을 받으면서 1분마다 자신이 아끼는 것들을 빼앗기며 두려워하며 살겠느냐?' 하고 그 중 하나를 택하라 한다면— 아미 대개는 쉽게 결정을 못할 것이다. 그러나 하나님(자연)은 모두를 맡아 어느 것을 택하느냐 하는 애로를 해결해 주신다.

— 라 · 부류이엘

♣

항상 삶을 중용(中庸)으로 유지하도록 힘써라. 죽음을 두려워 할 것도 없고, 또 죽음을 바랄 것도 없는 상태에서 살도록 노력하라.

4월 4일

인생은 끊임없는 기쁨이어야 하며 또 기쁨일 수도 있다.

인생은 기쁨

1

이 세상은 눈물 골짜기도 아니고 시련의 도장도 아니다. 삶 속에는 형언할 수 없는 소중한 의미와 신비한 비밀이 있으며 기쁨과 아름다움이 있다. 그래서 삶의 기쁨은 무한하다. 다만 인간이 세상의 규범에 얽매여 자신에게 부여된 기쁨을 얻지 못할 뿐이다. 그 기쁨을 얻기만 하면 되는 것이다.

2

한 사람의 악한 마음은 자신을 불행하게 할 뿐 아니라 모두를 불행하게 만든다. 선한 마음씨는 인생의 수레바퀴를 원활히 회전시키는 기름과 같다.

3

자기만족에 지나치게 집착하는 사람은 자신이 누리는 만족을 잃으면 금방 비탄에 빠지고 만다. 그러나 항상 기뻐할 줄 알고 때로는 그 기쁨이 사라지더라도 남을 탓하지 않는 사람이 의로운 사람이다.

— 파스칼

4

해 보아라 선행을, 그러면 아마 그대도 사랑과 선행으로 마음이 평화롭고 스스로 운명에 만족하는 사람과 같이 만족할 수 있을 것이다.

— 오오래이스

5

참된 성자는 항상 즐겁다.

♣

항상 기쁘게 사는 방법은 '인생이 기쁘게 살도록' 창조되어졌다는 사실을 믿는 것이다. 만약 기쁨이 사라지거든 어디서 무엇이 잘못 됐는가를 찾아라.

4월 5일

일하지 않으면 안 된다는 의식에서 벗어나려면 불가불 죄를 저지르는 방법밖에 없다. 말하자면 폭력에 의하여, 또는 폭력 앞에 아첨하고 굴복하는 것에 의해서만 가능하다.

일과 폭력

1

비열하게 아첨을 하느니 목숨을 끊는 편이 낫다. 불의한 재물로 사치하느니보다 가난한 편이 낫다. 부자의 문간에 서지 않고 애원자의 소리로 살지 않는 것— 이것이 훌륭한 삶이다.

2

빵을 얻으려고 지조를 잃느니 굶어 죽는 편이 깨끗하다.

3

두 형제가 있었다. 형은 왕을 섬기고 아우는 자기 손으로 벌어먹고 살았다. 돈 많은 형이 가난뱅이 아우에게 말하였다.

"너는 왜 왕을 섬기지 않느냐? 왕을 섬기기만 하면 가난뱅이 신세는 벗어날 수 있지 않느냐?"

가난뱅이 아우가 대답하였다.

"형은 어쩌자고 자기 손으로 벌어 천한 노예에서 벗어나려 하지 않습니까? 어떤 현자가 이렇게 말했습니다. 금띠를 두르고 남의 노예가 되느니보다 스스로 일해서 얻은 가난한 빵을 먹는 편이 마음이 편하고. 자신이 노예임을 표시하려고 두 손으로 가슴 위에 깍지를 끼는 것보다 흙을 운반하거나 흙을 익히기 위해 두 손을 쓰는 편이 좋은 일이랍니다. 노예의 표식으로 등을 구부리고 있는 것보다 한 조각의 빵으로 만족하는 편이 낫지요."

―사아되

4

왕이 내려준 옷이 아무리 좋다 해도 보잘 것 없는 자기 옷이 낫다. 부자의 음식이 아무리 맛있다 할지라도 자기 밥상 위의 한 조각 빵으로 만족하는 편이 낫다.

―사아되

5

일하는 것보다 사람을 고귀하게 하는 것이 없고 일하는 것보다 더 인간다운 가치가 없다. 게으름뱅이일수록 말로는 아주 큰 일에 관하여 떠들어댄다. 그들은 그렇게라도 하지 않으면 남들에게 멸시받을 것을 잘 알고 있기 때문이다.

6

누구든지 스스로 숲에 가서 장작 단을 만들어 그것을 팔아 의식주(衣食住)를 해결해야 한다. 다른 사람에게 의식주 문제를 부탁해서는 안 된다. 만약 그 사람들이 나누어주지 않으면 그대는 창피를 당하고 슬퍼해야 한다. 그러나 나누어준다면 더욱 더 슬퍼해야 한다. 결국 그들에게 빚을 지는 꼴이 되기 때문이다.

―마호메트

7

땅에 살면서 일하지 않는 사람에 대하여 땅은 말한다.

"힘있는 오른손과 왼손을 가지고 땅에서 일하지 않으니 그대는 영원히 거지들과 함께 남의 문간에 서지 않으면 안 된다. 영원히 부자들의 찌꺼기를 줍고 살지 않으면 안 된다."라고.

―조로아스터

♣

일하기를 싫어하는 사람은 타락한 사람이든지 아니면 폭력을 휘둘러 빼앗는 사람이든지 둘 중에 하나이다.

4월 6일

사람마다 각각 외모가 다르듯이 제 각기 생각이 다르다. 사람은 누구나 자신에게 중요하고 가치가 있는 일에만 종사한다. 그러나 모든 사람은 모든 일에 서로 관련되어 있어서 타인과 공동의 운명을 지고 있는 것이다.

공동의 운명

1

젊어서는 도덕의 이상(理想)을 추구하며 그 것에 흥분하기도 했다. 그래서 인간의 사명은 끊임없는 완성의 길에 있음을 확신하게 되었다.

그 시절에는 모든 인간을 바르게 인도하고 인간의 죄악과 불행을 없게 하는 것이 가능하게 생각되었다. 과연 그 악의 없는 청춘의 이상을 그냥 웃어넘길 문제인가? 그런데 그 이상이 실현되지 못하는 것은 누구의 탓인가? 그 대답은 오직 신 한 분만이 알고 계신다.

2

나는 생각한다. 훌륭한 사람이 되려고 애쓰는 것 이상으로 잘 사는 방법은 없다고. 그래서 실제로 훌륭하게 되어 간다고 생각하며 사는 것 이상으로 큰 만족은 없다고. 이것은 내가 오늘날까지도 아직 경험하고 있는 행복이다. 그리고 이것이 행복인 것을 나의 양심이 증명한다.

―소크라테스)

3

허물을 지적해 주는 사람에게 감사해야 한다. 물론 허물을 지적한다고 그 허물이 없어지는 것은 아니다. 인간에게는 원래부터 허물이 너무 많기 때문이다. 그러나 지적해 줌으로써 허물을 알게 되면 그것으로 마음이 불안하고, 양심이 괴롭힘을 당하므로 허물을 고칠 수 있고 그 허물에서 벗어나려고 노력하게 된다.

―파스칼

4

계속 함으로써 모든 습관이 굳어 간다는 것은 누구나 다 안다. 예컨대 발을 튼튼하게 하려면 많이 걷는 것이 필요하고 빨리 뛰기 위해서는 많이 뛰는 연습이 필요하며 잘 읽기 위하여 많이 읽는 연습이 필요한 것과 같다.

반면에 습관이 됐던 것을 행하지 않게 되면 그 습관 자체가 약해진다. 예컨대 열흘 동안 자다가 깨어나 걸으려 하면 얼마나 발이 약해졌는가를 알 수 있다. 만약 어떤 습관을 얻으려 한다면 그 일을 자주 그리고 많이 하라. 그와 반대로 만약 어떤 습관을 고치려면 그것을 하지 않으면 된다.

격노하면 그와 동시에 분노에 대한 습관을 강화했다는 것을 알아야 한다. 육체적 유혹에 빠졌을 때 마음으로는 그 죄를 저지르지 않았다 해도 동시에 그로 말미암아 정욕적인 행위에 대한 습관은 더 강하게 한 것이다.

분노하는 습관을 버리려거든 언제나 노여움을 억누르고 분노가 터져 나오는 습관에 지지 말라.

그러나 그것이 쉽지 않다. 어떻게 하면 나쁜 습관과의 싸움에서 극기할 수 있는 힘을 얻을 수 있을까? 그 유혹과의 싸움에서 이기려면 자기보다 덕성이 높은 사람들을 친구로 교제할 것이며 옛 성자들의 가르침이 있는 책을 읽는 것이 더 큰 힘을 줄 수 있을 것이다. 참된 투사는 자신의 유해한 습관과 싸워 이기는 사람이다. 그 싸움은 신성한 싸움이며 신을 가까이 하는 성전이다.

—에피쿠테타스

5

인식의 체계는 외면의 세계에 대하여 판단하는 것 이상으로 큰 의미를 지닌다. 왜냐하면 인간은 끊임없이 자기 인식 속에 살고 있기 때문이다. 행복이나 불행은 남이 나에게 어떻게 대우해 주느냐가 아니라, 내가 스스로에 대하여 어떻게 대우하고 있느냐에 달려 있다. 스스로를 바르게 대우하라. 그것이 자신에 대하여 할 수 있는 가장 훌륭한 일이다.

—류씨·말로리

6

정초보다는 그믐날에 더 진전한 사람이 훌륭하다.

—트로오

7

"하나님 아버지가 완전하니 너희도 완전하라"— 는 뜻은 누구든지 자신의 능력으로 할 수 있는 최선으로 지혜와 선(善)의 높은 이상(理想)에 충실하라는 말이다.

♣

인간이 사바의 끊임없는 번로(煩勞)의 와중에 있을지라도 자기 완성을 꾀하는 것은 가능한 일이다. 그러나 그가 처해있는 상황이 사막과 같은 황무지에서라면 불가능하다. 자기 완성을 위한 좋은 방법은 먼저 자신만의 세계관을 확립하고 세상과 어울려 살면서 과업에 조화하는 것이다.

4월 7일

악을 악으로 갚으려 않고 선으로 악을 관대히 하는 것이 믿음직하며 지혜로운 일이다.

악을 악으로 갚지 말고

1

골고다 형장의 사악한 무리들은 예수의 오른손과 왼손에 못을 박았다. 그때 예수는 이렇게 기도하였다.

"아버지시여! 저들을 용서하소서. 저들은 자기들이 하는 일을 알지 못하나이다."

― 성경

2

대부분의 사람들은 자신의 삶에서 누리는 행복이 완전한 것이라고 생각하지 않는다. 그러나 인간이 생각할 수 있는 최대의 행복은 모두에게 일정하게 정해진 것이 결코 아니다. 행복의 기준은 사람의 생각에 따라 천차만별이다. 자신만의 기준으로 정한 의식의 규범에게 명령하라. '선하게 베푸는 것이 자신에 대한 최상의 행복이라고' 그리고 그 생각을 그치지 말라.

― 오오레리아스

3

선으로 악의 대가를 치러라.

― 탈무드

4

원수를 대할 때 할 수만 있으면 그가 선한 인간이 되도록 도움이 되어라.

― 에피쿠테타스

5

친절함으로 분노를 극복하라. 선으로 악을, 은혜로 인색을, 정의로 거짓을 이겨라.

― 쟈마파아다

6

지식이나 인격에 있어서 자신의 수준에 대등한 상대만 택하여 교제하게 되면 자신이 한 단계 발전할 수 있는 기회를 상실하게 된다. 그러나 수준이 높은 좋은 상대와 교제하게 되면 인격 발전에 큰 도움이 된다.

— 괴에테

7

악을 선으로 대처하라. 그러면 악한 자들이 악한 행위로 얻으려는 목적이 파괴되어 버린다.

♣

악에 대하여 선을 행함으로 기쁨과 보람을 맛본 사람은 그러한 기쁨이 얻어질 기회를 결코 놓치지 않을 것이다.

4월 8일

전쟁은 인간에 의하여 저질러지는 최악의 죄이다.

전쟁

1

나는 유혈(流血)의 주동자들을 한 자리에 불러 놓고 양심의 고뇌를 동포의 피가 어떻게 감당했는가를 보여줄 것이다.

그와 같은 살생의 고통을 한 사람으로 감당할 수는 없다. 함께 싸우던 모든 사람이 감당하여야 한다. 따라서 그들이 세워 놓은 피의 규범에 대하여 책임을 져야 한다. 그렇게 하자면 먼저 그 책임을 이해할 필요가 있다.

궤변가들이 뭐라 하든지 기어코 끝장을 보고야 말 것이다. 궤변가들에 대하여 나는 반박한 일이 있다. 저들의 말대로 적국의 국민에 대한 전쟁은 신성한 것이며 대지는 항상 피에 굶주려 있다는 주장은 파괴자들만이 할 수 있는 거짓이다. 전쟁은 하나님으로부터도 저주받을 것이다. 전쟁에 참가한 자들은 그들이 겪는 남모를 괴로움이라는 저주 안에 있는 것과 같다. 그러나 대지는 흐르는 피를 씻어내기 위하여 아침 안개 사이에서 깨끗한 이슬이 내리듯 하늘의 시내에서 평화의 생수가 흘러내리기를 원하고 있다.

— 알프렛드·드·뷔니이

2

숭고한 기독교 정신을 망각하고 정치적 문제라는 핑계로 무기를 들고 살인을 강요하는 자들에게 이렇게 대답하고 싶다.

"우상이나 제신(祭神)을 위해 제물을 바치는 자들은 바쳐진 그 것의 피로써 국가의 대업을 위해 더럽혀진 손이 신성해졌다고 생각한다. 그러나 아무리 전쟁이라 해도 기독교인은 참혹한 살생에 떳떳이 참가할 수는 없다.

그런 것이 순전히 국가를 위하는 것이라 한다면, 이런 일은 훨씬 더 국가를 위하는 일이다. 즉 '다른 사람들이 싸움터에서 싸우고 있을 때 후방에서나마 스스로 악을 털어 버리고 불의를 배척하며 하늘의 규범과 하늘의 진리를 무기로 신에게 진정으로 기도하는 일도 싸우는 것 못지않게 훨씬 더 국가를 위하는 일이 아닌가?"라고.

전쟁을 선동하는 악마를 기도로 물리치고 국민들이 단결과 평화를 깨뜨리지 않도록 할 때 그것은 권력자들에 의한 전쟁보다 훨씬 더 뜻 깊은 일이 아니겠는가. 국민은 사회 전체의 행복을 위해 힘을 모으는 사업에 참가하기를 원한다. 국민은 제왕(帝王)의 행복과 만족만을 위하여 싸움터에 나가서는 안 된다. 제왕만을 위해 제왕이 강제하는 것이라면 국민은 제왕의 깃발 아래 봉사하지 않을 것이다. 단지 국민들은 덕성의 영역 안에서 제왕을 위하여 싸울 뿐이다.

3

부정(不正)은 인간과 신 사이에 놓인 험준한 장벽이며 그 죄악은 신의 얼굴을 돌려놓는다.

그래서 인간의 기도가 그 험준한 장벽을 깨뜨리고 하나님의 귀에 들어갈 수 있어야 비로소 신의 미소를 만날 수 있게 된다. 그러나 인간의 손은 피로 얼룩지고 손가락은 부정으로 더럽혀졌고 입은 거짓을 말하여 진실을 감춘다.

아무도 진리를 위하여 진실을 말하거나 희생하려는 사람이 없다. 모두가 거짓이 습관이 되어 악에 손을 대며 부정을 서슴지 않는다. 인간이 욕망으로 행하는 것은 모두가 죄악이며 주먹이 욕심을 위하여 휘둘러지고 발걸음은 악을 향해 달음질친다.

재판관은 죄 없는 사람에게 유죄를 선고하고 모든 생각은 죄와 낭비와 파멸을 향해 돌진한다. 하나같이 바른 길을 알지 못하므로 정의는 멀리 있는 이상으로만 존재한다.

진리는 어둠 속에서 멀기만 한데 인간이 기다리는 빛은 언제 올 것인가. 거기 있는 것이라고는 암흑밖에 없다. 그 암흑에서 인간은 빛을 찾지만 막연할 뿐이다. 눈먼 장님처럼 여기저기 부딪치며 더듬어 댄다. 살아 있다지만 죽은 것과 같다.

4

놀라운 일들이 벌어지고 있다. 소위 예언가라는 사람은 거짓을 예언하고 승려는 위선으로 선을 가장한다. 그래도 모두는 그런 것을 사실로 안다. 그러면 자신은 어떻게 할 것인가?

5

불법은 한없이 늘어간다. 그 때문에 이웃과 친구 사이에 사랑이 줄어간다.

6

전쟁은 어두운 장막이다. 그 장막 뒤에서 여러 사람, 여러 민족이 참혹한 죄를 저지른다. 그런 일은 전쟁이 아니면 일어날 수 없는 일이다.

—스프링필드

♣

법이 용서하든 아니면 상대방이 용서하든 저질러진 살인은 죄이며 살인자는 따라서 죄인이다. 그래서 살인자들은 아무도 존경하거나 칭찬하거나 칭찬 받을 가치가 없다. 그가 받을 대접은 연민·교화·훈계뿐이다.

4월 9일

신에 대한 사랑과 불멸에 대한 신앙은 같은 것이다.

불멸의 신앙

1

신이 있고 사후의 세계가 있다는 것을 말해 주어도 아무도 그것을 믿으려 하지 않을 뿐더러 수긍하는 사람도 없다. 신과 나는 도덕적으로 영원히 갈라놓을 수 없는 관계라는 것을 명확하게 말할 수는 없다. 나는 신의 존재와 자아의 불멸을 나의 판단에 의하여 믿는다. 신과 사후 세계에 대한 신앙은 그것이 나 자신의 본질에 결합되어 있기 때문에 신앙은 아무도 내게서 떼어낼 수 없다.

—칸트

2

　인간은 지적 수준에 따라 인간과 영혼의 불멸에 대한 신앙의 깊이를 헤아린다. 지적일수록 천성이 동물적인 우매로부터 멀어질 수 있을 뿐만 아니라 이기적이고 비열한 행동이나 미신을 멀리 할 수 있고 신의 존재에 대한 회의를 벗고 신앙의 덕성과 위대성을 접할 수 있다. 동시에 장래에 대한 부정적인 전망이 벗겨지고 어두웠던 영혼에 신성한 빛을 받을 수 있다. 그로 인해 평안한 마음으로 신의 섭리와 영원한 소망을 향해 나아갈 수 있는 것이다.

― 말티노

3

　내가 본 일과 알고 있는 일들은 모두 장래에 내가 나아가는데 여러 가지 많은 결정을 위한 능력이 된다. 인간의 미래를 위해 신은 이지적인 능력을 준비해 두셨다. 그것은 위대하고 매우 큰 은혜임에 틀림없다. 그 미래에 대한 신의 결정은 인간이 세상에서 알고 행하는 것들의 내용에 의하여 이루어가도록 지각을 활용하게 하신 것이다. 따라서 미래는 지각의 총화인 덕성, 즉 기억·희망·상상·지혜에 상응하는 것들이다.

― 에머슨

4

　죽음에 대하여 두려워할 것은 아무 것도 없다. 다만 죽음보다 두려워해야 할 것은 자신의 행위와 처신을 어떻게 하느냐 하는 것이다.

♣

　끊임없이 신에 대한 경외심으로 사랑하며 선을 행하면 죽은 후를 두려워할 이유도 없어진다.

4월 10일

　항상 정의롭기를 원하고 확신 있는 신앙으로 살려는 사람에게는 현세의 삶은 그 자체가 어리석음이고 현세의 삶의 방식은 원래의 선한 천성을 거부한다는 것을 의식하게 된다. 그러한 의식이야말로 현존에 질서의 변혁과 새로운 질서를 이끌어 가는 원동력이 된다.

하나님 나라 임박

1

예수는 자신의 사명을 마침으로 새로운 도리의 기틀을 마련했다. 예수가 세상에 오기 전에는 대부분 모두가 한 사람 또는 소수의 주인에게 예속되어 있어서 마치 가축이 그 주인에게 속한 것과 같았다.

군주들과 유력자들은 단지 오만과 탐욕으로 힘없는 다중(多衆)에게 온갖 무거운 짐을 지웠다. 예수는 이토록 불합리한 제도는 사악한 것이므로 결국 종식되어야 할 것과 도탄에 빠진 백성을 구제해야 할 것이며 노예는 해방되어 자유롭게 되어야 한다고 가르쳤다.

따라서 인간은 모두 신 앞에서 평등한 존재라는 것을 인식시켰다. 신은 누구에게도 형제와 이웃을 억압할 권력을 주지 않았다는 것과, 평등과 자유는 땅 위에 사는 인간에게는 하나님의 정의의 법칙이며 결코 깨뜨릴 수 없는 명령이라는 것과, 권력은 어떤 것이라도 부정(不正)하다는 것, 공동 사회를 위해서는 누구나 똑같은 의무를 져야 한다는 것과, 그리고 전체의 행복을 위해 자원하는 봉사를 가르쳤다. 예수는 그런 사회를 이룩할 것을 명령했다.

현재 우리는 이와 같은 사회를 실현할 수 있는가? 과연 그 같은 가르침과 명령이 세상을 지배하고 있는가? 지금도 아직 종과 주인, 신민과 군주가 있지 않은가? 18세기 동안에는 대개가 예수의 가르침에 따르기를 주저하지 않고 대부분의 군왕들은 물론 많은 백성들이 보편적으로 기독교 신앙에 충실했었다.

그러나 지금 세상은 어떻게 변하였는가? 여러 형태의 억압에 짓밟혀 고생하는 사람들은 아직도 자유의 빛을 애타게 기다린다. 이 같은 상태는 그리스도의 교훈을 실현하는 것이 백성들 자신의 노력과 의지에 의해서만 가능하다는 것을 깨닫지 못하고 자포자기 상태에서 권리를 찾을 노력조차 하지 않기 때문이다. 그러한 사람들은 이제 눈을 떠야 한다. 그들은 구원이 가까워졌다는 소리를 이미 듣고 있지 않는가.

― 라메에

2

자연 현상중 건조기는 상반되는 두 개의 기온이 교류할 때 일어난다. 즉 냉기류와 온기류가 빗겨갈 때 그 중간에서 건조대가 이루어지는 것이다. 그러하듯이 인간에 있어서의 이념의 변화도 서로 상반되는 두 개의 사상충돌 사이에서 일어나는 갈등의 연속이다. 즉 한쪽에서는 이교도적인 의식과 또 다른 쪽으로부터는 기독교적 의식이 갈등을 빚고 있다는 말이다.

봄에서 여름으로 계절이 바뀔 때 건조하고 여름에서 가을로 갈 때 습기가 많듯이 인간에게 있어서도 이교로부터 기독교로 옮겨가는 상태에 있을 때 가장 과단성이 약화돼 주저함이 나타난다.

─ 표드로 · 스뜨라호프

3

현대인의 삶은 서로 형제라고 하는 공통적이고 종교적인 의식이 없어서는 안 된다. 과학은 이러한 의식을 생활에 적용하는 방법을 제시하는 것이어야 하며 예술은 이 의식을 감정에 호소하는 것이어야 한다.

4

목적이 멀면 멀수록 천천히 시작하라. 그리고 서둘지 말고 쉬지도 말라.

─ 마도지이니

♣

"마음에 있는 괴로움을 두려움 없이 떨쳐버리고 신께 의지하라. 그런 후에 자신을 믿으라." 예수가 밝혀 주신 상호 부조와 사랑의 규범을 믿으라. 이 규범은 모든 사람이 마음으로 믿고 지키지 않으면 안 된다.

4월 11일

덕성은 말보다 행위와 더 밀접하게 결부된다. 기만은 다른 기만을 부르고 잔학은 또 다른 잔학을 부른다.

덕성과 기만

1

사소한 가르침을 깨뜨리면 후에 중대한 가르침도 깨뜨리게 된다. 만약 '네 이웃을 네 몸과 같이 사랑하라'고 하는 가르침을 깨뜨린다면 그에 잇따라 여러 계율, 즉 복수하지 말라, 악을 행하지 말라, 형제를 미워하지 말라 하는 계율을 깨뜨리고 마침내는 피를 흘리게 된다.

─ 탈무드

2

아무리 작은 악이라도 대수롭지 않게 생각지 말라. 즉 마음속으로 별 것 아니라고 생각하면서 행한 것이 마치 작은 물방울이 모여서 큰그릇을 가득 채우듯 결국 큰 죄가 된다. 반대로 아무 것도 아닌 듯한 작은 선도 쌓고 쌓으면 큰 지혜가 되는 것이다.

—석가

3

인간은 누구에게나 악이 있기 때문에 죄를 저지를 수 있다. 그러나 악의 근원을 없애 버리면 악은 저절로 사라진다. 마치 나무의 그루터기를 베어 버리면 나뭇가지가 죽듯이.

—파스칼

♣

악이 어떻게 생기는가 그 근원을 더듬어 보라. 양심의 거울에 비추어 보면 그 시초를 알려 주는 마음의 소리가 들린다. 그때 악은 부끄러운 모습으로 마음에서 떠날 것이다.

4월 12일

아무리 악한 사람이라도 하나님이 천성으로 주신 선한 마음은 버리지 못한다. 그래서 많은 사람에게서 악한 사람이라는 비난을 들어도 가까운 사람에게만은 선하게 대한다. 다만 양심을 쓰지 않기 때문에 악인이라는 말을 듣는 것뿐이다. 누구든지 자신의 양심 깊이 들어가면 선을 알게 된다.

하나님이 준 선함

1

인간이 존재하는 한 신은 엄연히 존재한다. 진정한 신은 인간에 의하여 만들어진 것이 아니라 그 신의 힘에 의하여 인간이 존재하기 때문이다. 신이라 부르든 뭐라고 부르든 인간의 내면에는 자신이 선택하지 않은 주어진 사명이 있다. 그 사명을 맡겨준 원천을 신이라 부른다.

—마도지이니

2

공상으로 만들어낸 환영을 두려워하는 것은 무지이다. 그것은 어디까지나 공상이기 때문이다. 그러나 이지(理智)로 된 것은 두려워하면 안 된다. 왜냐하면 이지는 비판적인 힘에 의해 기만될 수 없기 때문이다. 피조물이 창조자보다 클 수 없듯이 아기는 아비보다 클 수 없는 법이다. 이지가 만들어낸 공간에 대한 이해는 여기서 수정되어야 한다. 이지는 공간으로부터 해방되어야 한다. 공간은 이지에 대하여 그 자체에 관한 거짓의 이해를 주려고 한다. 그러나 이 해방은 단지 그 이지를 공간 속에서 보는 대신에 공간을 이지 속에서 보는 것을 배울 때에만 가능한 것이다. 그것은 어찌하는 것일까? 그것은 공간을 공간 자체의 기초적 성질에 귀속시키는 것이다. 공간은 넓이이고 이지는 중심(中心)이기 때문이다.

그것을 이해하려면 신에 가까이 도달해야 한다. 신은 몇 십억 입방리(立方里)의 공간을 차지하고 있는 유한성의 존재가 아니다. 수치로는 계산할 수도 없는 경지이다. 신을 몇 백분의 몇으로 표시하거나 몇 백 갑절로 크게 표시하려는 것은 진정한 신의 표시가 될 수 없다. 그만큼 무한적인 존재이다.

시간과 수량도 이지적으로는 그와 같이 말할 수 있다. 그러므로 인간도 그 이지의 중심으로 돌아갔을 때 공간·시간·수량의 그 어느 것보다도 큰 것이 된다.

―아미엘

3

나는 숲 속에서 투구풍뎅이 한 마리가 땅 위를 기어가다가 어디론가 내가 보이지 않는 곳에 숨으려 애쓰는 광경을 보았다. 그 벌레는 왜 그렇게 겁을 먹고 나를 피하려는가를 생각해 보았다. 결국 나는 그 벌레에게 은인이 되어 그 벌레와 그의 족속에게 매우 고마운 지식을 가르쳐 주려고 생각했다. 그러나 그 놈은 내 마음을 알지 못하고 달아나려고만 했다. 나는 인간이라는 존재로 투구풍뎅이 벌레 위에 서 있을 때 얼마나 큰사랑을 베풀어야 할 것인가를 생각해 보지 않을 수는 없었다.

―트로

4

신을 찾지 않는 자에게는 신은 없다. 신을 찾아라. 반드시 그대에게도 나타나리라.

5

신을 찾는 것은 그물로 물을 푸는 것과 같다. 그물을 물 속에 집어넣었을 동안은 물이 그물 속에 있는 것같이 보이나 그물을 꺼내어 들면 아무 것도 남는 것이 없다. 사색과 행위에 의하여 신을 찾을 동안은 신은 그대 마음 안에 있다. 그러나 신을 찾았다고 안심하고 있으면 신은 곧 사라져 버린다.

6

이전에 내가 이 뚜렷한 진리를 보지 못했던 것은 이상한 일이다. 말하자면 이 세계와 그리고 우리의 삶에는 무어라 표현할 수 없는 그 무엇이 지배하고 있다는 것을, 우리는 단지 끓어 퍼지는 물거품처럼 그 속에서 서로 경쟁하고, 부서지고, 사라져 버리는 것임을 알지 못했음이 이상하다는 말이다.

♣

사람이 신을 인식하지도 이해하지도 못한다고 해서 함부로 신이 존재하지 않는다고 단정할 수는 없다. 그런 사람은 단지 아직도 신을 인식하거나 신을 이해할 수 있는 힘을 얻지 못하고 있다는 것뿐이다.

4월 13일

인간이 신의 섭리 안에 있다는 것은 정신적인 기원에서나 한편으로는 앎(智) 속에서 그리고 또 다른 측면인 사랑 안에서 알 수 있다.

신의 섭리

1

성자는 세 가지 특성에서 이루어진다. 그 하나는 나에게 남이 해주기를 바라는 것을 스스로 하는 것이고 다음 하나는 결코 정의에 배반되는 행위를 하지 않는 것이며 마지막 하나는 주위 사람들의 허물을 잘 참아 준다는 것이다.

2

위대한 사랑은 영혼에서 나오는 것이다.

—워웨날크

3

인간의 도덕적 감정은 지적인 능력과 서로 어우러져 있어 그중 하나에 접촉하면서 다른 하나에 접촉하지 않을 수 없다. 따라서 한 번 입은 상처는 언제나 다른 괴로움으로 나타난다.

—존·러스킨

4

　이지(理智)와 지식에는 서로 상이한 성질이 있다. 비스마르크와 비슷한 인간들은, 지식은 많으나 이지가 없었다. 지식은 현실적인 조건을 이해하고 형성하는 능력이나 이지는 인간 세계와 신의 세계의 상호 관계를 이어 주는 것이어서 신에 속하는 마음의 본성이다. 이지는 지식과 다를 뿐 아니라 서로 반대되는 것이기도 하다. 이지는 지식이 인간에 작용하는 여러 유혹(기만)으로부터 인간을 자유롭게 하는 것이다. 이지의 중요한 작용은 유혹을 없애 버리고 인간 마음의 본질에 사랑의 모습을 만들어 낸다.

5

　보통 이지(理智)와 양심은 구별되지 않는다. 이 모두는 행위 이전에 신성한 사색의 근원에서 형성되어 행위를 이끌어 내게 된다. 행위를 통해서만 양심과 이지가 발현된다는 생각은 정신의 힘을 현저히 약화시키고 또한 그러한 사고 방식은 천성을 손상시킬 수도 있다.

　도덕에서 사상을 빼내어 보라. 무엇이 남겠는가? 사상의 힘이 없는 양심은 환상과, 과장과, 거짓의 찌꺼기로 바꾸어져 버린다. 이 세상에서 가장 잔학한 현상은 양심의 이름을 빌려서 위장된 행위가 이루어져 왔다는 것이다. 사람들은 양심의 명령이라는 구실로 서로 미워하고 서로 죽여 왔던 것이다.

—찬닝

♣

　이지(理智)적인 인간은 악인이 될 수 없다. 선한 사람은 항상 이지적인 사람이다. 이지의 실천에 의하여 자신 안에 선을 증대하라. 그리고 사랑의 실천에 의하여 의지를 깊게 하라.

4월 14일

　권력자와 부자, 약자와 가난한 자로 갈려 있는 사회에서 좋은 제도(制度)를 만들기란 불가능하다.

권력과 빈부

1

현대는 황금숭배(黃金崇拜) 풍조 때문에 기묘한 현상이 벌어지고 있다. 사람은 사회적인 존재이기 때문에 사회적 삶을 영위한다고 말한다. 그러면서도 동시에 완전한 분리와 극단적인 이기주의를 노골적으로 설교한다.

삶이 그림이라면 그것은 상호 부조의 아름다운 그림이 아니라 서로 적의를 품은 그림일 것이다. 그 그림은 참혹한 전쟁의 포화를 화사한 꽃의 그림으로 덮어버리고 경쟁이라는 이름 아래 토색질을 숨긴다. 인간과 인간의 관계가 금전적 거래만으로 다할 수 없다는 사실을 잊고 있다. "노동자들이 굶어 죽는 것이 나하고 무슨 관계가 있담?" 하고 부자가 된 공장주는 말한다.

"나는 그를 당당히 고용해서 계약대로 한 푼도 틀리지 않게 치러 주지 않았는가? 이제는 그가 어찌 되건 내가 알 바 아니다"라고.

그렇다 황금 숭배는 참으로 슬퍼해야 할 신앙이다. 카인이 자신의 이익을 위하여 아우를 죽였을 때 하나님이 그에게 따졌다.

"네 아우가 어디 있느냐?"

그러자 그는 대답했다.

"내가 아우를 지키는 사람입니까?"

― 카아라일

2

인간은 오직 땅에 의해서만 그리고 땅 위에서만 존재할 수 있다. 인간이 생존해야 할 그 땅을 개인의 소유로 만들어 땅을 갖지 못한 사람들은 육체적인 노동력을 착취당하게 된다. 그리고 결국은 사회생활이 어느 정도 발전 단계에 도달하면 토지를 소유하는 제도 때문에 주인과 고용인이 생기고 인간의 육체까지 개인이 소유하는 노예제도가 생긴다.

― 헨리 · 죠오지

3

영국의 어떤 작가는 모든 인간을 세 가지 계급으로 나누어 설명했는데 그것은 노동자 · 거지 · 도둑 등이다. 이 분류는 자신을 고급 사회의 탁월한 인사라고 자칭하는 소위 상위 계급에 속하는 자들에게는 불만스러울 것이다. 그러나 최소한 경제적 견지에서 볼 때 그 분류는 옳다. 인간이 돈을 얻는 방법에는 세 가지 길밖에 없기 때문이다. 즉 노동과 동냥질과 도둑질 중 한 가지이다. 그리고 노동자들이 정당한 보수를 제대로 받지 못하는 것은 거지와 도둑이 많기 때문이다. 가령 누군가가 자기 손으로 이루지 않은 재물을 얻었다면 그것은 그것을 만든 노동자의 덕분에 얻은 것이다.

―헨리·죠오지

4

세상에는 인간의 행복을 위하여 만들어진 방법이나 도구가 얼마나 많은가? 그 방법이나 도구가 선조들 시대에는 아예 없었고 아무도 생각마저 하지 못했던 것들이다. 그렇다면 그것 때문에 오늘날 우리는 조상들보다 행복한가? 몇몇 사람들은 그것 때문에 대단히 행복하다고 할 수 있을지 몰라도 대다수는 그것들로 인해 정도 이하로 불행하다고 할 것이다. 인생의 여러 가지 수단이 소수의 부자들에게만 편중되어 있기 때문이다. 그래서 많은 사람들은 자신이 다른 사람보다 불행하다고 생각하지 않을 수 없게 되는 것이다. 남의 행복을 깨뜨리고 얻는 행복이 과연 진정한 행복일 수 있을까?

―루소

5

노동자인 내가 물에 빠져 죽게 된 사람을 구해 주려고 한다. 그런데 그에게는 재산이 많았다. 그를 구해 주기 전에 그의 재산 전부를 내놓을 것을 요구했다.(그 지경에서는 성립될 수 있는 흥정이기도 하다) 물에 빠진 사람은 재산보다 생명이 소중하다고 생각하고 그 요구에 응할 것이다. 그러나 이와 같은 요구는 왜 해야 하는가? 남의 재산을 그렇게 빼앗아도 된단 말인가? 이렇게 묻지 않을 수 없다. 그러나 대다수 많은 사람들은 극히 적게 가지고 있든지 재산이 없다. 그들이 가지고 있는 것은 노동이 유일한 재산이다. 그렇기 때문에 인명을 구하는 노동의 대가를 요구하는 것이다. 노동은 바로 생명을 이어주는 수단이 아닌가?

―솔테엘

6

부랑자는 부자들의 보조품이다.

―헨리·죠오지

7

한 편에는 무지와 걸식과 노예의 비참이 있고, 또 한 편에는 지식과 재산과 권력을 가지고 존경과 사랑을 유기하는 곳에 어찌 그리스도의 사랑이 자리잡을 수 있겠는가?

—마도지이니

8

굴종적인 노예보다 폭압적인 군주가 더 나쁘다.

♣

일하지 않고 보수를 얻은 자가 있다면 어딘가에 일을 하고도 보수를 받지 못한 억울한 자가 반드시 있다.

—메모노니이드

4월 15일

이교도 세계에서는 재산이 행복과 출세를 보장한다. 그러나 기독교도에게는 재산이 그 사람의 결점이나 거짓으로 보일 뿐이다. 돈 많은 기독교도라는 말은 비겁한 영웅이라는 것과 같다.

이교도와 재산

1

자기 신뢰가 없는 사람들은 온 힘을 다해 기존 질서 유지를 위해 노력한다. 또 물질적으로 타락한 인간은 정신적인 발전마저도 물질적인 조건으로 향상시킬 수 있는 것으로 본다. 그러므로 인격적인 대우도 재산의 정도에 따라 달라질 뿐 인간의 내면적인 가치는 철저히 무시되기 일쑤다. 그러나 진정한 지식인은 자아에 대한 존경 때문에 물질의 소유나 재산을 인격 이상의 자랑으로 여기지 않는다.

—에머슨

2

부자는 들어라. 주위의 배고픈 자들을 위하여 베풀라. 그대의 재산은 쌓인 채 썩어가며 옷장에 쌓인 옷들은 걸린 채 좀이 쏠고 금은 보배는 녹이 슬고 있다. 그 녹은 반드시 불같은 기세로 그대의 육체를 삼켜 버릴 것이다. 죽을 줄 모르고 오직 재산 증식에만 매달려 체불한 노동자의 품삯이 억눌려 신음하니 가난한 노동자들의 신음 소리가 드디어 하나님의 귀에까지 들린다.

3

사회 전체의 행복을 위한다는 미명 아래 자신의 이익만 도모하는 부자들의 음모를 어디서든지 볼 수 있다.

―토마스·무어

♣

부지를 존경할 것까지는 없지만 그들을 불쌍히 생각해 줄 필요는 있다. 그리고 부자는 재산을 자랑하기보다는 도리어 재산을 부끄러워하여야 한다.

4월 16일

유한한 인간은 자신이 신(神)에 속해 있다는 본분을 인식해야 한다.

유한한 인생

1

신뢰할 수 있는 오직 하나의 현실은 인식뿐이다.

―데칼트

2

헬크레이와 피히테는 옳았다. 에머슨도 옳았다. 세상은 단지 비유(譬喩)에 불과하다. 사상은 사실보다 진실하고 마술과 옛날 이야기와 전설 또한 바른 역사처럼 진실하다. 옛날 이야기나 전설은 역사 이상으로 깊고 상징적이다. 즉 결론을 말하자면 참된 실재(實在)는 정신이다. 다른 것들은 무엇인가? 그것은 그림자·간판·형상·비유 그리고 꿈이다. 오직 인식만이 불멸이고 인식만이 완전한 진실이다. 이 세상은 커다란 불꽃이며 큰 환등(幻燈)이다. 그 목적은 정신의 형상화(形象化)에 있고 그 보완에 있는 것이다. 인식은 우주이고 태양은 사랑이다.

―아미엘

3

겨울을 재촉하는 스산한 대기와 굳어지고 갈라진 밭이랑 사이에 찬 서리가 내렸다. 주위에는 푸르고 무성했던 잎사귀를 잃어버린 큼직한 나무들이 서 있고 머리 위에는 찌푸린 하늘에 온통 검은 구름이 덮여 있다. 나는 온갖 생각에 잠겼다. 서리가 내린 굳은 땅도 앙상하게 옷을 벗은 나무도 그리고 내 몸도 이 모든 것들이 우연히 되어진 것뿐이고 단지 내가 감각하는 오관(五官)의 산물이며 내 자신의 생각이 만든 세계에 불과하다. 눈앞에 보이는 모두가 그런 모양을 하고 있음은 내 생각이 그렇게 만든 것에 불과하며 이 또한 내가 속해 있는 이 세상의 한 부분으로 보기 때문이다. 그러나 분명한 것은 이 모두가 언젠가는 사라져 버려 마치 서리와 같이 빛 속으로 흩어진다는 것이다. 나 역시 그 속에서 죽지 않으면 안 된다는 사실을 생각한다. 그러나 한편으로는 이 모든 것들이 소멸하는 것이 아니라 극장의 무대 장치의 변화처럼 모양이 바뀔 뿐이라는 생각도 해본다. 숲이나 돌들이 뜰이나 탑 모양으로 세워지는 것처럼 바꾸어진다. 죽음도 역시 먼 인생의 길에 단순한 변화일 뿐이다. 마찬가지로 내 자신도 아주 소멸해 버리는 것이 아니라 다른 형태의 존재의 옷을 입기 위한, 즉 또 다른 세상의 다른 성분 속으로 들어가는 것이라는 말이다. 지금 나는 내 자신을, 즉 감정을 가진 나의 육체를 나라고 생각하는 것뿐이다.

4
영혼으로 영혼에서 신을 찾아라. 다른 곳, 다른 것으로는 절대로 찾을 수 없을 것이다.

— 알만졸·달·가페에드

5
인생은 영원하고 무한한 것이기 때문에 시간과 공간으로 제한된 현상 속에서 초시간적이며 초공간적인 정신을 인식하는 것이 무엇보다도 중요하다.

♣

인간의 인식은 바로 신의 안식이다.

4월 17일
기독교는 인간에게 완성의 길로 인도하는 역할을 한다.

기독교가 주는 정신

1
기독교 정신은 예수의 말씀으로 표현된 단순한 사실이다. 순수한 도덕성과 완전한 종교, 인간에 대한 사랑이며 모든 제한을 배제한 신에 대한 사랑이다. 그 신앙의 강령은 유일하신 하나님처럼 완전하라는 것이다. 그 신앙의 유일한 형식은 신의 요구인 의로운 삶, 즉 가장 선한 일을 가장 좋은 방법으로 그리고 가장 선한 목적을 위하여 행하는 것이며 그것은 신의 규범에 대한 완전한 준수이다. 신앙의 확립은 영혼의 부르짖음에서 이루어지고 만물의 시초이며 근원이신 조물주 하나님과의 결속으로 나타난다. 이는 아주 단순하여 어린아이라도 이해할 수 있을 만큼의 아름다움이다.

―발케엘

2

모세로부터 그리스도에 이르기까지 위대한 신앙의 발전은 일부 한정된 지혜로운 사람들의 결사의 희생과 초인적인 지도로 그 민족 안에서 완성되었다. 그러나 그리스도의 시대부터 현대에 이르기까지는 신께서 모든 인류, 즉 평범한 인간성으로 위대한 진리를 발견하게 하셨다. 낡은 생각을 무너뜨리고 새로운 진리가 인류의 인식의 체계 안으로 들어왔다.

한 사람의 인간도 인류 전체와 같이 위대할 수 있다. 그래서 어떤 사람이 남보다 특별히 앞서 있다해도 얼마 후 마침내 모두가 그를 따라잡게 된다. 그래서 한사람의 위대한 발견이나 사상이 언제까지나 그 주위에서 침체됨이 없이 금방 곳곳으로 퍼져 보편화가 된다는 말이다. 그래서 한 때의 위대한 사상에만 머물러 있는 사람은 잠시 후 다시금 멀리 떨어져 나가 버린다. 위대한 신앙의 천재는 항상 인식의 차원을 향상하며 새로운 의식을 더해 간다.

―발케엘

3

모세로부터 그리스도에 이르기까지 위대한 신앙의 발전은 일부 한정된 지혜로운 사람들의 결사의 희생과 초인적인 지도로 그 민족 안에서 완성되었다. 그러나 그리스도의 시대부터 현대에 이르기까지는 신께서 모든 인류, 즉 평범한 인간성으로 위대한 진리를 발견하게 하셨다. 낡은 생각을 무너뜨리고 새로운 진리가 인류의 인식의 체계 안으로 들어왔다.

신앙이 없는 사람은 자신이 살고 있는 현재로부터 정신이 밑으로 떨어지게 되며 결국 자신이 저주하던 그 이름 밑에 스스로 처해 버리고 만다.

삶의 활기를 찾으려면 신앙을 확립하라.

4월 18일

중요한 것은 지식의 양(量)이 아니라 질(質)이다. 아주 많은 것을 알면서도 가장 필요한 것을 알지 못하는 수가 많다.

지식은 양보다 질

1

최고 학부로 올라갈수록 말의 유희(遊戱)가 심하고 방법론적 논쟁으로 만사에 불확정성이 극심하다. 해결이 어려운 문제는 늘 피해 버린다. 왜냐하면 아카데미에서는 누구나 늘 기분 좋게 악의 없이 "저는 모릅니다"하는 따위 말 듣기를 좋아하지 않기 때문이다.

—칸트

2

문명(文明)은 회칠한 벽과 같아서 그 안에는 교화보다 음모가 숨겨 있다.

—류씨·말로리

3

학문만 있고 아무 것도 하지 않는 자는 비를 내리지 않는 구름과 같다.

—동양의 성언)

4

어떤 학문이든 그저 무턱대고 옹호하는 사람들은 어떤 학문에도 깊이 들어가지 못한다.

—립텐벨크

5

몇몇 사람들은 배불리 먹을 수 있고 그렇지 못한 많은 사람들은 기아상태에 있든지, 아니면 근본적으로 양식이 부족하여 영양상태가 질적으로 불량한 경우가 있다. 이와 같은 일은 인간의 자랑하는 높은 차원의 과학이나 예술에도 있을 수 있다. 과학이나 예술이 특정 계급의 전유물과 같이 독점돼 있어서 대부분의 사람들로부터 외면되는 일이 있다. 영양의 독점과 과학 예술의 독점은 물론 다르다. 말하자면 육체의 영양은 어떤 것이든 인간 본성을 떠날 수 없으나 정신적인 영양은 인간의 본성으로부터 떨어질 수도 있다.

6

알지 못해서 행하지 못하는 것은 수치가 아니다. 전부를 다 알기는 어렵기 때문이다. 그러나 알지 못하면서 아는 척하는 것은 수치이며 해독이다.

7

인간이 아무리 발버둥쳐도 세상의 모든 것을 다 알고 이해할 수는 없다. 따라서 누구나 그릇된 판단을 할 수 있다. 인간의 무지에는 두 가지 가 있다. 그 하나는 순수한 자연적인 무지, 즉 생득적(生得的)인 무지이며 다른 하나는 악한 무지로 온갖 학문을 배웠지만 신을 알지 못하는 무지이다. 인간의 지식은 다 합쳐도 신에 비하면 모잘 것 없어서 그것으로써 신을 이해할 수 없다는 것을 알라. 그러므로 아무리 학문이 높은 사람이라도 진정한 학문이 없는 사람들과 다를 바가 없다. 천박한 사람일수록 약간의 학문 냄새로 그것을 대단한 것으로 뽐낸다. 그런 사람은 무학(無學)은 아니나 참다운 지혜에는 도저히 도달할 수 없다. 그런 사람들은 스스로 학문이 있다고 자처하나 그것 때문에 세상을 뒤죽박죽으로 만든다. 어떤 이들은 그런 사람들을 존경하며 대접하지만 정신에 결함이 없는 이성 있는 민중은 무익함을 간파하고 저들을 피해 버린다. 그러나 저들은 그래서 민중을 무지하다고 비방하며 도리어 업신여긴다.

—파스칼

8

자신의 이상과 거리가 먼 사상도 이해관계를 계산해서 그것을 깊이 있고 잘 정리된 사상으로 표현하려는 경솔한 작가가 있다. 그러나 그런 사람은 옳다고 할 수 없다. 가령 작가가 자기 사상을 적절하게 표현하려 한다면 자신의 이상에 맞는 사상을 보다 진실하고 보편화된 것으로 표현하는 것이 그의 사명이다. 그래야 비로소 비평가의 주의를 끌만한 가치가 생긴다.

— 입텐벨크

♣

지식에서 분명하지 못한 말과 정확하지 못한 이해는 해롭다. 그런데 소위 학자라고 불리는 자들이 이러한 짓을 하고 있다. 즉 정확하지 못한 이해와 판단으로 비현실적인 말을 생각해 내는 것이다.

4월 19일

고뇌의 의미를 모르는 사람은 삶의 참된 가치도 모른다. 고뇌의 기쁨을 맛보지 못한 사람은 아직 인생을 시작하지 않은 사람과 같다.

고뇌의 가치

1

인류의 모든 위대한 업적은 고뇌의 결실로 이루어졌다. 그리스도는 이생의 삶에서 자신을 기다리는 것이 고뇌인 것을 알았고 그 결과도 예견하고 있었다. 가난한 사람들의 병을 고치고 썩어빠진 세상을 하나님의 말씀으로 덮으려 했지만 권력이라는 칼을 휘두르며 다가오는 폭압과 배은망덕한 민중의 배반을 알고 있었다. 그러나 그리스도는 자신의 죽음보다 어리석은 백성의 강퍅함에 더욱 슬픔의 눈물을 흘렸다. 그는 고뇌를 벗어나기 위해 자신의 사상을 버리지 않았고 육체의 쓴잔을 마시더라도 확고한 의지만은 지켰다. 그리스도는 죄악의 무거운 짐을 지고 방황하는 인류를 그 죄악으로부터 해방시키려는 고뇌의 모범을 보여주었다.

―라미에

2

밤의 어둠이 하늘의 빛을 가리듯 빈곤과 악은 인생의 모든 아름다움을 가려 버린다.

―트로오

3

고뇌는 정신이 발달해 가는 과정이다. 고뇌가 없이는 인격의 성장도 불가능하며 인생의 향상도 불가능하다. 인간은 고뇌를 겪으며 강해진다. 고뇌를 모르고 살아온 사람은 결코 강하지 못하다. 그러므로 이렇게 말할 수 있다. '고뇌를 당하는 자는 신에게 사랑을 받는 자이다'라고.

4

질병・몰락・환멸・파산・이별 등 이 모든 것은 다시 찾을 수 없는 인생의 손실이다. 그러나 시간의 흐름에 따라 이들 손실에 깊이 숨어 있는 강한 회복력이 나타나기 시작할 것이다.

―에머슨

5

인생이 들어가야 할 길은 진리의 문(門)이다. 이 문을 열고 들어선 사람들은 근원적인 무의식 세계에서 지적이며 자의식적 세계로 들어갈 수 있다. 근원적인 무의식 세계는 고뇌이며 죽음일 뿐이다. 그러나 후자의 지적 자의식의 세계는 고뇌와 죽음에 의하여 행복하게 된다. 그 곳은 우주적이며 신에 속한 영원과 불멸의 구원이라는 신성한 삶이 있기 때문이다. 이 얼마나 좋은 소식인가!

―부카

6

운명이 무엇인가? 라는 의문보다 운명을 어떻게 생각하느냐가 중요하다.

―웨·흉볼트

7

작은 고뇌는 그 것을 자기 밖으로 끌어내지만 위대한 고뇌는 자기 안으로 끌어들인다. 금이 간 종은 깨진 소리를 낸다. 그러나 그것을 깨뜨려 놓으면 모든 하나 하나의 쇠 조각은 맑은 소리를 낸다.

―쟌·폴·리프텔

8

정신적인 삶보다 육신적인 삶에 치우친 사람은 아무리 잔혹하고 심각한 고뇌에 부딪혀도 정신적으로는 심각한 충격을 받지 않는다. 고뇌는 정신적 완성을 향한 자극이며, 빛이며, 신에게로의 접근이나 고뇌는 인생의 과업이다.

9

종교의 영향과 그 것의 소망은 인간에게 존재의 의미와 자기 종말의 목적을 명백히 하는데 있다. 그러나 과학 만능과 지적 자유의 갈구만으로는 현대인 모두가 결국 정신세계에서 방황하게 만든다.

운명의 비밀은 크고 많은 고뇌로 인간을 삶을 둘러싸 버린다. 육신의 고뇌, 도덕상의 고뇌, 정신과 감정의 고뇌, 부정한 고뇌, 타락의 고뇌 등등. 이 모든 것이 우연이 아니고 세상이 창조될 때 예비된 내면인 질서이며 그런 것들은 신이 영원한 구원을 전제로 인간의 삶에 주어진 것으로 이해하면 그것을 통해 더욱 고상하고 진실한 삶의 가치로 전환하게 한다. 그런 사실을 자각할 때 비로소 어떤 어려움도 견디어낼 수 있는 능력이 생긴다. 신앙심이 깊은 사람은 심한 상처를 받아도 기뻐할 수 있으며 적의 잔악함과 압제조차도 웃으며 받아들일 수 있다. 그런 사람에게서는 적군이라도 그 믿음의 소망을 빼앗지 못한다. 그러나 신앙이 사라진 세계는 아무 소망도 없는 암흑일 뿐이다.
― 아나톨 · 프랑스

10

고뇌를 겪어 본 사람만이 고난에 빠진 사람과 영혼으로 친근할 수 있다. 고뇌를 견디어 낼 때 비로소 삶의 의미를 이해할 수 있기 때문이다.

신은 위대하다. 신은 인간이 고뇌를 이기면서 지혜를 깊이 깨닫게 하여 주기 때문이다. 신은 무엇으로 인간의 지혜를 깊게 하시는가? 그것은 뿌리쳐 버리고 싶은 슬픔에 의해서이다. 고뇌와 슬픔은 책 속에서 얻을 수 없는 지혜를 인간에게 가르쳐 준다.
― 고골리

11

인간은 신이 내리는 형벌에 의하여 선해진다. 그러므로 주어진 고뇌를 기쁘게 받아들여야 한다. 모든 고뇌는 이기는 자에게 커다란 이익이 된다.

♣

정신적인 고뇌는 인간 완성의 안내자이다. 그리고 고뇌는 저 건너 행복을 향해 슬픔의 강을 건너게 하는 배와 같다.

4월 20일

정신의 고상을 추구하는 사람은 자기부정(自己否定)이 행복으로 가는 길이다. 마치 육신의 삶만을 추구하는 동물적인 사람에게 정욕의 만족이 그러하듯.

자기부정

1

이웃과 친구를 위해 좋은 일을 하는 사람은 마땅히 선한 사람이다. 그가 선한 일을 하기 위하여 고민한다면 그는 더욱 선한 사람이다. 그리고 자신에게 선을 베푼 사람 때문에 고민한다면 더욱 선한 사람이다. 그리고 그가 더욱 선한 일을 하기 위하여 전보다 더 괴로워한다면 더욱더 선한 사람이다. 만약 그가 그 때문에 죽었다면 그는 매우 훌륭한 영웅이다.
― 라 · 부류이엘

2

자신의 부모를 나보다 더 사랑하는 자는 내게 합당치 않으며 아들이나 딸을 나보다 더 사랑하는 자도 나에게 합당치 않다. 자신의 십자가를 지고 나를 따르지 않는 자도 내게 합당치 않다. 살고자 하는 자는 생명을 잃을 것이요 나를 위하여 생명을 버릴 수 있는 자는 영원히 살리라.

―성경

3

이웃을 위해 자신의 이익이나 욕심을 버리는 것 이상 행복한 것은 없다. 그것은 영원한 행복을 준비하는 일이다. 이기적인 욕심을 위해 힘쓰고 애쓰는 것과 같이 사회 모두의 이익을 위해 노력할 때 화평과 행복을 얻는다.

―류씨 · 말로리

4

그리스도는 제자들에게 '나를 따르려거든 자기를 버리고 자기 십자가를 지고 나를 따르라. 살고자 하는 자는 죽을 것이며 죽고자 하는 자는 살리라. 사람이 자기 생명을 잃고 세상의 모든 영광을 얻은들 무슨 이익이 있겠느냐'고 했다.

―성경

5

선한 사람은 빛을 발하며 초가 타들어 가듯 선을 위하여 명을 줄인다. 그러다가 죽음을 통하여 육체도 사라진다. 그러나 선을 위하여 버린 삶은 새로운 영혼의 집에서 기뻐하게 된다. 그것은 마치 건물을 세우기 위하여 황무지를 없애고 건물을 세운 다음 황무지가 없어진 것을 기뻐하는 것과 같다.

6

은혜의 구름이여! 그대는 가뭄에 태양이 내리쬐던 산만을 소생시킨 것이 아니었다. 메마른 개울에도 물줄기를 대주었다. 모든 것을 다 쏟아 주고 지쳐서 희미해진 자태는 아름답구나. 그대의 자태야말로 어느 때보다 아름답도다.

―인도의 성전

7

진정한 삶은 타인을 위해 살 수 있을 때만이 그것이 결국 자기를 위해 사는 것이 된다. 이상스럽게 들릴는지 모르나 경험해 보면 그것을 믿게 될 것이다.

♣

정신적인 삶을 소중히 하는 사람에게 현세적인 행복을 부정하는 일은 괴로움이 아니다.

4월 21일

성서적으로 볼 때 사람은 모두 짐승과 같고 세상은 결코 불행에서 벗어날 길이 없다고 생각이 된다. 그러나 그 불행한 상황에서 벗어나는 길은 분명히 있다. 그 길은 예수 그리스도가 명하신 사랑을 소생시키는 것이다. 그의 위대한 말씀이 캄캄한 세상을 밝히고 사랑을 소생시킬 것이다.

사람은 모두 짐승 같고

1

인간은 참으로 가엾은 존재다. 도덕이나 지혜나 미풍양속을 잃어버린 것은 잃은 것으로 생각지 않고 재산을 잃거나 가족, 미모, 건강 등 세속적인 즐거움을 잃을 때는 가장 귀한 것을 잃은 것으로 생각하기 때문이다.

2

형제가 굶주려 죽어 가고 형제가 맨발로 차가운 땅을 걷는데 못 본 체 외면하고 자신이 소유한 값비싼 옷에는 좀이 쏠지 못하게 깊이 감춘다. 그런 사람에게 하고 싶은 말이 있다. '그렇게 하느니 벗은 형제에게 입히고 굶주리는 형제에게 나누어주어라. 그러면 의복이 좀먹는 걱정에서 자유롭게 될 것이다. 좀먹는 염려와 걱정이 그대에게서 사라지고 가난한 사람들이 그대에게 감사와 축복을 더 할 것이다.'

좋은 말은 항상 귀에 들어온다. 그러나 귀를 기울이지 않는 데 문제가 있다. 현실적인 것에만 사로잡혀 물욕이 마음속에 가득 차 있기 때문이다.

―조로아스터

3

사랑이 없이도 관대할 수 있는 사람은 없다. 그것은 불가능하다. 물질은 사랑이 없이도 대할 수 있다. 나무를 베고, 벽돌을 만들고, 쇠를 녹여 필요한 대로 만드는 일은 사랑이 필요하지 않다. 그러나 인간을 상대할 때는 반드시 사랑이 있어야 한다. 마치 벌떼가 덤벼들 때 조심스레 몸을 숙이는 것과 같이 해야 한다. 만약 조심스레 몸을 숙이지 않는다면 벌은 쏘고 말 것이다. 사람도 마찬가지로 사랑으로 대하지 않을 경우 결국 피해를 당한다.

억지로 일할 수는 있어도 억지로 사랑할 수는 없다. 아무리 해도 사랑할 수 없을 때는 숙여도 보고 무엇인가 마음에 내키는 일을 해보지만 싫은 사람과의 관계는 잘 이루어지지 않는다. 음식은 먹고 싶을 때 먹어야 해가 없고 이롭듯이 사랑도 마음을 두고 사랑할 때만 남에게 이롭고 해가 없는 것이다.

4

나는 예수를 믿지 않고 그가 보인 희생이 진정한 사랑이라는 것을 진심으로 받아들이기 전까지는 모든 기독교도들이 하는 행동을 가면이라고 생각하였다.

─렛 씽

5

성경의 중요한 가르침은 인간의 평등이다. 즉 하나님은 어버이고 인간은 형제라는 것이다. 이 가르침은 소위 문명국에 기승하는 인종 편견과 사회적 폭압 그리고 차별적인 제도를 개선하기에 이르렀다. 그 도리는 노예의 쇠사슬을 끊어 버리게 하고, 부자들이 대중의 노동에 의해 호강스럽게 살 수 있게 하는 가능성을 배격하며, 흑노(黑奴)라고 불리는 노예를 소유할 수 있게 허용하는 위대한 거짓을 깨뜨려 버렸다. 이것이야말로 성경이 추구하여야 할 첫째 가는 사업의 결과이다.

─헨리·죠오지

♣

영원히 죽지 않고 살수는 없다. 그렇다고 내일이 없는 사람처럼 살지 말라. 만약 그렇게 산다면 신께서 준비하신 사랑의 왕국에 가지 못할 것이다. 사랑의 왕국에 가까이 갈 수 있도록 살라. 삶의 토대를 폭력 위에 세우지 말고 사랑 위에 세우라.

4월 22일

자신을 아는 것은 신을 아는 것이다.

자신을 앎

1

그리스도는 말했다. "나를 믿는 자는 나를 믿는 것이 아니라. 나를 보내신 하나님을 믿는 것이다. 나는 나를 믿는 모든 사람을 구하려고 이 땅에 온 빛이다. 내 말을 들으면서도 나를 믿지 않는 자가 있더라도 나는 그를 나무라지 않으리라. 왜냐하면 나는 세상을 나무라기 위하여서가 아니라 세상을 구하려고 왔기 때문이다. 나를 물리치고 나의 말을 받아들이지 않는 자는 이미 스스로 심판을 받을 것이다. 내가 한 말이 최후의 날에 그를 심판하리라. 그것은 내가 말하는 말이 아니라, 나를 보내신 아버지께서 말씀하신 것이기 때문이다.

—성경

2

가장 위대한 지식은 자기 자신을 아는 것이다. 자기 자신을 아는 사람은 신을 아는 사람이다.

3

다소 정도의 차가 있기는 하되 어떤 사람은 사랑하고 누구는 사랑하지 않는다는 인간 상호간의 기본적 관계는 공간적이며 시간적인 조건에서 생겨나는 것이 아니다. 반대로 공간적이고 시간적인 조건이 인간에게 작용하더라도 인간은 세상에 태어나자마자 곧 누구를 사랑하고 누구를 사랑하지 않는다는 확정된 관계 속에 주어지게 된다. 바로 그 때문에 전혀 같은 공간적이며 시간적인 조건 속에 태어나고 교육된 인간들이 서로 미워하는 것이다. 그것은 인간의 내면적인 자아에 대한 가장 심한 배반이다.

4

맑은 영혼을 갖지 못하고 어찌 하나님을 공경한다고 할 수 있으며 어찌 천국에 갈 수 있다고 말할 수 있겠는가. 또 악행을 저지르고 어찌 천당에 갈 생각을 할 수 있겠는가.

신은 숲 속이나 하늘이나 지상이나 강이나 바다에 있는 것이 아니다. 생각을 먼저 깨끗이 하라. 그러면 신을 볼 수 있으리라. 육체를 제단으로 바꾸고 성스럽지 못한 생각을 버리고, 마음의 눈으로 신을 찾아라. 그러면 신을 보고 자기를 알게 된다.

직접 체험을 하지 않으면 남의 글만 가지고 내 마음을 밝히지 못한다. 그림 속에 있는 등불이 어둠을 밝히지 못하듯이. 열심히 믿고 기도를 아무리 많이 해도 진실한 신앙이 없으면 영생의 길에 다다를 수 없다. 진리를 깨우쳐 행하는 자에게만 상급이 있을 것이다. 참된 행복의 근원은 마음속에 있다. 그것을 다른 데서 구하는 것은 어리석은 짓이다. 그런 사람은 자기 뒤에 있는 양(羊)

을 찾아 먼길을 헤매는 양치기와 같다.

 돌을 모아 커다란 신전(神殿)을 세우는 것처럼 어리석은 일도 없다. 신은 바로 마음속에 있는데 어찌 그와 같은 것에 힘을 낭비하는지 알 수가 없다. 생명 없는 우상을 만들고 거기다 비느니보다는 차라리 집 지키는 개에게 비는 편이 낫다. 또 많은 반신(半神)을 믿기보다는 하나의 위대한 신을 모시는 것이 낫다. 인간의 마음속에는 샛별 같은 빛이 살고 있어 그 빛이 나를 구하는 피난처가 된다.

— 붸마나

5

 자신도 알지 못하는 신에게 자신을 버리고 신에게 의지하라고 큰소리로 설교하는 것이야말로 우스운 일이다. 그런 설교는 자신을 아는 사람에게는 통하지 않는 말이다.

— 파스칼

♣

 인간은 스스로 굴욕적이고, 불안하고, 처참한 환경에서 자유롭고, 활기차고, 즐거운 환경으로 이끌어 갈 수 있는 능력이 있다. 다만 그것은 자신의 정신적인 본질을 바로 인식할 때 가능하다.

4월 23일

 참된 선은 단순하다. 단순하다는 말은 부담이 없고 유익함이 있다는 말이다. 그런데도 단순하게 사는 사람이 적은 것은 놀라운 일이다.

참된 선

1

 행복을 바다 저쪽에서 구하지 말라. 신께서는 필요한 모든 것을 손쉽게 얻을 수 있도록 준비해 놓으셨다. 긴요하지 않은 것들은 무리하게 구할 필요가 없도록 만드셨다. 이렇게 준비하고 행복을 주시는 신에게 감사하라.

— 스코워로다

2

 좋은 것은 돈을 많이 주어도 싼 것이지만 나쁜 것은 싸게 사도 비싼 것이다.

— 트로

3

　세상은 새롭게 생겨나는 것들로 진화한다. 그러나 진화에는 필연적으로 상응하는 대가가 따른다. 예컨대 사회는 새로운 발명에 의하여 편리하게 되며 부유하게 되었다고 생각하지만 반면에 만인에게 주어진 천혜의 혜택이 상실된다. 문명의 발달로 인간은 자동차를 얻었으나 그 대신 건강했던 다리가 약해졌다. 황금색의 스위스제 시계나 아름답게 그린 달력이 만들어짐으로 태양의 자리를 보고 시간을 알아내는 지혜를 뺏어 버렸고 하늘의 별을 식별하여 춘분(春分)과, 추분(秋分)을 알 수 없게 되어 버렸다. 지혜로운 사람이란 진화에 의존하기보다 하나님이 베푼 자연으로 돌아오는 사람들이다.

―에머슨

4

　공공(公共)의 이익을 위해 봉사하라. 사랑을 실천하라. 말을 삼가 하라. 절제하고 노력하라. 추하고 욕된 말을 입에 담지 말고, 합당치 못하거나 꺼림직한 일을 하지 말며, 선을 위하여 수치를 이겨내어라. 대수롭지 않고 눈에 잘 띄지 않는 작은 일일지라도 그것이 선한 일일 때 행하는 것이 바로 사랑이다. 그것이 자라서 마침내 그 가지와 잎으로 세상을 덮을 것이다.

5

　좋은 일은 찾아다닐 필요가 없다. 현재의 자신이 처해 있는 곳에서 주어진 일, 요구되는 일을 성경의 정신에 의하여 바르게 하면 곧 그것이 선한 일, 선한 행위인 것이다. 그것을 다른 곳에서 찾을 필요는 없다.

6

　위대한 역사는 언제나 겸허하고 차분한 상황에서 이루어진다. 번개 치고 소나기 오는데 논밭 갈고, 집터 닦을 수는 없지 않은가? 위대하고 괄목할 만한 성과는 소문 없이 이루어진다.

♣

　남에게 보이려는 겸손이나 조심성은 시끄럽고 솔직함만 못하며 의식적으로 꾸며내는 행위는 불쾌한 기교이다.

4월 24일

　하나님이 함께 하는 사람은 그 자신도 알 수 없고 상상하기 어려운 큰 힘을 갖게 된다. 이 말은 성경에 기록되어 있다.

하나님이 함께 하는 사람

1

삶이 깊은 늪에 빠진 듯 곤경에 처했을 때 용기를 내라. 마땅히 그 처지를 자신의 용감성을 발휘할 수 있는 기회로 생각하라. 그것을 이겼을 때 생겨나는 기쁨을 진정한 행복이라 한다. 용기가 필요할 때 용기를 잃지 않는 사람만이 행복을 누릴 자격이 있다. 확신과 뜻이 있다면 모두가 말리고 불응할지라도 소신을 굽히지 말라.

―콘웨이

2

악한 폭압자의 압제에 못 이겨 행동한 과거를 단호히 떨쳐 버리고 인간 본성의 진면목을 찾는 사람에게 행복이 온다. 현재의 상황·습관·규율을 거부하고 내면의 신념이 철통같은 힘을 갖기까지는 정신적인 본성의 고상을 따르고 의지와 소신을 굳건히 하라.

―에머슨

3

아무리 열악한 조건에서도 용기만은 잃지 말라. 그리고 정의롭고 진실하기만 하다면 어떤 부당한 일도 충분히 극복될 수 있다.

4

세상 만사는 모두가 불안정하여 믿을 수가 없고 또한 변화도 극심하다. 그러나 도덕만은 어떤 힘으로도 바꿀 수 없다.

―시세로

5

옛날 로마의 한 여왕이 보석을 잃어버리고 전국에 이런 방을 붙였다.
"30일 이내에 보석을 찾아 바치는 자에게는 많은 보상을 주겠다. 그러나 30일 지난 뒤에 바치는 자는 사형에 처한다."
유다의 선지자 사무엘이 30일이 지난 뒤에 그 보석을 찾아 가지고 갔다.
"그대는 외국에 가 있었던가?"
"아니올시다. 저는 국내에 있었습니다."

"그렇다면 그대는 방이 붙은 줄을 몰랐던 게지?"
"아니올시다. 알고 있었습니다."
"그래? 30일이 지난 뒤에 바친 이유는 무엇인가? 사형을 받고 싶은가?"
"그러하오나 사형이 두려워서 이 보석을 여왕님께 안 바칠 수가 없었습니다. 저는 하나님이 두려워서 바친 것입니다."

여왕은 그를 용서하고 한 마디도 꾸짖지 않고 석방했다.

♣

힘쓰고 애씀이 없이 자신이 원하는 일을 하나님이 완성해 주기를 바라지 말라. 어떠한 노력이든 결코 헛되이 없어지지 않는다. 하나님은 언제나 노력하는 자를 도우시기 때문이다.

4월 25일

인간의 본질은 육체적인 본체(本體)와 정신적인 본체로 나눌 수 있다. 육체적인 본능만 생각하는 사람은 언제나 부자유하고 정신적인 본체를 중시하는 사람은 어떠한 환경에서도 자유할 수 있다.

인간의 본체

1

진실로 진실로 너희에게 이르노니 내 말을 듣고 하나님을 믿는 자는 영원히 죽지 않고 심판을 받지 않을 것이며 죽음에서 구원을 얻을 것이다. 진실로 진실로 이르노니 죽은 자도 하늘의 천사장의 나팔 소리를 듣고 부활할 때가 올 것이다.

—성경

2

영혼(靈魂)이란 무엇인가? 그것을 다른 곳이 아닌 육체 안에서 찾으려면 결코 영혼의 본질을 이해하지 못한다. 그러나 영혼이 인간이 죽을 때 육체로부터 해방되어 하늘의 아버지께 되돌아가는 것이라고 생각하면 훨씬 이해하기가 쉬워진다.

—시세로

♣

인간은 육체적 존재에서 정신적 존재로 삶의 패턴을 바꿀 때만 비로소 진정한 자유를 얻을 수 있다.

4월 26일

하나님이 계시다고 말하기는 쉽다. 그러나 하나님의 말씀을 따르기는 대단히 어렵다.

따르기 힘든 교훈

1

학식이 깊을수록 존재의 고상한 가치를 아는 사람일수록 겸허하게 자신의 능력의 한계를 알고 신의 섭리에서 벗어나려 하지 않는다. 그리고 그 한계 안에서 조물주에 대하여 겸손히 지혜를 구한다. 철학은 그 한계를 정립하는 것이며 그 한계의 필요성을 가르친다. 더 이상의 것은 인간이 지어낸 멋대로의 환상(幻想)에 불과하다. 지혜로운 사람은 그것을 피하며 신 앞에 조건 없이 순종한다.

모든 민족은 어떤 형태이든 하나님에 관하여 배운다. 그리고 각 민족은 각기 나름대로 하나님에게 옷을 입힌다. 하나님은 그 옷 속에 계시다. 더 높은 지식을 얻으려는 소수의 사람들은 모든 사람을 사랑하신다는 하나님에 만족하지 않고, 보다 더 추상화된 신을 구하려 한다. 물론 아무도 그런 사람들을 비난할 수는 없다. 그러나 그 소수의 사람들은 자신들이 찾는 신을 찾지 못하면 또 다른 신을 만들어 낼 것이다. 자신도 단지 인간일 뿐이라는 위치를 인정한다면 다른 신을 찾는 노력은 옳지 못하다. 교활한 인간들이 무책임하게 신은 존재하지 않는다고 주장하며 온전하고 상식적인 대다수의 사람들을 신에게서 격리시키려 한다. 그와 같이 꾸민 말은 오래 가지 못한다. 왜냐하면 인간에게는 반드시 하나님이 필요하기 때문이다. 대자연의 섭리가 바뀌고 하나님의 내재가 지금보다 훨씬 분명하게 눈앞에 나타나더라도 하나님을 배반하는 저들은 하나님을 부정하기 위해 더욱 기묘한 거짓을 생각해 낼 것이다. 그렇더라도 저들을 억지로 막는 것은 바람직하지 않다. 진리와 지식은 마음이 올바른 사람만을 따르기 때문이다.

―루소

2

내적인 삶이란 양심을 말한다. 양심은 인간의 것이 아니다. 말하자면 인간의 의지에 의하여 좌우되는 것이 아니라 진실을 위해 필요할 때 나타나는 것이기 때문이다. 그것이 인간의 내부에서 작용할 때 비로소 신과 하나 되는 길을 열 수 있다. 양심은 과거나 미래를 위하여 있는 것이 아니라 현재를 위해 있는 것이다. 양심은 시간과 공간과 개인적인 선악도 가지고 있지 않지만 양심이 내부에 있는 한 인간은 살아 있다는 인식을 갖게 된다. 양심이 내면에 있음을 의식하지 못하는 사람은 없다. 양심이 신 그 자체이기 때문이다. 그러므로 어떤 신이 마음에 존재하는가는 그 인간성으로 외면에 나타나게 된다. 또한 양심이 어디에서 오는가는 아무도 모르지만 그것이 내부에서 일할 때만 그것을 인식하게 된다.

— N·G

3

신을 믿는 것은 본능(本能)이다. 그것은 사람이 두 발로 걷는 능력과 같이 인간의 천성으로 존재한다는 말이다. 신은 어떤 사람에게서는 이상하게 변형되기도 하며 때로는 무시되기도 한다. 그러나 신은 분명히 존재하며 인간의 의식 속에서 역사한다. 그 사실은 거부할 수는 없으며 모두에게 주어진 진실이다.

— 립텐벨크

4

신이 존재의 난해성이라는 점에서 볼 때 신이 존재하는지 아니면 존재하지 않는지를 이해하기는 쉬운 문제가 아니다. 육체 안에 영혼이 있다는 말과 그 영혼이 어떻게 작용한다는 말인지 선뜻 알아듣기 어렵다는 말이다. 따라서 이 세상도 역시 창조된 것이라는 생각이나 창조된 것이 아니라는 생각도 마찬가지로 난해한 문제이다.

— 파스칼

♧

하나님의 섭리에 순종하라. 자신과 함께 하는 하나님을 인정하라. 그리고 지식으로 신의 정의를 내리려 하지 말라.

4월 27일

다른 사람을 판단하는 것은 사실상 찬성할 일이 아니다. 자신이 판단을 받는다는 것 또한 불쾌한 일이다. 그러므로 쉽게 판단하는 것은 악을 행하는 것과 같다.

심판

1

판단하지 말고 또 판단을 받지도 말라. 판단하는 자는 자신도 판단을 받게 된다. 다른 사람을 재던 바로 그 잣대로 자신도 재어진다. 어찌 형제의 눈 속에 티는 보면서 자기 눈 속의 대들보는 보지 못하는가? 그래 가지고 형제의 눈에서 티를 뽑을 수 있겠는가 어이없는 짓이다. 먼저 자기 눈의 대들보를 뽑아 버린 후 형제의 눈 속에서 티를 뽑아라.

—성경

2

대부분의 사람들이 생각하는 공통적인 견해가 있다. 이른바 사람의 성질이 외모를 따라 간다는 생각이다. 그래서 겉만 보고 선하다느니, 악하다느니, 현명하다느니, 어리석다느니, 다혈질이니, 냉혹한 사람이니 하고 구별한다. 그러나 사실은 꼭 그렇지도 않다. 어떤 사람은 거칠게 보이나 심성이 고운 사람이 있는가하면 어리숙하고 바보처럼 보이나 지혜로운 사람이 있고 착한 사람처럼 보이지만 교활하고 악랄한 사람이 있다. 겉 사람만 보고 그 사람이 악하겠다느니 착하겠다느니 미련하겠다느니 판단하는 것은 옳지 못하다. 그래서는 안 된다는 것을 알면서도 인간은 언제나 남을 평가하기를 좋아한다. 겉 사람만 보고 남을 평하는 습관은 즉시 버려야 한다.

3

대개 다른 사람의 허물을 알게 되면 도무지 입을 다물지 못하고 남에게 알리고 흉을 보기를 좋아한다. 그러나 하나님은 사람보다 그 사람의 허물을 먼저 알고 계시다. 자심의 허물도 많으면서 다른 사람을 비난하는 것은 하나님이 용서하지 않으신다. 누구든 그 사람의 죄는 그 사람의 몫이고 그 징벌은 하나님이 알아서 하실 일이다. 사람의 허물을 비난하는 일은 무거운 죄를 저지르는 것이 된다.

인간은 죄를 뉘우치고 후회의 눈물을 흘리는 사람을 보아도 그 눈물은 보려고 하지 않는다. 그러나 하나님은 죄를 뉘우치고 슬퍼하는 사람을 이미 용서하셨다고 말씀하신다. 그것도 모르고 그를 비방하는 죄는 하나님이 용서하지 않으신다.

4

이유야 어떻든 두 사람이 싸우면 둘 다 옳거나 좋다고 할 수는 없다. 제로(零)에 아무리 제로를 더해도 답은 제로이듯이. 그러나 악한 감정은 적의(敵意)가 곱셈처럼 불어난다.

5

두 사람 사이에 싸움이 벌어졌을 때 그 싸움의 이유가 어떻든 싸움 자체는 나쁜 것이다. 어느 한쪽이라도 선한 양보가 있다면 싸움은 일어나지 않는 법이다. 마치 반들반들한 종이에다 성냥을 그어도 불이 일지 않는 것과 같은 이치이다.

6

인간은 언제나 자신이 유리하다고 생각되는 쪽을 택한다. 잘못 판단하여 해서는 안 될 것을 선택했다면 뜻밖의 결과가 초래된다. 그러므로 대인 관계에서 특히 누구한테도 노하거나 짜증을 내거나 비난하지 말아야 한다. 그러면 누구와도 다툴 일이 없어진다.

— 에피쿠테타스

♣

친구나 이웃이 누구를 비난하거든 곧 그만 두게 하고 듣지 않도록 하라. 듣는 귀를 크게 열면 덕이 되지 않는 말이 불어난다. 서로의 비난을 예방하면 살기 좋은 세상이 된다.

4월 28일

놀고 먹는 것이 행복이고 근로가 벌(罰)이라고 생각하는 것은 큰 착각이다. 그런 생각은 매우 해롭다.

실직과 근로

1

육체 노동은 두뇌의 노쇠를 방지하고 건강을 유지시키는 원동력이다. 육체 노동을 하지 않으면 무모한 생각을 하게 되고 발전적 창조력을 상실한다.

2

인간은 평등하여 권리나 재물이나 특권을 누군가가 독단으로 가질 수 없다. 따라서 의무 또한 누구에게나 동일하다. 인간의 기본 의무는 모두에게 공통된 관심과 사물에 동참하는 것이다. 그것이 자신을 위해 또는 남을 위해 바른 일이다. 개인적으로 주어진 의무를 회피하게 되면 그는 곧 피해를 받지 않으면 안 된다.

3

무위도식하는 사람은 진정한 행복이 어떤 것인지 알지 못한다. 행복은 놀고 먹는 것이 아니라 근로에서 얻어지는 것이다. 사람이 일해야 한다는 것은 신의 축복이다. 일하지 않는 개미도 없고 놀면서 꿀을 얻는 벌도 없다. 노동의 대가는 꿀처럼 달지만 태만의 대가는 절망뿐이다.

4

행복을 위한 최상의 조건은 노동이다. 어떤 사회에서나 노동은 자유를 보장하며 식욕과 깊은 수면을 주기 때문이다.

5

육체 노동이 두뇌 활동을 위축시킨다고 생각하면 큰 착각이다. 육체 노동은 정신적 기능을 높인다.

6

육체 노동은 모든 사람의 의무일 뿐 아니라 행복의 조건이기도 하다. 그러나 두뇌 노동에 종사하는 사람은 특별히 육체 노동에 종사하는 사람보다 일반적으로 신체적인 몸의 결함이 있어 보이는 반면에 육체 노동에 종사하는 사람은 그 보다 덜 행복하다고 생각한다. 학자나 예술가는 그 일에 종사하는 행복을 위해 육체적인 손해를 아까워하지 않는다.

7

태만은 지옥으로 보내야 마땅할 것인데 반대로 즐거운 쾌락의 복판에서 활개쳐 왔다.

―몽테에누

8

도기공(陶器工)과 물레와 가마를 생각해 본 일이 있는가? 그것들에서는 예언자 에스겔보다도 존경스러운 무엇인가를 느낄 수 있다. 질퍽한 흙 반죽이 물레에서 도기공의 재빠른 손놀림을 거쳐 가마 속에 들어가 아름다운 접시로 태어나는 것은 신비하기까지 하다. 부지런하기는 하나 있는 것이라고는 손 하나뿐 가마도 물레도 없이 접시를 만들어야 하는 도기공과 물레와 가마를 가지고도 노동을 싫어하는 도기공을 가상해 보라. 게으름뱅이에게는 어떠한 행운이 오더라도 소용이 없고 아무 것도 이루어지지 않는다. 부지런한 도공에게는 가마와 물레가 필요하고 가마와 물레는 부지런한 도공을 만났을 때 비로소 아름다운 도자기를 구워낼 수 있는 것이다. 게으름뱅이는 명심하라.

—카알라일

9

아무리 천한 일이라도 노동은 인간의 마음을 편안하게 한다. 악마는 언제나 회의·비애·후회·분노·자포자기 등을 가지고 인간을 향해 공격해 오지만 일에 매달린 사람은 습격할 수 없다. 그런 사람 곁에서는 악마가 울부짖으며 인간이 나태해지기만을 기다린다.

—카알라일)

10

근로는 인간의 구성 요소이다. 그것을 빼앗기면 고뇌가 남을 뿐이다. 근로는 도덕도 아니고 공로도 아니다. 그것을 공로나 도덕이라고 생각하는 사람은 인생을 모르는 사람이다.

♣

영혼을 평안한 상태로 두고 싶으면 지칠 때까지 일하라. 영혼의 평안은 언제나 나태할 때 파괴된다. 그러나 때로는 육체를 혹사함으로 과로에 의해 파괴되기도 한다는 것을 명심하고 적절한 휴식을 취하라. 휴식과 나태는 다른 것이다.

4월 29일

질병은 인간에게서 흔히 볼 수 있는 것으로 살기 위한 투쟁의 일종이다. 인간은 병을 통하여 죽기도 하지만 삶의 새로운 의미를 깨닫기도 한다.

병

1

사후의 영원성을 의심치 않는다면 모든 병은 인간 생명이 하나의 형태로부터 다른 형태로 옮겨가게 하는 조건이라고 말할 수 있다. 가령 질병이 세상에서 자신이 원하지 않는 형태에서 자신이 원하는 형태로 옮겨가는 과정에서 당해야 하는 고통이라면 노동의 고통을 참듯 이겨낼 것이다. 노동의 고통을 참는 것은 반드시 좋은 결과가 온다는 것을 믿기 때문이다. 환자는 자신의 병을 인간으로써 거쳐야 할 한 과정이라고 생각하고 용기를 잃지 말고 새로운 형태로 거듭난다는 믿음으로 새 출발을 준비해야 할 것이다.

2

인간은 대개 건강할 때만 신을 섬길 수 있고 봉사할 수도 있다고 생각한다. 그러나 그와 반대되는 일도 있다. 예수는 십자가에서 숨이 끊어지는 순간 그를 죽이려는 사람들을 용서하는 기도를 드렸다. 그렇게 하는 것이 하나님께 가장 훌륭한 봉사가 될 것이며 또한 인류의 새 삶을 위한 최선이 되었던 것이다. 모든 병자들도 이와 같이 할 수는 있다. 건강이 좋지 않은 상태나 병중에라도 하나님 앞에 겸손히 봉사를 생각하고 실천하는 사람은 행복한 사람이다.

3

건강한 모습도 삶의 한 형태이고 병든 모습도 삶의 한 형태이다. 그것은 모두 신과 인간에 대한 봉사의 형태이다.

4

죽음에 대한 진지한 사고는 인간의 사색을 통해서 이루어진다. 결국 사색은 인생의 도덕적인 면에 영향을 주게 되며 따라서 고통에서 벗어나기 위해 죽음을 택한다던가 죽음을 피하기 위하여 죽음에 관한 사색을 없애 버리려 하는 의술은 사실상 허망한 것이다. 그것은 모두 인간에게서 도덕적인 삶의 중요한 각성을 빼앗아 가기 때문이다.

5

자기 방어를 위해서는 건강한 힘이 필요하다. 그러나 신을 섬기기 위해서는 인간의 힘은 필요 없을 뿐 아니라 오히려 그와 반대일 수 있다.

6

위중한 환자에 대하여 대개는 그 환자의 죽음을 본인은 물론 가족이나 가까운 친지들에게 숨기려 한다. 그러나 용기를 주어 일어나게 하려는 노력은 좋지만 소생이 불가능한 환자에게는 부득이 사실을 숨길 것이 아니라 환자로 하여금 인생을 의미 있게 마감할 수 있도록 도와주어야 한다. 죽음이란 사람이 날이 갈수록 성장하듯이 멀리 보면 삶의 한 과정이다. 육체는 땅에 묻어도 정신으로는 신에게 속해 있다는 사실을 의식하게 하여 본성으로 돌아가도록 돕는 것이 중요하다. 본성은 회복이나 죽음과 관계없는 것이다.

♣

병은 육체적인 힘을 빼앗기도 하지만 정신적으로도 소생할 힘을 저해한다. 그러나 육체보다 정신의 영역을 더욱 의식하는 사람에게는 병이 행복을 빼앗는 것이 아니라 반대로 병이 행복을 앞 당겨 준다고 생각한다.

4월 30일

사람들에게 왜 사느냐고 물으면 그 대답은 다양하나 정답은 없다. 인간의 삶에서 중요한 것은 바로 인생의 의미이다. 스스로 학문이 높다고 자처하는 사람일수록 인생의 의미는 알지 못하는 경우가 많다. 그들의 주장은 신도 삶도 하등의 의미가 없다는 경우가 더 많다.

왜 사느냐?

1

세상 만사 모두가 믿을 수 없고 영원한 것이 없으며 변하지 않는 것이 없지만 뿌리를 깊이 내리고 변하지 않는 것은 도덕뿐이다. 세상의 어떤 힘도 그것만은 유린하지 못한다.

—시세로

2

인생의 지혜나 사고는 인식을 통하여 이루어진다. 따라서 삶의 중요한 의미도 역시 똑같이 인식의 능력으로 형성된다. 인생이란 알 수 없는 것이라고 생각하는 것은 착각이다.

3

인생이 무엇인지를 바로 아는 사람은 영원한 삶을 추구할 줄 아는 사람이다.

4

많은 경우 인간은 자기가 왜 살고 있는지를 모른다. 그러기 때문에 산다는 것이 얼마나 중요한가를 알지 못한다. 큰 공장 부서에서 일하는 노동자는 자기가 하고 있는 일이 얼마나 중요한가를 모른다. 그러나 유능한 노동자는 자기가 하고 있는 일이 얼마나 중요한가를 알고 한다.

5

악에 대한 무저항주의가 무엇을 의미하는지 이해하지 못하기 때문에 사람들이 그것을 받아들이지 못하는 것이 아니라 사물을 그 입장에서 보지 않기 때문에 받아들일 수 없는 것이다. 사람은 각기 두 개의 다른 인생관을 가지고 산다.

어떤 사람은 인생을 감각적으로만 보고 세상은 인간을 위해 만들어진 것이기 때문에 신조차도 인간의 욕구를 충족시키기 위해서 만들어진 것이라고 생각한다. 그러면서도 의미 없는 고뇌나 의미 없는 죽음에 대하여는 두려워하며 마음을 졸인다.

또 다른 인생관을 가진 사람은 전자와 반대되는 관점 즉, 정신적으로 인간이 신적인 존재라는 관점에서 인간이 이 세상에 살면서도 고뇌하며 일하며 죽는 것도 신의 뜻이라 는 의식을 가지고 산다. 후자의 견지에서 보면 인간의 탄생과 고뇌와 죽음이 신과의 관계에서 중요한 의미를 가진다. 인간은 이 두 가지 인생관에 의해 각기 하나의 목적을 향한다.

감각적인 인생관에 의해 사는 사람은 쾌락에 치우칠 뿐만 아니라 지기를 싫어하여 가는 곳마다 싸움·실패·피로·비애·질병 등에 부딪치고 고통하며 살다가 마침내 물질의 힘에 굴복하고 만다.

최악의 경우 마치 노예가 쇠사슬에 매이듯 할 수 없이 신의 섭리에 따를 수밖에 없는데 저들은 반드시 매우 큰 고난의 짐을 짊어지고 마지막 남은 행복의 쪼가리를 지키려 안간힘을 쓴다. 반면에 정신적인 인생관을 가진 사람은 정중하게 진리의 말씀에 고난조차도 감사로 받아들일 수 있고 하나님의 은혜로 여겨 어려움을 묵묵히 돌파해 나간다.
　무의식중에 고통이라는 쇠사슬에 예속되어 복종해야 하는 운명에 처하는 것이 스스로 선택한 것이 아니듯 인생의 기쁨과 행복 역시 의식적으로 만들어지는 것이 아니다. 행복이란 것이 만들어지는 것인 줄 알지만 사실 그것은 자연적인 것이다. 가장 큰 기쁨과 행복은 인생관의 여하에 관계없이 모든 사람에게 공평히 주어져 있다.

―부카

　인간은 자기 자신을 알 수 있는 사고력을 가지고 있다. 인간의 이러한 기능을 이지(理智)라 한다. 만약 이지가 자기 자신을 알 수 없게 한다면 그것은 세상의 잘못된 구조 때문이 아니라 자신의 의지 자체가 그릇된 방향에 있기 때문이다.

5 월

5월 1일

진리를 깨닫고 그것을 지키는 자에게는 두려울 것이 없다.

진리

1

아브·가니하프는 바그다드의 감옥에서 죽었다. 그는 캇다의 가르침을 받아들이지 않았기 때문에 합리발(哈利發) 아리만족에 의하여 투옥되었다. 어느 날 그는 죽도록 매를 맞았다. 그래도 그는 자기를 때린 사나이에게 말했다.
"나는 내가 받은 이 모욕을 똑 같은 모욕으로 앙갚음할 수도 있으나 나는 그렇게 하지 않겠다. 그리고 나는 너를 함리발에 고소할 수도 있으나 나는 고소하지도 않겠다. 나는 네가 내게 한 모욕을 기도로 하나님께 알릴 수도 있으나 그것도 그만 두겠다. 심판의 날이 왔을 때 나는 너에게 신의 복수가 내리도록 빌 수도 있다. 그러나 그 날이 지금 당장 와서 내 기도가 이루어진다 해도 나는 너를 데리고 극락으로 데리고 가겠다."

―펠샤의 도펠베로트

2

남자답다는 기준을 용기나 힘으로 생각하지 말라. 분노를 이겨 남을 용서할 수 있는 것이 용기나 힘 이상으로 남자다운 것이다.

―펠샤의 도펠베로트

3

자신이 과실을 가차없이 범하라. 그러나 절대로 절망해서는 안 된다.

4

하지 않으면 안 되는 줄 알면서 행하지 않는 것이 비겁한 것이다.

―공자

5

어떤 슬픔도 슬픔에 대한 공포만큼 크지는 못하다.

―고오케

6

모욕하기를 쉽게 하는 것은 그 사람 성격의 모가 남이다. 그의 신경이 그렇게 되어 있듯이 나에게도 나의 성격이 있다. 그것은 자연이 내게 준 것이다. 따라서 나도 또 나 자신의 성격에 의하여 행동하게 되는 것이다.

— 오오레리아스

7

"아무리 고통스러운 처지에 있더라도 낙심하지 말라. 그리고 파묻힌 과거를 생각하지 말라."고 성자들은 가르쳤다. 당해야 할 일은 피하지 말라. 그리고 할 바에는 굳건히 당당하게 하라. 별같이 가물거리지 말고 과감히 하라.

— 하드지이 · 아브들 · 게즈디이

8

보이는 죽음보다 보이지 않는 죽음을 두려워하라.

— s.h.c

♣

삶의 의미를 물질에 의지하면 할수록 두려워할 것이 많아진다. 삶의 걱정은 영혼에 넣어라. 그러면 공포가 사라진다.

5월 2일

진리를 가르쳐 주더라도 그 방법이 모욕적이라면 아무리 훌륭한 진리라 해도 인정하려 하지 않을 것이다.

진리의 실행

1

싸움은 마치 물이 둑을 터뜨리는 것과 같다. 감정이 터뜨려지면 그때는 막아낼 도리가 없다.

— 탈무드

2

인간의 싸움은 불길과 같아서 무엇이든지 태울 수 있다. 그것은 보이지 않는 불길이다. 분노의 불길은 물로도 끌 수 없다.

— 탈무드

3

　토론하는 과정에서 감정을 이기지 못해 화를 내는 것은 진리를 위하여 다투는 것이 아니라 자기 감정을 위하여 다투는 것이다.

—카알라일

4

　나 이외의 다른 사람은 사색하지 않다고 생각하지 말라. 누구나 훌륭하고 믿을 만한 판단력이 있다. 그렇지 않으면 내가 쓴 논문(論文)을 다른 사람에게 이해시킬 수도 없고 그 것을 통해 그들을 내 쪽으로 끌어들일 수도 없다. 마찬가지로 나 이외의 사람들은 각기 감정도 없다고 생각하면 그들과의 도덕적인 감정에 적응할 수도 없다. 나 못지 않게 그들도 다 선한 마음이 있다고 생각해야 한다. 그렇지 않으면 아무리 죄가 어떠니 덕이 어떠니 하고 글을 써 대도 그들을 죄에 대한 혐오와 덕에 대한 각성에 접근케 할 수가 없다.

—칸트

5

　행악자를 선도하려고 그의 허물을 처음부터 들추어 말하지 말라. 말하지 않고도 강하게 마음에 남을 인상을 보이라. 그리고 상대가 죄책감을 느끼게 될 때 비로소 마음에 숨어 있는 덕성을 움직일 수 있는 말을 하라.

—류씨·말로리

6

　토론에는 언사를 부드럽게 하면서 논지(論旨)를 정확하게 말하고 상대를 노하게 하지 말라. 상대를 설득하는데 노한 감정을 주게 되면 목적을 이루지 못한다.

—윌킨스

7

　진리가 승리하게 하려면 진리를 믿는 사람들이 정숙해야 한다. 진리는 반대자보다 그것을 지키는 자들이 더 고난을 받기 때문이다.

—페 인

8

　상대방이 바보 같은 소리를 해도 그것을 들어야 할 처지라면 깊이 새겨들어라. 유순한 대답은 악을 쫓는다. 상대를 무시하는 말이 상대의 노여움을 부채질한다.

9

칭찬할 때 그 칭찬이 상대에게 피해가 되지 않도록 노력하라. 잘못된 칭찬은 그가 마땅히 가야 할 길에서 옆길로 새게도 하고 그의 의지를 빼앗을 뿐더러 자신의 특권마저도 포기하는 결과를 가져온다.

―존·러스킨

♣

진리를 남에게 전하려면 쉬운 말로 설명하고 상대의 감정을 건드리지 않는 길을 모색하라.

5월 3일

행복이 과학문명의 발전에서 온다고 해도 과학은 그 사명이 인류의 도구일 뿐이며 예술은 행복의 표현일 뿐이다.

과학과 행복

1

현명한 사람은 알기 위해 배우고 어리석은 사람은 남에게 알려지려고 배운다.

―동양의 성언

2

과학이 한가한 사람들의 소일거리가 되거나 예술이 인간의 천박한 취미가 만들어낸 감정의 소산이어서는 결코 안 된다. 그것이 한가한 두뇌나 감정의 기분 전환을 위해 있는 것이라면 과연 세상이 어찌 될 것인가? 문제는 과학이나 예술이 대중에게 쉽게 이해될 수도 없을 뿐만 아니라 대중에게 아무 것도 도움 될 것이 없다는 것이다. 그 속에 과연 민중이 누릴 행복이 있는가?

3

지식은 아름답게 미장(美粧)된 책표지에 있는 것이 아니다. 지식을 동면(冬眠)시키지 않기 위해서는 그 지식에 자신과 이웃의 행복에 실제적인 동기를 유발하는 지력(智力)이 담겨져야 한다. 또한 가능한 것은 모두의 행복에 기여할 수 있는 유익한 목적을 위해 선각들의 경험을 이용하여 배우는 것도 넓은 의미에서는 좋은 지식이다.

그런 목적이 아니라면 배운다는 것이 단지 다른 사람이 했던 일을 다시 되풀이하기 위한 것밖에 아무 것도 아니다. 유익하게 활용되지 않는 것이라면 그것은 참된 지식이 될 수 없으며 참다운 학자라고 할 수도 없다. 책표지만을 책이라고 할 수 없듯이. 참으로 무엇을 배워 안다는 것은 먼저의 선각들이 후세들을 위해 이뤄 놓은 것처럼 미래 세대를 위한 것이 되어야 하며 그것이 학자의 사명이어야 한다. 고작 옛날 역사를 배우기 위하여 살아서야 될 말인가? 그런 것은 자칫 이미 밝혀진 것을 이해할 수 없게 다시 각색하는 것에 불과하다. 같은 사상을 의식적으로 되풀이하는 경우는 단지 헌 옷을 벗기고 새 옷을 입힐 때만 해로움이 없다.

―립텐벨크

4

도덕적인 자기완성에 도달하려면 먼저 자신의 마음을 순결하게 하라. 정신의 순결은 마음이 진실을 구할 때 장해를 소멸케 하며 의지가 신성을 향할 때만 얻어질 수 있다. 따라서 인간의 완성은 그 사람에게 참다운 지식이 있느냐에 달려 있다.

―공자

5

죄를 어떻게 판단할 수 있느냐고 묻거든 자신의 티 없이 순결한 마음으로만 판단할 수 있다고 대답하라.

―펠사의 데자틸

6

자신의 유익에 상관없이 학문을 한다면 그 학문은 이익이 된다. 그러나 남에게 학자연(然)하려고 하는 학문은 아무리 박식해도 이롭지 못하다.

―중국 성언

✣

모든 인간의 삶의 목적은 크게 다르지 않다. 인생의 선과 자기완성이라는 것이다. 다만 그리로 이끌어 주는 지식이 필요할 뿐이다.

5월 4일

언어로 표현된 모든 사상은 힘이 있고 그 영향력은 무한하다.

언어의 힘

1

사상은 언젠가는 반드시 인류에게 그 사상의 반향(反響)을 일으킨다. 그 반향이 크고 또 특별한 힘으로 일어날 때 그 반향의 진원을 지도자, 개혁자, 계발자라고 부른다. 그러나 그에 비해 아무리 작은 사상적 반향이라도 인간과 사회에 영향을 주지 않는 것이 없다. 아무리 작아도 그것이 영혼의 참된 발로에서 나온 것이라면 누구에게나 어디에든 훌륭한 봉사가 된다.

― 아미엘

2

사상의 힘은 도덕적인 반향의 힘에 의하여 위대하고 확고하게 된다.

― 세네카

3

순결한 마음에서 나온 훌륭한 규범이 사회에 유익한 모범이 된다.

― 세네카

4

인간의 사상과 행위의 평가는 결국 선이냐 악이냐에 따라 평가를 달리한다. 사상이나 행위는 스스로 발전과 성장을 수반하며 행위자에게 되돌아간다.

― 류씨 · 말로리

5

간결하게 표현된 확고한 사상은 인생을 이끄는 힘이 된다.

6

천진난만한 어린 아기는 아무 것도 심지 않은 논밭과 같다. 그리고 부모는 그 밭에 씨를 뿌리는 농부와 같다. 어린 아기 마음에는 부모가 뿌린 씨대로 결실하게 된다. 그 일은 참으로 성스러운 일이므로 부모는 올바른 사상에 의지하여 신앙과 기도로 이루어야 한다. 말하자면 씨 뿌리는 일은 신비롭고 엄숙한 일이어서 땅에 뿌리는 씨든 인간의 마음속에 뿌리는 씨든 소중하기는 마찬가지다. 따라서 사람은 누구나 농부라고 말할 수 있다. 하나님의 말씀은 인간의 마음에 뿌려지는 씨이며 사물을 밝히는 빛이기 때문에 그 광채의 무한성으로 영혼까지도 구원한다. 그러나 인간은 어리석어서 영혼보다 육체를 더 사랑하

고 길가의 돌멩이나 나무를 보듯 삶의 겉모양은 볼 수 있지만 온 우주에 가득
하나 보이지 않고 날개 치는 영혼은 깨닫지 못한다.

―아미엘

7
말로 표현된 진리는 인간이 만든 가장 강한 힘이다.

8
사상보다 강한 힘은 없다. 그것은 인간 속에서 생겨나지만 인간을 지배한다.

―류씨·말로리

♣

선한 사람의 사상을 받아들이고 선한 사상으로 베풀어라. 그러나 악하고 거짓된 사상을 경계하라.

5월 5일

정의는 올바른 사회를 만들고 교육은 바른 인간을 만든다.

정의와 교육

1
종교의 가르침은 교육의 기초다. 종교는 인생의 의미와 사명을 알게 한다.

2
어려서 지나치게 많이 배운 것은 성장 후에 아무 소용이 없다. 그 결과 기초가 튼튼한 척하며 어렸을 때 칭찬을 받으며 우쭐하던 착오에 빠져 발전하지 못하고 궤변자가 되고 만다.

―칸트

3
항상 솔직하라. 특히 아이들에게 솔직하라. 아이들에게 약속한 일은 반드시 실행하라. 실행하지 않으면 아이들에게 거짓을 가르치는 것과 같다.

―탈무드

4
아이들에게 지나치게 많이 가르치는 것은 문제가 있다. 교육이라고 모두가

좋은 것이 아니다. 시골 사람들은 원하는 대로 아이들을 교육시키지 못해도 자연과 더불어 살아감으로 자연이 아이들을 교육하기도 한다. 인생에 필요한 것은 왕도 다 가르치지 못한다. 학교에 다니는 아이들도 하찮은 장난에 정신이 팔릴 수도 있고 참 교육과는 거리가 먼 곳에서 놀다 오는 경우도 있다. 그 뿐 아니라 종교의 혜택을 받지 못한 어린이는 자라서 잘못된 길로 나아갈 수도 있다. 그래도 부자만 되면 훌륭한 인물이 되었다고 생각하는 사람들이 많다. 무릇 자연은 인간의 스승이다.

―립텐벨크

♣

자신도 믿지 못하고 의심하는 것을 아이들에게 진리라고 가르치지 말라. 그것이야말로 큰 죄악이다.

5월 6일

인간의 마음에는 죽음에 속하지 않는 그 무엇이 분명히 있다.

죽음을 극복하는 힘

1

친구를 아는 사람은 현명한 사람이고 자기를 아는 사람은 덕이 있는 사람이다. 남을 이기는 자는 장사이고 자기를 이기는 자는 군자이다.

죽음에 이르러 자신이 소멸하는 것이 아님을 깨닫는 자는 영원에 속한다.

―노자

2

인간은 신의 속성(屬性)으로 태어나고 산다. 신이 없이는 인간에게 아무런 의미도 없다. 인간은 죽어 소멸하는 것이 아니라 세상에서 사람의 눈에 보이지 않을 뿐 어디선가 분명 존재한다.

3

어떤 사람은 남보다 느리게 오래 걸려 시야를 지나가고 또 어떤 사람은 남보다 빨리 지나친다. 그러나 그 뿐, 전자가 후자 이상으로 인생의 의미를 지니고 있다고 생각할 수는 없다. 창 밖을 지나가는 사람이 시야에서 빨리 사라지거나 늦게 지나가거나 특별히 구별할 것이 없으며 아무 것도 다를 것이 없다.

또한 그것을 조금도 의식할 필요가 없다. 그가 눈앞에 보이면 그가 존재하고 있는 줄 알고 또 시야에서 사라진 뒤에도 그는 어딘가에 여전히 존재하고 있다는 것도 믿는다. 따라서 그의 존재를 조금도 의심하지 않고 믿는다.

4

나는 어떠한 종교도 믿지 않는다. 그리고 어떤 전통이나 교육의 영향에 맹목적으로 따르는 것조차 괘념치 않는다. 나는 나의 생애를 바쳐서 될 수 있는 한 깊이 인생 문제에 대하여 생각해 왔다. 나는 그것을 인류의 역사에서, 그리고 나 자신의 인식에서 구했다. 그리고 나는 불변의 확신에 도달했다. 그것은 죽음이란 존재하지 않는다는 것이다. 인생이란 영원에 속하는 것임에 틀림없다는 것이다. 무한의 진전이 인생의 규범이라는 것, 나에게 있는 모든 능력, 사상, 노력은 그 실천적인 발전에 없어서는 안 된다는 것이다. 그리고 그것은 인간이 갖는 삶에 있는 모든 가능성을 훨씬 넘는 이상, 사상, 방향을 가지고 있다는 것, 인간이 그런 것을 가지고 그것들의 기원을 인간의 감정으로부터 캐어낼 수 없다는 사실과, 그런 것들이 삶 이외의 세계에서 인간의 내면으로 온 것이며, 세상밖에 우주에만 실재할 수 있는 것이라는 것과, 이 지상에서 소멸하는 것은 형태에 불과하다는 것과, 인간의 형태가 바뀜으로 그것을 죽는다고 생각하는 것은 사용하던 연장이 없어졌다고 일하던 사람마저 사라졌다고 생각하는 것과 같은 것이다.

―마도지이니

5

세계라고 하는 존재가 시작하게 된 것은 이지(理智)가 그 어머니였다. 어머니를 알므로 자기가 아들인 줄 깨닫고 순종하는 자는 모든 위험에서 벗어날 수 있듯이 사람은 입을 다물고 감정의 문을 닫기만 하면 어떠한 불행도 피할 수 있다.

―노자

6

하나님은 무한한 시간과 공간을 지배하는 우주적인 영원한 존재이다. 그는 엄존하는 전체의 주관자이고 그 외는 어떠한 형태로든지 신으로 존재할 수가 없다. 만물은 하나님의 손안에 있다. 그러므로 아무 것도 그 바깥에 존재할 수 없다. 따라서 모든 존재는 하나님의 삶의 표현이며 그밖에 모든 것의 활동은 그 탄생이 존재하지 않는 것에서 생겨나는 것이 아니고 또 그 죽음으로 존재가 없어지는 것도 아니다. 다만 신의 영원성과 불사(不死)가 죽음이라는 것을 통하여 결합하는 것이다.

―앙팡땅

7

삶은 영원히 존속한다. 다만 그것은 죽음이라는 형식을 통하여 시간과 공간 밖으로 옮길 뿐이다. 그러므로 죽음은 이 세상에만 있는 것으로 그 형태를 바꾼 것에 불과하다.

8

불멸에 대한 신념은 다른 사람한테서 받을 수도 없고 자신에게 그것을 설득시킬 수도 없다. 불멸에 대한 신념은 신앙뿐이다. 그것을 믿기 위해서는 자신의 인생이 불멸한다고 생각하는 것이 필요하다. 사후의 삶을 믿는 것은 이생에서의 할 일을 다하고 이 인생에는 있을 수 없는 세계에 대한 새로운 관계를 의식 속에 이룩한 자에게만 가능한 것이다.

♣

스스로의 불멸을 믿고 죽음을 두려워하지 않는 힘은 영혼 내부에서 나온다. 언제나 그 소신에서 살라. 영혼의 불멸은 사랑으로 이룩된다.

5월 7일

행복을 밖에서 찾으려는 것은 잘못이다. 현재나 미래나 그 어느 것에서도 행복을 자신 이외의 곳에서 찾는 자는 어리석다.

행복은 자기 안에서 찾아라

1

나는 나를 찾아 세상을 헤매어 다녔다. 낮도 밤도 가리지 않고 쉬지도 않고, 찾아다녔다. 그리하여 마침내 모든 진리의 가장 귀중한 가르침을 들었다. 나는 내 마음을 되돌아보았던 것이다. 내가 찾아다니던 그 빛은 나 자신 속에 있었던 것이다.

―펠샤의 수우피

2

인간은 자신에 의해서 복을 받을 수도 있고 저주도 받을 수 있다. 외부의 여하한 것도 인간 본성에 대한 악의 원인은 되지 않는다. 만약 인간이 자기 존재의 규범에 따라 바로 살게 된다면 설사 물질세계가 깨어진다 해도 악은 그에게 영향을 줄 수 없기 때문이다.

― 류씨 · 말로리

3

그리스도는 인간의 내면세계를 새롭게 하려 했다. 그러나 바리새파 교도들은 이를 반대하고 외적인 세계에 치중했다. 그리스도는 그자들이 하나님의 진짜 가르침을 자신들의 형식적인 가르침으로 파괴하는 것이라고 비난했다.

인간이 영혼의 존재를 버리고 신성한 마음의 기초와 의미를 잃고 허약해질 때 두 가지 형태가 이루어진다. 즉 외면적인 신앙의 형식이 커지고 복잡하게 된다. 그렇게 되면 외면적인 신앙이 참된 덕성에 대용이 되고 참된 규범으로부터 자유롭게 된다고 미혹하고,

결국은 허망한 인생의 길로 안내한다. 그러면 그 가엾은 도리로 이뤄진 사회에는 거짓된 양심이 넓게 형성된다. 모두가 괴상한 신앙을 쫓는 일에 몰두하게 되며, 신성한 의무 따위는 안중에도 없게 된다.

인간이 인간에게 태연스럽게 모욕을 가하게 되고 삶을 부패의 도가니로 만들어 버리게 된다. 저들은 기름진 식탁을 대하기 앞서 놋쇠 그릇에 손을 닦으나 심령이 시궁창 속에 빠져 있는 것은 아랑곳하지 않는다.

그 결과 심령이 무뎌져 죄악이 많이 생겨났다. 예수는 저들의 죄상을 이렇게 꾸짖었다.

"외식행위를 버리고 악의 뿌리를 송두리째 뽑아 버려라. 너희는 영혼의 일을 생각하라. 선과 악이 다른 곳에 있는 것이 아니라 네 마음에 있다는 것을 명심하라."

내가 말한 것을 가르치지 않는 자는 내 제자가 아니다. 진리를 파는 자이며 속이고 예수의 이름을 파는 자이다. 그것이 거짓 예언자이다.

"양의 가죽을 쓰고 이리의 마음으로 가까이 오는 자를 경계하라."라고. 또 이렇게도 말했다.

"입으로만 주여, 주여 하고 부르짖으면서 악하게 사는 자들은 결코 천국에

들어갈 수 없다."라고.

4

운명에는 우연이란 말이 없다. 인간은 운명에 부딪치기에 앞서 스스로 그것을 만들고 있다.

― 윌리멘

5

인간은 스스로 범죄하며 악을 생산하거나 스스로 그 죄에서 벗어나 선한 양심을 품기도 한다. 불순하거나 깨끗하거나 모두 자신에게 달려 있을 뿐 그 누구도 악의 심령에서 구원할 수 없다.

― 쟈마파이다

6

육체는 시장바닥과 같이 선과 악으로 가득 차 있다. 인간에게 육체는 삶의 군주이며 이지(理智)는 수석 장관이다.

― 세이프·물크

7

행복이 금은 보배에 달려 있는 것이 아니다. 행복과 불행의 정령(精靈)은 그 사람 마음에서 산다. 올바른 것을 보고 외면하는 사람은 선한 사람이 아니다. 전혀 불의를 앞에 두고 분노하지 않는 사람은 의로운 진리에 가까이 갈 수 없다. 현명한 사람은 자신이 어디에 있든지 자신을 자기 집으로 생각한다. 그의 고상한 심령에서는 모든 세계가 고향이다.

― 데모크리트 아브델스끼이

♣

그 무엇보다도 구원과 행복을 절실히 바랄 때만큼 인간의 마음이 약해질 때는 없다.

5월 8일

겸손은 친구를 끌어들인다. 더욱이 선을 수반한 겸손은 사람의 마음까지 끌어들인다. 그러나 그것은 스스로 할 수는 있으나 저절로 되는 것은 아니다.

선을 수반한 겸손

1

아프아프는 뒤에 오는 자에게 타일렀다.

"만약 그대가 내게 반대하려거든 내가 거리로 나가기 전에 말해 보아라. 누구든지 그 얘기를 들으면 그대는 큰 욕을 보게 될 테니"라고.

―에집트의 성언

2

"큰 자는 작은 자같이 되고 윗자리에 앉은 자는 섬기는 자같이 하라. 나는 섬기는 자로서 너희와 함께 있는 것이다."

―성경

3

어느 겨울 일이었다. 성 프랑시스는 형제 레프와 함께 성 벨자에서 볼찌옹 큘로 가는 길이었다. 아주 추운 날씨여서 둘 다 추위에 몹시 떨고 있었다. 성프랑시스는 앞장서 걷는 형제 레프를 불러서 말했다.

"아이! 형제 레프여! 우리 형제는 신성한 삶의 모범이 되려고 세상을 순례하고 있다. 그러나 이 일에 완전한 기쁨이 있는 것이 아니라고 써 두어라."

그리고 한참 더 가더니 성 프랑시스는 또 형제 레프를 불렀다.

"형제 레프여! 그리고 또 써 두거라. 설사 우리 형제가 병자를 고치고 악마를 몰아내며 소경의 눈을 뜨게 하며 송장을 일으켜 소생시킨다 해도. ― 써 두어라. 그 일에 완전한 기쁨이 있는 것은 아니라고."

그리고 얼마 안 가서 성 프랑시스는 다시 레프를 불러서 말했다.

"그리고 또 써 두라. 하나님의 양인 형제 레프여! 설사 우리들이 천사의 말을 하며, 별의 흐름을 알고 땅 위에 모든 재물이 우리 앞에 열리며, 또 우리가 새·물고기·짐승·인간·수목이나 돌이나 물의 생명의 비밀까지도 알 수 있다고 해도 ― 써 두어라. 그 것에 완전한 기쁨이 있는 것이 아니라고."

그리고 얼마쯤 걸었을 때 성 프랑시스는 형제 레프를 다시 불러서 말했다.

"적어 두어라! 설혹 우리가 선교해서 모든 이교도들을 그리스도의 신앙으로 돌릴 수 있다 해도 그 것에 완전한 기쁨이 있는 것은 아니라고."

그때 형제 레프는 성 프랑시스를 향하여 물었다.

"그러면 대체 어디에 완전한 기쁨이 있습니까?"
성 프랑시스는 대답했다.
"그것은 바로 여기 있다. 만약 어지럽고 추위로 손발이 얼어 몸이 마비가 되고 굶주린 채 우리가 볼찌옹귤로 가서 그 곳을 통과시켜 달라고 부탁할 때 문지기가 우리를 보고 '네놈들은 세상을 방황하며 속이고 가난한 자들로부터 동냥질이나 하는 놈들이군 당장 여기서 물러가거라' 하고 문을 열어 주지 않으면 — 그래도 우리는 문지기를 나무라지 않으며 사랑과 겸양으로 문지기를 원망하지 않고, 하나님이 문지기에 그렇게 하라고 시키신 것이라고 생각하며 아무리 축축하고, 춥고, 굶주려 눈보라 속에서 밤을 새워도 문지기에게 전혀 불평하지 않는다면, 형제 레프여! 그 때야 비로소 완전한 기쁨이 있을 것이다."

4

골짜기의 물이 흘러 아래로 내려가려면 위 골짜기보다 아래 골짜기가 낮아야 하듯 다른 사람보다 높기를 원하면 말을 낮춰 겸손하게 말해야 한다. 많은 사람을 지휘하려면 앞서지 말고 뒤에 서야 한다. 그러하듯 성자는 높은 곳에 있어도 다른 사람이 시기하지 않으며 훨씬 앞에 있어도 그것을 아무도 언짢게 여기지 않는다. 성자가 그러한 것은 누구하고도 다투지 않기 때문이다. 세상 그 누구와도 다투지 않아야 성자가 될 수 있다.

— 노자

5

남들이 당신을 나쁜 사람이라고 욕하고 있습니다, 라고 어떤 성자에게 고자질한 자가 있었다. 성자는 그에게 이렇게 대답했다.
"그것도 좋아. 그러나 그가 나를 조금도 알지 못하니 아무 것도 말하지 않는 편이 낫다."라고.

6

인격이 완성돼 갈수록 그 이상의 높은 완성의 단계로 올라가기를 바란다. 그러나 거기에 오르면 또 한층 높은 단계가 있다. 이와 같이 끝이 없는 것이 인간의 완성을 향한 길이다. 기독교 신자들은 항상 스스로 부족함을 느끼면서도 자신이 걸어온 길을 되돌아보지 않고, 아직 지나지 않은 그러나 걸어가야 할 앞길만을 바라본다.

♣

판단하지 말고 나와 비교하지도 말라. 자신을 항상 완전. 그것과만 비교하라.

5월 9일

삶의 형태는 쉬지 않고 변한다. 육체의 힘이 빠지고 정신의 기억은 날로 쇠퇴한다. 그것이 언제나 진행되는 인생의 변화이다.

인생의 변화

1

자신과 싸워 이겼다는 것은 자신이 저지른 죄를 스스로 감당할 각오가 생겼을 때이다. 그 경우 투쟁은 사랑에 의한 방법이어야 한다. 자식이 사나운 짐승의 이빨에 물린 것을 본 어머니는 생사의 위험을 무릅쓰면서도 자식을 거기서 뽑아 낸다. 자식은 순간 더 큰 고통을 느끼겠지만 결국 그 고통이 자기를 구하려고 한 어머니 때문이 아니라 그를 문 짐승 때문임을 생각해야 한다. 이와 같이 인간의 삶은 무신앙과 신앙의 투쟁이어서 신앙은 어머니처럼 우리의 영혼을 무 신앙으로부터 떼어 내기 위해 수많은 쾌락을 포기해야 한다. 설사 그 투쟁이 잠시의 고통이 될지라도 그것은 피할 수는 없으며 결국은 행복을 소유케 한다. 가령 하나님이 인간의 투쟁의 사고를 제거해 버리면 인간의 상황은 얼마나 악화될 것인가? 그러므로 투쟁이 없이는 신앙이 절대로 생겨날 수 없다.

―파스칼

2

인간의 마음에 지혜의 빛이 들어옴에 따라 이전에 생각했던 것이 얼마나 부끄럽고 잘못된 것인가를 알게 된다. 빛이 스며듦에 따라 자신이 이전에는 얼마나 눈뜬 소경이었던가에 놀란다. 그리고 부끄러운 감정, 즉 창피함을 느끼게 한다. 마음속에 이 같은 것이 숨어 있으리라고는 생각조차 못했던 것들이다. 그때야 놀라서 그것을 바라본다. 그러나 놀랄 것도 없고, 절망한 필요도 없다. 인간은 누구나 이전보다 지금은 나빠지지 않기 때문이다.

―페느론

3

살아 있는 한 끊임없이 배우라. 나이가 지식을 가지고 오려니 기대하지 말라.

―소론

4

어리석은 생각에서 떨쳐 나와라. 하나님은 소원하는 사람을 인도해 주신다. 언제나 지혜는 자연의 법대로 흐른다. 밥상을 맛없게 차려 놓고 하나님이 그것을 맛있게 해주리라고 생각하지 말라. 어리석게도 일생을 거짓과 죄악으로 소일하고도 하나님이 구원해 주실 것이라 기대하는 사람에게는 저주밖에 없다.

—존·러스킨

5

도덕은 언제나 앞으로 전진하며 항상 새롭게 출발한다.

—칸트

6

비둘기의 선은 도덕이 아니다. 그리고 비둘기가 늑대보다 도덕적이라고도 할 수 없다. 도는 이지(理智)가 작용될 때 비로소 이룰 수 있는 것이다.

7

만약 그렇게 하는 것이 신에게 좋은 일이었다면 신은 인간 모두를 하나의 민족으로 만들었을 것이다. 그러나 신은 인간을 시험하신다. 아무리 어려운 처지라도 끊임없이 신을 향하여 있는 힘을 다하라. 그러면 마침내 신은 모두를 하나로 만드실 날이 오리라.

—코오란

♣

자기 완성의 도상에서는 중단이 있을 수 없다. 그래도 관심이 외적인 세상에 더 많이 쏠려 있다면 그 때가 곧 중단된 상태로 알라. 그대가 멈추어 있는 동안 세상은 그대 곁을 비웃으며 지나간다.

5월 10일

인생의 진정한 가치는 정신적인 것뿐이며 물질적이고 육체적인 것은 단지 겉으로 보이는 미혹된 가치일 따름이다.

참된 존재

1

아무도 진심으로 두 주인을 섬길 수는 없다. 한쪽 주인을 사랑하면 다른 쪽 주인을 멀리하는 셈이 되고, 한 사람의 주인에게 충실하게 되면 다른 주인을 소홀히 여기게 되기 때문이다. 그러므로 하나님과 황금을 한꺼번에 섬길 수는 없다.

― 성경

2

영적인 행복과 물질적인 행복을 한꺼번에 누릴 수는 없다. 만약 물질적 행복을 원한다면 영적인 행복을 물리쳐야 되고 영적인 것을 지키고 싶거든 물질적인 행복을 물리쳐라. 그렇지 않으면 양다리 걸치다가 결국 어느 쪽에도 서지 못한다. 어떤 문제로 고뇌하며 좌절했을 때도, 인생은 언젠가 죽지 않을 수 없는 존재라는 것을 생각하라. 그러면 그렇게 불행하고 마음을 짓누르던 고뇌가 말끔히 가시고 어떤 두려움도 사라질 것이다.

― 에피쿠테타스

3

만져 느낄 수 있는 것만 실재하는 것이라 생각하는 사람은 무지한 사람이다.

― 프라톤

4

인간은 두 가지 얼굴로 살아간다. 참된 (내면적) 얼굴과 거짓된 시각적(외면적) 얼굴이다. 내면적 얼굴이란 인간이 얼굴(印象)로만 사는 것이 아니라 마음을 통하여 하나의 길, 즉 신을 의지하고 사는 삶이다. 그리고 신으로부터 자신에게 주어진 재능을 활용(活用)함으로 힘써 그것을 이룩하며, 인생이란 자기 만족을 위하여 주어진 것이 아니라는 것을 깨닫고 사는 삶이다.

― 고골리

5

의무는 현실적 실제를 느끼도록 강요하는 특성이 있는 동시에 그 것으로부터 자신을 떼어버리는 것이기도 하다.

― 아미엘

6

참된 실재는 보이지 않는 것, 만져볼 수 없는 것, 정신적인 것, 그리고 자신 안에서 자신을 인식하는 것뿐이다. 눈으로 볼 수 있고 만질 수 있는 모든 것은 감각의 산물로 그것은 단지 겉모양만의 것이다.

7

가르침에도 물질적인 것과 정신적인 것이 있다. 전자에 조심하라. 그것은 이기주의와 부패의 수단을 낳고 인간을 노예로 만든다. 육체적인 것 때문에 마음을 괴롭히고 물질의 육성(肉性)만을 위해 일하는 사람은 자신을 포박할 쇠사슬을 만드는 것과 같다. 정신적 삶을 잊고, 감각적인 생활만 즐기는 사람에게는 비애가 따라온다. 육체적인 관능에만 빠져 유흥만을 위해 사는 것은 벌레와 다를 바 없다. 오직 정신적인 삶에서 진정한 자유가 생기며 진정한 삶의 의미가 생긴다. 삶의 기력을 잃어 기진맥진 해도 소생하기를 원하거든 정신의 소리에 귀를 기울이라. 그 소리가 어디서 나오는지는 육신의 쾌락에 빠져 있는 사람은 아무도 모른다 왜냐하면 그 소리는 눈에 보이는 자의 소리가 아니기 때문이다. 그 소리는 소란한 가운데서는 들리지 않으며 하찮은 모임에서도 들리지 않는다. 그 소리는 텅 빈곳에서 다가오는 숨결처럼 누구도 그것이 나오는 곳을 말 할 수 없다. 그러나 그 숨결은 분명히 있다. 뿐만 아니라 그 소리가 어디로 가는지도 아무도 알 수 없다. 그 소리는 오늘 여기에 있는가 하면 내일은 저기에 있다. 그 소리는 주의 깊은 귀와 준비를 갖춘 영혼에게만 들리는 소리이다. 그 소리를 향해 "나를 인도해 주소서" 라고 애원할 수 있는 사람을 향해 열려있는 소리이다.

―라미에

8

참으로 배움의 대상은 하나밖에 없다. 그것은 영혼으로서, 영혼의 여러 가지 양상과 그 변화에 대해서이다. 다른 모든 대상은 이것에 연결된 가지에 불과하다. 그 밖의 모든 학문도 이것에 연결되는 가지에 불과하다.

―아미엘

9

나는 내가 주장하는 사상을 인종을 달리하는 모든 사람들에게 전달할 수 있다. 사상은 바다를 건너 세계의 어느 곳이든지 갈 수가 있다. 만약 그 사상에 신의 사랑과 지혜의 힘이 깃 들어 있다면 그 사상은 나 자신의 정신적인 전부이다. 그 때문에 단번에 몇 천리 되는 곳에도 모습을 나타낼 수 있는 것이다. 그러나 육체는 일정한 시간과 일정한 장소를 벗어날 수가 없다.

―류씨 · 말로리

10

정의가 자연에 포함되는 것이 아니라 자연이 정의에 포함되는 것이다. 따라서 인간은 자연에서 태어났으나 정의에서 태어난 것은 아니다. 그런데 어떻게 인간이 불만을 나타내며 정의에 대하여 시비하는가? 어찌 결과가 원인에 배반할 수 있는가? 인간은 결코 그럴 수 없다.

자신과 관련된 모두를 신의 은혜로 알고 감사하라. 천지가 언젠가는 끝나겠지만 신의 지혜와 선은 결코 끝나지 않을 것이며 부정과 악은 끝장이 나고 말 것이다. 이 것이 모든 인간의 확고한 "신조"라야 한다. 영혼은 자연을 극복하고 불멸은 시간에 대하여 승리할 것이다.

—아미엘

♣

사물의 극단은 일치한다. 인간은 명료한 것, 이해하기 쉬운 것, 실재적인 것, 즉 육감적인 것만 생각한다. 그러나 본원적인 인간성으로 보면 그런 것은 사실상 모두가 모순에 가득 찬 비실제적인 것이다.

5월 11일

이상(理想)은 멀리 떨어져 있고 삶의 모습도 역시 각양각색으로 다를지라도 그것은 모두 눈앞에 가까이 있는 것이다.

이상이 주는 것

1

이상이란 이지(理智)로 존재하는 신의 질서이며 이지는 이상에 대한 능력이다. 그것은 영원성으로 존재하기 때문이다. 이에 반하여 현실적인 것은 영원한 시간 속에서 단지 지금이라고 하는 지극히 작은 부분에 지나지 않으며 변천하는 과정에 불과하다. 오직 정의의 규범만이 영원하다. 이상은 이와 같이 가장 좋은 것에 대한 파괴할 수 없는 희망이며, 현실에 대한 불가항력적인 항의이며 미래의 효소(酵素)이다.

그것은 인간에게 있는 초자연성이며 초 동물적인 것이다. 또한 그것은 인간이 완성을 향하는 능력의 원천이다. 이상을 갖지 못한 사람은 현실에 존재할 뿐이며 현실에 만족함으로 현실에 투쟁하지 않는다. 그 때문에 현실은 그에게 정의와 행복의 동의어(同義語)이다.

—아미엘

2

자기완성을 향해 노력하는 힘은 '있는' 것에 대한 지식이 아니라 '있을 수 있는' 것에 대한 사색이다.

―말티노

3

만족은 사람의 정신이 소멸하면 함께 소멸된다. 즉 도덕적 이상과 좋은 것을 향한 도덕의 노력이 소멸했을 때 함께 소멸한다는 말이다.

―탈무드

4

"하나님이 완전하니 너희도 완전하라."

하나님과 같은 완전, 즉 최고선(最高善)으로서의 완전은 모든 인간의 이상이어야 한다.

5

기독교의 이상은 인류를 의로움과 진리로 인도할 수 있는 유일한 지침이다. 그리스도의 이상은 물질적인 육신의 규범에 국한된 것이 아니라 인간이 지향해야할 정신적이며 신성한 초월적 이상을 향한 인간의 순수한 이상을 제시한다. 중요한 사실은 그 것이 오직 믿는 것으로 시작된다는 것이다.

해안을 떠난 지 얼마 안 되는 배의 키잡이는 아직도 시야에 드는 상봉우리나 갑곶이나 바닷가에 정신을 팔 수도 있다.

그러나 시간이 지나 배가 훨씬 멀리 육지와 떨어져 버리면 그 배를 인도하는 것은 오직 방향을 가리키는, 잡을 수 없는 별빛과 나침반밖에 없다. 그와 같은 것들이 우리 삶과 인생의 항로에도 주어져 있다.

♣

불행을 당한 사람이라도 자신이 향하고 있는 삶의 방향과 앞으로 가야 할 이상을 향한 길만은 볼 수 있다.

5월 12일

인간에게 가장 해로운 착오는 시간이 감에 따라 자신이 죽음을 향해 다가가고 있다는 사실을 잊어버리고 있다는 점이다. 젊을수록 그 착오의 정도가 심하다.

인간의 착오

1

인간은 육체와 두뇌가 건강할수록 인간관계에서 하찮은 걱정과 고뇌가 많은 반면에 신에 대한 신성한 생각은 적다. 그러나 건강이나 건전한 두뇌를 모두 잃어버린 뒤에야 비로소 신에 대하여 겸손과 정신의 신성함에 머리 숙일 수 있다.

―라・부류이엘

2

쇠사슬에 얽매여 있는 듯한 고뇌에 찬 많은 사람들을 생각해 보라. 쇠사슬과 고뇌, 그것은 마치 죽음과 같다. 그 고통과 고뇌 때문에 매일 매일 눈앞에서 친구가 죽어간다고 생각해 보라. 이들 죽어 가는 많은 사람들 중에 자신도 차례를 기다리고 있을 뿐이며, 뒤에 있는 사람들도 역시 그들 자신의 운명으로 그와 같이 처분될 뿐이라고 생각해 보라. 이것이 우리 모두의 삶이다.

―파스칼

3

중요한 지위에 있는 사람들이 어느 날 갑자기 쓰러져 죽어 가는 것을 본다. 그리고 다른 모든 사람들도 조금씩 날마다 쇠약해져서 마침내 죽을 것이다. 그런데 대개가 이 무서운 죽음이라는 사실에 주의하지 않는다. 누구도 이런 점을 심각하게 여기지 않는다. 시들어 가는 꽃이나, 떨어지는 나뭇잎을 보면서도 조금도 개의치 않는다. 대개는 죽음에 대한 생각보다 눈앞에 있는 삶의 쾌락에 죽음 따위를 생각할 겨를이 없다.

―라・부류이엘

4

'비가 오면 산뜻한 여기에서 살리라. 여름에는 시원한 저기에 집을 사리라.' 하고 어리석은 인간들은 공상할 것이다. 그러나 죽음에 대해서는 전혀 생각하지 않는다. 죽음은 어느 때 갑자기 찾아와 이기적이며 나태한 인간을 어디론가 데리고 간다. 마치 홍수가 뿌리 없는 나무를 휩쓸어 버리듯이 말이다.

자식도 아비도 친척도 벗도 죽음 앞에서는 아무런 소용이 없다. 신앙심이 깊고 지혜로운 사람은 죽음에 대한 고매한 의미를 분명히 알아 신이 평안으로 인도하는 길을 깨끗이 한다.

―석가

5

사람은 누구나 태어날 때 주먹을 쥐고 세상에 나온다. 마치 '이 세상은 내 것이다'라고 움켜 쥔 듯하다. 그러나 세상을 하직할 때는 도리 없이 주먹을 펴고 간다. 마치 '나는 아무 것도 가지고 가는 것이 없다'라고 하는 듯하다.

―탈무드

6

이런 예화가 있다. 어떤 부자의 농사에 대풍년이 들었다. 부자는 생각했다. '글쎄! 어찌할까? 이렇게 많은 수확을 거두어들일 곳간이 없으니!'라고. 그는 말했다. '그렇지 곳간을 부숴서 더 크게 짓자. 그리고 곡식을 모아 거기에 쌓아 넣자. 내 재산과 보배도 모두 그 안에 넣어 두자. 그리고 마음에 작정하기를 마음이여! 이렇게 오랜 세월에도 재산이 축나지 않으니 걱정하지 말자. 먹고 마시고 유쾌히 살자.' 라고. 그러나 신께서 그에게 말씀하셨다.
"이 어리석은 놈아! 오늘 밤 너의 영혼을 거두어 가면 그 따위 재산이 다 무슨 소용이 있겠느냐?"

―성경

7

"이 돼지는 내 것이다. 이 금과 은도 내 것이다" 이는 어리석은 자의 생각이며 그것이 바로 탐욕이다. 자신조차도 자기 것이 아니거늘 어찌 돼지나 금과 은이 제 것이라 하는가?

―석가

8

인간은 누구나 자신도 알지 못하는 중에 불의의 낭떠러지를 향해 폭주하는 자동차와 같다. 눈앞에 욕심이라는 철문이 가로막혀 앞을 볼 수 없기 때문이다.

―파스칼

9

오늘 당장은 인생을 하직하고 떠나야 할 것처럼 살고 앞으로 올 남은 시간은 계산에 없는 선물이라고 생각하라.

―오오레리아스

10

보잘것없는 인생의 한 조각이 그대의 전부이다. 그것으로 필요한 모든 것을 만들어 내도록 노력하라.

— 사이드 · 벤 · 하메에드

11

첫 막에서는 매우 즐거운 희극이라도 끝막에서는 피가 흐르는 연극이듯이 인생은 끝내 머리 위에 흙을 덮어쓰는 마지막 날을 맞는다. 그것도 언제 올는지 알 수 없는 날이 누구에게나 기다리고 있다.

— 파스칼

♣

인간은 이 세상에 살고 있는 것이 아니라 이 세상을 스쳐 지나갈 따름이다.

5월 13일

인간은 누구나 삶과 죽음의 의미에 관한 의문에 스스로 대답해야 한다.

삶과 죽음의 의미

1

심지 깊은 사람은 모든 것을 자기 자신에게 요구하고 어리석은 사람들은 모든 일을 남에게 요구한다.

— 중국 성언

2

영혼은 배운 것을 아는 것이 아니라 아무 배움 없이 스스로 알게 된 것만을 안다.

— 다우드 · L · 갓필

3

지혜 깊은 사람은 모든 만물 속에서 자신에 대한 도움을 찾아낸다.

— 존 · 러스킨

4

정치적 승리, 수입의 증가, 환자의 회복, 고향 떠난 친구의 귀향, 그와 비슷한 일이 마음을 기쁘게 하면 좋은 날이 왔다고 생각한다. 그러나 그런 것들이 그대에게 진정한 행복을 주지는 못한다.

―에머슨

5

　정신적인 사명과 영혼에 관한 많은 의문에 대한 해답은 자신의 외부에서 구할 수는 없다. 모든 의문에 대한 해답은 자신에게서 나온다. 중요한 점은 그 해답이 삶과 조화가 될 수 있어야 한다는 점이다.

―류씨·말로리

6

　위험을 무릅쓰고 친구를 구할 수 있어야 외로운 친구다. 친구는 스스로 따라야 하는데 자신이 자신의 친구는 될 수 없기 때문이다.

―트로오

♣

　비록 삶과 죽음에 대한 문제와 해답을 자기보다 앞서 살았던 지혜 있는 사람들로부터 얻는다 해도 그 해답의 선택과 이지(理智)는 본인에게 달려 있다.

5월 14일

　영적으로 하나님을 완전히 의지하면 세상의 어떤 불행도 공포를 품는 일도 없게 된다.

영적 의지

1

　인간은 영혼에 관하여 자연사적(自然史的)으로 쓸 수는 없다. 그러나 영혼이 신의 영역에 속한 것임은 알 수 있다. 나는 내 속에 살아 있는 이 놀라운 성질의 영이 다시금 육체의 덮개 속에 들어올 수 있는지 아닌지는 말할 수 없다. 또한 그 같은 영혼이 육체처럼 자연사를 가지고 있었는지에 대하여도 말할 수 없다. 그러나 한 가지 분명한 것은 그것이 신념과 확신의 문제라는 점이다. 그 놀라운 성질을 언제부터 가지기 시작했다는 따위의 시간이 있었던 것도 아니고, 또 육체의 병과 더불어 영혼이 병들 수 있는 것도 아니며 묘지에 묻힐 수 있는 것도 아니라는 것이다. 그것은 이 세계가 존재하기 전부터 존재했던 것이라고 장담할 수 있다. 그것이 바로 내게 신념과 용기와 희망을 준다. 영혼은 모든 것을 다 안다. 어떠한 사건도 영혼을 놀라게 할 수는 없다. 그 무엇도 영혼보다 위대할 수 없기 때문이다. 영혼은 그 자체의 왕국이 있고 그것은 우주 공간보다 넓고 모든 시간보다 길다.

— 에머슨

2

영혼은 모든 인간의 내면에 살지만 모든 인간이 신의 마음 안에 사는 것은 아니다. 등잔이 불 없이 켜질 수 없듯이 인간도 신이 없이는 살 수 없는 존재다.

— 바라문교 성전

3

친절함이 남에게 도리어 자신을 업신여기는 빌미가 될까 두려워하는 사람이 있다. 그러나 친절 때문에 상대를 업신여기게 될 일은 결코 없다. 만일 그런 염려가 사실이라 해도 결코 염두에 두지 말라. 뛰어난 목수는 목수 일을 모르는 사람들이 자신의 기술을 인정치 않는다고 섭섭히 여기지 않는다. 제아무리 악한 사람이 무슨 짓을 하더라도 나를 해칠 수 없으며 누가 뭐라 해도 영혼은 다칠 수 없다. 그러므로 걱정할 것이 아무 것도 없다. 나를 해칠 수 있다고 생각하는 자들에 대하여 태연할 수 있는 것은 내게는 나 자신이 있기 때문이다.

— 에피쿠테타스

4

세상 모든 물질은 나에게 속해 있다. 그것을 만들어 내는 것도 파괴하는 것도 내 의지 여하에 달려 있다. 세계는 단지 껍데기일 뿐 나는 그 핵심이다. 물이 흙으로 변한다 해도 두려워할 것이 없다. 나는 흙이 아니며 물도 아니다. 오직 신의 규범을 따라 세상을 산다. 이성(理性)에 묻지 말라. 왜냐하면 모두가 신에게 속해 있기 때문이다.

— 펠샤의 성언

♣

누구도 아무 것도 두려워 말라. 그대 자신 안에 있는 가장 귀중한 것은 누가 무엇이 괴롭힐 수 있는 것이 아니기 때문이다.

5월 15일

진리는 누구에게나 행복을 제공한다.

진리가 주는 행복

1

불의한 일은 진리를 어둡게 하고 진리와 충돌하면 먼지처럼 파괴된다. 참된 진리는 모든 것을 깨끗하게 하며, 강력하게 한다. 빛을 두려워하는 올빼미 눈으로 보지 말고 빛나는 눈동자로 항상 선과 의를 유지하라 그러면 진리가 살아 번영할 것이다. 진리가 아닌 것은 아침 이슬처럼 소멸하겠지만 진리는 영원히 존재하리라.

― 카아라일

2

어떤 비웃음도 진리를 해치지 못하나 그 비웃음 때문에 진리의 성장이 멈추는 일은 간혹 있다.

― 류씨·말로리

3

스스로 습득하지 않은 진리는 마치 인공 늑골이나 의치나 가죽으로 성형 수술한 코와 같다. 그러나 스스로 습득한 진리는 원래의 골격과 같아서 오직 그것만이 나의 삶 속에 뿌리를 박는다.

― 쇼펜하우어

4

악을 향해 가는 길은 수천이지만 진리로 가는 길은 하나뿐이다.

― 루소

5

진리가 자신을 점령하지 못하도록 진리를 두려워하는 것만큼 불행한 것은 없다.

― 파스칼

6

자신이 깨달은 진리만 다른 사람을 가르칠 수 있다.

― 공자

7

거짓은 무엇이든 용납하면 안 된다. 용납된 거짓은 또 다른 거짓을 요구하기 때문이다.

― 렛씽

진실을 피해도 괜찮을 것이라고 생각하는 것은 큰 착오이다. 정신적이든지 육신적이든지 아무리 작은 거짓이라도 진실을 피하는 것이 진실 앞에 직면하는 보다는 몇 갑절 유독하기 때문이다.

5월 16일

인류는 어느 시대나 종교가 없이 생존하지 않았으며 또 생존할 수도 없다.

인류와 종교

1

종교의 본질은 오직 이러한 의문에 대한 해답으로 이루어진다. 즉 나는 왜 사는가? 내 안에 있는 무한의 세계와 눈앞에 보이는 나와의 관계는 어떤 것인가에 대한 해답으로 이루어진다. 정통 종교로부터 원시 종교에 이르기까지 종교 성립의 기초는 인간의 이상으로 존재하는 세계와 인간의 제일원인(第一原因)에 대한 관계가 포함되어 있지 않는 종교란 없다.

2

유식하다는 사람들 중에도 종교가 필요치 않다고 주장하는 사람이 많다. 과학이 종교에 충분히 대치될 수 있을 것이며 이미 그렇게 되었다고 말하기도 한다. 그러나 예나 지금이나 다름없이 종교와 상관없이 인류 사회가 유지된 경우가 없었고 앞으로도 그럴 것이다. 인류 사회의 문제가 아니라도 이성(理性) 있는 개인(나는 이성이 있다고 말한다. 왜냐하면 짐승은 종교 없이도 생존할 수 있기 때문에)마저도 종교에 관련 없이 산다는 것은 한계가 있다.

이성이 있는 사람이 종교 없이 살 수 없는 이유는 종교가 이성 있는 인간에게 인생이 무엇을 해야 할 것인가를 바르게 지도(指導)하는 원리가 되기 때문이다. 이성적인 사람은 종교 없이 살 수 없다. 분명히 천성(天性)이 그의 이성(理性)을 도성하는 데에서 그러며.

꿀을 따는 벌은 그것을 모으는 것이 좋은 것인지 나쁜 것인지에 관심을 두지 않는다. 그러나 곡식이나 과일을 모으는 인간은 그 행위가 혹시 이웃이 가져야 할 곡식이나 과일을 겁탈하는 행위가 되진 않을까 생각하기도 하고 자신이 그것으로 먹여 살리는 많은 가족들이 어찌 될 것인가 라는 등의 여러 일들을 생각한다. 무릇 이성 있는 인간은 설사 그 일에 대하여 확실한 주관을 갖지 못했을 지라도 양심이나 이해조차 없지는 않다. 사물의 결과가 자신에게 은혜가 될지라도 다른 사람들에게는 불행하거나 또는 자신에게는 불행일지라도 다른 사람에게는 은혜가 되는 경우를 너무 흔하게 보기 때문이다.

그래서 이성 있는 인간은 단지 동물적인 만족에만 충실하거나 그런 사고에 전적으로 수긍하며 살수는 없다. 인간은 자신을 오늘이라는 날짜에 살고 있는 수많은 동물 중의 한 동물로서 볼 수도 있다. 그러나 삶의 영원성을 추구하며 살아가는 사회나 또는 민족의 일원으로서 자신을 볼 수 있어야 한다. 따라서 인간은 자기 자신을 무한의 시간에서 살고 있는 무한 세계의 일부분으로 보는 것이 당연하다. 그러므로 이성 있는 인간은 자기 행위에 영향을 끼칠 수 있는 아주 작은 현상에 대해서도 수학의 적분법적으로 관계해야만 했고 또 항상 그렇게 한다. 즉 적분법적이라는 것은 흔히 인생의 외면적 형상에 대한 것 外에 자신을 "완전한 것" 속의 하나라는 점을 이해하고 시간과 공간에서의 무한 세계에 대한 자신과의 관계를 확고하게 정립하는 것을 말한다.

그래서 자신이 완전한 전체의 일부분이라는 사실과 그 "완전한 것"에 대한 자신의 입지를 확립하여 자신의 행위에 대한 교훈과 지침을 얻을 수 있고 삶의 진정한 도리를 확립하는 것이 종교라고 일컬어져 왔다.

그 때문에 종교는 항상 이성 있는 개인, 이성 있는 인류에게 피치 못함과 없앨 수 없는 조건이었으며 또한 거부할 수 없는 것이었다.

3

인간이 종교라고 부르는 법식으로부터 교육·정치·사회·경제 그리고 예술의 규범이 도출된 것이다.

―마도지이니

4

종교를 갖지 않는 사람에게는 세계에 대한 올바른 관계도 있을 수 없다. 그 말은 심장이 없는 인간이 있을 수 없듯이 마찬가지로 불가능하다는 말이다.

인간은 때로 자신에게 종교가 있음을 의식하지 못할 수도 있다. 그러나 종교를 갖지 못한 인간은 심장을 갖지 못한 인간과 같이 올바른 삶을 이룰 수 없다.

5

종교적 사념은 사람에 따라 정도에 차이가 있다. 어떤 사람에게는 종교적 사념이 전혀 없는 것같이 보이기도 한다. 종교적 사념은 참으로 예민한 것이어서 그 점을 잘 살펴 인생을 지도하지 않으면 안 된다.

그런 사념이 전혀 없는 사람이나 아주 조금밖에 없는 사람은 과거의 것, 즉 전통에 의해서 인도된다. 그런데 많은 사람들이 도리어 이 같은 사람을 종교적이라고 말한다. 미래적인 규범을 중시하는 사람은 과거를 무시하기 일쑤다. 그래서 그와 같은 사람을 믿음 없는 자라고 부른다.

6

신앙심이 없는 사람은 세상에서 사람이 빠질 수 있는 가장 위험한 수렁에 빠져 있다는 것을 알라.

7

그것을 위해서라면 목숨도 내 던질 만큼 마음의 준비가 되지 않았다면 바로 그것은 중요한 것이 아니다.

8

많은 사람이 그릇된 신념 때문에 흔히 생명마저 희생될 수 있음을 간과한다. 예컨대 결투·전쟁·자살이라고 하는 것이다. 그러나 진리의 신념 때문에 목숨을 버리는 사람은 매우 드물다. 그 이유는 감정의 발작이나 충동적인 것에 의하거나 확고한 신앙이 없이도 생명을 버리기는 쉽다.

신념과 진리를 위하여 목숨을 버릴 수 있을 만큼 확고한 신앙을 갖지 못했기 때문이다.

9

종교가 인류에 대하여 힘을 잃었다고 말하는 사람을 흔히 본다. 그러나 그런 일은 결코 없으며 또 있을 수도 없다. 그 말은 단지 오늘날 일부 사람들이 종교적 신념을 잃어버린 일시적 현상에 불과한 것이다.

10

종교를 제2의 적으로 생각하는 사람에게는 아예 종교가 없느니만 못하다. 사람은 마음속에 신과 함께 다른 많은 것들을 둘 수 있다. 그러나 신은 사람의 마음에서 적과 힘께 있거나 제2의 자리를 결코 용납하지 않는다. 신에게 제2의 자리를 주기보다는 아예 그 자리조차 주지 않는 것이 좋다.

—존·러스킨

11

무도장의 홀 안에서 혼자 귀를 막고 지금 자신이 정신병원에 누워있다고 생각할 수는 있다. 마음속에 종교적 의식을 잃어버린 사람에게는 다른 사람들의 종교적 행위가 그와 같은 생각을 하게 한다. 그러나 인류의 규범밖에 서 있으면서 자신을 다른 모든 사람들보다 옳다고 생각하는 것은 참으로 위험 천만한 일이다.

—아미엘

♣

어떤 사람이 자신은 불행하다고 한다면 그 원인은 하나밖에 없다. 그것은 신앙의 결핍이다.

5월 17일

성 프란시스의 말씀을 빌린다면 완전한 기쁨은 부당한 비방에도 인내하는 것과 그로 말미암아 생기는 육체적 고통을 견디는 것, 그리고 그 비방과 고통의 원인에 대해 대적하려 하지 않는 데 있다고 한다. 그것은 사람이 악으로 파괴할 수 없는 진실한 신앙과 사랑의 의로움에서 오는 기쁨이다.

완전한 기쁨

1

남들에게 보이려고 헌금을 해서는 안 된다. 보이기 위해 행위 하는 것에 하나님의 응답은 오지 않는다. 헌금을 하면서 집회소나 거리에서 거짓을 말하며 남들이 자신을 칭찬하도록 떠들어대서는 결코 안 된다. 진실한 헌금은 그 자체로 이미 응답을 받은 것이다.

—성경

2

선을 행하고 비방을 받는 것은 무엇보다 고귀하다.

—오오레리아스

3

이름 없이 공덕을 쌓으면서도 남들에게 칭송을 받지 못해도 섭섭히 여기지 않는 사람이 덕이 높은 사람이다.

—중국 성언

4
남들이 자기를 비방하며 욕을 해도 기쁘게 받고 남이 칭찬할 때 더욱 조심하라.

5
업신여김을 초연하게 받는 것은 선의 표현이다.

6
남들에게서 찬사나 아첨을 기대하지 말라(자신의 오만을 없애기 위해) 오히려 비난이나 멸시와 같은 싫어하는 말이 나올 수도 있다는 것을 예상하고 그것을 받아 드릴 수 있는 자신으로 단련하라.

♣

다른 사람의 행위를 무조건 미치광이 짓이라고 비난하는 것을 삼가야 한다. 왜냐하면 그런 사람도 하나님과 이웃에 대해서는 진실하게 자신의 성의를 다하며 그것이 사랑이기를 바라는 마음에서 하는 경우가 있기 때문이다.

5월 18일
영혼은 그것이 신에 속한 본질이라는 것을 인식하는 사람에게 큰 힘을 준다.

영과 혼

1
마음을 언제나 바르게 하고 삶에서 생기는 수많은 의심에서 벗어난 사람은 이상의 하늘이 가까이 있다. 오관(五官)으로 얻어지는 지식밖에 모르고 물질의 본질을 알지 못한다면 그 때문에 그것에서 얻을 수 있는 어떤 이익도 얻지 못한다. 물질에 대한 온전한 지식은 무엇이 물질의 진정한 본질이냐 하는 이해가 선행돼야 한다. 더구나 정신에는 사물의 참된 본질에 대한 지식 이외에 더 큰 것이 있다. 일단 그 큰길로 들어선 자는 다시 되돌아가지 않는다.

—인도의 성언

2

인간은 생각하기에 따라 무한한 능력을 갖는다. 자신의 능력의 정도를 알고 자기 밖에서 더 큰 힘을 얻으려면 그 이상의 노력이 필요하다는 것도 안다. 그것을 깨달은 사람은 기적을 의심하지 않으며 스스로 서서 넘어지지 않는다.

―에머슨

3

신을 아느냐고 누가 묻거든 신은 내 마음속에 있다고 대답하라. 신이 인간을 유지하지 않는다면 인간은 전혀 무력한 존재가 되고 만다. 육안(肉眼)뿐 아니라 심안(心眼)으로 참된 자신을 보아야 한다. 자신도 모르면서 어떻게 신을 안다고 할 수 있는가. 참된 자아 인식은 신을 아는 것이다.

―펠사의 성언

4

신과 함께 있는데 누가 악한 짓을 할 수 있으며 누가 신보다 강할 수 있는가. 신과 더불어 있는 자는 항상 강하다.

5

인간의 정신과 양심은 신에 속해 있다. 악을 거부하고 선을 인식하는 것은 인간이 신의 구체화로 나타나는 형식이며 기쁨과 사랑과 고통과 노여움과 고뇌는 모두 자기 희생으로 해결된다는 것 ― 이러한 일은 인간이 지고지상(至高至上)의 신과 결합할 수 있다는 증거이다.

―존·러스킨

♣

자신이 신에게 속해 있음을 시인하고 그 안에서 행복을 구하는 사람은 모든 것을 가진 사람이다.

5월 19일

신의 법은 종교에서 표현된다.

신의 법칙

1

신의 의심할 바 없는 하나의 현현(顯現)은 선의 규범이다. 신이 이 세상에는 물론 모든 인간의 마음마다 존재한다는 것을 의심치 않게 되어야 비로소 서로가 자신도 모르는 사이에 결합될 수 있다.

2

인간이 사업·계약·전쟁·과학·예술 등에 종사하고 있다는 것은 단지 외면이 그렇게 보일 따름이다. 인간에게는 오직 한 가지 것만 중요한 것이며 또 그 하나만을 한다고 할 수 있다. 이른바 인간은 자기 자신의 도덕상의 규범을 지키는 일이며, 그렇게 함으로써 존재하는 것이다. 따라서 이 도덕상의 규범을 지키는 일은 무엇보다 중요할 뿐만 아니라 모든 인간에게 그 것은 유일한 과업이다.

3

어떤 성자에게 물었다.
"자신의 행복을 위하여 일생을 바칠만한 규범이 있을까요?" 하고.
"있다. 그 규범의 뜻은 이러한 것이다. 즉 자신이 원치 않는 것을 남에게 하지 말라는 것이다"라고.

―중국 성언

4

내가 오늘 가르치는 진리는 그대가 도달하기 어렵겠지만 그렇다고 그대에게 멀리 떨어져 있는 것도 아니며 하늘에 있는 것도 아니다. 그리고
"누가 우리를 위하여 하늘로부터 내려와 그 진리를 전하며 그것을 실현할 수 있겠는가를 물을 것까지도 없다. 그 진리는 바다 건너편에 있는 것이 아니라 그대 안에 있는 것이다. 그 진리는 그대 입에 있으며 마음에 있고 그것을 실현하려는 마음도 그대 안에 있다."

5

의지의 규범은 항상 변하시 않으며, 인간 전반의 입법(立法)식 근원에 순공할 수 있도록 행하라

―칸트

6

의무의 근원은 신성하다. 의무의 한계도 신성하다. 그러나 더욱 규범을 계발하고 적용하는 것이 인간의 사명이다.

―마도지이니

7

자연에서 알 수 있는 이지(理智)는 인간이 마땅히 해야 할 일을 할 수 있게 깨우치고 그릇된 일을 제어하도록 억제한다. 자연에서 이지가 규범이 되는 것은 그것이 책 속에 씌어 있기 때문이 아니라 그것이 인간의 이지와 마찬가지로 영원의 신성한 규범이기 때문이다. 그래서 참된 그리고 유일한 규범은 신의 이지라고 말할 수 있다.

— 시세로

♣

상호부조의 규범을 생각하라. 그대가 친구와 이웃에게 기대하고 원하는 만큼 먼저 그들에게 대접하기를 명심하라. 그리고 마침내 그것이 삶의 습관이 될 수 있도록 최선을 다하라.

5월 20일

동물적 본능의 인간존재로는 자유(自由)라는 말이 적절치 않다. 삶의 조건은 단지 '원인'의 나열에 한정되어 있다. 반면에 정신적 실재로서의 자신을 자각하는 사람에게는 '부자유'라는 말이 적절치 않다. '부자유'라고 하는 말의 이해는 이지나 사랑이나 양심으로는 불가능한 일이다.

자유와 부자유

1

이러한 일을 명심하라. 즉 삶에 있어서 그대의 이지가 단지 육욕에 대한 봉사에만 이용되지 않는다면 이지는 그대를 자유롭게 할 것이다. 이지에 의하여 비쳐진 그 빛을 어둡게 하는 정욕에서 해방된 사람의 마음은 참으로 강력한 힘을 갖는다. 그것보다 더 믿음직한 죄악으로부터의 피난처는 없다. 이런 이치를 모르는 사람은 소경이나 다름없다. 그러나 알면서도 강력한 이지로 들어가지 않는 사람은 불행한 인간이다.

— 오오레리아스

2
진리를 알라. 진리가 너를 자유케 하리라.

―성경

3
악은 물질적 자연에 의해 존재하는 것이 아니고 인간의 저급한 이지에 의하여 존재한다. 그리고 모든 인간에게 주어진 인식의 능력에는 선과 악의 그 어느 쪽이라도 선택할 자유가 주어졌다.

―오오레리아스

4
자유로운 사람이란 원하는 일이 무엇이든지 아무런 장애도 받음이 없이 할 수 있는 사람을 말하는 것이다. 그러나 그 말은 아무 것이나 멋대로 할 수 있다는 의미는 아니다. 예컨대 교육은 원하는 모든 것을 글자와 말로 표현하도록 가르치지만 그러나 자기 이름만 쓰고 자신에 편리한 글만 쓰라고 가르치는 것이 아니다. 필요한 글자를 통하여 필요한 사람들에게 유익이 되는 정신적 유산을 남기라고 가르치는 것이다. 글자뿐만 아니라 모든 일이 이와 동일하다.

사람이 자기에게 편리한 행위만 고집한다면 아무 것도 가르칠 필요가 없다. 자유로운 사람이 되려면 먼저 욕심부터 버려라! 그 다음에 다른 사람의 자유도 인정해 자신에게 일어나기 원하는 모든 것을 소원하고 그것과 동감할 수 있도록 해야 한다. 인간은 세상을 주관하고 인도하시는 신의 뜻에 의해서만 순수한 자유를 누릴 수 있다.

―에피쿠테타스

5
인간은 자신의 의지가 자유로워야 사실을 의심 없이 믿을 수 있다. 따라서 이미 이루어진 일에는 그 자체의 원인이 있다는 것도 의심하지 않아야 한다. 그런데 그러한 이해의 논리를 뒤집어 이렇게 말하는 사람도 있다. 말하자면 '원인과 결과에 대한 이론은 맞지 않는다는 것이다. 가령 그것이 맞는다면 인간의 의지는 자유로울 수 없는 것이라'고. 그러나 그 말은 사실이 아니다.

―립텐벨크

6
높은 덕성을 갖는 것은 자유스러운 정신을 의미한다. 항상 무엇엔가 분노하며, 두려워하며, 정욕에 빠져 있는 사람은 자유로운 정신을 가질 수 없다. 자신에게 여유를 갖지 못하고 한가지 일에 열중하지 못하는 사람은 정신에 있어서 눈이 있어도 보지 못하는 사람이며, 귀가 있어도 듣지 못하는 사람이고, 먹어도 맛을 모르는 사람이다.

—공자

♣

"자유라는 것은 없다"라고 말하는 사람은 색깔이 없다고 우기는 장님과 같다. 그들은 그 세계 속에서 자유롭게 될 그러한 세계를 희망하지 않기 때문이다.

5월 21일

선의 실체를 확인하려면 먼저 선을 행하라.

선

1

지나가는 하루를 선한 행위로 마쳐라.

2

하루의 생활을 이렇게 시작하라. 즉 눈을 뜨면서 '오늘은 무엇이든 단 한 사람에게라도 기쁨을 주자' 그렇게 생각하고 시작한 하루는 절대로 보람 없이 지나가지 않는다.

—니체

3

선행은 인간의 의무이다. 선을 행하고 선에 대한 자신의 의지가 어떻게 실현되는가를 점검하는 사람은 마침내 자신이 선을 베풀어준 그 사람을 정말로 사랑하게 된다. "네 이웃을 네 몸같이 사랑하라"고 하는 말씀은 상대가 나를 사랑하는가의 결과를 보아가며 선을 베풀라는 것이 아니라, 그와 반대로 이유를 따지지 말고 이웃에게 먼저 선을 행하라는 말이다. 그렇게 함으로 그 선행이 선을 행한 사람으로부터 이웃에게로 사랑을 불타게 하는 것이다. 선은 사랑하는 마음의 결과로 나타나는 것이다.

—칸트

4

선하다는 것은 의도적으로 선한 의지를 보여서 이루는 것이 아니다. 의지가 목적을 가지는 것도 안 된다. 선한 의지는 단지 그 선한 의지임으로 선한 것이다. 다만 그 자체를 보고 아무 것과 비교하지도 않고 베푸는 의지가 선한 것이다. 그것은 의지를 수단으로 해서 이루는 어떤 것보다 높은 가치를 갖는다. 선한 의지는 어떠한 계획을 이용하거나 무엇이든지 다른 것과 결합을 이용하여 이루는 것보다 높은 가치를 갖는다. 특별히 불행한 운명에 부딪쳤을 때의 의지나 매우 빈곤하고 연약한 처지에서 갖는 의지는 그 생각하는 바를 이루는 데 필요한 선한 힘을 빼앗길 수도 있다. 그렇기 때문에 설사 선한 의지로 큰 노력을 한다고 해도 목적을 이룰 수 없다. 그래도 선한 의지는 그 자체에 의하여 빛나게 된다. 예컨대 오물 더미에 묻혀 있는 다이아몬드와 같이 그 자체의 가치를 갖는다는 말이다.

―칸트

5

도덕 군자인 체 헛된 명예를 따라 사는 사람이나 무작정 더 잘 살아 보겠다고 악착같이 사는 사람이나 똑같이 마침내 모두 죽는다. 그러나 그들보다 평범하게 영욕을 버리고 자신에게 주어진 일만 위해 선하게 사는 사람은 더 많은 것을 얻으며 산다.

―인도의 성전

6

선을 행하나 그 선행의 결과를 거두지 못하는 사람은 선에 대한 이해에 앞서 회의(懷疑)하게 되고 선을 행하고도 희생을 치르게 되면 선행을 중단하게 된다. 그러나 선을 행하지 않으면 누구도 참된 선의 가치를 알지 못한다. 그리고 선을 행하는 사람이 없는 한 아무도 선으로 이뤄지는 평안을 얻을 수 없다.

―말티노

♣

사냥꾼이 짐승을 찾아 헤매듯 적선할 기회를 찾지는 못하더라도 선을 행할 기회가 주어지면 놓치지 말라.

5월 22일

대자연의 큰 변화는 눈에 띄지 않게 이루어진다. 그것은 끊임없이 서서히 성장 발전되므로 한꺼번에 돌발적으로 일어나지 않는다. 그와 같이 정신적인 발전도 보이지 않게 이루어지는 것이다. .

정신적 발전

1

정말로 위대한 변화는 눈에 띄지 않게 느린 속도로 이루어진다.

―세네카

2

참된 사상은 끊임없이 이지의 영양분을 취하여 변화하며 그 안에서 성장한다. 구름의 형태가 변하듯이 급작스럽게 변하는 것이 아니라 나무가 자라듯 느리게 변화하는 것이다.

―존·러스킨

3

지금 완전하다고 그것이 모든 시대에 적용되는 불변의 가치는 아니다. 모든 시대에는 그에 따른 제 각기 완전한 가치와 기준이 있다.

―류씨·말로리

4

이미 병아리가 다 되어 있는 달걀이라도 그 병아리의 생명에 위협이 없이 껍질을 깰 수는 없다. 마찬가지로 어떤 사람이 다른 사람을 해방시키려 함에도 그 사람의 정신에 위협을 수반하지 않고 해방시킬 수는 없다. 인간은 정신적으로 어느 정도의 수준에 도달하면 그 스스로가 해방되는 것이다.

―류씨·말로리

5

인생은 끊임없는 기적 속에 성장하고 변화한다. 무엇에 의하여 변화하게 되었는가를 아는 그 앎에서 인간은 자연의 비밀 속에 있는 가장 은밀한 비밀을 알아내는 것이다.

―류씨·말로리

6

　인생은 매일 새로운 정신의 탄생이어야 하며 그것은 높은 품위를 만들어 내야 한다. 짐승이 인간 이하의 존재인 것은 육체만 있고 정신이 없기 때문이다. 생리적인 사상(事象)은 사상·양심·이지·정의·관용으로 바뀌어야 한다. 물체인 황초가 타면 빛과 열로 바꾸는 것과 같이 고귀한 연금술(鍊金術)을 통해 인간을 지상에 있는 모든 존재 위에 두는 이유를 정당화시키기도 한다. 그 속에 인간의 사명이 있고 정신의 존엄성이 있는 것이다.

—아미엘

♣

　자신의 인격이 진보되어 있는지 아닌지를 생각하는 것만큼 덕성의 완성에 해로운 일은 없다. 다행히도 참된 덕성적 개성은 서서히 이루어지는 것이며 인간은 오랜 세월을 겪은 뒤가 아니고는 자신의 진보를 알 수가 없다.
　만약 자신이 완성되었다고 스스로 자만한다면 그것은 큰 착각이며 그대로 멈추어 있든지 아니면 물러나고 있다는 증거다.

5월 23일

　무엇에나 만족을 느끼지 못하는 버릇이 들면 무엇이든 빼앗기는 것이 두려워 아무 일도 하지 못한다.

끝없는 욕망

1

　절제란 정력을 줄이거나 선행이나 신앙적 활동을 줄이라는 것이 아니다. 그것은 사람의 생각으로 범하는 악행을 막는 힘을 의미하는 것이다.

—존·러스킨

2

　연기가 벌통에 들어가면 벌을 몰아내듯 탐욕이 마음에 들어차면 정신적인 소산과 지식의 완성을 내쫓는다.

—봐실리·웰키

3

　원하는 것을 얻음은 크나큰 행복이다. 그러나 그보다 더 큰 행복은 자기가 가지고 있는 것 외의 것에 욕심을 내지 않는 것이다.

—메네뎀

4

불나방은 타 죽는 위험을 모르기 때문에 불 속으로 날아들고 물고기는 위험을 모르기 때문에 낚시 끝의 미끼를 문다. 그러나 인간은 불행의 그물이 펴 있는 줄을 뻔히 알면서도 관능적인 향락을 뿌리치지 못하고 유혹에 빠진다.

—인도의 속담

5

인간의 욕망은 아무 것에도 만족하지 못하고 엄마에게 자꾸만 새로운 것을 달라고 떼쓰며 보채는 어린아이와 같아서 많은 것을 얻으면 얻을수록 더 많은 것을 바란다.

6

현명한 사람이란 무엇에서든지 배우는 사람이고 강한 사람이란 자기 욕망을 스스로 억제할 줄 아는 사람이며 부유한 사람이란 자기의 몫에 만족할 줄 아는 사람이다.

—탈무드

7

아무리 거절당해도 고뇌에 빠지지 않고, 유아독존으로 '내가 아니면'이라든가 '나 외에는' 하는 말을 하지 않고 오만을 버린 사람은 인격적으로 높은 경지에 이른 사람이다.

—인도의 성전

8

바쁠수록 돌아가라

9

너무 많이 먹어 후회하는 사람은 있어도 너무 적게 먹어 후회하는 사람은 없다.

10

욕심은 적은 양(量)을 요구하고, 공상은 많은 양을 요구한다.

11

향락에 빠지면 비애와 번뇌에서 벗어나지 못하고 향락을 벗어나면 비애와 번뇌에서 벗어난다.

—석가

12

온 땅을 지배하는 것보다도 행복하며, 하늘로 올라가는 것보다도 아름답고, 세계를 통일하는 것보다 혜택이 많은 것은 — 육체에서 해방된 거룩한 기쁨이다.

— 석가

♣

욕구를 늘이는 것은 완성하는 것이 아니고 도리어 그와 반대이다. 인간이 욕구를 제한하면 할수록 그에게 있는 인간으로서의 존엄성의 의식은 더 증대한다. 그리하여 더욱 더 자유롭게 되고 그 자유로운 의지는 마침내 신과 인류에 봉사하는 힘을 더 크게 할 수 있다.

5월 24일

사랑은 법칙을 세우는 일이 아니라, 인생의 의미를 인식하는 일이다.

신은 사랑이며 사랑은 신의 현현(顯現)의 한 형태이다. 그러므로 인간은 사랑이다.

사랑의 법칙

1

예수에게 학자들 중 하나가 다가와 물었다.

"모든 교훈 가운데 가장 중요한 것은 무엇입니까?"

예수는 이렇게 대답하였다.

"모든 것 중에 가장 중요한 것은 오직 한 분이신 하나님이 주(主)라는 것이다. 그리하여 너희는 마음을 다하여 주 너희 하나님을 사랑하고 모든 감정과 이지로써 사랑하며 생명을 다하여 사랑하라. 그것이 첫째 규범이며 둘째 규범도 이와 같으니 그것은 네 이웃을 네 몸과 같이 사랑하라는 것이다. 그밖에 그 이상의 규범은 있을 수 없다."

— 성경

2

향락주의는 인간을 불행으로 이끌고 세상 철학은 달콤하게 이성을 현혹한다. 인간 구원은 의무와 행복이 일치할 때 이루어지고 개인의 의지는 신의 뜻과 결합될 때 의롭게 된다. 높은 의지는 사랑에 의하여 이루어진다.

3

남을 사랑할 때 거기에 정의가 존재한다.

— 위웨날트

4

성자는 이렇게 말씀하신다.
"나의 가르침은 단순하기 때문에 그 뜻을 누구나 쉽게 이해할 수 있다. 오직 자기를 사랑하듯이 이웃을 사랑하라고 가르치기 때문이다."

— 중국 성언

5

하나님을 사랑하고 그의 말씀을 지킬 때 인간은 신의 아픔마저도 사랑할 수 있게 된다. 신의 아픔을 사랑할 수 있는 것이 신에 대한 사랑이며 신의 가르침을 지키는 행위다. 그러면 그 때 신의 가르침은 고통이 아니라 기쁨이 된다.

6

인생의 목적은 모든 현상에 사랑을 스며들게 하는 것이다. 그것은 서서히 악을 선으로 바꾸는 일이며 참된 삶(참된 생활은 사랑의 생활)의 창조이며 참된 사랑을 탄생시키는 일이다.

7

선은 실재적이며 현실적인 것이다. 인간에게 선이 있으면 있을수록 삶에는 행복이 넘치게 된다. 모든 규범 중에서도 이 규범을 인식하는 것은 마음속에 행복을 깨우치게 한다. 이 감정을 흔히 종교라고 한다. 그것이 삶에 가장 높은 행복을 형성하게 한다.

— 에머슨

8

행복을 원한다면 한 가지 행할 일이 있다. 그것은 사랑을 실천하는 일이다. 자기 희생으로 미움조차 사랑하며 사방에 사랑의 그물을 치는 것이며 넘어지는 자를 일으켜 주는 일이다.

9

인간은 어렸을 때 가졌던 기쁜 감정을 늙도록 버리지 못한다. 인간은 어린 시절에 보았던 모든 것을 사랑하고 경험했던 일을 기억한다. 이웃을, 부모를,

형제를, 악인을, 적을, 강아지를, 망아지를, 그리고 초목까지도 사랑하고 싶어한다. 그리고 모든 것이 좋고 모든 것이 행복하기를 바란다. 그 뿐 아니라 모든 것에 좋기 위하여 스스로 무엇을 하고 싶고 모든 것에 항상 행복하기 위해서 자신의 일체 즉 생명까지 내던지려했던 일도 있을 것이다. 이것이 즉 사랑이다. 그 것에야말로 인간의 삶이 있다.

10
무엇이든 이룰 수 있는 힘이 있거든 그것이 사랑이 되게 하고 힘이 없이 약하거든 그 약함이 또한 사랑이 되게 하라.

11
사랑할 수 있는 덕성은 멀리 있는 것이 아니다. 그것은 언제나 사랑하고 싶을 때 가까이 있다. 찾기만 하면 언제 어디서나 저절로 다가온다.

12
사랑의 크기는 분수(分數)의 크기와 같다. 그 분자(分子)는 다른 사람에 대한 나의 공감이며 동정이며 그 분모(分母)는 나의 자아애[自我愛]이다. 그 분모는 내가 자신의 동물적인 자아에 부여하는 의의(意義)의 중요도에 의하여 무한하게 크게도 적게도 된다. 그리고 세속적인 사랑에 대한 판단, 즉 정도의 크기가 있는 사랑은 분수의 크기를 잴 때와 같은 기준에 의한다. 즉 그 분모가 어떠하든 분자에 의해서만 판단된다.

♣

마음을 가두는 껍질을 깨끗이 깨뜨려 버려라. 그러면 그 곳에 사랑만 남을 것이다. 사랑은 대상을 찾는다. 사랑은 자신에게는 만족 못하기 때문에 생명이 있는 모든 것을 대상으로 택한다. 그리고 마침내 영원한 생명. 즉 하나님을 대상으로 택하게 된다.

5월 25일
인간의 덕성은 그 사람의 언사에서 찾아볼 수 있다.

인간과 언사

1
열성적인 신앙으로 존경했던 사람도 그의 언사에 조심성이 없으면 그 신앙이 거짓으로 보인다.

—성경

2

남의 결점만 보는 것은 자신을 알지 못하는 데서 오는 오만이다. 인간은 때로 이웃을 비난함으로써 그를 손상시키는 과실을 범한다. 그래서 자기 마음을 스스로 구하지 않으면 유혹에 빠지기 쉽다.

3

남의 허물을 알더라도 그것을 다른 사람에게 전하지 말라.

4

남을 해치는 말이나 비난하는 말은 하지 말라. 이웃의 흉을 친구나 낯선 사람에게 말하지 말며 이웃의 결점을 알더라도 떠들고 다니지 말라. 남이 이웃을 악담하거든 못하게 하라. 악담 못하여 파멸된 사람은 없고 못하게 한다고 잘못도 아니다.

5

허물을 감춰 주고 장점을 말하는 것은 사랑의 표현이며 그것은 이웃의 사랑을 얻는 좋은 방법이기도 하다.

6

이웃을 신랄히 비방하는 자리에서 누가 그대를 추켜세우거든 그 사람의 말에 귀를 기울이지 말라.

♣

말하기에 앞서 한 번 다시 생각하라. 선하고 아름답게 의사를 전하기에 가장 좋은 때는 그대 자신이 선하게, 사랑을 깊이 느낄 때이다. 그러나 침착성을 잃고 죄의식으로 호소하면 할수록 말로 죄를 저지르게 됨을 조심하라.

5월 26일

죽음은 삶의 파멸을 의미하지만 동시에 영생과 평화를 찾는 변화이기도 하다. 죽음은 의지나 힘으로 막지 못하지만 죽음이 가져다주는 평화는 인간이 최후에 얻는 소망이기도 하다.

죽음과 평화

1

정력이 넘쳐흘러 삶이 즐겁고 행복할 때는 아무 것도 깊이 생각지 않는다. 그러나 중병이 들면 죽음이 가까워짐을 실감하게 된다. 그때야 비로소 인간은 사후(死後)세계를 생각한다. 전자의 경우나 후자의 경우나 마찬가지로 인간은 영원히 자신의 존재가 어떻게 될 것인가를 생각하는 삶을 살아야 한다. 그것을 생각지 못하는 사람은 아무리 부유하고 유식해도 어리석게 사는 것이다.

2

죽음은 덕성으로 겸손히 맞이해야 한다. 짐승은 죽는다는 것이 그저 숨만 끊어져 버리면 되지만 인간은 태어날 때 받은 영혼을 창조주 하나님에게 돌려 주어야 하기 때문이다.

— 아미엘

3

예수 그리스도의 위대한 점은 죽음을 앞두고 창조주를 부정하는 인류를 위하여 기도를 했다는 점이다.

4

죽어 가는 사람의 말과 행위에는 평소의 말이나 행동보다 특별한 의미가 있다. 그러므로 평소 훌륭하게 사는 것도 중요하지만 죽음에 대비하여 훌륭히 대처하는 것이 더 중요하다. 죽음을 앞에 놓고 자칫 훌륭했던 일생의 행적이 소멸되고 수치가 될 수도 있다. 그러나 훌륭하게 준비된 임종을 순탄하게 마치면 과거에 저지를 실수는 덮어지고 훌륭했던 업적만 돋보이게 된다.

5

연극이 끝나면 관객들은 심취했던 가상세계에서 깨어나 현실로 돌아온다. 그 순간 생각하던 모든 것이 꾸며진 것이었음을 깨닫게 된다. 그렇듯 인생도 꾸며진 무대에서 연극이 끝나는 장면을 향해 옮겨가는 것에 불과하다. 그러나 죽음의 순간만은 싱거운 연극 무대와 다르다. 누구나 죽는 순간만은 엄숙하고 진실하다. 그러한 의미에서 죽음 앞에서의 한 마디는 중대하고도 고귀하다.

6

　죽음을 앞에 둔 사람이 남아 있을 다른 사람들을 생각하기는 어려운 일이다. 그러나 그 죽어 가는 사람이 생각할 수 있는 힘조차 다 잃었기 때문에 그런 것이라고 할 수는 없다. 그 순간만은 전혀 다른 것 — 살아 있을 사람으로서는 이해하지 못하고 이해할 수도 없는 전혀 다른 것, 죽음이 가져오는 사후 세계를 맞아야 한다는 문제에 집착해 있기 때문이다.

7

　인간이 살아 있다는 것은 타들어 가는 촛불 아래에서 공포와 기만·비극·살인 등의 이야기로 가득한 책을 읽고 있는 것과 같다. 그리고 촛불이 심지까지 타 들어가 가물거리면 책에 쓰인 이야기도 보이지 않게 되듯 죽음이 다가와 사람을 데려감도 그와 같다. 인생은 여러 종류의 책을 촛불 아래서 읽는 것과 같다.

8

　죽는 자는 영원의 일부분이 되어 버린다. 그리고 죽은 자는 무덤 저쪽에서 자신을 부르는 것을 가상 할 수도 있다. 그래서 간혹 죽은 자를 예언자와도 같이 생각하기도 한다. 인생이 가고 무덤이 열리는 것같이 죽음이라는 심각한 사념에 깊이 빠질 때 비로소 뜻깊은 훈계가 정신에 다가온다. 그 때 그의 천성적인 본질은 모습을 드러내지 않을 수 없고 내면에 있는 신도 이미 그 모습을 나타내지 않을 수 없다.

— 아미엘

♣

　죽음의 준비를 하지 않으면 안 된다. 그 준비는 보통의 생각과는 다르다. 그것은 세상의 예식이나 세상의 수많은 번뇌를 처리하는 것이 아니고 가장 훌륭한 죽음의 준비를 말하는 것이다. 즉 인간이 다른 세계로 들어가는 순간은 승리의 순간이어야 한다. 왜냐하면 죽는 자의 말과 행위는 살아남아 있는 자에게 말로 다할 수 없는 영향을 주기 때문이다. 그러므로 그 순간을 잘 넘길 준비를 하여야 한다.

5월 27일

　재판은 종종 죄악의 노예가 되기도 한다. 죄를 다스리려다가 오히려 죄를 범하기도 한다.

잘못된 재판의 죄

1

재판이란 있는 사실 그대로의 상태를 유지하려는 목적을 갖는다. 그렇다면 이른바 중간층보다 높이 있는 자와 중간층이상으로 높아지려는 자를 중간층보다 낮은데 있는 자와 중간층에 있는 자가 처벌하는 방식이 되어야 한다.

2

계율의 규범에서는 흔히 규정된 규범에 반대되는 모순을 찾을 수 있다. 예컨대 금하라는 금계(禁戒) 중에는 '단식하라고 씌어 있으나 모두가 단식을 한다면 모든 사람은 삶의 활력을 잃게 된다. 그러면 누가 신을 섬길 것인가? 뿐만 아니라 동물을 죽이지 말라는 금계에서 맹수를 만났을 때 자신은 야수에게 잡아먹혀야 된다는 말인가? 금주하라는 계율도 마찬가지로 세례 받을 때는 어찌할 것이며 알코올 등을 질병 치료제로 써야 할 경우는 어떻게 하라는 것인가?

성자도 악행에 대해서 폭력으로 대하지 말라고 했다. 자기를 죽여 달라고 악인에게 내밀라는 말인가? 그럴 듯한 모순을 찾아 궤변을 늘어놓는 자는 도덕적 규범을 지키기를 거부한다는 뜻을 그렇게 표시하는 것이다. 어떤 환자의 치료에 알코올을 쓰지 말라는 것과 술에 취하지 말라는 뜻은 분명히 다르다. 또 악한 자가 악행을 저지르더라도 막연히 방관만 하라는 것이 아니다. 사회 규범에 어긋나는 행동은 제재를 받아야 마땅하나 먼저 그 규범이 도덕적 정의이어야 한다.

3

누구나 세상 만사를 다할 수 없다. 그러나 무엇이든 하지 않으면 안 된다. 만사를 다 할 수 있다고 해서 나쁜 일까지 해야 한다는 의미는 결코 아니다.
―트로

4

인류가 존재하기 시작할 때부터 이지적인 선과 악은 있었다. 그리고 후예들은 선대들이 행해 온 그 구별을 지켜 왔다. 악에 대하여 싸웠고 진실하고 선한 길을 구하며 끊임없이 지켜왔다. 그러나 그 길을 방해하는 세력이 항상 있어 왔다. 각가지 기만으로 '선악을 굳이 구별할 필요가 무엇이냐, 그저 되는대로 살면 그만'이라면서 저들이 꾀하는 바대로 선한 사람을 기만하는 방법들이다.

5

악마가 이렇게 속삭이더라도 귀를 기울이지 말라.
"자네가 돌로 만들어졌나 구리로 만들어졌나? 아니지 않은가? 그런데 어째서 자네에게는 그렇게 무거운 짐을 지우는가 말일세. 이 짓을 다 하자면 밤낮 없이 죽을 때까지 해도 안 될 거야."라고.

그러나 그렇게 속삭이는 말은 악마가 유혹하는 소리인 줄로 알라. 그 속삭임은 정의로우신 하나님의 뜻을 이루는 것이 얼마나 어려운가를 말하는 것이며 또한 그 말은 진리로부터 인간을 이간시켜 함정에 빠뜨리게 하려는 수작이다. 법의 조항이 그렇고 질서의 내용이 모두 그렇듯이 규범의 대부분은 금지(禁止) 사항으로 되어 있다. "하지 말라"는 것으로 되어 있다는 말이다.

그러나 진정한 도덕적 규범은 대부분 신에 대한 끊임없는 충성과 사랑과 일치에 대한 결속과 유대가 주축이 된다. 이웃을 해치지 말고 약탈과 같은 악행을 멀리 하라. 이와 같은 유사한 조항이 포함된다. 그러한 규범을 지키는 것은 그다지 어려운 것이 아니다. 왜냐하면 규범의 대부분은 수동적인 것이어서 행위의 절제를 요구할 따름이기 때문이다.

단지 극히 작은 부분만 능동적인 것이 요구될 뿐이다. 더구나 그 규범을 지키는 일이 항상 있는 것이 아니라 필요할 때만 지키는 일이다. 자선을 한다든가 피압박자를 압제자의 손에서 보호하는 일은 날마다 있는 일이 아니라 이따금 있는 일이다. ―탈무드

♣

어떤 행위가 복잡한 논쟁을 일으킨다면 그 행위는 정당한 행위가 아니라고 믿어도 무방하다. 진리가 지시하는 결정은 지극히 단순하다.

5월 28일

사람이 이뤄 놓은 행위의 결과를 사람이 심판하는 것은 적절치 못하다. 심판하는 것은 감히 인간이 할 수 있는 차원이 아니기 때문이다. 인간이 이뤄 놓은 행위의 결과는 영원한 심판자인 신만이 할 수 있다.

행위와 심판

1
인간의 행위는 인간의 것이고 결과와 정리는 신의 것이다.
―성프랑시스

2
인간은 품팔이 일꾼과 같아서 일한 대로 보수를 받을 뿐이다.

3
인간이 신의 비밀을 알려고 해도 헛수고일 뿐이다. 인간이 해야 할 일은 단지 신의 규범을 지키는 일뿐이다.

4
의무를 다한 다음 결과는 그 의무를 맡기신 신에게 맡기라.
―탈무드

5
한 일의 대가가 어떤 것이든 그것을 따지기 전에 마음이 정하도록 노력하라.
―죤·러스킨

6
마음이 성결한 사람은 속에 괴로움이 있어도 겉으로 나타내지 않음과 같이 언제나 외면적인 것보다 내면적인 면에 신중을 기한다.
―노자

7
노력의 결실은 목표대로 간다는 평범한 진리가 있다. 목표가 먼 곳에 있을수록 그 결실은 크고 넓으나 목표가 짧고 노력이 적게 들수록 결실은 적다.
―죤·러스킨

8
행위의 목표가 위대한 것일수록 그 결과는 먼 곳에 있는 법이다.
―죤·러스킨

9

실로 막중한 과업을 이루어 놓은 사람은 자신이 이룩한 결과를 알지 못하는 법이다.

10

결과가 어찌될 것인지 생각지 않고, 오직 신의 뜻을 따르겠다는 일편단심에서 나오는 행위는 인간이 할 수 있는 최선의 행위다.

11

세상은 악과 거짓이 숨은 커다란 퇴적(堆積)물과 같고 마치 갱내(坑內)의 화약과 같아서 그 퇴적물 위에 새로 악과 거짓을 쌓아 올리다가 균형을 잃는다. 그러면 악과 거짓이 선과 진리가 가지고 있는 폭발성에 불을 붙여 폭발하게 된다. 그 때문에 악과 거짓은 결국 발가숭이가 되어 흉측한 실체를 드러내고 만다.

선을 외면하고 지배욕에 사로잡혀 거짓을 지지하는 무리와 함께 도모하는 것은 갱내에서 화약의 폭발을 피하려는 것에 지나지 않는다. 그 폭발은 퇴적한 악에 무장을 해제하며 그 세력을 약화시킨다.

예수는 자신의 가르침이 현실의 평화는커녕 오히려 분쟁과 쟁탈과 분열을 일으키게 된다는 것을 예상했음으로 표면에 드러나는 악행에 대하여 당황하지 않았다. 도리어 일시적인 선과 악, 빛과 어둠의 충돌을 당연하게 생각했다. 마땅히 빛이 어두움에 선이 악에 결국은 승리할 것임을 알고 있었다.

— 표도르 · 스뜨라호프

12

예수 그리스도의 일생은 인간이 생전에 자신의 과업에 대한 열매를 볼 수 없다는 것을 단적으로 보여 주는 경우였다. 반면에 모세는 그의 백성이 약속의 땅으로 들어가는 것을 볼 수 있었다. 그러나 예수는 오늘날까지 살아 있다고 해도 자신이 원했던 열매를 볼 수는 없다. 사람은 자신이 신의 뜻을 이루기를 바라면서도 한편으로는 다른 사람들의 도움을 얻고 싶어하지 않는가?

♣

자기 과업의 결과를 당장에 볼 수 있다면 그 과업은 무의미한 것임을 알라.

5월 29일

한 사람이 다른 사람을 굴종시키거나 크게 도움이 되거나 은혜를 베풀었다고 해서 그것이 자타가 인정하는 존엄성이 되는 것은 아니다.

인간의 존엄성

1

인간은 누구나 존경을 받고 싶어한다. 그렇다면 동시에 남을 먼저 존경하는 마음을 가져야 한다. 인간은 누구나 누구를 위한 도구나 목적이 될 수는 없다. 이러한 그러한 전제에서만 인간의 존엄성은 지켜질 수 있는 것이다. 따라서 인간은 여하한 대가를 받더라도 자신을 팔 수는 없다는 말이다.(그것은 인간 존엄성에 어긋나는 일이다) 그와 마찬가지로 사람에게는 평등한 의무로서의 존경을 거절할 권리도 없다. 모든 사람은 진정으로 인간의 존엄성을 인정해야 할 의무가 있다는 말이다. 그리고 그 존엄성은 모든 사람과의 관계에서 표현되어야 한다.

―칸트

2

세상의 권세가들이 근로 계층의 행복에 대하여 생각할 때는 반드시 온정적인 애고주의(愛顧主義)에 빠지는 것이 보통이다. 노동의 진정한 존엄성을 인정할 줄 아는 자들은 이 애고주의적인 태도에 노골적인 모욕을 느낄 수 있을 것이다. 권세가들의 동정적인 말투에서는 만일 근로 계층의 인간들이 그들의 애고를 기꺼이 받아들이지 않는다면 반드시 지독한 가난에 빠지게 될 것이라고 위협한다. 그러나 아무도 어떠한 현상도 지주나 자본가들의 애고주의의 필요성을 증명하지는 않는다. 그런데 지주나 자본가들은 자신은 무엇이든지 할 수 있는 능력이 있으나 그렇지 못한 가난한 근로 계층의 인간들은 어쩔 수 없이 애고주의가 필요하다고 말한다.

그러면 그렇게 애고주의를 필요로 하는 근로가 대체 무엇이란 말인가? 근로야말로 자본을 만들어 내는 원인이며 자본을 창조하는 모든 재물의 생산자가 아닌가? 근로자들의 덕택으로 자신들도 살수 있지 않는가? 사회의 3대 계급은 근로자와 거지와 도둑이라고 말하는 것이 옳은 지적이 아니겠는가?

―헨리·죠오지

3

대중에 대한 애고주의는 항상 전제주의를 보필하고 왕이나 귀족의 특권을 정당화하기 위한 것이었다. 그러나 세계 역사를 통해 설사 그것이 전제주의가 되었든 공화주의가 되었든 간에 근로 대중에 대한 애고주의는 오히려 대중에 대한 압박을 계속 용인해 왔다. 어떤 경우든 애고주의는 인간을 가축처럼 만든다. 그 노력(勞力)과 육(肉)을 얻으려고 대중에게 애고주의를 보급하는 것이다.

— 헨리·죠오지

4

극히 사소한 것이 인간의 습성을 바로잡는데 큰 영향을 미치는 경우도 있다. 사소한 것이니 아무렇게나 적당히 해도 괜찮다고 말하면 안 된다. 진정으로 도덕적인 사람은 작은 것에 있는 높은 가치를 안다.

5

어떤 종파는 상호 교제할 때 상대의 발 밑에 엎드리는 습관이 있다. 그들은 인간에게 신의 영혼이 깃들여 있기 때문에 그렇게 하는 것이 당연하다고 한다.

6

인간은 비굴하게 애걸하는 듯이 굴종을 가장하며 살아간다. "나는 생각한다. 그러므로 나는 존재한다."라고 당당히 말하는 사람을 거의 볼 수 없다.

— 에머슨

♣

봉사하는 사람은 자신이 굴종하거나 애고를 받거나 은혜를 받고 있다고 생각하지 않는다. 그는 스스로의 의무를 다하고 있을 뿐이다.

5월 30일

인간의 개성이 매매될 수 없듯이 땅도 매매의 대상이 될 수 없다. 땅을 매매하는 것은 보이지 않는 개성을 매매하는 것과 같다.

땅의 가치

1

노예제도의 본질은 남의 노력(勞力)을 얻고도 보수를 주지 않을 권리를 만드는 데 있다. 땅을 부분적으로 소유하는 것도 노예를 소유하는 권리와 같은 권리를 얻는 것이다. 노예 소유자는 노예의 노동에서 얻은 것에서 적어도 그 노예가 생활하는데 필요한 만큼은 남겨주어야 한다. 그런데 자유국이라고 불리는 나라 근로 대중은 과연 노예 이상의 보수를 받고 있는가?

—헨리·죠오지

2

땅은 자연이 인간에게 준 선물이다. 그러므로 땅 위에 태어난 인간은 토지를 공유(共有)할 권리가 있다. 그 공유권은 아기가 엄마 젖가슴을 차지하는 권리와 같이 자연스런 것이다.

—말몬텔

3

나는 대지에 의해 태어나고 하나님에 의해 생명을 얻었다. 그러므로 대지는 나의 삶을 위하여 필요한 모든 것을 그 자체 안에 준비해 두었고 하나님은 내가 얻을 수 있는 방법을 준비해 두셨다. 나는 나의 몫을 찾을 권리가 있다.

4

숙박하기 위해 자리를 잡으면 그 자리 값을 치러야 하듯 공기·물·햇빛을 저 넓은 대지 위에서 받은 인간이면 누구나 하나님에게 갚아야 한다. 진리에 의해 인정된 인간의 권리는 저 넓은 대지를 걸어가듯 당당할 수 있다. 지쳐 쓰러지기 전까지 대지를 걸어야 한다. 한 시도 걸음을 멈추어서는 안 된다.

—그란트·아렌

5

남자든 여자든 육체를 매매해서는 안 되듯이 땅과 물과 공기도 매매해서는 안 된다. 이런 것은 인간이 존재하기 위한 기본 조건이기 때문이다.

—존·러스킨

6

토지를 매매하거나 함부로 다루는 것은 큰 죄를 저지르는 것이다.

♣

인간은 좋은 일이라고 생각하는 것을 목표로 하여 노력하지 않고 많은 것을 소유하기 위해서만 노력하고 있다.

5월 31일

흔히 이렇게 말하는 사람을 본다. "별 것도 아닌 주제에 남에게 자기가 이렇다. 라는 것을 보이려고 사치를 부리며 허영과 사치에 빠져 웬만한 것은 무조건 업신여기고 분수없이 있는 척한다"고. 그러나 그 사람 역시 인간이 누리는 기쁨조차 업신여기는 것이 훌륭한 인생관이라 생각하고 자기는 다른 사람보다 더 좋은 일을 생각할 수 있다는 듯이 자랑하는 인간이다

자기 허물은 모르는 족속

1

고뇌로 얻는 승리나, 악을 선으로 바꾸는 것은 신께서 사랑으로 행하시는 기적이다. 악이 가득한 세계를 선으로 바꾸는 것은 창조주만이 할 수 있는 자비의 영원한 의지이다. 악을 선으로 바꿀 수 있는 모든 영혼은 이 세계 역사의 상징이다. 행복하다는 것, 영원한 생명을 얻는 것, 신과 더불어 존재한다는 것, 구원받는 것, 이런 모든 것도 마찬가지다. 그것은 모든 문제의 해결이며 존재의 목적이다. 그리고 슬픔이 성장하듯이 행복도 성장할 수 있다. 끊어지지 않고 변함 없는 천상의 행복이 주는 평화롭고 영원한 성장 등, 행복은 한정이 없다. 신이 주는 사랑은 시작도 끝도 없으며 행복은 사랑을 통하여 신으로부터 얻는 것이다.

― 아미엘

2

인간에게는 어떠한 행복과도 바꿀 수 없는 삶의 가치가 주어져 있다. 그런데 모두가 기쁨이 적다고 불만이다. 인간에게는 인간이라는 특별한 명예가 주어져 있다. 그 기쁨은 육체만 아니라 정신 세계와도 내왕(來往)한다. 그래도 인생은 짧기만 하다고 하겠는가?

인생의 수명이 더 길기를 바라는 것이 인간이지만 인생의 커다란 행복을 깨닫고 그것을 보람있게 할 수만 있으면 결코 그 이상의 것을 바랄 필요는 없을 것이다.

3
좋은 신앙은 가장 은혜로운 기쁨이다.

— 렛 씽

4
정신적인 즐거움을 누리는 것은 그 사람의 힘을 증명해 주는 것이다.

— 에머슨

5
행복은 행복하게 될 수 있다고 믿는 사람에게 온다.

6
오직 인간적인 행복만 추구하며 하나님의 섭리를 믿지 않는 자에게 그가 원하는 육체적 행복을 줘 보아라. 그는 곧 불행으로 전락하고 만다. 그러나 하나님의 진리를 이루는 데 자신의 행복이 있다고 믿는 인간에게서 세상 사람들이 행복이라고 여기는 모든 것을 빼앗아 보라. 그는 곧 행복하게 되리라.

7
운명에 만족하고, 사랑과 선을 베풀어 보라. 그러면 세계를 얻은 사람처럼 살 수 있으리라.

— 오오레리아스

8
인간에게는 사소하면서도 중대한 과실이 하나 있다. 그것은 자기가 행복을 위하여 태어났다고 믿는 것이다.

— 쇼펜하우어

♣

인간은 자신의 생애에 대하여 불만을 느낄 아무런 권리도 가지고 있지 못하다. 만약 인생이 불만스럽게 생각된다면 그것은 단지 자기 자신에게 만족스럽지 못한 이유가 있음을 의미하는 데 불과하다.

6 월

6월 1일

인간은 반드시 죽는다는 의식이 인간으로 하여금 하나님의 뜻에 합당한 것을 택하도록 만들어 준다.

죽음과 선택

1

자유로운 사람은 죽음보다 삶의 기쁨에 대하여 더 많이 생각한다.

― 스피노자

2

사람은 정신적인 삶을 즐길 때만 자유롭다. 정신에는 죽음이 없다. 그러므로 정신적인 삶 속에 있는 사람은 죽음에 초연할 수 있다.

3

인간은 생명을 지키려는 감정이 강하다. 그것은 당연한 일이다. 그러나 그 감정의 대부분은 스스로 만든 것일 뿐이다. 단지 자기 생명을 보전하려는 강한 생리 때문에 인간은 각기 자기대로의 방법으로 세상을 산다. 그러다가 그 방법이 소용없다는 것을 알면 부질없는 투쟁을 그치고 삶 자체를 포기하고 만다. 그리하여 죽음에 대한 순종이 자연스럽게 이루어진다. 그러나 짐승은 죽음을 피하려 하지 않는다. 뿐만 아니라 항거도 하지 않고 죽음을 맞는다. 사람도 짐승과 같은 인간이 있다. 사는 방법과 자기 보호법이 다 있지만 그것이 다 소용없게 될 때 인간은 깊은 지혜에서 나오는 죽음에 대비한 새로운 길을 선택해야 한다. 그런데 미련한 사람은 그 방법을 알려고 하지도 않고 깨닫지도 못한다.

― 루소

4

죽음은 순식간에 온다. 허식과 정욕에서 벗어나지 못하고, 세상은 자기를 해치는 상대라는 의식에서 벗어나지 못하는 사람은 죽음에 대비할 마음의 여유가 없고 누구와도 믿고 절친한 관계를 맺을 수 없다.

― 오오레리아스

5

무엇을 하던 간에 언제인가는 그것을 그만 두어야 할 때가 온다. 그 대비를 위해 있는 힘을 다해 일하라. 죽음은 인간에게 그렇게 해야 한다는 것을 가르쳐 준다.

6

두려움 없이 죽음을 맞고 싶거든 위험에서 오히려 그 위험을 즐기며 사는 사람들을 보라. 그리고 그 속으로 들어가라. 그들은 죽음이 언제 올는지 모른다는 사실도 알고 있다.

아무리 많은 죽음을 보아 온 장수한 사람도 마침내 죽을 수밖에 없다. 인생은 짧고 그 속에는 수많은 슬픔과 악이 가득하다. 생명의 덧없음과 짧은 시간에 어떻게 가치 있는 삶을 살 것인가를 생각해 보라. 죽음 뒤에 올 영원과 내가 태어나기 전부터 있어온 영원 사이에서 사흘을 살든 3세기를 살든 무슨 차이가 있는가?

— 오오레리아스

7

장벽은 자유를 방해한다. 그것은 정도를 벗어날 때 생긴다. 준비한다는 것은 그 일을 잘 끝낼 수 있는 방법을 의미한다. 한가지 일이 잘 끝났을지라도 모든 일에는 항상 뒤에 무엇인가를 남길 수밖에 없다. 뒤에 남겨 둔 것은 마침내 또 눈앞에 다시 나타나 앞길을 방해하기도 한다. 하루를 살더라도 모든 것의 관계를 바르고 깨끗하게 하라. 언제나 최후의 날을 위하여 준비하라. 준비를 잘 해 둔 사람은 본질적인 의미에서 죽음의 의미를 아는 사람이다.

— 아미엘

8

이렇게 할 것인가 저렇게 할 것인가 망설여지는 일을 앞에 두고 있을 때, 만약 오늘 저녁에 죽는다면 어떻게 할 것인가 생각하고 결정하라. 그런 경우 어떻게 할 것인가에 대하여는 그 누구도 예상치 못한 결정이 내려질 것이다.

9

"죽을 날이 가까운데 무엇을 더 하겠나!"라고 말하는 사람을 자주 본다. . 죽을 때가 다 되었다고 해서 아무 것도 할 필요 없다고 하는 사람은 평소에도 아무 것도 안 하는 사람이다. 죽음이 가까우면 가까울수록 할 일이 많은 법이다. 그것은 영혼을 위한 과업이다. 즉 사후에 영혼이 갈 길을 닦아 두는 것이다.

♣

죽음은 인간에게 자기의 과업에 끝장이 있음을 알도록 가르친다. 모든 일 중에서 항상 신의 규범에 의하여 충족된 하나의 예가 있다. 그것은 사랑을 위한 과업이다.

6월 2일

남자나 여자나 한 가지 같은 사명이 있다. 그것은 신에 대한 봉사이다. 그러나 봉사 방법은 남자와 여자가 다른 것도 있고 같은 것도 있다. 그러므로 남자와 여자는 제 각기 정해 있는 방법으로 신을 섬겨야 한다. 여자의 사명 가운데 가장 중요한 일은 아이를 낳고 교육시키는 일이다. 여자는 남자가 할 수 있는 일이라면 무엇이나 할 수 있다. 그러나 남자는 여자가 할 수 있는 일 중에서 할 수 없는 것이 아이 낳는 것과 어릴 때 교육시키는 일이다. 그러므로 여자는 그들만이 할 수 있는 이 두 가지 사명에 충실해야 한다.

여자가 할 일과 남자가 할 일

1

살림을 잘못 하는 여자는 가정에서 행복치 못하고 가정에서 행복치 못한 여자는 나가서도 행복하지 못하다.

2

인류에 대한 봉사는 그 자체를 두 가지 부분으로 나누어 생각할 수 있다. 그 하나는 전 인류가 행복을 누리게 하는 것이고, 다른 하나는 인류의 종족보존을 충실히 하는 것이다. 전자는 남자의 사명이고 후자는 여자의 사명이다.

3

남자와 여자는 2부 합창곡 악보와 같다. 하나라도 없으면 영혼의 악기는 바른 화음을 낼 수 없다.

4

세상의 만물은 아름답다. 그러나 세상에서 가장 아름다운 것은 높은 덕성을 갖춘 여성이다.

—마호메트

5

묘하게도 뿌리깊은 의식 착오가 하나 있다. 그것은 요리나 바느질이나 육아는 모두 여자가 할 일이지 남자가 그런 일을 하는 것은 수치라고까지 생각한다. 그러나 반대로 이렇게 생각하는 남자야말로 부끄러워해야 한다. 육체도 허약한데 살림에 시달리며 무거운 짐을 짊어진 여성들이 힘을 다하여 요리하고 세탁하고 아이들을 보고 있을 동안 하찮은 일에 시간을 보내던지 아니면 아무 일도 하지 않고 빈들빈들 노는 남자야말로 부끄러워하여야 한다.

세상 여성들이여, 미혼 시절에, 아이 낳는 일에서 자유로울 때 남성들이 하는 일을 무엇이든 빼앗아 해 보라. 그리고 그대들이 아니고는 무엇으로도 대신할 수 없는 아이 낳기와 자녀교육을 충실히 하라.

6월 3일

영원과 불멸에 대한 믿음은 인간을 선한 삶으로 인도한다.

불멸

1

중한 법을 어긴 사람은 죽음과 함께 삶도 아주 끝나 버리는 것으로 생각한다. 그래서 이런 사람은 더 큰 죄를 저지를 위험성이 있다.

—석가

2

인간의 영혼에는 불멸의 진리가 마치 씨앗처럼 양심으로 존재한다. 뿐만 아니라 그것은 사후의 보응을 예비하기도 하며 인간의 이성(理性)으로 존재하기도 한다. 영혼이 목적을 달성하기 위해서는 세상에서의 생명만으로는 충분치 못하다는 것을 안다. 또 그 씨앗은 행복에 대한 인간의 갈망 속에도 존재한다. 그 갈망은 매우 강력하고 세상에서 결코 만족할 수 없는 그런 것이다. 또 그 씨앗은 도덕과 선에 대한 인간의 사랑에도 존재한다. 사랑은 인간이 그것을 육성하는 정도에 따라 흠잡을 곳 없는 완성에 이르는 이상을 깨우치는 귀중한 것이다.

—찬닝

3

인간의 영혼에 형태가 있다면 그것은 육체가 죽은 뒤에도 남을 것이요, 영혼이 육체가 죽은 뒤에도 살아 남는 것이라면 신의 존재도 설명할 수 있을 것이다. 이 현세에서는 악이 선에 승리하며 고로 선이 피해를 당한다. 이것이야말로 인간의 영혼이 육체적인 것이 아니라는 유일한 증거이며 이 유일한 증거는 모든 의문을 푸는데 충분하다. 그러나 세상의 질서에서 생기는 이 같은 모순은 그 해결을 강요한다. 그래서 나는 내 자신에게 말한다.

'그렇다, 인생은 모두 죽음과 함께 끝나는 것이 아니다. 뿐만 아니라 모든 것은 죽음에서 형태가 결정지어지는 것도 아니다. 나는 이것을 저지른 죄에서도 느낀다. 인간은 단지 현세에서는 생명의 반만 사는 것이고, 영혼의 보다 높은 삶은 죽음과 함께 시작되는 것이다. 그러나 어떤 점에서는 삶을 존재하는 것이라 할까? 인간의 두뇌는 제한되어 있어서 무한의 사상(事象)을 이해할 수는 없다. 나는 무엇을 믿고 또 무엇을 부정할 수 있는가? 나는 내 마음이 육체가 죽은 뒤에도 살아있으리라는 것을 확신한다. 그러나 그것이 영원히 살 것인지는 알 수 없다. 나는 마침내 육체가 소모되어 가루가 되어 부서져 버리리라는 것을 믿는다. 그렇지만 나의 사색적 실재도 마찬가지로 부서져 버리리라고는 생각할 수는 없다. 그것이 어떻게 죽어버릴 것인지 이해할 수가 없기 때문에 나는 그것은 죽는 것이 아니라고 생각할 수밖에 없다.'

4

신이 존재하고 미래의 삶이 존재한다면 진실도 존재하고 도덕도 존재해야만 한다. 인간의 최고 행복은 그 같은 것을 얻기 위한 능력에 있기 때문이다 살아야 한다. 사랑해야 한다. 그리고 인간은 단지 이 지상의 한 구석에 살고 있지만 만유(萬有)속에 그리고 영원 속에서 살아 왔으며 또 그렇게 살아가리라는 것을 믿어야 한다.

5

인간은 다음과 같은 때만 죽는 것이 아니라는 것을 의식한다. 즉 자기는 결코 태어난 것이 아니고 항상 존재하던 것이요, 또 존재 할 것을 의식할 때이다.

인간은 다음과 같은 때에만 스스로의 불멸을 믿는다. 즉 자신의 생명은 단순한 물결이 아니라 이 세상에서 인간의 존재로 살수 있는 것은 단순한 물결

이상의 영원의 움직임이라는 것을 이해할 때이다.

6

누구나 죽음이 가까이 온 것을 느끼면 무익하고 부질없는 생각에 몰두하게 된다. 그러나 죽음이 다가오는 것을 알면서도 역시 살아야 한다는 생각이 필요하다. 그래야 비로소 인생의 모든 것이 존엄스럽고 의미 있게 되며 삶의 진정한 기쁨이 무엇인지와 인생이 맺어야 할 열매를 소망하게 된다. 그 결과 죽음이 가까이 오더라도 열심히 일하게 된다. 죽음이 언제 어느 때 우리의 소중한 일을 중단시킬는지 모르기 때문이다. 그리고 죽음이 다가오는 것을 알 때 모든 인생은 신의 요구에 대답하지 않을 수 없다는 사실을 인식하기 때문이다. 일이 삶의 기쁨이 될 수 있으면 허수아비 같은 죽음의 공포는 없어지리라. 죽음에 대한 부질없는 공포는 삶이 선해 감에 따라 사라지게 될 것이다. 이 공포는 성자의 삶에는 마치 배의 키와 같다.

♣

생명은 출생과 함께 시작된 것이 아니며 죽음과 더불어 그치는 것도 아니다. 그것을 믿는 사람은 그러한 이치를 이해하지 못하므로 믿지 않는 자들보다 선한 삶에 힘쓰는 것이다.

6월 4일

기만적인 신앙이나 기독교도에게 사악함이 있다면 그것은 사교도의 행위보다도 더 악하다.

거짓 신앙

1

나는 생각한다. 최근 2세기 동안 소위 무신론을 주창하던 사람들은 마침내 자신이 밟고 서 있던 땅이 무너져 버리고 지금은 공포의 심연에 직면했다. 그런 공포가 결국은 무신론의 많은 다른 '주의(主義)'를 낳았다. 또한 그 많은 '주의'는 무신론의 근원적인 거짓과 기만에 의하여 한없이 새로운 불행과 사고를 일으켜 마침내는 거세된 것 같은 예속주의를 완성해야 했다.

그 예속주의 외에도 다른 신앙적 본질의 부정(不定) 즉 인간이 눈으로 보고 행위하기 때문에 고뇌하던 모든 것과 눈에 보이지 않고 그래서 신의 존재에 대한 부정이 가져다 준 것은 무엇일까? 무신론자는 명백히 신을 부정하지만 그보다 더욱 나쁜 것은 신을 단지 말로만 즉 마음이 없이 기도의 말로만 알고 생활에서는 알지 못하는 경우이다. 그 때문에 신이 없는 세상은 위로는 전권적인 긍정에서 아래로는 굶주림에 허덕이는 오막살이의 천민에 이르기까지 참으로 불결한 구경거리가 되어 버린 것이다.

―카알라일

2

이 세상 죄악의 대부분은 "믿으라. 그렇지 않으면 저주하라"고 하는 따위의 천박한 생각 때문에 저질러진다. 그러한 생각에 죄악의 주된 원인이 존재한다는 말이다. 인간은 자신의 머리 속에서 잘 분석해 보아야 할 것을 아무 생각 없이 받아들이고는 자신의 판단을 더 보태지도 않는다. 그 때문에 본의 아니게 자신에 대한 저주를 초래하고 이웃을 죄 가운데로 끌어들이기도 한다. 혼란에 빠진 친구를 구하기 위해서는 사상을 바르게 이끌어 스스로 사색하는 것을 가르쳐 주는 길밖에 없다.

―에머슨

3

아무리 작은 성공이라도 그 사람이 성공을 거두기까지 건전한 정신상태로는 할 수 없는 거짓이 발견된다면 그 거짓은 그 자신의 죄와 부끄러워해야 할 행위에 의하여 생겨난 것이다. 아마 그 사람의 주위를 살펴보면 그런 사실을 쉽게 찾을 수 있을 것이다. 성공한 부자가 노동자들의 기쁨과 즐거움을 빼앗고 그들의 노동력을 약탈하는 자체가 신의 마음을 불편케 한다는 의미이다.

―헨리·죠오지

4

현대의 잔학성은 거짓된 논리나 사상에 의하여 확대되고 있다. 악을 통해서도 행복으로 갈 수 있다는 기만적인 사조(思潮)가 인간의 이기주의를 미묘하게 자극하여 점차 증대되고 있다는 말이다. 그러한 사조의 결과는 언제든지 악한 결과를 낳을 뿐이다. 그런데도 그런 악에서 벗어나지 못하는 것은 자신에게 직접 불쾌감이 없으면 곧 대수롭지 않게 만족을 느껴 죄악의 결과를 따라가기 때문이다.

―존·러스킨

5

어떤 습관이나 법칙이 완벽한 것이면 그것을 세밀히 검토하고 과연 그럴 만한 가치가 있는가를 검토해 보아야 한다.

♣

세상 죄악을 다 바로 잡으려면 모든 이단 사교(邪敎)의 진상이 폭로되고 인간의 마음에 진정한 종교와 신앙을 심어주는 일밖에 없다.

6월 5일

외부 세계의 모든 사물은 눈으로 보는 그대로의 형태로만 존재한다. 말하자면 이 세상은 보이는 형태에서만 실재한다는 말이다. 바꾸어 말하면 사물은 외면적 감각에 의해서만 존재한다는 것이다.

보이지 않는 세계

1

보이는 모든 물질을 비실재적인 것이라고 말하면 사람들은 결코 믿지 않는다. 책상이 있다. 그것은 항상 존재하고 있는 것이다. 내가 방을 나와도 책상은 존재한다. 그리고 나에 대해서와 같이 다른 사람에 대해서도 존재한다고 사람들은 말한다. 그러나 손가락 둘로 유리 구슬 한 개를 굴릴 때 손가락이 두 개라고 느낄까? 그리고 내가 그 유리 구슬을 집어들 때도 손가락은 둘이다. 남들이 그렇게 집어 올릴 때도 역시 손가락은 둘이다. 그러나 그때 유리구슬은 결코 둘이 아니다. 이와 마찬가지로 책상은 비틀어 놓은 듯한 나의 감각에 대해서만 하나의 책상이다. 그러나 그것은 절반 짜리 일 수도 있고 백 개의 책상이 될 수도 있다. 반대로 책상이 아니라 전연 다른 물건일는지도 모른다.

2

나는 무엇인지 눈에 보이는 선(線)을 보고 그것을 나의 머리 속에 존재하는 형식으로 상정했다. 수평선상에 흰 형체를 보면 어느새 흰 교회의 형태를 연상한다. 이와 같이 현실 속에서 보이는 모든 것은 지나간 삶(관념)으로부터 얻어진 인간의 머리(의식)속에 존재하는 형식을 지니고 있는 것이 아닐까?

3

외부에 존재하는 물체가 객관적인 실재성을 가지는 것인지 아닌지 하는 의문은 참으로 어리석다. 본질에 관하여 어떤 물체를 받아들일 때 그렇게 밖에는 말할 수 없다는 것이다. 즉 나라는 존재와 상관하여 외부에 존재하는 것이라고 밖에는 말할 수 없다. 물체가 객관적인 실재성을 가지느냐. 아니냐 하는 의문은 푸른 색깔은 정말 푸른가 라고 하는 의문과 마찬가지로 어리석다. 이와 같은 의문은 해결할 도리는 없다. 나는 말하리라 ― 물체는 나의 바깥에 존재한다. 그러므로 나의 바깥에 존재하는 물체는 어떠한 형태라도 자유롭게 취할 수 있다. 그러나 그 물체를 아는 것은 인간이 할 수 없는 일이다라고.

―립텐벨크

4

사랑이 생명의 근원은 아니다. 사랑은 결과이지 원인은 아니다. 그리고 사랑의 원인은 자신 속에 신에 속하는 정신적 근원을 의식하는 인식에 있다. 이 의식이 사랑을 요구하는 것이며 사랑을 낳는 것이다.

5

두 가지 방법에 의하여 물체가 정말 실재한다고 생각할 수 있다. 그 하나는 일정한 장소와 일정한 때의 상호관계 속에 그 물체를 성찰(省察)하는 방법이고 다른 하나는 그 물체가 신에 의해 지탱되며 신의 본성으로부터 필연적으로 생겨난 것이라고 사고하는 방법이다. 이 두 가지 방법에 의하여 진실되고 실재한다고 생각되는 물질만이 ― 따라서 그 관념만이 ― 영원하고 무한한 신에 속하는 본질을 ― 그 자체 속에 지탱하는 것이다.

―스피노자

♣

이 외부 세계는 그 본질에 있어서 인간이 인식하는 것과 같지 않다. 그러므로 이 세상에서 물질적인 것은 모두 대수로운 것이 아니다. 그렇다면 무엇이 중요한가? 그것은 때와 장소를 막론하고 믿을 만하며 모든 존재에 대해서 항상 동일한 것으로는 오직 선이 있을 따름이다.

6월 6일

어떤 한 사람이 저지른 악은 그 악의 해를 당한 사람의 마음을 손상시키고 그에게서 행복을 빼앗는 것으로만 그치지 않는다. 이 세상에서는 거의 예외 없이 악은 그것을 저지른 자신에게 되돌아간다.

악의 열매

1

세상에서 저지른 악이 당장에 나타나는 것은 아니다. 땅과 같이 서서히 그리고 정확하게 그 악을 저지른 사람을 멸망시킨다. 인간에게 생전과 사후에도 믿어야 할 유일한 친구는 '진실'뿐이다. 그밖의 모든 것은 육체와 더불어 사라져 버리고 만다.

―인도의 성전

2

성자는 악을 저지르지 않을까 두려워한다. 악에서 악이 생기며 그러므로 악은 불보다도 더 두려워해야 한다. 적에게도 악을 행하지 않는 것은 매우 중요하고 값진 도덕이다.

정의는 친구를 멸망시키려는 사람을 멸망시킨다. 악을 범하지 말라. 아무리 불행하더라도 그로 말미암아 악을 범해도 무방하다는 구실은 못된다. 그래도 악을 범한다면 설상가상으로 불행하게 되리라.

험악한 꼴 당하기를 원치 않는다면 남에게 악을 행치 말라. 수많은 적에게서도 살아날 구멍은 있는 법이다. 그러나 인간은 자기가 저지른 죄악에 대한 적의를 피할 수 없다. 그 적의의 그림자는 그 사람 자신을 멸망시키기 전까지는 그에게 붙어서 결코 떨어지지 않는다. 사랑할 생각이라면 비록 사소한 일이라도 악은 피하라.

―인도의 성언

3

하늘로 던진 돌맹이는 반드시 떨어진다. 그와 같이 인간이 여하한 행위를 하든 어떠한 형편에 있든 그 사람이 행한 일의 선이나 악에 의하여 본심이 바라는 의도는 분명히 가려진다는 것이다.

―석가

4

악인은 자기가 저지른 악이 아직 성숙치 않을 동안은 행복하다. 그러나 그 악이 성숙해 지면 악인은 악을 깨닫는다. 자기에게는 아무런 악도 관계없다고 생각지 말라.

　물은 한 방울 한 방울이 떨어져 물통에 가득 차는 법이다. 그와 마찬가지로 대수롭지 않은 어리석음이 조금씩 모여 쌓이는 동안에 악으로 가득 차게 되는 것이다. 악은 그것을 저지른 자신에게 바람에 날리는 먼지와 같이 되돌아와 보복한다. 하늘, 바다, 깊은 산 — 여하한 곳에서라도 세상에서는 인간이 악의 업보에서 벗어날 곳이라고는 없다.

― 쟈마파아다

5

　앙갚음을 하려는 자는 일부러 자기 상처를 그냥 내버려둔다. 그렇지 않으면 그 상처는 모두 나아 버릴 것인데.

― 베이콘

♣

　악을 저지르는 것은 맹수와 장난하는 것과 같이 위험하다. 악이란 이 세상에서는 거의 예외 없이 무서운 결과와 더불어 그것을 저지른 자에게 되돌아가는 법이다.

6월 7일

　공손은 자기 만족에 물들어 거만해진 인간으로는 전혀 알 수 없는 기쁨을 가져오기도 한다.

공손

1

　자신을 희생할 준비가 되어 있는 사람에게는 항상 평화가 있다. 평화에 가장 큰 방해는 오만이다. 비방 받으며 오해를 받더라도 항상 공손과 겸손을 준비하는 사람은 자신과 다른 사람과의 관계 속에 평화를 가져올 수 있다.

2

　수고하고 무거운 짐 진자들아 다 내게로 오라. 내가 너희를 쉬게 하리라. 나는 마음이 온유하고 겸손하니 너의 멍에를 메고 내게 배우라. 그러면 너희 마음이 쉼을 얻으리니 이는 내 멍에는 쉽고 내 짐은 가벼움이라

― 성경

3

누가 나를 비방하더라도 화를 내지 말라. 먼저 그 비방에 나의 잘못이 있지 않나 살펴보아라.

― 휴움

4

성자를 무시하고 성자다운 삶을 살지 않는데도 다른 사람들이 성자와 같은 영예를 그대에게 준다면 그런 일로 인하여 괴로워할 필요는 없다. 누가 성자로 잘못 안다면 더욱 좋은 일이다. 언제나 양심이 명하는 대로 살 수만 있다면 그보다 더 훌륭한 일은 없기 때문이다.

― 오오레리아스

5

항상 행복하게 살기 위해 무엇보다도 배워야 할 인간 수양의 제 1과는 겸손이다. 오만과 권력욕과 허영은 친절과 겸손에게 자리를 내놓아야 한다. 오만으로 얻을 수 있는 것은 아무 것도 없다. 오만은 모든 것을 자신이 제일 잘 안다고 착각하는 것이기 때문이다.

― 세계의 선진사상지에서

6

자신에게 엄격하고 벗에게 겸손하면 세상의 적은 없어진다.

― 중국 성언

7

오만은 자기뿐만 아니라 남의 죄까지 덮어 버리고 만다. 오만은 올바른 충고와 잘못된 것이 바로 잡히는 것을 싫어하기 때문이다. 오만은 언제나 죄를 숨기고 악을 변호한다. 그러나 오만을 버리고 자기 죄를 깨닫는 사람은 공손하다. 공손은 선한 일로 얻는 것보다 더 큰 것을 얻는다.

― 박크스텔

♣

공손함으로 당하는 멸시를 두려워 말라. 공손은 언제나 참된 행복을 감추고 있기 때문에 사람은 공손을 통하여 행복을 얻는다.

6월 8일

정의가 없는 곳에 선이 있을 수 없고 선이 없는 곳에 진실이 있을 수 없다.

정의와 선

1

선과 진실은 같은 것이다.

— 쥬우스티

2

줄기만 자라고 꽃이 피지 않는 나무가 있는가 하면 꽃만 피고 열매가 없는 나무가 있다. 진실이 무엇인지 아는 사람은 진실을 사랑한다고 말해도 좋다. 그러나 진실을 사랑한다고 해도 사랑을 행하지 않으면 열매 없는 꽃과 같다.

— 공자

3

너희는 나를 "주여! 주여!" 하고 부르면서 어찌하여 내가 하는 말을 행하지 않느냐? 내 말을 듣고 행하는 자를 비유하자면 집을 지으려 땅을 깊이 파고 반석 위에 기초를 세운 사람과 같아서 홍수가 나서 집이 휩쓸리더라도 끄떡하지 않는다. 그러나 내 말을 듣고도 행하지 않는 사람은 기초 없이 모래 위에 집을 세운 자와 같아서 작은 장마에도 집이 무너지고 피해가 막심할 것이다.

— 성경

4

미움을 선으로 대하라. 젊었을 때 일하고 힘있을 때 저축하라. 젊어서 당하는 고역은 미래를 준비하는 성공의 씨를 심는 것이다. 어떤 위대한 사업도 젊어서 시작한 작은 것에서부터 시작되지 않은 것이 없다.

— 노자

5

덕성으로 가는 길에 문이 있다. 그 길은 바르게 함과 생명 있는 것에게 악을 행하지 않는 일이다.

— 마누우

♣

가장한 선보다 더 큰 악은 없다. 가장된 선은 드러낸 악보다 미워해야 한다.

6월 9일
세상에 현존하는 제도에는 언제나 모순이 많다.

세상과 제도

1
어떤 사람은 인류를 위해서 온갖 노력을 다하며 머리를 짜내어 봉사한다고 큰소리치지만 언제나 그 노력은 노동에 종사하는 힘없는 사람들의 노역을 덜어 주기 위한 노력이나 연구가 아니라 오히려 하잘것없이 빈들거리는 자들의 태만이나 헛된 장난의 연구가 많다.

2
대부분의 사람들은 도덕적으로나 생리적으로 인간 본성에 위배될지도 모를 제 나름대로의 생활방식을 취한다. 그리고는 지혜를 짜내어 자신의 생활방식이 진실하다는 것을 다른 사람으로 하여금 믿게 하려고 노력한다. 이른바 문화라고 미화되어 만인에게 회자되는 과학이나 예술 그리고 생활을 편리하게 하기 위한 여러 제도들도 인간의 도덕적인 요구를 가장하기 위한 것이 허다하다. 위생학, 의학이라는 것들도 인간의 자연적인 생리 본성을 기만하는 시도가 아닌가?

3
인간에게는 평생을 통해서 그리고 장래의 기대와 관련해 자신의 전력을 다해서 성취해야 할 중대한 과업이 있다. 그것은 서로 사랑으로 교제하지 않으면 안 된다는 것이다. 부자들은 온갖 쾌락에 빠져 있고 가난뱅이들은 가축만도 못한 대우를 받으며 슬픔과 굶주림에 떨고 병고에 시달리며 신음한다. 사랑은 바로 부자와 가난한 사람 사이에 가려 있는 빈부의 벽을 허는 것이다.

4
세상일을 살펴보면 얼마나 많은 모순과 있어서는 안 될 일들이 많은지 모른다. 모두가 우습고 불쌍하고 유치하고 미운 것들이 그것이다. 어떤 사람은 사냥에 필요한 개 기르기에 정신이 없고, 어떤 사람은 돌을 운반하기 위한 소를 기르기에 정신이 없다. 그러면서도 굶주림으로 죽어 가는 이웃이 옆에 있어도 아랑곳하지도 않는다. 또 쓸데없는 우상을 위해 석상(石像)을 만드는 일에는 돈을 물 쓰듯 하면서도 불행한 이웃이 지쳐서 진짜 돌처럼 굳어 가는데도 도무지 염두에도 없다. 또 어떤 사람은 비싼 보석을 사서 벽을 꾸미기에는 바빠도 굶주려 구걸하는 거지는 본 척도 않는다. 어떤 자들은 옷이 많아 어떤 옷을 입을까 골머리를 앓으면서도 이웃이 헐벗고 가릴만한 옷이 없어 우는 모습을 외면한다. 어떤 사람은 외도와 방탕, 춤으로 돈을 펑펑 쓰는가 하면 또 다른 사람은 호화로운 집과 별장을 짓느라 거액을 낭비한다. 또 어떤 사람은 가난한 사람들을 상대로 고리채 이자놀이에 혈안이 돼 있고 또 어떤 사람은 밤낮 없이 살인 소설을 쓰기에 바쁘다. 그런가 하면 다른 한편에서는 사업에 실패하여 비참한 파멸에 몸부림치는 사람이 있고 어떤 사람은 날이 새기 바쁘게 부정한 이득을 찾아 뛰어 나간다. 또 다른 사람은 하나마나한 일을 위해 헛된 걸음을 마다하지 않으며 또 어떤 사람은 국가의 이름을 팔아 절도를 획책하고 관리들은 백성을 팔아 뇌물 먹기에 정신이 없다. 그런 사람들은 쓸데없는 일, 해서는 안 될 일에 매달려 씨름하면서도 정작 필요한 것에는 아랑곳하지 않는다.

―조로아스터

5

어른이 아이에게 지배를 받으며 성자가 미치광이에게 지배를 받는다면 그것은 자연 법칙에 어긋난다. 정작 배부르게 먹고 잘 살아야 할 사람이 굶주리고, 잘 살아서는 안 될 악인이 잘 사는 것도 자연의 법칙에 어긋나는 것이다.

―루소

6

인육을 먹던 시대에는 강자가 약자를 대수롭지 않게 잡아먹었다고 한다. 그러나 현대인은 갖가지 법을 만들어 그와 같은 비인간적인 행위를 금하고 있다. 그러나 한편 과학의 놀라운 발전에도 불구하고 강자는 무자비하게 약자를 착취하며 실제로 잡아먹거나 피를 빨아먹지는 않지만 약자를 약탈하는 것은 예나 지금이나 다를 바 없다. 자세히 속을 들여다보자면 가족을 부양하기 위해 힘든 노동을 회피하지 않으며 온갖 고역을 다해서 일하는 가엾은 가장들은 사실상 자신의 피를 먹히고 있는 꼴이다. 아무리 문명이 발달해도 불안과 공포, 절망과 비탄, 기아와 죄악, 타락과 수치는 인간에게서 떠나지 않는다. 이와 같은 사실은 피하려 해도 피할 수 없는 현실이다. 인육을 먹던 시대나 현재의 시대나 어느 쪽이 더 참혹하다고 말하기는 힘들다.

―류씨·말로리

7

　범죄를 예방하려고 제정한 형법이나 가난한 자를 돕기 위한 자선제도는 강자들의 사탕발림이며 체면 유지를 위한 전유물일 뿐이다. 약자들에게는 마치 노새의 한쪽 옆구리에 달린 바구니에 짐을 잔뜩 싣고 나서 균형이 맞지 않으면 불쌍한 짐승이 고생을 한다는 구실로 다른 쪽 바구니에도 그와 똑같은 무게의 돌맹이를 집어넣는 것과 같다.

―헨리·죠오지

8

　몇 안 되는 강자가 사회를 지배하면서 약자들로부터 강탈을 멈추지 않고, 밤낮을 가리지 않고 노동과 고역에 시달리는 대다수 사람들은 자신들의 노역에 따르는 수익이 엉뚱한 주머니 속으로 들어간다는 것을 깨닫지 못하고 오히려 그것이 자연의 질서인 줄로 생각하는 한― 이 세상은 인육 먹기 시대나 다름이 없다. 세상에는 편견이나 습관을 진리로 생각하는 사람이 많다. 그래서 무모한 희생조차도 진리라고 강변하기 때문에 삶에서는 크게 불편해 하지 않는다. 그러나 진리로 여겼던 것이 거짓과 기만이었다는 사실을 알게 될 때는 문제가 달라진다. 민중이 스스로 어리석었음을 깨닫게 되었을 때 그 짓을 계속하려는 강자들이 있다면 그들 사이에 폭력이 나타나게 된다.

―겔첸

9

　단순한 법률 상식조차 알려고 하지 않는 사람이 있다. 그러나 멋대로 만들어낸 각종 법이 있는 한, 아무리 문명이 발달해도 죄악과 타락의 염증은 인류로부터 떠나지 않는다. 옳고 바른 법은 언제나 무지한 야만인도 알 수 있을 만큼 단순하고 명확하다. 인간은 누구나 세상에 태어나면서부터 법이라는 규범에 의하여 몇몇 강자의 사유물이 되며 소수의 지배자에게 억제되고 만다. 결국 소수가 모든 동포 위에 군림하게 된다. 그 가운데서 어떤 사람들은 배부르게 먹고 어떤 사람들은 굶주린다. 한없이 재화가 낭비되는 소수의 지배자 아래 대중은 저들의 사치를 위해 노역을 착취당한다.

―헨리·죠오지

10

생활 필수품을 바르게 쓰는 것은 그 물건을 만드는 것보다 어렵다. 20명이 고생하여 만들어낸 물건을 한 사람이 써 버릴 수도 있기 때문이다. 어떻게 만들어 내느냐보다 물건을 어떻게 쓰느냐가 그만큼 중요하다. 한 개인은 대단히 큰 일을 하더라도 현대사회는 인간이 광대한 공업 제도나 생산 능력이나 무역을 변화시키거나 중지시킬 수 있을 만큼 영향은 주지 못한다. 그래서 큰 포부를 품고도 자신은 단지 묵묵히 옳다고 생각하는 과업에나 충실히 하며 이러쿵저러쿵 하지 말자고 포기하고 만다.

— 죤·러스킨

11

인간은 사회가 진보할수록 선한 사람을 희생시키는 일이 없이 인간이 인간을 예속시키지 않는 이상향을 건설할 의무가 있다.

— 죤·러스킨

12

국가가 합법적으로 정치를 잘 했다고 하는데도 빈곤과 질병으로 고생하는 국민이 있다면 정치인들은 그런 현상에 대하여 당연히 부끄러워해야 할 것이다. 그리고 국가가 합법적으로 하지 않아 정치인들이 치부를 했다면 국가는 스스로 가진 재산과 영예를 부끄럽게 여길 줄 알아야 한다.

— 중국 성언

♣

법에 비추어 자신의 행위가 타당하다고 말할 수는 없다. 법은 영구 불변하는 것이 아니기 때문이다. 법은 필요에 따라 수시로 변하는 것이다. 법을 좋게 말해서 불완전에서 완전으로 옮겨가는 것이라 하며 그 변천은 최소한 현존하는 제도에 대한 불합리성에 대한 불만과 거부에 의해서 완성될 수 있는 것이기도 하다.

6월 10일

동물에 대한 동정은 극히 자연스러운 감정이다. 그러나 다른 동물의 고통이나 죽음에 대하여 냉담할 수 있는 것은 외부의 영향 때문이다.

동물에 대한 감정

1

동물에 대한 동정심은 그 사람의 선량한 성품과 밀접한 관계가 있다. 그러므로 짐승에게 잔인한 사람은 선량한 사람이 아니라고 할 수 있다. 짐승에 대한 동정도 인간과 인간 사이의 것과 같은 감정에서 나와야 한다. 그런데 감정이 예민한 사람이 화가 난 경우나 또는 자신의 상황에 짜증나는 기분이든지 불쾌한 기분에 빠졌을 때는 개나 말이나 원숭이에게 이유 없이 화풀이로 모질게 매질을 하기도 한다. 그러면 남의 험담을 했을 때 느끼던 것과 같은 감정을 느끼게 된다.

―쇼펜하우어

2

신을 두려워하라. 동물을 괴롭히지 말라. 짐승이 저항 없이 일할 때에는 이용하고 지쳤을 때는 놓아 주라. 그리고 마음대로 물과 먹이를 먹게 하라.

―마호메트

3

육식을 한다는 것은 짐승을 해치지 않고는 불가능하다. 그러나 짐승을 살생(殺生)하면 사람은 그 짐승을 통해 얻을 수 있는 행복을 빼앗긴다. 그러므로 육식은 삼가는 게 좋다.

―마누우

4

짐승을 괴롭히는 것은 무자비한 일이다. 인간이 만물의 영장(靈長)이라 하여 함부로 동물을 학대해서는 안 된다. 인간은 생명이 있는 모든 것들과 함께 살아야 하기 때문이다.

―석가

♣

짐승에 대한 연민이나 동정은 인간에게 기쁨을 준다. 그리고 그 기쁨은 인간의 사냥이나 육식을 그침으로써 빼앗기는 만족을 백 갑절이나 돌려준다.

6월 11일

인간의 외면적인 변화를 사상에서 이루어지는 변화에 비하면 참으로 보잘 것없다.

외면적인 변화와 내면적인 변화

1
인류의 위대한 변화는 사상으로 시작하여 사상으로 이루어진다. 감정과 행위의 변화에 있어서 먼저 사상의 변화가 이뤄져야 하고 사상의 변화를 위해서는 걸음을 멈추고 생각해야 할 만큼 깊은 뜻이 담긴 요소에 착안해야 한다.

2
죄악을 피하려면 죄의 근원이 그릇된 사상에서 나온다는 것을 알아야 한다. 사람의 행위는 자신이 생각한 바에 따라 이루어진다.

— 석가

3
인간의 운명은 그가 무엇을 생각하느냐에 달려 있다.

— 트로

4
인간이 자신의 삶을 손상시키기도 하고 이롭게 하기도 하는 것은 반드시 그가 가지고 있는 사상에서 기인한다.

— 류씨 · 말로리

5
인간의 삶은 스스로의 의지에 따라 달라진다. 예컨대 결혼 · 취직 등은 자기 의사에 따라 모두 이루어지지만 그러나 자신이 알지 못하는 사이, 산책할 때나 누워 있을 때 혹은 식사할 때 떠오르는 사상에 의하여 그 시기가 확정되는 것이다. 특히 지나간 일들을 반성하고 살펴보면 사상에 의하여 '그것은 그렇게 했다. 그러나 그것은 이렇게 했어야 했다'라고 말하는 소리가 들리는 듯하다. 인간의 행위는 모두 노예와 같이 사상에 따라 움직였을 뿐이라는 것을 깨닫게 된다.

— 트로

6

위대한 사상은 마음에서 나온다.

— 위웨날크

7

잘못된 사상은 마치 창녀를 재워준 뒤 얻는 가정파탄 같이 이성(理性)을 어지럽힌다.

— 류씨·말로리

8

오늘날 마력(馬力)은 증기(蒸氣)로 바뀌고 양초는 전등으로, 열은 가스나 전기로 바뀐 것을 보듯 물질적 변화(진화)는 뚜렷하다. 그러나 그에 따라서 이루어진 인간의 정신적인 진보는 보이지 않는다.

♣

누구나 돈이 든 지갑을 잃었을 때 속상해 한다. 그러나 좋은 생각, 남에게서 듣거나 책에서 읽은 좋은 사상은 그것을 기억하고 인생에 적용한다면 많은 선을 이루었을 좋은 사상이지만 곧 잊어버린다. 이와 같이 몇 백만 금의 황금보다 귀중한 정신적 재산을 잃는 것은 개의치 않는 것이 사람이다.

6월 12일

인생은 순례자

1

인간은 모두 세상의 순례자이다. 그런데 동서남북 어디를 가든 가는 곳마다 '여기는 내 땅이다'라고 땅은 누군가에 의해 차지돼 있다. 그래서 세상을 아무리 돌아다녀도 결국 처음 떠났던 곳으로 되돌아올 수밖에 없다. 그러나 어느 곳에도 아내가 아이를 낳고 일가친척이 머물러 땅을 갈며 자식들이 조상의 뼈를 묻어줄 영원한 땅은 없다.

— 라메에

2

바다 한 복판으로 사람을 떠밀어내듯 저쪽 해안으로 건너가 자유롭게 살라고 밀어내는 것은 그 사람을 죽이는 것과 다름없다. 그와 같이 엄한 경계 표지판을 세워 굴레 안에 인간을 처넣고 너는 자유로운 인간이다, 여기서 자유로이 벌어서 자활하라고 한다면 그 또한 죽이는 것과 다름없다.

— 헨리·죠오지

3

토지의 사유는 자연으로부터 받은 인류의 상속권을 빼앗는 것이다.

— 토오마스·페인

4

빠져나갈 길이 없는 섬 안에 백 명의 사람을 몰아넣고 99명에 대한 절대 지배권을 한 사람에게만 주는 것이나 누구도 지배하지는 않으나 그 섬의 모든 토지에 대한 절대권을 한 사람에게만 주는 것이나 그 둘 사이에는 아무 것도 다른 점이 없다.

— 헨리·죠오지

5

영국의 현재 인구에 10배를 넣을 수 있는 땅이 있다고 해도 어떤 사람들은 동포에게서 자비를 빌며 삶을 위해 양식을 얻으려 모진 노역을 하지 않으면 안 될 것이다. 그뿐 아니라 굶주림으로 죽거나 도둑질하는 자도 나오게 될 것이다. 그런 현상은 땅 때문이 아니라 노예 제도 때문에 일어나는 것이다. 많은 토지를 약탈하는 것도 노예제도이다.

— 지랄드·위스탄리

6

토지는 각종의 문제 즉 기갈, 의복의 결핍, 거주권, 노역의 낭비, 노역의 사유화, 가옥의 파괴, 거지, 질병, 양친이나 자식이나 아내의 죽음, 가난한 자들의 절망과 편견 등을 낳는다. 현대는 법률에 의한 힘이 인류 본연의 권력을 위협하고 있지만 이 같은 불행 역시 토지 문제 때문에 일어난다.

— 칼디날·마니잉

♣

자기 가족을 부양하는 데 필요한 정도보다 더 많은 토지를 소유하는 사람은 땅으로 말미암아 고뇌하며 불행하게 사는 사람들에게는 죄악이다. 실로 그는 친구의 불행의 근원이다.

6월 13일

이성(理性)은 모든 사람의 공동 재산이다.

이성의 가치

1

사색에나 수도(修道)에 나는 결코 이성을 잃은 일이 없다고 말한 석가는 이성의 중요성을 그렇게 강조했다.

2

이성과 덕성은 언제나 같다.

3

스스로 어리석음을 깨닫는 우인(愚人)은 성자이다. 그러나 스스로 지혜 있는 자라고 자만하는 우인은 진짜 바보이다. 미련한 사람이 성자의 모양만 흉내낸다면 입에다 밥을 떠 넣으면서도 음식 맛을 모르는 숟가락과 무엇이 다르랴.

4

삶의 진정한 의미를 알려면 허식을 버려라. 진실한 생활인으로 행복하기를 원하면 자신에게 유익한 선에만 집착하지 말고 먼저 진정한 선이 무엇이며 어떻게 그 선을 이뤄야 하는가를 찾아야 한다. 진실한 마음에서 나오는 탐구만큼 신선하고 좋은 열매는 없다. 무엇보다 먼저 세상에 보이는 여러 사물과 현상에 대하여 허식과 탐욕적 자세를 버리게 되면 복잡하고 골치 아픈 문제는 스스로 해결되어 버린다.

— 에머슨

5

사람과 사람 사이를 '인간'이라는 지칭으로 연결하는 관념에는 작으나마 만물사이에서 사람의 존엄을 의식케 하기 위함이다. 그 의미는 인간을 존경해야 할 의무를 포함한다. 특히 이성(理性)으로 무엇에 대하여든 올바른 판단을 할 줄 아는 사람은 존경받아 마땅하다. 자신의 의견에 반대한다고 해서 함부로 비난한다면 바보나 벽창호라는 말을 들을 수밖에 없다. 반대로 그 사람의 의견에도 무엇인가 합리적인 타당성이 있다고 생각해서 그것을 찾아내는 데 힘써야 한다고 이해하는 사람은 진정한 인간의 본성을 아는 사람이다. 모든 사람은 최소한 그렇게 할 의무도 있다. 반대자에게 속이던 거짓된 생각을 폭로하여 그 착오의 원인을 파악함으로써 반대자의 이성에 대한 신뢰를 지지할 수 있어야 한다. 상대편에게도 명확한 이성과 분별력이 있다는 사실을 인정하지 않으면 어떻게 설득할 수 있겠는가. 그와 같은 일은 죄악을 비난할 때도 마찬가지다. 비난은 먼저 죄를 저지른 인간 자신이 대상이 되어서는 안 된다. 어떤 사람도 도덕적인 각성을 부정할 수는 없다. 따라서 덕성을 회복하는 일도 불가능하다고 생각해서는 안 된다. 그렇게 생각하는 것은 인간을 이해하는데 도리어 방해가 된다. 왜냐하면 인간은 도덕적인 존재이며 선한 의지의 힘을 어떠한 경우에도 잃지 않기 때문이다.

—칸트

6

그 사람의 '마지막 선(善)'까지 알지 못하고는 그를 선량한 사람이라고 할 수 없고 또 그 사람의 '마지막 이성'을 보지 않고는 그를 진실하다고 말할 수 없다.

—칸트

7

이성은 인간을 이끌어갈 만한 중요한 것이 아니라고 말하는 사람은 자신이 이성적 분별을 갖지 못하고 시궁창 같은 사도(邪道)에 빠져 있다는 것을 스스로 인정하는 셈이다.

♣

이성은 모든 인간의 내면에 동일하게 존재한다. 사람이 서로 사귀는 것과 인간 상호관계는 이성 위에 기초하게 되며 어떤 사람이든지 인간의 진실한 마음에 존재하는 유일한 것, 즉 이성의 지도를 따라야 한다.

6월 14일

어떤 노인이 꿈속에서 고통에 시달리다 죽어간 교역자가 천국의 화려한 보좌에 앉아 있는 것을 보았다. 그래서 그는 물었다.

"어떻게 했기에 세상에서는 그렇게 지지리 괴롭게 살던 당신이 이처럼 큰 영화를 누리고 있소?"

대답은 이러했다.

"나는 세상에 살 때 누구도 미워하지 않고 비방하지 않았지요."

원망과 비방

1

누구나 자신을 함부로 판단하는 사람을 용서하기는 쉽지 않다. 설사 합리적으로 판단했다고 해도 그 판단 자체가 비방이 되기 때문이며 남을 심판하는 자는 자신도 결국 심판을 받아야 하기 때문이다.

2

비방하지 말라. 비방은 결국 자신을 괴롭게 하고 그것이 더 큰 과실을 저지르게 하기 때문이다. 자기 자신을 먼저 살펴라. 그것은 결코 헛된 일이 아니다.

3

자신을 판단할 때 엄격하고 냉혹하라. 그러면 누구에게나 바르고 공손하게 될 것이다.

—쿠크·파우·도지이

4

타인을 모함해 자신의 영예를 구하지 말라. 덕이 높은 사람은 원수의 수치마저도 감추고 덮을 줄 안다. 뉘우쳐 회개한 사람에게는 지나간 죄를 정죄하지 말라.

—탈무드

5

친구의 참회한 죄를 감춰 주면 하나님은 두 사람의 죄를 다 용서해 주신다.

—탈무드

6

친구의 과실을 인정하기는 쉬우나 자신의 과실을 인정하기는 어렵다. 이웃의 과실을 밝혀 내기를 좋아하고 자신의 과실은 어떻게든 감추려는 자는 대개 속임수로 주사위를 던지는 사기 도박꾼과 같다. 많은 사람에게는 끊임없이 남의 과실을 침소 봉대하려는 경향이 있다. 남의 과실을 눈을 밝혀 찾는다. 그 때문에 결국은 자신의 악한 정념(情念)을 더욱 키워서 선한 인간성을 스스로 괴롭힌다.

—석가

♣

험담을 금하라 그리고 험담을 참으면 마음속에 사랑의 힘이 성장하고 행복의 크기가 배가 될 것이다.

6월 15일

하나님을 사랑하는 것은 선을 사랑하는 것이다.

선을 사랑

1

신에 대한 경외의 마음과 사랑은 인격의 완성이라는 이상을 발현하는데 기초를 둔 도덕적인 감정이다. 이와 같이 신에 대한 경외의 마음은 도덕·정의·선에 대한 사랑과 완전히 일치된다.

―찬닝

2

어떤 사람은 신을 경외한다는 것이 무엇을 말하는 것인지 알 수 없다고 한다. 그러나 '나는 신에 대한 신성한 감동과 경외심이 없이는 어떠한 사랑도 이해할 수 없다'라고 말하겠다.

3

신의 계명에 신성함을 안다고 하면서 사랑을 알지 못한다면 바깥 열쇠는 받지 못하고 안쪽 열쇠만 받아든 가구 주인과 같다.

―탈무드

4

하나님의 계명을 사랑으로 성취하라. 하나님을 사랑함으로 계명을 지키는 것과 신에 대한 공포에 못 이겨 계명을 지키는 것은 결코 같을 수 없다.

―탈무드

5

인간의 마음이 어떻게 생각하느냐에 따라 인간에게 하나님이 존재하거나 하지 않는다고 말할 수 있다. 선량함과 사랑의 마음으로 정의를 수호하려는 사람에게는 하나님이 함께 있지만 복수심에 불타 분노를 억제하지 못하는 사악한 인간에게는 하나님은 존재할 수 없다.

―류씨·말로리

6

인간의 내면에 신이 존재하는 한, 사랑과 선이 없는 사랑을 한다면 그 사랑은 바로 환멸과 고뇌를 가져오게 된다.

7

오직 하나님만 사랑하라. 그리하여 하나님이 우리 마음을 받아주실 때 우리는 그 성스러운 이름아래 기쁨으로 생명까지 드릴 수 있을 것이다.

―탈무드

8

영원한 하나님을 경외하라. 그리고 사랑으로 섬겨라. 하나님을 경외하면 죄를 피할 수 있는 길을 알게 되며 하나님을 사랑하는 것이 결국은 계명을 이루는 것이다.

―탈무드

♣

진정한 사랑은 완전한 사랑뿐이다. 완전한 사랑을 위해 불완전한 대상에게 완전한 사랑을 주던지 아니면 완전한 신이신 하나님을 사랑하는 방법밖에 없다.

6월 16일

완전한 제도는 인간의 도덕적 완성에 의하여만 가능하다.

제도와 도덕

1

우주에는 대자연의 법칙이 있다. 그 법칙에 부합된 삶을 살면 정치도 필요 없을 만큼 만족할 수 있을 것이다. 그러나 그렇지 못하면 사악한 무리들이 고귀한 삶의 방식마저도 교묘히 조작해 버린다. 그렇게 되면 어떤 법률이나 어떤 선거를 통해서도 풀 수 없는 모순에 빠진다. 설사 의복이 바뀌고 화장이 바뀌더라도 사악은 사악으로 남는다. 예속을 위한 제도가 계속되는 한 인간을 고난에서 완전히 해방하여 행복을 만들 수 있는 참된 지도자는 나오지 않는다. 결국 인간을 지배하는 것은 사이비 영웅이고 그 한 사람의 부귀영화(富貴榮華)만 불릴 뿐이다. 그들이 양의 탈을 쓰고 사랑을 베푸는 척해도 그것은 기만이며 거짓일 뿐이다.

―카아라일

2

국가의 목적은 올바른 사상으로 세운 완전한 정의가 나라를 지배하도록 하는 데 있다. 그러나 국가의 목적에 따라 바른 사상으로 세운 완전한 정의도 지배자들의 태도에 따라서는 내면의 본질과 결과가 전혀 다른 결과를 가져온다. 정의가 성립된 사회는 부정하는 자가 없고 국가 목적을 위해 봉사하는 사람으로 넘치지만 정의가 세워지지 못한 사회는 몇 사람의 영화를 위해 많은 사람이 희생을 당해야 한다. 이와 같이 동일한 목적을 가진 사명이 두 갈래의 다른 방향으로 나갈 수 있다는 것이다.

— 쇼펜하우어

3

나의 창 앞에 커다란 소 한 마리가 보인다. 콧구멍에 코뚜레가 끼워져 있다. 풀을 뜯으려고 버둥질치다가 나무그루에 매인 고삐는 자꾸 감긴다. 맛있는 풀을 눈앞에 보고도 뜯어먹지 못하고 마치 죄수처럼 서 있을 뿐이다. 등에는 파리들이 달려들어 괴롭히지만 쫓으려 해도 목을 움직일 수가 없다. 소는 몇 번이나 몸을 뒤틀며 애써 보아도 헛수고였다. 그러다가는 슬픈 울음을 머금고 소리를 지르다가 조용히 무릎을 꿇고 만다.

그 소는 힘이 좋다. 그러나 어떻게 해야 자유로워질 수 있는지를 알지 못한다. 머리를 쓸 줄 모르기 때문에 풀을 눈앞에 두고도 괴로워만 하고 파리 같은 약한 놈들에게조차 시달릴 뿐이다. 그 소의 모습에서 마치 노동자가 연상된다.

세계 도처에서 그리고 대개의 국가에서 많은 사람들이 소수의 부유층이 쓸 사치품을 만들기 위해 노역에 시달리면서 자신들은 끝없는 생활고에 시달리고 있다. 날로 진보하는 문명에서 사상의 지평이 넓혀지고 새로운 희망이 보이고 있는데 반하여 그들은 겨우 동물적인 욕구를 만족시키기 위해 가축이나 다름없는 지경에 이르러 있다.

세상의 온갖 부정을 보면서 스스로 이와 같은 불행한 삶을 위해 태어난 것이 아니라고 생각하면서 때로는 싸우고 반항하기도 한다. 그러나 그들이 결과와 원인을 해결할 수 없는 한, 어떻게 스스로 해방되어 자유로울 수 있는가를 깨닫지 못하는 한, 그들의 노력과 반항이 마치 코를 꿴 소의 몸부림같이 헛될 뿐이다. 어떻게 해도 소용없는 짓이다. 사람이 소의 고삐를 풀고 방향을 잡아주듯 누군가가 이 사람들을 자유롭게 하여 이성을 회복하게 해야 한다.

전제정치 형태를 갖지 않는 정치권력만은 어느 정도 일반 대중을 의식한다. 실제로 그런 제도에서는 왕이나 귀족, 지주와 자본가라도 대중을 노예로 부릴 수는 없다. 다만 대중이 무지(無知)해서 노예의 멍에를 벗지 못할 뿐이다.

— 헨리·죠오지

4

노동자와 자본가사이에 서로의 관계를 바르게 하기 위해서 모세의 가르침 즉 '눈에는 눈, 이에는 이'라는 말을 알아야 한다. 그렇다고 서로 사랑의 규범을 포기하라는 말이 아니다. 남이 자신을 대접해 주기를 바라거든 먼저 남에게 대접하라는 말이다.

— 류씨·말로리

5

유익한 조직이든 불필요한 조직이든 폭력을 목적으로 만들어서는 안 된다.

노동자의 조직을 만들면 노동의 능률이나 생산을 높일 수는 있으나 모두의 행복이라는 공동선에는 도달할 수가 없다는 것을 잊어서는 안 된다. 인류의 행복은 무력이나 조직의 힘에서 나오는 것이 아니라 자주적인 도덕을 바로 세우는 데서 달성될 수 있기 때문이다.

잘못된 사회제도를 한탄해야 하며 추방해야 할 것이다. 그러나 그보다도 욕심을 채울 목적으로 그러한 제도를 만들어 내고 거기에 얽히는 인간의 우(愚)를 더 슬퍼해야 할 것이다.

— 표도르·스뜨라호프

6

인간은 제도와 교육과 문명의 틀 안에서 산다. 그러나 덕성의 시대는 아직도 요원하다. 현대 국가 제도와 행복은 국민의 불행과 정비례한다. 그와 같은 제도나 교육 문명이 없던 원시시대가 현대보다 더 행복했을 수도 있다. 인간을 도덕적으로 교양하고 성자처럼 만들지 않는 한 인류는 행복하게 살 수 없다.

— 칸트

♣

악과 싸우는 길은 오직 한 가지 방법밖에 없다. 그것은 자신의 생활을 도덕적으로 완성시키는 일이다.

6월 17일

전쟁의 참화나 막대한 군비를 두둔하기 위해서 온갖 이유가 많다. 그러나 그런 이유는 모두가 그릇된 것일 뿐더러 대부분은 반박할 필요조차 없을 만큼 어리석은 것이다. 또한 그것은 전쟁 때문에 목숨을 잃은 사람들에게는 아예 이해할 수 없는 이유이기도 하다.

전쟁의 참화

1

현대는 전쟁의 어리석음을 변명하기 위하여 국가의 이해 관계, 국제 관계의 평등, 명예 등을 그 이유로 들고 있다. 명예라는 이름을 빙자하여 전쟁을 변호하는 것은 가장 기만된 술책이다. 왜냐하면 그 명예라는 이름으로 벌어지는 죄악이나 추행 때문에 양심이 더럽혀 지지 않는 민족이 없기 때문이다. 모든 민족은 명예라는 이름 아래 온갖 타락에 눈을 감고 있는 것이다. 각 민족이 명예를 내세우며 전쟁이나 방화, 약탈을 합리화하여 변명한다면 모든 국민들은 나름대로 자신이 저지른 죄악을 명예를 위한 것이라고 교묘히 변명할 것이다. 이 얼마나 어이없는 일인가!

— 아나아돌 · 프랑스

2

아직도 문명 제국간에 전쟁은 필요하냐고 묻는 사람이 있다면 나는 이렇게 대답하리라. "지금은 필요 없을 뿐더러 여태까지도 결코 그 어느 때도 필요한 것이 아니었다"라고. 전쟁은 결코 어느 때도 필요한 것이 아니었다. 전쟁은 항상 인류의 발전을 저해하고 정의를 파괴했으며 행복을 무너뜨려 왔다.

비록 전쟁의 결과가 때로는 일반의 문명에 대하여 이익을 가져온 적이 있었다 해도 그 해독이 몇 배나 더 컸던 것이다. 지금에 와서는 해독의 일부밖에 알 수 없기 때문에 속고 있는 것을 의식하지 못할 뿐이다. 지금으로서는 그 크고 중요한 해독의 전부를 우리는 알 수 없으므로 '아직'이라는 낱말을 용서할 수 있을 뿐이다. '아직'이라는 낱말을 쓴다면 전쟁을 옹호하는 사람들에게 이러한 확신을 주게 된다. 즉 전쟁이란 때로 필요하기도 하며 필요치 않기도 하다고 그러나 이러한 논쟁은 단지 일시적인 관계 그리고 개인적 평가의 문제에 불과한 것이며 이러한 의견의 차이는 전쟁이 해롭다는 것과 '아직은' 이득이 있다고 하는 것 정도의 차이에 불과하다. 그런 착오 때문에 오늘날 극소수 사람들의 명예욕과 만족을 위해 벌어지는 전쟁이라고 불리는 가공할 유혈을 사람들에게 강요할 수도 있다고 생각할 것이다.

　소수의 권력·명예·재산을 보호하는 것, 그리고 그 때문에 대다수의 사람을 해치는 것, 그것이 오늘날의 전쟁에 대한 유일한 이유인 것이다. 그리고 그 소수인들이 생각하고 지지하는 편견(偏見)이나 경신(輕信)이 전쟁의 존재를 가능하게 하는 것이다.

―가스톤·모프

3

　정녕 놀라우리만큼 대수롭지 않은 일 때문에 생기는 불화(不和)가 전쟁이 되기도 한다. 1855년 영국과 프랑스가 러시아에 대하여 선전을 포고한 이유는 정말 어리석은 것이었고 그것을 이해하려면 그 동안의 외교 문서를 조사해 보아야 한다. 그러나 이 기묘하고 어리석은 이유가 낳은 결과는 5백만의 선량한 인간의 죽음이었고 — 50억 내지 60억이라는 거액의 재산 손실이었다.

　실제 그 원인을 많은 사람들이 이해하지 못할 것이다. 나폴레옹 3세는 영국과 동맹으로 '신성한' 전쟁이라고 호도하여 개인의 신분과 명예를 유지하려고 했다. 러시아는 콘스탄티노플을 얻으려고 했고 영국은 자국의 무역권을 유지하고 동양에 대한 러시아의 영향을 방해하려 했던 것이다. 여러 가지 형태로 나타나기는 하나 전쟁은 항상 정복욕과 폭력의 정신인 것이다.

―리이셰

4

　전쟁은 어떤 권력자에게 다른 권세가가 공격해 오지 못하도록 먼저 그를 공격할 때 일어나기도 하고 간혹은 자신의 적이 너무 강력하기 때문에 생기기도 한다. 사람이나 국가나 마찬가지로 남이 내가 가지고 있는 것을 탐내기도 하고, 자기가 가지지 못한 것을 이웃나라가 가지기도 하다. 이러한 데서 전쟁이 생겨난다는 말이다. 이와 같이 전쟁은 자기가 원하는 것을 얻든지 원하던 것을 포기할 때까지 일어난다.

―죠나산·스위프트

5

인류의 여러 행위 중에서 전쟁만큼 서로간에 타격이 큰 것은 없다. 몇 백만이라는 인간이 흥분과 애국심을 가지고 전쟁에 뛰어든다. 그러면서도 모두 그것이 어리석고, 해롭고, 위험하고, 파괴적이고, 괴롭고, 사악한 것이라는 것과 그 무엇을 위해서도 전쟁은 피해야 한다는 것을 인정할 뿐 아니라 전쟁에 반대할 이유도 알고 있다. 그럼에도 불구하고 선동에 따라서 결국은 전쟁에 참가하고 만다.

♣

대개의 정부는 전쟁을 위하여 어마어마한 경비를 써가며 준비하고 국민을 전쟁에 참가시키기 위하여 온갖 이유를 내세워 선동한다. 그 때문에 정의와 진리마저 쑥 들어가 버리고 만다.

6월 18일

의무에 대한 깊은 인식은 영혼이 신에게 속해 있음을 깨우친다. 그와 반대로 영혼이 신에 속해 있음을 깨우치는 의식은 의무에 대한 인식을 일으킨다.

인간 의식의 의무

1

인간의 영혼 속에는 불가사의한 이상이 존재한다. 그것은 인간이 조금만 주의를 기울이면 알 수 있는 놀라운 위대성이기도 하다.(그 놀라운 위대성은 인간의 심령을 고양하는데 역할을 한다) 그 이상이라 함은 인간의 심령 속에 주어진 근원적 도덕성을 말한다.

—칸트

2

인간의 가치는 이성(理性), 혹은 양심이라고 불리는 정신의 본원에 존재한다. 그 본원은 시간과 공간을 초월하고 불변의 진실과 영원의 진리를 내포한다. 그것은 불완전한 것 속에서 완전을 찾아내며 항상 공정하고 인간에게 있는 영욕과 이기적인 것을 거부한다. 그 본원은 '이웃도 나와 같이 귀중한 존재이며, 그들의 권리도 나의 권리와 같이 신성한 것이다'라고 부르짖는다. 설사 그것이 명예에 손상이 되고 손해가 된다고 해도. 진리로 받아들이라고 명령한다. 그 본원은 인간 내면에 있는 신의 빛이다.

— 찬닝

3

인간은 땅에서 육신으로 존재하지만 하늘의 기쁨을 맛볼 수 있으며 하늘의 행복을 누릴 수도 있다. 선한 삶을 영위하며 사랑의 아름다운 마음으로 살아가는 사람은 영이 맑고 깨끗하며 어떠한 장해의 벽도 의식하지 않는다. 이성(理性)과 감정이 맑고 깨끗할 때 신의 손길이 함께 한다.

— 바라문교 성전

4

인간이 덕성을 깨우칠 때 새로움과 신비스럽고 초자연적인 아름다움을 느끼게 된다. 인간은 자신의 내면에 인간성을 초월하는 높은 무엇이 존재한다는 것을 인식한다. 그리고 현재는 비록 천한 신분일망정 자신은 선의 완성을 위하여 태어났다는 것도 의식한다. 생각한 것은 아직 이루지 못했을지라도 그것은 이미 나의 것이다. '생각한 것은 꼭 이루어진다'라는 위대한 말의 뜻을 그때 알게 될 것이다.

— 에머슨

♣

양심의 소리는 신의 소리이다.

6월 19일

양심은 정신적 본질의 의식이다. 그것은 의식이기 때문에 정신에 의해서만 인간적인 믿음의 역할을 할 수 있다.

양심의 본질

1

자의식을 가지고 사는 동안 인간은 자신 속에서 두 개의 다른 본질을 인식할 수 있다. 그 하나는 행복이라는 감각적인 것이고 다른 하나는 눈에 보이지 않는 정신적인 것이다. 맹목적이고 동물적인 것은 먹고 마시고 숨쉬고 잠자고 번식하고 태엽을 감아 둔 기계처럼 움직인다. 눈에 보이지 않는 정신적 본질은 그 자체로서는 아무 일도 하지 않는다. 단지 동물적인 것과 관련되어 그 일을 평가할 따름이다. 그리고 동물적인 것이 정신적인 것에 조화될 때는 그것을 시인하고 어긋날 때는 그것을 몰아낸다.
 눈에 보이는 정신적인 본질의 현현(顯現)을 통상 양심이라 부른다. 이것을 나침반에 비유할 수도 있다. 즉 한쪽 끝은 항상 선한 것을, 다른 끝은 나쁜 것을 가리키고 있다. 그리고 인간은 그것이 가리키는 방향에서 떠나지 않는 한 ― 즉 악을 떠나 선으로 가지 않는 한, 그것을 볼 수는 없다. 그러나 양심의 방향으로 행위를 하게 되면 곧 양심이 가리키는 방향에서 동물적인 본질이 벗어났음을 알게 하는 정신적 본질의 의식이 나타난다.

2

 신은 인류에게 공통적 인식을 주었고 개인에게는 특별한 인식을 주었다. 인류의 인식은 전통이고 개인의 인식은 양심이다. 이 두 개는 한 쌍의 날개와 같다. 이 두 날개의 힘에 의하여 인간은 신에게 가까이 갈 수 있고 진리를 의식할 수 있다. 왜 인간은 두 날개 중에서 하나를 잘라 버리고 고립하려 하는지 왜 자기 세계에만 골몰하려 하며 자신의 소리, 인류의 소리를 멀리하려 하는지 알 수 없지만 이 두 가지는 모두 신성한 것이다. 신은 이 두 가지 중 어느 쪽에 의해서든 인간에게 말씀하실 수 있다. 이 두 가지가 조화될 때 즉 인간의 양심의 소리가 인류의 인식 속에 확인될 때 신의 존재를 알게 된다. 그리고 거기서 진리를 찾아내거나 신의 말씀을 인식하게 된다. 그 둘 중 하나의 소리에 의하여 다른 소리도 알 수 있을 것이다.

― 마도지이니

3

 도덕적인 교훈과 종교적 전통이 양심과는 전혀 다른 것으로 생각하지만 실제로는 하나의 구심점에 의해 이루어진다. 그것은 양심이다. 양심으로 종교적 전통과 도덕성을 인정하는가 부인하는가에 따라 의미가 다를 뿐이다.

4

 양심은 신에게 속한 가치이며 또한 결코 멸하지 않는 것이며 그래서 하늘의 소리라고 말한다. 양심은 무지하고 제한된 굴레에서 벗어나지 못하는 인간에게 총명과 자유를 주는 믿음직한 지도자이며 선행에 대한 수호자로써 인간을 신성한 위치로 이끄는 인도자이다. 양심으로부터 인간의 탁월한 천성이 나타나고 도덕적 행위가 나오는 것이다. 양심이 없으면 인간을 짐승 이상으로 고양(高揚)할 아무 것도 존재하지 않는다. 양심을 제외하면 인간에게 남는 것은 무질서와 욕심뿐이다. 그렇게 되면 인간은 착오와 분별 없는 경쟁 속에서 뒹구는 비참한 상태가 되고 만다.

―루소

5

정념(情念)과 욕망에 불타는 젊은이라면 행동하기 전에 무엇보다 먼저 자신의 양심에 묻고 양심을 존중하라. 정념과 욕망으로 양심을 떠나지 말라. 언제나 무엇에나 양심에 합치되는 것인지를 자문하고 양심의 명령을 용감히 따라라. 양심이 시키는 일은 헌신적으로 하되 친구나 이웃에게서 따돌림받는 것을 두려워 말라.

―발케엘

6

인간의 영혼은 언제나 배후의 음성에 이끌린다. 그러나 고개를 돌려 찾아봐도 그 음성의 주인을 찾기 어렵다. 그 음성은 만국의 언어로 말하므로 누구에게나 모두에게 들린다. 그러나 그 누구도 그 음성의 주인공을 볼 수가 없다. 인간은 단지 정확하게 그 음성에 따라 악한 사념을 떨쳐버리고 순전한 마음으로 받아들일 때만 그것이 자신의 음성이며 자신이 완전히 그 소리와 일치된 것을 인식하게 된다. 마음을 가다듬어 그 음성을 들으면 들을수록 거기서 더 큰 지혜로 나타나며 그 소리는 더욱 위대하고 장엄한 울림으로 다가올 것이다. 그 울림이야말로 진정한 행복을 가져오는 원천이다. 그러나 눈앞의 이익이 영혼의 눈을 가려 버리면 그 음성을 외면하게 되면 그 소리는 약해지고 주체할 수 없이 악에 빠지고 만다.

―에머슨

7

양심의 소리를 외면할 것인가 아니면 그 소리를 듣고 빛을 따를 것인가 ― 그 결정은 오직 자신에게 달려 있다. 양심이 어떤 무엇을 하라고 명령해도 응하지 않으며, 양심이 무엇을 믿으라고 해도 그것에 주의하지 않는다면 양심의 소리는 작아지고 마침내 없어져 버리고 말 것이다. 그러므로 끊임없이 양심의 소리에 귀를 기울이는 것이 무엇보다 중요하다. 아무리 작은 일이라도 주의하지 않으면 큰 실수를 하기 쉽고 작은 일도 습관이 되면 무서운 결과를 낳는다.

아직 마음속에 뿌리를 내리기 전에 악을 베어 버려라. 악이나 선은 마음으로 어떻게 받아들이느냐에 따라 크기가 결정되는 것이다.

♣

양심으로 받아들일 수 없는 각종 유혹을 경계하라. "양심만 믿지 말라"고 하는 거짓된 말은 기만이라는 것을 알라. 그리고 그 말에 따르지 말라.

6월 20일

이성(理性)은 인간을 결합시키는 근원이다. 사랑은 인간을 결합시키고 이성은 그것을 완성시킨다.

이성(理性)과 사랑

1

나는 생각한다. 그러므로 나는 존재한다. 그러나 인간이 생각한다는 것에는 총명이 전제된 생각을 말하는 것이다. 말하자면 올바른 사고만이 자신이 어떤 목적으로 살아야 할 것인가를 제시하기 때문에 그런 의미에서 존재의 의미가 있다는 얘기다. 그런 사고의 바탕 위에서 비로소 신과 인간이라는 마음의 작용이 생기게 된다. 반면에 속된 인간은 단지 편리한 것만 생각하고 댄스, 오락, 노래 그리고 온갖 잡기로 즐거움만을 찾고 오직 주택·재산·권력에 대하여만 생각함으로 부자나 왕자의 생활을 한없이 부러워한다. 그러면서 자신의 사람됨에 대해서는 조금도 반성하려 하지 않는다.

―파스칼

2

인간이 지켜야 할 중요한 의무 중 하나는 하늘이 준 천성을 빛나게 하는 것이다.

―중국 명언

3

만인이 인정하지 않을 수 없는 것은 이성의 발현(發現)이다.

4

말에 한정된 이성은 영원하지 않으며 명색을 붙인 이성 또한 영원하다고 할 수 없다.

― 노자

5

이성은 찾지 않는 사람이 발견하고, 생각하지 않은 사람이 이룬다.

― 공자

6

천지 만물이 있기 전에 먼저 존재하는 근원적인 성품이 있다. 그 성품을 이성이라 부른다. 그것은 소리도 없고 형태도 없다. 굳이 그것에 명칭을 붙인다면 '그것은 위대하고 인간이 도달할 수 없는 무한하고 보편적인' 존재라고 부르리라.

― 노자

♣

세상의 그 무엇도 이성 즉 이지(理智)가 결정한 것을 바꿀 수는 없다. 인간은 그 이지를 통해서만 만물을 알 수 있다. 그런 말을 하는 자는 단 하나뿐인 등불을 꺼 버리고 암흑 속으로 끌어들이는 자들과 같다.

6월 21일

어리석음으로 말미암아 생기는 고뇌는 총명한 의식으로 이끌어 간다.

어리석은 고뇌

1

나는 저 도둑처럼 비참한 삶을 살아왔다. 물론 나뿐만 아니라 내 주위의 많은 사람들도 정도의 차이는 있을지라도 나와 같이 비참하다고 생각했다. 어느 땐가는 그런 불행에 대한 고민과 그 같은 상태로부터 벗어나기 위해서는 죽을 수밖에는 도리가 없다고 생각하기도 했다.

그러나 한편 그가 십자가를 진 것처럼 나는 알 수 없는 힘에 의하여 이 고뇌와 죄악의 삶에 그저 못 박혀 있는 것은 아닌가? 라는 생각을 떨쳐버리지 못했다.

마치 그가 세상의 무의미한 고뇌와 죄악의 뒤에 무서운 죽음의 암투가 기다린다고 한 것처럼 나에게도 고뇌의 삶이 기다리고 있지는 않은가?

그런 의미에서 나는 도둑과 다름없다. 단지 다른 점이 있다면 그는 죽었으나 나는 아직 살아 있다는 것뿐이다. 더구나 그는 스스로 무덤 저쪽에 있는 구원을 믿었으나 나는 그것을 믿지 못하는 고뇌를 버리지 못하고 있다. 왜냐하면 무덤 저쪽의 삶을 위해서 나는 아직도 이 세상의 삶을 내던질 수 없기 때문이다.

나는 아직도 현재의 삶에서 의미를 깨닫지 못하고 있다. 내게 그것은 공포이다. 갑자기 나는 예수의 말씀을 들었다. 그리고 깨달았다. 삶과 죽음 그 자체가 죄악은 아니라는 생각이다. 그것에는 절망 대신에 죽음에 의해서도 파괴되지 않는 기쁨과 행복이 있다.

2

세상의 많은 젊은이들이 마치 방탕한 아들이나 화류계 여자와 같이 삶의 귀중한 의미를 망각하고 스스로의 품성을 낭비한다. 많은 청년이 인생의 초반을 아무 가치도 없는 일로 허비한다. 그리고 '부모'를 떠나 버린다.

이윽고 고난이 그들을 몰아 닥친다. 그러면 가난(정신적인)에 견디다 못해 '아버지 집'으로 할 수 없이 되돌아온다. 그리고 다시 태어난 것처럼 올바른 삶을 처음부터 배우기 시작한다.

— 류씨·말로리

3

인생은 마치 세 갈래 길에 서 있는 것과 같다. 그 첫째의 길은 사색인데 이것은 고귀한 길이다. 그 둘째는 모방이며 이것은 쉬운 길이다. 그 셋째가 경험인데 이것은 가장 괴로운 길이다.

♣

인류나 각각의 개인에게나 마찬가지로 역경은 무익하기만 한 것이 아니다. 불행은 인간을 뒤로 돌아가게 하더라도 반드시 목표지점으로 이끌어 가는 안내자이다. 목표지점이란 인간에게 부과된 완성을 말한다.

6월 22일

참된 종교는 하나뿐이다.

참 종교

1

인간이 신을 알지 못하면 그 것은 죄악이다. 그러나 그보다 더 큰 죄악은 신이 존재하지 않는다는 주장과 그것의 오만이다.

― 락탄치

2

종교의 차이는 없다. 여러 가지 사상(事象)과 이념에 관한 신앙의 차이는 있을 수 있지만 그것은 종교적인 관념의 차이가 아니라 역사적인 현상의 차이나 학구적인 방법과 영역에서의 차이다. 마찬가지로 종교 서적의 차이도 존재할 수는 있다. 예컨대 조로아스터교전, 베다교전, 코오란 등과 같은 것이다. 그러나 진정한 종교는 어느 시대나 오직 하나뿐이다. 신앙의 차이는 종교에 대한 보조적 수단으로의 차이만 있을 뿐이다. 그것은 시대와 지역에 따라 나타날 수 있고 있을 수 있는 것이다.

― 칸트

3

믿음은 존재를 의심할 수 없는 것에 대해서만 가질 수 있는 마음이다. 그리고 이지로 수용할 수 있는 것에 대해서만 가질 수 있는 것이다.

4

많은 사람이 종교 지도자의 말을 지나치게 맹목적으로 믿고 따른다. 그러한 경향은 종교가 무엇인지 자세히 알지도 못하며 또 알려고도 않는 폐단 때문이다. 대부분의 선교는 교회를 부흥시키려는 목적을 가지나 그들이 선교의 의미를 알고 할 수 있는 것은 단지 교회의 이름에 의해서 뿐이다. 이따금 세상을 놀라게 하고 유혈을 강요하는 종교전쟁도 교회간의 세력 다툼에 지나지 않는다.

그 때문에 유혈을 강요한 자는 자신이 믿는 참 신에게 누를 끼쳤다는 사실도 깨닫지 못하며 따라서 슬퍼하지도 않는다. 오히려 신의 뜻이나 신에 대한 믿음보다 눈에 보이는 교회 확장 사업이 더 크게 중요하다고 여기기 때문이다. 다만 교세 확장에 충성을 다하지 못한 것을 슬퍼할 따름이다.

― 칸트

5

"너는 거짓에 있고 나는 진리에 있다"라고 말한다면 그 말은 남에게 할 수 있는 가장 잔혹한 말이다.

6

사교도의 세계에서는 소유의 다소에 의해 인간의 가치가 결정된다. 그러나 기독교도에게는 완전한 인격을 지향하는 정도와 의로운 인간의 존엄에 의하여 차이를 두면서도 그 때문에 어떤 사람도 도덕적인 의미에서 자신이 남보다 높다거나 낮다고는 생각할 수 없다.

7

설사 회교도라도 불교도와 함께 살라. 기독교도라도 유대교도와 함께 살라. 또 가톨릭교도일지라도 종교 분리론자와 함께 살라. 비록 종교가 다르더라도 다른 종파 사람과 사귀어라. 그리하면 피차가 사랑을 나눌 수 있는 단계에서 평화를 얻을 수 있을 것이다.

가피스는 어떤 종교든 구하는 것은 오직 하나라고 했다. 그것이 사랑이다. 세상은 사랑의 숙소여야 한다. 그런데 교회나 절간이 왜 시끄러운가? 그것은 사랑이 부족하기 때문이다.

― 푸휘 · 발씨

♣

의혹을 두려워 말고 용감하게 이성으로 대처하라.

6월 23일

신을 따르라 그러면 신이 네게 자유를 줄 것이다.

신과 자유

1

자기 처지에 만족하는 노예는 이중으로 예속되는 격이다. 왜냐하면 육체뿐만 아니라 영혼마저도 예속되기 때문이다.

― 볼케

2

이웃에 악을 행하는 것은 결국 자신에게 악행을 저지르는 것과 같다. 인간은 악행하고 죄 범하려 태어난 것이 아니라 선행으로 돕고 그 안에서 자신의 행복을 얻기 위해 태어난 것이다. 자신의 불행은 자신의 죄에서 기인한다. 하나님은 모든 인간이 행복하도록 만드셨지 결코 불행하게 만드신 것이 아니기 때문이다. 신이 주신 것 가운데 일부는 인간의 것이지만 개인의 재산과 소유는 인간의 것이 아니다. 다른 사람이 준 것이나 폭력으로 빼앗아갈 수 있는 것도 모두 인간의 것이 아니다. 누구도 방해할 수 없고 빼앗을 수 없는 것이 바로 인간의 소유이다. 신은 인간에게 은혜로 행복을 주셨으므로 결코 인간의 적이 될 수 없다. 신은 마치 좋은 아버지처럼 인간을 간수하신다. 신이 주시지 않은 것으로 인간이 행복할 수는 없다. 성자는 오직 신의 뜻을 따르는 것에만 마음을 쓴다. 마음속으로 이렇게 기도할 것이다

"주여! 제가 아직도 더 살 가치가 있다면 저는 주의 명령대로 살기를 바랍니다. 당신께서 주신 자유를 지켜 가겠습니다." 그리고 또 이렇게 말할 것이다.

"언제든지 저를 당신께서 필요한 대로 당신의 뜻대로 처분하소서. 저는 당신을 위하여 살다가 당신께서 명하시면 죽음까지도 받아들이겠습니다. 주의 뜻대로 하소서"

― 에피쿠테타스

3

자유를 스스로 버린 사람은 자기 본성과 신의 뜻에 거역한 것이다.

― 마도지이니

4

평화는 어떠한 형태든지 아름답다. 평화와 예속에는 큰 차이가 있다. 말하자면 평화는 무엇에 의해서도 파괴되지 않는 자유이다. 그러나 예속은 악 중의 악이다. 인간은 죽을 때까지 그것에 대하여 싸워야 한다.

― 시세로

5

주장을 바꾸면서까지 자신의 과실을 바로 잡는 사람은 자기 확신에 의해 나타난 과실을 고집하는 사람보다 자유롭다.

― 오오레리아스

6

눈에 보이지 않는 내면의 본심을 따라 행동하는 사람이 진정한 자유인이다. 이는 잘못된 구습에 예속되지 않고 예부터 내려오는 도덕과 법칙에도 갇히지 않고 역사와 현실을 명확히 알고, 양심의 소리에 귀를 기울이며 새롭고 높은 차원의 덕목을 기뻐하는 자가 자유인이다.

— 찬닝

7

예속을 목적으로 하지 않는 것이 참된 도리이며 자유를 보장할 수 있는 것이 지성이다. 그것이 아닌 다른 모든 것은 새로운 예속에 불과하며 예속과 관련된 모든 지성은 거짓에 불과하다.

— 위시누우·부라아니

♣

인간은 두 주인을 섬길 수 없다. 하나님을 섬기는 종이 되던지 아니면 인간의 노예가 되던지 둘 중 하나다.

6월 24일

근면을 자랑하는 사람은 나태한 사람이다.

근 면

1

무엇을 하느니보다 차라리 아무 것도 하지 않는 편이 나을 때는 가만히 있는 것이 지혜다.

2

어떤 일이든지 회피하고 노는 사람이 있고 거절하는 것을 자랑으로 삼는 사람도 있다. 때로는 즐겁게 노는 것이 많은 일을 하는 것보다 필요하고 중요할 경우도 있다. 그러나 분주하게 일하지만 효과적이지 못할 때는 하지 않는 편이 훨씬 낫다.

3

나쁜 일은 아니라도(나쁜 일은 결코 해서는 안 된다) 일반적인 일에 관여하고 있을 때 그리고 그 일에 만족해 있을 때 명심해 둘 것이 있다. 인간은 무엇에든지 만족을 얻기 전에 그 일을 마음(양심)이 진정으로 바라는 것인가를 확인해야 한다. 양심이 그 일보다 다른 것을 하기 원할 때는 즉시 그 일에서 손을 떼야 한다. 그런데 대개는 그 일에서 맛보는 만족이라는 매력이 양심을 빨아들이는 힘을 발휘하므로 선량하고 도덕적인 사람도 본심의 요구에 엉뚱하게 반응한다.

"그것은 곤란한데…. 나는 급히 조사해 봐야 할 일이 있고 또 돌아가신 아버지 장례도 모셔야 하겠는데"라고.

죽은 자가 스스로 매장하라는 말을 하지 않도록 명심해야 한다.

4

인간은 자신이 만족하는 것은 무엇이든지 잃기를 원치 않는다. 그 것을 잃는 것은 슬픈 일이라고 생각한다. 그러나 만족의 기쁨을 누림과 동시에 그 기쁨의 이유가 사라졌을 때에도 슬퍼하지 않는 사람이어야 한다.

― 파스칼

5

말을 끌면 마차가 앞으로 나가지 않을 수 없듯이 사람도 무엇이든 움직여 나가야 한다. 그러므로 일하는 것 자체가 보람이 있는 것이다. 마치 인간이 호흡하는 그 자체가 보람이듯이 인간이 일한다는 그것이 기쁨인 것이다.

6

흔히 있을 수 있는 착오는 만족이나 기쁨이 대수로운 것이 못된다고 생각하거나 심지어는 그 것이 나쁜 것이라고까지 생각하는 일이다. (마호메트교도나 청교도처럼) 만족감의 중요성은 근로의 중요성과 마찬가지다. 그것들은 일종의 보수와 같은 것이어서 쉬지 않고 일만 할 수는 없다. 휴식은 아름답고 자연적인 만족이다.

그러나 만족이 죄가 될 경우가 있다. 자기 만족을 위해(예컨대 정구나 연극이나 경마 등을 준비할 때) 타인의 노동을 이용하는 것은 악이다. 또 어떤 경기나 게임에서 자기 만족을 위해 상대를 미워하는 경쟁심이나 질투심을 갖는 것도 악이다. 또한 소수의 사람을 위해 하는 일도 악이다. 그 이외의 만족은 모두에게 유익하고 중요하다.

♣

일과 만족을 함께 갖는 생활이 진정한 기쁨이다. 일이 없는 곳에 만족은 없다.

6월 25일

하나님을 섬기는 신앙이 깊으면 깊을수록 인간은 인간의 예속과 허영에서 벗어난다.

신앙과 허영

1

훌륭하게 보이려고 노력하지 말라. 나를 나쁜 사람이라고 생각하는 것을 두려워함은 허영의 소치이다.

— 류씨·말로리

2

선한 자의 영예는 자기 양심에 있고 남의 입술에 있지 않다.

3

남의 허물은 증오하면서 참지도 못한다. 그러나 자신의 허물은 전혀 개의치도 않는다. 그리고 남의 잘못은 끔찍스러운 일이라 하면서도 자기 잘못은 실수인 줄 깨닫지 못한다. 남의 허물만 보지 말고 남의 잘못을 거울삼아 자신의 결점을 고치는 사람이 바른 사람이다.

— 라·부류이엘

4

칭찬하는 사람의 수만 세지 말고 그 사람들의 수준을 중히 여기라. 악인에게 호감을 사지 않는 것만도 자랑이다.

— 세네카

5

사람을 칭찬할 때 조심하라. 남의 작은 일에 겉치레가 심한 칭찬을 금하고 해칠 목적으로 칭찬해서는 더욱 안 된다. 그리고 취미나 이욕이나 기분에 예속되어 남의 눈치나 보기 위해 칭찬을 해서도 안 된다. 칭찬은 신의 완전한 뜻에 따라야 하며 신을 섬기는 자세로 해야 한다.

석공(石工)이 형태가 다른 돌마다 일관성 없이 끌질만 한다면 아무리 세월이 가도 집을 세우지 못한다. 일관되게 네모 반듯한 형태에 모든 돌을 맞출 때만 집을 세울 수 있는 것이다. 그와 같이 일관성 없이 변하는 타인의 평판에 자기 이름이나 맞추려고 할 때는 신의 왕국은 멀어만 간다. 그러나 인간에게 공통적인 양심과 이성의 힘에 의하여 알 수 있는 진실과 선의 법칙에 의하여 완성될 때는 신의 왕국을 건설할 수 있을 것이다.

— 표도르 · 스뜨라호프

6

아부는 자신과 이웃에게 존엄한 생각을 품지 못하게 한다.

— 라 · 부류이엘

7

인간은 때로 쉽게 깨뜨릴 수 없는 착각을 범한다. 마치 아이들이 자기를 보지 못하게 하려고 술래의 눈을 가리듯이 자기가 보이지 않으면 남도 자기를 보지 못할 것이라고 생각하는 착각과 같은 것이다. 그러므로 자기 행위가 남에게 주는 인상에 대하여 다시 생각해 보는 것은 매우 유익한 일이다.

8

덕이 높은 사람은 스스로 수양을 쌓는다. 역대의 덕이 높은 성현들을 보면 모두가 스스로의 노력으로 위대하게 된 것이다.

— 소크라테스

9

남의 평판에 과민하면 평안을 얻지 못한다.

10

부끄러워하지 않아도 될 것을 부끄러워하고 부끄러워해야 할 것을 부끄러워할 줄 모르는 사람은 거짓 칭찬에 만족하고 결국은 실패하는 사람이 된다.

— 석가

11

사람의 자랑거리 가운데 하나는 부끄러워할 줄 안다는 점이다. 부끄러워할 줄 아는 사람은 죄를 짓지 않는다.

— 탈무드

12

스스로 변명하지 말라.

13
진리를 모르는 이웃보다 진리를 아는 낯선 사람을 택하라.

14
스스로 옳다고 생각하는 일을 하라. 그리고 아무 보상이나 명예를 기대하지 말라. 어리석은 사람은 선한 행위에 대한 그릇된 보상을 바란다.

15
행복이 자식이나 벗이나 또는 사라지기 쉬운 물질에 있다고 생각하는 사람은 진정으로 행복한 사람이라 할 수 없다. 눈에 보이는 행복은 눈 깜짝할 사이에 사라져 버릴 수 있다. 자신과 하나님 이외에는 어디에도 발붙일 발판이 없다고 생각하라.

─데모필

16
허영은 슬픔과 어울리지 않는 감정이다. 허영은 인간의 본성에 섞여 있으므로 어떤 슬픔도 허영을 몰아내지 못한다. 허영은 슬픔에서도 남이 자신을 상심하고 불행한 사람이라고 생각해 주기를 바란다. 천박한 허영은 아주 큰 슬픔에서도 떠나지 않고 오히려 이웃의 슬픔에서 일으키는 동정을 빼앗기도 한다.

♣

선한 마음속에도 허영이나 세속적인 칭찬을 원하는 욕망이 섞여 있다. 그 마음을 자신에게 '나는 그 선한 행위 때문에 칭찬이 아니라 공격을 받더라도 그 행위를 바꾸지 않겠노라'고 할 수 있을 때에만 해롭지 않은 것이다.

6월 26일
이성(理性)은 인간에게 삶의 의미와 사명을 밝히는 등불이다.

이성의 사명

1
태양은 끊임없이 그가 가진 빛을 온 땅위에 구석구석 비춘다. 태양 빛과 같이 이성의 빛도 모든 곳에 쏟아져야 한다. 이성의 빛 역시 아무리 여러 곳에 쏟아 부어도 고갈되지 않는다. 장애물에 부딪치더라도 격돌 없이 조용히 비칠 뿐 메마르거나 지칠 줄도 모른다. 그 빛에서 얼굴을 돌리는 자만이 그늘 속에 남게 된다.

─오오레리아스

2

    이성이 가리키는 바에 따르라. 그래야 진정한 행복을 얻는다. 그 행복은 모두에게 공통된 것이며 모두가 똑같이 향유할 수 있는 것이다. 비록 그 행복에 이르는 길이 힘난할지라도 결국은 얻어지는 것이다. 다만 그것을 찾아내는 사람이 드물 뿐이다. 구원의 길도 모든 사람에게 열려 있지만 그 길이 아무나 다 갈 수 있는 길은 아니다. 그 길은 가시밭길이다. 그렇지 않고 곤란 없이 갈 수 있는 길이라면 사람들은 그것을 얼마나 가볍게 여길 것인가! 아름다운 것은 얻기 어려운 것이며 아무나 얻을 수 있는 흔한 것이 아니다.

─스피노자

3

    세상의 만물을 비교할 때 인간은 단지 약한 갈대에 지나지 않는다. 그러나 이성(理性)이 부여된 갈대이다. 인간의 목숨을 빼앗기는 어려운 일이 아니지만 인간의 이성은 동식물이나 돌이나 바위보다 높은 생명력이 있다. 인간은 죽을 때 이성에 의하여 죽음을 의식할 수 있고 대자연을 앞에 두고 자신의 육체가 얼마나 하찮은 것인가를 의식하지만 인간 이외의 것들은 그것을 의식하지 못한다. 인간 최고의 보배로운 가치는 이성이다. 오직 이성으로만 환희의 다른 세계를 소유할 수 있다. 인간은 이성을 존중하고 이성은 인간의 삶을 비추어 무엇이 선이며 무엇이 악인가를 보여 준다.

─파스칼

4

    인간에게만 이성이 있다는 점에서 모든 다른 생물과는 다르다. 어떤 사람은 이성의 성장을 원하지만 대다수의 사람은 이성을 대단치 않게 여긴다. 오히려 그들은 자신이 가축보다 우수하기를 원치 않는다.

─동양의 성언

5

    나는 기독교가 이성적 본질을 확장하며 이성의 힘을 확대하는 점에서 기독교를 신앙한다. 내가 기독교도가 됨으로써 이성적인 존재가 될 수 없었다면 나는 혼란에 빠져버리고 말았을 것이다. 나는 기독교 때문에 재산도 영예도 삶도 기쁨으로 희생하지 않으면 안될 의무를 느낀다.

그러나 어떤 것도 나를 다른 동물보다 우월하게 하며 인간임을 만족하게 하는 이성을 희생하지 않으면 안 된다고 생각하지는 않는다. 나는 신에게서 받은 보배를 버리는 것 이상 더한 신성 모독을 알지 못한다. 그렇게 하는 것은 자신에게 존재하는 신의 본원에 폭력으로 반항하는 것이 된다. …이성은 인간의 사색적 본질의 최고 표현이다. 이성은 신과 우주에도 일치되며 심령을 높은 조화에 반영하는 거울이 된다.

― 찬닝

♣

간에게 이성이 없다면 인생의 의미를 이해할 수 없을 것이다. 인생의 의미를 이해할 수 없다면 인간은 선과 악을 구별할 수 없게 되고 참된 행복을 찾을 수도 없으며 그것을 소유하지도 못할 것이다.

6월 27일

신의 뜻을 따라 義를 이뤄 가는 사람은 남이 뭐라 해도 태연할 수 있다.

의로운 삶

1

항상 다른 사람이 내 마음이 무엇을 생각하는지 상상할 수 있다고 생각하라.

― 세네카

2

숨김없는 발가숭이로 살라.

― 오오레리아스

3

나쁜 짓을 숨기는 것은 옳지 못하다. 그러나 자랑삼아 그 짓을 보라는 듯이 드러내 놓음은 더욱 옳지 못하다.

4

부끄러워하는 것은 좋은 감정이다. 그러나 자기 자신 앞에서 부끄러워하는 것은 그 이상으로 좋은 감정이다.

5

더한 부끄러움으로 수치를 자각하는 사람이야말로 사람의 도덕적 완성의 단계에 이른 사람이다.

6

행위를 통하여 실현되지 않거나 행위를 전제로 하지 않는 사상에는 때때로 얼토당토 않는 미망(迷妄)을 유발한다.

7

자신의 부끄러움을 말하거나 또한 차마 말할 수 없는 은밀한 비행에 대하여 고백과 후회의 속죄가 때로는 도리어 그 행위에 변명으로 오해되는 경우가 있다. 비단 그런 오해로 고통을 받더라도 아무 것도 숨기지 말라. 단지 필요 이상으로 과대하게 토로할 필요는 없다.

8

신에 대하여 두려움으로 경외하라. 또한 그 두려움은 인간에 대한 두려움과 같이 강하게 인식하라. 그렇게 되어야 죄를 지을 때마다 혹시 '남들이 보고 있지나 않을까?'라고 멈출 수 있을 것이다.

―탈무드

9

사람 앞에서는 숨길 수 있다. 그러나 하나님 앞에서는 아무 것도 숨길 수 없다.

―성경

10

숨기려는 것은 거의가 나쁜 일들이다. 그러나 선한 일을 숨기는 것은 좋은 것이다.

11

숨긴 것이 나타나지 않음이 없고 감춘 것이 알려지지 않음이 없다.

―성경

12

아무리 작은 것이라도 숨기고 감춘 것은 언젠가는 결국 모두가 반드시 나타나는 법이다.

―공자

♣

아무 것도 숨기려 하지 말라. 또한 자신의 자랑거리를 남에게 드러내 보이려고 하지도 말라.

6월 28일

가정과 가정의 결속, 사람과 사람과의 결속, 그것이 아무리 신뢰가 있는 이상적 결합이라도 신과 선이 지배하는 종교적인 결속으로 합치될 때만 확고하게 되며 진정한 행복을 이룰 수 있다. 아무리 강력한 결합력도 신이 개입되지 않으면 가정에도 개인에도 기쁨보다 고통이 크다.

가정과 신앙

1

가정의 이기주의는 개인의 이기주의보다 가혹하다. 자기 한 몸을 위해 행복해야 할 가족의 희생을 요구하는 것을 수치로 아는 사람도 자기 가정의 행복을 위해서는 남의 불행 따위는 개의치 않고 남의 약점조차도 이용하려 한다.

2

자신의 악행을 변명하려고 가장 흔히 쓰는 옳지 못한 구실은 가정의 행복을 위하여서라고 하는 그것이다.

3

인색·협박·거짓. 은폐 뇌물. 노동자에 대한 압박, 부정한 생각 등과 같은 것은 가정에 대한 사랑이라는 구실에 의하여 변명되고 있다.

4

가정도 가문도 인간의 마음을 제한할 수 없으며 또 제한해서도 아니 된다. 인간은 처음부터 자신과 관련된 인간 집단의 일원으로 태어나게 된다. 누구나 가족 집단으로부터 인간의 유일한 근거는 애정의 결속이라는 것을 가르치며 그 애정 때문에 인간은 발전하게 된다.

그러나 민족적인 결합은 예외적이며 계급적이어서 때때로 그것 때문에 인류 공통의 요구가 도외시되며 그래서 인간을 자유케 하기는커녕 도리어 무덤이 되기도 한다.

—찬닝

5

가정에 대한 애정은 자아애(自我愛), 즉 다른 사람의 사정보다 자기 가정을 더욱 소중하게 여기는 감정이다. 그러므로 가정에 대한 애정이 때때로 부정하고 사악한 행위의 원인이 되기도 한다.

6

어떤 사람이 예수께 말했다.
"당신의 어머니와 형제들이 그대를 보려고 밖에 와 있습니다"
예수는 이렇게 대답하였다.
"나의 어머니나 형제라 함은 하나님의 말씀을 듣고 그 말씀을 행하는 사람들이다"라고.

― 성경

7

아버지나 어머니를 나보다 더 사랑하는 자는 나에게 합당치 않고 아들이나 딸을 더 사랑하는 자도 나에게 합당치 않다.

― 성경

8

누가복음 14장 26절에 이러한 말이 있다.
"무릇 내게 오는 자는 부모와 처자와 형제와 자매는 물론 자기 목숨까지 미워하지 아니하면 능히 내 제자가 되지 못한다."라고.
'미워한다'는 그 말씀의 진의에 따르면, 예수의 제자로써, 또는 그의 추종자로서 사랑할 수 있는 것은 가정적인 결속에 의해서가 아니라 먼저 하나님과의 결속을 이룬 후에 가정의 결속이 가능하다는 의미다. 말하자면 가정이 우선이 아니고 그와 반대로 종교적 목적을 위해서는 가정이 방해가 되는 일이 더 많다는 의미인 것이다..

9

어떤 사람들은 권력에서, 또 어떤 사람들은 풍부한 지식이나 과학적 소양으로, 또 다른 이들은 향락에서 행복을 구한다. 크게 보아 이 세 가지 형태의 욕망이 세 가지 다른 형태의 부류를 이룬다. 그러나 진정한 삶의 가치를 추구하는 사람은 일반의 행복 즉 세상 모든 사람들이 추구하고 노력하는 것에서는 진정한 행복을 찾지 않는다. 많은 사람들이 추구하고 노력하는 그런 것에는 단지 인간의 본능적 탐욕에서 나오는 소유욕이 있을 뿐이고 그것에는 단지 얻음으로 기뻐하기도 전에 아직 얻지 못한 부분에 대한 애착과 슬픔이 있을 뿐이다. 그런 것이 진정한 행복일 수 없다는 사실을 알기 때문이다. 참된 행복은 어떤 경우이던 모두 손실도 시기도 없이 얻을 수 있고 신의 선한 의지에도 어긋나지 않으며 결코 잃음도 없다.

— 파스칼

♧

가정에 대한 사랑은 자신에 대한 사랑과 같아서 어느 것이 더 좋고 어느 것이 나쁘다. 라고 하지 않는다. 사랑은 단지 자연의 발로(發露)일 뿐이다. 가정에 대한 사랑은 자신의 개성에 대한 사랑과 같이 그 자체에 상응되는 한계를 넘을 때 죄악이 된다. 그래서 둘 다 덕성이 되지는 못한다.

6월 29일

우울(憂鬱)은 인간이 스스로의 삶 속에서 삶의 참된 의미를 찾지 못할 때 마음에 일어나는 현상이다.

우울한 감정

1

우울하고 초조한 마음을 품고 있으면서도 그런 경향을 좋아하고 자랑하는 사람이 있다. 그것은 마치 자신을 산기슭까지 태워준 말의 고삐를 풀어 주고 채찍으로 후려갈기는 것과 같다.

2

우울해하거나 공연히 계면쩍어하는 사람은 때때로 주위 사람들을 당황하게 할 뿐 아니라 자신의 우울한 감정을 상대에게 옮기기도 한다. 그러므로 분별 있는 사람은 다른 사람을 불쾌하게 하는 따위 일은 혼자 있을 때만 한다. 그러므로 우울한 감정이나 초조함은 모두 고독할 때에 혼자의 몫이어야 한다.

3

외부적인 원인이 인간의 정신 상태에 영향을 끼친다는 생각은 해롭고 아주 흔한 착오이다. 육체의 상태는— 예컨대 피로·굶주림·질병 등이, 사람의 삶은 정신이 기초라고 생각하는 사람의 정신 상태에 영향을 끼치는 일은 있으되, 단지 일시적으로 마음이 상할 정도에 그칠 뿐 정신의 본질적이 방향까지 바꾸어 버리는 일은 없다. 그러나 단지 외부적인 원인으로만 사는 사람들(아이들이나 신앙 없는 자들)은 외부적인 원인에 의하여 삶에 대한 자신의 관계 전부를 바꾸어 버린다. 우울증이나 조바심에 사로잡히면 흔히 이미 찬양하던 것들을 비방하고 사랑하던 것을 미워하게 된다.

4

간혹 세상이 암흑과 같이 어두워 보이고, 악한 감정에 휩싸여 공연히 누구에게나 악담을 퍼붓고, 신경질을 내고 싶을 때는 그 것이 자신임을 믿지 말라. 그러한 상태에 빠졌을 때는 자신을 그저 정신 못 차린 주정뱅이라고 생각하라. 그리고 그 상태가 사라지기를 차분히 기다려라. 진정될 경우 잠자코 참으면 참을수록 더 빨리 원상으로 회복될 것이다. 마치 술에 취했을 때 꾸는 꿈과 같이.

5

악한 사람이라는 말을 듣는 자는 대개 자신의 일시적인 나쁜 정신 상태를 평소 상태라고 생각하고 그 것에 자신을 맡겨 버리기 때문에 그렇게 되는 것이다.

6

세상이 온통 추악하게 보이고, 불쾌감이 극심하고 이런 저런 것 모두가 어리석고 헛된 것같이 생각될 때 가능하다면 자신의 마음을 살펴 보라. 그러면 자신 속에서 평소에는 보지 못하던 것을 볼 수 있을 것이다. 그때 자신 속에서 발견된 추함과 부족함은 무익한 것만이 아니라 유익한 것도 있음을 알게 될 것이다.

7

영원히 계속되는 불행은 없다. 절망이 희망보다 인간을 더 속일뿐이다.

워웨날크

8

절대로 우울증에 사로잡히지 말라.

9

인간은 행복해야 한다. 그러나 누가 불행하다면 그것은 그의 죄이다.

10

인간은 스스로 행복해야 하며 자신에게 만족함을 가장 귀중하고 첫째 가는 가치로 알아야 한다. 불만은 죄와 다름없이 부끄러워해야 할 일이다. 자신에게 무엇인가 불쾌한 것이 있다고 남에게 화풀이를 해서는 안 된다. 그리고 될 수 있는 대로 빨리 없애도록 노력해야 한다.

11

아버지시여! 정결함과 공손함과 사랑으로 당신의 뜻을 이루시고 끝없는 기쁨 속에 저를 머물도록 도와주소서.

12

육체의 고통이나 정신의 쇠잔함은 현재의 삶에 붙어 있는 나의 몫이다. 우리는 그런 것들이 사라질 때까지 참고 기다려야 한다. 세상의 삶이 지나쳐 버릴 때까지 기다려야 한다.

♣

주위의 모두가 답답하고 자신의 신세가 처량하고 불만에 차 있다면 달팽이가 껍데기 속으로 기어들 듯이 움츠려 있는 편이 낫다. 그러나 결코 세상에서의 자신의 사명을 잊지 말라. 그대에게 그런 기분이 들게 한 상태가 지나갈 때까지 인내로 기다리라. 그러면 다시금 일을 해야 하겠다는 감정이 되살아날 것이다.

6월 30일

골치 아픈 육신의 삶에만 매달리지 말고 인간의 유일하며 참된 내면적 문제에 골몰한다면 얼마나 안온하고 평안하겠는가! 그러면 모든 세상문제도 잘 해결될 것이다.

내면세계에 충실한 삶

1

인간의 공통된 행복이 무엇에 있는지는 알 수 없다. 그러나 모든 사람이 공통된 행복에 도달할 수 있는 길은 오직 사람에게 주어진 선을 다 같이 행할 때에 가능하다.

2

참된 삶은 문명이 발전이나 사회의 큰 변혁이나 그로 인해 많은 사람이 동원되어 충돌하고 싸우고 죽이는 데서 이루어지는 것이 아니다. 참된 삶은 오직 내면에서 눈에 보이지 않는 변화가 이루어질 때만 가능하다.

3

가는 곳마다 마치 지진의 내습에 대비하듯 끔찍스런 노역이 이루어지고 있다. 인간이 그토록 책임을 크고 아프게 느낀 일은 결코 없었을 것이다. 순간 순간마다 무거운 근심과 초조함이 더해 오는 것 같다. 뭔지는 모르나 큰 일이 생길 것 같다. 그

러나 많은 인생들은 일찍이 그리스도의 출현 이전부터 세상의 커다란 변혁을 기대하면서도 막상 그리스도가 왔을 때 그를 받아들이려고 하지 않았고 지금도 역시 세계는 또 새로운 메시야의 출현을 기다린다. 그러나 과연 메시야가 그들 의도대로 출생될는지는 알 도리가 없다.

―류씨·말로리

4

사회주의에는 두 종류의 주장이 있다. 그 둘은 모두 인간의 행복을 추구하고 실현하는 데 목적을 둔다. 그 하나는 전체 사회 공통의 복리를 추구하는 것이고 다른 하나는 개인의 행복을 추구하려는 것이다.

전자는 국가 권력을 인정하는 것이고 후자는 권력을 인정하지 않는 것이다.
전자는 전제 국가를 바라는 것이고 후자는 어떤 전제도 거부하려는 것이다.
전자는 지배계급을 인정하려는 것이고 후자는 지배계급을 부인하는 것이다.

전자는 전쟁을 신봉하는 것이고 후자는 평화롭게 살기를 도모하는 것이다.
사회주의에는 이상의 두 가지 주장만 있다. 따라서 전자는 과거의 것이고 후자는 미래의 것이 된다. 그러나 전자는 후자에게 양보하여야 한다. 어쨌든 사회주의는 이 두 가지 중에서 어느 하나를 선택하여야 한다. 그렇지 않으면 사회주의라고 할 수 없다.

―에른스트·레쉰

5

"백 사람 중에서 단 한 사람이 다른 99명을 지배하는 것은 정의가 아니다. 그것은 전제주의(專制主義)다. 10명이 90명을 지배할 때도 그것은 정의가 아니다. 그것은 과두정치(寡頭政治)이다. 51명이 49명을 지배할 때만이(그러나

이것은 단순히 공상이다.

실제에 있어서는 51명 중 10명이나 11명이다) 완전한 정의이다. 이것이야말로 민주주의이다!"

그따위 결론만큼 어리석고 우스꽝스러운 것이 있을까? 그러나 그따위 결론이 오늘날 국가 제도를 개선하려는 모든 시도의 기초로 쓰이고 있다.

6

소란스런 파당적 싸움에서 진리의 소리를 분간하려는 것은 불가능하다.
—쉴러

7

진리와 정의를 부르짖는 사람은 먼저 고독을 견뎌낼 수 있어야 한다. 그래야만 한 번쯤 공감을 얻을 수 있게 된다. 타인의 공감을 얻는 일이 얼마나 어렵고 힘든가?
—벨세

8

아무리 과단성 있는 개혁이라도 악을 정의로 바꿀 수는 없다.

9

여하한 정치적 연금술(鍊金術)을 쓰더라도 납 같은 본능을 금 같은 행위로 바꿀 수는 없다.
—스펜서

10

세상보다 우선 자신을 구하고, 인류보다 우선 자기 자신을 해방하라. 그럼에도 불구하고 세상을 구하고 인류를 해방시키려고 자신을 희생한다고 자랑하는 사람이 얼마나 많은가!
—겔첸

♣

인간은 더 나은 행복을 추구하기 위해 자신의 의지밖에 존재하는 외면적인 것에 협력해야 된다고 믿으면 믿을수록 인생의 행복은 더욱 더 어려워진다.

7 월

7월 1일
인간의 마음은 신에게 속해 있다.

1

모든 진리는 하나님으로부터 나온다. 진리가 인간을 통하여 나타날 때, 그것을 인간 스스로가 만들어낸 것으로 생각하기 쉬우나 그것은 하나님에게 부여받은 진리를 단지 인간이 표현할 뿐이다.

― 파스칼

2

빗물이 지붕의 수채통으로 흘러내릴 때 그것은 마치 물이 수채통에서 나오는 것으로 생각하기 쉬우나 빗물은 하늘에서 떨어지는 것이다. 이와 같이 믿음이 깊은 사람이 설교하는 뛰어난 가르침도 겉으로 보기에는 그 사람의 지혜로 나온 것 같지만 사실은 하나님이 주신 진리를 전하는 역할만 담당한 것이다.

― 라타쿠리시나

3

하나님의 능력을 부인하고 자신의 능력을 믿는 겸손치 못한 자에게 노자(老子)는 '공기를 뿜어내는 풀무를 보고 공기 뿜는 기구가 아니라 마치 풀무 자체가 공기를 만들어 내는 것이라고 믿는 어리석음처럼, 하나님의 무한한 능력은 무시하고 겉으로 드러나 보이는 사람의 작은 행위만 믿는 것과 같다.'고 가르쳤다.

4

인간은 스스로 선하고 위대한 척 하면서도 선한 일을 당연히 해야할 의무로 여기지는 않는다. 인간 자신들만의 욕심과 감정만으로는 선행을 할 수도 또는 하지 않을 수도 있지만 한 차원 높은 종교를 갖게 되면서부터는 삶에 대한 가치관이 변화된다. 종교적 인간이 된 후부터는 선행을 통하여 참 기쁨과 행복을 느낄 수 있게 된다. 이렇듯 종교의 힘은 인간을 '인간' 이상으로 이끌어 주며 단순히 인간적인 수준에만 머물러 있지 않게 한다. 그러므로 인간의 자아는 신성한 영혼을 맞을 때 자연히 사라진다. 다시 말하면 하나님이 내 안에 존재하게 되면 꿈틀대던 나의 자아는 새 사람으로 태어나게 된다는 말이다.

— 아미엘

5

참된 인간의 삶은 자기를 드러내는 것이 아니라 하나님의 섭리에 순종하는 삶이다. 그렇게 될 때 사랑과 진실이 그 사람을 통하여 흐르게 되며 온 세상으로 퍼져 가게 된다.

6

생명은 하나님으로부터 주어진 것이며 마치 유모에게 아이를 맡긴 것과 같이 인간의 재능도 하나님께서 우리에게 맡긴 것이다.

— 성경

♣

하나님이 내 안에 함께 존재하심을 체험하려거든 언제나 마음의 순결함을 간직하라. 하나님이 함께 함은 엄청나게 큰 행운이다.

7월 2일

창조물을 평가함에 있어서, 가장된 창조물을 평가하기 위해 쓰인 예술은 진정한 예술이 아니라 예술이라는 낱말을 악용한 것이다.

예술과 창조

1

예술이란 스스로의 상상이나 감정, 체험을 어떤 기호(記號)를 통하여 나타내고 그것을 남에게 전달하여 그 감정에 감염시키고 체험하게 하는 것이다.

2

예술은 언제나 대자연에서 추출(抽出)한다. 영감으로 회화(繪畵)가 그려지고 비밀스러운 것이 선명하게 드러나고 막연하던 것이 명확해지고, 복잡하던 것이 단순해진다. 우연적인 것이 필연적인 것이 된다. 한 마디로 예술이란 대자연에 숨어 있는 것을 찾아내고 밝혀내는 일이다. 그렇기 때문에 위대한 예술가는 언제나 모든 것을 단순화시키는 작업자다.

— 아미엘

3

온 세계가 단순히 눈에 보이는 형상이라면 예술은 그것의 설명이고 시야에서 볼 수 없는 부분까지도 파악해 내는 어둠 상자이다. 마치 햄릿 극이 무대 위의 무대이고 영화 속의 영화인 것처럼.

― 쇼펜하우어

4

평범한 사람은 물질에 종속되나 예술은 물질을 자신의 사상에 종속시킨다. 평범한 사람은 자연을 변혁할 수 없는 것으로만 여기지만 예술은 그것을 유동하는 것, 다시 부어 만들 수 있는 것으로 생각한다. 예술인들은 자연 위에서 작업을 한다. 아무리 세상이 험하고 비뚤어져 있어도 그들의 눈에는 겸손하고 순수해 보인다.

― 에머슨

5

오만과 이기심과 경쟁심으로부터는 아름다운 것이나 고귀한 것이 만들어질 수 없다.

6

예술은 그 사회 전반의 삶을 표현하는 꽃이다. 만약 기독교도에게도 위선의 꽃이 기생(寄生)한다면 그 꽃은 결코 아름다울 수 없다. 그런 예술은 반드시 추악함으로 변할 것이며 현대 사회의 예술도 마찬가지이다.

7

과학과 예술이 민중을 위하여 쓸모 있게 되는 길은 민중 속에서 살며, 민중과 함께일 때 가능하다. 그러기 위해서는 민중 스스로가 과학적인 것과 예술적인 것을 요구할 수도, 봉사할 수도 있어야 한다.

8

참된 과학과 예술은 언제나 두 개의 지표를 갖는다. 하나는 내면적인 것으로 과학과 예술에 종사하는 사람들은 이유를 추구하지 말아야 하며 자아를 버리고 스스로의 사명을 다해야 하며 둘째는 외면적인 것으로 그가 산출해 낸 것이 모든 사람에게 이해될 수 있어야 하며 행복을 가져다주어야 한다.

9

과학과 예술은 인간의 허파와 심장처럼 아주 밀접하여 만약 어느 한 기관이 고장나면 나머지 것도 제대로 움직일 수 없는 것과 같다.

이렇듯 과학이 탐구의 내용 중 가장 중요한 지식들을 사람의 의식 속에 넣어주는 일이라면, 예술은 이 지식을 감정의 영역으로 바꾸는 역할을 한다.

♣

예술에 종사하여 사람들을 융화시키고 마음속에 있는 선을 이끌어 내게 한다면 매우 유익한 일이다. 그러나 현대의 부유층에 영합하는 따위의 예술은 예술이 아니라 악(惡)이다.

7월 3일

허영이 많은 사람들은 칭찬 받기를 좋아한다. 그러므로 칭찬 받으려면 먼저 인정받는 사람이 되어야 한다. 그러나 명심해야 할 것은 때때로 사람들은 자기의 마음에 드는 것만을 좋은 것이라고 여기기 때문에 그들의 마음에까지 들도록 노력하다 보면 허영심을 만족시키는 어리석음에 빠지게 된다.

1

부끄러워하지 않아도 될 일을 부끄러워하거나 반대로 염치없음을 부끄러워하지 않는 사람은 진실하다 할 수 없으며 그릇된 파멸의 길로 빠지기 쉽다.

―석가

2

허영으로 가득 찬 사람은 그 마음에 다른 어느 것도 받아들일 여유가 없다.

―페인

3

현대인들은 정신적 자살을 조금도 놀라거나 대수롭게 여기지 않는다.

4

'남들이 하는 대로만 해라'라고 하는 훈계는 '죄를 저질러라'라고 가르치는 것과 같다.

―부류이엘

5

어떤 사람이 왜 당신은 마음이 내키지 않는 일을 하고 있느냐고 물었다.

그러자 그는 "남들이 모두 하고 있으니까요"라고 대답했다.
"아니 모두가 한다는 말은 맞지 않은 것 같군요" 하고 물은 사람이 의아해서 말했다.
"지금의 저도 하지 않고 극히 소수일지 모르나 나 이외에도 하지 않는 사람들이 있을 줄 아는데요."
"물론 모두는 아니어도 대부분의 사람들이 그렇게 하고 있습니다."
"그렇다면 묻고 싶군요. 이 세상에는 어떤 사람들이 제일 많을까요? 어리석은 사람일까요? 지혜로운 사람일까요?"
"물론 지혜로운 사람보다는 어리석은 사람이 더 많겠지요."
"그렇다면 당신은 많은 어리석은 사람들을 흉내내고 있는 셈이군요."

6

사람들에게 자신이 겉으로 보이는 것 같은 자가 아니라고 믿게 하려는 것이 겉보기 그대로 되는 것보다도 어렵다.

— 립텐베르크

7

예나 지금이나 사람들은 침묵하는 자를 보고 비웃고 사설을 잘 하는 자를 보고도 비웃는다. 또 말수가 적은 사람을 보고도 마찬가지다. 그러고 보면 비난받지 않을 사람이라곤 이 세상엔 하나도 없다. 그러므로 언제나 칭찬 받는 사람이 없듯이 언제나 비난받는 사람도 없다. 지금도 또 앞으로도.

8

자신의 이기심이나 자존심에 동의하지 않는 것은 아주 어렵다. 마찬가지로 자기를 칭찬하는 사람을 경계하는 것도 어렵다.

— 아미엘

9

인간의 호기심과 이기심은 스스로를 억압할 수 없게 하는 이상한 특질을 가지고 있다. A라는 뚫어진 구멍을 막아놓고 그곳을 들여다보지 못하도록 해놓으면 얼마 안 가서 호기심과 이기심은 B라는 다른 구멍을 기웃거리고 그것을 메우면 이번에는 또 C라는 구멍을 기웃거린다.

— 립텐베르크

10

사람들은 자신과 비슷할수록 그 사람에 대하여 호감을 갖거나 치하를 금치 않는다. 누군가를 존경한다는 것도 자신과 동등하거나 자신이 그와 같다는 호감에 의한 경우가 많다.

― 라 브류이엘

♣

세상의 명예나 세인의 칭찬을 받기 위해 본의와 달리 안간힘을 쓰는 사람이 있다. 그건 대단히 어리석은 일이다. 왜냐하면 누구나 추구하는 선과 악의 잣대가 각기 달라서 하나의 사물을 보고 어떤 사람은 최고의 선으로 보는 것도 또 다른 사람은 악으로 여기는 일이 흔히 있기 때문이다.

7월 4일

사람을 처벌한다는 것이 본질적으로 정당한 심판에 근거하거나 정의에 입각하기보다는 오히려 악을 행한 자에게 악으로 보복하려는 나쁜 감정에 근거하는 경우가 많다.

죄와 벌

1

천국은 마치 자기 밭에 좋은 씨를 뿌려 둔 것과 같다. 모두 잠들어 있을 때 시기하는 적이 몰래 보리밭에 들어와 귀리를 뿌려놓고 가버렸다. 거기서 마침내 싹이 트고 자라서 열매를 맺었을 때 귀리도 함께 나타났다. 그러자 종들이 그에게 와서 고했다.

"주인님! 밭에다 나쁜 씨를 뿌리셨습니까? 어찌해서 귀리가 나왔습니까?"

주인이 대답하길,

"나를 시기하는 원수가 그렇게 해놓고 갔다." 고 하였다.

그러자 종들이 다시 물었다.

"그렇다면 지금이라도 가서 뽑아 버리면 어떨까요?"

그러자 주인은,

"아니다. 귀리를 뽑아 버리려다가 애먼 보리까지 뽑아 버릴라!" 하였다.

― 성경

2

어린아이가 방바닥에 머리를 찧고 그 방바닥에 분풀이하려는 것은 어리석은 짓이다. 때로는 어른들도 다쳐서 고통 당할 때 다친 것을 자신의 실수라고 여기기보다는 다른 이유로 여겨 증오심을 갖는 경우가 있다. 그것은 어른들이 내가 아프니까 나를 아프게 한 사람에게도 그만큼 아픔의 대가를 치루게 해야 한다는 이기적인 생각 때문이다. 자신에게 행악했다고 다른 사람에게 악하게 보복하는 것이 정당하다고 생각하는 처사는 모두가 반성해야 할 일이다.

3

한 사람이 죄를 지으면 다른 사람은 죄 지은 그 사람을 처벌함으로 또 하나의 죄를 낳게 되며, 또한 그렇게 하는 방법 외에 죄인에 대한 마땅한 해결책이나 더 좋은 방법을 알지 못한다.

4

벌은 이해하는 마음으로 해결하여야 하며 그렇게 함으로써 인류는 성장한다.

5

형벌은 예로부터 교육과 사회 질서와 종교적인 관점에서 자녀들이나 신앙을 가진 사람들은 물론 인간사회에 덕이 되거나 좋은 영향을 끼치지 못 해왔다. 오히려 형벌에 관련된 부작용으로 젊은이들에게는 냉혹감을 느끼거나 타락을 증대시켰으며 사회의 불행으로 작용돼 왔다.

6

오래 전부터 인간은 형벌의 효과가 좋지 못하다는 것을 알고 범죄한 사람에게 위협과 매질과 배상과 같은 방법을 사용해 왔다. 그러나 그런 모든 방법은 결코 좋은 효과를 거두지 못했다. 그래서 더 좋은 방법을 고안하려는 노력을 했지만 뾰족한 방법은 찾아내지는 못했다. 결국 아무런 방법도 생각지 못 하다 보니 회개하든 말든, 배상하든 말든 범죄자는 고사하고 형벌을 집행하고 처벌을 가해야 하는 사람들조차도 선하게 사는 방법을 외면하게 되었다.

7

현대 사회의 징벌과 형벌제도는 아마도 앞으로 다가올 시대의 혼란과 경악의 대상이 될 것이다. "선조들은 어찌하여 자신들이 저질렀던 부조리(不條理), 잔인, 악행을 깨닫지 못했을까!" 라고 우리의 후손들은 개탄할 것이다.

8
사형제도가 아직도 존재한다는 사실은 우리 사회가 그만큼 참된 사랑의 기독교적 가치를 갖지 못했다는 가장 뚜렷한 증거다.

9
형벌은 마치 달궈진 불을 더 뜨겁게 하는 것과 같아서 죄에 대한 형벌은 인간이 감당할 수 있는 대가보다 훨씬 가혹하다.

10
옥에 갇혀 있는 사람이나, 사형선고를 받고 죽음을 기다리는 사람들만 불행하게 보일지 모르지만 사실은 그러한 처벌을 집행하고 행사하는 사람도 육체적으로나 또는 정신적으로 억압되어 결코 행복하지 못하다.

♣

인간에게 형벌을 가하려는 욕구는 가장 저급한 동물적인 감정이다. 그러한 감정의 요구에 따르는 것을 지혜롭다고 말할 수는 없다. 사실은 스스로를 질식케 하는 행위다.

7월 5일
인간, 그 자체는 쉽게 죄를 범할 수 있는 불완전한 동물이나 인간이 자신의 사리사욕을 떠나 어느 것에도 구애됨이 없이 행위 할 수 있을 때 비로소 선의 경지에 들어설 수 있다.

인간의 죄

1
솔로몬과 욥을 통해 인간이 얼마나 어리석고 나약한지를 알게 되었는데 솔로몬이 역사상 가장 많은 행복을 소유했던 사람이었다면 욥은 그 반대로 가장 큰 불행과 고통을 겪었던 사람이었다. 솔로몬이 그 많은 쾌락에 싫증이 났을 때 비로소 불행을 깨달았다면 욥은 비참한 고난을 당한 후에 행복의 귀중함을 알게 된 사람이었다.

—n. c

2
하나님이 주신 만가지 물질이 은혜로운 것처럼 하나님이 주신 때도 은혜로워야 한다.

— 오렐리아스

3

삶의 목적은 행복이다. 신의 뜻에 따라 인내하고 노력해야만 진정한 행복을 맛볼 수 있을 것이다. 결코 죽음에서 삶이 존재할 수 없으며 불행도 행복 안에서는 살아남을 수 없다.

4

어리석은 자들이여 언제나 육체적 안위를 버리고 정신적 고뇌를 사랑할 수 있을 것인가? 언제나 사랑할 수 있는 넓은 마음을 가질 수 있겠으며 비애와 육욕에서 자유로울 수 있을 것인가? 언제나 진정한 행복이 내 밖에 있는 것이 아니라 내 마음속에 간직되어 있음을 깨달을 것인가?

─ 오렐리아스

5

세상에서 가장 오랜 동안 보존되어야 할 것은 인간의 마음 외에는 아무 것도 없다. 그래서 가장 지혜로운 삶의 방법이 어떤 것인지를 사려깊이 생각하여 선택해야 한다. 지혜는 처음에 어려움이 많을지 모르나 습관이 되면 그보다 더 큰 행복이 없다. 인생이 귀하게 여기는 재물은 믿을 수 없는 것이어서 잠깐은 도움이 될 지 모르나 오래지 않아 변색되어 실망과 불행을 안겨주게 되며 권력과 명예 또한 이보다도 더 못하다. 육신의 삶에 유익한 혜택이 되는 재물은 모두가 영원하지 않으며 헛되고 무력할 뿐이다. 그렇지만 삶의 지혜를 찾으려고 노력하면 그 속엔 정신과 도덕이 함께 있어서 하나님이 정한 규범으로 강력하고 변함 없는 삶을 지탱하는 능력이 생긴다.

─ 비파골 사모스키

6

불행은 그것이 내 앞에 닥쳐올까 염려하고 두려워할 때 이미 불행한 것이다. 또한 불행을 당해도 마땅한 사람은 영원히 불행할지도 모른다고 염려하고 두려워하는 사람이다.

─ 아미엘

8

마음 깊은 곳으로 늘어가 보라. 그러면 평안을 얻을 수 있을 것이다. 하지만 언제나 그런 것은 아니다. 반대로 자신의 마음으로부터 나와라. 그리고 나 자신을 버려라. 그러면 진정한 행복을 얻게 될 것이다. 라고 하지만 이 말도 전자와 마찬가지로 언제나 옳은 것은 아니다.

그러므로 평안이나 행복은 인간의 마음 안에만 있거나 밖에만 있는 것이 아니고 인간의 안과 밖에 계시는 하나님 안에 있는 것이다.

—파스칼

♣

사람들은 자신의 죄가 단지 자신이 행한 행위에만 있는 것으로 생각한다. 그 때문에 불행이 닥칠 때에도 자기가 겪는 모든 불행이 그 동안 누렸던 행복과 평안에 비하면 아무 것도 아님을 미처 깨닫지 못한다.

7월 6일

1

이 세기 종말에는 필연적으로 인간을 기다리는 재난이 있다. 모두는 닥쳐올 재난에 대비하지 않으면 안 된다. 최근에는 과학의 많은 노력이 파괴를 위한 무기를 고안해 내는 데 사용되었다. 얼마 후면 더 큰 위력을 가진 무기가 만들어질 것이다. 이와 같은 무기의 발명으로 인해 전쟁은 벌써 민족과 민족 전체에까지 그 범위가 확대하게 됐다. 전쟁을 일으키는 우두머리들은 우리 민족이 타민족에게 증오의 대상이 돼 있다고 믿게 하려고 동족의 마음에 증오심을 불러일으킨다. 그리하여 선하고 힘없는 선량한 시민들은 거짓된 충동이 평화를 지키기 위한 수단으로 현혹된 변명임에도 불구하고 순진하게 믿어버린다.

그러나 하나님은 그것이 인간의 욕심으로 인한 영토 확장이거나 그렇지 않으면 무역 거래이거나, 혹은 식민지의 이해관계 때문에 야수 같은 흉폭함으로 서로 물어뜯고 있음을 알고 계신다.

—에 로드

2

"마치 몸서리치는 연극의 한 장면과 같았다. 곳곳에 선혈, 고깃덩어리, 머리 없는 시체, 떨어져나간 팔, 그런 광경을 여러 번 겪은 사람이라도 구역질날 피비린내가 가득 차 있었다. 가장 심한 곳은 신호탑이었다. 그 위에서 유산탄이 터져 지휘하던 젊은 장교가 죽어 있었다. 그에게는 무엇인가 기구를 꼭 쥐고 있는 한 팔만 남아 있었다. 지휘관과 함께 있던 네 명중에서 두 명은 갈가리 찢겨졌고 나머지 두 명은 중상을 입었다.(그들은 두 다리가 잘렸으나 그 후 한 번 더 절단하여야 했다) 사령관은 나무 조각에 맞아 이마에 부상을 당했다"고

한다.

　그러나 이것이 전부는 아니었다. 부상당하지 않은 병사들마저도 황달병이나 열병에 걸려서 부상병을 배에 옮겨 실을 수 없는 형편인데다가 황달이나 고름병의 전염은 기아·화재·황폐·질병·티프스 그리고 천연두까지 몰고 왔다. 이것은 모두가 전쟁의 비극인데도 조셉 메스톨은 전쟁의 은혜라고 하며, "영혼이 탄력을 잃고 무신앙에 허우적거리며 부패와 타락에 빠졌을 때, 그때는 오직 피로 물들이는 전쟁밖에 없네."라고 찬양하고 있다.
　관료요 학자인 워규에와 브류네티엘도 같은 이야기를 한다.
　어느 누구도 자신의 몸을 육탄으로 희생할 수 있는 불행을 자처할 사람은 없다. 그러나 불행하게도 그들은 그런 신념을 주장할 힘과 용기가 없다. 그 사이에 거짓과 탐욕의 독버섯은 싹이 나고 왕성하게 성장함에도 그것의 심각성을 똑바로 볼 능력은 없다. 오히려 오래 전부터 끔찍하고 흉한 사태에 참고 견디어 내는 데 익숙해져서 외면해 버리게 되고 그렇게 하는 것만이 유일한 방법인줄 알고 부화 뇌동하면 결국은 이길 수 있을 것이라고 기대하며 전쟁에 동조해 버린다.
　지금 이곳에 수많은 사람의 시체가 바닷고기의 먹이가 되고 있다. 그 많은 죽음이 자연의 환경과 인간의 찢겨진 삶을 말해주고 있다.
　포탄이 삶의 터전과 단란했던 행복을 앗아간 지금 동지들 넋을 위로하기 위해 이렇듯 비참한 일이 일어났다고 이해할 수 있는 사람은 많지 않을 것이다.
　전쟁을 마치 사형집행인과 같이 없어서는 안 될 것으로 여기는 사람은 전쟁이 또한 하나님의 명령이라고 거짓 선전할 것이다. 그러나 결국 이 위험한 생각은 자신의 육체가 상하고 찢겨져서야 비로소 후회할지도 모를 일이다.

―갈도웬

3

　교묘한 전술가 살인 장군 몰토케는 평화의 사자에게 이런 감언이설로 유혹했다. "전쟁은 신성하다. 그것은 하나님의 제도이며 신성한 세계 규범 중의 하나다. 전쟁은 인간의 모든 위대하고 고귀한 감정, 명예, 공평, 선, 용기 등의 감정을 지탱하게 한다. 간단히 말해서 유물주의가 인간을 구제할 방법이며 수단"이라는 것이다. 그러므로 40만 명이 모여 밤낮으로 쉴 새없이 생각도 하지 않고, 가르치지도 않으며, 연구도, 읽지도 않고, 타락하여 짐승처럼 살아가는 것, 농부들을 궁핍하게 하는 것, 이데올로그의 집단에 돌격하여 발포하는 것, 선혈을 흘리며 찢긴 고깃덩이와 송장으로 산과 들과 온 땅을 덮고, 상처를 입고 절거나 쓸모없는 병신이 되어 고향에서는 양친과 처자들이 굶어 죽는데 이름도 모를 이국땅에서 허송세월을 보내는 것 ―이 모든 것이 인간이 증오해야 할 유물주의로부터 인간을 구제할 수 있는 것들이라고 말한다.

― 모파상

♧

전쟁을 일으키며 전쟁의 필연성을 증명하려는 것은 죄악이다. 인류 양심은 전쟁이 범죄이며 그런 범죄가 존재하지 않아야 됨을 안다.

7월 7일

하나님을 부정하는 것은 영혼과 이지적인 존재로서의 자신을 부정하는 것이다.

신(神)을 부정하기

1

하나님과 영혼이 존재한다는 사실을 말로 정의하면 오히려 인식을 깨뜨릴 수도 있다. 말하자면 단순한 말의 정의는 하나님의 존재와 영혼의 존재를 의심케 할 수도 있다는 말이다.

그러나 내가 어디서 왔으며, 나는 무엇일까?' 하는 영혼의 근원적 의문을 통해서는 영혼의 인식까지 도달할 수 있다.

나는 어디서 왔을까?

나는 어머니에게서 태어났다. 어머니는 조모에게서, 조모는 증조모에게서 태어났다. 그러나 증조모는 누구에게서 태어났을까? 이렇게 거슬러 올라 결국은 하나님 앞에 도달하는 것이다.

나는 무엇일까?

다리가 '나' 아니다. 팔도 '나' 아니다. 머리도 '나' 아니다. 그러면 도대체 나는 무엇일까?

나는 '나'다. 나는 '영혼'이다.

내가 어떻게 하나님께로 접근하든 그 결과는 마찬가지이다. 나의 사랑의, 나의 이성의 본원도 하나님이다. 내 사랑의 본원도 '하나님', 내 형체의 본원도

'하나님'이다.

영혼에 대한 것도 마찬가지다. 진리에 대한 나의 그리움을 생각할 때 그 그리움은 무형의 나의 본체 즉 나의 영혼이다. 또 하나님을 사랑하는 내 마음을 생각할 때 그것은 나의 영혼이 사랑하고 있다는 것을 알 수 있다.

2

아무리 까다로운 부정론자도 하나님을 인식하지 않을 수 없다. 그 자신을 지탱해 주는 법칙이 존재하지만 그것은 꼭 지켜야 하는 필연은 아니다. 그러나 인간이 닿을 수는 없지만 인간의 삶의 가치를 인식하도록 언제나 이끌어 주는 것은 하나님의 손 그의 법칙이다.

3

하나님은 선한 생각과 참 진리와 진실한 행위에서 그 모습을 나타내고, 생명의 말씀으로 세계의 행복과 영원을 주신다.

― 젠더워스트

4

하나님은 존재한다. 그러나 그 존재를 증명하려는 것은 하나님에 대한 모독이다. 하나님을 부정하는 것은 어리석은 짓이다. 왜냐하면 하나님은 우리의 양심과 의식과 우리를 싸고 있는 온 누리에 편재해 계시기 때문이다. 우리는 가장 슬프거나 가장 기쁜 그 순간에 진실한 마음이 되어 하나님께 기도 드린다.

그러므로 하나님을 부정하는 사람은 한없이 가엾은 자 아니면, 아주 죄 많은 사람일 것이다.

― 마도지니

5

우리의 삶은 그 어떤 존재의 의지에 의하여 이루어진다. 그 존재는 온 인류의 삶과 나의 삶을 위하여 과거에도 현재에도 미래에도 그 무엇인가를 하고 계신데, 그 분이 바로 우리의 하나님이시다.

♣

사람이 하나님을 믿지 않을 때는 하나님을 배반하는 거짓을 믿을 때 만이다.

7월 8일

사랑은 삶의 모든 문제를 해결하는 묘약이며 인간에게 최대의 행복을 가져다 준다.

인간 삶의 모순(矛盾)

1

서로의 마음이 불쾌하지 않으려면 제일 먼저 공손해야 한다. 자기자신의 결점을 알고 다른 사람이 그 결점을 말하면 관대한 마음으로 인정해야 한다.

다음은 이성적인 판단으로 과거의 자신을 반성해 보아야 한다. 그러면 자신의 과오나 결점이 보일 것이다. 그런 넓은 마음과 정확히 보는 눈을 가져야 다른 사람의 실수가 용서될 수 있다.

남을 용서한다는 것은 매우 힘들지만 중요한 일이다. 자신을 모욕한다고 해도 증오하지 않고 도리어 그에게 선을 베풀며 선행으로 품었던 노여움을 희석시키는 것은 이지적인 사람의 유일한 방법이다. 이것은 상한 감정을 승리로 이끄는 최선의 방법이므로 조바심을 내거나 옹졸한 처신은 무익할 뿐이다.

— 아미엘

2

사람이 선을 알지 못하면 인간으로서의 참된 가치는 없다. 왜냐하면 선은 참되고 귀한 재산이기 때문이다. 사실상 선행과 악행은 사람의 마음 하나에 달려 있다. 참된 길에 서고자 한다면 선을 행하려는 마음을 가져야한다.

비록 모든 종교의 교리를 모두 터득했다 해도 선이 아니라면 그것에 행복은 없다. 선을 행한 사람은 어둠과 슬픔 대신 빛과 기쁨이 샘솟는다.

아무리 힘센 악이라 해도 선을 베푸는 사람을 이길 수는 없다. 물질에 가난한 사람도 때가 오면 부유함을 얻을 수 있지만 마음이 가난한 사람은 영원히 가난하다.

— 인도의 교전

3

사랑은 죽음을 승화시키고, 삶을 무의미한 것에서 의미 있는 것으로 변화시키며, 불행으로 행복을 빚어낸다.

4

어느 것으로도 치유될 수 없는 마음속에 꽁꽁 얼어붙은 깊은 상처는 오직 온화함의 마음과 정성을 다하는 친절함만이 치료약이다. 다른 사람의 험담과 악담, 질투, 교활함에 겁내지 말라. 남을 비방하고, 업신여기고, 벌주는 것은 끝이 없다. 그러므로 그런 일에 집착하지 말고 선한 생각과 선한 일에만 힘써라. 그리하면 모욕과 비난, 분노 등 평안한 마음을 어지럽히는 것들은 어느새 사라질 것이다.

— 아미엘

5

모든 사람에게 의식적으로 선을 베풀지 않으면 여러 사람에게 무의식적으로 참혹함을 당하게 된다.

— 존 러스킨

6

사랑은 인간을 고뇌로부터 구원하는 화신이다.

7

사랑이 적으면 적을수록 인간에게는 고뇌가 많아진다. 진실한 인생은 사랑으로 가득 차야 한다. 사랑하는 마음을 갖게 되면 나만 보던 시야에서 나 외에 다른 사람을 볼 수 있는 넓은 시야를 갖게 된다. 그러나 사랑의 고리를 끊은 후부터 온갖 고뇌와의 싸움이 시작된다.

♣

삶이 괴롭고 힘들어 낙망될 때나 세상이 두렵고 내가 두려워질 때면 나의 마음을 향해 '함께 살아가는 그들을 사랑하자'고 다짐하자. 그러면 어느새 모든 괴로움이 비껴가고 사랑의 마음이 생기게 될 것이다. 그리하여 어떤 어려움이 닥쳐도 능히 이길 수 있는 힘을 갖게 된다.

7월 9일

'박식(博識)하다는 것이 값질 것이다' 라는 생각은 잘못이다. 중요한 것은 지식의 '양'이 아니라 '질'이기 때문이다.

박식(博識)에 대하여

1

소크라테스는 둔중(鈍重)이라는 것이 총명에 맞서는 관념으로 생각지도 않았지만 무지를 둔중이라고 여기지도 않았다. 오로지 자기 자신을 알지 못하거나 모르는 것을 아는 척 하는 것이야말로 진정으로 무식한 것이며 미치광이라고 하였다.

2

우리는 철학과 과학과 쏟아지는 지식의 홍수 시대에 살고 있다. 모든 학문의 궁극적 목적은 인간의 삶을 진실하고 올바른 길로 인도하는 데 있다. 수많은 도서관이 개방되고, 도처에 설치된 초등학교, 중학교, 대학교들이 어릴 때부터 우리들에게 유구한 역사와 전통과, 현자들의 사상을 배우게 했다. 이렇듯 모든 교육 기관이 인간의 이지력을 계발시켰고 이성을 바르게 갖도록 지도해 주었다.

그러나 과연 어제보다 나은 오늘이 되었을까 하는 의문이 생긴다. 더군다나 인생이 과연 행복을 누리며 살고 있는가? 혹여 온갖 지식의 홍수 속에서 증오와 질투로 지쳐 있지는 않은지 모를 일이다. 종교마다 자기 종교의 행복과 사랑, 자비를 자랑하지만 이 세상이 안고 있는 악과 불행을 책임질 사람은 아무도 없다.

— 루소

3

적은 지식을 가지고 모든 것을 다 아는 척하는 사람들에 비하면 아무 것도 모르는 사람이나 아니면 자신이 아무 것도 모른다는 사실을 아는 사람들은 현명한 사람이며, 매우 지혜로운 사람들이다.

— 트로

4

때로 사람은 독서를 하거나 사색에 잠김으로 유익을 얻을 수 있다. 독서하는 것은 매우 필요하지만 쓸데없는 독서는 오히려 해로움을 가져오기도 한다.

독서를 통해 사람은 많은 것을 배운다. 어떤 이는 "출판물이 엄청나게 쏟아져 나올 때 그 질과 내용은 저하된다"라고 말했다. 이것은 많은 양의 책을 읽는 것이 중요한 것이 아니라 적은 양의 책이라도 가려서 양서를 읽어야 진정한 유익을 준다는 것에 대한 염려에서 한 말일 것이다.

만약 우리가 무엇을 사색할 것인가 보다 사색을 하지 않으면 안 되겠음을 배운다면 모든 거짓된 지식은 사라질 것이다.

— 립텐베르크

5
아는 것이 없음을 두려워하지 말라. 단지 거짓된 지식을 가졌다면 그것을 두려워하라. 거짓된 지식에서 세상의 모든 악이 생기기 때문이다.

6
자신의 어리석음을 숨길 수 있는 사람은 슬기로움을 보이려고 애쓰는 사람보다 낫다

7
인격적인 사람이 되려면 제일 먼저 마음을 깨끗이 가지도록 노력해야 한다. 마음의 순결은 옳은 것을 쫓으려 하고 선을 향할 때 나타나는 것이다. 그러나 이것은 결국 참된 지식을 갖고 있느냐에 달려 있다.

8
지혜와 지식은 독서를 통하여 단단하게 될 수도 약하게 될 수도 있다. 이것은 마치 우리의 몸이 신선한 공기와 더러운 공기에 의해 건강이 좌우되는 것과도 같다.

— 존 러스킨

♣

논쟁을 일으키는 지식은 항상 의심스러운 지식이다.

7월 10일

현세에서의 참된 신앙이 속론에 밀려나고 있다. 사람들은 하나님을 믿으려 하지 않는다. 그 대신에 그들이 하나님에 대한 봉사의 대용으로 허례(虛禮)를 믿고 있다.

참된 신앙(信仰)

1

흔히 하나님의 존재를 부정할 때 하나님의 업적이나 섭리는 무조건 부정해 버리고 세론(世論)만을 옳은 것이라고 판단한다.

— 존 러스킨

2

하나님은 인간에게 진리와 안일 중의 하나를 택할 수 있는 권리를 주셨다. 결코 그 둘을 함께 가질 수는 없다. 그래서 인간은 그 두 사이를 헤맨다. 안일을 희망하는 자는 정당, 이득, 명예를 얻을 수 있을 것이나 진리에 대해서는 할말이 없다.

— 에머슨

3

많은 사람의 불행과 악은 모두 자신의 의무를 알지 못해서 생기는 문제다. 그와 마찬가지로 의무가 있어도 의무로 인정하지 않는 데서 불행이나 악이 생긴다.

4

영원한 낙원과 지옥을 구분 짓는 규범이 인간의 종교를 처세철학의 법칙으로 바꾸어 버렸다. 이 처세철학은 선행과 도덕에 의해 이루어지는 가치는 환영하지도 존경하지 않는다. 단지 이해득실의 계산에만 촉각을 곤두세운다. 선인들의 말씀에 인간은 '하나님을 잊었다'고 했다. 이 말은 우주만물의 섭리를 정말 이해하지 못하기 때문에 나온 말은 아닐까?

눈을 감고 사실의 영원성을 보려하지도 않으면서 그저 겉으로 드러난 순간의 형태만을 바라보면서 불신한다.

어리석은 인간은 의심할 바 없이 아주 자연스러운 우주의 탄생과 존재를 단지 이해할 수 없어서 우연한 일로 여길 뿐이다. 겉으로 보여진 우주는 단지 커다란 가축 우리에서 일하는 사람들이 쉴 수 있는 곳이며 식사를 준비하는 널찍한 부엌이 있는 것 정도로밖에 생각지 않는다. 그러나 그 이상은 없을 것 같지만 오직 지혜로운 사람은 그 안에서 보이지 않는 진리를 발견할 수 있으며 그것을 기뻐하며 경외한다.

— 칼라일

5

선을 모르는 것보다 더 나쁜 것은 자신의 사상에 하나님이 존재하지 않음을 신념으로 심어 놓는 일이다.

—타쿠탄지

6

교회와 국가 사회 등의 집단은 언제나 일정한 형식에 의해 운영되고 변화된다. 한 세대는 더욱 활발히 움직이는 세대로 교체되기 마련이다. 그러나 암흑의 세대에는 한 세대를 활기찬 청년의 사상이 지배하다가 막상 새로운 시대가 도래하면 이전의 청년의 사상은 현실 속에 굳어버린 채 새로운 것을 받아들일 능력을 상실한다.

—류시 말로리

7

신앙은 다수결로 정하는 것이 아니다. 그러므로 인간의 머릿수로 신앙의 진실성을 재려는 사람은 신앙을 모르는 사람이다.

8

'하나님이 존재하지 않는다.'는 사상을 갖고 있는 사회는 예기치 못한 불행한 결과를 초래한다. 왜냐하면 그런 사회의 질서는 살인, 강도, 시기와 질투 교만 등 전체가 악으로 널려있기 때문이다. 그래서 어떤 악도 그런 사회를 놀라게 하지 못한다. 악에 마비된 사회는 몸서리치는 무서운 일들을 매일 보게 된다고 해도 두려움에 떨거나 놀라지 않는다.

—카알라일

9

예술이 허위와 악에 빠지는 것은 그 사회의 지식인이나 부유층들이 신앙을 갖지 못했기 때문이다. 일부 몇몇은 종교의 외형만을 믿음의 전부처럼 여겨 자랑하고 자신의 무신앙을 허식으로 꾸며 보충하려고 한다. 또한 자기 자신을 믿는 대담함으로 무신앙을 메우려는 이들이 있는가 하면 섬세한 회의주의와 희랍인들처럼 인위적인 미를 찬양하거나, 혹은 이기주의 원칙을 인식하는 것으로써 무신앙을 보충하려고 애쓰는 사람들이 있다.

우리가 앓고 있는 정신고(精神苦)의 근본적 원인은 그리스도의 가르침을 참되고 완전한 의미로 받아들이지 않았기 때문이다. 고통에서 해방될 수 있는 유일한 방법은 오직 한 가지 그리스도의 가르침을 조건 없이 인정하는 일이다.

♣

고통과 번뇌에서 허덕이는 악의 근본 원인은 현대인 대다수가 종교를 갖지 않았기 때문이다.

7월 11일

진정한 자비와 선은 자신의 노력을 기울여 약자에게 봉사하는 강한 자의 자비이다.

참된 자비(慈悲)

1

보시(布施)가 자선이 되려면 보시되는 물건이 노고의 소산일 때뿐이다.
옛 속담에 땀 없는 손은 물질에 인색하고, 땀이 밴 손은 물질에 인색하지 않다. 라는 말이 있다. 이와 마찬가지로 열 두 사도에게도 봉사를 수고와 땀으로 하라고 말씀하셨다.

2

하나님이 인간에게 힘을 지니게 하신 것은 약한 자를 업신여기거나 못살게 괴롭히기 위함이 아니라 약한 자를 돕고 그들에게 힘이 되게 하기 위함이다.
― 존 러스킨

3

선하게 하는 일들은 모두 자선이다. 목마른 자에게 물을 주는 것이나, 이웃에게 선을 권면하는 것이나, 길을 묻는 길손에게 길을 가르쳐 주는 것이나, 이웃을 보며 미소짓는 것 등 그들의 어려움을 돕거나 행복을 안겨주는 것들은 모두 자선이다.
― 마호메트

4

구하는 모든 사람에게 너의 것을 모두 주어라. 그리고 준 것을 돌려 받기를 기대하지 말라. 남이 나에게 해주기를 바라는 것처럼 나도 남에게 그렇게 해라.
― 성경

♣

부자가 정말로 자비롭기를 원하거든 부자임을 포기하라.

7월 12일

모든 만물의 생명에 하나님의 섭리가 있듯이 인간 삶의 모든 현상 위에도 섭리가 존재한다.

만물의 생명

1

인간을 융합시키는 것은 선과 미요, 서로 등지게 하는 것은 악과 추(醜)이다. 모든 인간은 그 진리를 알고 마음에 새겨라.

2

서로 사랑해도 부족한데 도리어 나를 미워하고 괴롭히는 동포들을 위하여 고뇌해야 하고 목숨을 잃어야 하는 것은 너무 잔인하고 끔찍한 일이다. 그것은 자살을 강요받는 것과 같다. 이런 고통에서 시달리느니 차라리 스스로 자살하고 싶다.

3

어떠한 악한 일도 그것을 저지른 자만 처벌되라는 법은 없다. 왜냐하면 사람은 모두가 서로 얽매인 관계 속에 살기 때문이다. 내면에 도사리고 있는 악이 기회만 주어지면 살아 움직이는 것은 모두에게 다 마찬가지지만 단지 그런 악의 유혹을 견딜 의지가 있느냐 없느냐, 많으냐 적으냐에 달려있을 뿐이다.

―조지 엘리오트

4

인간은 자신의 이익을 위해 살아가는 경제적 동물이다. 마치 인간의 몸이 생명을 유지하는 기관들로 이루어져 삶을 지탱하는 것처럼 세계를 지탱하기 위해서도 마찬가지로 그러하다. 수많은 사람을 불행에 빠뜨리면서 자신의 이익만 챙기는 사람도 있을 수는 있다. 그렇지만 하나님께서는 불완전한 인간을 위해 지혜의 방법을 준비하셨는데 그것은 혼자만 잘 사는 것이 아니라 한 사람의 이득과 다른 한 사람의 이득을 항상 연결하여 서로 상부상조하여 선을 이루는 것을 가르쳐주셨고 그렇게 살기를 바라신다.

―립텐베르크

5

아무리 지식이 많고 재능이 뛰어나다 해도 혼자만 진리에 다다를 수 없다. 옛 선조로부터 현대를 사는 사람들에 이르기까지 수많은 경험과 지혜를 바탕으로 해서만 도달할 수 있다.

6

인간의 삶은 스스로 구르는 차바퀴와 같다. 그 바퀴는 끝없는 작은 회전에 의하여 모든 방향으로 돌면서 새로운 무한의 커다란 바퀴 속으로 굴러 들어간다.

―에머슨

7월 13일

성경이 가르치는 도리를 실천하기는 매우 쉬운 것 같으나 그러나 그것을 실천하기까지 얼마나 많은 시간이 필요한가!

기독교 교리

1

예로부터 사람을 죽이는 자는 심판을 받으리니 죽이지 말라. 라는 말을 많이 들었을 것이다.(출애굽기)

또한 형제를 시기하고 질투하며 분을 내는 자는 심판을 받을 것이며, 간음하는 자와, 거짓 맹세하는 자도 심판을 받으리니 일체의 맹세를 말고 단지 그렇다, 그렇다, 아니다, 아니다, 라고만 해야 한다. 왜냐하면 그 이상의 거짓은 악에서 나오기 때문이다. 또한 눈에는 눈, 이에는 이로써 라는 말이 있지만 무엇보다 먼저 악한 자와 대항하지 말라, 만약 너의 오른 뺨을 치거든 왼쪽도 돌려 대라. 너의 바지를 벗겨가려 하는 자에게 저고리마저 가져가게 하라. 10리 가기를 강요하거든 20리까지도 같이 가주어라. 구걸하는 자에게는 주고 빌리고자 하는 자에게는 거절하지 말라. 이웃을 사랑하고 원수를 미워하라는 말을 들었겠으나 나는 너희에게 이르노니, 너희의 원수를 사랑하고 너희를 험담하고 핍박하는 자를 위하여 기도하라.

이것은 하늘에 계시는 너희 아버지의 아들이 되기 위함이다. 하나님은 태양을 나쁜 자나 선한 자에게나 똑같이 비춰게 하시고, 비를 옳은 자나 옳지 못한 자에게나 똑같이 내리도록 하셨다.

너희가 사랑 받아 마땅한 자를 사랑한들 무슨 의미가 있으며, 형제들에게만 인사한들 무슨 의미냐? 이교도들도 그 정도는 모두들 하느니라. 그러므로 너희의 하나님 아버지가 완전하심처럼 너희도 완전하도록 노력하라.

―마태복음

2

종교상의 개혁운동이 끊임없이 일어났다. 불완전한 도덕이 종교에 의해 완전해지려는 노력이다. 그러나 신학의 학설이 바뀔지라도 인간의 과업과 신념은 변함이 없다.

3

인간의 도덕과 규범은 많은 지식과 지혜의 양으로도 해결되지 못한다. 그러나 가장 낮은 곳에서 가장 근본적인 것을 알게 되면 진리는 자연히 터득하게 된다. 그러나 도덕과 규범을 아는 사람이라도 그가 그 규범에 따르도록 노력하지 않으면 아는 것마저도 점점 잃어버리게 된다.

―공자

4

어느 시대를 막론하고 만인을 지배해 왔고 지배하는 영원불변의 법칙은 오직 하나밖에 없다. 하나님의 규범에 동의하지 않는 사람은 자신조차 거부하는 격이고 인간의 근원도 모르는 사람이다. 그런 사람은 죄를 짓지 않아 형벌에서는 벗어날지라도 자신의 무거운 짐을 언제나 메고 있는 격이다.

―시세로

♣

하나님의 규범을 실현하려면 노력의 땀이 필요하다. 노력을 계속한다면 비록 그 걸음이 느리다 해도 결국은 목적지에 다다를 수 있을 것이다.

7월 14일

하나님의 나라

1

무엇보다도 먼저 하나님의 나라와 그 의를 구하라!. 그러면 빈곤은 사라질 것이다. 또한 하나님의 규범에 성실하도록 하라. 그러면 빈곤으로부터 벗어날 수 있다.

빈곤은 부정과 탐욕, 죄와 멸시가 낳은 말이다. 현대는 인간의 양심이 매우 둔해져 참된 의무의 가치를 혼동하고 있지만 하나님의 나라는 곧 올 것이다. 그 나라가 오면 세상의 변화와 해함과 비방이 난무하는 비정한 이 땅이 서로 돕고 아끼고 사랑하는 낙원의 땅이 될 것이다.

―람네에

2

하나님의 나라가 도래할 수 있다고 확신할 수 있는 것은 기독교가 점점 보편화되고 지혜의 종교로 확산되기 때문이다. 천국과 인간사이의 거리가 아무리 멀어도 신앙의 싹이 나고 열매를 맺으면 세상은 밝아지고, 좋은 세상으로 만들어 질 수 있을 것이다. 땅 위의 수많은 시간은 우주에서의 하루에 불과하다. 하나님의 나라는 그 날을 위해 부단히 노력하며 참고 기다리면 알지 못하는 사이 어느새 그 날이 올 것이다.

―칸트

3

이 땅에 하나님의 나라를 실현시키는 것이 인류의 최종 목표이며 희망이다. 예수는 우리에게 천국을 보여줬으나 우리는 이해하지 못했고 오히려 하나님의 나라 대신에 불신과 미신의 나라를 세웠다.

4

온갖 감언이설로 유혹하는 사이비 종교가 진리에 의해 쫓겨 날 때가 있을 것이다. 그래야 마침내 천국이 가까워질 것이다.

종교의 중요하고 참된 의미는 주문(呪文)이나 기만이 아니라 인간의 진실한 삶과, 과학, 이성이 내포된 생명력이다. 한 사람의 사제나 목사만 섬겨서

될 일이 아니라 하나님과 이웃에 대한 사랑, 그리고 이웃의 행복을 위해 베푸는 진정한 봉사를 실천하여 선한 삶으로 이끄는 생명력이다.

— 부카

♣

하나님의 나라는 마음속에 있다. 그의 나라와 의를 구하라. 그리하면 그 이외 것은 의지대로 되리라.

7월 15일

육체는 고통과 죽음에 종속되어 헤매지만 정신은 고통과 죽음에 종속되지 않는다. 그러므로 정신에 의지를 굳게 심어 의지를 하나님의 뜻에 융합시키는 것만이 고통과 죽음에서 구원되는 길이다.

육체(肉體)의 삶

1

나의 뜻이 아니고 주님의 뜻대로 하소서

— 누가복음

나의 마음대로 하려고 함이 아니요, 주님의 뜻에 맡기나이다.

— 마태복음

2

하나님을 아는 것이 지혜다. 인간의 감정과 지혜와 의지 등은 하나님과 닿는 창문과 같다. 이것들은 멸망으로부터의 구원과 영원한 복락을 위해 일시적으로 빌려온 것들에 불과하다. 하나님께 경배하며, 진리를 깊이 깨달아 받아들이고, 그 진리에 참여하는 것, 이것이 규범이요, 의무이며, 행복이고, 천국이다. 그러므로 이 규범을 지키다가 환난과 핍박을 당해도 조건 없이 순종해야 한다. 받아들인 것을 마음에 심어라. 그러면 강한 능력과 힘이 발휘된다. 그리고 그것이 삶을 이끌어 갈 것이다.

— 아미엘

3

도덕적 고뇌가 무엇인가? 만물과 만사는 모두 빠르게 지나가 버린다. 사람이 무엇에 귀중한 가치를 두고 관심을 가져야 할 것인가? 모든 것은 헛될 뿐이다. 그러나 오늘 하나님을 알게 되었다면 삶은 충족되고 그러면 오늘 하루가 백년의 보람이 될 것이다.

―아미엘

4

인간의 삶은 사상, 감정, 의지, 지혜만으로 지탱되는 것은 아니다. 인간은 시련과 고통을 당할수록 더 절실하게 다가오는 것이 있다. 인간이 당한 시련과 고통은 인간이 지닌 사상, 감정, 의지, 지혜를 총동원해도 그것을 해결하기에는 한계가 있다. 또한 그 시련과 고통의 문제가 해결되었다 해도 그보다 더 깊고 어려운 무의식 속의 근본적인 문제들이 삶을 괴롭힌다. 문제인식을 바르고 정확히 했을 때, 마음 깊은 곳으로 들어온 진리가 삶을 진실하게 한다. 진리와 인간 사이에 작은 빈틈도 없을 때 진정한 삶을 영위할 수 있다. 진정한 영원의 삶에서만이 평화와 정온(淨穩)을 찾을 수 있다. 영원의 삶이란 하나님과 함께 하는 삶이다. 그리고 하나님 그 자체이다. 하나님에게 속한 삶이다. 이것만이 참 진리를 얻을 수 있는 비결이다. 왜냐 하면 인간이 진리를 만드는 것이 아니라 하나님의 진리가 인간을 만들기 때문이다.

―아미엘

5

하나님을 사랑하는 진실한 마음은 경외의 마음과 영혼의 찬양과 경배로 이루어진다.

―페르시아 성전

6

천사도 두려워서 피하는 곳을 기를 쓰고 들어가려고 노력하는 사람은 어리석은 사람이다.

7

어리석은 사람과 같아지지 않으려면 그와 대응하지 말아야 한다.

8

말로써 하는 천 번의 참회도 침묵으로 이루어진 단 한번의 참회보다 못하다.

♣

말이 적으면 적을수록 기쁨은 더 크다.

7월 17일

옛날 사회의 근저(根抵)

1

'눈에는 눈, 이에는 이로'라는 말이 있으나 악한 자와 대항하지 말라. 남이 만약 오른 뺨을 치거든 왼쪽마저 돌려 대라.

— 성경

2

여러 사람의 이익을 도모하는 사람은 항상 겸손하다. 이것은 무저항주의의 도덕이며 하늘과의 화합이다.

— 노자

3

인간을 폭압으로 지도하는 것은 말의 눈을 가리고 수레바퀴를 끌도록 그렇게 사람을 취급하는 것과 같다.

4

사람이 폭압에 의해서만 움직인다면 사람이 지닌 이성은 소용이 없다.

♣

폭압이 필요할 때는 이지적인 판단에 비중을 두어라. 정신의 승리가 있을 것이다.

7월 18일

존재하는 것은 무엇이든 서로 밀접하게 결합되어 있다.

진리(眞理)에 관한 말씀들

1

사람의 아들이여! 당신은 당신의 형제를 속였는가? 당신은 그들에게 확실히 말했으나 '내게로 오라, 내가 너희들을 쉬게 하리라'고. 그러나 그들이 당신에게 갔던가? 그리고 당신의 가르침을 저들이 마음과 행실로 받아들였던가? 당신이 명령하는 것에 따랐던가? 같은 아버지의 자식처럼 그들은 서로 사랑했던가? 만약 그렇게 사랑했다면 그들은 하나로 결합되었으리라. 그리고 그들이 하나로 결합되었더라면 정의를 확립하여 하나님의 나라를 세우는 것을 방해할 힘이 어디에서 나왔는가! 그들은 서로 조각조각 흩어져 있었기 때문에 약하며, 서로 혼자서 폭압자에게 대항하려 했기 때문에 아무런 힘도 가질 수 없었다. 그들에게는 힘이 없다. 왜냐하면 그들은 열악한 상황을 이겨낼 신념과, 그 신념보다도 더욱 강력한 사랑을 가지지 못 했기 때문에 無力한 것이다. 그들은 이기주의로 자신을 변호하고 희생의 정신도 전혀 없다. 지치지도 실망도 하지 않고 하루뿐인 일생을 두고 싸울 힘이 없으므로. 그리고 당신이 이왕에 말한 것을 그들은 전혀 이해하지 못하기 때문이다.

　상황에 처해 자신의 목숨만을 소중히 여기는 사람은 목숨을 잃을 것이며 하나님 나라를 건설하려고 자신의 목숨조차 버릴 수 있는 사람은 하나님으로부터 힘과 사랑을 그리고 희생의 참다운 의미를 배워 실현할 수 있다.

— 람네에

2

　어떤 사람에게는 다른 모든 것이 항상 비아(非我)였다. 그에게는 실제 자기 자신만을 참이라고 여겨 다른 것들은 단지 배후에 있는 그 무엇이며 자신에게 관계된 부수적인 존재로써 그의 목적을 돕거나 방해할 수 있는 환영(幻影)으로밖에 생각하지 않는다. 그래서 그 자신과 그가 인정하지 않는 다른 모든 것과의 사이에 헤아릴 수 없는 심연이 가로놓이게 되는 것이다. 그 결과 자신 속에만 고립으로 존재하게 되고 결국 자기 자신의 죽음과 더불어 현실과 온 세계가 멸망할 줄로 생각한다.

　그러나 반대로 다른 모든 것, 즉 만유를 자기와 같은 존재를 보는 사람에게는 그 어떤 존재가 자기 생명을 통해 다른 모든 것과 교류하는 것을 알게 된다. 따라서 그는 죽음과 더불어 자기 존재의 극히 작은 부분만을 잃는데 불과하다고 여긴다. 다시 말해서 그는 다른 모든 것 속에 아직도 자신의 존재가 계속되고 있다고 여긴다. 그리고 다른 것 속에서도 항상 자기를 인식하고 사랑할 수 있다. 그와 같은 사람에게는 자기 인식과 자기 이외의 다른 사람의 인식을 분리시키는 기만이 생겨날 수 없다.

　따라서 극히 선량한 자와 극히 사악한 자가 죽음을 받아들일 때의 태도에 커다란 차이가 있는 주된 원인이 되는 것이다.

— 쇼펜하우어

3

나만의 구원과 평안을 얻으려 하지 말라. 오직 언제 어디서나 온 세계 만물의 구원을 바라며 또 노력하라. 만물이 참된 자유를 얻을 때까지 현재 있는 것에서는 죄악, 비애, 투쟁의 세계를 버리지 않을 것이다.

— 중국 성언

4

아담의 자손들은 한 몸에 달려 있는 손과 발과 같아서 몸에 달려 있는 한쪽 손이 아프면 다른 손과 발들도 동시에 아픔을 느낀다. 이것은 다른 사람의 고통과 슬픔을 나의 고통과 슬픔처럼 여기는 것과 같아서 남의 고통을 아파하지 않고 냉정하다면 그는 감정의 동물인 인간이 아니다.

— 사 디

5

한 개인의 삶은 모든 사람의 삶과 밀접한 관계가 있다. 이것은 모든 만물이 조화와 일치에 의해 존재하기 때문이다.

— 오렐리아스

6

하나의 큰 일을 위해서 하나님이 이지(理智)의 인간을 세상으로 불러내셨다. 또한 한 인간에 속한 신체 각 부분의 역할처럼 모든 사람은 세상에서 이루어야 할 각자의 역할을 위해서 태어나게 한 것이다. 따라서 맡은 임무는 서로 달라도 목표와 목적은 모두 같다.

♣

사회로부터 고립된 사람이 있다. 아마 그는 행복하지 못할 것이다. 그는 세상에서 모두에게 나쁜 영향을 줄 수 있는 악한 상황에 처해 있다고 할 수 있다.

7월 19일

때로는 단순한 것이 유익하고, 선하고, 참으로 위대하다.

단순한 것이 유익

1
진리는 단순하다.

2
그리스도는 멸망의 구덩이에 빠져있는 자를 찾아 구원하려 왔다. 그는 이 세상에 있을 때 가장 낮은 자와 함께 했다. 그도 그렇게 했음으로 우리 모두는 아무리 작고 미천해 보이는 것일지라도 서로 업신여기지 말라.

3
단순한 민중 속에 인류의 참된 생명이 있다.

4
선은 모두가 단순하다. 단순한 선은 인간본연의 의무이다. 그렇지만 이것은 귀하고 어려워서 눈에 띄기 어렵다.

5
귀한 보석일수록 희소한 것처럼 언제나 위대하고 값진 것은 눈에 잘 띄지 않는다. 이처럼 말없이 남모르게 선행을 하거나 희생 봉사하는 사람도 눈에 띄기 어렵다. 고귀한 생각에서 나와야 하기 때문이다. 그러나 대부분의 사람들은 숨어 있는 것, 초라해 보이는 것에 대한 관심보다는 겉으로 드러나 화려해 보이는 것에 더 관심을 갖는다. 살다보면 이름도, 자랑할 것도 없는 사람이 훌륭한 일을 하는 경우가 많다. 적어도 그들은 욕심 많은 부자나 겉모습을 자랑하는 사람보다는 진정한 삶에 대해 올바르게 이해하는 현명한 사람들이다.

―찬닝

6
소박하고 무지한 사람일수록 그리스도를 참 구주로 믿고 그를 따르는 것에 비해 많은 지식과 학문이 있는 사람들은 오히려 다른 종교를 기웃거린다.

7
자신이 먹고, 입고, 살집을 마련하기 위하여 노력하기보다는 남을 위해 먹이고 입히고, 살집을 위해 애써야 한다. 그러나 그게 얼마나 어려운가?

―동방의 격언

♣

사색은 결코 고독이나 고립이 아니라 오히려 세계를 소유하고 만유를 가슴에 포용하는 작업이다.

— n.c

7월 20일

근로는 도덕은 아니지만 도덕적 생활을 하기 위한 절대적 필요이다.

근로(勤勞)는 도덕이 아니다

1

일을 한다고 남을 피곤하게 하거나 짜증을 내며 방해가 될 정도로 요란하게 수선을 떠는 사람이 있다. 그것은 태만보다 훨씬 나쁘다. 진실한 노동은 요란하지도 변화무쌍하지도 않고 언제나 동일하다.

2

돈을 버는 방법은 세 가지다. 즉 노동과 구걸과 도둑질이다. 그런데 열심히 땀을 흘려도 노동자의 주머니가 가볍게 된다면 그것은 분명 많은 돈이 거지와 도둑의 주머니 속으로 들어간 증거이다.

— 헨리 조지

3

일 한다는 것은 언제나 좋으나 무엇을 목적으로 하는 것인지가 더 중요하다.

— 트로

4

놀고먹는 사람이 한편에 있다면 다른 한편에는 힘과 노력을 다해 일하는 사람이 있다. 그리고 배부른 사람이 있다면 다른 한편에는 굶주리는 사람이 있다.

♣

넉넉한 사람들과 고위층 사람들이 얘기하는 노동은 대부분 오락이다. 그런 오락은 다른 사람의 일을 덜어주기는커녕 도리어 새 일을 추가하여 번거롭게 한다. 무릇 사치스러운 오락은 그와 같다.

톨스토이 인생론 351

7월 21일

사랑은 하나님이시다. 사랑은 나중도 없고 현재만 있다.

사람이 재산을 얻는 길

1

사랑이라는 바구니에는 선함과 온유함과 행복이 담겨있다. 이것은 현재라는 시간 속에서 가능하다. 현재를 책임지지 못하면서 미래에 사랑하겠다고 한다면 친구는 물론 자신도 속이는 것이며, 그런 사람은 언제나 자기밖에 사랑할 줄 모르는 사람이다.

2

사랑하는 사람을 사랑하라. 인생 행로는 멀고 먼 길 같지만 그러나 매우 짧다. 이 행로를 같이 갈 사람의 마음을 기쁘게 하기 위해 남아 있는 시간이 없다. 서로에게 남은 시간을 아껴 서로 사랑하라.

―아미엘

3

불행한 사람을 도우려거든 아무도 모르게 도우라. 그러면 그 받은 은혜를 마음으로부터 감사하며 즐기게 될 것이다.

4

가난한 사람을 돕되 그 빈곤의 이유를 알려 하지 말라. 그 이유를 알게 됨으로 동정심을 잃을 수도 있기 때문이다.

5

세상 모두가 자신을 비난해도 더욱 선하라. 잠시 악한 것이 평생을 악한 사람으로 남는 것보다는 훨씬 낫기 때문이다.

―로디

6

성경을 외형적으로만 보면 단지 소박한 이야기책에 불과하다고 생각될지 모르나 명백한 사실은 하나님을 향한 신뢰와 결속의 내용이 담겨 있어서 그 말씀의 위력은 대단한 것이다. 또한 하나님에 대한 숭배와 규범에 대한 순종의 내용으로써 이웃을 사랑해야 한다는 것과 자기를 사랑하듯 이웃을 사랑하므로 행복하게 된다는 의미를 담고 있다. 그와 반대로 이웃을 업신여기고 미워하면 고통과 사망에 빠진다는 내용도 함께 담고 있다.

— 스피노자

7

누군가를 사랑한다는 것은 두 가지로 나누어 볼 수 있다.

첫째는 자기 마음에 드는 동안만 사랑한다.

이 경우는 아내, 벗, 남편 등 쉴새없이 사랑의 대상이 바뀐다. 왜냐하면 사랑하는 사람들이 끊임없이 바뀌고 그들에 대한 감정도 변하기 때문이다.

둘째는 자기 마음에 들지 않을 때라도 사랑한다.

이 경우는 사랑에 대한 하나님의 규범을 인식하고 더욱더 깊이 사랑하려고 노력하는 경우다.

— 표들 스트라호프

♣

인간은 건강할 때는 깨닫지 못하다가 자신에게 불행이 닥쳤을 때 지난 과거를 되돌아보며 후회를 한다. 왜 불쌍한 사람에게 은혜를 베풀지 않았을까. 또 나에게 도움을 청했던 사람의 요구를 왜 거절했을까 하며 괴로워하고 안타까워한다.

7월 22일

러시아말로 벌을 준다는 말은 가르친다는 뜻과 같다. 악을 악으로 대하는 것은 가르치는 것이 아니라 도리어 망하게 하는 것이다.

벌을 준다는 말은 가르친다는 뜻이다

1

사노 베느로가 예수께 와서 말했다.

"주여! 내 형제가 내게 죄를 저지른다면 몇 번까지 용서해야 하나요? 일곱 번까지 할까요?"

"아니다. 일곱 번이 아니라 이른 번의 일곱 배라도 용서해야 한다. 천국은 머슴에 대해 셈을 하는 주인과 같나니, 일만 달란트 빚이 있는 머슴을 데려왔는데 그것을 갚지 못하였으므로 주인은 그 머슴과 그의 아내에게 모든 가재를 팔아서 갚으라고 명령했다. 그랬더니 그 머슴은 엎드려 절하면서 말했다.
 "며칠만 여유를 주시면 모두 꼭 갚겠습니다."
 그리하여 주인은 불쌍히 여겨 그 부채를 면제해 주었다. 면제받은 그 머슴은 주인집을 나가서 자기가 백 데나리온을 꿔주었던 친구를 만났다. 그는 친구를 보자 멱살을 잡고 윽박지르며 말했다.
 "내게 진 빚을 빨리 갚아라."
 그 친구는 엎드려 간절히 애원했다.
 "조금만 참아주게나. 조금만 기다려 주면 모두 갚겠네." 하고 말했으나 그는 듣지 않고 데리고 가서 그 빚을 갚을 때까지 감옥에 가둬 놓았다. 다른 친구들이 그 광경을 보고 매우 언짢아하면서 그 사연을 모두 주인에게 얘기했다. 사연을 다 들은 주인은 그 머슴을 불러서 말했다.
 "너는 아주 못된 인간이다. 나는 너의 소원대로 네 빚을 깨끗이 면제해 주었거늘 어째서 내가 너를 동정하듯 친구를 불쌍히 여기지 않고 악을 행했느냐?"
 그 주인은 노해서 머슴이 빚을 갚을 때까지 감옥에 보냈다.
 우리도 각자가 자기의 마음으로부터 형제를 진정으로 용서하지 않는다면 하나님 아버지께서도 우리를 용서하지 않으신다.

─성경

2

 죄진 사람을 처벌할 권리가 있다고 해도 그 권리를 거리낌없이 행사할 수 있는 사람은 거의 없을 것이다. 자신의 죄를 깨닫지 못하는 타락한 사람만이 남의 죄를 다스리려 할 것이다.

3

 간음하던 현장을 들킨 여인을 학자들과 바리새 사람들이 붙잡아 세워 놓고 예수에게 말했다.
 "스승이여! 이 여인이 간음하였는데 모세의 율법에서는 이런 경우에 돌로 때려죽여야 한다고 명령하였으나 당신은 어떻게 하시겠습니까?"
 이는 예수를 시험해 보려는 수작이었다. 예수는 허리를 굽혀서 손가락으로 땅위에 무엇인가 썼다. 그러나 연거푸 묻기만 하는 그들에게 예수께서는 몸을 일으켜
 "너희 중에서 죄 없는 사람부터 먼저 돌을 던져라." 하고 말한 다음 몸을 굽

혀서 땅위에 무엇인가 또 썼다. 그들은 그 말을 듣고 양심의 가책을 받아 하나 둘 모두 가 버리고 예수와 그 여인만이 남았다. 예수는 여인의 몸을 일으켜 그녀밖에는 아무도 없는 것을 알고 말했다.

"여인이여! 너를 고발한 사람들은 다 어디에 있는가?"

여인은 말했다.

"주여! 아무도 없습니다."

예수께서는 말씀하셨다.

"나도 너를 벌하지 않겠다. 가라! 그리고 다시는 범죄치 않도록 하라."

―성경

4

세상이 악하게 되는 원인은 세상 사람 모두가 남을 벌할 권리를 가지고 있다는 생각 때문이다. '내게 해를 끼치면 나도 똑같이 앙갚음해줘야지.' 하는 생각이 세상을 어둡게 만든다.

5

누가 네게 해를 끼친다면 잊어 버려라. 그리고 너그러운 마음으로 용서해라. 용서를 하면 마음에서 행복을 느끼게 된다.

6

진정한 형벌의 의미는 죄 지은 사람 스스로가 뉘우칠 수 있는 마음을 갖게 하는 것이다. 또한 자신의 잘못된 습관과 버릇을 자각하여 줄이려고 노력해야 한다. 그렇게 함으로써 죄지은 사람도 그 죄를 떨어버리고 행복을 희망할 수 있도록 해야 비로소 벌을 주는 의미가 있다. 그렇지 않은 벌은 죄인을 초조하게 하며 더 나쁜 길로 빠져들게 할 뿐이다.

7

형벌은 언제나 참혹하고 무섭다. 형벌이 무섭지 않고 고통스럽지도 않다면 형벌제도를 만들지도 집행하지도 않을 것이다. 현대의 감옥은 백년 전에 있었던 태형(笞刑)과 다름없이 참혹하고 무서운 곳이다.

8

미국의 인디언들은 어떠한 법률이나 권력, 또한 어떤 강력한 정부의 압력에도 결코 복종하지 않았다. 오직 그들을 지도하는 유일한 것은 자연에 따른 관습과 선과 악을 판단하는 도덕상의 의식이 고작이었다. 그들은 보통 사람들이 지닌 취미나 감정처럼 자연스러운 관습과 도덕의식을 그렇게 여겼다. 그리고 이 관습에 복종하지 않는 사람은 벌로 모욕을 주거나 집단으로부터 따돌림을 받게 된다. 그렇게 행해지는 벌은 매우 불완전해 보이기는 하지만 그들 사이에는 더 이상 악한 일은 일어나지 않는다.

무엇이 가장 인간을 범죄하게 하는가? 라고 묻는다면 대부분의 사람들은 야만적인 미국의 인디언들에게서 볼 수 있는, 법률 없는 상태와, 그렇지 않으면 문명이 발달 된 나라에서 볼 수 있는 것처럼 법률이 너무 많은 상태라고 대답한다. 그러나 그 양자의 생존 상태를 자세히 살펴보게 되면 법이 지나치게 많은 쪽이라고 대답하게 될 것이다. 그리고 늑대의 신세를 지지 않고 자신의 뜻대로 살아가는 양(羊)이 되는 편이 훨씬 행복하다고 대답한다.

—제퍼슨

♣

학문이라는 이름의 가장 부질없고 혐오스러운 것은 형벌을 대상으로 한 학문이다. 이 학문은 가장 낮은 문화의 단계에 있는 사람과 그의 아이나 미개인의 무지하고 악한 행위를 다스리는 데에만 필요한 그런 학문이다.

7월 23일

노력은 도덕적 완성을 위해 꼭 필요하다.

노력(努力)

1

인간의 의지에 선을 막으려는 심리적 장애는 정신적인 노력으로 충분히 극복할 수 있다. 선의 진전에서 약간의 장애는 오히려 힘과 용기를 주기도 한다. 그래서 선에 위협이 되는 장애는 때때로 그 자체가 선이 되기도 한다. 그것 때문에 방향을 알지 못하고 헤매던 곳에서 갑자기 출구가 보인다.

—오렐리아스

2

성자의 인도를 따르는 것은 어렵고 힘들어 그 길을 가기가 어려우나 인내로 만난(萬難)을 극복하려는 노력이 계속되면 점차 마치 어둠에서 빛이 비치듯

완성의 길이 보일 것이다. 반면에 죄악의 소굴에 들어가기는 너무 쉬워서 쉽게 빠져드나 그 길을 따라가면 갈수록 점점 길이 어두워 잃게 되고 만다.

—공자

3

선은 인간이 의무를 다할 때 그 사람의 도덕성으로 나타나는 것이다. 그러나 결코 의무를 다 함에 만족하지 말고 다음부터는 마음에서 진정으로 선이 우러나도록 해야 한다.

—칸트

4

순찰병이 요새를 경호하고 성벽의 안팎을 수시로 감시하듯 사람은 한 순간도 소홀함 없이 자신을 감시해야 한다. 일생동안 한 순간이라도 자신을 소홀히 하는 사람은 반드시 지옥에 떨어진다.

—석가

5

연장을 나무라거나 운명을 탓하면서도 언제나 자신의 만족만 채우려는 사람에게는 희망을 갖지 말라.

그런 사람은 '그 놈이 나를 노하게 하지 않았다면 나는 온순했을 텐데, 내가 이렇게 바쁘지만 않았어도 신앙이 매우 두터웠을 텐데. 내가 건강하기만 했어도 참을성이 많았을 텐데. 내게 좋은 배경만 있어도 세상을 깜짝 놀라게 했을 텐데.' 하며 자기 자신을 비하한다..

그런 사람은 현재의 환경에서 바르고 참되지 않는 한 미래에도 역시 마찬가지일 것이다.

고난과 역경의 어려운 처지는 오히려 평탄함과 선함과 비장한 각오를 길러주어 곤란한 처지를 극복할 힘을 마련해 준다. 어두운 환경이 주어지게 됨은 하나님의 빛으로 밝게 비추게 하기 위함이요, 슬픔은 극복하여 웃음을 만들기 위함이요, 위험은 극복하는 용기를 기르기 위함이요, 그리고 유혹은 신앙의 힘으로 극복하기 위해 신이 우리에게 준 것이다.

—말티노

6

육신의 쾌락과 사치에 빠져있으면서도 자신이 의롭고 고상한 삶을 산다고 생각하는 사람은 크고 위험한 착각에 빠져 있는 사람이다.
　육체는 언제나 정신의 제자이다.

― 트로오

7

　보상을 받을 수 있다면 그것은 오로지 자신의 노력에 의해서이다. 노력은 인간을 진실하게 한다.

― 코란

♣

　인간은 어려운 처지를 불평하고 슬퍼하기 때문에 그런 상황을 바꾸려 한다. 그러나 모든 경우 자신이 어떠한 상태에 놓여져도 기본적으로 해야할 일이 있다. 건강하다면 힘을 봉사하기에 쓰며 병들었다면 그 병이 남에게 폐가 되지 않도록 해야 한다. 모욕을 당했다면 모욕한 자를 사랑하기에 힘써야 하며 또한 친구나 이웃을 모욕했다면 자신이 당한 모든 상황을 경험 삼아 다시는 악을 범하지 않도록 애써야 한다.

7월 24일

　자신이 규범을 잘 지킬 수 있는 것은 자신의 마음 안에 거하는 하나님의 은혜이다.

인간의 규범

1

　유럽의 두 학자 샴마이와 길래리는 서로 어느 것도 비슷한 점이 없었다. 샴마이는 엄하고 노하기 쉬웠으나 길래리는 선량하고 온순했다. 어느 땐가 샴마이에게 이교도 한 사람이 찾아와서 이렇게 말했다.
　"저는 진정한 신앙을 알고 싶습니다. 제가 한쪽 발꿈치로 서서 빙그르르 도는 사이에 당신은 내게 모든 규범을 모두 가르쳐 주십시오"라고. 부탁을 했다.
　샴마이는 화를 내고 그를 쫓아 버렸다. 그러자 이번에는 길래리에게 가서 똑같이 물었다. 그러자 길래리는,
　"네가 원하거든 남에게도 그렇게 행하고 베풀라." 하고 말했다. 그는 단 한 마디로 모든 규범을 다 말했다.

2

　의무에 대한 가장 순수한 이해는 실제로 모든 사람의 행복을 위한 모두의

의무라는 근원적인 책임에 있다. 말하자면 자신의 행복과 함께 타인에 대한 이타적인 배려(항상 적지 않게 기교와 섬세한 고려를 필요로 한다) 즉 책임의 각성을 이해하라는 것이다.

　책임에 대한 이해는 의무보다 훨씬 간단하고 깨닫기 쉬우며 자연스럽다. 또한 의무가 이기적인 것과 관계없이 건전한 의미로 받아들여진다면 이기심에서 시작되는 어떤 각성보다도 훨씬 위력이 있고 공고하며 보다 많은 성공을 약속할 수 있다.

　친구와 이웃의 행복을 위해 할 수 있는 최상의 것은 모두에게 신의 무한하신 은총을 자신의 희생적인 의무감으로 실천하는 것이다. 그에게서 열린 무한의 은혜는 마치 위대한 선지자의 경우와 같이 하나님으로부터 받은 사명의 위대성과 탁월성을 증명하는 일이다.

　누구나 신성한 사명에 한층 더 주의를 기울인다면 의무를 다한 보수로 받을 소득은 결코 땅위에서 찾을 수 있는 하찮은 것이 아니라는 것도 알게 될 것이다. 선에 대한(즉 의무를 다하는 것) 끊임없는 수양이 언제나 사회적 교도(敎導)의 원리가 된다면 인간의 도덕적 삶의 상태는 곧 개선될 수 있을 것이다..

　오늘날 선이 좋은 결과를 내지 못하는 원인은 그릇된 가정(假定), 즉 순수한 의무의 관념에서 나오는 각성은 일반 사람들이 주의를 기울이기에는 너무나 섬세한 것 같다.

　그릇된 가정과 그 반대로 규범의 실천에는 거의 필요 없는 보수 그 자체에 대한 이해 타산에서 나오는 어리석은 각성이 인간의 마음을 보다 더 강하게 움직인다는 그릇된 가정에 있다. 또한 그대는 그만큼 많은 일을 했으니 행복해야 할 자격이 있다고 하는 의식이다. 사실 어떻게 하면 행복하게 된다던가 어떻게 하면 손해를 면할 수 있다던가 하는 보증은 신의 훈계가 아니다. 그러므로 모두가 자신에게 닥쳐오는 어려움을 참고 견딜 용기나 희망을 가질 수 있다면 의무는 자신이 좋다고 생각하는 것에 대한 자유로운 신뢰를 통해 충분히 소화할 수 있을 것이다.

―칸트

3

　도덕은 세계 공통의 목적을 향한 의지의 진행이다. 이기적이고 소극적인 사람에게 도덕이란 오히려 불필요할 것이다. 오렐리아스나 칸트와 같이 목적과 동기가 모든 사람의 공통된 목적에 합치될 수 있다면 도덕성이 있다고 할 수도 있다. 이해와 위대한 삶의 교훈이 모든 사람의 마음에 작용하게 되는 것은 도덕의 가치 기준 때문이다. 도덕은 인간에 존재하는 영원 불멸의 것이다.

—에머슨

♣

선을 베푸는 마음은 물질의 욕심이나 세속적인 욕망을 추구하는 데서는 존재 할 수 없다. 단지 평범한 삶에서만 얻어진 물질적 풍요는 오히려 인간의 삶에 해독이 되며 고뇌를 초래하게 된다. 그 고뇌를 넘어서야 비로소 정신이 높이 지양된다.

7월 25일

많은 사람은 자신이 초래한 피해 때문인지도 모르고 오히려 남의 고뇌를 동정한다.

타인의 고뇌(苦惱)와 나

1

흔히들 '나는 선한데 다른 사람들이 악하게 대한다'고 말한다.
그러나 선행을 베푼 대상을 사랑하면서 사랑을 받은 대상이 그 사랑을 토대로 행복하게 됐다면 이미 보답을 받은 것이나 마찬가지다. 그러므로 사랑했던 자에게 행한 것과 같은 선을 자신에게 행한 셈이 된다.

2

도덕에 대한 대가는 선행을 실천하는 행위의 의식 그 안에 있다.

—시세로

3

구원이란 자기 희생, 자선, 관용을 베풀 때 얻어지는 열매이다.
자신이 아직도 평안하지 못하고 가난과 슬픔 중에 있거든 먼저 자신을 책망하라. 예수 그리스도의 말씀에 얼마만큼 순종했는가? 구습과 세속적인 생각에, 더럽혀진 마음을 깨끗이 씻기 위해 얼마나 노력했는가? 애써 보았지만 쉽게 무너져 버리고 거듭나지 못하는 이유는 무엇일까? 자신의 삶을 마치 모래 위에 집을 세우듯 했다. 그래서 강물이 둑을 넘어 집을 덮친 격이다. 그래서 그 집은 견디지 못하고 부서져 버린다. 집을 지탱하는 힘보다 집을 부수는 힘이 더 컸던 것이다.

― 람레에

4

고통의 원인을 자신의 과오에서 찾아 겸손히 그 과오를 고치려는 노력이, 숨기고 은폐하여 피로움을 당하는 것보다 훨씬 적극적이며 마음을 극복할 수 있는 방법이다. 자신의 실수를 두둔하고 숨기려는 사람은 오히려 고통의 원인을 다른 곳에서 찾으려 하며 불평불만으로 상황을 모면하려 한다. 이와 같이 자신이 당하는 고통과 그것의 원인에 대해 연관성을 찾지 못할 때 생각해야 할 것은 아무 의미도 없는 고통을 계속해야 할 것인가 아니면 그 고통이 생기게 된 원인이 내 과실과 허물 때문이라고 받아들여야 할 것인가 이다. 전자는 어떤 설득력도 갖지 못하며 고통에서 탈피할 방법도 없이 도리어 절망과 분노를 일으키지만 후자는 고뇌가 참된 삶의 원동력이요 자기 반성이므로 자신의 과실로 인식한다. 그 결과 과실로부터 해방됨으로 고통을 해결하려는 적극적인 노력을 기울이게 된다.

♣

고통의 근원을 자신에게서 찾아라. 어떤 경우는 그 고통이 행위의 직접적인 원인일 때도 있고 또는 그것이 돌고 돌아서 되돌아 온 것일 수도 있다. 그러므로 고통의 근원은 언제나 내 안에 있다. 따라서 고통에서 신속히 탈피하기 위해서는 자신의 행위를 고칠 때에만 가능하다.

7월 26일

신앙은 진정한 마음과 정성으로 빚은 그릇과 같다.

하나님(神)은 마음이다

1

예수는 유대 사람과 사마리아 사람들 간에 분쟁과 이견에 관하여 어느 한쪽의 옳고 그름을 말하거나 신앙의 갈등에 관하여 언급하지 않았다. 다만 그는 사마리아 사람에게도 유다 사람에게도 이렇게 말했다.

'너희 모두의 잘못이다'라고. 하나님은 마음이다. 하나님은 내면의 실존이므로 영토나 세력과 같은 외면적인 것에 관련하지 말라. 성전이나 성전에서 행하는 예배나 봉사가 중요한 것이 아니고 갈릴리나 예루살렘이 중요한 것도 아니다. 갈릴리나 예루살렘에서도 아니고 언제고 어디서나 진리를 따르는 사람이 참된 마음으로 하나님께 예배드릴 때 하나님은 언제나 그 진정한 마음과 신령한 신앙을 가진 사람을 찾으신다. 지금도 하나님은 그런 사람을 찾고 계신다. 그리고 때가 되면 세상에서 지치고 목마른 많은 사람들과 하나님의 마음에 합당한 사람들이 '주여, 저희들이 목마름을 해결하려 여기까지 길러 오지 않게 물을 주소서!'하며 땅 끝에서부터 그리스도의 샘물에 쉬려고 찾아올 것이다.
— 람네에

2

영원은 눈에 보이지 않을 따름이며 영원은 시간의 흐름에 의하여 현재에 존재하는 것이다. 영원을 깊이 숙고할수록 삶이 진실해지고 하나님의 나라에 대한 열망의 눈이 열리게 된다. 하나님은 멀고 먼 천상에 인간과 아주 동떨어져 존재하는 추상적인 존재가 아니라 모든 사람의 마음속에 계시고 지금도 살아계셔서 생사화복을 주관하시는 아버지라는 말이다. 그런 하나님은 교회의 엄숙한 의식을 중요하게 여기기보다 자비, 순종, 겸손, 사랑으로 세계가 하나 되게 하려는 진실한 인간의 마음을 더 중요하게 여기신다.

3

하나님은 마음이다. 그러므로 하나님에 대한 예배는 진정한 마음으로 드려야 한다.

4

몸짓이나 움직임만으로 신앙의 본분을 다하는 종교는 씨름꾼의 연습보다도 못하다. 음으로 하나님을 알지 못하고 입으로만 하나님께 예배드리는 것은 아무 소용이 없다. 현실을 부정하는 종교는 거짓이다. 왜냐하면 현실의 생활에서 영원의 생활이 시작되기 때문이다.

신앙적으로 높은 경지에 있는 사람은 세상의 삶이나 자신에게나 타인에게나 차별을 두지 않는다. 자신의 마음에 하나님을 인식하는 사람만이 성자라는 이름을 얻을 가치가 있다. 자신을 알라. 그럴 때 하나님에게 속한 나를 발견하게 될 것이다.

문제의 근원과 행복이 자신 안에 있음을 알지 못하고 다른 곳에서 찾으려 하지 말라. 태양은 언제나 비치는데 등잔불로 어둠을 밝히려는 사람과 같다.
— 인도의 붸마나

5

그가 하나님의 아들임을 인식하는 것은, 만물과 인간의 마음속에 예수 그리스도 이전에 그 보다 더 훌륭한 분이 없었을 뿐만 아니라 인간의 마음에 늘 간직되었던 영원한 하나님의 예지를 그에게서 인식할 수 있었기 때문이다. 이 예지가 없이는 행복은 물론 구원도 없다. 진실과 거짓, 선과 악을 구별하는 것을 그 예지가 가르쳐주기 때문이다.

—스피노자

6

아무리 위대한 성인이라도 아무도 그를 신이라고 생각하지 않는 것은 신의 권능으로만 가능할 수 있는 희망과, 지혜와, 용기의 숭고함이 인간에게서는 있을 수 없기 때문이다.

—카알라일

♣

육적인 것과 눈에 보이는 것, 감각적인 것을 버려라. 영적인 삶으로 마음을 깨끗이 할수록 신앙은 더욱 더 확고해진다.

7월 27일

지식은 도구일 뿐 목적은 아니다.

지식은 도구이지 목적은 아니다

1

자신의 사명이나 행복에 관해서 어떻게 생각하든 과학은 단지 인간의 사명과 행복에 관한 연구에 지나지 않으며 예술은 그 연구의 표현에 불과하다. 현대의 사회에서 과학이라고 부르고 예술이라고 부르는 것은 무익한 인간의 지능에서나 감정에서 생기는 산물이다. 현대의 과학이나 예술은 다수의 행복에는 관심이 없고 모두에게 이해할 수 없는 괴물이 되어 버렸다. 행복이나 진리에 조금도 상통하는 점이 없다.

2

한쪽 손에 꽂힌 가시를 뽑으려면 다른 손의 힘을 빌려서 뽑아낸다. 그러면 가시가 박혔던 손은 다른 쪽 손 따위에는 아예 관심도 없어진다. 마찬가지로 지식은 신에 속한 인간의 '아(我)'를 어둡게 하는 어리석음을 없애기 위해서만 필요한 것이지 지식 그 자체가 독립적인 가치를 가지는 것이 아니다. 지식은 단지 도구에 지나지 않는다.

―바라문교의 성전

3

과학은 종교의 확고한 기초 위에 세워져야 하며 재물을 얻으려는 수단으로 쓰여서는 안 된다.

―프리스턴 사디

4

지식이 있으면서 그것을 이용하지 않는 사람은 씨를 뿌리고도 거두어들이지 않는 사람과 같다.

5

인생의 중대한 목적이 지식의 습득이라고 생각하는 사람은 촛불 위를 나는 하루살이와 같다.

6

학자란 많은 것을 배웠다는 것을 의미할 뿐이지 많은 것을 알고 있다는 의미는 아니다.

―립텐베르크

♣

인생의 목적은 하나님의 규범을 쫓는 것이지 지식을 얻는 것은 아니다.

7월 28일

정신적 성숙을 원하거든 우선 참회하라.

정신적 성숙과 참회

1

악의 근원을 마음 밖에서 찾는 것은 위험하다. 왜냐하면 마음 밖에서는 참회할 수 없기 때문이다.

―로베르트슨

2
과실을 의식하지 못하면 더 큰 과실을 일으킨다.

3
행복하지 않다고 생각하거든 먼저 자신을 숙고하라. 친구를 원망하거나 자신의 처지를 한탄하거나, 세상을 탓한들 아무 소용이 없다. 흔히 말하기를 자신 외에 그 누구에게도 죄를 덮어씌우지 말라고 한다. 자신이 불행하다면 자신의 무지를 탓해야 하며 자신을 돌아보아야 한다. 순종하는 것은 자연과 자연의 법칙을 신뢰하는 것과 같다. 영구 불멸의 법칙을 가진 자연은 순종하는 당신에게 은혜와 행복을 안겨 줄 것이다. 만약 자연의 법칙을 쫓지 않는다면 자연은 참아 주지 않으며 당신의 평안과 위안을 빼앗아 버려 고독하게 할 것이다. 깨달음이 많고 덕망이 있는 사람은 스스로 회개하고 난 후에 비로소 자신에게 이렇게 말한다.

"그래! 나는 무지해. 나는 하나님의 진리를 멀리하고 변질되기 쉬운 거짓된 악마의 유혹을 쫓고 있었어. 그래서 이런 꼴이 되어 버린 거야"라고.

—카알라일

4
죽은 듯, 시끄럽던 날이 침묵하며
거리의 벙어리인 벽 위에
밤의 어둠이 기어들고
낮에 한 일의 보답인 꿈이 찾아들 때
그 때면 나는 고요 속에서
홀로 눈뜨고 몸부림친다.
할 일도 별로 없는 밤이고 보니
마음속에서 생생하게 후회의 배암이 번뜩이고
또 온갖 환영이 떼 지어 수심으로 무겁게 억눌린
마음 그 속에서, 하찮은 상념이 서로 다툰다.
추억이 묵묵히 나의 앞에
기나긴 화첩을 펼치면
나는 언짢게 그 속에서 과거의 나의 생활을 읽고
떨면서 저주한다.

마침내 모진 한탄에 잠겨 눈물짓는다.
그럴지라도 슬픈 일은 씻겨 가지도 않으니.

—푸시킨

5

마음이 괴롭다. 나는 오랜 세월을 살아 왔으나 누구 한 사람도 행복하게 못했고, 벗도 가족도 심지어 나 자신조차도 행복하지 못했다. 나는 세상에서 큰 전쟁의 원동자이다. 나 때문에 80만의 귀한 생명이 싸움터에서 죽었다. 그들의 어머니, 형제 자매, 미망인들이 나를 원망하며 비탄해 하고 있을 것이다. 나의 죄가 하나님 사이를 가로막고 있다.

—비스마르크

♣

삶의 처지와 형편이 어려울지라도 자신의 무한한 완성을 위해 뜻을 세우는 시기는 이를수록 좋다.

돌(石)

두 여인이 노인에게 가르침을 받으러 왔다. 그 중 한 여인은 자신이 죄가 많다고 생각하고 있었는데 그녀가 젊었을 때 남편을 자주 바꾸었기 때문이었다. 세월이 지난 지금에도 그 일을 괴로워하고 있었다. 또 다른 여인은 지금까지 선한 규범을 지키면서 살아 왔고 아무런 죄도 저지르지 않았다고 스스로 만족하고 있었다.

노인은 두 여인에게 각자의 삶에 관하여 물었다. 첫째 여인은 눈물을 흘리며 자기의 많았던 죄를 고백했다. 그녀는 자기의 죄가 너무 커서 도저히 용서되지 못할 것이라고 생각했다. 그러나 다른 여인은 자기는 별로 죄진 것이 없다고 대답했다. 그래서 노인은 첫째 여인에게 말했다.

"하나님을 섬기는 종이여, 울타리 저편에 가서 큰돌을 하나 찾아 보라. 그래서 들 수 있거든 그것을 가져 오라 그러나 너는" 하고 노인은 다음 여인에게 말했다.

"될 수 있으면 작은 돌을 많이 주워 오너라" 하고 분부하였다.

두 여인은 일어나서 나갔다. 그리고는 노인이 시키는 대로했다. 한 여인은 큰돌을, 그리고 다른 여인은 작은 돌을 주머니 속에 넣어 가져 왔다.

노인은 그것을 보고 말했다
"그러면 이번에는 가져온 돌을 도로 가져다가 제 자리에 놓아라. 다 놓으면 나에게 오라."

그래서 처음 여인은 쉽게 제자리를 찾아 돌을 갖다 놓았다. 그러나 두 번째 여인은 어디서 돌을 주웠는지 생각이 나지 않아서 노인이 시킨 대로 하지 못하고 돌 주머니를 들고 왔다.

"그것 보아라." 하고 노인은 말했다.

"자기가 살아오면서 지은 죄도 이와 마찬가지이니라. 큰돌을 가져온 너는 그것을 어디서 가져온 것인지 알고 있었으니까 크고 무거워도 쉽게 제자리에 갖다 놓을 수 있었지만 너는 작다고 가볍게 여겼다가 제자리를 찾지 못하지 않았는가. 이처럼 죄가 비록 작을지라도 죄를 기억하지 못해 참회도 하지 못하고 죄된 생활에 길들여져 남의 죄나 이러쿵저러쿵 한다면 더욱 더 깊은 죄 속으로 빠지게 되는 것이다."

이렇듯 모든 인간은 죄인이므로 회개하지 않는다면 모두 멸망할 것이다.

7월 29일

필요한 것일수록 악용되는 해는 더 크다. 인간의 불행의 대부분은 지혜의 악용에서 생긴다.

인간에게 필요한 것

1

하나님은 인간에게 영혼과, 지혜를 하나님을 섬기라고 주셨다. 그러나 인간은 자신을 위한 봉사에만 쓴다.

2

인간의 지능이 악의 노예가 되고, 정욕의 무기가 되고, 허위의 비호자가 된다면 그것은 옳음과 거짓, 선과 악, 공평과 편파를 구별할 능력도 잃어버리고 만다. 이것이 사악이고 병이다.

—찬닝

3

인간의 이지(理智)를 '세계는 왜 존재하며 나는 왜 사는가?' 라는 문제를 연구하는 일에만 쓴다면 아마 극심한 현기증으로 사는 맛도 느끼지 못할 것이다. 인간의 이지는 근원적으로 이러한 문제에 대한 해답을 생각해 낼 수가 없다. 인간에게 이지력이 주어진 이유는 그런 문제의 해답을 알기 위함이 아니라 그런 문제를 제기하는 일, 그 자체 때문이다. 인간의 이지력은 다만 '어떻게 살아야 할 것인가?'라는 문제만을 해결한다. 그리고 그 해답은 명료하다. 자기에게 좋고 또 남에게도 좋도록 사는 일, 이것이 그 대답이다. 그것은 모든 생물에게도 꼭 필요하다.

4

소용없는 일에 이지력을 발휘하는 사람들은 어둠 속은 잘 보나 빛 속에서는 잘 보지 못하는 올빼미와 같다. 그들은 과학이 무용지사에 쓰일 때면 매우 날카로우나 진리 앞에서는 눈이 어두워 이지를 발휘하지 못한다.

―피타크코스

5

잠이 오지 않는 사람에게는 밤이 길다. 지친 사람에게는 지척의 길도 새롭다. 그래서 무지한 사람에게는 인생이 길다.

♣

이지는 세상에서 가장 위대한 힘이다. 그러므로 가장 큰 죄악은 이지를 악용해 진리를 가리고 변질시키는데 있다.

7월 30일

도덕상의 규범은 이미 참된 성자에 의하여, 그리고 참된 종교에 의하여 뚜렷하게 설정되어 있다.

도덕상의 규범(規範)

1

선한 의지를 갖기 위하여 특별히 깊은 사상이 필요한 것은 아니다. 사람은 이 세상의 모든 것을 이해할 수 있는 힘도 없지만 이 세상에서 이루어지는 모든 사상(事象)을 샅샅이 밝힐 수도 없다. 단지 자신의 행위 주체에 한정될 뿐이다. 그것도 자신의 의지로 행하여진 행위나 동기가 모든 사람들이 따를 수 있는 규범에 알맞은 것이냐에 자신의 생각으로 동의할 수 있는 정도이다. 그래서 자신의 행위가 자신이나 남에게 미치는 악에 의해서만 자신의 의지나 규범이 모든 사람들이 따라야 할 근원적인 규범에 적합하지 못하다는 것을 인정하게 된다. 이성은 이 규범을 소중히 할 것을 요구하며 자신의 의지에 상충되더라도 만인 사이의 보편적인 삶을 생각하고 또한 그 규범 속에 존재하는 불가침의 성역을 의식하여 그 도덕상의 규범을 존중하는 것이 모든 다른 동기를 초월하는 의무라는 것을 알게 된다.

―칸트

2

진리는 오직 하나이다. 그리고 이지력이 있는 사람들에게 완전에 대한 이해도 역시 오직 하나이다.

3

모든 사람들로부터 받기 원하는 것을 먼저 남에게 그렇게 해 주어라! 그것이 규범이며 예언이다.

―성경

♣

도덕상의 규범은 아주 명확하여 모르는 사람이 없다. 사람들이 지금도 알지 못하고 있는 일은 스스로의 이지를 부정하는 것이다.

7월 31일

사랑은 사랑을 실천하는 사람에게 정신적이며 내면적인 기쁨을 줄뿐더러 삶을 무한한 기쁨으로 유지하기 위한 중요한 조건이다.

1

사랑은 어떤 특정한 사람에 대한 사랑보다 만인을 사랑하려는 그 정신에 귀중한 가치가 있다.

2

마음의 평안과 만족은 이웃에게 사랑을 베푼 결과이며 이웃에서 받은 선물이다.

―동양의 성언

3

남의 사랑을 얻고자 애쓰지 말고 먼저 사랑하라. 그러면 사랑을 받으리라.

4

세상을 탓하지 말고 자비로운 마음으로 하라. 망은을 은혜로, 모욕을 용서로 바꾸어라. 그것은 고귀한 연금술이다. 그것에 습관이 되어야 한다. 그리고 사람들이 그것을 극히 자연적인 것으로 생각하고 아무도 그것 때문에 그대를 치하하는 일이 없도록 하라.

—아미엘

5

사랑한다는 것은 사랑하는 사람의 삶 속에 삶을 의미한다.

6

성자는 자기 감정보다는 자기 이외 사람의 감정을 중요시한다. 그는 선한 일에는 선을 베풀고 믿지 않는 자에게는 신뢰를 준다. 성자는 이 세상사람들의 고통과 번민을 위하여 몸소 체험하며 달관하는 방법을 알기에 힘쓴다. 그렇기 때문에 만인이 그에게 마음과 눈을 돌리는 것이다.

—노자

7

사랑은 자신과 모든 다른 사람과 결합되어 살아가는 일에서 행복을 찾는다.

8

사랑 없이는 어떠한 일이라도 이익이 되지 못한다. 무릇 사랑에 의하여 일으켜진 일은, 그것이 보잘것없고 헛된 것 같이 보여도 풍성한 열매를 가져온다.

8 월

8월 1일

인간의 자유는 오직 이성(理性)에 근거한다. 그래서 인간의 삶은 이성을 잃으면 잃을수록 더욱 더 부자유스럽게 된다.

인간을 자유롭게 할 수 있는 것

1

자유가 도대체 무엇인가? 자유에 관한 속론(俗論)이 많으나 그 것은 그 누구의 강요도 없이 자신의 의지에 의해 선과 악을 구별할 수 있는 능력이다.

2

명예라는 공명심이 없다면 할 수 있는 선행은 없다.

─중국 성언

3

자신을 이길 수 있는 능력, 이것이 자유를 누리기 위한 최고의 법이다. 자기 자신을 통어(統御)하는 일, 그것은 매우 어렵지만 자신에 대한 원치 않는 지배자를 제거할 수 있는 유일한 방법이다.

4

사상에 얽매이는 것은 마치 땅에 세운 기둥에 몸을 얽어매는 것과 같다. 기둥에 몸을 얽어맨 줄이 길면 길수록 자유의 범위가 커진다. 그와 마찬가지로 인간의 행복을 위한 사상에 얽매일수록 자유롭다.

─류시 말로리

5

의무를 이행함에서 기쁨을 찾는 사람, 인간이 나아가야 할 최선의 길을 연구하는 사람, 의무를 두려운 억압이 아니라 마땅히 준수해야 할 가치로 생각하기 때문에 규범을 존중하는 사람, 그리고 자신의 판단과 의지 외에는 어떤 힘에 구애됨이 없이 대처하는 사람, 이러한 사람들의 삶이 진정 자유로운 삶이다.

─시세로

6

자신이 원하는 대로 살 수 있는 사람을 자유인이라고 말할 수 있다. 이지적인 사람은 항상 자신이 원하는 대로 살려고 한다. 그런 사람은 얻을 수 있는 것만을 원함으로 그렇기에 이지 있는 사람만이 자유롭다.
　아무도 범죄하기를 원하는 사람은 없다. 아무도 자신이 착오와 부정으로 살기를 원치 않는다. 일부러 슬퍼하고 억지로 괴로운 삶을 택할 사람도 역시 아무도 없다. 아무도 불결하고 혐오해야 할 삶을 좋아하지 않는다. 부정하고 불만스러운 삶을 사는 사람들도 대부분의 경우 자신의 의지에서가 아니라 때로는 자신의 착오와 상관없이 어찌할 수 없는 처지에서 그렇게 사는 것이다. 아무도 슬픔이나 고통을 바라지 않으면서도 끊임없이 괴로움과 두려움으로 갖고 산다. 그 것은 결코 자유가 있는 삶이라고 말할 수 없을 것이다.
　성자 디오게네스는 말했다.
　"어느 때라도 죽을 준비가 된 사람만이 진정한 자유인이다"라고. 그는 페르시아 왕에게 이렇게 썼다.
　'당신은 어떠한 이유로도 자유인을 노예로 삼을 수는 없습니다. 마치 물고기를 땅위에서 살게 할 수 없는 것처럼 어떤 사람도 당신의 노예가 아닙니다. 힘으로 억압하여 인간이 고통 중에 자살한다면 결국 가두어도 아무런 소용이 없지 않습니까?'라고. 이것은 참된 자유인의 말이다.

—에피크테타스

7

　제멋대로 말하며 행동하는 비도덕적인 사람이나 생리적으로 균형이 어긋난 사람도 자유를 원한다.

8

　겸손함은 좋은 것이며 필요한 삶의 가치다. 그러나 거짓과 악행에 대한 겸손이라면 그것은 인간의 부패와 타락의 가장 높은 단계를 의미한다.

—카알라일

9

　정욕의 불길에 휩쓸려 따라가는 사람, 향락에 굶주린 사람, 육욕의 방탕에 빠져 있는 사람, 그 같은 사람은 마치 자신을 쇠사슬로 묶고 있는 사람과 같다.
　반대로 마음의 평안과 기쁨을 위해 세상의 이치를 연구하며 남들이 모두 외면하고 어려워하는 힘든 일에서 행복을 찾아내는 사람은 그 같은 죽음의 사슬을 끊고 자유로울 수 있는 사람이다.

— 석가

10

자유는 그것을 찾아서 얻어지는 것이 아니다. 그것은 진리를 구하는 일에서 얻을 수 있는 것이다. 자유는 목적이 아니고 결과이다.

11

비록 운명이 나를 비켜가더라도 나의 본질·가치관·삶은 언제나 굽힘이 없이 동일해야 한다. 자신의 존재 규범에 자신감과 신뢰를 가질 때 언제나 자유와 힘이 넘친다. 세속적이며 외면적인 행복을 추구함으로 친구나 이웃에게 따돌림을 당하면 결국 자신의 존엄성까지도 깨뜨리게 된다. 그런 희생을 통해 무엇을 얻겠는가?

— 오렐리아스

♣

자유는 다른 사람에 의해 얻어지는 것이 아니라 오직 자기 자신에 의하여 찾아지는 것이다.

8월 2일

인간을 육체적인 존재로만 단정하면 죽음은 모든 것의 끝장일 뿐이다. 그러나 인간은 정신적 존재이며 육체는 정신의 덮개에 불과하다고 생각하면 죽음은 단지 물체의 변화된 정도이다.

육체의 죽음과 정신

1

육체는 영혼에 제한이 된다. 그리고 그 제한은 그릇에 담긴 액체에 따라 그 모양이 정해지듯 정신적 본체에 따라 형태를 만든다. 그릇이 깨지면 담겼던 액체는 지금까지의 형태를 버린다. 그리고 그 액체가 또 다른 그릇의 형태를 만들지 아무도 알 수 없듯이 정신의 본체도 어떻게 될 것인지 알 수 없다. 영혼은 육체가 멸한 후 어떤 모양을 갖게 될까?

2

인간은 단지 죽음으로 소멸되지 않는다고 확신하던 에머슨에게 사람들이 물었다. "이 세계가 종말의 시점에 과연 어찌 될까요?" 이에 에머슨은 이렇게 대답했다. "소멸하지 않기 위해 나는 이 세계를 필요로 하지 않는다"라고.

3

죽음이 완전한 소멸이라면 그것은 바라던 바이므로 이의는 없다. 또한 삶과 생명의 가치를 단지 존재와 비 존재의 단순한 도식으로만 성립한다면 죽음은 조금도 두려워할 것이 없다. 그러나 죽음이 공포이며 죽은 뒤에도 다른 삶으로 연장하는 것이라면, 그리고 무덤 저쪽에서도 현세의 지상에서와 같은 삶의 모양이라면 그것은 인간에게 과연 무슨 의미가 있다는 말인가? 그런 생각은 지옥과 극락에 대한 지금까지의 생각을 깨뜨릴 뿐만 아니라 아름다운 소망조차도 빼앗는 결과이다. 왜냐하면 인간의 간절한 소망은 지상에서의 현세와는 아주 딴 모양이 되기를 원하기 때문이다.

— 아나톨 프랑스

4

죽음은 끊임없는 발전과 변화의 한 걸음에 불과하다. 탄생도 그 한 걸음이다. 그러나 탄생은 존재의 한 형식인 죽음이지만 죽음은 존재의 한 형식인 탄생이라는 점이다.

그런 관점에서 죽음은 죽어 가는 자에게는 행복이다. 죽음으로 그 사람은 영원한 자유를 누릴 수 있기 때문이다. 이렇게 생각한다면 죽음을 단순히 공포라고 볼 수는 없다. 죽음을 맞음에 관하여 이러쿵저러쿵 말하는 것은 어리석다. 현세에서의 인간의 과업은 사는 것이다. 잘 사는 방법을 아는 사람이 잘 죽는 법도 안다.

나는 살기를 원한다. 영혼은 결코 죽음을 말하지 않는다. 죽는 것은 감각뿐이다. 감각이 죽음이라는 것을 만들었다. 이성을 지닌 인간이 어찌 죽음에 대해 불안해 할 수 있는가?

— 테오돌 발켈

5

최후의 날은 파멸이 아니라 단지 변화를 가져올 뿐이다.

— 시세로

6

죽음은 자립의 정신을 육체적 상태로부터 해방하는 것이다.

♣

정신적인 삶을 사는 사람에게는 죽음이란 있을 수 없다.

8월 3일

사람은 자기가 행한 선이나 당한 악에 대한 합당한 갚음을 찾으려 한다. 그러나 본질적으로 선과 악은 정신적 영역에서 이루어지는 것이며, 그 영역은 사실상 시간 밖에 있는 것이다. 그리고 이 영역 안에서는 그 보답을 볼 수는 없을지 모르나 오직 양심에는 언제나 그 보답이 있다.

선과 악의 보답

1

수치도 모르고 이기적이며 교활하여 남을 비방하는 대담한 악인의 삶에는 어려움이 많지 않다. 그런데 언제나 청결한 삶을 지향하며 항상 친절하고 지혜롭고 이기심이 없는 사람에게는 삶의 괴로움과 어려움이 많다. 이것은 겉으로 보기에는 그렇게 보일지라도 전자는 오만 가지 일에 그 영혼이 괴롭고 후자는 단지 한 가지 일에만 어려울 뿐이다.

―석가

2

비록 아주 작은 일이라도 선한 일에 힘써라. 그리고 만 가지 죄의 의식으로부터 벗어나라. 왜냐하면 한 가지 선한 일은 그 배후에 다른 선을 일으키나 하나의 죄는 또 다른 죄를 낳기 때문이다. 덕의 보답은 덕이고 죄의 벌은 죄다.

―탈무드

3

벌이란 것이 무엇인가? 그것은 스스로 의무를 다하지 않았다는 의식에 있다. 그 의식보다 더 큰 벌은 없다.

―에피쿠테타스

4

사람들이어! 악의 원인을 찾지 말라. 바로 자신이 그 원인이다.

―루소

5

친구나 이웃을 위해 하는 것은 결국 자신에게 하는 것과 같다. 그 증거로 자선을 하면 마음이 풍요롭고 좋은 감정을 갖게 되나 비정한 마음을 갖게 되면 불편한 감정을 갖게 된다.

― 류시 말로리

6

선을 행할 상대를 고르지 말라. 베푼 선은 자신은 잊더라도 사라지지 않는다.

7

선행은 틀림없이 자신을 행복하게 하는 유일한 행위이다.

8

씨를 뿌리면 거두고 사람을 때리면 괴로워해야 한다.
봉사하라. 그러면 봉사를 받을 수 있을 것이요, 인생을 걸고 봉사한다면 아무리 교활한 사람도 보답을 하지 않을 수 없다.

― 에머슨

9

선을 행하고. 그 선행에 대한 칭찬이나 보수를 받으려 애쓰지 말라

― 오렐리아스

10

악행을 저지른 사람은 스스로 괴로워하게 되며, 악의 충동을 이겨낸 사람은 정신의 승리를 기뻐할 수 있다. 그러므로 기쁨의 승리지가 되는 것은 자신에게 달려 있으며 자신 외에는 아무도 자신을 구원할 수 없다.

― 석가

11

화려한 마차에 올라 많은 추종자들에게 에워싸여, 입법, 사법, 재정의 질서와 관례를 농간하면서 백성의 고혈을 짜내는 자들이여! 그대들은 어디로 가려는가? 만사(萬事)에는 각기 상당한 최후가 있는 법이다. 지금이야말로 비참한 백성들의 결핍은 그대들의 사악함에 인내를 잃었고 하늘도 참을 수 없게 되었다. 그 넓던 길이 눈앞에서 갈라지고 이제 벼랑으로 추락하는 길 외에는 갈 곳

이 없을 때가 다가왔다. 그대들은 이 사납고 모진 시대의 물결을 보지 못하는가? 하나님의 세계에서는 그 무엇도 보응 되지 않음이 없고 심판 받지 않음이 없다. 어리석은 인간만이 그렇지 않다고 생각한다. 그러나 지혜가 깊은 사람은 언제나 그 어리석음에 공허함을 안다. 이 세상에는 보이지는 않으나 하나님의 정의가 높이 지배하고 있다.

—카알라일

♣

선행에 대한 대가를 바라지 말라. 선행에 대한 대가는 그 선행과 동시에 이미 주어졌다. 그리고 악행에 대해 눈에 보이는 갚음이 없다고 그 보복이 없다고 생각하지 말라. 보복은 이미 그 악의 마음에서 작용한다. 그러므로 자신의 아픔의 원인을 다른 곳에서 찾는 것은 잘못이다.

8월 4일

자기 부정은 자기 자신을 부정하는 것이 아니라 스스로의 자아를 동물적인 영역에서 정신적인 영역으로 옮기는 일이다.

자기 부정

1

한사람 한사람은 개인이지만 모두는 그 자신 안에 전 인류의 공통된 생활양식을 가진다. 그러한 경향은 그 사람의 마음 깊이 있는 자신만의 것이긴 하지만 삶의 경험으로 이미 깨우친 인간의 보다 넓고 큰 이상으로 삶의 양식으로 정착되었기 때문이다.

자신의 개인적인 목적을 부정하고 공동의 목적에 긍정할 수 있는 인격양식을 말하는데 이는 오직 자신의 특별한 개인성(個人性)을 양보함으로써 자신의 개성을 참되게 살릴 수 있다. 자신의 삶 속에 모두의 삶을 의식함으로써 다양한 타인의 삶 속에 자신의 삶을 심을 수 있다.

—카펜터

2

오직 자신의 일과 자신의 이익만을 찾는 사람은 행복할 수 없다. 자신의 것을 위해서는 먼저 남을 인정해야 한다.

—세네카

3

인간이 누릴 수 있는 가장 큰 행복, 완전한 자유와 은혜는 자기 부정과 사랑 밖에 없다. 이성은 인간에게 행복에 대한 오직 하나의 가능한 길을 제시하나 감정은 그 길에서부터 빗나가게 한다.

4

참된 삶은 자기 부정이 시작될 때에 비로소 시작된다.

— 카알라일

5

마음의 밝은 빛이 사라지고 검은 그림자가 드리울 때 특히 각성하라. 마음 속에서 이지의 생각이 끊임없이 솟아나지 않는 한, 마음 자체에서 생겨나는 어둠의 그림자를 없앨 수는 없다.

— 바라문교의 성전

6

개인의 행복 추구는 인간의 동물적 욕구만을 증가시킬 따름이다. 참되고 인간적인 삶을 영위하는 방법은 오직 이기적인 마음을 버려야만 가능하다.

— 아미엘

♣

정신적인 행복을 위하여 동물적인 욕구를 과감히 버려라. 그것이 진정한 의식의 변화이다. 의식의 변화 이전에는 동물적인 욕망을 추구하려 했으나 의식이 변화 이후는 그것이 불필요하다고 생각하게 된다.

참새

나는 사냥에서 돌아오는 길에 오솔길을 걷고 있었다. 개는 내 앞을 뛰어가고 있었다. 그런데 별안간 개가 잰걸음으로 뛰어가더니 눈앞에 무엇이 보였는지 살금살금 걷기 시작했다. 나는 오솔길 저쪽에 어린 참새가 있는 것을 보았다. 주둥이가 아직 둥근 게 노랗고 대가리에는 털이 파르르한 걸 보니 새가 둥지에서 떨어진 것 같았다. 바람이 거세고 벚나무가 흔들리고 있었다. 아직 어린 날개를 부풀리고 웅크리고 있었다.

개는 천천히 새 새끼에게 다가갔다. 그런데 별안간 곁에 있는 나무에서 가슴팍이 검은 늙은 새가 개의 코를 향하여 떨어졌다. 마치 돌처럼 떨어졌다. 그리고는 깃털을 거꾸로 세우고 미친 듯이 절망적인 애처로운 울음소리를 내면서 두 차례나 주둥이를 벌리고 개의 입 가장자리를 겨누고 덤벼들었다. 새는 목숨을 걸고 새끼를 구하려고 뛰어 내려왔던 것이다. 그 자그마한 몸뚱이는 공포에 떨고 있었고 지저귀던 소리는 거칠어 쉰 소리를 냈다. 늙은 새는 자기 목숨을 희생해 새끼를 살리려는 것이었다. 새에게는 개가 얼마나 어마어마한 괴물같이 보였을 것인가! 그러나 어미 새는 잠자코 나뭇가지에 있을 수가 없었던 것이다. 새의 의지보다 더 강한 어떤 힘이 새를 나뭇가지로부터 뛰어내리게 했던 것이다. 나는 난처해하고 있는 개를 황급히 불러서 감동으로 가득 찬 그 자리를 물러섰다. 보잘 것 없이 작지만 마음은 한없이 넓은 그 사랑의 본능에 나는 감격했다. '사랑이란?' 하고 나는 반문해 보았다. '죽음보다 강하다. 죽음의 공포보다 더 강하다. 오직 사랑으로 삶이 지탱되는 것이구나'라고 생각했다.

— 뚜르게네프

8월 5일

거짓과 악의 대부분은 사람으로 인해 전해지고 퍼져서 존재한다.

거짓된 해로운 사상(思想)

1

대부분의 사람은 자신의 주위에 함께 사는 사람들의 행동경향을 자신의 표준으로 삼는다. 인간의 성품이나 삶이 하찮게 되는 원인이 여기에 있다.

주된 위험이 인간을 타락시키는 악한 사람에게 있는 것이 아니라, 시냇물의 흐름처럼 남의 사상을 옮겨 전하여 그들을 자신으로부터 떼어버리게 하는 분별 없는 자들에게 있다.

2

마음은 다른 사람의 마음으로부터 영향을 받기 쉽다. 그래서 인간은 홀로 있을 때에만 완전한 자유를 갖는다.

3

홀로 있을 때는 자신의 생각에 따를 수밖에 없으나 많은 사람들 사이에서 자신의 자주성과 겸손을 유지할 수 있다면 그 사람은 강한 사람이다.

— 에머슨

4

마음에 신앙으로 이루어진 소망을 가지며, 범죄의 악한 길에 결코 들어가지 않으며, 하나님을 업신여기는 자와 자리를 같이 하는 일이 없는 자는 스스로 행복할 수 있다. 남을 본받는 것처럼 전염되기 쉬운 것도 없다. 인간의 마음은 새로운 것을 보면 곧 마음에 전해진다. 그것이 새로운 것을 보고도 영향이 없었다면 절대로 하지 않았을 행위를 저지르게 한다.

─ 오렐리아스

5

인간은 새로운 흥미에 빠져 버리기 쉽다. 특히 주위 사람들이 모두 그렇게 할 때면 더욱 빠져들기 쉽다. 얼마나 자주 나 자신의 확신을 희생해 가면서 얼마나 쉽게 구태의연한 제도나 관습에 굴종했던가를 생각할 때 부끄럽지 않을 수 없다.

─ 에머슨

6

해로운 것은 겉에 치장이 많아 득의 만만한 외관을 하고 있으나 진리는 외관을 필요로 하지 않는다.

♣

전염(傳染)은 사회생활에서는 불가피하게 발생되는 조류(潮流)와 같다. 옮아온 것은 아무리 주의하더라도 받아들여질 수밖에 없다. 전염의 위력이 크기 때문이다. 그러므로 덕스러운 사람은 두 가지에 엄격한데 그것은 언사와 행위이다. 전염시키는 매개체는 언사와 행위만 주의하면 된다.

8월 6일

한 사람이든 집단이든 이지가 생활에 유일한 지침이다.

이지(理智)는 삶에 대한 유일한 지침이다

1

눈은 육체의 등잔이다. 그러므로 눈이 깨끗하면 육체의 모든 부문도 깨끗하다. 만약 눈이 못쓰게 된다면 육체는 어둡게 될 것이다. 그러므로 육체에 있는 빛이 꺼져 있지 않은지 살펴 보라.

─ 성경

2

인간의 생태도 식물의 생태와 유사하다. 식물은 여러 가지 양분을 흡수하고 성장하여 지상에 같은 종류를 남기고 마침내 죽고 만다. 그와 같이 인간도 다른 모든 생물들이 갖는 존재의 목적밖에는 갖지 못한다. 때로는 인간이 자신에게 주어진 높은 능력을 다른 생물들이 갖는 확실하고 훌륭한 희생의 삶에 비해 훨씬 저급하고 비열한 목적에 사용하는 것을 볼 수 있다. 그러므로 그런 사람은 다른 모든 생물보다도 큰 멸시를 받을만하다. 높은 지혜의 눈으로 보면 현재의 상황 속에 갇혀서 완성의 온 기간을 보람 없고 가치 없이 생각한다면 인간으로서의 존엄성이 부끄러울 뿐이다.

―칸트

3

겉으로 보면 세계의 모든 만물이 모두 함께 살고 있지만 깊이 들여다보면 만물은 각기 홀로 사는 것과 같다. 인간도 곤충도 마찬가지다. 홀로 사는 이것들은 자기만 살아 있는 것이라 생각하며 만물이 자신을 위해서 존재한다고 착각한다. 그러나 삶은 곧 점멸(點滅)에 이르는 것임을 알아야 한다. 삶의 한 걸음마다 죽음에 가까이 가고 있는 것이다.

이 세상에 이지가 없다면 이 모순은 풀지 못할 수수께끼일 것이나 인간의 내면에 이지가 있어서 인간은 이 모순을 극복할 수 있다.

4

삶은 육체의 요구이나 이지의 규범을 따른다.

5

인생의 이지는 앞을 비쳐주는 등불과 같다. 사람은 결코 자기를 비쳐주는 등을 앞설 수는 없다. 그러므로 등불은 언제나 길을 앞서서 걷는다. 인생에서의 이지는 그 같은 등불이다. 그런 이지의 삶에는 고통과 두려움이 있을 수 없다. 왜냐하면 그 등불은 이지를 지닌 인간을 언제까지나 비추고 그 등불이 비추는 대로만 걸어가면 되기 때문이다.

6

대부분의 사람들은 때로는 자신의 생각에 의하여 또 한편으로는 다른 사람의 생각에 의하여 행동한다. 논리적으로 생각이 자기의 것이냐 아니면 남의 것이냐에 따라 커다란 차이가 있다. 어떤 사람은 거의 대부분의 사색을 지적인 유희에 사용하고 이지를 피대(皮帶) 없는 윤차처럼 회전시킨다. 그러면서 행위는 남의 사상·관습·전통이나 세상에서 흔한 법칙에 따른다. 또 어떤 사람은 사색이야말로 자신의 행위에 대한 중요한 원동력이라 생각해서 이지가 명령하는 것을 듣고 따르려 한다. 그런 경우 자신이 검토하고 평가한 뒤에 자신의 의지에 따르므로 다른 이들에 의해 결정된 것에 따르는 일은 드물다.

♣

사람은 인류가 쌓아 놓은 이지와 사상을 이용할 수 있으나 그와 마찬가지로 자신의 이지와 사상으로 남들이 이루어 놓은 것을 검토할 수 있다.

8월 7일

인간은 자유로워야 한다. 인간은 동물적인 삶의 속박 아래 있으면 있을수록 타락되어 버린다.

1

인간에게 가장 큰 행복은 자유이다. 만약 자유가 행복이라면 자유로운 인간은 불행하지 않다. 불행하고 괴로워한다면 그는 자유롭지 못하다. 그는 반드시 무엇인가 어떤 무엇에게 속박되어 있다.

만약 자유가 행복이라면 자유로운 인간은 스스로 노예가 되지 않는다. 그러므로 어떤 사람이 누구에게 굴종하고 아첨한다면 그도 자유인이 아니다. 그는 자기에게 필요한 것을 얻으려고 안간힘을 쓰는 것이기 때문이다.

진정한 자유인은 방해 없이 얻을 수 있는 것만을 얻으려 한다. 그러나 전혀 그 무엇에도 방해됨이 없이 얻을 수 있는 것은 자기 자신밖에 없다. 그러므로 누가 자기 것이 아닌 남의 것을 얻고자 하면 그는 자유인이 아니다. 그는 남들을 지배하려는 자신의 욕구에 벌써 노예가 된 것이다.

— 에피쿠테타스

2

내면의 자유 없이 외면적인 자유는 아무런 가치도 없다. 설사 외부적인 폭압에 굴종하기를 면한다 해도 무지, 죄악, 이기주의, 공포의 결과 스스로의 마음을 지배할 수 없다면 무슨 소득이 있는가? 오직 오만하지 않으며 노여워하지 않으며 태만하지 않으며 뽐내지 않고 자신과 자신의 주의 주장에 갇혀 있지 않고 인류의 행복을 위하여 스스로를 희생할 용기가 있는 사람만이 진정한 자유인이다.

3

신념이 없이는 아무 것도 할 수 없다. 회의(懷疑)는 사람을 죽이고 민족을 잡는다. 어째서 이 세상에 억압된 민족을 해방하는 것이 어렵고 고통스러우며 더딘 것일까! 그 이유는 자신의 권리에 대한 신념이 없기 때문이다. 자신의 권리는 그 누구도 손댈 수 없는 신성한 인간성인 것을 믿지 않기 때문이다. 왜 가는 곳마다 억압된 계층이 올 것 같지 않은 해방의 날을 기다리면서 신음하는가? 그 이유는 그들이 스스로를 믿지 않고 항상 그들을 구원할 준비를 갖추고 있는 하나님을 알지 못하기 때문이다. 자유로운 존재의 특권은 스스로가 있기를 원하는 상태. 그러나 그들은 부정의와 전제 아래 순순히 굴종하도록 명령된 상태에 있어야 하는 벌을 받고 있다. 하나님은 그들을 저버리지 않으신다. 하나님은 그들을 깨우치려고 신의 자비를 설교할 자를 보내며 그 사람들에게 스스로의 말씀을 두고 힘을 주신다.

세계가 그가 베푸는 소망의 가르침 앞에 모여들어 흥분하고 고통에서도 희망의 미래를 보기 시작한다. 그리고 떨리는 환희와 풍성한 삶의 길로 걸어 들어가기를 원하게 된다.

그러나 그 때에 폭압자, 바리새인, 학자 등이 나타나 흔들리기 시작한 자신의 권력을 걱정하며 경계하여 하나님의 사자의 숨통을 막고 하나님의 정의를 비방하려고 한다.

— 람네에

4

진정으로 자유롭기를 원하면 언제나 하나님으로부터 받은 것을 하나님에게 돌려줄 준비를 하라. 죽음에 대해서 뿐 아니라 가장 괴로운 고뇌나 시련에 대해서도 준비하라. 모든 도시 모든 사람이 진리 때문이 아니라 거짓된 현세의 자유를 위하여 목숨을 바치는 일이 얼마나 흔한가! 인생의 무거운 짐에서 벗어나려고 자신을 죽일지도 모르는 일에도 서슴없이 뛰어든다. 거짓된 자유조차도 이토록 희생에 의하여 얻어지는 것이거늘 하물며 참된 자유를 형벌이나 육체의 고통 없이 얻으려 하는 것이 어찌 놀라운 일이 아닌가? 참된 자유에 대하여 값을 치르려 하지 않는다면 일생을 통해 노예가 될 뿐이다. 세상의 온

갓 존경을 받는 제왕이 된다 해도 말이다.

― 에피쿠테타스

5
자유 없는 곳에서는 인생이란 단순한 유기체에 불과하다.

― 마도지니

6
인간의 존엄이 손상되는 것만큼 괴로운 일은 없다. 예속되는 것만큼 비굴한 일은 없다. 인간으로서의 존엄, 그리고 인간으로서의 자유는 당연한 것들이다. 존엄과 자유를 갖자. 그렇지 못하거든 존엄과 자유를 갖고 죽자.

― 시세로

♣

스스로 자유롭지 못하거든 그 원인을 자신 속에서 찾아라.

8월 8일

위대한 사상가가 쓴 중요하고 뜻 있는 사상은 대개의 경우 참된 진리에 방해가 되기도 한다. 때때로 하나님의 진리는 오히려 어린이의 외마디 말속에, 바보의 허튼 소리에, 미치광이의 꿈속에서 찾을 수 있고 단순한 사람들의 이야기나 편지 속에도 나타날 수 있다. 위대하거나 신성하다는 책에서도 아주 유치하고 거짓된 사상에 부딪칠 때가 많다.

1
아직도 남은 낡은 규범이 함부로 횡행하는 것은 현대인들에게 몇 세기 이전에 사용했던 선조가 살던 집과 낡아빠진 무기와 같다.

― 류시 말로리

2
세계의 많은 종교는 이제 습관이나 관행의 이름으로 성행한다. 확신하건대 도덕적인 완성의 경지에 이르려면 먼저 종교로부터 해방되어야 한다. 어떤 사람도 그것에서 해방되어야 완성에 도달할 수 있다.

― 트로우

3

바이블이나 코란이나 우파니샤드 속에 적혀 있는 사상은 그것이 신성시되는 서적에 씌어 있기 때문에 진리인 것은 아니다. 신성시되는 서적에 씌어 있기 때문에 모두가 진리라고 생각하는 것은 서적을 우상으로 보는 것이다. 그렇다면 이것은 다른 어떤 우상숭배보다도 더 해롭다.

♣

설사 그것이 누구에게서 나온 사상이든 모든 사상은 숙고해 볼 필요가 있다. 또한 모든 사상은 일단 조심할 필요도 있다.

8월 9일

죄악은 대부분 인간의 나쁜 의지에서보다도 진리라고 믿는 거짓된 사상 때문에 저질러지는 것이 더 많다.

죄악(罪惡)이란?

1

구체적인 결과라고 하는 것은 눈에 보이지 않는 어떤 행위가 그 앞서 있었으므로 그것이 원인이 되어 후에 생겨나는 것이다. 발포한 총소리가 들려오기 훨씬 앞서 탄환은 벌써 튀어나간 것이다. 이와 같이 결정적인 것은 벌써 사상 속에서 이루어져 있다.

― 아미엘

2

나쁜 사상·살생·간음·도둑·위증·비방은 인간의 마음속에서 생겨난다.

― 성경

3

행위는 의지 이상의 선(善)도 아니며, 의지 이하의 악(惡)도 아니다.

― 워웰나르크

4

어떤 악한 행위보다도 더 나쁜 것은 그 행위의 근원이 되는 사상이다. 나쁜 행위는 다시 되풀이하지 않도록 할 수 있으나 나쁜 사상은 모든 나쁜 행위를 낳게 하는 뿌리이다. 나쁜 행위는 행위가 이끄는 그 길만 굴러가면 되지만 나쁜 사상은 걷잡을 수 없는 힘으로 끌고 간다.

5

사상은 형태는 없어도 소리 없이 왔다가 깊이 간직된다. 그런 사상을 스스로 억제하고 통제할 수 있으면 어떤 유혹에서도 이길 수 있다.

—석가

6

사상은 말씀 속에서 열매를 맺는다. 말씀은 행위의 씨앗이다. 그러나 누구도 그 말씀이 얼마나 큰 의미를 가지고 있는지 알지 못한다.

7

사상은 만물의 원천이다. 그러나 인간은 사상을 지배할 수 있다. 완성에 도달하기에 가장 중요한 일은 사상을 지배하는 일이다.

♣

불행이 찾아오거든 그 원인을 자신의 행위보다는 그 행위를 하게 만든 사상 속에서 찾아라. 또한 어떤 문제로 슬픔을 당했거나 괴롭거든 그 원인을 남의 행위 속에서가 아니라 그 행위를 일으키게 했던 그 사상 속에서 찾아라.

8월 10일

인간은 운명이라는 것 때문에 자유롭지 못하다고 말한다. 그러나 인간은 현재의 활동상황을 볼 때 현재만은 항상 자유롭다. 현재는 시간 밖에 있는 것으로 현재는 과거와 미래라는 두 가지 시간이 서로 닿는 한 점에 불과하다.

인간은 자유로운 것이 아니다

1

수입(輸入)이 조금밖에 필요 없거나 또는 전혀 필요 없는 나라는 상대적으로 행복한 나라이다. 마찬가지로 자기의 내면적인 부에 만족하고 외부의 부를 부러워하지 않는 사람은 가장 행복한 사람이다. 밖으로부터 오는 것은 언제나 큰 위험과 모험을 동반하여 결국은 슬픔을 낳는다. 무엇도 자기 내면의 토지에서 생산된 산물의 대용이 될 수 없다. 그러므로 밖으로부터 오는 것들에 큰 기대를 갖지 말아야 할 이유는 자신의 이익이 될 수 있는 것은 아주 좁은 범위에 한정돼 있거나 거의 없기 때문이다.

—쇼펜하우어

2

불행이나 어려움에 빠지면 사람들은 그것을 다른 사람들이나 자신의 운명으로 돌린다. 그러나 자신과 상관없는 일에는 크나큰 불행으로 어렵게 된다 해도 전혀 상관하지 않는다. 이는 사람들 마음이 병들었기 때문이다.
—에피쿠테타스

3

인간은 자신의 행위를 스스로 지배할 수 있다. 자신 속에 발견되며 자신이 살아 있을 동안 발전되어야 하는 것, 그것밖에는 아예 선이 있다고 생각하지 말라.
—에머슨

4

악을 저지른 사람은 스스로 괴로워한다. 스스로 죄로부터 벗어나야 불행을 깨끗이 씻을 수 있다고 생각한다. 따라서 깨끗하게 되거나 더럽게 되는 것은 자신에게 달려 있다. 다른 사람이 구원자가 될 수는 없다.

5

어리석은 사람들은 자기 몸과 마음을 자기 것으로 생각하기 때문에 끊임없이 슬픔과 고통을 당한다. 그러나 인간의 본질이 정신에 있음을 알아야 한다. 인생에 외부로부터 오는 모든 수렁에서 정신을 지키고 육체로 정신을 괴롭히지 말며 육체의 삶을 지배하지 말고 정신의 삶과 합하라. 그러면 모든 진리를 터득해 하나님의 사랑 안에서 평화를 찾을 것이며 자신의 존재 의미를 알게 될 것이다.
—오렐리아스

♣

인간에게는 내면적인 깊은 삶이 있다. 그리고 그 본질은 남에게 전할 수 없다. 때때로 그것을 남에게 전하고 싶지만 그것은 불가능하며 필요치도 않다.
내면적인 삶의 본질이 바라는 것은 하나님과 교통하는 것이다.

8월 12일

목에 걸고 있는 십자가는 큰 수직선과 작은 수평선으로 되어 있다. 수직선은 하나님을 뜻하고, 수평선은 인간의 의지를 나타낸다. 의지를 하나님의 뜻과 같은 방향으로 이끌면 십자가의 모든 고통은 사라진다.

목에 걸고 있는 십자가(十字架)

1
겉으로 보이는 행복만을 추구하는 것은 모래밭에 집을 짓는 것과 같으며 기초를 튼튼하게 세운 행복은 하나님의 은혜를 힘입은 사람의 내면적 삶의 조화에 의해서만 주어진다.

―류시 말로리

2
나와 함께 하지 않는 자는 나를 배반한 자이며, 나에게로 오지 않는 자는 결국 뿔뿔이 흩어진다.

3
마음속에는 선과 악이 함께 있으나 인간이 나가야 할 길에는 그와 같은 혼합은 없다. 나갈 길은 아주 선이 아니면 아주 악이다. 즉 하나님의 뜻을 따르느냐 그렇지 않으면 동물적인 의지를 달성하느냐의 어느 한쪽이다.

―성경

4
진실로 너희에게 이르노니 간절히 원하면 모든 것이 주어지리라.

―성경

5
운명은 두 가지 형태로 우리를 파멸시킨다. 즉 우리가 원하는 것을 거절할 때와 또 우리가 원하는 것을 성취시키는 것에 의하여서도 파멸된다. 그러나 하나님이 바라시는 것을 원하는 자는 그 어느 쪽의 파멸에서도 안전하다. 모든 행복이 그의 것이 될 것이다.

―아미엘

6
누구에게 아무 것도 기대하지 않고, 또 아무 것도 받기를 원하지 않는다면, 어떤 사람도 공포의 대상이 될 수는 없다. 그러나 자신의 행복을 남이 가진 권력에서 찾게 되면 그 자신은 끊임없이 남들을 두려워한다.

자신이 속하지 않은 것으로부터 떨어져라. 제어할 수 없는 일체의 것으로부터, 그리고 자신의 육체에, 또는 육체가 필요로 하는 모든 일체의 것으로부터 멀리 떨어져라. 재산·명예·허식·명성에 대한 애착으로부터 떨어져라. 그런 의미에서 자신의 처자식이나 형제로부터 떨어져라. 그것은 모두 자기 소유물이 아니라고 스스로에게 타일러라.

또 폭력에 맞서는 것도 그만 두어라. 그것은 감옥이다. 그로 말미암아 자신에게와 영혼에 대하여 어떠한 해독을 감수하지 않으면 안 된다. 무슨 이유로 폭력을 가하는 자들을 공격하며 죽여야 할 것인가? 그의 감옥, 쇠사슬, 무기는 나의 영혼을 어쩔 수 없게 한다. 나의 육체는 구속되었으나 나의 정신은 자유롭다. 무엇도 나의 정신을 방해할 수 없다. 나는 내가 바라는 대로 산다.

그러나 어떻게 나는 거기에까지 도달했던가? 나는 스스로의 의지를 하나님의 뜻에 따르게 하였다. 하나님께서 내가 염병에 걸리기를 바란다면 나도 그것을 바란다. 하나님께서 내가 어떤 일을 하기를, 혹은 하지 않기를 원한다면 나도 그렇게 바란다. 하나님께서 내게 무엇인가 일어나기를 원한다면 나도 그것을 바란다. 하나님께서 바라지 않으시는 것은 나도 원하지 않는다. 하나님께서 내가 죽기를 원하시고 시련을 주시기를 원하신다면 나도 죽기를 바라고 그 시련을 받기를 원한다.

―에피쿠테타스

7

하나님께 바친 영혼은 위대하다. 그러나 그와 반대로 하나님을 배반하고 하나님에 의하여 이 세상에 전해진 규범을 비난하고 수정하려 하며, 자신이 만든 법칙에 따르려는 영혼은 허약해져서 타락하게 된다.

―세네카

8

우주의 법칙에 자신을 조화시켜라. 그것이 신의 정의에 합당한 본분이다. 성의의 뜻을 받들어 자신에게 수어진 생명으로 선을 행하며, 진리에 대한 진지하게, 그리고 그것이 기쁨이 되게 하라. 사도(使徒)적인 신앙으로 "저는 제가 지금 처해 있는 처지에 만족할 줄 알게 되었다"고 고백하라.

자신의 의지를 하나님의 뜻에 맞추라. 그 것이 불행으로부터 벗어날 수 있는 유일한 길이며 평화를 얻는 방법이다. 하나님을 신앙하며 영혼의 불멸을 믿는 신앙은 오직 그렇게 함으로써만이 가능하다.

8월 13일

세속적 지혜는 모두 함께 하는 삶 속에 있으나 높고 깊은 신성한 지혜는 이지(理智)에 일치하는 삶에 있다. 비록 그 삶이 친구와 이웃의 비방이 될지라도.

세속적인 지혜

1

하늘은 인간의 불의에 분노한다. 그러나 세상은 인간의 도덕에 대하여 분개한다.

2

인간의 이지(理智)는 하나님의 등불이다. 그 불빛은 모든 것의 가장 깊은 곳에까지 스며든다.

―동양의 성언

3

칭찬하는 사람의 숫자가 많은 것보다 어떤 사람이 자신을 칭찬하며 칭찬의 내용이 어떤 것이냐에 따라 칭찬의 질이 평가되어야 한다. 악한 자들이 결코 호감을 갖지 못하는 것이야말로 참된 칭찬이다.

―세네카

4

망망한 바다를 항해하는 배 위에서는 실제 그 배가 움직인다는 사실을 느끼지 못한다. 그러나 외부에 보이는 피사체를 보고 그 배가 앞을 향해 전진하고 있음을 알 수 있다. 말하자면 배에서 움직이지 않는 밖의 것이나, 해안을 바라본다면 자신이 타고 있는 배가 움직인다는 것을 알게 된다는 말이다. 이처럼 인생도 허무한 길을 걸어갈 때는 생명의 길은 눈에 띄지 않는다. 그러나 하나님의 정의에 자신을 비춰 볼 수 있다면 모든 인간이 얼마나 사악한 삶에 빠져 있는가를 곧 알게 될 것이다.

―파스칼

5

인간의 본성은 두 가지로 나눠 볼 수 있다. 그 하나가 사명인데 이 사명의 관점에서 볼 때 인간은 위대하고 불가해한 존재이다. 그리고 또 다른 하나는 습성인데 마치 습성으로 말과 개를 분간하듯이 (그 습성에 의하여 말이나 개의 속력을 알아내듯이) 인간도 이 두 가지 측면에서 인생에 대한 철학적 판단이 이루어진다. 어떤 사람은 첫째의 측면을 부정하고 인간이 높은 사명 때문에 태어난 것이 아니라 인간은 단지 그 태어남 자체에 큰 의미가 있다고 이해한다. 또 다른 사람은 인간은 하찮은 일에 몰두하게 될 때 고귀한 사명에서 멀어진다고 말한다.

―파스칼

♣

정의에 어긋나는 비방·공격·압박을 당한다고 슬퍼하지 말라. 만약 정의가 그릇된 이 현대의 광태를 알아차리지 못한다면 그것은 정의가 아니다. 또한 발견하고 알아차렸더라도 삶을 바꾸지 않는다면 참된 인간이 되지 못한다..

8월 14일

폭압으로 세상의 외면적 질서가 유지되는데 아무도 이상하게 생각지 않는다. 이미 그 폭압이 인간의 습관에 젖어 당연한 것으로 여길 때도 많다. 따라서 폭압으로 유지되는 질서에도 정의가 숨어 있는가를 알아야 하는데 그 일 또한 정의로운 사람이라야만 안다.

질서 유지

1

폭력은 비겁자의 무기이다. 즉 우매한 인간이 자기를 따르는 자들에게 그들의 천성을 파괴하며 강제하기 위해서 쓰는 무기이다. 그것은 마치 물이 수평보다 높은 곳으로 흐르도록 억지를 쓰는 것과 같다. 폭력은 그 무기가 신용을 잃게 됨과 동시에 그 일의 결과도 파괴되어 버린다. 이에 반하여 서로가 서로를 설득하는 것은 물이 고여있는 개울에 경사를 만들어 흐르게 함과 같아서 개울이 인공의 힘이 아닌 저절로 흐르게 한다.

인간의 삶을 유익하게 인도하는 두 가지 방법이 있다.

하나는 인간의 천성에 적응하는 판단에 호소하는 것이요, 다른 하나는 천성과 판단에 어긋나게 움직이도록 강제하는 방법이다. 전자는 인간의 본질적인 삶의 기본이며 그래서 성공의 영광을 얻을 수 있으나 후자는 우매하지 않고서는 할 수 없는 것이니 그 결과는 항상 실패이다. 어린아이는 좋아하는 장난감을 갖기 위해서는 억지와 생떼를 쓰기도 한다. 그 경우 부모가 아이를 때리는 것은 힘으로라도 아이를 선한 방향으로 이끌려는 것이다. 그러나 술 취한 남편이 아내를 때리는 것은 힘으로 아내의 결점을 고치기 위해서라고 가장해도 그것은 결코 성공하지 못한다. 죄인에게 형벌을 가하는 것도 힘으로라고 세상을 잘 만들겠다는 이유에서이다. 한 사람이 다른 사람을 재판하는 것도 힘으로 정의를 보여주려는 이유이다. 목사가 지옥의 고통을 설교하는 것도 이지적인 것이긴 해도 힘으로 신자들을 천국으로 이끌기 위함이다. 민족과 민족간의 싸움은 힘으로 불리한 처지를 개선하려는 것이다. 이런 것들은 모두 무서운 일이다. 오늘날 전세계에 난무하는 폭력은 결과적으로 인류의 우매함이 원인이다. 그 결과는 항상 환멸이고 실패로 돌아가고 있다.

―콤브

2

폭력의 정의는 정의가 아니다. 그것은 단지 항의나 반역이 일어나지 않을 동안만은 정의이다. 이것은 뻔한 사실이다. 마치 추위나 어둠의 상황에서는 더움이나 빛이 나타나기 전까지 참고 견디어야 하듯 인간의 사고(思考)나 연구는 불의한 성향에서 정의로운 성향으로 해방되기 위하여 제고(提高)되어야 한다. 약이 병을 이겨내게 하듯이 행복은 맹목적인 야수성을 이겨내게 하는 것이다. 즉 폭력의 범람을 이겨내게 하는 것이다. 이와 같이 무한한 자유와 삶의 모든 사상(事象)을 행복과 정의로, 그리고 높은 지혜로 이끌기 위한 규범은 오직 하나뿐이다. 한이 없는 탐욕을 극복하고 이지적인 관용에 도달하여야 한다.

―아미엘

3

진위(眞僞)의 길을 분간할 줄 아는 사람, 인간을 폭력에 의해서가 아니라 규범과 정의에 의하여 깨우치며 이끄는 사람, 인간의 진실과 이지를 믿는 사람, 이러한 사람만이 참되고 올바른 사람이라 부를 수 있다.

구변이 좋고 언사가 아름답다고 해서 지혜가 깊다고 하지 않는다. 참을성 있고 인간에 대한 혐오나 공포로부터 해방된 사람, 이와 같은 사람만이 참되고 지혜 있는 사람이다.

―석가

4

인간은 하나님이 없어도 강제나 폭압을 행할 수 있다. 그러나 깨우쳐 가르치는 일은 하나님 없이는 할 수 없다. 폭군이 되는 일은 하나님 없이도 된다. 그러나 교육하는 일, 사도가 되는 것은 하나님 없이는 할 수 없다.

― 마도지니

5

폭력을 사용하여 정의를 세우는 것은 가능하다. 그러나 그것을 위해 폭력에 따르게 하는 것을 정의라고 말할 수는 없다.

― 파스칼

6

설사 폭력이 정의와 흡사해 보일지라도 폭력은 폭력 없이 올바르게 살 수 있는 가능성으로부터 멀리 하게 한다.

♣

인간은 이지(理智)를 가진 실재이다. 그러므로 이지에 이끌려 사는 것은 당연하다. 따라서 폭력이 어느 땐가는 자유로운 화합으로 바꾸어질 때가 올 것도 당연하고 필연적이다. 그러나 오늘날 모든 폭력이 그때가 오기를 더디게 한다.

8월 15일

인간이 자신의 존재를 인식하는 지식이야말로 유일하고 의심할 바 없는 지식이며 가장 중요한 지식이다.

자기 인식

1

자신의 친절이 오히려 남들에게 업신여겨지는 것을 두려워 말라. 그러나 올바른 사람은 친절하다고 해서 업신여기지는 않는다. 또한 남들의 찬사를 대견하게 여기지 말라. 기술이 뛰어난 가구기술자는 가구에 대하여 잘 알지 못하는 사람이 자기를 뛰어난 기술자라고 치하하지 않더라도 슬퍼하지 않는다.

나를 손상시키는 사람에게 초연하라. 그들은 내가 어떤 사람인지 내가 어떤 생각을 하고 있는지 잘 알지 못하기 때문에 그렇게 하는 것이 당연하다.

― 에피쿠테타스

2

사람들이 하나님은 알기 원하면서도 자신은 알려고 하지 않는다. 그러나 그들로 하여금 자신 속에 있는 선을 알게 하고 그것을 키우도록 하게 하라. 그러면 하나님을 알게 될 것이다. 그 일이 하나님을 아는 유일한 길이기 때문이다.

— 류시 말로리

3

자신의 위력을 자연에게 보이기 전에 먼저 자신이 자연의 일부인 것을 알아야 한다.

— 류시 말로리

4

힘이 절실히 필요하다고 생각될 때 홀로 있어라.

— 트로오

5

영예로운 길은 왕궁을 통해 간다. 행복에의 길은 저자(市)거리를 통해 간다. 그러나 덕성으로의 길은 사람 없는 곳을 통해 간다.

— 중국 속담

6

대부분의 사람들은 인간의 내면적인 세계를 광대한 대양처럼 생각한다. 그래서인지 아무도 선뜻 그 세계를 찾을 결심을 하지 못한다. 그러나 어쩔 수 없이 그 세계로 들어가고 만다. 결국 그 안에서 외부에서는 아무리 찾아도 찾아낼 수 없었던 하나님의 항구(港口)를 찾게 된다.

— 류시 말로리

♣

오직 자신 안에서만 인간은 참된 사명을 인식하고 능력을 찾아낼 수 있다..

8월 16일

사람과 사람사이에는 정신적인 결합의 끈이 연결돼 있으며 모든 생명 있는 것과도 떨어질 수 없는 결합 속에 있다.

정신적인 결합(結合)

1

모든 인간의 내면에는 누구나 좋은 품성인 애정과 나쁜 성질인 사악이 함께 숨어 있다. 그래서 인간의 행위나 생각이 상황과 처지에 따라 선과 악으로 나타난다.

타인이 고뇌하는 것을 보고 때로는 무한한 동정을 나타내기도 하고 때로는 같은 상황에서 가장 참혹한 만족을 느끼기도 한다.

모든 사상(事象)에 대하여 심오한 동정으로 바라보는 일이나 전혀 무관심하게 바라보거나 그리고 또 혐오와 원한으로 바라보는 일은 원천적으로 정신의 작용이다.

이렇게 서로 다르고 반대되는 두 가지 인식 능력이 정신에는 존재한다. 이기주의, 비협화주의, 배타주의로 모든 상황과 사물을 전혀 알지 못하는 것, 전혀 자기 이외의 것으로 보는 경향은 무관심, 질투, 혐오, 원한 따위의 것을 유출하며, 모든 상황이나 사물이 나와 결부된 하나라는 의식으로부터 생기는 인식은 동정과 화합과 용서와 사랑을 일으킨다.

전자의 경우는 깨뜨릴 수 없는 벽이 되어 인간 사이를 갈라놓는다. 그리고 서로 이간시킨다. 후자의 경우는 그 벽을 파괴하고 인간군(人間群)을 하나로 융합시킨다. 후자의 인식 능력은 모든 다른 존재를 나 자신의 일부라고 가르치나 전자의 인식 능력은 다른 모든 존재를 내가 아니라고 가르친다.

─쇼펜하우어

2

사람은 하나의 근원과 하나의 규범에 속하고 하나의 목적에 운명을 둔다.

하나의 같은 신앙, 하나의 같은 행위의 목적, 그 밑에서 모든 인간이 싸워야 할 같은 깃발을 가진다. 행위, 눈물, 고뇌는 세계의 모든 사람에게 통하는 언어이며 모든 사람이 알 수 있는 언어이다.

─마도지니

3

인간은 생의 모든 순간마다 자타(自他)를 구별하는 방법을 찾을 것이 아니라 모든 사람과 공통되는 것을 찾으려 애써야 한다.

—존 러스킨

♣

아프리카의 흑인이라고 해서 나와 같은 동포가 아니라고 말할 수 없다. 뿐만 아니라 원숭이, 개, 말, 새도 우리의 동포가 아니라고는 말할 수 없다. 더구나 원숭이, 개, 말, 새가 인간과 관계없는 것이라고 말할 수는 없다. 아프리카의 흑인이 나와 관계없다면 피부색이 다른 모든 사람도 나와 관계가 없다. 그렇게 따져본다면 우리의 이웃은 아무도 없다. 인간뿐 아니라 생명 있는 것에 관해 사마리아인은 누가 우리의 이웃인가를 생각하기 전에 생명 있는 것에 선을 행하며 동정하라고 말한다.

8월 17일

세상에서 가장 좋은 것도 선이 없이는 아무 소용이 없고 가장 나쁜 죄도 선에 의하여 용서된다.

선(善)

1

겉으로 드러나 보이는 외면적인 선(善)이 있다. 이런 선은 그것을 체험하는 사람이나 주변의 모두에게 매우 좋은 감정을 준다. 반대로 내면적인 선이 있다. 외면적인 선은 시간이 흐름에 따라 퇴색되기도 사라져 버리기도 하지만 내면적인 선은 결코 사라지지 않을뿐더러 시간이 흐를수록 깊이가 더해간다.

2

선한 행위 때문에 고통을 겪거나, 혹은 비난과 반대에 직면했다면 그 선행은 그만 두어야 한다. 그 선행은 아직은 행할 가치가 없다는 것을 의미한다. 육체적이나 정신적으로나 고통과 반대에 부딪치게 되면 그것을 그만 두어야 한다. 그리고 한편으로는 고통 없이 그것을 할 수 있는 때를 기다려라.

3

선행은 그 자체가 기쁨이지만 만족은 아니다.

4

선을 행하지 않는 사람일수록 부질없는 커다란 선을 생각한다.

—공자

5

성자는 융통성이 없다고 말하지만 사실은 그렇지 않다. 성자는 다른 사람의 마음에 자신의 마음을 맞춰간다. 덕이 높은 사람에게는 덕이 높은 사람으로 대하고, 경박한 사람에게는 마침내 높은 덕성을 가질 수 있는 사람으로 대한다.

—동양의 성언

6

인간은 현명하고 선량할수록 더 많은 선을 행한다.

—파스칼

7

속에 숨어 있는 선을 깨우치는 일은 인생의 가장 중요한 과업 중 하나다.

—존슨

8

생명 있는 모든 것에 봉사하라 거기에 기쁨이 있다. 그 기쁨을 위해 무엇보다 먼저 사람과 생물에게 악하지 않도록 자신을 훈련하고 자신의 삶이 다른 사람에게 고통을 주지 않도록 하라.

♣

선은 인간 영혼의 근본이다. 인간에게 선이 없다면 살인·유혹·정욕에 진다. 그리고 그것들은 참된 천성을 파괴한다.

8월 18일

성경이 진리인 이유는 가장 추상적인 문제에 해답을 주며 그 해답에 의하여 인생의 가장 실제적인 문제를 해결하기 때문이다. 이것은 인간의 영혼과 마음에 하나님의 나라를 건설하며 인간의 삶 속에서도 하나님의 나라를 세울 수 있게 한다.

기독교는 왜 진리인가

1

기독교도를 자부하는 사람에게 기독교가 무엇이냐고 물으면 기독교는 훌륭한 가르침이라고 대답할 것이다. 그러나 그것을 가르치는 사람은 자기 것만을 주장한다. 어떤 사람은 이것을 믿어라 하고 또 다른 사람은 다른 것을 강권하여 각자 자기 것을 믿도록 설교한다. 그리고 서로의 것을 주장하다 보면 비방·혐오가 생기고 그 결과 유혈까지도 부른다. 이 같은 주장에 진정한 기독교적 의미가 있다면 어찌 예수가 구세주이며 인류가 기다리는 해방자일 수 있겠는가! 그러나 예수는 자신의 사명에 대하여 전혀 다른 것을 말한다. 예수는 슬프고 아픈 사람들에게 기쁜 소식을 전하며 멸시천대와, 불법한 폭력에서 벗어나게 하기 위하여 세상에 왔다는 것이다. 더구나 예수의 사명은 고뇌나 폭압으로 찢어진 인간의 마음을 고쳐주었으며, 장님이 볼 수 있고 억압적 쇠사슬에 묶인 사람을 풀어주었다. 예속을 자유로 바꾸어 영혼이 자유할 수 있게 하기 위함이다. 하나님의 때, 즉 갚음의 날에 정의가 이루어짐으로써 세상의 권력자들은 공포하게 되며 폭압에 시달리는 사람들에게는 크나큰 소망이 있을 것임을 말한다. 이것이 그리스도의 사명이다. 그런데 그리스도의 이름을 빙자하는 자들이 인간의 참 소원을 과연 이룰 수 있겠는가? 거기서 장님들이 눈을 떠 볼 수 있게 되었는가? 그리스도는 아직도 십자가 위에서 사도를 기다린다.

―람네에

2

하나님의 말씀이 사도에 의해 설교되었다고 해서 사도가 진리가 아니라 진리의 말씀이기 때문에 사도가 설교한 것이다.

♣

가장 단순하고 실제적이며 모두를 행복하게 하는 가르침은 누구도 믿지 않을 수 없는 예수 그리스도의 가르침이다.

8월 19일

일을 한다는 것은 육체의 삶을 위해 꼭 필요하다. 로빈슨 크루소가 일하지 않았더라면 얼어죽었던지 굶어죽었을 것처럼 일을 한다는 것은 정신적 지주로 삶을 연장시킨다.

일을 한다는 것

1

육체를 움직이는데 게으름을 피운다면 예언자라도 힘을 잃고 진리를 잃는다. 즉 현대의 문학이나 철학이 빠져있는 착오나 죄악, 그것들이 너무도 화려하고, 야비하고, 우울한 것은 문학자나 철학자의 삶이 허약하고 병적인 습성에 빠져 버렸기 때문이라고 확신한다. 그토록 훌륭한 책을 쓰는 사람이 많이 나오지 않아도 좋다. 다만 책을 쓰는 사람이 좀더 강력하게 오늘날 볼 수 있는 것처럼 야비하고 허황된 삶의 상태에서 벗어나 주었으면 얼마나 좋을까.

― 에머슨

2

노동을 통해 세계를 알 수 있다.

재물은 그것을 만들어낸 사람에게는 남지만 놀면서 그 재산을 소비하는 사람에게는 남지 않는다.

삽이나 쇠스랑을 들고 뜰을 거닐 때 나는 항상 공상하는 기쁨과 넘치는 듯한 건강을 느낀다. 그것은 예전에 내가 내 손으로 할 수 있는 것을 남에게 해달라고 맡겨왔기 때문에 그 행복을 얻지 못한 채 지나왔기 때문이다.

노동은 자신의 손으로 일하는 만족이나 건강의 문제뿐만 아니라 그 자체가 교육이다. 나는 언제나 머슴이나 농부나 요리사에 대하여 부끄럽다고 생각한다. 왜냐하면 그들은 스스로 만족하여 남의 힘을 빌리지 않고도 살아 나갈 수 있는 능력이 있으나 나는 항상 그들에게 의지하고 나의 수족을 쓰는 권리를 잃어버리고 있었기 때문이다.

― 에머슨

3

일하지 않는 자는 먹지도 말라.

― 파웰

4

아무 일도 하지 않는 사람은 나쁜 일을 하는 것과 같다.

5

아무 일도 하지 않는 사람에게 항상 많은 은혜자가 필요하다. 게으름뱅이는 악마가 유혹하는데 안성맞춤의 대상이다.

6

사람의 마음을 낚는 악마는 여러 가지 맛있는 먹이로 유혹하나 게으름뱅이는 아무 먹이를 사용하지 않는 맨 낚싯줄에도 잘 걸려든다.

7

어떤 계층이나 어떤 신분을 막론하고 일하기를 사랑하라. 일하는 것이 인간에게 주어진 운명이라고 생각하라.

8

자연은 쉴 새 없이 움직이고 일하지 않는 모든 것에는 사형이 선고된다.

— 괴테

♣

마음에 깨끗하지 못한 일은 부끄러워할 줄 알아야 한다. 그런데 덕성으로 부끄러워해야 할 일은 육체를 게을리 하는 일이다.

8월 20일

중요한 일을 생각하는 사람들이 단순한 것은, 불필요한 것을 생각할 겨를이 없기 때문이다.

단순한 머리 쓰기

1

자연에 순종하는 사람은 불행하지 않고 이기적인 사람은 참된 재산을 얻을 수 없다.

— 세네카

2

새로운 욕망은 새로운 불만의 시작이며 새로운 파멸의 시작이다.

— 볼테르

3

정욕의 노예가 되는 것은 노예 중에 가장 비참한 노예이다.

— 탈무드

4

옷이 몸에 맞는 것보다 욕심이 분수에 맞는 편이 아름답다.

5

욕심은 많아질수록 더 많은 것에 예속되며 욕구는 채울수록 자유에서 멀어진다. 완전한 자유는 과욕을 부리지 않는 것에 있으며 욕구는 적을수록 자유를 키워준다.

— 조르아스터

6

향락이나 사치를 행복이라고 생각하는 사람이 있으나 최상의 행복과 신의 축복은 아무 것도 바라지 않고 마음을 비울 때이다. 가장 작다고 여겨질 때 가장 큰 행복을 누리는 것이다.

— 소크라테스

7

육체를 위한 삶이 헛됨을 알면서도 인간은 누구나 육체를 중히 여긴다. 에피쿠테타스는 '만약 인간이 자연에 순응하며 산다면 불행에 빠지지 않을 것이나 관습과 형식에 얽매이면 결코 진정한 재산을 얻을 수 없다. 우리의 자연은 많은 것을 요구하지 않으나 세계를 지배하는 형식과 관습은 많은 쓸모 없는 것을 요구한다.'고 말했다.

8

식물의 열매를 크게 하고 튼튼하게 가꾸려거든 가지를 베어 주어라.

— 조르아스터

♣

소박한 것이 가치 있는 이유는 소박한 삶에서 모든 사람이 부족함을 느끼지 않고 서로를 의지할 수 있기 때문이다.

8월 21일

하나님께 필요한 것은 기도가 아니라 선한 삶이다.

기도(祈禱)

1

기도를 하나님에 대한 형식적인 봉사로 여겨 은혜를 얻는 수단이라고 생각하는 것은 잘못된 생각이다. 성도들의 기도는 대부분 변명할 필요 없는 것들로 하나님께 변명하듯 구한다. 이런 기도로는 하나님의 법을 하나도 제대로 실행할 수 없고 따라서 하나님에 대한 아무런 봉사도 할 수 없게 된다.

마음속의 소원은 모두 하나님께 온전한 마음과 사심 없는 봉사에 의해서 이루어진다. 모든 행위가 그것을 함으로써 하나님께 영광을 돌리고 싶다는 생각이 되어야 한다. 그 속에서만이 영혼의 기도가 있으며 그런 기도야말로 참된 기도다.

―칸트

2

　사람은 기도를 드리기 전에 경건한 몸과 마음으로 준비해야 한다. 기도에 선한 행위가 앞서지 않았다면 기도를 드리기에 앞서 죄를 회개해야 한다. 죄를 회개한 후에야 하나님 앞으로 나갈 용기가 생긴다. 자기의 더러워진 옷에 대하여 회개하고 간구 할 수 있어야 한다. 남을 욕되게 하고 비방이나 저주의 말을 하고 그 입으로 하나님께 기도를 드리는 것은 더러운 상자 속에 선물을 보내는 것과 같다. 그러므로 사람은 우선 자기 혀와 입을 깨끗이 하고 만약 자기의 입이 죄를 저질렀다면 먼저 깨끗이 회개해야 한다.

―탈무드

3

　예물을 제단에 바치려고 할 때 형제나 이웃의 마음을 상하게 했거든 그 예물을 그 자리에 내려놓고 먼저 그 동포에게 가서 화해하라. 그리고 난 다음에 예물을 바쳐라.

―성경

4

　아이들도 때로는 누군가에게 호소하여 도움을 얻으려고 생각한다. 그런 생각은 좋은 것이라 할 수 없다. 이것은 나약한 마음 때문이며 신념의 결핍이다. 하나님에게 무엇인가 호소하여 그것을 바라는 것은 신앙 때문이라고 생각할 수 있으나 모두가 그렇지는 않다. 하나님께 빌어서 무엇을 바라는 것은 이 세상에는 불행이 존재하지 않는다는 신념의 부족이다. 좋지 못한 일이 일어나거든 고쳐야 할 무엇이 있음을 의미하며 어떤 경우라도 해야 할 일만을 위한 신념의 부족이다.

5

　기도를 드릴 때는 형식에 치우친 쓸데없는 말을 많이 하지 말라. 쓸데없는 것까지 입에 올리는 것은 이교도들의 짓이다. 왜냐하면 이교도는 말이 많으면 많을수록 신이 들어준다고 생각한다. 이교도의 흉내를 내지 말라. 왜냐하면 하나님은 너희가 하나님에게 간구 하기에 앞서서 너희에게 무엇이 필요한가를 알고 계시기 때문이다.

―성경

6

참된 사색의 한 시간은 선한 행위가 없는 축제(祝祭)의 일주일보다 낫다.

— 헤리슨

7

하나님의 뜻에 우리의 모든 것을 맡기는 것은 기독교도의 삶에 불가결의 조건이다. 하나님의 뜻에 자신을 맡기는 사람은 하나님에게 무엇을 바라거나, 이런 일이 일어나도록 기도할 필요가 없다.

♣

기도는 어느 때나 할 수 있다. 가장 필요하고 곤란한 기도는 일상 생활 속에서 하나님과 하나님의 규범을 상기하는 일이다. 놀라거나, 노하거나, 당황하거나, 매혹되거나 할 때마다 자기는 무엇이며 무엇을 해야 하는가를 상기하라. 그 속에만 기도가 있다. 이것은 처음에는 곤란할지 모르나 습관이 되고 보면 아무 것도 아니다.

8월 22일

삶의 제일 조건이 물질적 능력에 있으며 물질 생산의 근거는 개인의 능력에 있다는 사조(思潮)가 사람들에게 퍼져 있다. 그것은 해로운 생각이다. 그 거짓된 생각이 과학이라고 불리어지고 그것이 지혜라고 주어질 때 그로부터 생기는 폐단은 몸서리쳐진다.

허위(虛僞)의 과학

1

종교, 도덕, 인간의 삶에 대해 많은 과학자들이 어지럽게 생각한다. 그래서 현대 과학이 물질계의 질서를 탐구한다는 그 테두리 안에서는 큰 성공을 거두고 있으나 인생 그 자체에서는 오히려 불필요하고 해로운 결과를 가져오기도 한다.

2

현대에 있어서 진정한 기독교적 삶을 방해하는 것은, 현대 과학자들은 모세와 같이 슬기로우면서도 그들이 이교도적인 인생관에 사로잡혀 기독교를 이미 과거의 지나간 것에 지나지 않는다는 생각이다. 그러나 사실상 과거, 이교도적인 상태의 고대적 인생관을 지지하는 것도 최선의 인생관이 될 수 있으며 지금

이야말로 인류는 그와 같은 인생관을 가져야 한다는 결론에 도달한다.

3
과학의 사명은 인류에 봉사하는 일이어야 한다.

4
때로는 과학이, 때로는 거짓 종교가 저들의 독단을 그럴듯하게 표현한다. 신앙이 약한 사람들은 그런 것을 신비하고 중요한 것으로 착각한다. 학문이 좀 깊다는 사람들이 논의하는 내용들은 남들이 알기 어려울 뿐 아니라 때로는 본인 자신도 잘 모르는 경우가 많다. 마치 직업적인 설교사의 설교와 같다. 철학적인 사람들은 라틴어의 전문어나 기묘한 말투로 단순한 일부터 얼토당토 않는 것을 조작해 낸다. 마치 목사의 라틴어 기도가 많은 사람들에게는 알아들을 수 없는 것과 마찬가지이다. 높은 지혜의 사람일수록 그의 말은 단순하다.

5
오늘날 많은 양의 서적들이 쏟아져 나온다고 해서 일반 대중의 지(知)와 정(情)에 좋은 영향을 끼쳤다고 할 수는 없다. 이것은 보험회사가 늘었다고 자연의 재앙이 감소되지는 않은 것과 같은 이치다. 사람들은 말로는 하나님에 대한 정의는 잘 내리나 그것을 실행으로 옮기지는 못한다. 스토아학파에서는 모두가 스토아 학자였다. 그러나 자칭 기독교도라 하는 사람들 중에 진짜 기독교인은 많지 않다.

―에머슨

6
노력 없이 얻은 지식은 아무리 많아도 무익하다. 그렇게 얻은 지식은 쓸데없이 잎사귀만 우거질 뿐 열매는 맺지 못한다.

많은 것을 안다고 하지만 그것 모두가 겉발림 지식임을 가끔 본다. 스스로 얻은 지식은 머리 속에서 쉽게 잊혀지지 않아 어떤 상황에 있어도 지혜롭게 대처해 나갈 지혜로 남는다.

―립텐베르크

7
학문을 장식용으로 쓰는 왕관이나 생계유지를 위한 도구로 생각하지 말라.

―탈무드

8
선조들이 잘못한 일을 자손들에게 그것이 훌륭한 일이라고 믿게 하려는 것보다는 현재 있는 많은 악을 송두리째 없애려는 노력이 더 중요하다. 또한 많은 민족에게 불행을 끼쳤던 필립과 알랙산더의 야만스러운 침략을 인류에 대한 천벌이라고 말하기보다 자연의 질서를 찬양하는 것이 더 보람 있는 일이다.

― 세네카

9

겉모습을 잘 보이기 위해 지식을 가지려 하고 또는 면허증을 따려 한다면 그 지식은 헛되고 쓸모 없는 것이다. 꼭 필요해서 얻으려는 지식만이 자기 자신과 이웃에게 참된 이득이 될 수 있다.

♣

학문의 참된 목적은 인류를 행복의 길로 이끄는 진리의 터득이다. 그런데 그런 목적의 학문이 삶 속에서 악을 끼치고 진리를 오염시키고 있다. 법률학·정치학. 경제학과 특히 신학은 거짓된 목적으로 악용되는 경우가 종종 있다.

8월 23일

인간이 덕을 완전히 쌓았다면 진리의 길에서 방황하지는 않을 것이다.

완전한 덕성(德性)

1

중요한 사실은 이 세상에 빛을 주신 일이다. 그러나 인류는 빛보다는 어둠을 좋아했다. 왜냐하면 그들은 악에 길들여져 있었기 때문이다. 무릇 악을 행하는 자는 빛을 싫어하고 빛으로 가까이 가지 않는다. 자신의 악이 밝혀질 것을 두려워하기 때문이다. 그러나 진리에 따라 행동하는 사람들은 자기가 하는 일에 두려움이 없으므로 빛으로 가까이 간다. 이것은 하나님과 함께 하기 때문이다.

― 성경

2

신분이 높은 사람이나 낮은 사람이나, 부자나 가난뱅이나, 교양 있는 사람이나 없는 사람이나 어떤 사람도 두려워 말라. 오히려 모두 공경하며 사랑하라. 그리고 어떤 일에든 신념을 가지되 주위의 반향을 기다리지 말라. 진리의 편에 소리가 적을수록 더욱 힘차게 자기 소리를 높여라. 진리는 착오와·편견과·공포보다 월등히 힘이 강력하다. 진리는 한정된 장소나 시간 속에 나타나는 것이 아니므로 언제나 고뇌에 대처할 준비를 해야 한다. 진리는 영원하며 모든 시대와 모든 세계에 동일하며 하나님과 동체요, 하나님과 같은 힘을 가진다.

―찬닝

3

곰팡내 나는 책 속에서 진리를 구하지 말고 사색에서 구하라. 달을 보려면 늪이 아니라 하늘을 보아야 하는 법이다.

―페르샤의 속담

4

탄생한 날부터 해온 그 동안의 모든 선행의 열매는 진리에서 떠나는 즉시 사라져 버린다. 그러나 진리에 사는 한, 자신의 높은 정신은 행한 선과 악을 꿰뚫어 본다.

―마 누

5

진리는 널리 전파되고 많이 언급된다고 해서 누구나 인식할 수 있는 것이 아니라 근로와 성찰(省察)에 의해서 인식되고 얻어질 수 있다. 하나의 진리를 얻을 때 비로소 또 다른 진리의 눈이 싹튼다.

―존 러스킨

♣

진리는 악을 행하는 사람에게는 해롭지만 선을 행하는 사람은 진리를 사랑한다.

8월 24일

눈에 띄지 않지만 인류는 끊임없이 평화와 행복의 실현을 향해 나가고 있다.

인류의 진행

1

　인간의 삶은 낮은 차원에서 높은 차원으로 발전돼야 한다. 성장을 멈추지 말고 부단히 노력하여 결국 이상의 나라에 도달하여야 한다. 모든 현실은 존재했던 원인적 상태의 결과로 나타난 것이다. 인간의 성장은 끊임없는 노력으로만 이루어진다. 마치 푸른 새 싹이 자랄 때는 쉴새없이 성장하는 자연의 놀라운 힘처럼 그 무엇도 끊을 수는 없다. 그러나 인간이 그리스도처럼 영혼의 놀라운 성장을 위해 나가는 것이 운명이라면 모두는 그리스도와 마찬가지로 곤란과 고뇌를 통하여 이루도록 노력해야 한다.

　육신의 생각대로 위대한 사업이나·광명의 길을 쫓는 것보다 영혼을 구하기 위하여 어둠 속에서 방황할지라도 그 고난을 인내하는 것이 더 중요하다. 완성의 삶을 누리기 위해서 고난을 회피하지 말며 자신의 십자가를 져라. 예수는 말씀과 행동으로 우리들에게 보여 주셨다. 오늘날 인류는 많은 성장을 이룩했으나 또 다른 변천에 직면했다. 그래서 낡은 제도·낡은 사회·낡은 세계에 있었던 모든 것은 한꺼번에 파기되려한다 그러나 아직도 많은 사람이 공포와 고뇌의 폐허에서 신음한다. 지나간 것은 입어서 닳아버린 옷에 불과하다. 낙엽이 질 때 겨울이 찾아오듯 겨울이 지나면 봄은 다시 온다. 이처럼 현재 어둠의 무덤에 빠져 있다해도 그것은 사흘 뒤에 부활하는 무덤이다.

ー 람네에

2

　하나님의 말씀은 인간의 이성으로는 충분히 인식하지 못한다. 또한 그의 사상도 인간에게는 충분히 계시되지 못한다. 하나님은 영원한 시간의 흐름 속에서 아직도 많은 것을 만들고 다스리신다. 그런 여러 가지를 인간의 두뇌로 이해할 수는 없다. 지나온 세기는 하나님이 창조하신 일부분만을 이해 할 수 있었을 뿐 인간의 사명은 아직 끝나지 않았다. 인간은 사명의 본원조차도 확실히 알지 못할 뿐 아니라 궁극의 목적도 전혀 알지 못한다. 시간·지식·그 발견은 사면의 경계를 넓혀줄 따름이나 시간이 흐름에 따라 인간의 사명은 몇 줄밖에 알지 못하는 짧은 지식을 토대로 규범 전부를 탐구하면서 헤아릴 수 없는 곳에까지 도달해야 한다.

ー 마도지니

3

항상 전진하여 앞으로 나가라. 결코 멈추거나 물러서거나 허튼 길로 가지 말라. 멈춘 것은 움직이지 않는 것이고 계속하지 않는 것은 물러나는 것이다. 방황하는 것은 허튼 길로 가는 것이다.

항상 현재 있는 곳에서 만족하지 말라. 더 높은 이상에 도달하려거든 현재 있는 곳에서 뛰어 나와라. 그렇지 않으면 멈춰 버린다. '지금에 만족한다'라고 한다면 머지않아 파멸로 접어들 것이다.

—오거스티누스

4

자기가 해야 할 일을 사랑하되 해 버린 일을 사랑하지는 말라.

5

삶은 영혼과 육체의 끊임없는 투쟁이다. 이 투쟁에서는 항상 영혼이 승리를 거둔다. 그러나 그 승리는 결코 결정적인 것은 아니다. 이 투쟁은 영원토록 계속되며 그것이 인생이다.

6

인생의 목적은 모두가 사상(事象) 속에 사랑을 심고 천천히 끊임없이 인생의 악을 선으로 바꾸는 일이다. 참된 삶은(인생이 사랑에 의한 인생이므로) 참된 사랑을 낳는다.

7

인간의 마음은 이성과 정욕이 끊임없는 싸움판이다. 만약 인간이 정욕이 아니라 이성만으로 산다면 어느 정도 평안을 누릴 수는 있으나 인간 속에 상반된 이 두 가지가 존재하는 한 투쟁은 피할 수 없다. 그 둘이 싸우는 한 평화는 있을 수 없으며 인간은 항상 자신의 일부와 또 다른 일부가 이간되고 모순되는 그 속에 살 뿐이다.

—파스칼

♣

인생은 끊임없이 완성을 향한 투쟁의 삶이다. 그 완성에 접근하는 느낌이야말로 최고의 환희다. 사람은 스스로 이 완성의 과업에 참여한다는 의식이 그 기쁨을 더욱 더 크게 해준다.

8월 25일

인생은 무한한 진행이다. 그러므로 인생의 행복은 정지 상태가 아니라 진행을 추구하는 어떤 방향이다. 인간이 행복할 수 있는 때는 자신을 위한 봉사가 아니라 하나님을 위한 봉사일 때이다.

인생은 진행(進行)이다

1

어떤 사람은 행복을 권력에서 찾는다. 또 어떤 사람은 학문에서, 그리고 또 다른 사람은 쾌락에서 찾기도 한다. 진정한 행복을 아는 사람은 그 행복이 특정된 소수만 누릴 수 있는 그런 것으로 생각하지 않는다. 말하자면 인간의 참된 행복은 모두에게 어느 때라도 아무런 차별도 제한도 없이 가질 수 있다고 생각한다. 그러므로 인간의 참된 행복은 인간이 그것을 잃지 않으려는 선한 노력이 있을 때만 잃지 않는다.

—파스칼

2

인간의 마음이 높은 덕성을 지향할 수 있다는 사실은 실로 표현할 수 없는 환희와 보람이다. 그리고 그 덕성이 자신의 현실적인 상태보다 얼마나 높은 경지인가를 깨닫는다. 비록 지금은 죄악 됨과 연약함으로 낮은 상태에 있지만 인간의 본질적 소양이 무한하므로 최선의 합력으로 높은 경지에 도달할 수 있다는 가능성을 갖게 된다.

그 때 비로소 인생에 진정 귀중한 가치가 자신의 내면을 가득히 채우게 된다. 삶의 방식이 정의 위에 서게 되며 아직은 의로움과 진리에 대해 정확히 해답할 수는 없지만 최소한 위대하고 귀한 말씀의 의미는 이해하게 된다.

—에머슨

3

영예가 자기 한 몸을 위한 것이라면 행복은 자신과 더불어 사는 모두를 위한 것이다. 영예는 투쟁에 의하여 얻어지지만 행복은 오로지 친화에 의하여 얻어진다.

4

현 시대에 있어서 행복은 특히 한정된 소수에게만 해당된 말이다. 그러나 진정한 행복과 선은 그렇게 되어서는 안 된다. 행복은 모두가 공평히 누릴 수 있어야 한다. 그러므로 삶을 그르치지 않으려면 삶의 목적이 모두의 행복과 선에 조화되어야 하며 또한 그런 목적에 따른 행위일 때 행복은 저절로 다가온다.

― 오렐리아스

5

선은 하나님에 대한 봉사다. 그 봉사는 오직 죄악으로 이뤄진 나를 완전히 희생하는 것이다.

♣

나쁜 사람은 좋은 것을 혼자만 가지려하지만 진정 행복한 사람은 자신의 행복을 남에게도 나누어주고 싶어한다.

8월 26일

정의는 인간의 행위를 재는 척도이다. 그러나 정의만이 선한 삶의 목적일 수는 없다. 선한 삶의 목적은 다른 곳에도 있다.

행위(行爲)가 이루어졌을 때

1

과녁을 맞추려면 그보다 먼 곳을 겨냥해야 하듯이 참된 정의는 자기를 부정하고 자신에게 가혹해야 한다. 그러므로 자기 혼자만 올바르기 원한다면 자신에게는 공평치 못하게 되고 남에게는 정의롭지 못하게 된다.

2

절대적인 정의는 절대적인 진리와 마찬가지로 도달하기 어렵다. 그러나 올바른 사람은 정의로 가려는 의지와 정의에 도달하고 싶은 희망으로 올바르지 못한 사람과 구별되게 산다. 그러므로 참된 진리의 갈망과 진리에 대한 신념으로 참된 인간과 거짓된 인간을 구별할 수 있다..

3

부정보다 나쁜 것은 거짓된 도덕·거짓된 사랑·하나님에 대한 거짓된 봉사다. 이것은 사이비 기독교에 흔히 있다. 스스로 사랑을 실천한다고 하면서도 정의를 멀리하고 악으로까지 발전시킨다. 그런 사람들이 교회와 가난한 사람들을 위한 구제 사업으로 밤낮을 가리지 않는다 해도 그들이 나누는 그것은 동포들의 피와 눈물이다.

4

재판은 현상을 정의에 의하여 이끌어 갈 수 있으나 그러나 문제의 작은 한 측면에 불과하다. 세상의 여러 문제는 재판으로 해결하는 방식 외에도 한없이 많다. 그러므로 문제에 따라서는 여러 가지 다른 해결 방법이 있을 수 있으며 동시에 모두 올바른 해결 방법이기도 하다.

5

인생에서 가장 가치 있는 일은 허위와 부정에 끊임없이 대항하면서 친절을 베푸는 일이다.

6

정의는 노력에 의해서 보다 사랑에 의하여 이루어진다.

7

부정한 핍박에 괴로움을 당하더라도 마음을 상하지 말고 안심하라. 정말로 불행한 사람은 부정을 행한 바로 그 사람이다.

♣

절대 정의란 있을 수 없다. 자신을 완전한 인격체로 생각하지 말고 완성의 도중에 있다고 생각하라. 죄를 짓지 않으려면 자신이 완성돼 가는 중임을 명심해야 한다.

8월 21일

기쁨은 짐승에게서나 어린이나 성인(聖人)이 똑같이 느끼는 감정이다. 다만 짐승들의 삶이 언제나 즐겁기만 하고 걱정되거나 두렵지 않은 것은 '이지'가 없기 때문이다. 짐승은 잘못된 방향도 잘된 방향도 무의미하다. 그러므로 슬퍼하지도 않는다. 그러나 어린이가 언제나 밝고 명랑하여 티 없이 맑은 것은 '이지'가 아직 사악에 물들지 않았기 때문이다. 성인에게 삶의 기쁨이 있는 것은 자신의 삶이 원하는 것을 향하여 꾸준히 노력하고 완성하여 하나님께 가까이 갈 가능성에 확신이 있기 때문이다.

기쁨

1

지나간 슬픔은 과거·미래·현재를 되돌아 볼 때 오히려 아름답다. 그러나 가장 우리를 괴롭게 하는 것은 미래와 현재이다. 현재는 너무 깊이 자기 만족에 편중하여 그 것을 얻으려고 애쓰다 보면 앞으로 큰 슬픔이 가로놓여질 것을 예상하지 못하기 때문이다.

— 립덴베르크

2

조물주가 이 세상에 인간으로서 도저히 볼 수도 알 수도 없는 무수한 아름다움을 창조해 주셨음을 기뻐하라. 또한 마음에 간직할 수도 없고 자신의 힘으로 해결할 수 없는 무수한 죄를 저지르고 있음을 슬퍼해야 한다.

— 존 러스킨

3

언제나 기쁘게 사는 비결은 하찮은 것을 중히 여기지 말며 아무리 보잘것없는 의무라도 최선을 다하는 데 있다.

— 스마일스

4

만족을 구하기 전에 만족을 찾아낼 마음의 준비가 선행되어야 한다. 마음이 자유로워야 가장 보잘 것 없어 보이는 것에서도 만족을 발견할 수 있다. 자신의 만족만을 인생의 목적으로 삼는다면 가장 기쁜 것에서도 기쁨을 찾지 못하는 불운아가 된다.

— 존 러스킨

5

행복이란 후회 없는 만족이다.

6

자기를 미워하는 사람을 미워하지 않고 미움이 없는 세상을 만들 수 있다면 얼마나 행복할까! 탐욕스러운 세상이지만 그 속에서 해방되어 살 수 있다면 얼마나 행복할까! 탐욕으로 괴로워하는 사람 속에 있더라도 자신은 탐욕에서 벗어나야 한다. 무엇이든 자기 것이라고 주장하지 않을 수 있다면 얼마나 행복할까! 그렇다면 다소나마 성스러운 신의 모습을 닮을 수 있지 않을까.

―석가

7

예수님을 못마땅히 여기는 바리새인들과 율법주의자들에게 예수님은 포도밭 비유를 드셨다. 어떤 땅의 주인이 포도밭을 만들어 울타리를 치고 그 안에 즙 짜는 구유를 만들고 망대를 세웠다. 그리고 그것을 농부들에게 빌려주고 자기는 멀리 여행을 떠났다. 이윽고 수확기가 되어 열매를 거둬들이려고 머슴을 농부에게 보냈다. 그러자 농부들은 머슴을 붙잡아 한 사람은 때리고, 한 사람은 죽이고, 한 사람은 돌로 쳐서 내쫓았다. 그러자 주인은 전보다 더 많은 머슴을 보냈다. 그러나 농부들은 이전과 마찬가지로 모두 물리쳤다. 주인은 '나의 아들을 보내면 존대할 테지'라고 생각하고 그 다음에는 자기 아들을 보냈다. 아들을 본 농부들은 '이 자는 주인의 상속자이니 아예 죽이고 유산까지 빼앗아 자.' 하고는 그 아들을 죽여 포도 밖으로 내어 던져 버렸다.

그러자 하는 수 없이 포도밭의 주인이 갔다. 주인이 이 농부들에게 어떤 행동을 취하겠는가? 주인은 그 잔악한 농부들을 진멸하고 포도원을 다른 농부들에게 주었다. 사람에게는 각자가 갈지 않은 자기의 전원이 있다. 삶의 기쁨을 위해 힘들고 고달파도 그 전원을 갈고 가꾸어야 하는데 인간은 노력하지는 않고 땅 주인만 탓한다.

♣

인생에 기쁨이 없다면 자신의 의지가 그릇된 방향으로 흐름을 의미한다.

8월 28일

신앙은 인생의 정의(定義)를 내린다.

신앙(信仰)

1

종교적인 인식은 다른 모든 인식의 기초가 된다. 왜냐하면 종교는 다른 모든 인식에 앞서서 존재하기 때문이다. 그러므로 인간은 아무 것도 정의할 수 없다.

2

모든 인간은 평등하다. 타인을 자신에게 봉사하도록 강요하기 보다 먼저 남을 위하여 스스로의 삶을 내놓아라. 이것이 우리가 사는 세상에서의 진정한 이치이며 인간을 변화시킬 수 있는 종교의 기초이다.

3

도덕을 종교와 별개로 취급하려는 것은 마치 어린이가 자기가 예뻐하는 꽃을 심으려고 더럽고 쓸모 없다고 생각되는 뿌리를 잘라내고 줄기만 땅 속에 심는 것과 같다. 종교 없이는 참된 그리고 모순 없는 도덕은 그 기초를 가질 수 없다. 그것은 뿌리 없이는 어떤 식물도 자라지 못하는 것과 같은 이치다.

4

선량하고 올바르게 살아가는 농부에게 목사가 물었다.
"하나님을 믿습니까?"
"아니오, 믿지 않습니다." 하고 농부가 대답했다.
"왜 믿지 않으십니까?"
"목사님, 만약 내가 하나님을 믿으면 이렇게 살고 있지는 않겠지요? 그리고 설교하시는 목사님 자신도 그저 먹고 마시고 자신만 생각하느라 하나님 안에서 형제들을 돌보지 않고 계시는데 믿는다고 해서 무슨 소용이 있겠습니까?"
모든 사람이 신앙을 이 농부처럼 이해하고 그리스도의 참된 규범을 믿는다면 얼마나 좋을까!

5

사람에게 종교가 없다는 것은 자신과 이 세상이 무관하다고 생각하는 것과 같다. 그런 사람은 마치 심장이 없는 인간과 같다.

6

신앙에는 두 가지가 있다. 하나는 서로를 신뢰하는 일이며 이 신앙은 인간에 대한 것이므로 여러 가지 다른 모양을 갖는다. 또 다른 하나는 자기를 세상에 보내 주신 이가 조물주이므로 마땅히 그와의 결속에 기초해야 한다는 신앙이다. 이 신앙은 신에 대한 것이며 이것은 모든 사람에게 똑같이 공존하시는 하나님이시다.

7

　신앙은 인간에게는 필연적이다.

　인간은 아무리 부정해도 필연적으로 무엇인가를 믿는 신앙적 상태에 있다. 인간에게 믿음은 불가피한 것이다. 왜냐하면 인간은 자기가 알고 있는 것과 아직 알지 못하는 것과의 관계에 들어가야만 무엇인가를 알게 되기 때문이다. 신앙은 그 알 수 없는 것과의 관계이다.

8

　하찮은 것은 이해하기 쉬운 반면 가장 중요하고 위대한 것들은 이해하기가 어렵다. 그러므로 이해되기가 어려운 것이 위대한 것이고 가장 중요한 일이라고 믿는 것, 이것밖에는 믿을 것이 없다.

9

　할 일과 해서는 안 될 일을 판가름할 수 있는 지혜와 지식은 오직 그리스도의 가르침뿐임을 믿을 수 있어야 한다. 그렇게 되면 비로소 다른 착오를 버리게 된다. 마치 먼바다를 항해 할 때 나침반만을 지침으로 삼을 것이지, 눈에 보이는 여러 사물로 지침을 삼지 말아야 하는 것과 마찬가지이다.

10

　인간이 종교를 가짐에 있어서 누구나 의심의 고뇌뿐만 아니라 믿기까지의 많은 노력이 필요하다면 그 것은 곤란한 종교이다. 믿음은 바라고 믿은 대로 이루어지기 때문에 비록 작고 사소한 것일지라도 불신하지 말아야 한다.

11

　종교 없는 사람의 삶은 불확실하다. 이 세상에 이루어진 위대한 일들은 모두 신앙의 힘으로 만들어졌다.

♣

　모든 일을 신앙의 척도로 재어야 한다. 신앙에 어긋나는 것은 피하라. 그리고 신앙과 조화되는 것에만 마음을 기울이라.

8월 29일

　하나님이 자신과 함께 동행하신다고 확신한다면 세상의 모든 사람과도 결속되어 있음을 알라.

1

모든 인간은 하나님 안에서 한 형제요 자매요 한 가족이다. 사람은 근원이 자연에 속하고 하나님이 창조하신 빛 속에서 태어나 신 중심의 행복을 지향한다. 이 위대한 진리는 종교 속에 존재하는 가장 위대한 진리로 인간이 천성으로 향하는 가장 근원적 본능이기도 하다.

—찬닝

2

높은 차원을 향하여 언제나 겸손하게 노력하는 사람은 태양의 빛이 대지에 스며들듯 오만도 깊은 마음속에서 삭힌다. 마음이 깨끗하고 오만하지 않으며 친절하고 솔직한 사람, 사랑이 넘치며 선행을 즐겨하는 사람의 마음에는 언제나 하나님이 계신다. 대지가 키운 식물이 건강하고 아름답게 자라듯 세계는 마음속에 하나님을 모신 사람들에 의하여 건강하고 아름답게 된다.

—프라나

3

너와 나, 인간의 마음속에 신은 존재한다. 서로를 보고 꾸짖고 잘난 체해도 부질없음은 모두 똑같은 인간이기 때문이다. 그러므로 자기의 지위와 명성이 높다 해도 오만해서는 안 된다.

4

세상과 물질의 본원과 흔적을 정신에서 찾으려 하지 말라. 정신에는 지상에서 조합하고·생산하며·형성할 수 있는 것은 아무 것도 없다. 정신에는 물·공기·불과 같은 것은 없다. 물·공기·불의 요소 안에는 기억과 이해와 사색과 과거·현재·미래와 사고하는 능력 또한 없다. 이런 것들이 모두 하나님 안에 속한 것으로 신을 떠나서는 아무 것도 설명될 수가 없다. 또한 인간의 사상적인 것에서 구별되는 것이 있다면 그것은 인간의 정신적 요소의 지극히 작은 한 부분일 뿐이다. 인간이 느끼고 사색하며 더 나은 삶을 영위하기 위한 행위의 모든 것들도 하나님 안에 있음을 깨달아야 한다. 신은 혼합된 모든 필연적인 것으로부터 자유롭게 된 정신이다.

—시세로

5

나에게 위대한 사상이 있는데 이 사상은 생명을 담고 있으며 하나님과 결합돼 있다. 나의 이 사상이 하나님께 종속되어 있다는 수동적 의미가 아니라 하나님을 구주로 영접하고 천국 가는 그 날까지 끊임없이 노력하고 주님의 말씀으로 살아갈 수밖에 없는 운명적이며 능동적인 것에서 비롯되었다. 이 사상은 나의 영혼이 영원히 꺼지지 않는 불멸의 것임을 확신하게 한다.

6
사람의 깊은 마음속에는 선이 있다. 이것은 아무리 퍼내도 마르지 않는다.

— 오렐리아스

7
인간의 마음은 신의 이지의 모습을 비추는 거울이다.

— 존 러스킨

8
인간이 정의에 가까이 간다는 것은 하나님께 가까이 간다는 의미이다. 하나님의 풍성한 은혜와 기쁨·사랑·소망은 정의와 함께 인간의 마음속에 자리 잡는다.

— 에머슨

♣

인간은 정신적 존재며 서로 형제요 자매이다. 우리 모두는 같은 아버지에게서 태어난 자식들이다. 그러므로 이웃을 사랑하지 않는 것은 도리에 어긋난다.

8월 30일
인류 전체가 조화된 좋은 삶의 이상은 아직도 실현되지 못하고 있다.

1
예수는 이미 도덕적인 기초를 잃은 유다 사회의 종식을 예언했다.

예수는 제자들에게 그 당시 사람들에 의하여 세워진 물질의 제단은 파괴될 것이며 완전한 기초 위에 세워질 제단으로 대체될 것임을 예언했다. 그것이 마침내 사실로 되어 나타날 그 예언에 예수는 후대에 이루어질 여러 사상도 덧붙여 말했다. 그리고 그 후대에서도 역시 예수와 동시대의 사람들이 세계의 종말이라고 생각하던 똑같은 상황이 계속될 것을 부언했다.

우리는 지금 그에 의해 예언된 시대에 살고 있다. 마치 땅 속 뿌리까지 흔들리듯 세상의 제도와 조직, 그 위에 삶에 기초를 둔 모든 만사에 확고성이 없어졌다. 인류는 지금 모든 것이 마침내 파괴되고 제단에는 돌로 된 아무 것도 남지 않았다는 것을 볼 수 있다. 예루살렘에는 참 신전이 부수어지고 제단이 파괴된 대신 새로운 도시로, 이방 제국의 민중으로, 탐욕으로 지탱되는 죄악으로 대체되었다. 온 인류의 것이어야 할 사명을 가진 정의의 제단, 그리고 모든 사람들의 고향이어야 할 사명을 가진 도시가 움트려한다. 서로가 갈라져 관심을 달리하고, 형제를 남보다 더 멀리 여기고, 이단의 성행이 사악한 전쟁으로 발전하며, 나라가 나라를 괴롭힌다.

한 분 하나님만을 모시고 제단과 도시가 일치할 그 때 비로소 그리스도의 부활이 온다. 그리스도는 사랑으로 하나 됨을 가르치기 위하여 온 것이다. 그러므로 평화와 안식이 있는 세상이 되기 위해 고통이 따른다면 그 고통을 두려워해서는 안 된다. 또한 선과 악의 최후의 투쟁을 두려워해서도 안 된다.

이제 그리스도인들의 의무는 싸우는 일이다. 하나님의 정의를 위한 용사가 되어야 한다. 광란과 멸시로 가득 찬 현대는 사이비 예언자들을 조심하라. 그리스도는 민중 없는 곳에는 없다. 그리스도는 숨겨진 장소나 특정 계급의 사람들에 있는 것도 아니며 자기에게만 구원이 있다고 생각하는 사람들에게 있는 것도 아니다. 그 같은 생각들은 단지 그리스도를 부정하는 결과로 나타날 뿐이다. 그리스도는 불평등한 구별을 파괴했다.

무엇보다 하나님을 사랑하고 이웃을 자신을 사랑하듯이 사랑하고 자신의 과업을 사랑으로 가득 차게 하는 모든 사람에게 영원한 평화와 기쁨을 약속한다. 사랑이 있는 곳이라면 어디에도 그리스도는 있다. 그 이외의 곳에서 하나님을 찾지 말라. 거짓된 그림자만을 찾게 되리라.

—람네에

2

산 정상에 있는 사람이 아래에 있는 사람보다 해돋이를 먼저 보듯 정신적으로 높은 정상에 있는 사람은 저속한 물질주의에 사로잡혀 있는 사람들보다 빨리 하나님의 출현을 본다. 태양이 높이 떠서 누구에게나 잘 보이게 될 때가 오듯이 하나님의 출현도 그러하다.

3

이 세계는 강력하고 불가사의한 힘에 의해 움직여지고 있다. 아무도 그 힘을 중지시킬 수는 없다. 그 힘의 증거는 기독교에 대한 새로운 이해에서 나오는 인간에 대한 새로운 존경이다. 온 인류가 한 아버지 아래에 있는 형제라는 것에 대한 새로운 이해가 그것이다. 한 아버지의 한 형제라는 거대한 사상에서 얼마나 많은 괴로움이 사라져 버렸는가? 세계가 이러한 정신으로 한 마음이 된다면 전쟁은 영원히 평화로 바꿀 수도 있을 것이다. 그리고 인간의 독선적인 자아애는 이 참된 힘에 자리를 양보하게 될 것이다.

'지상에 평화가 있고 인간에게 행복이 있다'라는 말씀은 단순한 환상만이 아니다.

—찬닝

4

나의 상상 속에서는 이 세상이 친절하고 정의로운 사람들로 계승될 행복한 날이 올 수 있을 것인가에 의문을 버리지 못한다. 그러나 그 날이 올 것은 필연적이다. 하나님은 힘없는 백성의 희망을 헛되게 하시지 않으신다. 하나님은 폭압적인 권력자의 편이 아니라 마음이 온유하고 핍박에 시달리는 사람을 심판의 날에 부르실 것이다.

—존 러스킨

♣

앞서 있던 것보다 높은 이상의 사조(思潮)가 세상에 대두되는 즉시 앞에 있던 사조는 마치 태양이 떠오르는 아침에 별이 사라짐과 같이 소멸해 버린다. 인간은 태양을 보지 않고 견딜 수 없듯이 그 높은 이상을 알지 못하고는 삶도 멈춰 버린다.

8월 31일

1

현대의 예술은 마치 가장 아름다운 어머니로서의 사명을 값싸게 팔아 버린 후 매혹적이고 화려한 것만을 좇는 여성과 같다.

현대의 예술은 창녀와 같다. 이 같은 비유는 현대 예술이나 창녀가 번지르르하게 차려 입고 아양을 떨며 해독을 뿌리며 손님을 미혹하는 것과 흡사하기 때문이다. 참된 예술 작품이 신선한 모성의 잉태와 같이 예술가의 영혼 속에 나타난 삶의 열매라면 사이비 예술은 숙련된 솜씨로 손님의 주문대로 쉽게 만들어낸 상품일 뿐이다. 참된 예술은 참된 사랑으로 어우러진 부부와 같이 가면과 형식과 차림새가 필요 없지만 사이비 예술은 매춘부처럼 요란한 장식과 차림새가 필요하다.

모성적 사랑의 열매가 잉태인 것처럼 참된 예술의 동기는 쌓이고 쌓인 감정을 표현하려는 내면적인 욕구이다. 반면 매춘부처럼 사이비 예술의 동기는 단지 이욕일 뿐이다.

참된 예술은 그 결과로 삶 속에 새롭고 유익한 감정을 생성하며 진실 된 아내와 같이 애정으로 훌륭한 남편을 만들지만 사이비 예술의 결과는 인간의 사욕과 악을 부르는 포만감의 만족이요 인간의 정신력을 허약하게 만든다.

2

오늘날 순수한 예술과 사이비 예술이 동시에 존재하고 있어 훌륭한 예술까지도 모두 한꺼번에 없애버리는 것이 좋지 않을까 라고 묻는다면, 지혜롭고 덕성이 있는 사람들은 역사를 통해 인류의 많은 스승이 이와 유사한 문제를 해결한 것과 같이 '현대의 사욕스런 예술이나 그 아류의 존속을 허용하느니 차라리 예술이라고 이름이 붙은 일체의 것을 없애는 편이 낫다'라고 말할 것이다.

3

현대의 과학자나 예술가는 자신의 사명에 마음을 다해 충실할 수 없다. 왜냐하면 모두가 의무를 권리로 생각하기 때문이다.

4

현대의 예술은 단지 소위 사회의 기생충이라 불리는 타락한 계층에게만 팔린다. 그리고 그 기생충 계급이 존재할 동안만 존속한다.

5

예술이 단지 생활비를 얻는 수단이 된다면 그것은 인간으로서 최악이며 가장 해로운 것이다. 어느 시대나 극히 소수의 예술가만 현실적 문제 밖에서 쓰고 노래했다. 이들 소수의 사람은 전설 속의 용과 같이 진정한 감흥이 없이 노래 부르기보다 굶어 죽기를 택했다. 그런 사람은 듣고 보는 관중들의 마음에서 우러나오는 진정한 선물이 예술의 기쁨이라고 생각했다. 이에 반해 생활비를 벌기 위하여 글을 쓰거나 그림을 그리는 것을 당연하게 여기는 사람은 스스로는 보통 거지보다 훨씬 고상하고 행복하다고 생각하겠지만 본질적으로는 수다스럽고 해독을 끼치는 거지보다도 못하다. 나는 간혹 노동자나 거리의 불량배에게 돈을 주는 일이 있지만 시끄러운 악기를 불어대거나, 하찮은 그림을 보여주거나, 거짓말로 처녀들을 유혹하거나, 전국의 몇 만이라는 사람들에게 조반

대신에 추잡한 이야기로 파멸을 유혹하는 자들에게는 결단코 단돈 한 푼도 주지 않았다. 깨끗한 노동으로 빵을 얻을 힘이 없는 사람은 그저 입을 다물고 거리에서 얌전하게 쓸모 없는 두 손을 내미는 편이 낫다.
―존 러스킨

6
재능은 헛되이 팔아서는 안 된다. 재능을 팔므로 신성을 모독하는 행위나 매음의 죄에 빠지게 된다. 팔 수 있는 것은 노동이지 결코 정신이 아니다.
―존 러스킨

♣

제단에서 장사꾼을 몰아내지 않을 동안에는 예술의 제단은 제단이 될 수 없다. 장래의 예술은 먼저 장사치부터 몰아내야 한다.

9 월

9월 1일

인간이 올바른 도리와 규범에서 벗어나 있으면 이성이 그것을 깨우쳐 준다. 그러나 사람들은 그 규범에서 벗어나 편리해지려는 경향이 있다. 그것이 습관이 되면 이성의 소리를 듣지 못하고 오히려 혼란에 익숙해진다.

인생의 규범(規範)에서 벗어날 때

1

사람이 부정한 생활을 할 때 그 부정의 함정에서 꺼내짐을 받을 것이냐 아니면 벌을 받을 것이냐는 자신의 운명이 향하고 있는 불행을 보지 않으려고 스스로를 감출 것이냐 털어놓을 것이냐에 따라 결정된다.

2

삶이 양심에 의하여 인도되지 않으면 양심도 역시 그 삶에 따라서 비뚤어져 버린다.

3

이 세상에 술이나 담배, 아편에 미치고 취하는 것이 없어진다면 이 세상은 정말 행복하게 될까. 아니면 또 다른 소일거리에 미치게 될까 그렇지만 아마도 행복한 쪽일 것이다.

4

어떤 사교 집단은 집회가 끝나면 음행을 위하여 불을 끈다고 한다. 일반 세계에서도 음행을 즐기기 위하여 술·담배·아편 등으로 이성의 불을 끄는 일을 그치지 않는다.

5

유익하고 아름다운 삶을 위하여 가장 중요한 일은 약물로부터 해방되는 것이다. 그러나 이에 역행하는 사람들은 그만두기는커녕 담배·술·마약에 더 취해 있다.

6

무엇에 지나치게 미친다는 것은 죄악이라고 할 수는 없으나 그것은 죄악을 저지를 준비이다.

7

현대가 불행하고 광적인 것은 대부분의 많은 사람들이 난취(爛醉)돼 있기 때문이다. 취하지 않은 사람들이 조용히 이 세상에서 해야 할 일을 할 수 있는 날이 오기란 불가능할까?

♧

사람이 술을 마시건 안 마시건 담배를 피우건 안 피우건 그것은 큰 문제가 아니라고 말한다. 그렇지만 남에게 그것을 배우도록 해서 끼친 해독을 인식한다면 그것이 얼마나 큰 일이며 반드시 그쳐야 한다는 것을 깨닫게 된다.

9월 2일

인간은 진리에 가까울수록 인내심도 강해진다.

인생의 규범(規範)에서 벗어날 때

1

신앙 없는 사람, 즉 인간에게는 영혼이 있다는 사실을 믿지 않고 신앙은 자기가 만든 외면적인 양식에 불과하다고 생각하는 사람에겐 인내심을 기대하지 말라. 왜냐하면 그런 사람은 신앙을 통해 인간의 의지가 굳건히 서게 됨을 믿지 못함으로 알 수가 없다. 그 때문에 예수를 괴롭힌 바리새인들을 비롯해 신앙을 가졌다는 이유로 유죄(有罪)를 명한 모든 권력자에 이르기까지 옛날부터 신앙 없는 자들이 항상 신앙 있는 사람들을 추방했다. 그런데 그 추방은 신앙 있는 사람들의 신앙을 약하게 만든 것이 아니라 오히려 더 강하게 했다.

2

하나님은 인간의 양심과 의지를 빌려 마음속에 신앙을 불어넣는다. 폭력이나 위협으로 신앙을 만드는 것은 불가능하다. 폭력이나 위협에 의하여 도입될 수 있는 것이라면 신앙이 아니라 공포다. 신앙 없는 자, 그리고 착란하는 자를 비방하고 꾸짖는 것은 옳은 일이 아니다. 그런 사람에겐 비방하거나 꾸짖지 않아도 스스로 착란 그 자체로 불행해진다. 꾸짖어서 개선될 수 있을 때만 꾸짖어야 한다. 반대로 함부로 꾸짖는 것은 더욱 편협하게 하고 도리어 해를 끼치게 한다.

— 파스칼

3

항상 이해해야 할 틀림없는 진실은 평화롭고 선행하려는 마음으로도 선한 일을 이루지 못한다면 그것은 아직 그때가 오지 않았기 때문이다.

4

신앙은 사랑과 마찬가지로 강제로 생기는 것이 아니다. 그러므로 신앙을 국립 시설로 인도하거나 유지하려는 생각도 위험하다. 왜냐하면 사랑을 강제하여 미움을 일으키듯 신앙을 강제함이 오히려 무신앙을 일으킬 수 있기 때문이다.

— 쇼펜하우어

5

이성이 있는 인간에게 옛 사람들의 사상을 강요하는 것처럼 꼴불견은 없다. 그보다는 선인들 시대의 것에 대치되는 새로운 조화의 기초를 찾아내면 된다.

— 말티노

♣

참 신앙은 외부의 지지나 권력 그리고 빛나는 승리 따위를 필요로 하지 않는다. 또 그것을 선전하기 위한 걱정과 염려도 필요치 않다. 하나님은 무한의 시간을 가지고 계시므로 우리의 천년이 그분에게는 단1년에 해당된다. 권력이나 우월한 힘의 남용으로 자기 신앙을 지지케 하려거나 깊이도 모르면서 한시바삐 자기 신앙의 뜻을 펴고자 서두르는 사람은 신앙이 별로 없거나 혹은 전혀 신앙을 갖지 않은 사람이다.

9월 3일

인간의 두뇌로는 하나님께 도달하지 못한다. 단지 하나님이 있다는 것만을 알 따름이다.

1

인생의 여러 현상이 어떻게 생겨서 눈에 보이는지를 생각해 보지 않았다. 그런데 그 후 내 눈에 비치는 모든 것은 앎(知)이 빛에서 생긴 것임을 깨달았다. 그리고 나는 모든 것을 하나의 것으로 돌리고 기뻐하고 오직 앎만이 모든 것의 근원이라고 생각하고 아주 만족했다.

그러나 또 그 후에 나는 앎이 어떤 거울을 통하여 나에게 닿고 있는 빛이라는 것도 알았다. 나는 빛을 보고 있었으나 그 빛을 준 곳이 있다는 사실을 알 뿐 어디서 오는 것인지는 알지 못했다.

나는 그것이 무엇인지 알지 못하지만 나를 비추는 빛의 근본이 하나님이심을 안다.

2

하나님의 본질의 밑바닥까지 찾으려 하지 말라. 하나님에 의하여 열려져 있지 않는 것까지 알려는 것은 무신앙이다.

— 메난젤

3

하나님을 믿기만 하고 섬기기만 해라. 하나님의 본질을 알려는 것은 부질없는 노력의 낭비이다. 하나님의 존재여부에 대해 알려고 애쓰지 말라. 하나님은 언제나 존재하시며 곳곳에 존재하신다는 것을 믿고 섬겨라.

— 필몬

4

아무도 위대한 근원의 신비 속으로 파고 들어갔거나 한 걸음 자기 자신 밖으로 나간 자도 없다.

'오오! 당신을 찾아다닐 동안은 이 세상이 모두 혼란 속에 있었습니다. 성자도, 거지도, 부자도 당신에게 도달할 수 있는 가능성으로부터 멀리 떨어져 있습니다. 당신의 이름은 모든 것과 함께 울리고 있습니다. 그러나 사람은 귀가 먹었고 당신은 모든 것들의 눈앞에 있으나 모든 사람은 장님입니다.'

5

사람은 하나님의 존재를 자신만의 이지력으로 알기보다 자신에게 알려진 하나님의 모습으로 의식한다. 그러므로 하나님 안에서만 자신을 바라볼 수 있다. 이 느낌은 젖먹이 어린아이가 어머니의 품안에서 느끼는 것과 같다.

6

어린 아기는 자기를 안아주고, 따뜻하게 해주고, 젖을 먹여 주는 것이 누구인가를 알지 못하지만 아기는 그 누군가 있다는 것은 안다. 그것만 알고 있으면서도 자신을 그 누군가에게 맡겨버린다. 그것이 사랑이며 신앙의 근원이다.

♣

하나님을 정확하게 이해하지 못한다고 해서 당황할 필요는 없다. 하나님은 간단하고 뚜렷하다고 생각하면 할수록 진실로부터 멀어지며 의지할 것으로도 멀어지게 되며 마음 든든한 것으로도 멀어진다.

9월 4일

높은 덕은 단번에 얻어지는 것이 아니라 끊임없는 수양과 노력으로 얻어진다.

높은 덕성(德性)

1

학교에 입학하면 읽기와 쓰기는 배우지만 친구에게 편지를 쓰는 일이 필요한지 필요치 않은지는 가르쳐 주지 않는다. 마찬가지로 음악은 노래 부르기와 악기에 맞추어서 춤추기를 가르쳐 주지만 언제 노래하고 언제 춤추는 것이 좋은지는 가르쳐 주지 않는다. 그러하듯 이성은 우리에게 해서는 안될 일과 해야 할 것을 가르쳐 준다.

이성을 통해 하나님은 필요한 것과 그렇지 않은 것을 제어할 수 있는 능력을 주신다. 하나님은 나를 현재의 모습으로 만드신 후 내게 이렇게 말씀하셨으리라.

"에피쿠테타스야, 나는 네게 지금의 육체나 운명보다 훨씬 좋은 것을 줄 수도 있다. 그렇게 하지 않았다고 해서 나를 원망하지 말라. 나는 네게 하고자 하는 것이라면 무엇이든지 할 수 있는 완전한 자유를 주고 싶지 않았다. 대신 나는 네 속에 나의 일부분을 주었다. 나는 네게 선을 향하여 나가며 악을 피하는 능력을 주었다.

나는 네게 자유로운 이지를 주었다. 만약 네가 경험하는 모든 것에 그 이성을 적용시킨다면 이 세상에서 내가 네게 운명지어 준 길을 걸어가기에 아무런 방해도 불편도 느끼지 못할 것이다.

그러므로 너는 남보다 또는 운명에 대해 어느 것 하나 울거나 슬퍼할 것이 없다. 나의 이 선물에 불만을 갖지 말라. 일생을 이성으로 기쁘게 살면 충분히 만족스럽지 않겠느냐!"라고 할 것이다.

— 에피쿠테타스

2

어떤 임금의 목욕탕에 이렇게 새겨져 있었다.
'하루 하루를 새로운 기분으로 일하라. 새롭고, 새롭고, 또 새롭게 다시 시작하라'.

─중국 속담

3

성자의 덕성은 먼 나라를 여행하거나 높은 산에 오르는 것을 연상시킨다. 먼 나라에 닿는 것도 한 걸음부터고 높은 산에 오르는 것도 낮은 산기슭부터 시작된다.

─공자

4

무엇이든 한 가지 일을 바르고 잘하기 위해서는 방법을 잘 알아야 하는 것처럼 바르고 선하게 사는 일 또한 바르고 선하게 사는 방법을 알아야 한다. 선하게 살기 위해 무엇보다 중요한 것은 그렇게 살기를 원하는 마음이다.

─에피쿠테타스

5

참된 덕성은 영예 속에 보이는 것이 아니다.

─괴테

6

사람은 주어진 짐을 몸과 마음을 다해 완수했을 때 비로소 행복을 맛볼 수 있다. 그렇지 않으면 일이 끝난 뒤에도 기쁨을 느끼지도, 무거운 짐을 내려놓았다는 뿌듯함도 맛볼 수 없다.

─에머슨

♣

선을 행한 후에 성공이 속히 이루어질 것이라고 기대하지 말라. 성공은 선의 행함과 상관없이 스스로의 노력의 열매로 얻어지는 것이다. 성공은 앞으로 나가면 나갈수록 목표의 이상도 더욱 높아져 성공이 속히 오지 않는다. 노력은 수단이 아니라 목적이다. 노력 그 자체 속에 보람이 있다.

9월 5일

삶에 신앙이 반영되지 않는다면 그 신앙은 신앙이 아니다.

1

　내 말을 듣고 들은 대로 실천하는 사람은 튼튼한 반석 위에 집을 지은 현명한 사람과 같다. 그 집은 비가 와서 강물이 범람하고 바람이 불어도 넘어지지 않는 것처럼 어떤 어려운 역경이 와도 흔들리지 않는 군건한 사람이다.
　그러나 내 말을 듣고도 실천하지 않는 사람은 모래 위에 집을 세운 어리석은 사람 같아 비가 와서 강물이 범람하여 그 집을 치면 집이 무너져 버림같이 작은 어려움과 역경에도 흔들려 결국은 악으로 빠지고 만다.
―성경

2

　죽음은 탄생되는 모든 것에 피할 수 없는 숙명이며 탄생의 필연적인 전제조건이다. 그러므로 피할 수 없는 것을 두고 슬퍼해도 소용없음은 탄생 이전의 존재는 인간의 한계 밖이기 때문이다. 현재의 존재 상태는 알 수 있지만 죽은 뒤의 존재 상태는 알 수 없다. 잠시 머무는 육신의 삶에 연연해하거나 불안스러워 할 수는 없다. 어떤 사람들은 영혼을 기적같이 생각하고 영혼의 존재에 경탄하지만 그 누구도 영혼에 대하여 알지 못한다.
　하늘 문은 언제나 열려 있다. 의혹이나 범죄로부터 자유롭도록 내 영혼을 신께 향하라. 자신의 행위는 자신이 인도하되 타인의 의지에 따라 인도됨이 없도록 하라. 행위의 목적이 보수를 얻는 데 두는 사람들과 어울리기 전에 조심성 있게 행동하라. 의무는 다하되 결과를 염두에 두지 말라. 그것이 좋은 결과가 되든 나쁜 결과가 되든 마찬가지라고 생각하라.
―인도 성전

3

　신앙에 선한 행위가 없다면 아무 소용이 없다. 그런 신앙은 영혼을 구할 수 없다. 만약 형제 자매가 추위에 헐벗고 끼니를 굶고 있는데 "안심하라, 따뜻해지리라, 배부르게 먹게 되리라."고 입으로만 떠들며 당장 필요한 것을 채워주지 않는다면 아무 소용이 없다. 이렇듯 신앙이 있다면서 실천이 없다면 그 신앙은 죽은 것이나 다름없다. 이와 같이 인간이 신앙을 가졌다는 것은 단순히 신앙을 간직하고 있는 것만이 아니라 실천에 옮기는 것까지 포함한다. 그래서 영혼 없는 육체가 죽은 것과 다름없이 실천 없는 신앙도 죽음과 같다는 말이다.
―성경

4

규범을 알면서도 행하지 않는 사람은 밭을 갈면서도 씨를 뿌리지 않는 사람과 같다.

♣

사람이 하나님의 규범을 알고도 행하지 않는다면 하나님도 그 규범도 믿는 것이 아니다.

9월 6일

착오는 인간에게서 간혹 나올 수 있는 일이다. 그러나 어떤 시대 어떤 사회에서의 착오는 일반적인 일로 흔히 나타나는데 특히 현대와 기독교도 사회에서 많은 착오가 나온다.

착오(錯誤)

1

어느 누구보다도 학문이 높은 사람이 저지를 때 죄악은 가장 무서운 결과를 낳는다. 배움이 없고 음흉한 사람은 학문이 있고 방종한 사람보다는 오히려 낫다. 전자는 아무 것도 모르고 발을 헛디디는 것이라면 후자는 위험한 줄 알면서도 직접 우물에 뛰어드는 것과 같다.

2

사람이 만족을 찾기 위해 방황하는 것은 삶의 공허함을 느끼기 때문이다. 그런데 정작 자신을 끌고 다니는 정욕의 공허는 느끼지 못한다.

―파스칼

3

삶에 확실하게 보장된 것은 죽음뿐이다. 아무 것도 삶의 보장은 없다. 사람은 회의하면서 미래의 회의적인 삶을 보장받으려 한다. 그리고 믿어야 할 현세에서의 믿어야 할 삶은 서슴지 않고 파괴한다.

4

현대의 부르주아는 어떻게 해서든지 인생의 보장을 얻기 위하여 수단과 방법을 가리지 않는다. 그러나 그런 노력으로는 결코 참된 보장을 얻지 못한다.

단지 그렇게 해도 인생은 결코 보장되지 않는 것이며 보장될 수 없음을 잊으려고 발버둥칠 뿐이다.

♣

많은 사람이 그것에 따른다고 해도 착오는 착오이다.

9월 7일

만약 인생이 행복하다면 인생의 불가피한 조건인 죽음도 행복한 것이다.

만일 인생이 행복하다면

1

죽음.
나는 죽음을 어둠의 딸이라고 부르지 않는다.
그리고 비겁한 공상으로
관속의 해골과 죽음을 비겨서
낫으로 무장시키는 따위는 안 한다.

오오! 거룩한 '엣휠'의 딸이여!
오오! 신선한 빛의 아름다움이여!
너의 손아귀엔 평화의 꽃향기가 있을 뿐
무서운 낫은 있지 않다.

거친 바위와 벌판에서 일어서는 꽃핀 세계는
너의 능력 있는 결단으로 세워지고.
너는 모든 존재 위를 날며
하나의 조화 속에 사랑을 맺어 놓는다.
그리고 입김으로 세상의 사나움을 달래고
미친 폭풍을 잠재운다.

바다의 파도를 가라앉히고
식물을 손질하여 거대한 나무숲이 무서운 그림자로,

이 세상을 덮지 않도록
잡초가 하늘까지 치밀지 않도록

오오! 인간이여! 그리고 순결한 처녀여! 너의 앞에
옆모습을 보이며 인간의 분노의 시간이 지나간다.
애욕의 불꽃이 달린다.
그러나 그것은 일순간이다.

2
죽은 자는 태어나지 않은 자가 있는 곳에 있다.

― 세네카

3
죽음이 두려운 것은 죽음 자체에 있는 것이 아니라 존재 속에 있기 때문이다. 인간은 선한 삶을 살수록 죽음에 대한 두려움이 적어진다. 완전한 성자에게 죽음이란 없다.

4
노년기가 되기까지는 선하게 살려고 노력했고 노년이 되어서는 선한 죽음을 맞으려고 노력한다. 선한 죽음을 맞으려면 죽음에 대한 공포를 버려야 한다.

5
인생을 참되게 이해하지 못하는 자는 죽음도 제대로 이해하지 못한다.

♣

때로는 죽음이 두렵지만 죽음을 통하여 가장 본원적인 것으로 돌아갈 수 있으며 영원한 삶으로 돌아갈 수 있다.

9월 8일

어린이들은 모든 위대한 일이 가능하다.

인생을 참되게 이해하지 못하는 사람

1

예수는 말씀하셨다.

'진실로 너희에게 이르노니 만약 너희가 어린이같이 되지 아니하면 천국에 들어갈 수 없으리라. 그리고 누구라도 이 어린이처럼 자기 자신을 낮추는 자만이 천국으로 들어갈 수 있다. 그러나 나를 믿는 어린아이의 하나라도 실족케 하는 자는 맷돌을 목에 달고 깊은 바다에 빠지는 편이 낫다'.

―성경

2

천지의 주(主)시여! 이런 일을 현명한 자, 슬기로운 자에게 감추고 어린 아이 속에 나타나게 하신 것을 감사합니다. 아버지! 그것은 당신의 뜻에 맞는 일이옵니다.

3

아이들은 어른보다도 높은 덕성을 갖고 있다. 그들의 지혜는 기만이나 유혹과 죄악에 의하여 사악하게 되는 일이 없을 뿐 아니라 그들을 방해할 요소가 없기 때문에 이들에게서 완전한 것을 기대할 수 있다. 그러나 어른에게는 죄악이나 유혹이 많고 있어서 아이들은 지나치기만 하면 될 일을 어른들은 싸우며 헤쳐나가야 한다.

4

천진난만함과 완전한 것에 도달할 수 있는 모든 가능성을 가진 아이들이 끊임없이 태어나지 않는다면 이 세상은 아주 무서운 곳이 될 것이다.

―존 러스킨

5

아이들은 은혜요 참 기쁨이다. 참혹한 이 세상에서 마치 하나님의 모습처럼 티 없이 맑고 깨끗하다. 통계학 보고에 따르면 하루에 8만의 생명이 탄생된다고 한다. 이 8만의 탄생은 단순히 인류의 종족 보존이라는 의미에 그치지 않고 인간의 부패와 죄악에 대항하여 싸우는 힘의 원동력이다. 만약 인류가 10억의 인간으로 한정되어 있어 그 사람들이 늘지도 줄지도 않는다면 우리는 어떻게 될까? 현재의 몇 천 갑절이나 될 많은 지식을 우리가 얻는다 해도 악은 더 극성을 부릴 것이다. 지식은 쌓이고 쌓일 것이나 고뇌와 봉사에 의하여 생겨나는 모든 도덕은 없어질 것이며 그 보상은 어디에서도 구할 수 없을 것이다.

아이는 내일의 희망이며 미래다. 그들이 주는 행복 때문에 그들이 원하지 않아도 우리는 사랑하지 않을 수 없다. 아이들을 통해 이 지상낙원의 한 단면을 들여다볼 수 있다.

―아미엘

6

때로 아이들은 가는 손가락으로 어른의 힘센 손으로도 감당할 수 없는 진리를 잡는다.

―존 러스킨

7

아이들은 자기의 영혼을 안다. 그 영혼은 아이들에게 귀한 하나님이다. 눈썹이 눈을 보호하듯이 아이들은 그 영혼을 지킨다. 사랑이라는 열쇠 없이는 그 영혼 속으로 아무도 들어갈 수 없다.

8

아이들은 진리는 알지만 말로 표현하지 못한다. 마치 다른 사람은 알아들을 수 없는 외국어를 아는 것처럼 아이들은 무엇이 선인가를 말할 수는 없다. 그러나 몸은 모든 악에서 떨어져 있다.

9

기만은 현명한 사람과 조심성 있는 사람을 속일 수 있다. 그러나 아무리 교묘하게 해도 어린이는 기만을 알고 피한다.

10

세상에 갓 태어난 어린이에게 잘 알지도 못하는 세상의 이야기를 하기 시작하는 것은 사악한 일이다.

―칸트

11

순수한 기쁨과 순수한 사랑이 삶에 유일한 각성이 되는 때는 어린 시절보다 더 좋은 시절이 없다.

12

하나님은 적과 원수를 침묵시키기 위해 어린이들의 입을 통해 자기의 적을 칭찬한다.

♣

모든 사람을 존경하되 백 갑절로 더 어린이를 존경하라. 그리고 어린이의 순수함을 해치지 않게 조심하라.

9월 9일

과학이라는 지식은 인간 생활의 형식은 바꾸었으나 행복을 가져왔다고는 할 수 없다.

과학이라고 불리는 지식

1

천문학·기계학·생물학·화학 및 기타 모든 과학은 나름대로 각자에 속한 생활의 측면을 연구한다. 그러나 그것이 총체적인 인생의 결론은 내릴 수 없다. 원시시대나 명확하지 못하고 막연하던 시대에서 몇 몇 과학은 각 분야의 입장에서 인생의 모든 사상(事象)을 파악하려 했으나 새로운 개념이나 학술어를 만들어 내기 시작하면 혼란에 빠져 버렸다. 천문학이 연금술이었던 시절에는 그래도 괜찮았으나 오늘날 실험과학은 총체로서의 인생을 아는데 이상한 넋두리만을 낳게 되었다.

2

학문은 태양 흑점의 원인이 무엇인가 하는 따위를 연구하기보다 자신의 인생의 바른 이치를 깨우쳐 밝히고 그 규범을 깨뜨렸을 때의 결과를 함께 밝힘으로써 그 사명을 다한다.

―존 러스킨

3

지식은 위대한 사람을 얼빠지게도 하고, 평범한 사람을 놀라게도 하고, 어린아이에게 부질없는 오만을 심어 주기도 한다.

4

소크라테스는 이렇게 말했다.

"선한 사람이 되려는 소원이 마음에 있지 않은 사람은 학문을 저버려도 아무 고통을 느끼지 못한다."

— 시세로

♣

인생의 중요한 목적인 도덕적인 완성은 위대한 지식도 도움을 주지 못한다.

9월 10일

인간은 동물적인 본성이 희생될 때 비로소 양심이 회복된다.

인간의 동물적 본성

1

하나님이 깨우쳐주는 지혜의 크기는 한이 없다. 기독교도는 인생의 목적을 외적 가치에 두지 않고 내적으로 인식할 수 있는, 하나님의 뜻이 가리키는 것에 목적을 둔다. 해변의 쪽배는 항로를 잡기 위해 해변가의 표지에 의존하지만 대해를 항해하는 함정은 나침반이 지시하는 방향을 따른다. 기독교도는 이와 같이 육신의 삶과 일상의 삶에서 때로는 외면적인 것의 인도를 받기도 하지만 인생의 중심은 양심의 소리가 가르쳐주는 대로 향한다. 양심의 소리는 진리를 벗어났을 때와 빗나가려고 할 때 경종을 울린다. 그 소리는 신앙이 깊은 사람에게만 똑똑하게 잘 들리는 법이다.

— 표돌 스트라호프

2

존재하는 모든 것들 사이에는 많은 장벽이 있다. 마음의 상태·건강·시각 상태·방의 유리·안개·연기·비·먼지·그리고 광선, 이 모든 것은 한없이 변화하고 이동한다. 헤라크레스는 이렇게 말했다.

"두 번 다시는 꼭 같은 물에서 헤엄칠 수 없다"

그리고 또 이렇게 말했다.

"두 번 다시는 꼭 같은 경치를 볼 수는 없다. 왜냐하면 보는 눈에 상관없이 경치를 반영하는 모든 상황은 항상 변하기 때문이다."

인간의 높은 지혜는 속임수에 빠지지 않고 모든 일을 바르게 처리해 나가는 데 있다. 지식이 그 같은 상태로 이끌어 주는 원동력이다. 사색은 현실이 모두 꿈에 지나지 않는다고 생각하게 한다.

그러나 고뇌는 현실을 인식하도록 의무 관념, 결합하는 의지, 죄의 갈등 등 도덕상의 요구를 통해 우리를 환상과 꿈으로부터 이끌어 주고 양심은 마법으로부터 벗어나게 하며 모르핀, 아편 등의 최면이나 무의식으로부터 깨우쳐 준다. 양심은 인간적인 고뇌와 인간적인 책임의 거친 물결 속으로 인간을 몰아넣기도 하고 꿈을 몰아내는 괘종시계와 새벽을 알리는 닭의 울음소리 역할도 한다. 양심은 칼을 들고 거짓 극락을 몰아내는 천사이다.

—아미엘

4

인간이 겉으로 보아서는 사색적이거나 감정적으로 캄캄한 미로를 헤맬 때에도 그 내면의 깊은 영혼은 진리를 정확하게 알고 있다.

—류시 말로리

5

정욕은 양심보다 강하고 정욕의 소리는 양심의 소리보다 크다. 그러나 정욕의 외침은 양심이 이야기할 때의 명령적인 어조와는 전혀 다르다. 정욕은 양심의 소리가 가지고 있는 형언할 수 없는 그 존엄성을 가지지 못한다. 정욕이 호통치고 있을 때라도 조용하고 깊으며 위엄으로 가득 찬 양심의 소리에 부딪치면 금세 위축되어 버린다.

♣

양심의 소리는 마음속에 생기는 욕망의 소리와 달리 항상 이해를 초월한 미묘하면서도 아름답고 또 오로지 노력에 의해서만 얻어지는 것만을 요구한다. 이 점에 있어서 양심의 소리는 명예욕과 구별된다. 명예욕은 가끔 양심의 소리와 혼합되어 존재하기도 한다.

9월 11일

참된 신앙은 믿는 자에게 행복을 약속하기보다 모든 불행과 죽음에서 구원되는 유일한 길을 예언해 준다는 점에서 위대하다.

신앙의 약속

1

인간이 세속의 행복을 좇아 정처 없이 헤매다가 지쳐 그리스도에게 구원을 빌며 손을 내미는 모습, 그 얼마나 장쾌하고 엄숙한가?

―파스칼

2

오직 이익만 염두에 두고 사는 자에게는 이해관계가 도덕이고 종교이며 물질만이 행복일 뿐 그 외에 다른 종교는 없다. 그들은 불구가 되던가 병에 걸리면 이렇게 말한다.

"오오! 나를 고쳐다오. 육신만 건강하면 영혼은 육체 속으로 돌아올 것이다."

그러나 나는 영혼을 먼저 치료해야 육체의 병도 고칠 수 있다고 강조하고 싶다. 영혼 속에 병의 근원이 있고 육체의 병은 영혼이 병들었을 때 겉으로 나타나는 증상에 불과한 것이다.

현대의 인류는 땅과 하늘은 있으나 신과 함께 있다고 하는 공통된 신앙과 관념은 잃어버렸다. 그로 인해 멸망에 직면해 있다. 영혼의 참된 종교는 없어지고 공허한 형식과 생명 없는 의식만이 남아 있다. 그 때문에 인간은 티끌같이 무의미한 존재로 전락되고 이욕의 우상이 공허한 제단 위에서 춤추고 있는 것이다. 폭군과 권력자가 이 세상에서 가장 신성하게 숭배되고 그로 말미암아 사악한 도덕이 생겼다. 그 도덕의 법칙은 '모든 인간은 자기 능력에 의해 존재한다'라고 설교한다.

―마도지니

3

인류가 고생하는 모든 불행의 원인은 신앙 부재와 사랑의 결핍에서 온다. 그것은 인간과 세계, 인간과 신의 관계가 불명확하고 허구적으로 진행되어 왔기 때문이다. 속세의 규범만 강조하는 사람은 기둥에 달아맨 등불 아래 서 있는 사람과 같아 등 아래서는 활동할 수 있으나 그 등을 떠나 멀리는 갈 수 없다. 그러나 그리스도의 가르침을 전파하는 사람은 등불을 들고 앞뒤를 비치면서 걸어가는 사람과 같아 빛을 항상 앞에 두고 뒤에 따라오는 사람의 길을 인도한다. 그 빛은 격려하고 이끌듯 환한 공간을 비추어 준다.

♣

구원은 예식이나 신앙을 설교하는 데 있는 것이 아니라 스스로 인생의 의미를 명확히 이해하는 데 있다.

9월 12일

신을 섬김과 동시에 돈을 섬길 수는 없다. 속세의 행복 때문에 마음을 괴롭히는 것과 도덕적인 규범을 다하는 것은 양립할 수 없다.

신(神)과 재물

1

어떤 젊은이가 예수께 와서 물었다.
"랍비여, 영원한 생명을 얻으려면 어떻게 해야 됩니까?"
예수는 대답하였다.
"영생을 얻고 싶거든 돌아가서 네가 가지고 있는 것을 다 팔아 가난한 사람에게 나눠 주라. 그러면 천국에서 보배를 얻으리라. 그리고 와서 나를 따르라."

2

예수는 제자들에게 말씀하셨다.
"진실로 너희에게 이른다. 부자는 천국에 들어가기가 어렵다. 부자가 하나님의 나라에 들어가기보다는 약대가 바늘구멍을 통해 나가는 편이 쉬울 것이다."

―성경

3

재물이 행복을 준다는 생각은 미신이다. 그러한 생각은 버려야 한다.

4

파월은 황금욕을 우상 숭배라고 했다. 그 이유는 황금을 가진 자들 대부분이 그것을 선하게 이용할 줄 모를 뿐만 아니라 황금을 마치 신에게 바칠 귀중한 제물과 같이 아주 신성한 것으로 여겨 쓰기조차 두려워하기 때문이다. 그리고 그대로 간직해 두었다가 자손에게 물려주고 만다. 절박하게 필요할 때 황금을 써야 됨에도 그렇게 쓸 줄을 모른다.

그러하듯 이교도는 그들의 우상을 돈처럼 섬긴다. 금으로 만든 문짝과 문빗장으로 제단을 두르고 금 상자와 은 쟁반을 만들어 우상을 모신다. 이교도는 우상을 빼앗기는 것보다 눈이나 영혼을 빼앗기는 편이 낫다고 여긴다. 이러한 일은 황금 숭배자의 경우에도 마찬가지이다. 그러나 그들은 황금을 숭배한다고는 말하지 않는다.

마치 이교도들이 자기는 우상 그 자체를 숭배하고 있는 것이 아니라 우상 속에 있는 악마를 두려워한다는 말과 같다.

황금 숭배자도 황금에 대한 애착과 정열 때문에 마음에 생기는 악마를 숭배한다.

그러나 황금 숭배 열은 이교도의 악마보다 사악하다. 황금은 이교도의 우상보다 더 많은 것을 굴복시킨다. 대부분의 사람들은 우상에게보다 황금 앞에서 먼저 굴종하고 그것이 명령하는 대로 쩔쩔맨다. 황금은 그 숭배자들에게 이렇게 말한다.

"모든 인간의 적이 되어라. 반역자가 되어라. 천성과 하나님을 버리고 나를 위하여 너 자신까지도 희생하라"

한심하게도 사람들은 그 명령에 따르고 만다. 이교도는 우상을 위하여 소나 양을 희생으로 바치나 황금 숭배자는 영혼을 희생하라고 강요당한다. 거부하지 못하는 인간은 그 명령에 따른다. 황금은 참으로 어마어마한 제단을 가지고 어마어마한 희생을 요구한다.

— 조르아스터

5

옷을 여러 겹으로 많이 입으면 동작이 굼뜨듯 많은 재물은 영혼의 자유를 방해한다.

— 데모필

♧

인간은 재물을 구하나 그로 말미암아 잃는 것을 알려고 하지 않는다. 황금을 얻으려는 노력을 황금에서 해방되기 위해 사용하라.

9월 13일

성자는 운명을 바꾸려 하지 않는다. 그것은 자기 처지에 만족하기 때문이다.

성자의 운명관

1

성자는 모든 것을 자기 안에서 구하고 어리석은 자는 남에게서 구하려 하고 남의 것을 부러워한다.

2

나는 운명을 슬퍼하거나 두려워하지 않았으나 구두가 없어져서 새로 사야 하는데 그렇게 할 수 없어 불평한 일이 한 번 있었다. 그때 나는 무거운 마음으로 쿠우하의 대회교당으로 들어갔다. 거기서 나는 발이 없는 사람을 보았다. 나는 두 발을 주신 하나님께 감사를 드렸다. 두 발이 있는데 신을 구두가 없기로서니 무슨 큰 일이겠나.

―마지이

3

어떻게 자신의 가치를 알 것인가. 그것은 행위에 의해서만 알 수 있다. 스스로 의무를 다하도록 힘쓰면 스스로의 가치를 알게 될 것이다.

4

문 밖으로 나가지 않고 창 너머로 보지 않아도 성자는 일어날 일을 안다. 성자는 하늘의 뜻을 알기 때문이다. 걸음을 옮기는 일이 많으면 많을수록 진리보다 악에 더 가까이 갈 뿐이다. 성자는 여행하는 일이 없어도 견문(見聞)이 높고 사물을 보지 않고도 정의를 내리며 일하지 않고도 위대한 과업을 이룬다.

―노자

5

영혼이 미숙할 때는 이성의 눈이 감겨 있어서 진실을 보지 못한다. 그러나 그것을 보게 되었을 때는 보지 못했던 때의 일이 마치 꿈과 같이 생각난다.

―에머슨

6

자기 처지에 불만이 있으면 먼저 사는 자세를 변경하라. 그리고 자신의 영혼을 선하게 하라. 전자의 가능성은 항상 존재하는 것이 아니나 후자는 항상 가능하다.

―에머슨

7

사상은 손님처럼 대접하고 욕망은 자식처럼 취급하라.

―중국 속담

9월 14일

폭력은 그 파괴적인 강력성에 마음이 끌리는 법이다. 이러한 점에서 폭력은 특히 해롭다. 또 그로 말미암아 혐오해야 할 것은 폭력을 존경하도록 선동하는 인간 내면의 이기심이다.

폭력(暴力)

1

폭력으로 인간의 행위를 강요하는 것은 권리를 박탈하는 일이다. 마땅히 폭력은 근절되어야 한다. 사람은 자신을 가르쳐 깨우쳐 줄줄 아는 사람을 은인으로 사랑한다. 폭력은 거칠고 무지한 자들의 전유물이다. 지혜는 결코 폭력의 편이 되지 않는다. 폭력을 쓰기 위해서는 패거리가 필요하다. 가르쳐 깨우치는 일에는 패거리가 필요치 않다. 훌륭한 지혜로 자신에게 충분한 신뢰가 있는 사람은 폭력을 배격한다. 다른 견해를 가진 사람을 설득하려 할 때는 친절이 훨씬 쉬운 방법이다.

―소크라테스

2

권력을 쥔 자는 백성을 다스리기 위해 폭력이 절대적으로 필요하다고 믿는다. 그러므로 현존이 길이 유지되기 위해 항상 폭력을 사용한다. 그러나 인간의 질서는 폭력에 의하여서가 아니라 일반의 사심 없는 의견에 의하여 유지되어야 한다. 그런데 언제나 일반의 의견에 의한 행동은 폭력에 의하여 깨뜨려진다. 그래서 폭력의 발동은 삶으로 유지하려는 선을 도리어 약화시키고 파괴하는 일이 다반사이다.

3

인간은 강요당하기 위하여 태어난 것도 아니며 굴종하기 위하여 태어난 것도 아니다. 인간은 강요와 굴종 그 두 가지 습관 때문에 서로 손상되고 광증이 생겨 충돌이 생긴다. 그 결과 인간의 참된 존엄성은 어디에서도 찾기 어렵다.

― 콘시데란

♣

모든 폭력은 이성과 사랑에 어긋난다. 결코 폭력의 패거리는 되지 말라.

9월 15일

진리를 방해하는 것은 허위가 아니라 가장된 진리이다.

진리의 인식

1

현실에 있어서의 환상은 단지 순간의 한 면만을 파괴하는데 불과하지만 착오는 추상적인 영역에 있어서 몇 천년 동안이라도 지배할 수 있다. 사람에게 무쇠 멍에를 메우고 인류의 선을 근본으로부터 깨뜨리는 노예제도는 그 수단에 있어 인간의 헛된 환상에서 시작됐을지 모르나 분명히 이는 착오며 사람을 쇠사슬로 묶는 일이다.

추상 세계의 착오는 모든 시대의 가장 현명한 사람들이 끊임없이 투쟁해 오던 것이며 인류의 번영은 이 투쟁이 끝났을 때에 비로소 얻어질 수 있다. 진리는 인간의 이기적 계산으로는 예견되지 않는 곳에 있다. 진리의 이득은 뜻밖의 경우에만 나타나며 생길 수 있다. 마찬가지로 모든 착오는 그로 인한 해독이 예견되지 않는 곳에서 생기는 것이며 착오의 해독은 염두에 두지 않았던 때에 나타나고 생겨날 수 있다. 착오는 그 해독을 그 자체 속에 감추고 있다.

인간을 이 지상에서 최고의 지적인 존재로 만든 것은 진리와 지식이다. 마땅히 해독 없는 착오는 없으며 신성한 착오란 있을 수 없다. 비록 어떤 종류의 착오라 할지라도 착오는 태양이 떠오를 때까지의 어둠일 뿐이다. 착오가 진리를 압박하고 진리의 자유로운 성소를 차지하더라도 진리는 결코 소멸되지 않는다. 진리의 힘은 강력하다. 진리의 승리에는 곤란이 수반되고 고통이 따르지만 그 때문에 물러서는 일은 결코 없다.

― 쇼펜하우어

2

거짓으로부터의 해방은 진리를 되찾았다는 의미이다. 착오는 항상 해롭다. 그래서 착오는 그것을 진리라고 생각하는 사람에게 해를 끼친다.

— 포마 켐버스키

♣

지식의 영역에서 인간이 전진할 수 있는 방법은 진리를 감추고 있는 거짓의 뚜껑을 벗기는 데 있다.

9월 16일

회의(懷疑)는 신앙을 파괴하는 것이 아니라 도리어 강하게 한다.

허위(虛僞)의 폭로

1

누구도 신과 인간 사이에 서로 통하지 못하게 장벽을 만들 수는 없다. 의지의 결정은 자신에게 있지만 높고 자유스러운 사상과 감정의 영역에 있어서는 신의 존재를 전혀 인식하지 않은 상태에서의 의지의 행사는 불가능하다. 인간의 의지적 결정은 마음속에 있는 가장 깊은 신의 반영에 불과하다.

신은 끊임없이 인간을 깨우친다. 그리고 인간을 통하여 작용하기를 그치지 않는다. 인간은 단지 신을 위하여 선한 것을 원하고 그것을 행하도록 합심하면 된다. 신은 인간들의 도덕적인 노력과 더불어 있고 인간들은 확신과 진실을 원한다 그것을 위한 인간들의 어려운 투쟁을 신이 도와주신다. 그러나 신에게 조금이라도 신뢰(信賴)하지 않는 것을 보이면 신은 당장에 우리를 외면한다.

— 말티노

2

불신앙(不信仰)은 믿는다 안 믿는다 하는 데 있는 것이 아니라 자기는 믿지 않으면서 남에게 설교하는 데 있다.

— 말티노

3

정신적인 삶의 회의(懷疑)는 불신앙이 아니다. 그것은 육체적인 삶으로의 접근이다. 그렇게 되면 인간은 곧 죽음을 두려워하게 된다. 인간은 가끔 육체적인 삶이야말로 인생의 최선의 가치라고 믿게 될 때가 있다. 그것은 마치 극장에서 정신없이 무대 위를 바라보면서 그것이 현실적으로 일어나는 것이라고 믿고 있다가 무대의 연극임을 깨닫고 놀라는 것과 같다. 사람은 자기의 삶이 무대 위에서가 아니라 맨 마룻바닥에서, 즉 자기 혼자의 개성 안에서만 아니라 개성 밖에도 있다는 것을 이해하면서도 이전부터의 습관으로 말미암아 삶이 다만 혼자의 개성 안에만 존재한다는 거짓된 의식에 빠진다.

4
가장 무서운 불신앙은 자신을 믿지 않는 것이다.

― 칼라일

5
성자는 형편이 좋을 때라도 회의(懷疑)를 품을 수 있다. 회의에 방해가 없다는 것이 신앙의 기초를 형성한다. 참된 신앙은 항상 회의를 수반하여 일어난다. 회의할 수 없다면 신앙도 가질 수 없다.

― 트로오

♣

신의 존재에 회의하고 괴로워하는 사람은 신에게서 멀리 떨어져 있는 것이 아니다. 단지 말로서 신이 존재한다든지 혹은 존재하지 않는다고 판단하고 남이 말하는 것을 조금도 의심치 않는 자가 신에게 멀리 떨어져 있는 것이다.

9월 17일
토지를 재산으로 소유하는 것은 악이다.

토지를 재산으로 소유하기

1
얼마 되지 않는 땅에 울타리를 둘러치고 '이것은 내 땅이다'라고 선언한다. 그 같은 사람들이 이 사회의 최초의 건설자이다. 울타리의 말뚝을 뽑아버리고 경계선의 도랑을 메우고 "조심하라, 기만자를 믿지 말라. 토지는 그 누구의 사유도 될 수 없으며 토지의 수확은 모두가 공유할 것이다. 그렇게 되면 인류는 수많은 죄악·전쟁·살인·불행과 공포를 피할 수 있을 것이다.

― 루소

2

토지가 어느 한 사람의 재산이 되고 그가 특별한 사용권을 가지고 그 사람 혼자의 편익을 위하여 사용되고 소유되는 일이 정당하다면 모든 다른 토지들도 그와 마찬가지로 사람의 사유 재산이 될 수 있다. 모든 토지가 그런 식으로 사유된다면 지구는 소수인의 사유 재산으로 분할되고 말 것이다.

— 스펜서

3

토지 없는 사람들, 토지를 사용해야 할 필요도 있고 토지를 이용할 수 있는 능력을 가졌으면서 토지에 대한 권리를 빼앗긴 사람들은 자연 과학적인 입장에서 공기 없는 새나 물이 없는 고기와 같이 부자연스러운 일이다.

— 헨리 조지

4

권력자나 지주는 그 특권을 매수할 수 있는 능력이 있으며 선조로부터 상속받을 수 있는 특권을 가졌다. 더구나 그 때문에 도덕적인 특권을 갖는다는 착각은 매우 잘못된 것이다. 문제는 어떠한 특권도 존재할 수 없다는 것이다. 허구의 특권은 합법적이라도 옳은 것이 아니다. 악이나 부정은 오래 끌수록 더욱 악이며 부정이 된다.

— 크란트 이렌

♣

토지를 사유하는 부정의(不正義)도 모든 다른 부정의와 같이 그것을 유지하는데 필요한 악이나 부정과 불가피하게 결부되어 있다.

9월 18일

삶의 본질을 육체 속에 있는 것이 아니라 양심 속에 있다.

삶의 본질

1

내게 뼈나 근육과 같은 육신의 기관이 없다면 내가 옳다고 생각하는 일도 할 수 없을 것이다. 아울러 내가 정당한 일을 하는 원인이 뼈나 근육에 있는 것이고 선에 대한 사랑에 있는 것이 아니라고 믿는다면 이 또한 어리석은 일이다. 그렇게 말하는 것은 사물의 원인과 그 원인에 얽혀 있는 내면을 분간치 못함을 의미한다. 많은 사람은 암흑 속을 손으로 더듬으면서도 단지 원인에 수반된 단순한 현상을 원인 자체라고 말한다.

— 소크라테스

2

인생은 정신력과 물질적인 힘의 결합으로 이루어져 있다. 왜냐하면 정신적인 삶도 육체에 물질적인 뒷받침(영양·공기)이 없으면 존재할 수 없기 때문이다. 이는 기차의 동력이 증기의 힘이 아니라 증기를 적시에 기통 속에 넣어주는 변막의 작용 때문이라고 생각하는 것과 같은 오해이다.

사실 변막이 조절되지 안으면 증기는 적당한 시기에 기통 속으로 들어갈 수 없다. 그러나 증기 때문에 회전하는 피스톤의 작용이 없다면 변막 자체만으로는 기차를 움직일 수 없는 것과 같다.

— 표들 스라호프

3

신에 속한 것은 끊임없이 본원으로 되돌아가기를 원한다.

— 세네카

4

인간은 혼과 육을 가지고 있으므로 끊임없이 고뇌하지만 그 내면에는 신의 영(靈)이 있음을 알라.

— 오렐리아스

5

정신적 삶이란 모든 행위의 원인을 정신적인 것 속에서 보는 삶이다. 정신적이란 원인을 갖지 않는 본원을 말한다. 그리고 정신적인 삶은 이 본원에 의하여 삶이 이루어지는 것을 말한다.

정신적인 본원을 알지 못하는 사람은 자신의 행위를 이끄는 것을 육체적인 원인에 결부시킨다. 그 때문에 삶의 진정한 것을 통찰할 수 없다. 그리고 자기 행위에 대하여 확고한 신념을 가질 수도 없다.

6

인간이여! 정신으로 살라. 인생의 본질을 육체의 삶으로 돌리지 말라. 육체는 이 내적인 힘을 담고 있는 그릇에 불과하다. 인간의 모든 외면적인 것은 단지 정신의 반영일 뿐이다. 정신이 없는 육체는 베 짜는 사람 없는 베틀과 같고 글 쓸 사람이 없는 펜과 같다.

— 오렐리아스

9

신은 모든 것을 보시지만 사람은 신을 볼 수 없다. 이와 같이 정신은 눈에 보이지 않으나 모든 것을 안다.

— 탈무드

♣

정신이 육체를 이끄는 것이지 그 반대의 것이 아니다. 그러므로 처지를 바꾸기 위해서 인간은 정신적인 영역에서의 자신을 잘 처리하야야 한다. 인간은 육체적 영역에서의 자기 자신이 아니다.

9월 19일

거짓된 신앙이 낳은 해독은 헤아릴 수 없을 만큼 크다. 신앙이란 인간이 신과 세계에 대한 관계를 세우는 것이며 그 관계에 의하여 자기 자신의 의미가 결정된다. 그 관계에 의해 결정된 의미가 거짓이라면 인간의 삶도 무의미하다.

거짓된 신앙

1

불신앙(不信仰) 즉 신에 대한 멸시는 커다란 악이다. 아무리 정당하다 해도 불신앙은 그 이상의 악이다.

— 푸루달프

2

그리스도가 죄악에서 인류를 구원했던 그 죄악은 지옥이며 영혼과의 단절이다. 그러나 성경 속에 드물게 보이는 지옥이라는 말이 그릇되게 이해된 결과 기독교도에게 많은 해독을 끼치고 있다. 지옥에 대한 존재의 의미보다는 단지 지옥을 두려움으로 이해하므로 삶의 이상을 배제시킨다.

인간에게 무엇보다도 필요한 구원, 그리고 인간에게 참된 자유를 주는 구원은 자신의 마음속에 있는 악으로부터의 구원이다. 표면적인 죄보다도 더욱 나쁜 것이 있다. 그것은 마음의 죄이다. 마음의 상태이다. 신의 의지에 맡긴다 하면서도 신을 배반하고 동물적인 정욕 앞에서는 신을 버리고 만다. 신의 가호 속에 살고 있는 척하면서 인간의 위협이나 노여움을 무서워하고 육신적인 행복에 애착한다. 이것은 무서운 파멸의 길이다.

그리고 이것은 뉘우침 없이 무덤으로 가기까지 쉽사리 고치지 못한다. 이것을 모름지기 두려워하여야 할 일이다.

가장 높은 의미에 있어서 구원은 타락된 마음을 녹이며 병든 마음을 고치며, 사상과 양심과 사랑의 자유를 되찾는 일이다. 예수가 목숨을 걸고 설교했던 구원이 바로 그런 것이 아닌가?

이와 같은 구원을 얻기 위한 인간의 본원은 깨끗하나 이 같은 구원, 기독교의 참된 가르침은 과연 바른 방향을 가고 있는 것인가?

―찬닝

3

진리를 입에 담기는 쉽지만 진리를 얻으려면 많은 내면적 에너지를 소모하여야 한다. 인간 됨의 형태는 그 사람의 도덕적 완성도로 결정된다.

4

정의가 있는 곳에 정신의 보배가 있다.

―중국 속담

5

정당하게 사는 삶 속에 웅변과 선과 덕성과 예술과 높은 규범이 있다.

―아미엘

7

교회는 하나님의 이름으로 인간과 신과의 특수관계를 만들어 놓았다. 그래서 교회와 철학 사이에는 벽이 만들어졌고 교회와 철학은 서로 교류할 수 없는 운명인 듯 각각의 길을 택한다. 그러면 철학자가 할 일은 무엇인가? 그 벽을 무너뜨리는 것이다. 또 교회는 무엇을 할 것인가? 훌륭한 기독교도가 되기 위해 어리석은 철학자가 되기를 기도할 수밖에 없다.

―레싱

♣

거짓 신앙을 버리는 것만으로는 충분치 않고 세계에 대한 거짓 관계를 버리는 것만으로도 충분치 않다. 오직 참된 신앙을 세워야 한다.

9월 20일

선한 것은 오직 노력으로만 얻어진다.

선한 것이란

1

사물을 연구하지 않는 사람, 연구하고도 성공할 수 없는 사람이 있더라도 절망하게 하지 말라. 멈추게 하지 말라. 알지 못하는 일 그리고 의심스러운 일을 깨닫지 못하는 사람들에게도 절망하게 하지 말라. 사색하지 않는 사람, 사색하더라도 선의 본질에 대한 명확한 이해를 얻을 수 없는 사람들이 있더라도 절망하지 말라. 선과 악의 구별을 하지 않는 사람, 선과 악의 구별을 하지 않는 사람, 구별을 하더라도 뚜렷한 생각을 가질 수 없는 사람들이 있더라도 절망하게 하지 말라. 선을 행하지 않는 사람, 선을 행하더라도 그것에 전력을 다할 수 없는 사람들이 있더라도 절망하게 하지 말라. 남들은 한 번밖에 하지 않는 일을 그들에게는 열 번 시켜라. 남들이 백 번밖에 하지 않는 일을 그들에게 천 번 시켜라. 참으로 '끈기 있게' 행하는 사람은 비록 교양이 없는 사람이라도 반드시 교양 있게 될 것이다. 설사 약한 사람이라도 반드시 강하게 될 것이다.

─중국 성언

2

좁은 문으로 들어가라. 파멸에 이르는 문은 그 길이 넓으며, 그 문으로 들어가는 자가 많다. 참된 생명에 이르는 문은 좁으며 그 길을 찾는 자가 적다.

─성경

3

악한 일 하기와 불행을 가져올 일을 하기는 쉽다. 그러나 참된 행복과 참된 선은 근로와 노력에 의하여서만 가능하기 때문에 어렵다.

─석가

4

자기가 하고 있는 일에 모든 주의를 기울이라. 그러나 보람이 없는 것은 아예 생각조차 하지 말라.

―공자

5

진리 탐구에는 쾌락이 따르지 않는다. 오히려 고뇌와 불안이 따른다. 그러나 진리는 탐구하여야 한다. 진리를 찾지 않고 진리를 사랑하지 않는다면 파멸뿐이다. '만일 진리가 내게 찾아지고 사랑하기를 원한다면 진리 자체가 힘이 되며 유일한 희망이 될 것이다.

진리는 우리 앞에 언제나 있다. 그러나 그것에 주의하지 않을 뿐이다. 진리를 구하라. 진리는 지금 찾기를 기다린다.

―파스칼

6

선한 지식에 도달하는 길은 백합꽃 수놓은 명주같이 보드라운 잔디밭을 지나가는 것 같지는 않다. 인간은 항상 험준한 바위를 기어오르는 자세로 살아야 한다.

―존 러스킨

♣

인간이 노동에 습관이 되면 근로의 고통은 사라진다. 그러나 노동하지 않던 사람에게 노동은 아픔과 괴로움이며 부지중의 비명과 같다. 그와 같이 자기 덕성을 완성하는 일을 인생의 과업으로 삼는 사람이 대수롭지 않게 겪는 불운을 정신적인 수양이 없는 사람이 경험한다면 괴롭다고 비명을 지를 것이다.

9월 21일

인간의 자유 중에서 가장 작은 자유는 몇 가지의 같은 행위의 선택, 즉 우로 갈까 좌로 갈까 혹은 그냥 서 있을까 하는 따위이다. 다소 곤란하지만 가치 있는 자유는 감정에 따를까 감정을 억제할까 하는, 예컨대 노여움을 폭발시킬 것인가 아니면 억제할 것인가 하는 것이다. 가장 어렵고 중대하며 필요한 자유는 자기 사상의 방향을 정하는 일이다.

인간이 노동에 익숙해지면

1
사상을 깨끗이 하는데 힘을 기울이고 나쁜 사상을 갖지 않았다면 나쁜 행위도 있을 수 없다.

—공자

2
악은 생각조차 하지 말라.

—에피쿠테타스

3
만유는 신의 손안에 있다. 오직 신과 자신에게 봉사하려는 것은 인간의 선한 희망이다. 아무도 머리 위를 날아다니는 새를 방해할 수는 없다. 그러나 머리 위에 둥지를 틀지 못하도록 할 수는 있다. 마찬가지로 사람은 언뜻 머릿속을 스치는 나쁜 사상을 없앨 수는 없지만 그 나쁜 사상이 머릿속에 둥지를 틀고 나쁜 행위를 유인케 하는 것은 금지시킬 수 있다.

—루터

4
선한 지식으로 삶의 평화와 모든 과업을 성공하기 위해서 인간의 올바른 의지가 그의 사상을 지배하는 것만큼 중요한 일은 없다.

—록크

5
사상은 손님과 같다. 처음 방문에서는 아무런 관계도 없이 온다. 그러나 그것을 환영하면 다시 자주 찾아온다. 오늘 생각하는 일을 내일은 실행하리라.

6
삶은 사상의 결과이다. 삶은 마음에서 태어나 사상에서 이루어진다. 사람이 나쁜 사상으로 말하거나 행동한다면 반드시 그 뒤에는 고뇌가 따라올 것이다. 마치 달구지를 끌고 가는 소의 발뒤꿈치 위를 수레바퀴가 따라가는 것과 같다.

삶은 사상의 결과이다. 삶은 마음에서 태어나 사상 속에서 만들어진다. 만약 사람이 선한 사상을 가지고 말하거나 행한다면 기쁨은 그것에 따라서 찾아오게 된다. 마치 절대로 뗄 수 없는 그림자와도 같이.
"저놈은 나를 비방했다. 저놈은 내게 이겼다. 저놈은 나를 골탕먹였다."
그런 생각에 집착하지 않는 사람은 항상 자기 자신 속에 생기는 증오를 억누를 수 있다.
증오에서 생긴 것을 증오로 당할 수는 없다. 증오는 사랑에 의해 소멸된다. 이것은 영혼의 변함 없는 규범이다.

―석가

7
사물을 보는 방법이 일정할 때 지식이 얻어진다. 지식이 얻어졌을 때 의지는 진리를 지향한다. 의지가 지향하는 것이 만족되었을 때 마음은 선량하게 된다. 마음이 선량하게 되었을 때 모든 것에 대한 도덕적인 견해가 얻어진다. 그리하여 그것이 도덕 자체로 이끈다.

―공자

8
자기 사상에 조심하고 말에 조심하고 나쁜 행위에 조심하라. 이 세 가지 것이 깨끗하도록 주의할 때 성현의 길을 한 걸음 내디딘 것이다.

9
'죄'란 나쁜 일을 행하는 것만이 아니라 나쁜 일을 생각하는 것도 죄이다.

♣

감정은 인간의 의지와는 관계없이 생겨나는 것이다. 그러나 사상은 감정의 편을 들 수도 혹은 들지 않을 수도 있다. 감정을 부채질 할 수도 혹은 억누를 수도 있다.

9월 22일
영혼 불멸에 대한 신앙은 본질적인 것이다.

불멸에 대한 신앙

1
모든 인간은 자신을 어떤 다른 것에 의하여 불려나온 부수적인 존재로 생각하지 말라. 그러한 생각으로부터 죽음이 삶의 종결이기는 하나 존재의 종결은 아니라는 신념이 생긴다.

―쇼펜하우어

2

정신은 육체를 영주할 집으로 삼지 않고 일시적인 숙소로 하고 있을 뿐이다.

―인도 성전

3

사람은 죽는다. 결코 오래 살지 못한다. 매우 짧은 순간밖에는 주어져 있지 않다. 그러나 영혼은 죽음에 대해 공포를 느끼지 않는다. 영혼은 영원히 살아 있기 때문이다.

―포시 크리드

4

알지 못하는 나라가 얼마나 많은가. 한없는 공간의 한없는 침묵은 공포를 느끼게 한다.

나 이전에도 존재하였고 나 이후에도 존재할 영혼 속에서의 짧은 생애를 생각할 때 내가 차지하는 공간이나 내가 보는 한계는 지극히 미세하다. 내가 알지 못하는 또 나를 알지 못하는 다른 무한의 공간과 내가 차지하고 있는 공간에 대하여 생각할 때 나는 공포에 사로잡힌다. 그리고 하필 왜 내가 여기에 있고 다른 장소에 있지 않는가에 분노하기도 한다. 미래나 과거의 일은 생각하지 않더라도 현재 내가 여기에 있고 다른 장소에 있지 않다는 것에는 아무런 근거도 찾을 필요가 없다. 누가 나를 여기에 두었는가? 누구의 명령에 의하여 그리고 누구의 편리 때문에 겨우 이 만큼의 공간과 이 만큼의 시간이 내게 주어졌는가?

인생이란 손님으로 초대된 보잘것없는 순간의 추억에 지나지 않는 것이다.

―파스칼

5

죽음은 인간이 이 세상을 받아들이는데 필요한 육체적인 기관의 파멸이다. 세계는 그 육체적인 기관을 통하여 지금 있는 대로 나타나 있는 것이다. 죽음은 내가 그것을 통하여 바라보고 있는 유리의 파괴이다. 그리고 다른 것으로 바꾸어 끼우는 일이기도 하다.

6

어떠한 위대한 사상도 사후의 삶에 대한 희망으로 데려가지 못한다.

인간이 그의 선한 행위의 기초를 사후의 삶에 대한 희망에 두느니보다 사후의 삶에 대한 신념의 기초를 선한 영원의 감정 위에 두는 편이 인간의 순수한 본질에 합당하다.

참된 도덕적인 신념은 그 단순성에서 철학화되거나 예술화된 모든 것보다 고귀하다. 그 신념은 인간의 정신적 목표에 도달할 수 있는 유일한 길이다. 그 길은 돌아감이 없이 곧바로 인간의 참된 목적으로 이끌기 때문이다.

― 칸트

7

죽음의 공포는 인생을 작고 그릇된 생각에 의하여 제한된 일부분만을 보는 까닭에 생기는 것이다.

♣

인간은 죽지 않는다고 마음에 일러주는 소리는 그 마음속에 살고 있는 신의 목소리이다.

9월 23일

인간이 참되고 완전한 지식을 가질 수 없다. 인간은 다만 그것에 가까이 갈 수 있을 뿐이다.

참된 지식(知識)

1

소크라테스는 모든 물적 존재의 본질에 관한 회화(會話) 중에서 이렇게 말했다.

"궤변자들이 자연이라고 부르는 사물의 본질과 천체가 생겨난 기본 원리를 소급하여 논할 때 냉정하라고. 저들은 인간으로서 알아야 할 모든 지식에 도달한 줄로 생각하지만 그들이 아는 것은 지극히 미세한 부분일 뿐이다. 그들은 신이 우리에게 주신 것을 무시하지만 인간이 신의 섭리 속에 깊이 들어 있다는 것은 무시하지 못할 것이다."

소크라테스는 인간의 두뇌로써는 그 신비의 비밀을 파헤칠 수 없다는 사실을 알지 못하는 사이비 학자들의 근시안에 놀라 이렇게 말했다.

"그들은 만물의 신비에 대하여 다 아는 척하지만 근본적인 진리로부터는 멀리 있다는 것을 모른다. 그들의 말을 믿고 따르는 사람이 있다면 그것은 마치 미치광이 짓을 따르는 것이나 다를 것이 없다. 매우 불행한 일이다. 그들은 아무 것도 아닌 것은 두려워하면서 실제로 두려워해야 할 것은 무서워하지 않는다."

2

과학은 종교의 대적이 아니다. 다만 과학이 허영을 부릴 때 그것은 종교의 적이 되고 진리의 적이 된다. 그러나 참된 과학은 종교의 적이 아니라 종교의 짐을 덜어준다.

―존 러스킨

3

진리를 아는 사람은 자기가 많은 것을 안다고 말하기 전에 아직도 모르는 것이 더 많다는 것을 생각한다.

―존 러스킨

♣

필요 이상으로 많이 아는 것보다 가능 이하로 적게 아는 편이 그래도 낫다. 무지를 두려워 말라. 쓸데없는 지식. 너무 무거운 짐이 되는 지식. 허영 때문에 얻은 지식을 두려워하라.

9월 24일

어떤 경우라도 육식은 온당치 못하다. 그럼에도 불구하고 육식이라는 나쁜 관행은 정당화되어 있다.

육식(肉食)

1

은혜의 대지는 언제고 인간이 필요로 하는 각종 식물을 제공해 준다. 그럼에도 불구하고 인간들은 먹이를 위해 많은 짐승을 죽이면서 이를 당연한 것으로 여긴다.

―버나드 드 망데빌

2

사람들은 내게 피아골이 무슨 이유로 짐승 고기 먹기를 금지했느냐고 묻는다. 인간의 잔혹성으로 인해 피로 얼룩진 짐승의 고기를 입술에 대게 했던 인간의 감정·사상·원인이 무엇인지 도무지 이해할 수 없다. 조금 전만 해도 뛰어다니며 특유의 소리로 그 생존을 알리며 삶을 누리던 짐승의 시체를 식탁 위에 얹어놓고 일상의 식사를 당연한 것으로 아는 것은 참으로 놀랄 일이다.

— 푸루탈프

4

원시시대에는 육식을 이해할 수 있고 동정할만한 이유가 있었다. 즉 그들에게는 생활을 위하여 필요한 다른 수단이 전혀 없었다는 이유로 이해할 수 있다. 원시시대 인간은 자기 정욕을 채우기 위하여 피 흘리는 행위를 했던 것은 아니다. 또 욕망을 조장시킴으로써 불의한 정념에 빠져 그 습관을 얻었던 것도 아니다.

— 푸루탈프

5

육식이 인간의 본성에 맞지 않는다는 증거는 아이들이 육식에는 냉담하고 야채나 과일 같은 것을 더 즐긴다는 점이다.

6

인간이 호랑이에게 잡혀 먹히려고 태어난 것이 아니듯 양 또한 인간에게 먹히기 위하여 태어난 것이 아니다. 호랑이는 육식동물이지만 인간은 그렇지도 않은데 말이다.

— 리트슨

♣

육식 이외의 먹을 것을 구할 수 없어 할 수 없이 육식을 하는 사람들이 있는가 하면 육식이 야만적인 죄악이라는 것을 알면서도 성서에도 육식을 허용한다는 구실로 육식을 하는 사람과 그리고 야채가 풍부하고 우유가 많이 나는 나라에서 인류의 스승들이 육식이 죄라는 가르침을 알면서도 육식을 하는 교양 있는 현대인도 있다. 같은 육식을 하더라도 이 두 부류사이의 생명관의 차이는 아주 크다. 후자에 경우 육식을 계속함으로써 사실상 죄악을 저지르면서도 스스로 옳지 않음을 알아차리지 못하고 계속함으로 더 큰 죄를 범하고 있다.

9월 25일

다른 생명에 대한 동정은 인간의 육체적인 고통과 흡사한 감정의 형태를 갖는다. 그래서 인간이 육체적 고통에 빠지듯이 다른 생물을 동정하는 마음에서 생기는 같은 고통을 느낄 수 있는 것이다.

생물에 대한 동정

1

어떤 생명이든지 그것이 부상하여 피를 흘리면 인간의 마음에는 대개 동정심이 생긴다. 그 마음은 인간이 근본적으로 도덕적이며 선한 심성을 가지고 있다는 증거이다. 동정심이 있는 사람은 누구에게도 해를 끼치지 않으며 비방하지도 않으며 고통을 주는 일도 하지 않으며 남에게 모진 짐을 지우지도 않는다. 뿐만 아니라 잘못을 용서하는 행위를 통하여 정의와 인간애를 실천한다.

누가 "이 사람은 덕이 높은 분입니다. 그러나 동정심은 아주 없는 분입니다"라고 말하였을 때와 "이 인간은 부정하고 악한 인간입니다. 그러나 동정심은 아주 많습니다"라고 말한다면 이 두 인간성 표현에는 커다란 모순이 있음을 알게 된다. 그러면 무엇을 말하려 하는가? 본성이 선한 인간은 어디까지나 선할 뿐 악을 모른다는 것을 표현한 말일 것이다.

— 쇼펜하우어

2

인간들아! 몸을 피로 더럽히고 용서받을 수 없는 죄를 범하면서까지 육식을 할 것은 없다. 우리 주변에는 식용 식물이 얼마든지 널려 있다. 나뭇가지에는 풍성한 열매들이 주렁주렁 달려 그 무게를 이기지 못 할 만큼 휘어져 있고 포도송이에서는 신선한 향기가 물씬 풍긴다. 신선하고 맛 좋은 뿌리며 산에는 산나물이 들에는 들나물이 깔려 있다. 뿌리는 익히면 맛이 좋고 영양분이 높다. 게다가 달콤한 꿀, 부드러운 우유, 사향초의 향기, 이 모든 것들이 바로 손끝이 닿는 곳에 있다.

대지는 풍성한 은혜를 인간에게 제공한다. 참혹한 살생을 하지 않고 피를 흘리지 않아도 대지는 훌륭한 밥상을 차려 줄 수 있다. 날고기로 굶주림을 달래는 것은 야수뿐이다. 야수가 아닌 말이나 양이나 소는 평화롭게 초식(草食)

만 해도 건강하다. 무서운 잔인성을 가지고 태어난 것들— 호랑이, 사자, 늑대, 곰 따위의 야수만이 육식에 빠질 뿐이다.

만물의 영장이라는 사람으로 태어나 무엇이 부족하여 그 잔혹한 죄를 저지르면서까지 추태를 보여가며 동물들과 다를 것이 없는 천한 탐식에 뒹굴단 말인가! 다른 맹수와 같이 생명이 있는 것들의 고기와 피로 자신의 굶주림을 해결해야 한다면 인간과 다른 동물과 무엇이 다른가. 그것은 부끄러운 일이다.

우리 주변에는 많은 은혜의 선물이 있다. 인간을 낳아 길러주는 어머니와 같은 대지가 있고 야수와 다른 문화와 스승이 있어 인간을 인간답게 양성한다. 그런데 은혜를 모르고 동물처럼 사는 인간이 있어 세상은 악해지는 것이다. 이빨을 드러내고 동족을 잡아먹는 들짐승처럼 향락에 빠져 야수와 같이 상처 입은 이웃의 고깃덩어리를 물어뜯는 인간이 늘어나고 있다. 그러면서도 그것을 부끄러워할 줄 모른다.

옛날에는 지금보다 선량한 관습이 많았다. 그 때야말로 아름다운 도덕의 황금시대였다. 모두가 행복하고 친절하고 소박했다. 오직 대지가 제공하는 열매만으로 만족할 줄 알았다. 입을 피로 더럽히지 않았고 새들은 평화로운 하늘에서 위협을 모르고 마음대로 사람 곁을 날 수 있었다. 연약한 토끼들도 겁을 몰랐다. 온갖 들짐승이 자유롭게 들판을 뛰어다니고 물고기는 물길을 따라 마음껏 자라고 제 새끼를 깠다. 낚시에 걸려 비참하게 공중으로 끌려가는 희생도 없었다. 강이나 바다나 어디에도 간교한 낚싯줄이나 그물은 쳐 있지 않았다.

사람이나 동물이나 공포를 모르고 속임수를 모르고 악한 것을 몰랐으며 곳곳에 평화가 가득했다. 그 아름다운 낙원은 어디로 갔는가?

죄 없는 양은 인간에게 은혜를 베풀기 위하여 태어난 선량하고 온순한 동물이었다. 그러나 인간은 양에게 무슨 짓을 했는가? 풍미로운 젖을 인간에게 먹여주었고 보드라운 털로 따뜻한 옷을 제공해 주었다. 인간을 도우려고 태어난 농부의 유순하고 착한 벗이 양이다. 그런데 그것이 주는 은혜를 잊어버린 인간은 젖 얻어먹고 털 깎아 쓰고 나서는 무거운 멍에를 씌운 채 부려먹다가 날카로운 도끼로 쳐죽여 은혜를 저버리고 잡아먹는다. 대지는 양의 피로 얼룩지고 곡식을 내는 충실한 옥토는 더럽혀졌다.

인간아! 너는 참 끔찍스럽고 무섭기도 하다. 그대들이 가는 길은 죄악뿐이다. 죽음을 앞에 두고 슬픈 소리를 지르는 죄 없는 소를 잡는 자, 그 울음소리가 흡사 어린애 목소리 같은 양(羊)을 죽이는 자, 오락을 위하여 하늘을 나는 새를 쏘는 자, 잡아먹겠다고 짐승을 키우는 자, 이 같은 인간들인데 저와 같은 사람인들 죽이는 일이 어렵겠는가.

인간은 잔인한 육식 습관으로 몸서리쳐지는 식인(食人)종이 되어 가고 있다. 형제들이여! 육식을 멈추어라. 살생을 위해 대지를 가는 쟁기를 놓지 말라. 모든 짐승은 인간을 위해 충실한 봉사를 피하지 않는다. 그들을 죽이지 말라. 자기 방어나 공격 장비를 갖지 않은 가축을 죽이지 말라.

가축으로 하여금 그 부드러운 털로 인간을 따뜻하게 감싸는 옷감을 제공케 하고 풍미로운 젖으로 인간들의 목구멍을 적시어 주게 하라. 그리고 그들로 하여금 즐겁게 놀도록 하고 태어나 일하며 살던 목장에서 평화롭고 자연스러운 죽음을 맞게 하라.

바다에 둘러친 그물과 드리운 낚싯대를 올리고 산에는 덫을 거두어라. 하늘을 나는 새에게 총을 겨누지 말고 새들로 하여금 자유롭게 하늘을 날며 인간을 위해 행복한 노래를 하다가 자연으로 죽게 하라.

거짓을 모르고 순진한 물고기를 미끼로 속이고 교활한 그물로 잡지 말며 인간의 입을 동물의 피로 더럽히지 말라. 인간도 마침내는 죽어야 한다. 죽지 않으면 안될 존재는 당연히 어떤 것이든 생명을 가엾이 여길 줄 알아야 한다.

허용된 것만을 먹되 사랑과 깨끗한 영혼에 죄가 되지 않는 것만 택하라.

―오위디

3

삶 속에 종교를 이끌어 넣기 위한 첫째 조건은 모든 생명 있는 것을 사랑하고 동정하는 것이다.

4

동물에 대한 사랑과 동정은 그 사람의 성품과 밀접한 관계가 있다. 그러므로 동물에게 잔인한 인간은 선량한 사람이 될 수 없다는 것을 확신할 수 있다.

―쇼펜하우어

5

생명 있는 것들은 고뇌를 싫어하고 죽음을 두려워한다. 인간도 생명 있는 것들 중의 하나에 불과하다는 것을 알라. 결코 살생하지 말고 영혼까지 죽이는 죄를 범하지 말라. 생명 있는 것들은 고통을 피하려 하고 자기 생명을 소중히 여긴다. 인간도 생명 있는 것 중의 하나라는 것을 깨닫고 죽음의 원인이 되지 말라.

―석가

6

읽고 쓰는 것만 가르치고 생물의 생명에 대하여 존중하고 선하게 대하는 것을 가르치지 않는다면 그것은 교육이라고 할 수 없다.

— 존 러스킨

7

살생은 어떤 경우든지 혐오해야 한다. 먹고 즐기기 위하여 살생하는 것만큼 혐오해야 할 것은 또 없다. 살생 방법에 대하여 생각하면 할수록, 살생한 동물을 맛있게 먹기 위하여 노력을 기울이면 기울일수록, 그 살생은 더욱 더 혐오하여야 할 것이다.

8

형제를 상하게 하지 말고 지상의 여하한 동물의 피라도 흘리게 하지 말라. 인간은 물론 가축도 야수도 새도 일체의 동물의 피를 흘리게 하지 말라. 영혼의 깊은 곳에서 피 흘리는 것을 막는 속삭임이 있다. 피는 곧 생명이며 한번 흘린 피는 다시 살릴 수 없기 때문이다.

— 라말티느

♣

동물이 괴로워하는 것을 보고 자신도 고통스럽다면, 그 고통을 못 본 척하고 동물의 곁을 그냥 지나쳐서는 안 된다. 그럴 때는 고통 당하는 동물 곁으로 달려가 도와줄 방법을 찾아야 한다.

9월 26일

육욕은 도덕으로 제어하지 않으면 안 된다. 육신의 욕망은 끊임없이 무엇이든 요구하기 때문이다. 도덕에 의한 정신 수양을 그치면 육체가 사람을 정복해 버린다.

도덕상(道德上)의 노력

1

한 가지 실수는 또 다른 실수를 낳는다. 그러나 끊임없이 진리를 추구하는 사람은 실수를 번복하지 않는다. 그것은 진리가 노력하는 사람 편에 있기 때문이다.

— 류시 말로리

2

제대로 알지 못하는 것은 바로 알 때까지 배워야 하며 창조는 강한 결심을 가지고 실행해야 한다.

―공자

3

여자를 보고 음욕을 품는 버릇을 버리지 못하는 한 그것은 마치 어미 소를 못 떠나고 육체적인 허기에 매달려 있는 송아지와 같다. 그러한 사람은 영적으로 구원받기 어렵다. 육욕에 사로잡힌 자는 덫에 걸린 토끼 같아서 부질없는 욕심을 만족시키려다 영적 고뇌에서 벗어나지 못한다.

4

자기 힘만으로 올바로 되기 어려운 이유는 악에 너무 오래 사로잡혀 있었기 때문이다. 마음에 악이 깊이 뿌리를 뻗을수록 악과의 투쟁에서 당해야 할 고뇌도 큰 법이다. 피할 수 없는 이 투쟁을 신이 인간에게 준 고통이라고 책임을 전가할 수는 없다. 왜냐 하면 인간 속에 죄가 없었더라면 그 투쟁도 있을 수 없기 때문이다. 투쟁의 원인은 인간 스스로의 불신앙에 있지만 그 선한 투쟁의 끝에는 구원이 있다. 신이 이 투쟁을 인간에게 주시지 않았더라면 인간은 영원히 죄악에서 벗어나지 못할 것이다.

―칸트

5

인간의 능력은 감정과 함께 한다. 자기가 가진 능력을 쓰지 않으면 능력을 가졌다는 사실조차 잊어버리게 된다. 자기 능력을 사용하지 않는 사람은 스스로의 능력을 알지 못하게 된다.

―류시 말로리

선한 일은 노력에 의하여 이루어지지만 그 노력을 자주 되풀이하면 선행이 습관이 된다.

선을 가르치는데는 무엇이든 소홀히 하지 말고 악을 예방하는 일이라면 더욱 소홀히 하지 말라.

9월 27일

악담을 즐기는 사람은 그 즐거움이 해롭다는 것을 이해하지 못한다. 그래서 악담을 재미로 한다. 악담이 해롭다는 것을 알면서도 재미있다는 이유로 그만두지 않는 것은 무서운 죄악이다.

남의 악담(惡談)

1

남이 하는 소리만 듣고 그의 사업이나 행위를 판단할 수는 없다. 그와 반대로 그의 사업이나 행위에 의한 것만으로 무엇 때문에 그가 그런 짓을 하고 또 어떤 생각을 하며 마음속에 진실이나 깨우침이 있는가를 판단할 수 없다. 가령 어떤 사람이 아침부터 밤까지 쉬지 않고 몸을 움직여 책을 읽고 무엇인가를 쓰고 또 일하는 것을 보거나 밤새도록 작업장에 틀어박혀 있는 것을 보고 그 사람이 일하기를 좋아하기 때문이라고 생각할 수는 없다. 남을 위하여 그 사람이 무엇을 하는지 내가 알지 못하는 동안은 말이다.

어떤 사람이 밤새도록 매춘부와 추잡한 짓을 한다면 아무도 그가 일하기를 좋아하고 남의 이익을 위하여 일한다고 말하지 않을 것이다. 그리고 또 깨끗지 못한 목적을 위하여, 예컨대 돈과 명예를 위하여 하는 일은 더욱 그렇다. 깨끗지 못한 목적 때문이라면 사람이 아무리 쉬지 않고 일하며 아무리 큰 일을 한다해도 그가 일하기를 좋아하고, 남들의 이익을 위하여 일한다고 할 수 없다.

확실한 것은 어떤 사람이 자기 영혼을 위하여, 신과 이웃을 위하여 일한다면 그는 일하기를 좋아하고 남에게 유익하다고 말할 수 있다. 그러나 남의 마음을 어찌 알 수 있겠는가. 사람은 남을 아무렇게나 판단하고 비방도 칭찬도 함부로 해서는 안 된다는 말이다.

― 에피쿠테타스

2

나 자신을 판단할 때 내가 사귀는 친구나 환경으로는 충분하지 못하다. 나는 내가 더 잘 안다. 스스로 깊이 살펴라.

― 미케비치

3

선한 사람은 남의 속에 악이 있다고 생각하지 않고 악한 사람은 남의 속에 선한 것을 모른다.

4

모든 다툼은 진리와 총명을 잃게 한다.

5

가장 불완전한 것은 자기 자신을 꿰뚫어 보는 일이다. 남의 일은 놀라운 시력으로 꿰뚫어보면서도 자신에 대하여서는 장님이다.

―브라운

♣

사람을 판단을 할 때는 비록 그 사람의 결함을 알더라도 악담을 하지 않도록 조심하라. 특히 그 사람의 나쁜 점을 확실히 알지 못하고 남에서 들은 것만으로는 더욱 그러하다.

9월 28일

인간의 통상적인 행위는 대부분 이성에 의한 것도 아니고 감정에 의한 것도 아니다. 단지 무의식적인 모방에 의하거나 맹목적인 것이 많다.

사람들의 행위(行爲)

1

남에게 선동되어 행하는 것은 대부분 악이다. 양심의 요구에 응하여 의식적으로 행하는 행위는 악이 될 수 없다. 남에게 선동되어 하는 천(千)가지 행위에 비해 의식적으로 행하는 행위는 하나도 될까 말까 하다.

2

교화(敎化)가 됨은 인간이 자신 속에 있는 유치함에서 벗어나는 것을 의미한다. 그리고 그 유치함이란 인간이 남의 지도 없이는 자신의 이성이 성장하지 못함을 말한다. 사람에게 유치함이 존재하는 것은 이성의 힘이 약해서가 아니라 남의 지도 없이는 스스로의 이성을 발전시킬 수 없을 만큼 결단력과 용기가 부족하기 때문이다.

―칸트

3

스스로의 이성으로 용기를 가져라. 이것이 교화의 첫걸음이다.

4

스스로의 마음속에서 속삭이는 여러 소리로부터 참되고 영원한 자아의 소리를 분간하여 들을 수 있다면 그는 결코 과실을 저지르거나 악해질 수도 없다. 그러기 위하여 무엇보다 스스로를 알아야 한다.

5

대중이 교육받지 않는 원인을 살펴보면 중대한 원인이 학교나 도서관이 나빠서가 아니라 각종 예술에 끊임없이 생산되는 미신 때문인 것을 알 수 있다.

6

참된 교화는 도덕적인 삶의 모습이 보여짐으로써만 가능하다. 교화 사업의 중심이라고 생각하는 학교·서적·잡지·극장 따위는 참된 교화에 아무런 공헌도 하지 못한다. 도리어 교화에 어긋나는 일이 있다.

7

사회의 일원으로 중요하고 가장 곤란한 의무는 사회의 혜택을 누릴 줄 알면서도 그 멍에 갇히지 않는 일이다. 남의 사상이나 신념을 받아들이는 것도 중요하지만 범할 수 없는 자기 판단의 권리를 굳게 유지하는 일도 중요하다. 더불어 행동하면서도 스스로의 양심에 따르는 것은 남의 의견에 대한 존경과 자기 신뢰를 결합시키는 일이다.

♣

이성에 의해서도 아니고 자신의 내면에서의 깨우침에 의해서도 아닌 외부와 타인의 영향에 의하여 부당한 행위를 해야 할 때 과감히 거부하라. 그리고 그 영향이 선한 것이냐 악한 것이냐를 먼저 생각하라.

9월 29일

전쟁이 가져오는 불행과 공포 이외에도 저주해야 할 하나는 인간의 두뇌가 사악한 일에 이용된다는 점이다. 전쟁 때문에 막대한 비용이 생기면 그것은 명백히 밝혀지지만 그것으로 전쟁이나 폭압을 합리적으로 설명하기는 불가능하다. 그 결과 두뇌가 더욱 사악한 생각을 낳게 되는 것이다.

전쟁보다 무서운 것

1

미크로메가스는 "인간은 모두 이성이 있는 원자이다. 그래서 그 원자는 속에 있는 영원의 존재와 힘을 나타낸다. 이성이 있는 인간이 지구상에서 기쁨을 맛볼 수 있는 것은 그것이 물질욕보다 정신의 방향으로 발달됨으로써 삶을 사랑과 분별력으로 영위하기 때문이다."라고 말했다. 이 말에 대하여 철학자는 머리를 젓는다. 그리고 한 사람은 노골적으로 이렇게 말했다. "이 지구상에는 소수의 사람들에게 존경되는 소수인을 제외하고는 다른 모든 사람은 미치광이나 악인이나 불행한 인간들이다. 악이 육신의 삶에서 생기는 것이라면 그것은 사람의 마음에 필요 이상으로 육신적인 것이 있기 때문이다. 그러나 악이 정신 생활에서 생기는 것이라면 그것은 사람의 마음속에 너무 정신적인 것이 많기 때문이다"라고

역사 이래로 세상은 마치 "모자를 쓴 몇 천 명의 미치광이들이 몇 천 명의 다른 두건을 쓴 사람들과 서로 죽이기를 해 왔고 이러한 일은 역사가 기록되기 이전 시대부터 땅위의 곳곳에서 해 온 일이다."

"약소한 동물들은 무엇 때문에 싸우는가? 그대들의 발 뒤꿈치만한 흙덩어리 때문에 싸운다."라고 철학자는 대답했다.

"그러나 서로 죽이기를 다투는 인간 자신은 이 흙덩어리와는 아무런 관계도 없다. 그들에겐 단지 그 흙덩어리가 누구에게 속한 것인가? 만이 문제이다. 제왕과 왕후조차도 그 흙덩어리를 본 일이 없다. 서로 죽이기를 하는 짐승의 경우라도 그 짐승들이 특별한 감정 때문에 서로 죽이는 일은 결코 없다."

"불행한 인간들이다"라고 미크로메가스는 외쳤다.

"이 이상 더 어리석은 불행은 없을 것이다. 그렇지, 나는 서너 걸음을 걷는 수고를 아끼지 말고 이 개미와 같은 우스꽝스러운 살인자들을 말려주어야지."

"그렇게 할 것까지는 없습니다." 라고 철학자는 대답했다.

"그들은 자기가 하는 일에 싫증이 나 있습니다. 그들에게 벌을 줄 필요는 없습니다. 그보다는 왕궁에 앉아서 살인을 명령하고 그 승리를 살생의 잡신에게 감사하도록 명령하는 저 야만인에게야말로 벌을 주십시오."

― 윌데엘

3

인간이 전쟁의 어리석음을 깨달을 때가 오리라.

지금부터 4세기쯤 이전에 피자의 주민과 루카의 주민들 사이에는 매우 깊은 증오가 소용돌이치고 있었다. 그 감정은 영원히 풀릴 것 같지 않았다. 그 때문에 피자의 비천한 머슴 심부름꾼마저도 루카의 주민으로부터 무엇이든 받으면 부끄러운 배신이라고 생각할 정도였다. 그러나 오늘날 그와 같은 미움의 결과로 무엇이 남았을까? 오늘날 페르샤의 프랑스에 대한 어리석은 증오가 무엇을 남겼는가? 우리 시대에서 보면 그 증오나 피자의 주민이 루카의 주민에 대한 증오나 같은 것이다. 사람들은 서로 공격하고 미워하는 일보다 훨씬 더 중요한 일이 있다는 것을 깨닫게 될 것이다. 그것은 인간의 공통된 적으로 빈곤과 무교육과 질병이다. 그러므로 인류의 노력은 이와 같은 무서운 불행에 대하여 머리를 써야 할 것이며 서로가 더 큰 불행에 빠지는 것을 막아야 할 것이다.

―샬 리세

4

유럽 제국은 1천 3백 억 불의 부채를 지고 있고 그 중에서 약 1천 백억은 최근 1세기 동안에 젊어진 것이다. 이 어마어마한 부채는 모두 전쟁 비용 때문에 생긴 것이다. 유럽 제국은 평시에는 4억의 인민들을 병역에 종사시키고 전시에는 19억으로 증가시킬 수 있다. 그리고 각국은 예산의 3분의 2를 부채 문제와 군사 유지비로 쓰고 있다.

―물나알

♣

여행가가 어떤 무인도를 갔더니 무장한 보초가 밤낮으로 주위를 경계하는 광경을 보았다면 어떻게 생각할까? 그 성에는 가는 곳마다 도둑놈이 있을 것이라고 생각할 것이 아닌가. 유럽 제국에서도 이와 같은 말을 할 수 있지 않을까! 말하자면 종교를 그들이 버렸기 때문이고 종교의 힘이 지극히 약해진 때문이다. 우리는 참된 종교를 떠나 얼마나 먼 곳에 떨어져 있는 것일까?

―립텐베르크

9월 30일

인간은 고독할 때 하나님이 부르시는 음성을 들을 수 있다.

사람이 고독하게 되면

1

고독하거든 침묵 속에 숨어라
그리고 마음에서 찾아라
그대의 감정과 이상을.

밤하늘 별처럼 나타나리라
그것들을 그리워하라
침묵을 지키라

영혼이 무어라고 말하는가?
어찌 그대의 영혼을 남들이 알 수 있으랴!
그대가 무슨 생각으로 사는지 남들이 이해할 수 있을까?
말로 하는 사상은 거짓이다.
열쇠로 열어서 시끄럽게 되지 말고
침묵 속에서 사상을 기르라.
오직 스스로에 의해서만 살 줄 알라.
모든 세상은 그대의 영혼 속에 있다.
신비로운 마술 같은 지혜를
바깥 세계의 소음이 억누른다.
속세의 생태는 빛을 맹목으로 만든다.
그 노래에 조심하라,
그리고 침묵을 지켜라.

―츄체프

2

인간은 아주 중요한 문제에 부딪치면 고독해진다. 그리고 참된 인간의 고독을 다른 사람이 이해할 수는 없다. 인생이라는 희곡이 잘 씌어 있는 장면은 독백이다. 이는 신과 인간의 양심 사이에서 내면적으로 오가는 장면이다.

―아미엘

3

인간은 홀로 죽어야 한다고 파스칼은 말했다. 마찬가지로 인간은 혼자서 살아야 한다. 인생에서 중요한 순간은 항상 홀로 있을 때이다. 사람들과 함께 있을 때가 아니라 신과 더불어 있을 때이다.

4

남에겐 필요하면서 남을 필요로 하지 않는 사람이 선한 사람이다.

5

범죄자가 군중들 틈에 끼여 있기를 원하는 것은 죄는 지으면 지을수록 의식 속에서 고독해지기 때문이다. 반대로 선량하고 총명한 사람은 군중들 틈에 끼는 것보다 혼자 고독을 즐기면서 자신과 이상과의 끊임없는 교제를 생각한다.

6

자기 뜻을 요령 있게 잘 설명할 수 있는 나이가 되었다면 아마 육체의 체력은 많이 약해져 있을 때이다. 청년기에는 자기 뜻을 정열적으로 남에게 말하지 않고는 견딜 수 없기 때문에 말에 실수가 많고 요령이 부족하다. 그러나 훨씬 어른이 된 뒤 참을성 없이 감정대로만 말하는 사람을 보면 그들은 마치 피지도 못한 꽃봉오리를 따서 땅바닥에 짓밟아 버리는 것 같아 가엾게 보인다.

♧

가능하다면 세상과 관계를 끊고 자신을 하나님에게 맡겨 보아라.

10 월

10월 1일

성자는 무지를 두려워하지 않으며 회의·곤란·성찰도 두려워하지 않는다. 오직 한 가지만을 두려워한다. 그것은 알지 못하는 것을 아는 것처럼 믿는 일이다.

성자가 두려워하는 것

1

조금밖에 아는 것이 없다는 것을 깨닫기 위해 많은 것을 알 필요가 있다.

— 몽테뉴

2

모르는 것 묻기를 부끄러워 말라. 자제(自制)라는 것은 그 뿌리에 만족을, 그 열매에 평화를 주는 나무이다. 설사 그것이 남에게 불쾌한 인상을 줄 수 있다고 해도 항상 진실만을 말하라. 학문이 있어도 그것을 응용할 줄 모르는 인간은 냄새만 맡고 먹지 않는 사람과 같다.

— 아라비아의 성언

3

철학사나 자연과학사를 뒤져보면 가장 위대한 발견은 남들이 의심의 여지가 없다고 확신하던 것을 그저 평범한 사람에 의해서 바로 세워지는 그러한 발견이다.

4

일단 실행해 보라. 그리고 좋은 결과만 택하라.

5

인간의 정신력은 끝이 없다. 부족한 것은 그 정신력을 자신 속에 받아들이는 능력이다. 인간은 공기가 없어서 죽는 것이 아니라 공기를 호흡할 수 있는 힘이 없기 때문에 죽는 것이다. 일찍이 이 세상에 존재하였고 또 장래에도 있을 법한 육체적 정신적인 모든 요소는 인간 속에도 존재한다. 하나님의 뜻에 도달하느냐 못하느냐는 그런 것들을 어떻게 처리할 수 있느냐에 달려 있는 것이다.

—류시 말로리

6

참되고 신실한 지혜는 무엇이 선이며 무엇을 해야 할 것인가를 앎에 있는 것이 아니라 무엇이 먼저 해야 할 선이며 무엇이 다음 가는 선인가를 아는 데 있다. 그리고 어떻게 할 것인가를 아는 것에 있다.

♣

참된 지혜의 내용은 적극적이기보다 소극적이다. 즉 불합리한 것, 법칙에서 벗어난 것, 있어서는 안될 것을 아는 것이다.

10월 2일

종교와 도덕상의 가르침은 논리적 방법은 다르나 그 과업은 같다.

종교와 도덕상의 가르침

1

그러므로 너희에게 이르노라. 무엇을 먹고 무엇을 마실까, 무엇을 입을까 하고 육신의 걱정을 하지 말라. 생명은 양식 이상의 것이며 또한 의복 이상의 것이 아닌가!

하늘을 나는 새를 보라. 씨를 뿌리는 일도, 거두어들이는 일도 없고 곳간에 간직해 두는 일도 없지만 하나님 아버지는 그들을 길러주신다. 너희들은 새보다 나은 존재가 아니냐. 너희 중 누가 걱정한다고 해서 자기 키를 한 자나 더 크게 할 수 있느냐? 그러므로 무엇을 먹고 무엇을 마시고 무엇을 입을까 염려하지 말라.

무엇보다 우선 하나님의 나라와 하나님의 진리를 찾아라. 그러면 그 모든 것은 너희에게 주어지리라. 내일 일을 걱정하지 말라. 내일 일은 내일 하라. 하루의 노고는 그 날에 족하다.

—성경

2

벽장 속에 빵이 있는 데도 내일은 무엇을 먹을까 걱정하는 사람은 믿음이 부족한 사람이다.

3
진실한 믿음은 어떤 목적을 이뤄야겠다는 간구 없이도 이루어지는 것이고 진실하지 못한 믿음은 목적을 가지고도 이루지 못하는 신앙이다. 신을 참되게 섬기는 신자는 어떤 상황 속에서도 신을 생각하고 자기를 내세우지 않는다.
―아구니 프라아나

4
석가는 이렇게 말씀하셨다. 이 세상에서 어려운 것은 가난하면서도 동정심을 잃지 않는 것, 재물과 명성을 얻고도 신앙을 잃지 않는 것, 운명에 패배하지 않는 일, 정욕을 억누르는 것, 매혹적인 것을 보고도 그것을 얻으려고 하지 않는 일, 악의로 앙갚음하지 않고 오욕을 참는 일, 사물의 근저에 이르기까지 배우는 일, 무지한 자를 무시하지 않는 일, 자아애로부터 완전히 벗어나는 일, 선량함과 동시에 학문을 닦고 동시에 총명한 인간이 되는 일, 종교에 감춰져 있는 근원을 캐어내는 일, 남을 가르쳐 인도하는 일, 인생에서 자신의 영혼에 홀로 있는 일, 싸움을 피하는 일 등은 모두 감당하기 힘든 일이다.
―중국 성언

5
대개의 사람은 신의 말씀을 들음이 없이도 신을 숭배할 수 있다. 신을 숭배하지 않더라도 신이 말씀하시는 것을 듣는 편이 그래도 낫다

6
영원히 그리고 동시에 이 순간에 살라. 즉 영원히 사는 것처럼 일하라. 그리고 지금 당장 죽을지 모르는 것처럼 친구와 이웃을 사귀어라.

7
송교의 본연성(本然性)은 신이 말씀하신 인간의 의무를 인식하는 것이다.
―칸트

♣

도덕의 가르침이 종교적으로 바르게 하지 못하고 종교가 비도덕적이고 선한 삶으로 이끄는 역할을 하지 못한다면 그것은 모두 세상에 필요치 않다.

10월 3일

재산은 만족을 주지 못한다. 재물이 늘어나면 욕심도 늘어나고 재산이 많아지면 선한 마음이 줄어든다.

재산(財産)

1

재물로 생기는 욕망에서 이성과 지성의 한계를 정하기란 불가능하다. 인간의 만족은 절대적인 한계를 가지는 것이 아니고 욕구와 재산과는 무한대의 관계를 가진다. 그러므로 사람의 욕망을 채우는 데는 재산 그 자체는 분모(分母) 없는 분수(分數)와 같이 의미가 없다. 바라는 것이 없고 자기에게 필요치 않은 것까지 욕심을 갖지 않을 때 만족할 수 있다. 그러나 몇 백 갑절의 재산을 가지고도 만족하지 못하는 사람은 불행한 사람이다.

— 쇼펜하우어

2

원하는 만큼을 갖지 못한 자도 자기 값어치 이상의 것을 가졌다는 것을 알아야 한다.

— 립텐베르크

3

가난은 불행이 아니다. 불행은 자기 능력 이상의 것을 바라는 욕심이다.

— 세네카

4

자기를 위하여 재보(財寶)를 지상에 쌓아서는 안 된다. 거기에는 벌레와 녹이 상하게 하고 도둑이 땅을 파고 들어와 훔칠 것이다. 자기를 위하여 재물을 하늘에 쌓아라. 거기는 벌레나 녹이 재물을 다치는 일이 없고 도둑이 땅을 파고 훔치는 일도 없다. 너희의 재물이 있는 곳에 너희의 마음도 있다.

— 성경

5

도둑이 훔칠 수도 없으며 폭군이 강탈할 수도 없으며 사후에도 남아 결코 썩지 않을 재산을 쌓아라.

6

 욕구를 자제하고 자기 능력에 만족하며 소유하기 위해 기회를 악용하기보다 베풀기 위해 기회를 갖는 것 이상의 선한 행위는 없다. 많은 것을 받기보다 남을 만족케 하는 것이 비현실적이라고 말할는지 모르나 그러한 태도가 가장 훌륭한 태도이다.

―에머슨

 가난에 시달리지 않기 위해서는 두 가지 방법이 있다. 재산을 불리는 것과 욕망을 버리는 것이다. 전자는 스스로 해결할 수 없으나 후자는 스스로 해결할 수 있는 일이다.

10월 4일
 자기 결점을 잘 아는 사람은 남의 결점에 대하여 바른 태도를 취할 수 있다.

자기의 결점(缺點)

1

 아들아, 누가 너를 비방하거든 용서하고 마음을 쓰지 마라. 만약 네가 남의 험담을 입에 올렸거든 '대수롭지 않으며 하찮은 것이다'라고 생각할지라도 양심으로 용서하지 말라. 그리고 너에게 악담을 한 사람을 위해 기도하고 마음으로부터 우정을 가지고 용서하고 완전히 화해될 때까지 중요한 일로 생각하라.

―탈무드

2

 누구든지 다른 사람의 처지를 확실히 이해할 수 있다면 그에 대한 오해에서 벗어날 수 있다. 또 다른 사람의 입장을 자기의 처지로 바꾸어 확실히 이해할 수 있다면 오만에서 벗어날 수 있다.

3

 용서할 줄 모르는 사람은 자기가 건너야 할 다리를 스스로 무너뜨리는 것과 같다. 인간에게는 언제나 용서가 필요하다.

―로드 허버트

4

남의 비방을 참는 것이 복수하기보다 쉽다.

5

어리석은 자에게 할 수 있는 대답은 침묵뿐이다. 어리석은 자에게 말로 대답하면 그것이 되 돌아올 뿐이다. 비방을 비난으로 응수하는 것은 불 속에 장작을 집어넣는 것과 같다. 그러나 비방하는 자에게 태연한 태도를 갖는 사람은 이미 그것을 이겨낸 사람이다.

어느 날 마호메트와 알리가 어떤 사람을 만났다. 그 사나이는 알리가 고자질하는 자라고 생각하고 알리에게 욕설을 퍼붓기 시작했다. 알리는 그 악담을 꾹 참고 들으려 했으나 끝까지 참을 수 없어 욕설로 맞받아 쳤다. 그때 마호메트는 그 곁을 떠나 두 사람의 욕 싸움이 끝날 때까지 내버려두었다. 알리가 마호메트 곁으로 다가와 '어찌 그토록 무례한 욕을 참으라고 나 혼자 내 버려 두었느냐'고 기분 나쁜 듯이 말했다. 마호메트는 이렇게 대답했다.

"그 사나이가 그대에게 욕설을 시작했을 때 그대는 잠자코 있었다. 그때 나는 그대의 주위에 천 명의 천사가 모여드는 것을 보았다. 그러나 그대가 그 사나이에게 마주 욕설을 퍼부을 때 천사들은 어디론지 사라져 버렸다. 그래서 나도 그대 곁을 떠난 것이다."

6

항상 게으르지 않고 반성하면 자기 속에서 알 수 없었고 찾을 수 없었던 죄와 악을 찾을 수 있고 다른 사람에게 있는 것보다 더 악한 약점을 발견하게 된다.

7

큰 강은 돌을 던져도 흐름이 변하지 않는다. 신앙이 깊은 사람이라고 자처하면서도 남에게 악담을 들으면 금세 마음이 동요되는 사람은 큰 강이 아니라 물구덩이에 지나지 않는다는 것을 알라. 항상 용서함으로 불행을 이겨라. 자기도 용서받아야 할 사람인 줄을 알라. 인간은 모두 흙으로 돌아간다는 것을 잊지 말고 화평하라. 불화 하는 인간은 흙이 되기 전에 머리에 재를 먼저 이게 되는 꼴이다.

―사디

♣

조금만 생각해 보면 인간은 스스로가 인류에 대하여 무엇인가 죄를 짓고 있다는 것을 알 수 있다. 그런 생각을 가진 사람은 이미 스스로 참된 가치를 깨닫고 자신은 인류 전체로부터 빚을 지고 있음을 알게 될 것이다.

―칸트

10월 5일

재단할 때는 열 번 자로 재고, 결심을 굳힐 때는 백 번 생각하라. 그리고 나서 말하라.

시간은 흘러간다

1

누가 실수를 하거든 노하지 말라. 의도적으로 실수를 하는 사람은 없다고 생각하라. 이성이 장님이 되기를 원하는 사람은 아무도 없다. 실수를 한 사람은 거짓을 진실로 잘못 생각했을 뿐이다.

한 번도 실수하지 않은 사람은 없다. 또 진실이 보이는데 일부러 진실을 받아들이지 않는 사람도 없다. 다만 이해하지 못하기 때문에 진실을 받아들이지 못할 뿐이다. 진실이 그의 생각에는 악이 되고 죄가 오히려 판단 할 바가 아니라고 생각되기 때문이다. 그래서 과실에 대하여 노할 것이 못된다. 오히려 동정하여야 한다. 말하자면 양심이 병에 걸려 있기 때문이다.

―에피쿠테타스

2

시간은 흘러가면 그만이지만 입으로 토한 말은 흘러가지 않는다.

3

사람이 증오하거든 참견하기 전에 그 이유를 먼저 알고, 누구를 칭찬하거든 참견하기 전에 그 이유를 먼저 분석하라.

―공자

4

진짜 문제는 자기 잘못은 깨닫지 못하면서 다른 사람을 바르게 인도하려고 하는 데 있다.

5
말을 참는 것보다 더 큰 덕성은 없다.

♣

비난하려면 뒤에서 하지 말고 앞에서 하라. 그리고 자신에게 나쁜 감정을 갖지 않도록 하라.

10월 6일

질병은 자연 발생적인 현상이므로 질병을 예지할 줄 알아야 하고 그 증상에 따라 적절한 처치를 취해야 한다.

질병(疾病)

1
'건강한 신체에 건전한 정신이 깃 든다'라는 말은 옳은 말 같지만 그 반대의 관점에서 보면 건전한 정신이 아니면 건강한 육체를 만들지 못한다는 것도 생각해야 할 점이다. 적당한 노동·소식·절제·금욕은 건강의 필수 요건이다.

육체의 건강을 경시하면 건강으로 봉사할 능력을 빼앗아 가지만 육체에만 마음을 쓰는 것도 같은 결과이다. 중용을 위하여 한 가지 방법이 있다. 그것은 남에게 하는 봉사를 방해하지 않고 또 지나치지 않을 정도 안에서 육체에 마음을 쓰는 일이다.

2
어떤 질병도 인간의 의무를 방해할 수는 없다. 노동으로 봉사할 수 없으면 사랑으로 봉사하라.

3
병든 사상(思想)은 병든 육체보다 치료하기 어렵고 그 종류도 많다.

— 시세로

4
병이 들어 일을 못하고 치료에만 매달려 고생하는 환자나 불치의 중환이 아니고 경미한 경우라도 병이 나면 건강할 때 생활이 그렇게 고마울 수가 없다. 신체적 공포나 염려를 모르고 살았다는 것을 실감하기 때문이다.

♣

병을 두려워하지 말고 치료할 때 조심하라. 치료를 잘못할 걱정보다 치료를 받으면서 병자가 정신적으로 허약성을 보이는 것이 더 두려운 것이다.

10월 7일

하나님의 존재는 인간이 하나님을 거부하고 하나님을 잊으려 할 때 더 뚜렷해진다.

신(神)의 존재

1

내가 아는 모든 것은 하나님이 존재하시기 때문에 아는 것이다. 따라서 나는 하나님을 알 수 있다.

이러한 사실 속에서만 타인에 대하여, 자신에 대하여, 시간과 공간을 초월한 삶에 대하여 숭고한 기초가 있는 관계를 가질 수 있다. 나는 이 사실만이 진실이며 이 사실에 어긋나는 견해는 모두 불가해한 것임을 믿는다. 그리고 이 사실만이 가장 이해하기 쉽고 모든 사람들이 도달할 수 있는 진실임을 믿는다. '하나님이 무엇이냐'라는 질문에 나는 이렇게 대답해 왔다.

"하나님은 무한하시며 나는 자신을 그 일부로 인식한다"라고.

하나님은 내게 또 이러한 것이기도 하다. 즉 하나님을 향하여 나가는 것에 나의 삶 전체가 있고 또 내가 그것을 향하여 나가기 위하여 하나님은 존재한다. 그리고 나는 하나님을 항상 이해할 수는 있으나 무엇이라 이름을 붙일 수는 없다. 내가 하나님을 이해한다면 나는 신에 도달한 것이다. 그리고 목표로 삼고 나갈 목적이 없다면 나의 삶도 있을 수 없다.

하나님을 이해할 수는 있으나 하나님에게 이름을 붙일 수는 없다. 그리고 나는 하나님을 알고 신에게 도달하는 방향을 안다. 그리고 내가 가진 지식 중에서 이 지식이 가장 확실한 것이다. 하나님과 더불어 있지 않을 때 나는 항상 공포를 느낀다. 하나님과 함께 있을 때만 나는 공포를 느끼지 않는다.

2

자아애에서 생기는 종교적인 행위— 예컨대 기우제와 같은 장차의 보답을 기대하면서 희생을 바치는 일은 사실상 이기적이다. 그러나 조건이나 이유

없이 신심에 의거한 순수한 신앙에서 발현된 행위와 이기적인 자아애와 상관없이 이루어진 행위야말로 삶에 진실이 있고 높은 가치가 있다.

만물의 본질에 있는 높은 지혜를 인정한 참된 신앙의 사람은 자신의 일체의 이지(理智)를 모아 신께 영혼을 드릴 수 있다. 독자적인 생명의 빛으로 비추는 신의 본연으로 나아갈 수 있다.

바라문교도로 하여금 눈에 보이는 일체의 자연과 눈에 보이지 않는 일체의 자연이 신의 의지 속에 있는 것으로 생각하게 하라. 왜냐하면 만물은 신의 지혜로 이루어진 무한의 것이라고 생각함으로써 인간이 악한 사상에 굴복되는 일이 없어지기 때문이다.

―마누

3

내가 말하는 신은 금붙이나 은붙이로 만든 물체를 두고 말하는 것이 아니다. 신은 하나님 한 분뿐이며 그 신은 인간 모두의 내면에 가진 것이다. 그러므로 불순한 생각이나 악행은 자기 안에 있는 신을 더럽히는 것이다. 많은 사람은 신이라고 숭배하는 황금 우상 앞에서 언제나 어울리지 않게 경건해지려고 조심한다. 그러면서도 자기 속에서 모든 것을 보고 듣고 계시는 신 앞에서 생각으로나 행동으로 죄를 범하면서도 얼굴 하나 붉히지 않는다.

하나님이 자신의 마음에 함께 공생한다는 사실을 정말로 믿는다면 생각과 행동을 지켜보시는 하나님이 두려워 죄를 범하지 못하게 된다. 그러므로 하나님은 그런 사람의 마음을 주장하게 된다. 할 수만 있으면 하루에도 몇 번씩 마음속에 하나님께 소원이나 잘못을 상의하도록 힘써라.

―에피쿠테타스

4

하나님은 절하고 굿을 해야 하는 우상이 아니다. 하나님은 인간이 일상 생활에서 체현(體現)해야 할 이상(理想)이다.

―류시 말로리

5

인간이 절실하게 하나님을 향할 때나 하나님이 마음에서 멀리 떨어져 있다고 여겨질 때 인간은 하나님의 존재를 부인할 수 없다. 하나님에 대한 각성이 없으면 하나님이 자신에게서 멀리 떨어져 있음도 알 수가 없다. 하나님의 정체를 무엇인지 확실히 알지 못해도 인간이 결코 부인하지 못하는 이유는 '하나님'은 인간의 근원이면서 본래 인간으로서는 알 수 없는 존재이기 때문이다.

— n. c

6

인간이 공기를 호흡하며 산다는 사실을 느끼지 못하던 사람도 질식 상태에 드는 순간 무엇인가를 빼앗기고 있다는 것을 알게 된다. 이와 같이 하나님을 알지 못해 부정하던 사람도 죽음에 이르러 하나님을 빼앗기면 생명보다 귀한 것을 잃었다는 것을 깨닫게 된다.

7

"저를 하나님의 진리에 가까이 가게 해 주시고 하나님을 따라 살 수 있도록 해주십시오. 저는 지금까지 악마에게 속아 죄를 따라 살아 왔으나 앞으로는 하나님만 바라보고 살겠습니다. 하나님과 함께 살 수 있도록 하여 주십시오." 라고 작정하고 기도해 보라. 반드시 불행은 사라질 것이다.

하나님을 신앙하는 마음의 작정은 마치 결혼과 같아서 주위에서 아무리 결혼을 강요해도 상대가 마음에 들지 않으면 결혼을 거부하듯 스스로 마음이 내키지 않을 때는 하나님 곁으로 갈 수가 없다. 그러나 하나님의 신앙에 가까이 가지 않는 사람은 스스로 유혹에 빠지는 것과 같다.

♣

겸허하면서도 하나님께 두려움 없이 나아갈 수 있는 사람은 위대하다. 그런 사람은 말로만 하나님을 이해하는 것이 아니라 하나님이 인간의 일거일동을 꿰뚫어 보시고 때로는 꾸짖기도 하시며 때로는 칭찬도 하심을 믿는 확고한 신앙을 가졌기 때문이다. 러시아 농민들 사이에는 '여보게, 자네는 신을 잊었네 그려!' 하는 속담이 있다.

10월 8일

기독교도가 계명을 인간이 지킨다면 세상에는 부자도 빈자도 있을 수 없다.

인간의 물욕(物慾)

1

어떤 젊은이가 예수께 와서 "랍비여, 영생을 얻으려면 어떤 선한 일을 하면 될까요?" 했다. 예수는 대답했다.

"네가 영생을 얻으려거든 돌아가서 너의 재산을 팔아 가난한 사람들에게 나누어 주라. 그러면 너는 하늘에서 보상을 얻으리라. 그리고 나를 따르라."

―성경

2

부자는 언제나 남의 슬픔에 냉담하고 무관심하다.

―탈무드

3

물욕은 무섭고 두렵다. 그것은 인간의 눈과 마음을 가려 야수보다 잔인하게 하고 양심과 우정과 사회적 체통을 잃게 함은 물론 영적 구원까지 잃게 한다. 물욕은 모든 선에서 얼굴을 돌리게 하고 난폭한 폭군이 되어 인간을 노예로 만든다. 그렇게 함으로써 나타나는 더 무서운 것은 욕심이 크면 클수록 더 많이 만족할 수 있다고 착각하고 폭압에 열중한다는 점이다. 그것은 마치 불치의 병과 같다. 인간을 야수처럼 변하게 하고 온순하지 못하게 하는 것은 물욕과 착각이다.

―조르아스터

4

부자와 빈자가 공존한다. 부자는 빈자들이 있음으로써 존재하는 것이다. 중요한 문제는 부자의 지나친 사치가 더 극심한 사치를 낳게 되고 결국은 약탈자가 된다는 것이다. 부자가 약탈하지 않았다고 해도 극빈자는 부자의 허황한 사치 때문에 피해를 입게 됨으로 결국은 약탈을 당한 것과 다름없게 된다. 그래서 예수는 빈자를 동정하고 부자를 책망하셨다. 예수는 '약탈을 당하는 사람이 약탈하는 사람보다 낫다'고 했다. 예수 그리스도의 진리를 실현하려는 나라에서는 부자도 빈자도 존재할 수 없다.

―헨리 조지

5

극단적인 부자와 극단적인 빈자로 이루어진 사회에서 빈자는 쉽게 권력의 포로가 되어 버리는데 가난한 사람들에게는 그것에 반항할 만한 기력이 없기 때문이다. 그러나 재산이 많은 사람은 곳간에 너무 많이 쌓아두었기 때문에 위험을 무릅쓰고 재산을 지킨다.

―헨리 조지

6

재산은 퇴비와 같다. 가만히 두면 썩어 악취를 내고 뿌리면 땅을 기름지게 하듯 세상을 풍요롭게 한다.

♣

몇 천만의 가난한 사람들 속에 살면서 재산을 자랑하는 사람은 자신의 도덕적인 감정을 속이기 위해 엄청난 노력이 필요하다.

10월 9일

자의식을 정신적인 '자아'로 경험할 수 있는 사람은 삶에서나 죽음에 있어서나 불행을 경험하지 않는다.

인생에서의 자의식(自意識)

1

세상에서 인간 의식에 대한 현실적 각성은 물질적인 형식으로 나타난다. 그리고 이 물질적인 형식은 인간의 정신적인 본질을 제한한다.

물질은 정신을 제한한다. 그러므로 참된 인생은 끊임없이 이 제한을 파괴하는 작업이어야 한다. 완전히 그것을 파괴하고 완전히 거기에서 해방되는 일에 전심전력을 다해야 한다. 이를 이해하는 것이 인간 이성의 본질이다. 그것이 인간에게 영원한 삶에 대한 인식을 제공한다.

2

그대가 존재의 규범을 알게 되면 비록 운명이 그대를 버릴지라도 그대의 본질, 그대의 정신, 인생의 중심, 자유, 능력이 언제나 그대와 함께 한다. 세상에서의 어떤 행복이나 위대성의 실현도 그 것을 위해 인간이 자기 정신과의 결합을 깨뜨리고 정신이 무너을 파괴하면서까지 기만이 내면성의 나그회에 빠질 수는 없다. 그렇게 큰 희생을 치르면서까지 살 가치가 있는가?

— 오렐리아스

3

인간은 내면에 존재하는 무한하고 위대하며 전능한 그 무엇이 존재하고 있다는 의식과 함께 자기 모순까지도 분명하게 의식한다. 그 때문에 때로는 괴로워하고 때로는 기뻐한다.

4

  육으로 난 것은 육이며 영으로 난 것은 영이다. 너희는 소리를 듣더라도 그것이 어디서 와서 어디로 가는지 알지 못한다. 영으로 난 것은 모두 그와 같다.

—성경

5

  오직 활력 있고 도덕적이며, 정신적인 깊은 종교 의식만이 인생의 존엄과 활력을 부여한다. 그런 의식은 영구할 수 있고 어떠한 것에도 얽매이지 않는다. 지혜는 그것을 구하는 사람에게만 행복을 깨닫게 한다. 오만과 탐욕을 버릴 때 강력한 힘을 얻을 수 있고 세상을 발 밑에 들 수도 있고 그 무엇도 의지를 미혹하지 못한다. 정신은 물질보다 우위에 있고 이 세상은 모두 하나님에게 속해 있기 때문이다.
  '용기로 나는 이 세상을 이겨냈다'라고 말할 수 있게 하라. 하늘을 향해 부르짖어라. '주여, 사랑을 베풀어 약한 자에게 힘을 주소서.'라고.

—아미엘

6

  인간의 두뇌로 헤아리는 것보다 높은 지혜가 있다. 그것은 멀리 있으면서도 가까이 있으며 모든 존재와 만물 위에 무한히 높다. 그 것은 높은 정신에 의하여 지탱되며 그 높은 정신은 만유 안에 있다. 그것을 아는 사람은 어떤 일에도 겸허할 수 있고 진실할 수 있다. 그 높은 하나님을 아는 사람들이 사는 세계에는 기만도 슬픔도 없어야 한다.
  아무런 의미도 없는 우상 제사에 참여하여 왈가왈부하는 사람은 습진 어둠 속에 갇혀 있는 것과 같고 영적으로 무익한 생각에 빠져 있는 사람은 그 보다 더 깊은 어둠 속에 묻힌 것과 같다

—우파니샤드

7

  눈에 보이지 않는 것이 눈에 보이는 것을 낳았다. 창조주는 언제나 숨어 있으며 단지 결과만 눈에 보일 뿐이다. 그의 권능은 무한하며 결과에는 종말이 있다. 따라서 보이지 않는 것을 믿는다는 것은 창조주를 믿는 것을 의미한다.

단순히 보이는 것을 믿는 것은 무익하고 일시적이며 종말에 결국 파멸돼 버릴 헛수고를 의미한다.

— 류시 말로리

8

하나님은 인간이 자신의 경지에까지 도달하려는 사람을 이끌어 주신다. 그러므로 인간이 하나님을 섬기는 일은 이상할 것이 없다. 하나님은 언제나 인간과의 결속을 원하신다. 고로 하나님 없이 존재할 수 있는 영혼은 하나도 없다.

— 시세로

♣

역경과 질곡(桎梏)에서 벗어나려면 긍정적인 정신을 가져라.

10월 10일

도덕은 물질에 좌우되지 않으며 세상 인심에 따라 변하지 않는다.

도덕과 물질

1

마땅히 해야 할 일을 사소한 이유로 거부하는 사람이 있다. 그것은 결국 자신을 속이는 일이다. 그 일이 사소한 일이 아니라 너무도 큰 일이기 때문에 못하는 것이다.

— 뽀오지

2

자신이 사명을 이루기 위해 세상에 태어났다고 생각하지 않는 사람은 의식 있는 사람이 아니다.

— 중국 성언

3

인간은 생각으로가 아니라 행동으로 자신을 알아야 한다. 할 일을 하기 위해 노력함으로써 인간은 스스로의 가치를 알게 된다.

— 괴테

4

일을 끝까지 하지 않아도 좋다. 그러나 포기하지는 말라. 그대에게 그 일을 맡긴 분은 언제나 희망을 버리지 않는다.

―탈무드

5

스스로 바르게 살려는 사람은 남이 피하는 어려운 일을 택한다. 욕망을 눌러 자신의 처지에 맞추어 주어진 의무를 소홀히 하지 않아야 한다.

―페누른

♣

남들이 하찮게 여긴다고 따라서 경시하는 것처럼 도덕적으로 해로운 것은 없다.

10월 11일

존경할 가치가 없는 것을 자랑하는 어리석은 사람이 있다. 그런 사람은 필요 없는 것, 해로운 것, 즉 권력이나 재산을 자랑으로 생각한다.

오만(傲慢)

1

읽지도, 쓰지도 못하는 사람이 남을 가르칠 수 없듯이 자기 할 바도 모르는 사람이 남에게 무엇을 해야 할 것인가를 가르칠 수는 없다.

―오렐리아스

2

자신보다 더 못한 사람을 보지 못했다, 또는 자기는 자랑할 것이 아무 것도 없다고 생각하는 사람이 바로 가치 있는 인간이다.

3

이해하기도 전에 그것을 남에게 가르치려는 사람이 있다. 그런 사람은 금방 먹은 음식을 토해내는 위와 같다. 그런 사람을 본받지 말고 무엇이든 배우면 먼저 그것을 자기 것으로 만들라. 그러기 전에는 함부로 가르치려 하지 말라. 그렇지 않으면 소화불량증에 걸린 위처럼 될 것이다.

―에피쿠테타스

4

　인간의 오만과 존엄은 근본이 다르다. 오만은 표면적인 성공에 따라 커지나 존엄은 내면이 고상해짐과 표면의 자세가 낮아짐에 따라 커진다.

5

　거만한 사람은 남이 자기를 존경하는 것이 아니라 자신에 대한 세상의 소문을 존경하는 것임을 모른다. 반면에 자신의 존엄을 자각하는 사람은 모든 소문을 멸시한다.

6

　아무리 어리석은 사람이라도 최소한 자신이 지혜로운 사람이 아니라는 것을 알 수 있는 만큼의 지혜는 있다. 그러나 자신의 최소한의 현명함도 신뢰치 않는 사람은 결코 현명해질 수 없다. 오히려 현명한 바보이다. 어리석은 자는 현명한 사람 곁에 살아도 진리를 깨닫지 못한다. 마치 숟가락이 맛있는 요리 맛을 모르는 것과 같다.

　　　　　　　　　　　　　　　　　　　　　　　─석가

7

　자신을 사랑할 수 있는 사람은 더할 수 없는 보배를 가진 사람이다.

　　　　　　　　　　　　　　　　　　　　　　　─립텐베르크

8

　자존심이 강한 사람은 편협한 사람이다. 단지 인과의 관계처럼 자존심이 강하므로 항상 편협하다. 달리 말하자면 편협하므로 자존심이 강하다는 말이다. 그는 그 이상 더 좋은 것은 만들 수 없다고 생각하므로 자기가 만드는 것이 제일 좋은 것이라고 자부하는 것일 뿐이다.

♣

　거만은 마치 공작의 아름다운 깃털을 보는 것같이 처음에는 사람을 혼란시킨다. 그러나 그 혼란의 때가 지나면 그 사람은 어느새 본래의 거만한 사람이 되고 만다.

10월 12일

　관습에서 벗어나라. 무엇이나 완성에 도달하는 첫 걸음은 습관에서 벗어나는 일이다.

습관 고치기

1

생각한 대로 행동하라. 남의 생각을 따라 행동할 수는 없다. 범인이나 현자나 마찬가지다. 위대한 것과 비천한 것과의 차이도 별것이 아니다. 왜냐하면 인간은 누구나 자신을 자신이 더 잘 알기 때문이다. 습관에 따라 살기는 쉽지만 위대한 인간은 그 틈에서도 자신의 독립성을 유지하는 사람이다.

—에머슨

2

사회는 이렇게 말한다.
"우리가 생각하는 것처럼 생각하라. 우리가 믿는 것을 믿어라. 우리가 먹고 마시는 것을 먹고 마시라. 우리가 입는 것을 입어라. 그렇지 않으면 남들로부터 미움을 받는다."
누구도 그것에 따르지 않으면 그는 조롱·악평·비방·배척이나 증오에 부딪칠 것이며 지옥 같은 삶을 살아야 된다. 그러나 용기를 내라.

—류시 말로리

3

양심이 명하는 대로 세상 관습에서 벗어난 사람은 자신에 대하여 엄격하고 신중하다. 그러므로 과실과 약점이 그에게는 큰 죄악이 될 우려가 있다.

4

아무 것도 아닌 세상 습관에 장단을 맞추는 것은 정력의 낭비이며 시간의 낭비이며, 인간의 독자성을 포기하는 일이다. 낡은 제도를 지지하며 세파에 장단을 맞추면서 소작인처럼 머리를 숙이는 것은 그대 자신이 스스로 존엄을 포기하는 것이다. 그리고 가장 좋은 노력을 하찮은 것에 써버리는 결과이다. 그와 같은 삶은 마음도 육체도 모두 패망시킨다.

—에머슨

5

도덕적인 삶은 그것을 역겹게 보는 못된 사람들의 공격을 받게 된다. 덕성을 지키려면 당연히 조소도 받게 되지만 그 때문에 괴로워하거나 모욕감을 가질 필요는 없다. 도덕적인 사람이 나쁜 인간들의 증오를 받는 것은 당연한 일이다. 나쁜 사람은 바르게 사는 사람을 시기할 뿐만 아니라 남의 명예를 더럽히고도 언제나 변명만을 늘어놓는다. 그리고 비도덕적인 사람들은 도덕적인 사람을 자신의 반대자일 뿐이라고 증오한다.

그렇다고 중도에서 포기할 수는 없다. 왜냐하면 악한 사람으로부터 미움 받는 것은 그가 도덕적이라는 증거이기 때문이다.

— 조르아스터

♣

관습을 따르지 않는다고 비난할 필요는 없다. 세상 습관에 빠져 양심이나 이성의 요구를 귀담아 듣지 않는 것이 그 이상의 악이다.

10월 13일

인간은 사회적 압력에 못 이겨 굴종되는 것이 아니라 이성에 의하거나 법이 바르게 실현됨에 따라 순종이 이루어져야 한다.

세상의 관습(慣習)

1

매우 위대한 현인이 있는 곳에서는 현인의 가르침을 따르면서도 그 현인의 존재를 알지 못한다. 그러나 그보다 조금 위대한 현인이 지배하는 곳에서는 현인을 두려워한다. 그리고 위대하지 못한 현인이 지배하는 곳에서는 현인을 멸시한다.

— 노자

2

강력한 지배에는 사랑이 부족하고 미약한 지배에는 분란이 많다. 사랑은 사람을 모으고 싸움은 사람을 흐트러뜨린다.

— 류시 말로리

♣

삶에서 폭력을 제거하라.

10월 14일

예술이란 인간이 도달할 수 있는 높고 고귀한 감정을 목적으로 하는 인간의 사업이다.

예술(藝術)이란 무엇인가

1

좋은 예술 작품은 인간의 의식 속에서 대중과 작가의 구별을 허문다. 대중과 작가 구별뿐만 아니라 그 작품에 공감하는 모든 대중 사이의 구별마저도 없애버린다. 나아가 너와 나사이의 개인적 구별을 없애 하나의 것으로 합류케 하는 점에 예술의 빛나는 힘이 있으며 본질적 의미가 있다.

2

사상을 형성하는 것은 지금까지 알려져 있던 것을 되풀이하는 일이 아니라 새로운 사상과 사색을 일으키는 일이다. 마찬가지로 예술 작품도 그것이 인생에 이바지하는 새로운 감정을 일으켜야 한다.

3

예술은 인간 진화를 위한 기관이다. 언어에 의해 사상을 전하며 예술의 현상에 의하여 현재를 사는 사람들뿐만 아니라 과거의 그리고 미래의 모든 사람들과 감정을 통하여 교유(交遊)한다.

4

지식의 완성은 무엇보다도 진실하고 필요한 지식이 거짓과 불필요한 지식을 배척하여 진리의 자리를 차지하는 작업이어야 한다. 마찬가지로 감정의 완성은 예술에 있어서 인간의 행복을 위해 부정하고 필요 없는, 그리고 야비한 감정이 인간의 행복을 위하여 보다 낫고 보다 필요한 감정으로 대체하는 작업이다. 여기에 예술의 의미가 있다.

5

모든 시대 모든 사회에 있어서 모든 사람에게 공통되는 종교의식이 있다. 그 종교의식은 좋은 것일 때도 있고 좋지 못한 것일 때도 있다. 그리고 이 종교의식이 예술에 의하여 조성된 감정의 가치를 결정한다.

6

성서적인 의식은 인간이 신의 아들이라는 인식을 요구한다. 그러한 인식으로부터 상호 선의의 결속이 생긴다. 그러므로 기독교적 예술의 내용도 상호 결속과 인간과 신의 결속에 일치되는 감정이어야 한다.

7

기독교적인 예술과 그 작품은 누구도 예외 없이 전체를 결속케 할 수 있을 때나 또는 인간 상호간의 평등 의식을 불러일으킬 때나 또는 가장 단순한 것이긴 하나 성경의 말씀에 경의를 갖는 모든 사람에게 예외 없이 본성적인 감정을 일으킬 때만이 예술작품이라고 말할 수 있다.

8

기독교는 인간의 삶과 이상을 변화시켰다. 인간이 위대하다고 여겼던 것도 신에게는 하찮은 것이다. 인간의 이상은 이집트나 로마의 왕도 아니고, 희랍의 아름다움도 아니고, 페니키아의 부유도 아니다. 겸손·순결·동정·사랑이 인간의 이상이다.

성경의 영웅은 부자가 아니고 가난한 나사로이다. 이집트의 마리아는 그녀의 아름다움이 최고의 미가 아니라 참회의 때가 아름다웠다. 왕궁에 사는 삶이 아니라 오막살이에 사는 삶이 더 귀중한 것이다.

귀중한 예술 작품은 정복자의 흉상을 세운 승리의 제단이 아니라 사랑에 의하여 깨우쳐진 인간 영혼의 표현이다.

♣

아마 장래에는 과학이 예술에 대하여 새롭고 높은 이상을 유도할 수 있을 것이다. 그리고 예술은 그것을 실현하게 될 것이다. 그러나 현대사회의 예술적 사명은 명백히 제한되어 있다. 기독교의 예술에 대한 문제는 바로 인류의 동포애를 실현하는 일이다.

10월 15일

인간의 사명은 영혼을 성찰하는 일이다. 영혼을 성찰하는 일은 영혼을 스스로 수복하여 그것을 위대하게 하는 일이다.

인간의 사명(使命)

1

"내가 하늘에서 온 것은 내 뜻을 이루기 위해 온 것이 아니다. 나를 여기에 보내 주신 이의 뜻을 이루기 위함이다. 나를 여기에 보내 주신 이의 뜻은 나에게 주어진 모든 것을 하나도 잃지 않고 최후의 날에 소생시키는 것이다."라는 말이 요한복음서에 있다. 마치 유모에게 넘겨준 아기처럼 나에게 주어진 지(知)의 빛으로 성장케 하여 높이 신성의 영역으로 승화시키는 일이다. 그 일을 이루기 위해서는 정념의 만족도 현실의 영예도 모두 무의미할 뿐이다.

2

정신의 힘은 삶의 성장과 더불어 생긴다. 그것은 육체의 경우에도 마찬가지다. 가령 인간의 정신이 성장하지 않는다면 인간은 정신적인 면에서 언제나 허약할 수밖에 없듯이 그대가 언제나 어린아이인 채로 있다면 물질적인 세계에서도 언제나 어린아이와 같을 것이다.

3

인생의 의미는 인격의 완성에 있다. 그리고 인격의 완성은 삶을 완성이라는 신성한 사업에 봉사하기 위함이다.

인간은 살아 있을 동안 세상에 봉사함으로 자기 완성에 도달할 수 있다. 그리고 세상에 봉사함으로만 삶의 완성이 가능하다

삶의 완성은 '자아'를 육체의 삶으로부터 정신의 삶으로 발전함을 의미한다. 그 일에 전심전력하게 되면 시간이라는 것도 죽음이라는 것도 별로 크게 의미를 갖지 못한다. 왜냐하면 그 일에 전력하는 것이야말로 행복이기 때문이다.

4

인간은 선배들에 의하여 이루어진 일을 계속하기 위하여 태어난다. 세상에 공헌하며 진리와 선을 실현할 수 있는 인간으로 태어난다는 말이다. 그 때문에 인간은 단 일초라도 지나간 과거에 머물지 말고 항상 바르게 하여 아침마다 새로운 해를, 한 시간마다 새로운 삶을, 그리고 인간을 포용하고 있는 대자연에게서 교훈을 터득해야 한다.

―에머슨

5

때때로 정의는 역사라는 토양 속에 오랜 세월 움직임 없이 묻혀 있는 씨앗일 경우도 있다. 그러나 일단 그것이 인간의 열정과 갈망이라는 열과 습기를 받으면 그 속에 새롭고 건강한 즙액(汁液)을 만들어 신선한 힘으로 성장한다. 그리고 꽃을 피우고 열매를 맺는다. 그러나 폭력이나 불의에 의하여 뿌려진 씨앗은 썩고 말라 흔적조차 없이 사라져 버린다.

―탈무드

7

다섯 살 난 아이와 성인은 단지 한 걸음 차이에 지나지 않는다. 그러나 유아에서 다섯 살 난 아이까지는 대단히 큰 차이가 있다. 또한 태아와 유아 사이에는 더 큰 심연(深淵)이 있다. 아직 존재하지 않는 생명과 태아와의 사이에는 심연이 아니라 도달할 수 없는 거리가 있다.

♣

유년 시대부터 죽음에 이르기까지 인간의 영혼은 끊임없이 성장한다. 쉴새없이 더욱 깊이 스스로의 정신성을 의식하고 신에게 가까이 가며, 그 것이 완성을 향한 삶의 길이다. 인간이 그것을 알던지 모르던지 완성은 불가불 계속된다. 신이 인간의 선한 품성에 요구하심을 따라 자신도 그 같이 겸허하게 소원한다면 삶은 자유롭게 되고 기쁜 것이 될 것이다.

10월 16일

신은 인간의 마음에 살며 신적인 의식이 깨우쳐지지 않는 영혼은 존재하지 않는다. 그리고 이 깨우침을 성경에서는 축복이라고 부른다.

신은 모든 인간 속에 살고 있다

1

열매가 자라기 시작할 때 꽃은 떨어지는 것과 같이 인간의 마음에서 신의 의로움이 성장하기 시작하면 육체의 정욕인 오만의 꽃은 떨어진다. 마치 천년의 암흑이 공간을 가득 채웠어도 빛이 순간에 들어옴 같이 곧 밝게 된다. 그 같은 이치는 영혼에도 동일하여 오랫동안 암흑의 환경에서 헤매다가도 신성의 빛 즉 진리의 깨우침이 마음에 들어오면 바로 그 순간 영혼은 빛을 발한다.

―바라문교 성전

2

자경(自敬)은 인간 속에 있는 신에 대한 의식의 표현이다. 그것의 깊은 근원은 종교다. 그 가장 좋은 예는 겸손의 위대성이다. 어떤 귀족도 왕후도 성자의 자경과는 비교할 수 없다. 성자가 겸손한 것은 자신 속에 있는 신의 위대성에 의거함으로써 이렇게 되고 싶다고 바라기 때문이다.

— 에머슨

3

대부분의 유명인에게는 꾸며진 허구가 있다. 그러나 자신을 아는 순전한 사람에게는 참된 교화가 있다. 자신을 아는 사람은 신을 아는 사람이다.

— 동양의 성언

4

신은 우리 마음에 언제나 계시다. 신은 마음속에서 인간의 선과 악에 대한 증인이 된다. 인간이 신을 대함과 같이 신은 인간을 대하신다. 인간은 결코 신 없이 선해질 수가 없다.

— 시세로

♣

비록 사람이 신의 권능을 인식하지 못하더라도 그것은 신의 힘이 사람 안에 존재하지 않는다는 증거가 아니라 단지 그가 자신 속에 있는 신을 인식할 줄 모른다는 것일 뿐이다.

10월 17일

사람과 신 사이에 아무런 관계도 없다는 것은 있을 수 없다. 옛날에 존재했던 관계가 현재의 관계보다도 중요하고 긴밀했었다고도 말할 수도 없다. 단지 현재의 관계가 옛 것보다 더 이해하기 쉽고 접근하기 쉬울 뿐이다. 그러므로 현재의 관계가 옛날의 관계에 의하여 확인되지 않으면 안 된다고 할 수 도 없다. 도리어 그와는 반대이다.

신과 인간의 관계

1

세상에서 가장 고귀하게 여겨지는 진리는 이미 시대에 뒤떨어진 것이 많다.

이 얼마나 놀라운 일인가? 가장 옳고 확실한 진리가 독자적 사상에서는 아무 것도 취할 것이 없고 때로는 오히려 그런 진리에 대하여 혐오하게 될 경우 이 얼마나 놀라운 일인가!

—트로오

2

인류의 종교의식은 부동의 것이 아니다. 쉴새 없이 변화하며 점차 명백히 그리고 순수하게 되어 간다.

3

사람은 누구나 하나의 사상에 연결되면 착오를 범하지 않기 위해 마치 기둥에 몸을 묶어둔 것같이 그것에 빠져 버린다. 일정한 정신 발달 단계에 알맞은 진리라도 더욱 정신을 발달할 수 있게 하기 위해서는 빠져버린 하나의 사상은 오히려 방해가 되고 그것이 보다 높은 단계를 위해서는 착오되는 일이 흔하다.

—류시 말로리

4

무릇 인간의 형이상학적인 이해에 가장 해로운 사상은 "세계는 창조된 것이며 무엇에 의하여 만들어진 것이며 창조주로서의 신이 존재한다는 사상"이다.

사실에 있어서 창조주인 신을 생각할 아무런 근거도 또 아무런 필요도 없다. 또한 창조주인 신은 기독교적인 아버지로서의 신이나 정신으로서의 신과 아무런 공통성도 없다. 그러나 나 자신의 내면에서 나의 삶을 이루고 내 삶의 의미를 명백하게 교훈하는 사랑으로서의 신은 그렇게 말할 수 없다. 창조주로서의 신은 고뇌나 악에 대하여 무관심하며 태연하지만 정신으로서의 신은 고뇌나 악으로부터 인간을 피할 수 있게 하며 항상 그것에서 완전한 행복을 찾으라고 교훈한다.

나는 내게 주어진 감정 기관에 의하여 세계를 인식하고 내 자신 스스로 아버지이신 신을 지각한다. 그러나 창조주로서의 신을 나는 모르며 또 알 수도 없다.

♣

우파니샤드에도 성경에도 코란에도, 또 석가나 공자에게서도 훌륭한 교훈은 많다. 그러나 무엇보다도 필요하고 이해하기 쉽고 모두에게 가까운 것은 자신의 종교적 사색이다.

10월 18일

인생에서 신에 대한 자유스러운 사고능력이 나타나는 것은 오직 현재에서만 가능하다. 그러므로 현재의 행위도 신에 속한 성질을 가진 것이라야 한다. 즉 총명하고 선량한 것이어야 한다.

1

그때 그리스도는 그들에게 말했다. "빛이 너희들과 함께 있는 것은 얼마 동안뿐이다. 빛이 있을 동안에 나가라. 어둠이 너희들을 둘러싸지 않도록. 어둠 속으로 나가는 자는 어디로 가는지 알지 못한다."

― 성경

2

좋은 습관은 노력에 의하여 굳어지게 된다. 예컨대 잘 걷기 위해서는 자주 그리고 많이 걸어야 하며 잘 달리기 위해서는 많이 달리는 것이 필요하다. 잘 읽기 위해서는 많이 읽어야 한다. 반대로 지금까지의 습관을 중지하면 점점 그 습관은 쇠퇴해진다. 예컨대 만약 10일간 잠만 잔 뒤 걷는다면 다리가 매우 약해 있음을 알게 될 것이다. 그러므로 어떤 습관을 들이려면 그것을 많이 그리고 자주 연습하라. 반대로 어떤 습관을 중지하려거든 그것을 곧 중지하라. 이는 그대의 정신적 능력에 대해서도 마찬가지다.

노할 때는 한 가지 악만 저지르는 것이 아니다. 동시에 마음속에 노하는 습관을 강하게 하는 것이다. 즉 불 속에 장작을 집어넣는 것과 같다는 말이다. 육체의 유혹에 빠질 때 단지 그 점에서만 죄를 범했다고는 생각하지 말라. 그 이상의 죄를 저지르고 있는 것이다.

무릇 이성 있는 인간은 나쁜 정신·사상·욕망은 분명히 강하게 되어 가는 것을 안다. 그러므로 쉽사리 노하지 않는 사람이 되려면 언제나 노여움을 누르고 노하는 습관을 기르지 않도록 힘써야 한다. 그러나 사상적 투쟁에 있어서 사람은 어떤 방법으로 힘을 얻어야 할 것인가?

유혹적인 사상과의 투쟁에서는 우선 자신이 보다 덕성이 높은 사람들과 사귀기를 구하고 앞서 있던 현자들의 가르침을 명심해야 한다. 진정한 투쟁은 자신의 편협한 사상과 싸우는 일이다. 이 싸움은 신성하고 신께 접근하기 위한 노력이다. 이 투쟁에 이겨낼 수 있느냐 없느냐에 삶의 평안과 행복이 달려 있다. 거기에는 항상 두 가지 때가 있다. 그중 하나는 편협한 사상에 빠져 육욕을 향락하는 현재이고 다른 하나는 육욕에 싫증나 자신을 뉘우치고 자신을 비난하는 때이다. 절제했을 때에 경험하는 만족을 상기해 보라. 그리고 한번이라도 지게 되면 절제가 매우 곤란하게 됨을 기억하라. 그리고 자신의 편견적 사상에서 헤어 나오지 못하면서도 내일은 이겨보겠다고 말한다면 내일도 또 같은 일이 되풀이 될 것이다. 그리고 마침내 약하고 병든 자신의 착오를 완전히 알아차렸다 해도 자신의 악한 행위에 대하여 변명의 말을 준비하게 될 것이다.

— 에피쿠테타스

3

선한 일로 사랑을 보여줄 수 있다면 당장에 하라. 왜냐하면 기회는 한번 가고 다시는 돌아오지 않기 때문이다.

4

모든 순간을 잘 이용할 줄 알게 되면 자신의 영원성을 믿을 수 있다. 모든 순간을 자신의 높은 정신으로 대할 때만이 사소한 의무라도 가치 있는 것이다.

— 말티노

♣

어떤 후회에도 이익은 있다. 왜냐하면 '그때'에 가지고 있었던 능력에 알맞도록 '그때'를 이용하지 않았다는 것에 대하여 슬퍼하는 것이기 때문에 후회는 '그때'에 어떻게 행동했어야 했는가에 대한 교훈이기 때문이다.

10월 19일

인생의 의미는 계시된 영감에 따를 준비가 된 사람에게는 명확하다. 그러나 편리하게 버릇이 된 생활습관을 깨뜨려 버리지 않고 그것을 진리로 믿는 자에게는 언제나 감춰져 있다.

인생의 의의(意義)

1

'나는 무엇인가? 나는 무엇을 해야 하는가? 나는 무엇을 믿을 수 있으며 무엇을 바랄 수 있는가? 인생은 이 모든 질문에 의하여 철학으로 끌려간다.' 이 질문에서 중요한 것은 무엇을 할 것이냐? 이다. 인간이 할 바를 안다면 알 필요가 있는 모두를 알게 될 것이다. 그리고 이 질문에 대한 대답도 찾을 수 있을 것이다.

—립텐베르크.

2

할 일을 찾아낸 사람은 행복하다. 그 외에서 행복을 찾지 말라.
할 일이 있다는 것은 인생의 목적을 찾은 것이다. 다만 그것에 충실하라.

—칼라일

3

어떻게 의복의 좀을 막고, 어떻게 쇠의 녹을 막고, 어떻게 감자의 썩음을 막을까 하는 문제에는 방법이 얼마든지 있다. 그러나 그것은 중요한 문제가 아니다. 중요한 것은 어떻게 하면 영혼의 부패를 막을까 하는 문제인데 그 대답은 누구에게서도 배울 수 없다. 다만 자기가 알아내야 하고 행동으로 구할 수밖에 없다.

—트로오

4

아무 것도 모르고 알려고도 하지 않는 사람에게 슬픔이 있으라.
무엇이 위에 있는지도 모르고 서 있는 사람에게 슬픔이 있으라.

—탈무드

5

인생의 의미를 알지 못하는 자들에게 슬픔이 있으라. 이는 그들이 인생의 의미는 알 수 없는 것이라고 믿기 때문이다. 그런 사람이 상당히 많다. 그리고 또 그들은 인생의 의미는 알 필요가 없다고 떠들어댄다.

—파스칼

6

어떤 사람이 감옥에 갇혀서 어떤 판결이 내려질지 알 수 없는 상황에 있다. 그 결과를 알려면 앞으로 한 시간이 더 있어야 한다. 만약 그에게 사형선고가 내렸다는 것을 안다면 그 한 시간의 여유는 판결을 취소해 주도록 애원하기 위해서 매우 가치 있는 시간이다. 그가 그 한 시간을 판결을 움직이는데 쓰지 않고 화투치기에 쓸 수는 없다. 그것은 물론 생각할 수 없는 일이다. 그러나 많은 사람들은 신에 대하여 영원에 대하여 생각 없이 그 같은 짓을 하고 있다.

7

모든 새는 둥지 틀 곳을 안다. 새가 둥지 틀 곳을 안다는 것은 스스로 해야 할 일을 안다는 의미이다. 만물의 영장인 인간이 새가 아는 일조차 알지 못한다는 말인가?

♣

인생의 의미는 깨닫기 어려운 것이 아니다. 아주 간단한 일이다. 그것은 어리석은 인간도 아이들이라도 알 수 있는 일이다.

10월 20일

삶이 즉 봉사라고 생각할 때 깊은 지혜를 배운다.

인생은 봉사(奉仕)

1

사람은 어느 땐가는 죽음을 맞는다. '인생은 하늘을 가로질러 나르는 제비와 같다.' 어딘지 알 수 없는 곳에서 왔다가 어딘지 알 수 없는 곳으로 사라져간다. 끝없이 짙은 어둠은 인생의 뒤에도 또 앞에도 있다. 마침내 그때가 오면 맛있는 음식을 먹거나 먹지 못하거나 부드러운 옷을 입거나 입지 못하거나 재산을 남겼거나 남기지 못했거나 월계관을 썼거나 멸시받았거나 학자였거나 무학이었거나 그것이 무슨 가치가 있는가?

신에게서 받은 지혜를 어떻게 쓰느냐에 비한다면 그런 일은 아주 보잘것없는 일이다.

눈이 어두워지고 귀가 멀어져 갈 때, 그리고 어둠 속에서 미지의 손이, 침묵 속에서 '선량하고 믿음이 두터운 종이여, 네가 믿던 것은 보잘것없는 것이다. 나는 네게 많은 것을 보답해 주리라. 어서 와서 너의 주님의 기쁨 속으로 들어오라'고 하는 소리가 들릴 때 그런 것이 무슨 가치가 있는가?

―헨리 조지

2

아주 보잘것없는 것에서 신의 빛을 인식할 수 있는 사람은 높은 이해와 높은 지혜를 갖춘 사람이다. 그와 같은 사람은 자기 자신은 물론 모두를 존경할 수 있는 사람이다. 이런 사람은 아무리 사소한 일이라도 가볍게 보지 않으며 모든 것을 신의 뜻의 발현으로 본다.

―페르샤의 성전

3

도덕이란 인간이 스스로 해야 할 봉사이다. 설사 세계를 통제하고 제어하는 하늘과 신이 없다 하더라도 도덕은 인생의 의무적인 규범이라야 한다. 정의를 알고 그것을 실천하는 것에 인간의 존엄성이 있는 것이다.

―라마야나

4

모든 재능과 지식은 남을 돕기 위하여 필요한 수단이라고 생각하라.

힘 있고 현명한 자는 그것으로 약한 자를 도우라고 주어진 것으로 생각하라. 그것은 약한 자를 압박하라고 주어진 것이 아니다.

―존 러스킨

5

친구를 사귈 때 어떻게 이용할 가치가 있는가를 생각하지 말고 그에게 내가 어떤 봉사를 해 줄 수 있는가를 생각하라.

6

모든 행위에는 일정한 규범이 있다. 어떠한 권리로도 그 규범을 통제하거나 무시할 수는 없다. 그 규범은 감옥에까지도 가지고 가야 하는 것이다.

♣

오직 선한 삶을 탐구하라. 그것은 인생에게 부과된 봉사를 완전하게 하는 일이다.

10월 21일

폭풍이 강물을 뒤흔들어 흐리게 하듯이 정욕 · 불안 · 공포 · 번뇌는 인간이 자신의 본연성을 인식하기를 방해한다.

인간의 정욕 · 불안 · 공포 · 번뇌

1

크고 아름다운 마음을 가진 사람은 항상 평화롭고 만족하다. 마음이 작은 사람은 항상 불만에 차있어 우울하다.

―만주의 속담

2

원치 않는 일이나 억지로 하는 일에 불안과 번뇌의 괴로움은 만사를 초조하게 한다. 그런 사람들은 이렇게 자문한다.

'나는 어떻게 할까? 어떻게 되는지 무슨 일이 일어날는지? 저런 일이 이런 일이 일어나지 않았으면 좋을 텐데'라고. 자기 것도 아닌 것에 끊임없이 마음이 괴롭다. 그와 반대로 참으로 자기 삶의 흥미나 목적에 관련 있는 일에 종사하는 사람은 어떤 걱정이나 불안 같은 것은 경험하지 않는다.

"걱정 마시오, 불안은 모두 마음 쓰기 여하에 달려 있는 것이오. 사상과 행위를 언제나 바르게 인도하도록 하시오. 어찌될 것인가를 걱정하지 말고 어떤 일이 있어도 그것을 이용해 수양의 도움으로 바꾸시오."

"만약 그 투쟁에 불행히 죽어버리는 일이 있다면?"

"그것이 어떻단 말입니까? 그대는 할 일을 다한 존경할 인간으로 죽는 것이오. 죽는다는 건 아무 것도 아니오 죽음은 어떤 경우에도 큰 일을 완성함으로 받게 되어야 합니다. 나는 가치 있는 일과 선하고 이익이 있는 일 때문에 죽는다면 그것으로 만족합니다. 나는 나 자신을 바르게 하려 애쓸 때 죽음을 당해도 만족할 것입니다. 나는 신에게 손을 내밀어 말할 것입니다. '신이여, 당신은 제가 당신의 규범을 이해하기 위하여 주어진 모든 것을 어떻게 잘 이용했는가를 알고 계십니다. 제가 당신에게 불평을 말한 일이 있습니까? 제가 의무에 게을리 한 일이 있었습니까? 제가 태어난 것에 대하여 당신께서 주신 모든 일에 대하여 감사를 드립니다. 나는 내게 주어진 것을 충분히 이용했습니다. 원컨대 이제는 그런 것들은 마음대로 처분하소서. 그것은 모두 당신의 것이니까'라고,. 이 이상 더 훌륭한 죽음이 있을 수 있을까요? 이와 같은 죽음에 의하여 그대는 귀중한 것을 얻을망정 결코 잃는 것이 아닙니다. 자기 몫도 아닌 것을 계속 가지려 한다면 반드시 모든 것을 잃을 것이오."

현실 세상에서 성공하려는 자는 단 하룻밤도 편히 잠을 잘 수 없다. 끊임없이 괴롭고 걱정근심이 떠나지 않으며 불가불 강자에게 아첨해야 하며 야비한 행위도 해야 한다.

그래서 결국 무엇을 얻는단 말인가? 그는 자기를 따르는 자와 자기를 두려워하는 자들을 만들 수 있을 것이다. 두목이 되어 남을 지배할 수는 있으나 번뇌에서 해방되어 편히 잠자거나 두려움 없이 살수는 없을 것이다. 마음의 평안은 쉽게 얻어지는 것이 아니다.

─ 에피쿠테타스

3

삶을 이지의 빛 가운데 두고 그것에 봉사하는 사람에게는 어떤 어려움에도 절망하지 않는다. 그런 사람은 양심의 고통을 모르는 사람이며 고독을 두려워하지 않는 사람이며 시끄러운 사회를 원하지 않는 사람이며 고귀한 삶을 사는 사람이다.

그는 이웃으로부터 유리되지 않으며 이웃에게 쫓겨나지도 않는다. 그는 영혼이 언제까지 육체의 옷을 입어야 하는가에 괴로움을 당할 필요가 없다. 그런 사람의 행위는 죽음 앞에도 변함 없이 흔들리지 않는다. 단지 불안이 있다면 과연 자신의 삶이 평화와 지혜에 충만한 삶이냐 하는 것뿐이다.

─ 오렐리아스

4

자신의 삶의 위치를 정확히 인식한다면 영혼이 불안할 이유가 없다. 영혼이 안온하면 모든 초조는 없어진다. 영혼의 초조가 그치면 완전한 평안이 온다. 그리고 영혼이 파괴지지 않는 평안을 누릴 수 있다면 깊은 사색으로 더 높은 것을 지향할 수 있다. 이와 같은 사람은 진리에 깊은 깨달음을 맛볼 수 있다.

─ 공자

5

인간의 참된 힘은 격정에 있는 것이 아니라 파괴되지 않는 평안 속에 있다.

♣

처음부터 끝까지 평안할 수 있는 것은 불가능하다. 또 그런 것이 필요치도 않다. 그러나 평안의 때가 왔을 때 그것을 소중히 여기고 오래 가도록 노력해야 한다. 평안은 삶을 지도하는 좋은 사상이 생기고 확보될 때이다.

10월 22일

자애(自愛)는 오만의 시작이다. 오만은 자애를 억제할 수 없어서 나타난 결과이다.

자애(自愛)는 오만의 시작이다

1

세상에서 자기를 누구보다 높은 데 두려는 본능을 억제하지 않는 자는 장님과 같다. 그 것처럼 사람을 정의와 진리에서 어긋나게 하는 것이 없다. 그것 자체가 거짓이다. 세상에서 누구도 어떤 사람보다 높아지기는 불가능하다. 더구나 그것은 정의가 아니다. 왜냐하면 자기를 누구보다 높이려는 행위는 극소수의 것을 극다수가 원하는 것이기 때문이다.

―파스칼

2

인간에는 두 가지 형태가 있다. 하나는 자기가 옳다면서 죄 있는 자라고 생각하는 사람이고, 다른 하나는 자기에게 죄가 있음에도 옳다고 생각하는 사람이다.

―파스칼

3

인간은 분수(分數)와 같다. 분자는 자기를 남과 비교하여 결정한 위대성이며 분모는 자기 자신에 의한 평가이다. 분자를 크게 하는 일, 자신의 표면적인 위대성을 크게 하려는 것은 자신의 능력 밖이다. 그러나 누구라도 그 분모를 적게 할 수는 있다. 그것을 적게 함으로써 완성에 가까워져 가는 것이다.

4

물체는 퍼지면 퍼질수록 껍질이 얇어진다. 인간의 자랑도 이와 같다.

5

많은 사람들이 이러한 약점을 가지고 있다. 그것은 아직도 한참 제자로 있어야 하는데 신생이 된 줄 생각하는 사람이다.

―동양의 성언

6

빈 수레는 언제나 시끄러운 소리를 내고 익지 않은 이삭은 고개를 치켜든다.

7

인간성은 본질적으로 공손하기가 어렵다. 마음은 멸시와 천대를 걱정하면서도 그렇다. 사람 앞에서 자신의 야비함을 감추려는 것은 쓸데없는 노력이다. 오히려 그럴수록 드러나기 쉽다. 실제 있는 그대로의 자신을 인정하기를 원하지 않고 공손하지는 못해도 거만함은 미워해야 한다. 그 무서운 악을 제거하도록 노력해야 한다.

♣

인생에서 가장 중요한 것은 자기 완성이다. 그러나 자기 자신을 남들 앞에서 자랑할 수 있을 만큼 남들보다 우월하다고 생각하는 한 자기 완성이 불가능하다.

10월 23일

양심이란 이 세상에서의 모든 의미에 대한 인식이다.

양심

1

"양심은 어린애 눈속임이며 교육의 편견이다"라고 사이비 현자는 말하고 "인간의 머릿속에 있는 것은 모두 경험에 의하여 얻어진 것들뿐이다"라고 그는 단정했다. 그리고 명백하고 보편적인 민족의 화합을 외면한다. 그는 선과 악에 대한 모든 인간의 일치된 판단에 거스르며 자기만 아는 표준을 고집한다. 그뿐만 아니라 "모든 인간은 오직 자신의 이익을 위하여 사회의 행복을 말하는 것이다"라고. 주장한다.

그렇다면 왜 분명히 불이익인 줄 알면서도 사회의 행복에 봉사하는 사람들이 존재하는 것인가? 자기 이익 때문이라면 왜 그들은 죽음마저도 주저하지 않는가? 모든 사람이 자신의 행복을 위하여 행동한다고 말할 수는 있으나 그것은 도덕적인 행복 때문에서이다. 이익을 위하여 행위할 수 있는 자들은 오직 악한 자들뿐이다.

어떠한 도덕적인 행위에도 야비한 동기를 가져다 붙이는 철학은 얼마나 무서운 것인가? 양심! 그렇다. 양심이야말로 선과 악에 대한 믿음직한 판결자이다. 인간을 신성한 존재로 생각하는 사람에게는 오직 양심이 있을 뿐이다. 양심은 인간의 최고의 본연성을 형성한다. 양심이 없이는 인간을 짐승보다 우월다. 즉 현대의 문학이나 철학이 빠져있는 착오나 죄악, 그것들이 너무도 화려하고, 야비하고, 우울한 것은 문학자나 철학자의 삶이 허약하고 병적인 습성에 빠져 버렸기 때문이라고 확신한다. 그토록 훌륭한 책을 쓰는 사람이 많이 나오지 않아도 좋다. 다만 책을 쓰는 사람이 좀더 강력하게 오늘날 볼 수 있는 것처럼 야비하고 허황된 삶의 상태에서 벗어나 주었으면 얼마나 좋을까.

―에머슨

2

노동을 통해 세계를 알 수 있다.

재물은 그것을 만들어낸 사람에게는 남지만 놀면서 그 재산을 소비하는 사람에게는 남지 않는다.

삽이나 쇠스랑을 들고 뜰을 거닐 때 나는 항상 공상하는 기쁨과 넘치는 듯한 건강을 느낀다. 그것은 예전에 내가 내 손으로 할 수 있는 것을 남에게 해달라고 맡겨왔기 때문에 그 행복을 얻지 못한 채 지나왔기 때문이다.

노동은 자신의 손으로 일하는 만족이나 건강의 문제뿐만 아니라 그 자체가 교육이다. 나는 언제나 머슴이나 농부나 요리사에 대하여 부끄럽다고 생각한다. 왜냐하면 그들은 스스로 만족하여 남의 힘을 빌리지 않고도 살아 나갈 수 있는 능력이 있으나 나는 항상 그들에게 의지하고 나의 수족을 쓰는 권리를 잃어버리고 있었기 때문이다.

―에머슨

3

일하지 않는 자는 먹지도 말라.

―파웰

4

아무 일도 하지 않는 사람은 나쁜 일을 하는 것과 같다.

5

아무 일도 하지 않는 사람에게 항상 많은 은혜사가 필요하나. 게으름뱅이는 악마가 유혹하는데 안성맞춤의 대상이다.

6

사람의 마음을 낚는 악마는 여러 가지 맛있는 먹이로 유혹하나 게으름뱅이는 아무 먹이를 사용하지 않는 맨 낚싯줄에도 잘 걸려든다.

7

어떤 계층이나 어떤 신분을 막론하고 일하기를 사랑하라. 일하는 것이 인간에게 주어진 운명이라고 생각하라.

8

자연은 쉴 새 없이 움직이고 일하지 않는 모든 것에는 사형이 선고된다.

―괴테

♣

마음에 깨끗하지 못한 일은 부끄러워할 줄 알아야 한다. 그런데 덕성으로 부끄러워해야 할 일은 육체를 게을리 하는 일이다.

8월 20일

중요한 일을 생각하는 사람들이 단순한 것은, 불필요한 것을 생각할 겨를이 없기 때문이다.

단순한 머리 쓰기

1

자연에 순종하는 사람은 불행하지 않고 이기적인 사람은 참된 재산을 얻을 수 없다.

―세네카

2

새로운 욕망은 새로운 불만의 시작이며 새로운 파멸의 시작이다.

―볼테르

3

정욕의 노예가 되는 것은 노예 중에 가장 비참한 노예이다.

―탈무드

4

옷이 몸에 맞는 것보다 욕심이 분수에 맞는 편이 아름답다.

5

욕심은 많아질수록 더 많은 것에 예속되며 욕구는 채울수록 자유에서 멀어진다. 완전한 자유는 과욕을 부리지 않는 것에 있으며 욕구는 적을수록 자유를 키워준다.

―조로아스터

하다고 할 수 없다. 양심 없이는 판단은 지침을 잃고, 이성은 기초를 잃고 과실에서 과실로 방황하는 슬픈 상태밖에 인간은 가질 수 없다.

— 루소

2

양심이 꾸짖는 일은 하지 말라. 진리에 어긋나는 것을 말하지 말라. 이것을 가장 중요한 것으로서 지켜라. 그러면 그대는 인생 문제를 풀 수 있으리라.

아무도 그대의 의지를 제압할 수는 없다. 이성이 허용하지 않는 일을 바라지 말라. 모두의 행복을 구하고 개인적인 것을 앞세우지 말라. 자기 인생 문제는 다른 사람 편에 있지 않다. 그대 자신 속에 의식되는 규범과 협화하여 살아가는 데 있다.

— 오렐리아스

3

밖에서 들려오는 몇 천의 소리는 허튼 길로 가게 할 뿐이다. 오직 내면에서 들려오는 양심의 목소리만이 신뢰할 수 있는 안내자다.

— 류시 말로리

4

인간은 누구나 죄를 범할 수 있는 성품을 가지고 있다. 단지 그 차이는 죄를 저지르고 난 뒤에 자책하는 정도이다.

— 알리훼리

♣

양심의 명령을 거역해서는 안 된다. 그것은 신의 명령이다. 곧 따라야 한다.

10월 24일

모든 인간이 삶이 근원이 동일한 것이 아닌건데 우리가 경험하는 동정의 감정은 설명할 수 없는 것이다.

삶의 근원

1

비록 정당한 분노라도 상대방에 대하여 '그 또한 불행한 인간이 아닌가!'라고 생각하면 곧 가라앉는다. 어떤 것도 이 이상으로 빨리 노여움을 풀어주는 것은 없다. 노여움에 대한 동정은 불에 내리는 비와 같다. 만약 내가 누구에게 극심한 분노로 앙갚음을 하려 한다면, 먼저 그 복수가 끝나 지금은 그가 정신적으로나 육체적으로 고민하고 나아가서는 몰락하여 빈궁해져서 피로움을 받고 있다고 상상하라. 그러면 분노가 잦아들고 자기에게도 일부 책임이 있다고 생각될 것이다.

―쇼펜하우어

2

인간이 가야 할 바른 길, 지켜야 할 행위의 규범은 장소에 한정돼 있지 않다. 만약 자기보다 먼 곳에 있는 것, 즉 인간의 본질과 일치하지 않는 것을 행위의 규범으로 삼는다면 이는 악이다. 도끼자루를 깎는 목수는 견본을 보고 깎는다. 그는 깎은 자루를 손에 들고 새로운 자루를 만들려고 앞뒤 좌우로 본다. 그리고는 견본하고 잘 맞는가를 조사해 본다. 그와 같이 지혜는 자신의 감정만을 남에게 대하여 가짐으로써 행위에 대한 믿어야 할 규범을 찾는다. 그는 자기가 원하지 않는 일은 남에게도 하지 않는다.

―공자

3

내가 남을 원망하고 적의를 품을 때 다른 사람이 나를 두려워한다는 점을 잊어버린다. 그러므로 그들을 벗으로 대하는 대신 적으로 대하게 된다. 그렇게 함으로써 자신을 해친다. 왜냐하면 인간이 신이 만드신 선량하며 사귀기 좋은 인간임을 포기하고 대신에 살금살금 기어들어 모조리 먹어버리는 비열한 야수 같이 될 때 고귀한 본성을 잃기 때문이다. 돈이 들어 있는 지갑을 잃었을 때는 곧 알아차린다. 그러나 자기 존엄·선량·온순함을 잃었을 때 그 손실이 더 큰데도 그것을 알아차리지 못한다.

―에피쿠테타스

4

자신이 불행하다고 한숨짓고 있을 때 다른 사람이 겪는 고생을 생각해 보면 자기 고통은 아무 것도 아님을 알게 된다.

♣

고뇌하는 사람의 처지에 자신을 바꿔놓고 생각하라. 실제의 고뇌를 경험할 때만 참된 고뇌가 시작된다.

10월 25일

자기 사명을 앎으로써 인간은 자기 가치를 알게 된다. 그리고 자신의 사명을 아는 사람은 종교를 가진 인간이다.

자기 사명

1

왕이 성자에게 물었다.
"너는 나에 관한 일을 생각할 때가 있느냐?"
성자는 대답했다.
"신을 잊었을 때 당신을 생각합니다."

―사디

2

자기 삶과 이웃의 삶을 깊이 조화할 때 신을 안다.

―마도지니

3

인생을 숨어 다니며 비겁하게 눈치나 살피지 말라. 자신 있게 고개를 위로 치켜들고 살라. 인생은 구경거리로 태어난 것이 아니다. 자신이 멋지게 살 수 있도록 주어진 것이다. 나는 십자로에 서서도 진실을, 깨끗한 진실을 말해야 하는 것이 나의 의무라고 생각한다. 나에 대한 남들의 소문에 마음 쓸 필요가 없다. 참된 나 자신의 의미에 대하여 마음을 써야 한다.

―에머슨

1

사람은 바보를 만났을 때 인간성이 가장 잘 보인다.

―아미엘

5

악인이고 바보고 부정하다는 이유로 존경할 수 없다고 자기 의무마저 저버려도 좋다고 생각하면 남에 대한 멸시의 한계는 끝이 없다.

♣

자신이 정신적인 실재임을 아는 사람은 자기와 남에게 대한 인간으로서의 가치를 안다. 그 같은 사람만이 자기 자신이나 이웃의 삶에 중요한 가치를 부여한다.

10월 26일

인생의 의미를 정의하기 위해 신에게 "무엇 때문에 당신은 저를 이 세상에 보냈습니까?"라고 묻는다면 대답을 얻기 힘들 것이다. 그러나 자신에게 "무엇을 할 것인가" 하고 묻는다면 대답은 아주 간단한 것이 된다.

불멸의 영혼(靈魂)의 완성

1

생명은 일초일각 줄어들고 머리는 고뇌로 가득 찬다. 어리석은 사람이 되지 않으려면 '인생의 의미는 시간의 장단으로 결정되는 것이 아니라 어떻게 살아야 하는가에 달려 있다'라고 생각해야 한다.

2

못된 투숙객이 자기가 더럽혀 놓은 여관방을 두고 손님을 위해 충분히 갖추고 준비한 여관 주인을 나무라듯 인간은 이 세상에 태어날 때 하나님께서 다 예비해 주신 것을 자기 맘대로 하다가 잘못해 놓고 세상과 하나님을 원망한다.

3

지혜로운 사람은 자기보다 위에 있는 사람이나 자기보다 아래 있는 사람을 구별하지 않는다. 전자만 대우하는 것은 오만 불손한 것이며, 후자를 경히 대하는 것은 비천한 짓이기 때문이다. 위대한 것이나 비천한 것이나 모두가 자기와 영원한 관계를 가진다는 것을 알아야 한다. 자연 속에서 자신의 위치를 아는 것, 하나님을 알고 그 교훈을 따르며 만족하는 것, 동물적인 정열을 누르고 동물적인 것을 벗어나 선과 사랑으로 인도하는 일이야말로 하나님 앞에서 겸손한 것이다.

— 존 러스킨

4

삶의 의미를 모르는 사람은 육체적인 향락을 위해 담배나 술이나 아편에 중독된 채 온갖 정념과 쾌락과 관능적인 현혹에서 빠져 나오지 못한다.

5

불멸하는 영혼의 완성이야말로 참된 가치이다. 인간이 물질적으로 얻는 모든 것이 죽음 앞에서 무의미한 것으로 미루어 보아 영적 완성은 진리이다.

6

아름다운 낙조(落照)는 가로 쌓인 듯한 구름 사이로 꼬리가 길게 빛나고 저편으로는 시뻘겋게 타는 태양이 이글거리며 환희에 가득 차 있다.

그것도 잠깐, 모든 것이 숲 저쪽으로 내리는 어둠 속으로 숨어 버린다. 그렇다. 세상은 장난이 아니다. 단순한 경험을 위해 주어진 것도 아니다. 더 나은 것을 희구하는 것이야말로 영원의 세계를 찾는 한 부분이다. 아름답고 기쁨이 있는 세계이다. 그리고 함께 사는 사람들을 위하여 이 세상을 한층 더 아름답고 기쁜 땅으로 가꾸어야 한다.

♣

인생은 진지한 것이다. 부질없고 이해할 수 없다고 해서 비극적인 것이라고 생각해서는 안 된다. 인생의 의미를 하찮은 비극 정도로 생각하는 사람은 재미있는 책을 읽는 사람들 틈에서 방황하는 사람과 같다. 남이 읽는 것을 들을 수도 이해할 수도 없는 사람은 불행하다.

10월 27일

참된 종교는 이성의 종교도 아니지만 이성에 어긋나지도 않는다.

참된 종교(宗敎)

1

자기 이성에 따르는 것은 숨길 필요가 없다. 이성의 능력에 대한 신앙은 다른 모든 신앙의 기초이다. 만약 그것 때문에 신을 아는 힘이 결여된다면 신을 믿을 수도 없게 된다.

이성은 계시를 받아들이는 유일한 능력이다. 오직 이성에 의하여서만 계시는 받아들여진다. 이 가장 좋은 능력에 의심할 수 없는 중요한 원칙과 일치되지 않는 것, 또는 어긋나는 것으로 생각될 때 그 가르침은 삼가야 한다. 책이 신의 뜻의 표현이기보다 나의 이해가 신으로부터의 본연성에 있다는 것을 믿어야 한다.

―찬닝

2

설사 신앙의 대상으로서의 신이 이성보다 높은 곳에 있어서 이성으로서 신을 포옹할 수는 없다고 해도 그 때문에 이성의 활동을 해로운 것이라고 경시해서는 안 된다. 비록 신앙의 대상이 이성의 능력밖에 있고 그보다 윗자리에 있음을 의심할 바 없다고 해도 인간은 이성 없이 존재할 수 없다. 이성은 신앙적 대상과의 관계에서 매우 중대한 의미를 갖는다. 말하자면 이성은 검열관과 같아서 신앙의 영역에서 이성 이상의 것, 즉 형이상학적인 진리만을 허용하고 이성에 어긋나는 모든 사이비 진리를 부정한다. 이 외에도 이성에게는 인간을 죄악이나 유혹(죄악의 허용)이나 허위의 신앙에서 해방시킨다는 소극적인 과업도 주어져 있다.

―표들 스드라호프

3

하늘에 있는 미지의 존재가 인류에게 세상과 인류와 삶의 목적을 가르쳤다는 신화가 있다. 그 따위 이야기를 진담으로 믿는 사람은 어린아이와 같이 순진한 사람이다.

세상에는 현인들의 사상 이외에 어떠한 가르침도 존재하지 않는다. 그 사상이 다수에 의해 신격화되고 '종교'라고 불리는 놀라운 우화와 신화 형식으로 쓰여지는 일이 있다 하더라도 말이다. 자기 사상을 신뢰하느냐 남의 사상을 신뢰하느냐는 어느 쪽도 마찬가지이다. 그러므로 종교적인 사상은 그 어느 것도 인간의 사상에 지나지 않는다.

통상 사람들은 자신의 두뇌보다는 초인간적인 사상을 가진 타인의 두뇌를 신뢰하는 경향이 있다. 그리고 그 사상의 힘에 있어서 정도를 달리하는 일을 생각할 때 오직 사상만이 계시가 될 수 있다고 할 수 있다.

―쇼펜하우어

4

장님이 그것을 보지 못했다 하더라도 빛은 빛으로 남는다.

5

빛이 너희와 함께 있을 때 빛을 믿어라. 그러면 너희는 빛의 아들이 되리라.

♣

거짓말하는 자들이 무어라 하든 이성의 숨만은 그치지 말라. 이성은 참된 종교를 인식하는데 필요하다. 이성을 깨끗이 하며, 넓히고, 가르쳐지는 모든 것을 이성으로 검토하라.

10월 28일

질병에 대한 자각이 육체를 보호하는데 필요한 조건인 것처럼 고뇌는 탄생에서 죽음에 이르기까지 인간의 삶에 불가피한 조건이다.

자신이 병을 느낌

1

공기의 압력이 없어지면 육체는 파괴된다. 마찬가지로 결핍·노고 그리고 기타 괴로운 운명의 압력이 인간의 삶으로부터 제거되면 인간의 자부가 커져서 그 자신이 파괴되지 않더라도 어찌 할 수 없는 우매(愚昧)와 광증(狂症)이 나타나게 될 것이다.

— 쇼펜하우어

2

의사는 이 환자에게는 이 처방전을 써주고 저 환자에게는 딴 처방전을 써준다. 마찬가지로 신은 인간들에게 질병이나 훼손이나 슬퍼해야 할 손실에 대한 처방을 달리한다. 의사의 처방전이 환자의 건강을 회복시키려고 하는 것과 같이 신이 인간에게 줄 수 있는 이러한 기회는 분명히 그 사람의 도덕적인 건강을 회복하고 그의 홀로 떨어진 존재와 모든 인류에 공통된 삶의 결합을 회복시키려 한다.

그리고 의무로 주어진 것은 마치 환자가 의사의 처방전을 받아들이듯 받아들여야 한다. 육체의 건강을 회복시키는 것이 그러한 처방의 의미이다. 환자로서는 육체의 건강을 특별히 지켜야 한다. 마찬가지로 항상 합리적인 자연으로서는 존재 속에 그 자체의 의의를 지켜야 한다.

그러므로 자신에게 일어나는 모든 상황을 기꺼이 받아들여야 한다. 아무리 괴로운 일이라도 말이다. 왜냐하면 그러한 기회가 주어진 뜻은 건강하고 가치 있는 세계 건설에 있기 때문이다. 높은 지혜에 의해 유지되는 자연의 과업은 합리적이다. 자연에서 생기는 것은 존재의 결합을 과실 없이 지키려는 것이다.

―오렐리아스

3

인간은 하나님이 주신 모든 사물을 이용할 수 있고 시간도 마음대로 이용할 수 있다.

―렐리아스

4

고뇌는 과업에 대한 각성이다. 고뇌에서만 비로소 삶을 느낀다.

―칸트

5

폭풍 속에서만 항해의 예술미가 표현된다. 전장에서만 군대의 용감성이 드러난다. 인간의 용기는 역경과 위험한 처지에 빠졌을 때 알 수 있다.

―다니엘

6

신이 보낸 스승이 있다면 자유롭고 기쁜 마음으로 따를 것이나 인간에게 그 같은 스승이 있다면 경계해야 한다.

―파스칼

7

인간의 행복은 그의 의지가 순결하고 행위가 바름에도 불구하고 남들이 그를 악한 사람으로 여기고 비난할 때이다. 반대나 비난이 퍼부어질 때에 행복도 같이 있다고 생각하라. 왜냐하면 그 같은 상황에서만 그를 겸손하게 하며 공허한 영예에 대한 정독제(淨毒劑)가 되기 때문이다. 그것이 행복인 중대한 원인은 세상이 모두 그를 멸시하고 존경은 고사하고 사랑을 빼앗아갈 때에 그는 자신의 내부에 존재하는 신과 진솔하게 이야기하게 된다. 인간은 신에게 충분한 신뢰를 가져야 한다. 아무리 슬픈 때라도 인간적인 위로에 마음이 쏠리기를 결코 바라지 말라.

— 포마 겜비스키

8

덕성과 영혼의 힘은 불행·고뇌·질병 속에서 더욱 확고하게 되며 완성되어 간다. 그러므로 자신에게 부과된 모든 시련을 두려워해서는 안 된다. 확고히 그런 것을 참아나가야 한다. 모든 시련은 한 걸음 한 걸음 신에게 가까이 가게 한다.

— 프리체

10

행복도 불행도 다 삶에 이익이 있다. 그러나 그 어느 것도 시련으로 생각할 때만 그러하다.

11

영예에 맛들여서는 안 된다. 그것은 결국 사라져 버리고 만다. 부유한 자도 모든 것을 잃는다는 것을 알라. 행복한 사람에게도 괴로움이 있다는 것을 알라.

— 실레어

12

괴로움이나 번거로움을 단순히 괴로움이나 번거로움으로서 느끼는 것은 자신의 삶과 세상의 상황을 무관한 것으로 구별하고 자신이 이 세상에 끼친 죄를 알아차리지 못하고 자신만은 무죄하다고 생각하며, 오히려 이 세상의 죄 때문에 자신이 고뇌를 겪는다고 초조해 한다.

♣

죽음 없는 영원한 삶이 형벌로 주어진 '영원의 유대인'의 이야기가 있다. 그와 같이 고뇌가 없는 삶이 형벌로 주어진 인간의 이야기도 틀림없이 가능하다. 과연 그런 삶이 행복하기만 할까?

10월 29일

세상 모든 일에는 때가 있다고 한다. 지금까지 지켜오는 삶의 관점이 착오임이 판명되었으나 그 착오를 대신해서 새로이 대체된 진리보다도 오히려 관행이 통용되는 경우가 있다. 그래서 진리에도 행사의 시기가 있다고 말한다. 즉 명백한 착오임을 알고 그것에 대치될 진리를 또한 잘 알면서도 역시 착오가 사람들을 지배하는 시기가 있다. 그와 같은 착오에 대하여 합리적인 이론으로 싸우기란 무익할 뿐더러 도리어 해로운 것이다.

덕성과 영혼의 힘

1

스스로의 정신적 주관을 마치 공물(貢物)과 같이 남의 주관에 바치는 것은 스스로의 육체를 공물로 바치는 것보다 천한 일이다.

2

세상일에 있어서 조건 없이 군중에 따르는 것이 옳은 일인지 혹은 옳지 못한 일인지 먼저 생각해 보라. 개인으로서 혹은 사회로서의 커다란 죄악이나 불행은 분별없이 외부의 선동에 따르는 것에서 생긴다.

3

두려워할 것도 못 되는 일을 두려워하고, 참으로 두려운 것은 두려워하지 않는 사람은 거짓된 생각을 믿고 파멸의 길, 악의 길에 발을 들여놓는 자이다.
— 석가

♣

악의 선동은 오직 선에 의하여서만 멸할 수 있다. 선을 증가하게 하는 수단은 오직 선한 삶뿐이다.

10월 30일

도를 넘은 자기 사랑은 정신병이다. 그것이 극한 상태에 도달하면 과대망상증이라는 병이 된다.

도를 넘은 자아애(自我愛)는 정신병

1

흔히 자기 부정을 자유를 파괴하는 것으로 생각한다. 그러한 사람들은 자기 부정만이 인간을 자기로부터, 즉 사욕의 노예가 되는 것으로부터 해방하고 참된 자유를 주는 것이란 점을 알지 못한다. 정념은 가장 비열한 폭군이다. 정념을 극복하지 못하면 자유로이 숨쉬는 힘마저 잃고 쉴 새 없이 무익한 투쟁에 빠진다. 그와 같은 예속에서 나를 해방하라. 그러나 사람들은 정념을 능청스럽게도 자유라고 부른다.

―페누론

2

태양 광선 속에 항상 검은 한 점이 존재한다. 그것은 인간들 자신에게 생기는 그림자이다.

―칼라일

3

자아애는 영혼의 감옥이다. 그것은 생리적인 자유를 빼앗는 것과 마찬가지로 행복을 빼앗는다.

―류시 말로리

4

많이 베풀고 스스로는 적은 것을 취하면 취할수록 그는 선량한 사람이다. 남에게는 적게 베풀고 스스로는 많이 취하면 취할수록 그는 악한 사람이다. 그러나 현대인들은 그렇게 생각하지 않는다. 현대인은 참으로 교활하다. 그들의 생각으로는 물질의 사치는 삼가야 할 필요가 전혀 없다고 생각한다. 그들은 노동자의 처지에 동정하고 노동자의 이득이 되는 일을 칭찬하고 책으로 쓰면서 동시에 노동자들을 파멸케 할 정도까지 그들의 노동을 계속 이용한다.

5

자아애는 삶의 육체적인 한계를 넘으면 곤란하다. 그러나 이성은 모든 것의 한계를 파괴하는 사명을 가진다. 이성이 삶의 육체적인 한계를 명백히 유지하게 되면 자아애는 유독하고 괴로운 것이 된다.

6

자기를 부정하는 사람은 신에 속한 사람이다. 그러나 무엇에게도 파괴되지 않는 자아애는 동물보다도 낮은 삶이다. 인간은 신에 속하는 삶으로 가까이 가야 한다.

7

공정무사(公正無私)는 정의의 존재가 드물듯이 극히 드물다. 개인적인 흥미는 그칠 줄 모르는 환상의 원천이다. 진리를 알려는 사람의 수는 아주 적다. 사람은 진리에 대한 공포에 의하여 지배된다. 진리가 이익을 베풀어주지 않기 때문이다. 이익만이 처세 철학의 기본이기 때문이다. 진리가 자신을 위하여 만들어졌으나 자신은 진리 때문에 만들어진 것이 아니라고 생각한다. 이 얼마나 천박한 일인가? 대부분은 진리를 허용하고 진리를 인정하기를 원하지 않는다. 그 같이 자아애에 대한 편견은 이기주의에서 생기는 간교한 사상을 보호한다. 사람이 원하는 유일한 진화는 향락의 증대다. 정의·도덕·신성의 진화에 인류는 고귀한 노력을 경주하여야 한다. 자기 희생은 위대한 정신에게는 기쁨이며 즐거움이지만 그것은 결코 이 사회에서는 인정받지 못한다.

— 아미엘

8

향락적이며 자기 만족적인 예술가도 사상가도 있을 수 없다. 이러한 사명에 대한 유일한 그리고 의심할 바 없는 표식은 자기 희생이다. 인간 속에 남을 돕기 위해서만 주어진 힘을 보여야 한다. 그것이 자기 희생이다. 고뇌 없이는 어떠한 정신적인 열매도 없다. 이 세상에 어느 정도의 원자가 존재하는가를 가르치고, 태양의 흑점을 조사하고 가극이나 소설을 쓰는 것이나 타인에 대한 봉사를 가르치며 또 이 가르침을 강력히 표현하기 위해서는 자신의 부정 없이는 불가능하다. 그리스도는 헛되이 십자가 위에서 죽은 것이 아니다. 희생과 고뇌가 무엇을 이겨냈는지 보여준 것이다.

♣

自我愛에서 해방되어야 함은 절대적인 필요이다. 그러나 그것이 매우 곤란한 원인은 자아애가 삶의 피치 못할 하나의 상태라는 것이다. 즉 어린 시절의 자아애는 어쩔 수 없다고 해도 .이성이 성장하는 정도에 따라서는 약해지고 없어지지 않으면 안 된다. 어린아이는 자아애에 대한 양심의 가책을 알지 못한다. 그러나 이성이 성장해감에 따라 자아애는 점점 약해져 간다. 그리고 죽음이 다가옴에 따라서 완전히 없어져야 한다.

10월 31일

진리 전파에 가장 강한 방해는 낡은 것, 그리고 또 오랜 세월의 전통을 믿는 완고성이다.

인간의 역사

1

가장 중요하며 필요한 진리는 왕왕 그것이 진리로서의 힘을 잃고 영혼의 침실에서 가장 멸시하여야 할, 그리고 가장 어리석은 착오와 함께 잠자고 있다.

―클릿지

2

하나님은 인간을 자기 형상대로 만들었다. 이것은 확실히 인간이 신을 자기의 형체에 의하여 만들었음을 의미한다.

3

인간은 항상 위에만 서려고 하며, 뜬소문만 믿으려는 경향이 있다. 분명히 이 경향은 사회 진보를 가능하게 한다. 그러나 이 경향은 때로 그 진보를 매우 느리고 괴로운 것으로 만든다. 모든 시대는 사람의 이러한 경향 때문에 앞선 시대 사람들의 착오나 과실에 예속해 버린다.

―헨리 조지

♣

전통을 존중하지 않는 것은 전통을 존중함으로써 생겨나는 죄악, 즉 오늘날에는 아무런 합법적인 근거도 없는 습관이나 법률이나 제도를 낳게 했던 죄악의 백분의 일도 되지 않을 만큼 죄가 아니다.

11월 1일 516

11월 1일

자신의 운명은 다른 사람보다 행복한 것이어야 한다고 생각하는 사람은 겸손할 수 없다. 그러나 자기를 하나님의 노예라고 생각하는 사람은 겸손하지 않을 수 없다.

자기의 운명

1

사도들은 그리스도에게 말했다.
"저희의 믿음을 더해 주시오"
그리스도는 이렇게 대답했다.
"너희 중에서 밭을 갈고 가축을 치는 머슴을 부리는 자로서 그 머슴이 밭에서 돌아왔을 때 그에게 '빨리 와서 저녁을 먹으라'고 말할 자가 있는가? 반대로 '나의 저녁 밥상을 차리고 내가 저녁을 먹을 동안 시중을 들라. 그러고 나서 너도 먹으라'고 말하지는 않는가? 종이 명령받은 일을 다 하더라도 주인이 종에게 감사하는 일이 있는가? 그와 같이 너희도 명령받은 일을 다 했을 때면 '우리는 쓸모없는 종입니다. 다만 해야 할 일을 다 했을 따름입니다'라고 말하라"

―성경

2

참으로 선량한 사람들이 공손한 것은 사물에 대한 열성을 보면 알 수 있다. 그들은 현재 하는 일에 몸도 마음도 모두 바친다. 그리고 어떠한 일에 대해서도 벌써 다했다고 생각지 않는다.

―중국 속담

3

발끝으로 서 있는 자는 오래 서 있을 수 없다. 자기 자신을 뽐내어 보이는 자는 빛나지 못한다. 자기 만족에 빠져 있는 자는 영광에 도달할 수 없다. 자랑하는 자는 보답을 받을 수 없다. 뽐내는 자는 그 이상으로 자신을 높일 수 없다. 이성의 심판 앞에서 이러한 사람들은 '여분의 것'에 지나지 않는다. 그리고 모든 사람들의 혐오를 일으킨다. 그러므로 이성 있는 자는 자기 자신에게 지나치게 신뢰를 두는 일이 없다.

— 노자

4

사람이 자기 속으로 깊이 들어가면 갈수록, 그리고 자기 자신을 보잘것없는 것이라고 생각하면 할수록 더욱 높은 사람이 되며 신에게 가까워진다.

— 바라문교 성전

♣

그대는 어떤 사람에 대해서도 특별한 권리가 없다. 다만 그대에게 생명을 주신 본원에 예속될 뿐이다. 그러므로 그대는 의무만 있다.

11월 2일

오직 인간적인 영예를 위해서만 행해진 행위는 비록 좋은 결과를 가져오더라도 항상 악이다. 선을 행하려는 의지와 인간적인 영예를 얻으려는 의지가 같은 정도로 섞여 있는 행위도 비슷하다. 선한 행위란 가장 중요한 동기가 신의 뜻을 이루려 하는 의지를 갖는다.

인간적인 영예

1

마음 내키는 대로 행동하는 '자유로운 존재'는 악마에게 바쳐진 사람이다. 도의가 바로 선 세계에서는 주인 없는 땅은 있을 수 없다. 경계 없는 토지는 악마에 속한다.

— 아미엘

2

세상 사람들의 평가나 흥미가 어떤 원천에서 나오는가를 안다면 남들이 자신에게 하는 칭찬도 무의미한 것이며 자기도 섞여서 함께 칭찬하기를 그만 둘 것이다.

— 오렐리아스

3

세상 사람들의 칭찬에 마음을 쓴다면 그 마음은 결코 자유롭지 못하다. 사람의 평가는 한없이 각인 각색이다. 좋은 사람들의 칭찬을 원한다고 말하지만 그러나 그대의 좋은 사람이라는 뜻은 그대를 칭찬해주는 사람들을 말하는 것이 아닌가?

4

사람은 자신의 참된 내면적인 삶에 만족하지 않는다. 남의 생각에 선동되어 좀더 다른 공상적인 삶을 원한다. 그 때문에 자신의 현실에 처한 상태를 감추려고 애쓴다. 끊임없이 공상을 장식하는데 애쓰며 현실을 멸시한다.

―파스칼

5

선한 행위에는 칭찬에 대한 희망이 들어 있지 않다. 오로지 인간적인 영예를 얻기 위해서만 행해진 선이라면 이는 악이다. 선을 행하려는 희망 속에 칭찬에 대한 희망이 들어 있다면 선행은 역시 선행이라고 말할 수 있다.

♣

칭찬을 그대의 행위의 결과가 되게 하라. 결코 그 목적이 되게 해서는 안 된다. 그대가 단지 신을 위해서만 살아 있다는 사실을 안다면 그대 선행을 아무도 몰라도 행복할 수 있다. 그렇게 해 보라. 그대는 형언할 수 없는 기쁨을 경험하리라.

11월 3일

불변의 규범은 오직 하나만 존재할 뿐이다. 그것은 신의 규범이다. 인간이 만든 규범은 신의 규범의 적용을 위한 것일 뿐이다. 그리고 그것은 폭력에 의하여서가 아니라 신의 규범과의 일치에 의하여 유지되어야 한다.

불변의 규범(規範)

1

그리스도는 그들에게 대답하셨다.
"나의 가르침은 내 자신의 것이 아니다. 나를 보내신 이의 가르침이다. 아버지의 뜻을 실행하는 자는 이 가르침이 하나님께서 온 것인지 혹은 내가 내 멋대로 말하는 것인지 알리라."

―성경

2

양심, 만약 그것이 신의 소리가 아니라면 의무를 속삭이는 소리는 누구의 소리인가? 그대 자신의 상상 속에 있는 소리일까? 그대가 자신에게 말할 때 들리는 명령적인 의지의 말일까? 혹은 또 많은 사람들의 생각의 되울림인가? 아니면 사회 일반의 생각에 따름인가? 결코 그렇지 않다. 그것이 우리 자신에 의하여 생각된 규범이라면 그것을 파괴하기 위해서는 자기 자신에게 상담할 수도 있으며, 또 그것을 억눌러버릴 수도 있다. 그러나 이 규범의 힘이 인간으로서는 어찌할 수 없는 것이며, 그것을 결코 소홀히 할 수도 없다.

그것이 사회 일반의 생각의 영향이라고 할 수도 없다. 왜냐하면 그 소리는 가끔 모두를 사회 일반의 생각 이상으로 향상시키고 불의와 싸우게도 하며 또 신의 이름에 의해서 싸우는 힘을 주기 때문이다. 양심이 육체밖에 있듯이 인간의 감정밖에 있다. 즉 정의나 선이나 진실은 사람의 개성이 낳는 것이 아니라 신에 의하여 인간 속에 넣어진 것이다.

— 말티노

3

규범을 세우는 일은 오직 신, 한 분의 사업이다. 규범을 받아들이는 자의 과업은 그 규범 속에서 바르게 삶을 적용하는 일이다.

— 존 러스킨

4

사회적인 문제를 해결하기에 필요한 이해는 이론적인 능력에만 있지 않다. 종교적인 영감으로 인류의 고뇌에 대하여 생생한 동감을 가져야 한다. 그리고 개인이나 단체의 단순한 이익 문제를 초월하여야 한다. 그러기 위하여서는 우선 정의를 구해야 한다. 왜냐하면 모든 사회 문제의 근원에 항상 무엇인가 공통된 부정이 있기 때문이다

— 헨리 조지

♣

신의 규범과 인간이 만드는 법칙은 대치한다. 그러면 어떻게 하여야 할 것인가? 신의 규범을 감추고 인간의 법칙을 높이 들 것인가? 이것은 이미 1900년 동안이나 그렇게 해온 방식이다. 그럼에도 불구하고 신의 규범은 더욱 더 명확해진다. 단 한 가지 인간의 법칙에 신의 규범을 대치시키는 일이다.

11월 4일

논쟁은 항상 진리를 밝히기보다 혼란하게 만드는 경우가 많다. 진리는 고독 속에서 익어 가며 그 진리가 익을 때면 진리의 향기로 인해 논쟁은 흔적도 없이 사라진다.

진리와 논쟁

1
자신이 정당할 때 침묵할 줄 아는 사람은 신에 가까이 가 있는 사람이다.

— 칸트

2
대립된 주제를 놓고 논쟁을 삼가하기는 쉬운 일이 아니다. 의견이라는 것은 흡사 못과 같아서 대가리를 두들기면 두들길수록 더욱 깊이 들어가는 법이다.

— 유웨날

3
충분히 확신하지 못한 것은 완고하게 주장하지 말고 남에게 들은 일을 경솔히 믿지 말라. 어떤 사람이 단점이 있다고 해서 그를 업신여기지도 말라.

4
친구가 슬프게 하거나 해롭게 해도 자신이 흥분돼 있다고 깨닫거든 즉시 항변을 삼가라. 아무래도 변명할 수밖에 없으면 우선 정신적 흥분을 가라앉혀라.

5
노여움을 가라앉힐 수 없거든 입을 열지 말라. 침묵하라. 그러면 평정한 상태로 돌아갈 수 있을 것이다.

— 박스텔

6
말은 마음의 열쇠다. 아무 소용이 없는 회화는 단 한마디라도 공허할 뿐이다. 홀로 있을 때 자신의 허물을 생각해 보라. 그리고 여러 사람 사이에 있을 때는 남의 허물을 잊어라.

— 중국 속담

7

병으로 신음하는 친구의 면전에서는 결코 화를 내지 말라. 사람의 환경이 마음에 들지 않는다 해도 그것이 그 사람의 죄는 아니다.

도덕상의 병도 마찬가지다. 대개는 이렇게 말함직도 하다. "그러나 사람에게는 이지적 능력이 있어서 누구나 자신의 죄를 알 수 있다"라고. 그 말은 사실이다. 그러므로 자신의 이지로 타인의 결점에 대한 의식을 이끌어 낼 수도 있다. 이지적인 능력을 그와 같이 써라. 그리고 양심을 깨우치게 하라. 또 노여움이나, 분노나, 거만을 버리고 인간의 맹목을 고쳐 주어라.

— 오오레리아스

♣

많이 말할수록 악담을 담을 위험성이 많다.

11월 5일

사상은 진리를 밝힌다. 그러므로 나쁜 사상은 충분히 생각되지 못한 사상이다.

사상과 진리

1

조용한 것은 조용하게 그대로 두어라. 아직 나타나지 못한 것은 억제하기도 쉽고 약한 것이라면 스스로 파괴돼 버리기도 쉽다.

사물은 존재하기 전에 조심하라. 무질서가 벌어지기 전에 질서를 세우라. 큰 나무도 가는 가지에서 시작된다. 십 층 짜리 탑도 작은 벽돌을 쌓아올리는 데서 시작된다. 천리 길도 한 걸음으로 시작한다. 최후에 이르기까지 처음 시작할 때처럼 조심스럽게 하라. 그렇게 되면 어떠한 사업이라도 이룩할 수 있다.

— 노자

2

아침에 일어났을 때 반성하며 이렇게 말할 수 있는 자신을 가져야 한다. "나는 지금이라도 어떠한 오만이나, 불친절, 파렴치, 위선, 수다스럽고 속이 바르지 못한 사람들과 절충할 수 있다. 왜냐하면 무엇이 선인지 무엇이 악인지 모르는 사람이 죄에 빠지기 쉽기 때문이다."라고. 그리고 내가 그의 악함을 어떻게 할 수 없는 것과 같이 그가 내 자신의 악에 대해서도 어쩌지 못하지 않는가? 내가 모든 면에 선악을 확실히 알고 그도 자신의 선악을 확실히 안다면 어떤 비방이나 손상 따위도 없을 것이다. 누구도 타인의 의지를 꺾어 자신의 의지에 동조하도록 강제할 수는 없다. 모두가 나의 이웃이라고 말할 수 있는 것은 혈육의 관계가 아니라 신이 모두에게 주신 정신적인 관계와 인간의 본질을 형성하는 신과의 결속이 육체보다 고귀한 혈맹의 정신이라는 것을 이해할 때, 어떤 이에게도 노하거나 불친절할 수 없다. 인간은 서로 결속되어서 손과 손, 발과 발, 눈과 눈이라는 식으로, 서로 같은 하나의 목적을 위하여 상호 부조하도록 결합되어 있는 것이기 때문이다. 그러므로 그대를 상해한 이웃이라도 멀리한다는 것은 그대의 본성에 어긋나는 일이다. 단지 비방 때문에 남을 미워하는 사람은 모두 자신의 본성에 어긋나는 죄를 범한 것이다.

―오오레리아스

3

결코 변할 수 없는 진리를 탐구하기 위한 열정과 탐구의 목적을 달성하려거든 자신의 사상을 가져라. 정념에서 해방될 수 있는 유일하며 깨끗한 빛에 영혼의 눈을 돌려라.

―바라문교 성전

4

촛불이 조용히 타도록 하기 위해서는 바람이 없는 곳에 초를 놓아야 한다. 촛불을 불어대는 바람 앞에 내버려둔다면 흔들리고, 어둡고, 기묘한, 그리고 마치 사람을 호리는 듯한 그림자가 깨끗한 영혼의 표면에 던져지리라.

―바라문교 성전

5

세상의 어떤 훌륭한 법도 유혹의 욕망을 억제하는 방법을 찾지 못한다. 법은 유혹이 없는 곳에서 정하고 목적을 세워야만 어떤 유혹도 뿌리칠 수 있는 훌륭하고 옳은 법을 제정할 수 있다.

―벤탐

6

심려(深慮)는 불멸을 향하는 길이나 천려(淺慮)는 죽음에 이르는 길이다. 심려하고 각성 있는 사람은 결코 죽음을 생각하지 않는다. 그러나 천려하고 조심성 없는 사람은 죽음과 다름없다. 자신을 알고 자신을 지키며 각성을 깊이 할 때 비로소 불변할 수 있다.

—석가

♣

머릿속에 생긴 나쁜 사상을 쫓아낼 수는 없다. 그러나 그 사상을 끝까지 규명할 수는 있다. 그렇게 할 때 그 사상 속에 있는 악을 없앨 수 있다.

11월 6일

비난은 어리석음의 소치이며 어떤 경우에도 불필요하다. 뿐만 아니라 자신에게도 남에게도 같이 해롭다.

비난은 어리석은 짓

1

야유회가 무르익어 산회의 때가 가까워질 즈음 그중 하나가 작별 인사를 하고 돌아갔다. 그러자 뒤에 남은 사람들이 그의 평판을 비난하며 나쁜 욕을 했다. 그렇게 해서 모두가 하나 하나 가 버리고 하나만 남았다. 그러자 그 사람이 말했다.

"미안하지만 재워 줄 수 없을까요? 먼저 돌아간 사람들의 욕을 듣고 저도 그런 욕을 먹을 것이 무서워졌습니다"라고.

2

이런 속담이 있다,

"죽은 자의 일은 좋게 말하라. 그렇지 않거든 전혀 말하지 말라"고. 그러나 나는 그와 반대로 생각한다. 살아 있는 사람의 이야기는 나쁘게 말해서는 안 된다. 왜냐하면 살아 있는 그들에게 괴로움이 될 뿐 아니라 서로간의 관계를 깨뜨리기 때문이다. 그러나 죽은 사람에 대해서는 그럴 싸한 거짓말을 하는 것이 보통이며 또 아주 사실대로 말하더라도 아무런 장애도 없다.

3

자신에게는 엄격하고 남에게는 겸손하라. 그러면 적이 없으리라.

― 중국 성언

4

사람은 자신을 이겨낼 수 있을 때 비로소 남의 비난을 그친다.

5

이런 경우 비난은 특히 악이다. 즉 어떤 사람의 단점에 대한 비난도 그 사람의 면전에서 할 때면 유익하다. 그러나 그 비난이 정말 필요한 사람에게는 숨어서 그리고 해로운 사람들에게만 이야기될 때 그것은 악이다. 그것은 비난받은 사람에게 필요 이상의 악감정을 줄 따름이다.

6

나는 일부러 한 마디 한 마디 말 사이에 2, 3초의 여유를 두고 이야기하는 노인을 보았다. 나는 그 노인이 말로 죄를 범할까 두려워 그렇게 한다는 사실을 알았다.

♣

말은 사상의 표현이다. 사상은 신의 능력의 발현(發顯)이다. 그러므로 실제의 언사와 표현하는 것과는 조화가 되야 한다. 즉 말은 신의 능력과 같을 수 있으므로 악의 표현이어서는 아니 되며 또 그럴 수도 없다.

11월 7일

삶은 꿈이다. 그러나 죽음은 깨우침이다.

삶과 죽음

1

죽음은 또 하나의 삶의 시작이다.

― 몽테뉴

2

나는 태어나기 전에는 죽어 있었고 죽음에 의해서는 다시 그때의 상태로 되돌아간다는 생각에서 벗어날 수가 없다. 죽는 것, 즉 다시 그 이전의 존재의 기억으로 사는 것을—선잠이라고 이름 짓자. 그리고 다시 구체화된 새로운 기관으로 거기서 잠을 깨는 일이 탄생이라는 것이다.

—립텐벨크

3

내가 동물을—개든, 새든, 개구리든, 혹은 벌레를 죽였다고 하자. 그러나 엄밀히 말해서 나의 그 사악하고 천박한 행위에 의하여 그 존재(좀더 정확히 말하자면 1분 전만 하더라도 그 놀라운 표현이 모든 정력과 환희로 눈앞에 존재하던 원시력)를 무(無)로 돌아가게 할 수는 없다. 또 다른 관점에서 말하자면 모든 종류의 무수한 동물, 1초 1초마다 힘과 진취력으로 가득 찬 무한히 다종다양한 삶에 들어갔던 동물이, 그 탄생 이전에는 어디에도 존재하지 않던 무이며, 탄생에 의하여 비로소 존재한다는 것은 있을 수 없는 일이다. 어떤 것은 나의 시선에서 보이지 않는 곳에 숨고 다른 것은 보이지 않는 곳에서 모습을 나타낸다. 이것은 어느 쪽도 꼭 같은 형식으로 같은 본질을 가진다. 같은 재료가 아니라 같은 성질을 가진다는 말이다. 그것은 어느 쪽도 끊임없이 변화하여 새로운 형식으로 바뀜으로서 같은 존재형태를 계속한다. 어떤 것이 그 자리에 남더라도— 그것은 단지 사소한 변화이며 존재 형식의 갱신이며 존재를 계속하는 점에서는 어느 것도 다름이 없다. 개성으로서의 꿈이 형식으로서의 죽음이다.

—쇼펜하우어

4

인간 영혼의 불멸이 나의 착오라 해도 나는 나의 착오에 만족함과 그리고 내가 살아 있는 한, 그 누구도 내게서 이 신념을 빼앗아 버릴 수는 없다. 그리고 이 신념은 불변의 평화와 완전한 만족을 준다.

—시세로

5

나는 이 세상에 태어나서 여기에 이렇게 살고 있음을 슬프다고 생각지 않는다. 왜냐하면 나의 존재는 어떤 가치를 생산한다고 믿기 때문이다. 죽음이 올 때 나는 마치 손님방에서 나가듯이 인생을 나가리라. 결코 집 자체에서 떠나가듯이 인생을 떠나지는 않으리라. 왜냐하면 세상에서의 인간 존재는 그냥 지나가는 것이며, 일시적인 것으로 운명 지워져 있음을 알기 때문이다.

—시세로

6

불교에서의 칼마가 무엇이냐고 질문 받은 일이 있다. 나는 최근 이런 생각을 한다. 꿈속에서도 우리는 마치 현실과 다름없이 살아간다. 파스칼이 이렇게 말한 일이 있다.

"만약 우리가 꿈속에서 항상 일정한 상태에 있는 자기 자신을 보고, 현실에서 또 다른 여러 상태에 있는 자신을 동시에 본다면 꿈이야말로 현실이라고 생각해야 할 것이며, 현실을 꿈으로 생각하여야 할 것이다."라고.

그러나 그것은 전혀 옳지 못하다. 현실은 말하자면 그것이 한층 현실적이며 확실성이 있다는 것에서 꿈과 다르다. 만약 꿈보다 확실치 않은 삶이라면 꿈을 생시로 생각하고 현실을 진짜 삶이 아니라는 것을 의심치 않을 것이다.

그러나 탄생에서 죽음에 이르기까지 꿈을 포함한 모든 삶은 역시 꿈이 아닐까? 그 이상의 확실한 삶을 모르기 때문에 현실성을 의심치 않고, 그것을 현실로 생각하는 꿈에 지나지 않는 것은 아닌가?

♣

사후에는 어떻게 될 것인가? 미래는 인간의 사념이 볼 수 없도록 감춰져 있다. 미래는 감춰져 있을 뿐만 아니라 존재하지도 않는다. 왜냐하면 미래라는 시간은 사람이 죽음을 통하여 시간 밖으로 나가야 하기 때문이다.

11월 8일

신과 인간의 관계는, 인간의 감각과 물질의 관계와 같다. 감각이 없이는 어떤 물질도 어떤 것도 알 수 없는 것같이 사람의 마음에도 규범이 없다면 신도 아무 것도 알 수 없다.

1

신을 가까이 하는 유일한 길은 먼저 자신의 의무를 다하고 이성에 주어진 사고에 일치하도록 행동해야 한다. 신의 존재 이유는 나 자신이 자유로운 의지를 지키면서 진실한 행위를 이루는데 있다. 그것이 즉 신이다. 일반적으로 신을 인식함은 우선 인간의 마음으로이다. 그러나 마음이 안 것을 이성에 알게 하는 것은 전혀 불가능한 일은 아니더라도 매우 어려운 일이다. 말하자면 마음이 없이 오직 이성에 의해서 언젠가 신에게 도달할 수 있느냐는 의문이다. 마음이 신을 알고 난 뒤에 이성이 신을 구하기 시작한다는 말이다.

― 립텐벨크

2

신에 대한 관념이 아무리 위대할 찌라도 결국은 영혼의 본질에 대한 관념이다. 다만 신은 무한히 깨끗하고 높여진 것에 지나지 않는다. 신에 대한 이해의 기초는 인간의 내면에 존재한다.

―찬닝

3

어떠한 세계도 자체만의 독립적인 형태로 존재할 수는 없다. 인간의 경우도 역시 모든 사고의 근본이 '나'에 의하여 조건이 주어진다. 말하자면 자신은 존재 이전에 자신의 사고의 열매라는 것이다. 그리고 또 다른 일면으로 말하자면 인간으로서의 '나'는 나 자신에 의하여 지지되는 것이 아니라, '나'보다 높은 다른 존재에 의하여 주어진 조건이라는 사실이다.

그리고 '나'에 의하여 주어진 조건 '나'보다 낮은 것을 물질이라고 부르고 '나'를 조건 지우는 '나'보다 높은 존재를 신이라 부른다.

―표돌·스트라호프

5

훌륭한 일꾼은 주인의 삶이 어떤지 모르는 법이다. 다만 주인이 하고자 하는 일을 어떻게 하면 능률적으로 해낼 것인가를 생각할 뿐이다. 그러나 게으른 일꾼은 주인의 소질이나 취미를 알려고 머리를 짠다. 될 수 있는 대로 뼈를 아끼면서 주인의 마음에 들려고 하기 때문이다. 그와 같이 인간과 신의 관계도 신을 주인이라 생각하고, 신이 나에게 명령하는 것이 무엇인지 알아 충실히 해내야 한다. 그리고 신이 어떠한 존재이며, 또 어떠한 형태인가를 알려고 할 필요가 없다. 인간은 신의 존재를 알 수 없다. 왜냐하면 인간은 신의 친구가 아니라 신의 뜻을 받드는 일꾼과 같기 때문이다.

⚓

신에 관한 이해는 누구에게나 가능하다. 그것은 인간의 본성이며 신의 규범을 따르라는 명령은 누구에게나 동일하기 때문이다.

11월 9일

동물로서의 인간은 죽음을 거부한다. 그러나 이성에 의한 인간은 언제라도 죽음을 받아들일 수 있다. 죽음에 대해 인간이 취할 태도는 순종일 뿐 동의가 필요치 않기 때문이다.

죽음과 인간과 동물

1

죽음의 고통이 인간으로 하여금 죽음에 대해서 반항하게 한다. 그러나 그 고통은 인간으로 하여금 죽음을 원하도록 강요한다. 삶은 죽음에 대해 아무 것도 느낄 수 없게 만든다. 어쩌면 그런 까닭으로 인간에게 끊임없이 이지를 어둡게 하고, 죽음은 불가피한 것이라는 확신을 갖도록 하여 역설적으로 죽음을 기계적이고 본능적인 것으로 생각하게 하는지도 모른다. 삶은 언제나 현실만 고수하려고 노력한다. 그리고 동화 속의 앵무새처럼 목이 졸라지는 순간까지도 "아무 것도 아니야, 아무 것도 아니야"라고 되풀이한다.

— 아미엘

3

죽음과 동시에 정신적 본원은 육체만 뒤에 남기고 떠난다. 그리고 초시간적이고 초공간적인 어떤 본원과 하나가 되는지, 아니면 다시 다른 유기물 형체속으로 들어가는지 인간은 알지 못한다. 다만 인간은 육체가 자기를 살리던 것으로부터 버림을 받고 땅에 묻히든지 해부의 대상이 된다는 것만 알뿐이다.

4

죽음은 인식의 변화가 아니면 소멸이다. 그러나 인식 자체는 구경거리가 달라져도 구경꾼은 없어지지 않듯이 죽음에 의하여 없어지지 않는다.

5

인간은 세상에 이유를 모르고 태어난다. 그러나 현재 그 상태의 자신은 분명히 인식할 수 있다. 그리고 이 세상에 나온 뒤 굳건히 살며 때로는 놀라기도 하고 기뻐하기도, 어이없는 일을 당해서 그 자리에서 움직이기 싫다고 생각한 때도 있었을 것이다. 그래서 앞으로 나가는 것이 두려워진다. 왜냐하면 그 앞에 무엇이 기다리는지 알 수 없기 때문이다. 그러나 인간은 어디서 와서 어디로 가는지조차 모르고 살아야만 한다. 입구로 들어오기는 했지만 출구로 나가고 싶지는 않다는 것, 그와 같은 것이 인생이다.

삶이란 육체만 위한 것일까? 인생을 서둘러 살다 보면 지금까지 당했던 일보다 앞에는 더 슬픈 일이 기다린다. 인간은 육체의 죽음이 가져오는 변화를 두려워한다. 그러나 탄생에 의해서도 대단한 변화를 경험했던 것이 인생이다. 그 변화로 나쁜 일이 생긴 것이 아니라 반대로 지금 죽는 것을 싫어할 만큼 좋은 일이 많았던 것은 아닐까?

♣

이 현세의 삶에서 일어날 모든 일이 행복을 위하여 생기는 것이라고 믿는다면 죽음에 의하여 이루어지는 것은 모두 불행을 위해 이뤄진다고 믿지 않을 수 없을 것이다.

11월 11일

이 세상에서 보는 모든 것, 생각하는 모든 것의 근원은 정신에 있다.

세상의 근원

1

하늘과 땅은 방대하며 그것들은 빛깔과 형태를 가지며 크기도 있다. 그러나 인간에게는 빛깔도 수량도 크기도 없는 그 무엇이 존재한다. 그것은 지혜이다.

세계는 스스로 생명을 얻는 것이 아니라 인간의 지혜에 의해 생명을 얻는다. 그러나 세계는 무한한 것이며 인간의 지혜는 유한하다. 그러므로 인간의 지혜는 세계의 지혜일 수가 없다. 단지 지혜는 세계가 그것에 의하여 생명이 주어져야 한다는 점에 있어서 무한해야 한다.

― 공자

2

인간에게 행복을 주는 곳은 하늘이라고 생각한다. 그래서 광대한 공간 높이 인간의 머리 위에 존재하는 그곳을 선망한다. 그러나 모두 잊는 것이 있다. 즉 지구도 다른 우주 공간에서 보면 하늘에 뜬 별 중의 하나로 다른 별에 사는 인종이 있다면 그들은 지구를 보면서 "저 별을 보라. 저기에는 영원한 행복이 있는 곳이란다. 우리를 위한 신이 사는 곳이란다. 언젠가 우리는 저 별에 갈 수 있을 거야"라고 말할 수도 있다.

문제는 옛날부터 내려오는 인간의 착오 때문에 신앙은 언제나 높은 곳으로 올라간다는 생각에 결부된다. 그리고 아무리 높은 곳으로 올라간다고 해도 다른 세계로 지향하기 위하여 다시 아래로 떨어져야 한다는 것을 잊어버린다.

만약 인간이 세상의 행복한 자리를 불멸의 정신에서 구한다면 그것이 자기 위에 있건 아래에 있건 전혀 개의치 않는다. 행복이 있는 곳이 물질계의 먼 곳에 있든 가까운 곳에 있든 관계없이 정신의 일치에 의해 성립돼야 하기 때문이다.

―칸트

3

세계가 인간 속에 반영되기보다 지혜가 세계 속에 반영된다고 하는 편이 더 정확하다. 그 외의 사실은 있을 수 없다. 인간과 세상에서 질서나, 지혜나, 행복은 인간의 사색 능력이 세워 놓은 것으로부터 생긴다. 그러나 그 모든 것이 한결같다는 생각은 또한 금물이다. 사색에 의해서도 도무지 알 수 없는 것이 많기 때문이다.

―립텐벨크

4

인간은 자신을 단지 육체적인 존재로만 본다. 그래서 풀 수 없는 수수께끼, 밝힐 수 없는 모순 속으로 빠져들고 만다.

5

허약하고 힘없는 육체에 욕망으로 가득 찬 옷을 잔뜩 입고 그림자를 보라. 그 속에는 힘이 없다. 스스로 방위할 능력도 없다. 이 허약하고 힘없는 육체는 단지 소모돼 갈 뿐이며 언제 갈기갈기 찢어져 흩어져 버릴는지 모른다. 그리고 그 속에 있는 생명은 죽음으로 옮겨가 버린다. 두개골은 가을에 늙은 호박과 같다. 그래도 기뻐 뛸 수 있단 말인가! 그래도 희망을 품을 수 있는가?

뼈가 있고, 살로 가리고, 피로 길러져, 육체는 그 형체를 유지한다. 그리고 그 속에는 늙음(老)이 깃들고 죽음(死)이 기다린다. 게다가 오만과 불손이 그와 함께 있으니… 왕후의 화려한 마차도 부서질 때가 있듯 늙음은 육체의 파멸을 요구한다. 오직 선의 가르침만 늙지 않는다. 참의 귀한 것만 고귀라 하라.

―석가

♣

만유의 참된 의미를 이해하기 위해서는 무릇 눈에 보이는 것을 보이지 않는 세계로. 무릇 육체적인 것은 정신적인 세계로 돌아가게 해야 한다.

11월 11일

인생의 규범이란 완성에 가까이 가는 일이다.

인생의 완성

1

만약 내가 아무 것도 실행할 수 없다면 도덕상의 규범도 있을 수 없다. 그러나 인생의 의무라는 짐을 지게 함으로 무엇이든 실행하도록 나를 이끌어 간다. 사람들은 말한다. "사람은 모두 이기주의자로서 태어난다. 사욕(邪慾)을 지참하고 태어난다. 사람은 그 이외의 것이 될 수 없다"라고..

아니다 결코 그런 것이 아니다. 마음으로부터 해야 할 의무를 인식해야 한다. 그것이 힘을 주기 때문이다.

— 솔텔

2

인간은 누구든지 모두 자유로운 행동자라고 스스로 생각한다. 모든 슬퍼해야 할 철학의 궤변가들은 인간의 양심과 인간성의 인식을 큰소리로 떠들며 숙명을 가르치려 하지만 인간이 자유스러운 행동자임을 영원히 증명하는 두 가지, 즉 양심의 가책과 희생의 기쁨을 억누를 수는 없다. 소크라테스에서 예수, 그리고 대대로 진리를 위해 죽은 모든 사람, 모든 신앙의 희생자들은 그런 노예적인 가르침을 비난한다.

"우리도 삶을 사랑한다. 그리고 모든 싸움이 그치기를 원하는 사람들을 사랑한다. 심장의 고동소리 하나 하나가 부르짖는다. '살라!'고. 그러나 미래를 구하기 위하여 우리는 죽음을 택했다. 그리고 카인으로부터 오늘날까지 모든 배신자들과 악의 길을 택한 위선자들이 마음으로 가책하는 소리를 듣지 못하는가? 왜 그대는 참된 길을 버렸느냐고 하는 소리를. 그 때문에 평화를 잃어버리고, 영원히 고뇌하는 것이 아닐까? 그대들은 자유로운 행동자이다. 그러나 악행에 의하여 그 자유는 잃게 될 것이라."

— 마도지이니

3

그대가 '무엇을 할까?'라고 묻는다면 나는 이렇게 대답하리라. '현재 상태에서 그대는 무엇 하나도 할 수 있는 힘이 없다. 지금 할 일은 무엇보다도 이기주의나 향락주의가 그대 내면에 들어가지 못하게 하라고. 그리고 위대하지는 못할지라도 정직한 마음을 가지라고. 그대는 스스로 반성하라 아직도 선한 마음의 흔적이 남아 있는지를 확인하라. 그때까지는 아무 것도 할 수 없다. 오오, 형제들이여! 무엇보다 먼저 자신 속에 양심을 찾아라, 향락을 멈추고 정성을 가꾸어라, 돌과 같은 마음을 생동하는 마음으로 바꾸어라. 그래야만 명확하지는 않을지라도 모든 선한 일의 끝없는 병행(竝行)을 알게 되리라. 그래야만 비로소 유일한 선을 넘어 선의 보편성을 알게 되리라. 우선 첫 걸음을 내디뎌라 그러면 제2보는 보다 쉽게 명료하게 그리고 충실하게 되리라.'

―카아라일

♣

어떤 사람이 보석을 바다에 떨어뜨렸다. 그래서 그것을 찾으려고 주걱으로 바닷물을 퍼내기 시작했다. 바다의 요정이 나와서 물었다. "언제까지 풀 거냐?"
그 사람은 대답했다. "이 바닷물을 다 퍼내면 보석을 찾을 수 있을 것 같은데."
바다의 요정은 그 보석을 가져다 그 사람에게 주었다. 표면에 나타난 결과는 우리 의지와는 관계가 없다. 그러나 노력은 언제나 할 수 있는 일이다. 따라서 내면적인 결과는 조금의 착오도 없이 그 노력에 부응한다.

11월 12일

겸손한 사람만큼 강한 자는 없다. 겸손한 사람은 스스로를 벗어나 신과 하나가 된다.

겸손은 강하다

1

이 세상에 물만큼 유순하고 순수한 것은 없다. 그러나 어떤 강하고 굳은 것이라도 물이 그 위에 떨어지면 뚫어지고 만다. 약한 자는 강한 자를 이긴다. 세상의 모든 사람은 그런 이치를 잘 알면서도 그대로 해보려 하지 않는다.

―노자

2

환경에 폭력을 가하면 환경도 그에게 폭력을 가한다. 환경에 순종하면 환경도 그에게 순종한다. 현재의 환경이 당장은 이롭지 못할 경우라도 결코 무시하지 말고 자연의 순리에 맡겨라. 환경에 역행하는 자는 노예가 되고 환경에 순종한 자는 주인이 된다.

―탈무드

3

성자는 공을 세울 때 남의 눈에 감추고 그것이 남에게 알려지지 않더라도 슬퍼하지 않는다.

―공자

4

사디는 이렇게 말했다.
"어떤 나라에서 나는 호랑이 등을 타고 가는 사람을 보았다. 그것을 보고 얼마나 놀랐던지 나는 뛸 수도 제자리에서 움직일 수도 없었다. 그런데 그가 내게 말했다. '사아디여, 어떤 일도 놀라지 말라. 그대가 신의 멍에에 걸릴 일이 없으면 그 무엇도 그대의 멍에에서 벗어나지 못하리라'"고.

5

현재의 처지에 만족하는 자는 강하다. 그러나 인간 이상의 높은 것을 바랄 때는 약하게 된다.

―루소

6

가장 약한 사람은 가장 강한 사람을 이긴다. 겸손의 덕은 위대하고 침묵의 덕은 유익하다. 그런데 세상에는 겸손한 사람이 몇몇밖에 없다.

7

겸손의 덕을 쌓은 사람은 원추형(圓錐形)의 정점에서 아래쪽으로 내려오는 것과 같아 아래로 내려올수록 공의 둘레는 넓어진다.

8

인간의 신체는 살아 있을 동안은 부드럽고 유연성이 있으나 죽으면 굳어져 건조한다. 모든 것― 풀도 나무도 살아 있을 동안은 부드럽고 유연성이 있지만 죽으면 굳어지고 말라 버린다. 그러므로 굳는다는 것은 죽음으로 가는 한 형태이다. 반대로 부드럽다는 것은 살아 있다는 한 가지 증거다. 그러므로 팔이 뻣뻣하고 강한 사람이 승리하는 것이 아니다. 무엇이든 굳어지면 죽음이 가까운 징조다. 강하고 큰 것은 항상 아래에 있고 부드러운 것은 항상 그 위에 있다.

─노자

♣

사람은 겸손할수록 자유롭고 강하게 된다.

11월 13일

자기완성은 인간이 본성으로 향하는 일이다. 그가 바른 사람이면 현재 자신의 덕성에 결코 만족하는 일이 없다.

1

선에 대한 자신의 능력을 배가하라. 신은 인간의 심성에 충분할 정도의 완전한 선을 두신 것이 아니다. 단지 선에 대한 보증이 있을 뿐이다. 자신에 의하여 자신을 보다 선하게 가꾸어 가려는 노력만이 인생의 목적이 되어야 한다.

─칸트

2

"악의 뿌리는 진리에 대한 무지이다"라고 석가는 말했다. 이 뿌리에서 한없는 착오의 나무가 생기고 고뇌의 열매가 맺는다. 무지에 대해서는 오직 하나의 방법이 있다. 그것은 슬기(智)이다. 그리고 참된 슬기는 단지 자기 완성을 통해서만 이루어진다. 사회악의 개선은 보다 나은 세계관으로 그 세계관의 조화 가운데 행함으로써 가능하다. 그러므로 바른 세계관에 대한 인식이 없으면 삶을 개선하려는 모든 시도는 무익하다.

─할트만

3

기독교 사회에서는 누구도 스승이 될 수 없으며 또한 아무도 제자의 위치에 처하지도 않는다. 누구나 스승이며 동시에 제자이다. 그러므로 끊임없이 전진하고 한없이 완성될 수 있는 것이다.

벗이여! 항상 배우는 자세를 가져라. 배움에는 나이가 문제되지 않는다. 자신의 능력이 충분히 성숙되고 또 발달되어 있다고 생각지 말라. 자신의 성품과 정신이 충분한 형식에 도달했고 그래서 더 이상 나아갈 수 없다고도 생각지 말라. 기독교도에게 졸업(卒業)이란 없다. 묘지에 가는 날까지 배우는 것이다.

─고골리

5

깊은 사색은 때로 커다란 비애를 경험하게 한다. 덕성은 상한만큼 비애가 크다. 세속적이고 육욕으로 사는 사람은 이해할 수 없다. 선한 일에 희망을 가질 수 없게 된다면 결국 세상의 질서를 지배하는 신에게 불만을 품게 될 것이다. 인간이 신에 대한 의식은 신이 세상의 삶에 아무리 많은 고통을 맡겨 주더라도 신에게 만족하며 순복하는 일이 중요하다. 그 이유는 인생이 무거운 짐을 지고도 용기를 잃지 않기 위함이다. 그리고 또 하나의 이유는 인간이 운명에만 죄를 돌리고 자신의 허물을 외면하는 오만으로부터 구원하기 위함이다.

―칸트

6

나쁜 습관은 물론 이기주의로부터 자신을 멀리 하라. 자기만의 만족을 금하고 자기 과시(誇示)나 사랑을 강요하지 말라. 남을 위해 아무 것도 하고 싶지 않으면 하지 않아도 좋다. 그러나 자기만을 위해 행동하는 것도 하지 않아야 한다.

7

높은 덕성을 얻으려면 먼저 자기 완성을 염두에 두라. 그리고 칭찬을 받기 위해 일하지 말라.

8

지상의 모든 것을 소유하기보다, 하늘나라로 가기보다, 온 세상을 지배하기보다 먼저 성자에게 한 걸음 가까이 가는 기쁨을 택하라.

―칸트

9

어떤 사람이 이렇게 말했다.
"랍비여! 저는 당신을 따르겠습니다. 그러나 그러기에 앞서 집안 사람들에게 작별 인사를 하도록 허락해 주십시오"
그리스도는 대답했다.
"손에 호미를 들고 뒤를 돌아보는 자는 하나님 나라에 합당치 않다"

―성경

10

자기 완성에 최선을 다 하는 사람은 오직 앞만 보고 나간다. 자기가 한 일을 되돌아보는 사람은 제자리에 머물러 있는 사람이다.

♣

자신에게 만족하는 것은 선한 삶을 위해 불가결한 일이다. 오직 이 만족에 의하여서만 사람은 자기 수양에 눈을 뜬다.

11월 14일

어떤 지식보다도 인생을 인도할 수 있는 지식이 중요하다.

1

인생의 규범에 대한 인식은 매우 중요하다. 자기완성으로 이끌어 주는 지식은 제 1의 지식이다.

— 스펜서

2

자기 만족으로 과학의 위대한 보고(寶庫)를 소유하는 것보다 겸허한 마음으로 건전한 사상과 적은 재물을 소유하는 편이 낫다. 학문 자체에 나쁜 점이 있는 것이 아니다. 모든 지식은 각각의 입장에서 소용되는 것이기는 하나 지식에 앞서서 선한 양심과 도덕적인 삶이 이뤄져야 하기 때문이다.

— 포마·켐비스키

3

학문의 발달은 덕성의 정화(淨化)와는 일치하지 않는다. 이전에는 모든 민족의 학문 발달은 그 민족의 발달과 일치했다고 말할 수 있지만 오늘날에 있어서는 그 반대이다. 공허하며 기만적인 지식을 참된 그리고 높은 지식과 혼돈해서는 안 된다. 학문은 가장 빛나는 의미에서 충분히 존경할 만한 가치가 있다. 그러나 오늘날의 학문은 단지 어리석은 자들의 학문이며 익살스럽고 멸시할 만한 것밖에는 아무 것도 아니다.

— 루소

4

선을 행하는 사람을 잘 배운 사람이라고 말할 수 있다.

— 인도 성전

5

사고의 방향이 바로 잡히지 않는 한, 의지도 바르지 못하다. 왜냐하면 의지는 사고의 결과로 나타나는 것이기 때문이다. 그리고 사랑의 방향은 모든 인생의 규범 위에 기초를 두고 정의의 관점에서 다루어질 때만 선한 것이 된다.

─ 세네카

6

행위가 올바르지 못하면서 학문이 있다는 사람의 언사는 조심해 들어야 한다. 행위가 올바른 사람은 비록 벽에 낙서를 하더라도 가르침을 줄 수 있다.

─ 사아디

7

인간은 이러한 스승을 원한다. 즉 제자에게 우선 판단(判斷)을 가르치고 다음에 지혜를 가르치고 그런 후에 학문을 주는 스승을 말이다. 그 같은 순서는, 말하자면 그 제자가 비록 최후의 단계에 도달할 수는 없더라도, 아니 학자가 될 수는 없더라도 그는 그 스승에게서 가르침을 받았다는 점에서 인생에 대하여 경험 있고 총명한 인간이 될 것이다.

만약 그 순서가 그릇되어 제자가 스스로의 판단을 갖기 전에 지혜가 주어지고 빌려 온 듯한 학문이 주입된다면(그것은 다만 억지로 붙여진 것이지 자신과 더불어 성장된 것은 아니다) 그의 정신적 능력은 전과 다름없이 아무런 이익도 얻지 못한다. 뿐만 아니라 학문을 했다는 공상 아래 그 영혼은 몹시 손상될 것이다. 이 점에 있어서 흔히 학자이면서도 판단력이 전혀 없는 사람들을 본다. 그리고 한림원의 사람들이 사회의 다른 계층의 사람보다 훨씬 못한 어리석은 머리로 인생 문제를 처리하는 원인이 있다.

─ 칸트

♣

지식에 중요한 것은 양이 아니라 바른 평가이다.

11월 15일

재물이 주는 기쁨은 헛되다.

1

자신을 위하여 재물을 지상에 쌓아서는 아니 된다. 지상에서는 좀과 녹이 재물을 상하게 하고 도둑이 파내어 훔친다. 자신을 위하여 하늘에 재물을 쌓으라. 하늘에서는 좀과 녹에 상함이 없고 도둑이 파서 훔치는 일도 없다. 재물이 있는 곳에 마음도 있다.

— 성경

2

재물만 귀히 여기는 자는 무서운 수렁 속에 있는 것과 같다.

3

재산・권력・명예 등 인간들이 고생하며 욕심으로 소유한 모든 것들이 무슨 의미가 있는가? 그것은 다시 향락과 죄를 저지르는 데 사용될 따름 아닌가?

4

크고 좋은 집, 넓은 토지, 금은 그릇, 산더미 같은 의복, 사람들은 이러한 것들을 얻기 위해 싸운다. 그 같은 행위는 부자로 하여금 자기만큼 갖지 못한 사람에게 죄악을 범하게 하는 원인이 된다. 만약 부자가 재산을 모으지도 않고 또 재산을 쓰지도 않는다면 자기보다 못한 사람과 가난한 사람들에게 황금욕을 부추기는 행위도 자연히 없어질 것이다. 재산에 대한 정념은 모든 포악보다도 나쁜 결과를 가져온다. 번뇌・질투・교활・증오・살생을 낳는다. 그리고 덕성에 대한 방해를 낳는다. 즉 주정・음욕・냉혹・탐욕을 낳는다. 그것은 또한 자유인을 노예화한다. 인간의 노예가 아니라 정욕과 정신병의 가장 두려운 노예로 만든다. 그 같은 사람들은 신의 도리에 어긋나는 짓을 많이 하고 다른 사람들마저도 그러한 소유욕에서 벗어나지 못하게 강요한다.

인간을 예속하고 악마를 불러들이는 슬픈 소유욕이여! 특히 그가 주는 파멸은 어떠한가? 그 때문에 불행한 처지에 빠지면서도 여전히 그 쇠사슬을 사랑하고 암흑의 거리에 살면서도 빛이 있는 곳으로 나가려고 하지 않는다. 아직도 악과 인연을 맺고 병에 사로잡혀 있다. 그로 말미암아 탄광 굴속에서 고생하는 사람보다 심한 상태에 있으면서도 자유를 찾을 수 없다. 고생을 겪으며 불행에 시달리면서도 그 수확을 거두지 못한다. 더욱 나쁜 일은 누가 그 슬픔의 예속으로부터 해방시키려는 사람이 있으면 그것을 고맙게 생각하지 않을 뿐더러 도리어 화를 낸다. 그와 같이 인간은 미치광이와 같은 사람이 되고 만다. 결국 모두에게 불행을 자초한다. 아직도 자신의 광증과 떨어질 생각이 없기 때문이다. 그대들은 탄광 굴속처럼 어둔 곳에서 일하면서 황금을 모으려고 인간으로 태어난 것인가? 하나님은 그렇게 하라고 그대들을 자기의 형상대로 만드신 것이 아니다. 하나님은 자기의 뜻을 이루기 위해 인간을 만드신 것이다.

―조로아스터

5

가난한 사람은 부자보다 더 잘 웃고 마음이 편하다.

―세네카

6

인간에게 재산이 왜 필요한가 물으면, 훌륭한 말(자가용 자동차), 화려한 옷, 아름다운 집, 그리고 향락하기 위해 써야 하기 때문이라고 대답한다. 그런 대답을 하는 인간은 사색력(思索力)이 부족하기 때문이다. 그 같은 인간에게 내적 사색력을 주어야 한다. 그러면 그는 아무 데서나 홀로 뜰이나 방에서 사색에 잠기게 될 것이고 그는 어떤 부유한 사람보다도 행복하게 되리라.

―에머슨

7

사람은 인격이나 마음을 다듬기 위해서보다 재물을 얻기 위해 몇 천 갑절 고뇌한다. 그것은 행복에 쓸모 있는 것은 외적인 것보다는 내적인 것이 더 많다는 것을 모르기 때문이다.

―쇼펜하우어

♣

재물은 저시저이 삶에 부필요한 뿐더러 오히려 잘해가 된다. 재은은 참된 삶에 반해가 되기 때문이다.

11월 16일

신앙은 인생에 힘을 준다.

1

그리스도는 전 세기를 통하여 가장 위대한 인물이다. 그는 참된 보편적인 종교 — 신과 인간에 대한 사랑을 가르쳤다. 그러나 나는 장래에 신 곁에는 더욱 위대한 적 그리스도가 나타날 것을 확신한다. 이 말은 예수의 위대성을 낮게 평하려는 것이 아니라 신의 전능성을 확인하려 함이다. 그리고 적 그리스도가 나타날 때 다시 예전의 투쟁이 계속될 것이다. 사람들은 살아 있는 예언자는 죽이고 죽은 우상을 숭배할 것이다.

그러나 누가 뭐라든지 오늘날 그리스도의 규범은 참된 길이며 지금까지 있었던 어떤 것보다 전혀 다른 진정한 규범이다. 만일 그리스도가 예전에 있던 남의 가르침과 일치하거나 유사한, 즉 피와 살에만 종속된 가르침이었다면 그 역시 가련한 유대인에 불과했을 것이다. 그랬더라면 세계는 구원의 복음을 잃었을 것이다.

가령 그리스도에게는 '모세의 법보다 높고 믿을 만한 것은 없다'라고 했더라면 어찌 되었을까? 그는 아무 것도 아닌 인간이 되었을 것이다. 그러면 하나님은 그를 버렸을 것이다. 그러나 그리스도는 인간과 같지 않았고 하나님과 일치했던 것이다. 희망에 귀를 기울이고 공포를 두려워하지 않았다. 그는 사람을 위하여 고민하였고 사람과 함께 그리고 사람 속에서 하나님을 믿고 진리와 함께 영혼을 깨끗이 했다. 교회도 국가도 두려워하지 않았던 것이다. 그리고 빌라도와 헤롯이 결탁해서, 세계의 왕이 될 그를 十자가에 달았으나 오히려 태연했던 것이다. 나는 항상 그의 고귀한 정신이 나와 그대들에게 이렇게 일러주는 것 같다.

"조금도 두려워 말라. 가엾은 동포들이여, 결코 절망하지 말라. 내 속에 있는 하나님은 그대들에게도 있다. 하나님이 내 곁에 계셨던 것처럼 그대들 곁에도 계시다. 그리고 하나님을 섬기려는 모두에게 참된 부(富)를 준비하신다."
라고.

— 발케엘

2

죽음·침묵·심연— 불멸을 지향하며, 참된 행복을 목표로 완성을 바라보는 사람에게도 무서운 비밀이 있다. 내일 또는 지금부터 얼마 후에 나의 호흡이 끊어졌을 때 나는 어떻게 될 것인가? 내가 사랑하는 것들은 어디로 가고, 우리도 어디로 가서 어찌 될 것인가? 우리 앞에는 엄연히 승리해서 뽐내듯이 영원의 십자가가 있다. 신앙이 아니면 이 암흑 속에서 빛나는 유일한 별을 볼 수 없다. 십자가야말로 인간의 규범이며 구원의 열쇠이며 등대이며 인생의 의미이다. 우상과 사신을 멸하고 오직 이 규범만 남는다면 세상은 살 만한 가치가 있을 것이다.

— 아미엘

3

세상에는 각종 종교가 많지만 참된 종교는 오직 하나뿐이다.

— 칸트

4]

오직 신앙만이 확고하고 강력한 인간을 만들 수 있으며 사회악을 고칠 수 있는 길을 연다.

— 마도지이니

♣

인간은 살아 있을 동안 신앙을 소유한다. 그 신앙이 진리에 가까이 가면 갈수록 삶은 행복하게 된다. 그 신앙이 진리에서 멀어질수록 그는 불행하게 된다. 신앙 없이 사람은 살 수 없다. 신앙 없는 사람은 자연의 죽음에 가까운 사람과 다름없으며 자기 자신을 죽이는 사람과 같다.

11월 18일

선한 삶

1

삶은 반드시 행복한 것이 아니다. 오직 선한 삶만이 행복한 것이다.

— 세네카

2

선한 행실보다 비방을 조심해야 한다. 선은 바로 잊어지나 비방은 오래도록 기억에서 떠나지 않는다.

— 세네카

3

보수를 바라고 선을 베푸는 것은 도덕이 아니다. 기만이 아니면 맹목에 지나지 않는다.

— 시세로

4

성자가 자기 마음에 물어 보았다.
'정신적 손상 없이도 육체적 기쁨이나 행복을 얻을 수 있으며 육체적 손상

없이도 정신적 기쁨을 얻을 수 있는가?'
 마음이 대답했다.
 '비방하지 말라. 그 비방이나 모욕이 되돌아오지 않기 위해서다. 다른 사람이 행한 악은 앞에서 오나 자기가 뱉은 비방은 뒤통수를 공격한다. 노여워도 분노하지 말라. 노여움에 분을 내면 자기 본분을 잊고 선한 행실을 놓쳐 버리기 때문이다. 비겁을 경계하라. 비겁은 세상과 자신의 기쁨을 잃게 하고 육체와 마음을 멸망시킨다. 관능(官能)에 조심하라. 관능의 쾌락 뒤에는 병약한 후회가 따른다. 마음에 질투가 일지 못하게 하라. 자신을 손상시키지 않기 위해 그러하다. 그리고 수치 때문에 죄를 저지르는 일이 있다. 조심하라. 근면하라. 그리고 과묵하라. 끊임없이 일하라. 신과 선한 사람을 위하여 하라. 그것이 습관이 될 때 가치 있는 일을 할 수 있을 것이다. 게으른 사람의 도벽을 조심하라. 자기 노동으로 자신을 보양치 않고 다른 사람에게 자신의 보양을 강요하는 사람은 식인종과 다름이 없다. 교활한 사람과 싸우지 말라. 그런 사람을 만나면 가만히 있는 편이 낫다. 탐욕스러운 사람의 친구가 되지 말고 그들의 말과 요구에 따르지 말라. 무지한 사람들과 사귀지 말라. 어리석은 자들과는 이야기하지 말라. 악인과 거래하지 말라. 남을 비방하는 자들과 함께 왕궁 문으로 들어가지 말라.

―동양 성언

5
 행위의 도덕성을 가늠하는 시금석(試金石)은 순수성과 덕성이다.
 철학은 정의를 혼란스럽게 한다. 건전한 사상을 가진 사람에게 이 문제는 이미 기정사실로 추상적인 이론이 필요하지 않다. 그것은 마치 오른손과 왼손을 구별할 수 있듯이 구별할 수 있다.

―칸트

6
 친구에게 선을 행하면 친구는 더 큰사랑으로 보답할 것이다. 선을 행하면 그의 친구가 된다. 적에 대한 선행은 반드시 적을 벗으로 만든다.

―크레오올

7
 모든 사람은 두 개의 상반된 모습으로 산다. 자신만을 위해 사는 사람과 하나님을 향한 삶에서 봉사하는 사람 중 한 형태이다.

8

남의 행복을 위해 될 수 있는 대로 많은 일을 행하라. 그리고 진실로 사랑하며 불평을 피하라.

―죤·러스킨

9

선한 행위는 언제나 계속해야 한다. 선행의 휴식은 있어서는 안 된다. 행복은 끊임없는 선행의 연속에서 온다.

―오오레리아스

10

이웃에 대한 악은 그것이 사소한 것일지라도 간과하지 말고 이웃에게 베푼 선은 큰 것이라도 크게 생각하지 말며 이웃이 내게 베푼 선은 작은 것이라도 크게 생각하라.

―탈무드

11

사람은 주는 것이 많고 받는 것이 적으면 적을수록 강해지고 주는 것이 적고 받는 것이 많으면 많을수록 약해진다.

12

선을 행하고 돌아오는 감사로 살라.

♣

참된 선은 아무도 모르게 이루어져야 하고 남을 위해 다른 사람의 삶 속에 자기를 바칠 수 있는 삶이 참된 선이다.

11월 19일

물질적으로 저지른 악은 되돌아오지 않을 수도 있지만 정신적으로 저지른 악은 반드시 마음속에 흔적을 남기고 몇 배 앙갚음을 한다.

물질적인 죄와 정신적인 죄

1

자기의 권익을 위해 남에게 피해를 주었다면 아무리 정당성을 주장해도 정의가 아니다. 그리고 자기에게 입힌 악에 대하여 악으로 갚지 않는 것이야말로 참된 정의이다.

비록 이유 없이 자신을 미워하는 사람에 대해서도 괴로움으로 갚지 않는 행위가 바로 선이다. 악한 자에 대한 벌은 다른 사람이 그에게 행한 선 때문에 스스로 부끄러워하고 괴로워하지 않을 수 없는 자책이다. 이웃의 고통을 자기의 고통처럼 생각지 않고 그것을 제거하려 않는 사람에게 학문이 있다 한들 무슨 소용이 있는가?

낮에 악을 생각한 사람은 밤에 악이 찾아온다는 사실을 잊지 말라.

―인도 성전

2

악인은 남을 해치기 전에 자기 자신부터 해치는 법이다.

―성 어거스틴

3

운명이 지워준 불행은 벗어날 수 있으나 스스로 짊어진 불행은 벗어나지 못한다.

―동양 속담

4

인간은 근본적으로 악과 결부된다. 악은 무지의 결과로 생기는 것이며 인간은 그 무지를 자신과 함께 보이지 않는 세계까지 가지고 간다. 그 이전에 무지에서 해방되지 못하면 무지는 인간을 불행하게 한다. 우선 그 무지를 쫓아 버리면 불행은 저절로 사라진다.

―석가

5

사철이 제각기 알맞는 특징을 나타내면서 찾아오듯이 인간의 모든 행위도 제각기 상응되는 상태를 낳는다. 비방 받는 사람은 편안히 잘 수 있고 기뻐할 수 있으나 비방한 자는 불편하다. 설사 남에게 괴로움을 받더라고 그 때문에 싸우지 말라. 아무도 행위나 생각으로 손상하지 말라. 누구에게도 불쾌한 언사를 입에 담지 말라. 그러한 모든 행위는 행복을 방해할 뿐이다.

―인도 성전

6

선을 행하지 않는 사람은 다른 사람의 윗자리에 서게 될 때 큰 고통을 맛볼 것이다.

―사아디

8

모범이 되도록 힘써라. 자신을 이긴 사람은 남을 이길 수 있다. 자신을 이겨내는 것이 남을 이기기보다 어려운 일이다. 모든 사람은 오직 자기에 대해서만 지배력을 가진다. 자신이 행한 감추어진 악은 마치 다이아몬드가 돌을 베듯이 자신을 파멸시킨다. 자기가 저지른 악 때문에 스스로 괴로워한다. 스스로 악을 떠나 마음을 깨끗이 하라. 타인에 대한 자신의 의무를 잊지 않게 하라.

―잠파아다

♣

자기가 저지른 악으로 입은 피해는 어떠한 표면적 행복으로도 보상하지 못한다.

11월 20일

악은 선을 추방할 뿐 아니라 사랑도 부정한다.

악은 사랑을 부정한다

1

악인을 경계하라. 악인이 그대를 공중 회의소에 넘겨 매질할 것이다. 또 그대를 관리나 왕 앞으로 끌고 갈 것이다. 그들과 사교도 앞에서 증거를 세우기 위함이다. 그러나 끌려 나간다 해도 어떻게 말하며 무엇을 말할 것인가 마음에 근심하지 말라. 할 말이 그대들에게 주어지리라. 말하는 것은 그대들이 아니나, 그대들 속에 계셔서 말씀하시는 하나님 아버지의 영혼이시다.

―성경

2

전력을 다해 정의를 위해 싸우는 사람은 결국 승리한다. 죽음도 그 승리를 돌릴 수 없다. 불굴의 정신으로 싸우고 전진하라. 행복과 불행에 연연하여 망설이지 말고 정의를 위해 싸워 승리를 얻어라. 멸망하는 것은 오직 불의뿐이다. 모든 정의는 자연의 영원한 법칙 속에 참여하며 세계의 목적을 실현시킨다. 결코 다른 것에 의하여 패배되지 않는다.

―카알라일

3

선을 향한 길에서는 어떤 방해도 정신의 능력으로 극복해야 한다. 그렇게 함으로 도리어 새로운 힘이 생긴다. 선에 장벽이 되며 위협이 되는 것도 정신의 노력으로 마침내 선이 되기도 한다. 그래서 빠져나갈 길이 전혀 보이지 않던 곳에도 갑자기 빛으로 어둠이 열린다.

―호레저아스

4

끝까지 참고 견디어라. 얼마나 많은 사람들이 절망하며 좌절하는가. 조금만 더 노력하면 목적이 달성될 터인데 그렇지 못하여 수포로 돌아가는 사람들이 얼마나 많은가!

♣

사랑을 찾아다니지 말라. 사랑을 구할 수 없더라도 괴로워 말라. 사람은 왕왕 악인을 사랑하고 선인을 미워하는 것을 본다. 사람보다 신의 뜻에 따르도록 힘써라.

11월 21일

인간이 세상에서 완성할 수 있는 것은 없다. 삶은 항상 그렇게 계속되는 것이다.

인간의 완성

1

아침마다 눈을 뜨면 스스로 자문하라.
"오늘은 어떤 선한 일을 할까?"
그리고 생각하라.
"오늘 해가 저물 때 내게 준 삶의 한 조각이 없어지겠구나"라고.

―인도 성전

2

인간의 덕성은 별다른 노력에 의하여 이루어지는 것이 아니다. 다만 매일 매일의 행실에 의하여 평가될 뿐이다.

―파스칼

3

하나님을 섬기는 것은 사람에게 봉사하는 것보다 수월하다. 사람 앞에서는 마음에 없으면서도 좋은 척, 명문 출신인 척 꾸미고 남들이 멸시하면 슬퍼해야 한다.

그러나 하나님은 내가 어떠한 사람인지 알고 계시기 때문에 그럴 필요가 없다. 그리고 하나님 앞에서는 아무도 나쁘게 말할 필요가 없고 없는 것을 있는 척할 필요도 없다. 오직 지금보다 좀더 선한 인간이 되려고 노력하라.

4

마음을 다하며 목숨을 다하며 힘을 다하여 주 너의 하나님을 사랑하고 또 네 이웃을 네 몸과 같이 사랑하라. 화평한 감정이 향하는 곳을 향해 전진하라.

―탈무드

5

매일 아침의 여명(黎明)이 삶의 시작이라면 매일 저녁의 낙조(落照)는 삶의 끝과 같다. 짧은 인생의 하루하루를 남을 위한 사랑의 과업과 선하게 살다 간 흔적이 남도록 노력하라.

―존·러스킨

11월 22일

인간은 내면적으로 만족하지 못하면 사회생활에서 양심의 충동을 받아 심적 고통으로 나타난다.

내적 인간의 만족

1

대의 정체(代議政體)의 목적은 민의(民意)를 실현하려는 목적이 아니라 국민들로 하여금 악정에 대한 불평을 하지 못하게 하는 데 있다.

2

경험이 풍부한 노인이 '파괴하라'고 하며 앞이 창창한 청년이 '세워라!'고 말한다면 파괴하는 편을 택해야 한다. 왜냐하면 노인의 파괴는 건설이나 청년의 건설은 파괴이기 때문이다.

―탈무드

3

어떤 계약이든 양심과 정의가 배제되면 주인과 노예 사이의 계약에 불과하다. 문제는 노예로서의 자유가 아니라 노예가 되지 않는 데 있다.

―겔첸

4

한 사람이 여러 사람을 지배할 권리도 없지만 여러 사람이 한 사람을 지배할 권리도 없다.

―웨·첼트코프

5

정의의 척도는 목소리의 크기가 아니다.

―쉴레어

6

여러 사람이 그렇게 믿고 말한다고 해서 진리가 아니다. 그런 것 중에는 착오가 많다. 그것은 자기들에게 이득이 되기 때문에 진리라고 인정하는 사람들의 수효에 의해 가정된 거짓에 지나지 않는다.

―카아라일

♣

세우지 말라. 항상 심어라. 왜냐하면 세운 것은 결국 파괴할 뿐이나 심은 것은 성장을 시킴으로써 자연의 과업을 이룬다. 정신적인 영역에서도 마찬가지다. 만인의 삶에 일치되는 일을 하라. 자신의 욕망에 일치되는 일은 결코 유익할 수 없다.

11월 23일

세상 만사는 인간의 두뇌로 해결할 수 있다고 생각하는 사람은 인생의 중요한 본질에 대하여 생각해 본 일이 없는 사람이다.

인생의 본질

1

도덕적인 가르침은 아무런 새로운 흥미도 가질 수 없는 평범하고 고루한 것이라고 생각하기 쉽다. 그러나 복잡 다양한 각색의 형식을 가진 정치적·과학적·예술적·상업적이라고 칭하는 인간의 삶은 모두가 도덕상의 진실을 확인하고 확장하는 것 이외에 아무런 의미도 없다.

2

모든 것의 본원은 신비이다. 모든 개성적인 혹은 집단적인 삶의 원인은 신비이다. 즉 인간의 삶의 원인과 양태는 두뇌에 속하지 않는, 그래서 설명하기 어렵고 정의하기 곤란한 신비에 속한다. 다시 말해서 이성의 본원으로는 풀기 어려운 수수께끼이다. 다만 인간의 이러한 본원적인 문제에 대해서는 수많은 사상과 종교나 지성의 논란이 있을 뿐이다.

사실 '과거에'라고 말할 수 있는 것은 지나간 그 때 이루어진 것을 말하나 그 본원은 그 때 이루어진 것이 아니다. 그것은 항상 창조의 기적적 본원을 가진다. 그리고 항상 그 결과를 말한 것에 지나지 않는다. 그리고 다만 현상성(現象性)을 부여한 것이며 방법·기회·환경적 형성에 의한 설명에 불과하다. 그 자체의 본원은 이해되지 않은 채 남아 있다.

― 아미엘

3

책과 저자의 가치를 알기 위해서는 그 내용의 도덕성 여부에 주목해야 한다. 모든 학문은 도덕성을 가르치기 위하여 존재하는 것도 아니고 인간의 두뇌를 직접 도덕으로 안내하는 것도 아니지만 책과 사상은 그 길을 닦는 데 얼마나 역할을 하느냐 하는 것이다.

― 세네카

4

큰 도서관이라야 좋은 것이 아니다. 많은 책은 머리를 산만하게 한다. 분별 없이 많이 읽기보다 좋은 저자를 정해 놓고 독서하는 편이 훨씬 유익하다.

5

식물이나 동물의 생명은 그 신비함에 있어서 같다. 생물학은 그 신비를 기계학적인 법칙으로 설명하려고 쓸데없이 노력한다. 자기가 만든 기계를 설명하듯이 그렇게 설명할 수 있는 것이 아니다. 손가락 끝으로 동물이나 식물의 생명의 가장 성스러운 것을 감촉 할 수는 없다. 그렇게 해서는 단지 그 표면성의 작은 부분만을 이해할 수 있을 뿐이다.

—트로오

6

현미경을 통하여 보면 만물이 아무 것도 아닌 것같이 생각된다.

—트로오

♣

알 수 없는 것의 영역을 탐구하는 것만큼 지력을 어지럽게 하고 약하게 하는 일은 없다. 깊은 회의에 빠지기 때문이다. 따라서 이해하지 못한 것을 이해한 척하는 것은 가장 나쁜 일이다.

11월 24일

자애(慈愛)는 물질적 도움으로 실행되는 것이 아니다. 이웃에 대한 정신적인 지지야말로 그것이 자애이다. 그리고 정신적인 지지는 무엇보다 먼저 이웃을 비난하지 않을 것과 이웃을 존경하는 것이다.

자애는 물질보다 정신적이다

1

참을 수 없는 사악한 인간이라도 가난한 사람이면 동정하라. 겨우 몇 발자국밖에 떨어지지 않은 곳에는 배부르게 먹고 사치스러운 옷을 입은 인간들이 살고 있는데 오막살이 단칸방에서 불행한 가난을 견디고 있으니 그 얼마나 어려운가를 생각하여 가난이 얼마나 사람을 사악하게 하는가를 생각하라.

2

쓰고 남은 것을 가난한 사람에게 줄 때나 가난한 사람에게 자신의 소중한 것을 줄 때에도 스스로 자비스럽게 생각하지 말라. 참된 사랑은 재물보다 마음까지도 내놓도록 요구하는 것이다.

3

자비로운 인간은 악담이나 비방에 귀를 돌리지 않는다.

4

증거 없이 이웃을 의심치 말고 남에게 친구의 잘못을 알리지 말라.

— 페인

5

남의 허물을 감춰 주면 하나님은 두 사람 모두를 용서해 주신다.

— 속담

6

레오프라스트는 말했다. 인간은 항상 악인에 대하여 화내지 않을 수 없다고. 그러나 그 말은 분노하는 사람이 선하면 선할수록 더욱 더 노하기 쉬운 인간이 되어야 한다는 말이 된다.

그러나 사실은 오히려 그가 선하면 선할수록 그 정념에서 쉽게 해방되어 누구도 미워하지 않게 된다. 분별 있는 사람은 잘못을 저지른 자를 미워하지 않는다. 그는 자신도 얼마나 자주 덕에 어긋나는 죄를 범하고 또 얼마나 자기 행위가 많은 심판을 받아야 할 것인가를 알기 때문에 다른 사람의 악이라도 쉽사리 미워하지 않는다. 바른 심판은 죄를 저지른 이웃에 대해서와 같이 자신에 대해서도 형벌을 가해야 함을 안다.

아무도 자신을 완전무결한 것으로 변호할 수는 없다. 증인 앞에서는 무죄를 주장할 수 있더라도 양심 앞에서는 주장할 수 없다. 죄를 범한 자에게 친절을 다하여 사랑하며 그가 바른길로 돌아가게 힘쓰는 편이 훨씬 더 인간적이다. 죄인을 바르게 만드는 일은 모두의 의무이다. 그리고 이 목적을 이루기 위해서는 충고도 꾸지람도 부드러움도 엄격함도 필요하다. 바른 인도에는 진실한 설유가 최선이다. 그것은 자기 자신에게도 또 모두에게도 필요한 것이다. 분노하지 말라. 한기에게 화내는 의사가 있는가?

— 세네카

7

분노하여 적의를 가질 때 이웃이 형제라는 사실을 잊지 말라. 분노는 형제와 의좋게 하는 게 아니다. 동포를 적으로 만드는 일이다. 그렇게 함으로써 자신을 손상시킨다.

신이 만드신 대로의 선량함과 사회적인 존재가 되지 못하고 오히려 살금살금 기어와서 찢어 먹는 야수가 된다면 가장 좋은 본성은 잃어버릴 수밖에 없다. 돈이 든 지갑을 잃어버리면 곧 알아차린다. 그러나 어찌 자신의 명예와 선량함과 온순함을 잃으면서 그 손실을 알지 못하는가?

— 에피쿠테타스

8
바르게 살며 노여움에 넘어가지 말고 구하는 사람에게 주어라. 극히 적은 것이 아닌가? 이 세 가지 길을 걸음으로써 성스러운 것에 가까이 갈 수 있다.

— 석가

9
자애와 친절은 적의 무장을 해제시킬 수 있다. 타는 장작이 줄어짐에 따라 불이 꺼져 가듯 자애와 친절은 폭력을 이긴다.

— 인도 성전

10
범죄한 이웃을 보고 자신은 선을 사랑하기 때문에 이웃에 증오심을 품는다면 이는 참된 자애가 아니다. 신에 대한 사랑에서 생기는 자애는 증오를 물리친다. 신께서 인간에게 주시는 자애는 평화와 친절의 표식을 가진다. 그리고 인간 내면에서 자신의 죄를 깨우치게 한다.

♣

죄에 대한 부끄러운 기억을 감추려 애쓰지 말라. 그와 반대로 자신이 이웃의 범죄에 직면했을 때 언제나 그 기억을 쓸모 있도록 준비해 두어라.

11월 25일

악은 더 큰 죄를 부른다

1
19세기는 새로운 길을 향해 나아가야 한다. 19세기는 민중을 위한 규범과 심판이 있어야 한다. 민족이 민족에 대하여 규모와 정도에 상관없이 서로 해치는 일이 없어야 한다. 개인은 개인대로 피차가 가해하지 말고 죄를 미워해야 할 것이다.

— 케트레

2

인간의 과업을 근원적으로 보면 서글픈 생각을 가지지 않을 수 없다. 지상에서 얼마나 많은 생명이 사악한 욕망에 희생되는가, 그리고 그 악이 얼마나 많은 선과 정의를 훼손하는가. 놀라움과 슬퍼해야 할 감정은 이러한 일을 생각하면 더욱 증대하게 된다. 행악자의 악행이 그에게는 기쁨이 될지 몰라도 그 악으로 괴로워해야 할 많은 사람이 있다는 것은 왜 생각지 못하는가? 행악은 어리석은 짓이다.

—파트리스·라록크

3

곰을 잡는 데는 다음과 같은 방법을 쓴다. 즉 살코기가 들어있는 통 위에 무거운 통나무를 밧줄로 달아매 둔다. 곰은 통속의 고기를 먹으려고 그 통나무를 민다. 그러면 통나무는 밀려갔다가 돌아와 곰 이마를 때린다. 곰은 화가 나서 더욱 더 힘차게 통나무를 밀친다. 그러면 통나무는 더 멀리 갔다가 돌아와 전보다 더 강하게 곰과 부딪친다. 이런 짓을 되풀이하는 동안 통나무는 곰을 때려잡는다.

11월 26일

한 자루의 초가 다른 초에 불을 붙이고 마침내 천 자루의 초에 불을 댕기듯이 한 사람의 뜨거운 사랑은 다른 사람의 마음을 태워서 마침내는 천 사람의 마음을 태운다. 오병이어(五餠二魚)의 기적은 뜨거운 사랑을 나눌 때 가능하다. 사랑으로 나눌 때는 언제나 모두 배부르게 먹고도 남는 기적이 일어난다.

본이 되는 삶

1

인간이 완전해지는 것이 불가능하다고 해서 행하려던 선을 중단하지 말고 양심이 인도하는 대로 따르기만 하라.

—존·러스킨

2

어떤 사람은 자기 의지에 의해 사는가 하면 어떤 사람은 남의 의견에 따라 산다. 인간은 얼마만큼 자기 소신에 의해 사느냐에 따라 인격이 달라진다.

3
좋은 책을 읽으면 마음에 선이 자라고 좋은 예술은 선을 가꾸고 기도는 남의 도움 없이 자신에게 선을 고무시킨다. 그러나 무엇보다 중요한 선은 선한 삶의 모범을 본받는 일이다. 그래서 훌륭한 삶은 자신에게 뿐만 아니라 그 같은 삶을 보고 그것을 배우는 다른 사람에게도 영향을 준다.

4
선량하고 정의로운 사람으로, 싸움을 멀리하고 육식을 금하며 일은 분별하라, 과다한 토지 소유나 불의한 재판 따위는 규범에 어긋나는 죄악이라고 떠드는 사람이 악한 일을 음흉하게 저지르는 것을 흔하게 본다. 이 놀라운 현상은 자신의 주관보다 남의 생각에 따라 행하는 데 있다. 그러한 현상이 계속되면 양심이 도태되어 악이 더욱 강성하게됨에 따라 태연하게 양심에 어긋난 짓을 떡먹듯이 한다. 그러나 자기 주관을 찾게 되면 이성의 요구가 강해져서 마침내 이성이 승리하게 된다.

5
다른 사람의 잘못을 충고하려면 먼저 자기 자신이 바르게 살아야 한다. 그렇지 못하면 남을 가르칠 수 없다. 인간은 눈으로 본 것만 믿기 때문이다.

6
한 사람이 저지른 착오는 주위로 퍼지기 때문에 그 하나로 끝나지 않는다.
— 트로

7
스스로 모범을 보여줌으로써 남을 선도하기는 쉬워도 설교로 사람을 선도하기는 어렵다.
— 세네카

8
다른 사람을 통해 받은 깊은 영혼의 감동은 마음속으로 흘러 들어와 자신도 모르는 사이에 인품을 고매하게 만든다. 그리고 하찮은 일로 번뇌하는 것을 막아준다.
— 에머슨

♣

영혼을 해치는 이웃을 두려워하고 피하라. 그리고 선한 이웃의 가치를 알고 그것을 구하라.

11월 27일

정욕이 지배할 때 그것이 정신을 형성하는 것으로 오해하지 말라. 정욕은 일시적으로 인간의 참된 본성을 덮어 어둡게 하는 구름과 같다.

정욕의 지배

1

자신을 인도하는 빛이 되어 스스로의 신뢰를 잃지 말라. 자신의 빛을 높이 들고 다른 것에서 도피처를 구하지 말라.

―석가

2

'우주아(宇宙我)'를 알려면 먼저 소아(小我)를 알아야 한다. 자기 자신을 알기 위하여서는 자아를 우주아의 희생으로 던져야 한다. 만약 영적으로 살려면 자아(自我)의 삶을 희생해야 한다. 외면적인 물질 그리고 외면 세계를 형성하는 모든 형상(形象)에서 자신을 멀리 해야 한다. 그러한 형상이 인간의 심령 위에 어두운 그림자를 드리지 않게 하기 위해서다. 살아 있는 것은 영혼이다. 사라지는 것은 인간의 그림자다. 인간 내면에 있는 것은 영원한 것으로 그것은 일시적인 변천의 삶에 속하는 것이 아니다. 인간의 내면에 있는 이 영원한 것은 미래에서도 과거에서도 현재에도 존재하며 소멸하지 않는다.

―바라문교 성전

3

인간의 영혼은 그 내면에서 빛을 발하는 투명한 구체(球體)와 같다. 그 빛은 영혼 자체에 광명과 진리의 원천이 될 뿐더러 외면에 존재하는 일체의 것을 비친다. 이와 같이 인간의 영혼은 행복한 상태에서 존재하지만 그러나 외부 세계에 대한 정념(情念)이 그 구체의 매끄러운 표면을 더럽게 하고 빛을 가림으로써 어둡게 한다.

―오오레리아스

4

인간에게는 자비와 동정과 죄에 대한 수치와 증오가 존재한다. 사람은 교양 여하에 따라 그러한 것을 성장시킬 수도 고갈시킬 수도 있다. 그러한 감정은 늑골(肋骨)과 같이 인간의 품위를 형성한다.

니콘샤우 산 위에는 아름다운 나무가 자란다. 그 줄기를 베면 언제나 새 싹이 튼다. 그러나 거기에 가축을 풀어놓으면 산이 발가숭이가 되고 만다. 민둥산은 산 본래의 모습이 아니다. 인간의 야비한 정욕도 그와 같다. 정욕으로 인간의 마음속에 있는 존경할 만한 고귀한 싹과 사랑을 잃었다고 해도 앞에 말한 새싹처럼 좋은 감정마저 인간의 마음에서 말라 버렸다고는 할 수 없다. 아침저녁 서늘한 공기 속에서 그러한 싹이 성장하듯 인간의 마음도 선으로 거듭난다. 인간의 길은 정의이며 신의 규범을 안다는 것은 자신의 높은 본성의 발전을 의미한다.

—멘 취

5

타격을 받은 마음, 극심한 고뇌의 마음에 일시나마 어두운 그 마음을 밝고 선하게 가질 수 있다면 이는 행복을 되찾을 권리가 있는 사람이다. 인간은 선하므로 고뇌에서 회복하려는 힘과 용기를 확고히 하는 일에 종교의 규범은 큰 도움이 된다. 얻기 어렵다고 생각되던 일이 이루어질 때 그 힘의 존재에 대해 놀라게 된다. 그 기회를 이용하고 그 가치를 의식하며 그것을 활용하라.

—아미엘

♣

정욕이 불같이 타오를 때 자신의 내면에 있는 신에 속하는 성품을 불러내어라. 자신 안에 있는 신성한 성품이 어두움을 느끼면 곧 그것은 정욕 때문이다. 그것과 싸우라.

11월 28일

생명이 죽음에 의해 멸망하는 것이 아니라 변화할 뿐이다.

죽음은 생명의 변화

1

회의(懷疑)나 공포 속에 살지 않도록 하라. 확신으로 과업에 부딪치라. 즉 현재의 의무에 충실하고 뒤에 올 시간을 맞기 위한 최선의 준비를 시작하라.

현재 상태에서 미래는 환상으로 보인다. 중요한 일은 인생의 길이가 아니라 깊이다. 문제는 인생이 길이에 있는 것이 아니라 마음이라고 하는 '시간' 밖에 있다는 사실을 알아야 한다. 덕이 높은 사람은 그것을 안다. 참된 삶을 사는 사람에게 '시간'의 개념은 존재하지 않는다. 그리스도는 영원한 삶에 대하여 직접적으로는 설명하지 않았다. 그러나 그리스도의 영향은 인간을 '시간' 밖으로 옮겨 놓았다. 그리고 스스로를 영원이라고 느끼게 했다.

— 에머슨

2

인간이 사는 집은 멸망해도 맑은 사상과 선한 행위로 영혼이 세운 집은 멸망에 대하여 불안해하지 않는다. 그리고 그 무엇도 그 안에 있는 것에게 해를 끼칠 수 없다.

— 류씨 · 말로리

3

불멸의 신념은 이론으로가 아니라 삶에 의하여 얻을 수 있다.

4

사후 영생의 필연성을 확신케 하는 것은 이론이 아니다. 이웃 사람과 손에 손을 마주잡고 인생을 살아가다가 어느 날 갑자기 그 사람이 사라졌을 때 그 심연(深淵)에 서서 그리며 마음으로 헤어지지는 못하는 그런 것이다.

♣

불멸의 의식은 인간 마음의 본성이다. 자신이 범한 죄의 정도에 따라 자신으로부터 불멸에 대한 의식을 빼앗겨 버린다.

11월 29일

말씀은 행위다.

말과 인격

1
확신할 수 없는 것을 소문내지 말고 허위로 마음을 어지럽히지 말라.

2
적이 친구보다 이로울 때가 있다. 친구는 언제나 죄를 용서해 줌으로써 조심하지 못하게 하나 적은 언제나 죄를 폭로하고 공격함으로써 조심하게 만들기 때문이다. 적의 비판을 해롭게만 생각하지 말라.

3
지혜로운 사람은 언사(言辭)로 사람을 평가하지 않고 하찮은 사람의 말이라도 얕보고 흘려듣지 않는다.

― 중국 성언

4
언어는 인간의 두뇌에서 일어난 사상을 전달하는 귀중한 무기이다. 그러나 넓고 깊은 감정 영역을 대변하기에는 너무 약하다.

― 코시우트

5
말은 듣는 사람의 수용 능력에 의하여 의미를 보존할 수 있다. 사랑을 모르는 자에게 사랑을 알아듣게 할 수 없듯 존엄성 없는 인간에게 존엄성을 설명할 수는 없다. 그러한 사람들이 이해할 수 있을 정도까지 말을 낮추려면 존엄이나 사랑에 대하여서 설명할 수 있는 말이 없어질 상태에 이른다.

― 죤·러스킨

6
나는 농민을 사랑한다. 그들에게 교양은 없으나 그 때문에 말을 사악하게 하는 일도 없다.

― 몽테뉴

7
인간은 가만히 있는 사람을 나쁘게 말하는가 하면 말을 잘하는 사람도 나쁘게 말하고 수다스럽지 않은 사람도 나쁘게 말한다. 남을 험담하지 않는 사람이란 없다.

― 잠파아타

11월 30일

토지는 만인 공통의 소유이며 평등하게 이용되어야 한다. 결코 개인 사유의 대상이 될 수 있는 것이 아니다.

땅은 공동의 재산

1

나는 땅에서 태어났다. 그러나 나의 몫은 어디에도 없다. 세상의 주인들이여! 그대들이 친절하다면 내게 땔나무라도 베어 낼 수 있는 숲을 나누어주시오. 곡식을 뿌릴 수 있는 들을 나누어주시오. 오막살이라도 세울 터를 나누어주시오. 그러나 세상의 주인들은 나를 향하여 외친다.

"너는 숲이나 들이나 대지에서 흙 냄새만 맡는 것으로도 충분하다. 더구나 우리 땅에서 일할 수 있는 것이 얼마나 큰 은혜인가를 알라. 그렇게 해야만 비로소 네게 약간의 곡식이 주어질 것이다."

— 에머슨

2

토지는 매매의 대상이 아니다. 신께서는 인간들에게 그 위에서 살며 일하도록 모든 아들에게 나누어주신 것이다. 신의 아들들이 그 위에서 일하고 사는 동안 대지의 관리는 일하는 사람에게 속한다. 팔 수 있는 것은 오직 운반할 수 있는 물체뿐이다.

— 브라크·하우크

3

대지는 매매할 수 있는 것이 아니다. 왜냐하면 그것은 신의 소유로 인간은 모두 그 위에 잠시 머문다 가는 나그네에 지나지 않기 때문이다.

4

엄밀히 말하여 대지는 신과 인간의 것이다. 신은 소유자이고 그 위에서 일해온 것도 또 일해 나갈 것도 인간이기 때문이다.

5

창조주 하나님이시여! 누가 도둑인지 현명하게 재판하여 주소서. 나의 탄생과 더불어 내게 주신 대지가 있었으나 그 권리를 내게서 빼앗아간 자가 있습니다. 그가 도둑인지 아니면 대지 위에 살면서 평화롭게 살기 위해 대지의 일부분을 이용한 내가 도둑인지 심판하여 주소서.

—제랄드·윈스탄레이

6

신이 어떤 사람에게는 주시고 어떤 사람에게는 주지 않으신 일이 있는가? 신이 누구는 사랑하고 누구는 따돌림한 일이 있는가? 신의 선물을 독차지하고 이용하는 자들이여, 불쌍한 형제의 상속(相續)을 부정한 방법으로 빼앗지 않았는가? 신의 고시서(告示書)가 있거든 보여라.

—람네에

7

토지를 독점하는 것은 가장 큰 죄악이다. 그럼에도 그 죄의 사악성을 깨닫지 못하는 것은 현대 사회의 사악한 지도자들이 그 죄악이 권리라고 주장하기 때문이다.

8

숲 속에서 호두를 줍고 있노라니 감시인이 숲 속에서 얼굴을 내밀고 뭘 하고 있느냐고 물었다. 나는 호도를 줍고 있다고 대답했다.
"호도를 줍고 있다구? 왜, 그런 짓을 하는가?"
나는 반문했다.
"왜, 그런 짓을 하느냐구? 왜 주우면 안 되오? 그럼 원숭이나 다람쥐에게는 그 권리를 주었소?"
"몰랐소? 이 숲은 주인이 있소.. 공작님의 소유로 된 숲이오."
"허어!" 하고 나는 말했다.
"부디, 그 공작님께 잘 전해 주시오. 대자연 앞에서는 공작님이나 나 같은 자격의 인간일 뿐이오. 자연이 베푼 땅은 먼저 온 사람이 그것을 이용한다는 법칙밖에는 다른 것이 없소. 만약 공작님이 호두가 필요하다면 내가 줍고 있을 때 주워 가라고 전하시오."

—스펜서

12월 1일

여성은 어머니며 아내며 사회의 일원이다. 남성이 신의 아들이라면 여성은 신의 딸이다.

여성과 남성

1

사치를 좋아하는 여인아! 순결하고 건강하고 아름다운 육체에 소박한 옷을 입는 것과 불구 육체에 몸치장만 금은으로 화려하게 하는 것 중 어느 것을 택하겠는가? 이렇게 물으면 사치스럽고 화려한 옷보다 건강한 육체를 가진 소박한 여인이 되고 싶다고 할 것이다. 건강한 육체는 좋아하면서 어찌하여 영혼에 대해서는 소홀하게 생각하는가? 사악하고 어리석고 야비한 영혼으로 황금 장식을 얻으려는가? 그것은 가장 어리석은 선택이 아닌가?

―조로아스터

2

여성의 선함에 끝이 없는가 하면 여성의 사악함에도 한이 없다. 따라서 착한 아내는 남편에게 최고 선물이나 악처는 남편에게 평생 불치의 상처와 같다.

―탈무드

3

여성이나 남성이나 도덕적으로 건전해야 하는 점은 똑같다. 근면 절제, 정의 수호, 선행 적선 등 지켜야 할 점이 조금도 다를 것이 없다는 말이다. 그러나 남성보다 여성에게는 그러한 덕성이 아름다움으로 하나 더 추가된다.

4

아이를 낳는 것은 여성이 가르쳐 주는 자기 희생의 교훈이다. 자기 뱃속에서 자기 희생의 능력을 보여준 여성은 다른 환경에 처해서도 쉽게 덕성을 발휘할 수 있다.

5
겸손과 친절은 여성이 갖춘 가장 훌륭한 장식이다.

6
호화로운 상점에서 파는 값비싼 물건을 살펴 보라. 몇 백 만원, 몇 천 만원이라는 값은 많은 노동자들이 땀 흘린 노역의 산물이다. 그런 것들이 모두 남성이 아닌 여성이 쓰는 사치품이다. 그런 것은 없어도 살 수 있다. 세상 여성들은 분별 없이 누리는 사치가 어떤 죄인가를 성찰하라.

7
여성의 아름다움이 결백에 있는 것은 결백에 의하여만 여성은 아름다움으로 생기는 악을 방지할 수 있기 때문이다.

―레싱

8
남자 흉내를 내려는 여자는 여자 흉내를 내려는 남자와 똑같은 병신이다.

9
남자 흉내를 내려는 여자는 여자 흉내를 내려는 남자와 똑같은 병신이다.

9
자기 희생만큼 여성에게 맞는 덕성이 없고 이기주의만큼 여성을 추하게 하는 것도 없다.

♣

남성에게나 여성에게나 완성은 같다. 즉 그것은 사랑의 완성이다. 만약 남성이 그 두뇌로나 사랑의 깊이에서 여성보다 우월하다면 여성은 항상 사랑 안에서 자기 희생에 의해 남성보다 우월하다.

12월 2일

살생하지 말라는 말은 인간에 한한 것이 아니라 목숨이 있는 모든 생물에 대한 말씀이다. 그리고 그 가르침은 성경에 쓰이기 전에 모든 인간의 마음속에 씌어져 있던 것이다.

살 생

1
양이나 토끼를 불쌍하게 여긴다면 늑대나 쥐도 불쌍하게 생각해야 한다고 채식 반대론자는 반박한다. 늑대나 쥐가 인간에게 끼치는 해를, 그것들을 죽이지 않고도 방지할 수 있는 방법을 찾아내려고 한다. 또한 벌레 따위에 대하여서도 (립텐벨크는 동물에 대한 연민은 그 동물의 형태의 크기에 정비례한다고 말한다) 마찬가지로 연민을 느낄 수 있다 (예컨대 씨리오·베리마가 거미에 대하여 느꼈던 것처럼) 그리고 살생하지 않고도 그들의 해를 방지하는 방법도 찾아낼 수 있다고 한다.

"식물은 어찌 되는가? 식물도 살아 있다. 그런데 인간은 식물의 생명을 빼앗고 있다"라고 채식 반대론자는 또 말한다. 그러나 가장 이상적인 채식은 열매 즉 그 속에 생명을 간직하고 있는 종자의 외곽을 먹는 것이다.

광활한 토지가 사유화되어 있는 것이 과일을 사치스러운 것으로 만든다. 토지가 평등하게 분배되면 될수록 과일은 더 많이 생산될 것이다.

12월 4일

누구나 가진 능력

1

인간의 마음속에 신의 마음이 깃들여 있음을 명심하고 신이 생명을 주셨다는 것을 믿고 인간의 마음을 사랑하고 신성하게 존중하라.

2

말(馬)은 그 빠른 속력으로 적으로부터 도망한다. 말에게 불행한 일은 닭처럼 울 수 없는 일이 아니라 말에게 주어진 것, 즉 빠른 속력을 잃는 일이다.

개에게는 후각이 있다. 그래서 개는 개에게 주어진 그 후각을 잃을 때 불행해 하지만 그러나 날 수 없다고 불행해 하지는 않는다. 마찬가지로 인간에게도 곰이나 사자나 악인을 폭력으로 정복할 수 없을 때는 불행하지 않으나 인간에게 주어진 것, 즉 신과 이성을 잃을 때 불행하게 된다.

이 같은 인간이야말로 불행의 연민을 받을 만하다. 인간이 나서 죽는 것, 돈이나 집이나 재산, 즉 모두 인간 자신에게 속하지 않는 것을 빼앗겼다 해서 슬퍼할 일이 아니다. 그러나 인간이 참된 재산, 즉 인간으로서의 존엄성을 잃을 때 슬퍼해야 할 것이다.

— 에피쿠테타스

3

남에게 대하여나 자신에게 대하여 결코 부끄러운 일을 하지 말라. 인간의 제1원칙은 훌륭한 자존심이다.

4

현대인은 인간 속에 존재하는 신성한 내면성을 무시한다. 인간의 가장 높은 본성은 높은 지혜의 원천과 사귈 수 있고 또 정신 생활의 무한한 힘과 합류할 수 있는 능력이 있다. 그럼에도 불구하고 그 원천에서 직접 정신의 영양을 얻고자 하지 않고 거지처럼 서로 썩은 물을 훔치느라 땀 내기를 좋아한다.

―에머슨

5

아무리 하찮은 사람이라도 그만이 가진 특별한 능력이 있다. 설사 그 능력이 평범한 것이고 보잘것없는 특수성이라도 바른 활용에 의해 놀라운 결과를 만들어 낸다.

―존·러스킨

♣

이웃에 대한 의무 이외에 인간에게는 신의 아들로서의 스스로에 대한 의무가 있다.

12월 5일

미신에서 깨어라. 그러면 삶의 영역이 명확히 깨달아질 것이다.

미 신

1

현대는 비평적 시대이다. 그러나 종교와 입법은 항상 비평의 손에서 빠져나가려 한다. 전자는 신의 힘을 빌려서, 후자는 위대한 힘을 빌려서. 그러나 비평의 손에서 빠져나가려고 할 때, 종교도 입법도 마땅히 의혹을 받아야 한다. 이성은 자유롭고 공명정대한 검토에 견뎌낼 수 있는 것만을 존경하기 때문이다.

―칸트

2

기독교는 인도인에게 그들이 과거에 가지고 있던 것 이상의 좋은 운명을 제시했는가? 기독교는 인도인에게 그들에게 현재에도 존재하며 또 어느 땐지 알 수 없는 옛날에도 존재하던 그것 이상의 지력과 정신력을 깨우쳤는가? 기독교에는 바라문교 이상의 높은 편재(偏在)와 전능과 전지의 신에 대한 사상이 있는가? 아담과 이브와 함께 뜰을 거니시는 신, 무한의 세계를 지배하고 우주의 곳곳에서 그 뜻을 나타내고 있는, 눈에 보이지 않는 전지 전능의 신으로 그 높은 신은 과연 하나님인가?

그리스도의 신성, 그리고 그리스도의 부활 승천, 또 그 속죄 희생에 대한 신앙은 무엇인가? 그러나 의심하는 것은 지고지대(至高至大)한 존재를 죽음의 영역에 섞어 넣는 신성 모독이 아닌가? 만약 인도인이 승천을 믿어야 한다면 어찌 쿠리시나나 라마의 승천을 믿어서는 안 되겠는가? 그리스도 예수의 승천만 믿어야 할 것인가? 신은, 인류의 기록 속에 적혀 있는 것에 의하면 육체를 가진 것이 아니고 탄생하는 것이 아니다. 그리고 승천의 필요성도 없다. 부활은 더욱 그러하다. 무덤은 송장을 부활시키지 못한다. 그것이 진짜 송장이면 말이다. 속죄 희생의 가르침은 의미에 있어서 정의에 모순되는 것이다. 참된 정신은 결코 인간의 머릿속에서 꾸며낸 종의(宗意)의 결과일 수는 없다.

―류씨·말로리

3

모든 것을 검토하고 이성으로 처리하라.

―피타고라스

12월 6일

그릇된 생각보다 그릇된 삶에 의해 착오에 빠진다.

그릇된 삶

1

무지가 악을 낳는 것이 아니고 악을 낳는 것은 착오이며 지식이 없어서 착오를 범하는 것이 아니라 지식이 있다고 착각을 하기 때문에 착오를 범하는 것이다.

―루소

2

모든 착오는 악을 낳는다. 악 없는 착오는 없다. 더구나 아름답고 신성한 착오란 있을 수 없다. 오직 진리만이 안전이다. 그리고 진리만이 확실하며 오직 진리에만 의지할 수 있다. 진리는 잊어서는 아니 될 금강석이다. 인간을 거짓에서 해방하는 것은 무엇을 떼 내는 것이 아니라 주는 것을 의미한다. 거짓을 분명하게 거부하는 것이 진리이다. 착오는 항상 해독을 가져온다. 그 착오를 지지하는 자에게도 해독을 가져온다.

― 쇼펜하우어

3

인간을 착각에서 해방시킨다는 것은 그에게 무엇을 주는 것과 같은 의미가 있다. 무엇을 빼앗는 것이 아니라 허위를 의식함은 이미 진리를 의식하는 일이다. 착오는 인간에게 해독을 가져오며 착오는 그것을 지지하는 자 자신에게도 해를 끼친다.

― 호마 · 켐비스키

4

착오에 빠진 자에게는 빛이 되는 지식을 주어야 한다. 그러면 착오는 자연히 사라져 버린다.

― 칸트

5

사람은 세상을 있는 그대로 보지 않고 자기 관념에 의하여 자기 관념이 주는 빛으로 본다. 세상을 혐오감을 가지고 바라보는 것은 마치 검은 안경을 쓰고 보는 것처럼 컴컴하게 보인다.

― 류씨 · 말로리

6

인간에게 있는 나쁜 성품의 하나는 자기만 사랑하고 존중하고 자기 자신의 행복만을 바라는 것이다. 자신만 사랑하는 인간은 불행하다. 그는 위대하기를 바라나 스스로 작음을 깨닫게 된다. 행복하기를 원하나 자신의 불행의 소지를 깨우친다. 완성된 자이기를 원하나 자신의 결점이 다른 사람으로 하여금 자기에게 배반케 하고 자기에 대한 멸시를 인식하게 된다. 그 같이 바라는 것이 모두 이루어지지 않음을 보고 탄식하게 된다. 즉 그는 자신의 뜻에 어긋나는 진실을 미워하게 되며 그 진실을 파괴해야겠다고 생각한다. 그러나 그렇게 할 수 없으면 이성을 상실하게 되고 결국은 포악하게 변한다.

—파스칼

7

전혀 새롭게 다시 태어나기란 불가능하다. 항상 고쳐 살려는 사람은 바른 삶의 태도가 아니다.

♣

굶주린 자에게 먹이고 헐벗은 자에게 옷을 주며 병든 자에게 잠자리를 주는 것은 모두 선한 일이다. 그러나 그것과는 비교도 되지 않을 만큼 선한 일은 이웃을 착오로부터 해방시키는 일이다.

12월 7일

세상 만물은 변화하며 원을 그리듯 돌아간다. 인류도 그와 같이 변화하고 있다. 인간은 인류가 그리고 있는 원의 크기를 볼 수 없다. 왜냐하면 스스로 원을 그리면서 항상 그 원의 일 점 위에만 있기 때문이다.

변화의 윤회

1

진실로 너희에게 이르노니 만약 한 알의 밀알이 땅에 떨어져 죽지 않으면, 한 알 그대로 있고 죽어 땅에 묻히면 많은 열매를 맺느니라. 자기를 사랑하는 자는 죽을 것이나 남을 위하여 자기를 희생하는 자는 영원히 살리라.

—성경

2

생명은 쉴새 없이 그 외관을 바꾼다. 사물을 표면 이상으로 깊이 볼 수 없는 무지한 사람은 생명의 어떤 하나의 형태를 잃었을 때 그것은 멸망해 버린 줄로 생각한다. 그러나 생명은 어떤 하나의 형태를 잃었다 해도 그것은 다시 다른 형태가 되어 나타나기 위함이다. 벌레는 그 형태를 버리고 나비가 되지 않는가! 아기는 언제까지 아기로 있지 않는다. 청년이 되어 나타나지 않는가! 동물적이었던 인간은 그 형태를 버리고 정신적인 인간으로서 다시 나타나야 한다.

—류씨·말로리

3

만물은 성장하여 꽃을 피우고 다시 뿌리로 돌아간다. 뿌리로 돌아가는 것은 평화를 의미한다. 자연과의 조화를 의미한다. 자연과의 조화는 영원을 의미한다. 그러므로 육체의 소멸은 그 자체 속에 아무런 위험도 내포하지 않는다.

— 노자

4

변화를 두려워하지 말라. 이 세상의 그 무엇도 변화 없이 만들어진 것이 없다. 변화는 대자연의 섭리이다. 장작이 형태를 바꾸지 않고 물을 끓일 수 없듯이 음식도 변화하지 않고는 영양분이 될 수 없다. 이 세상의 모든 생명은 변화 이외의 아무 것도 아니다. 인간을 기다리는 변화도 자연 자체로써 필연적인 것이다. 자연에 어긋나는 일을 하지 않고 자연이 가르쳐 주는 대로 따르면 편안히 그 속으로 들어가게 된다.

— 오오레리아스

5

한 번의 어떤 상태, 과거 현재 미래의 시간을 편력하는 하나의 상태는 현재 이전의 상태가 현재에 관계하듯이 현재의 상태도 미래에 관계하듯 연결된 관계 속에 있다.

— 립텐벨크

6

도토리가 아무리 잎과 줄기와 뿌리를 떼어내고 혼자 도토리로 굴러 다녀도 그것은 나무와 다를 것이 없다. 즉 열매가 형태와 특징을 바꾸고 있어도 그 본질은 도토리 나무와 다름없다는 말이다. 다만 외면적인 것을 떼어냈음에 불과하다. 마찬가지로 인간이 영원으로 돌아가는 것은 죽음이라는 것으로 형태를 바꾸었을 뿐 멸망은 아니다. 다만 본연으로 돌아갈 뿐이다.

— 아미엘

♣

죽음이란 영혼이 맺고 있는 형식의 변화이다. 형식과 그 형식이 맺고 있는 것과 혼돈해서는 아니 된다.

12월 8일

신의 규범을 따르는 것이 삶의 본원이다.

삶의 본질

1

죽음이나 고통이 불행이라고 생각하는 것은 인간이 육체적이고 동물적인 법칙을 인생의 규범이라고 생각할 때이다. 사람이 동물의 처지까지 저하할 때만 죽음과 고통에 마음을 괴롭히게 된다. 허수아비가 사방의 새들을 위협하듯 죽음과 고통은 사람을 위협한다. 그리고 죽음과 고통에 쫓겨 도망칠 수 있는 길은 이성의 규범을 따르는 길이다. 삶을 사랑으로 표현하라. 죽음과 고통은 인간 자신이 저지르는 생명의 규범에 대한 죄악에 지나지 않는다. 참되게 규범에 따라 살아가는 인간에게는 죽음도 고통도 존재하지 않는다.

2

건강·기쁨·애착·감각·기억·노동 등의 진정한 의미는 무엇인가. 태양이 식어버리고 삶이 매력을 잃을 될 때 미칠 것인가? 그렇지 않으면 굳어버릴 것인가? 대답은 하나뿐이다. 의무를 다하고 항상 양심의 평화를 가지며 현재 위치에서 겸손하면 그 이외의 일은 신께서 하신다. 신성과 지성의 신이 존재하지 않는다 해도 이성과 현실의 갈림이 없는 이상(理想)으로 존재하라. 그것이 의무이고 그 의무는 비밀을 풀어 움직이게 하는 인류의 보편성이다.

— 아미엘

♣

전통(모든 종교)으로부터 신의 규범을 안다. 그리고 정욕과 거짓 사상에 의하여 어두워져 있지 않을 때는 자신이 심성할 임시력에 의하여 안다. 그리고 그 규범을 실생활에 적용하려는 시도에 의해서 알 수 있다. 그것을 적용함으로써 모든 육체적인 불행으로는 파괴할 수 없는 정신적 행복의 의식이 주어지는 것이다.

12월 11일

평범한 사람들을 커다란 불행으로 이끄는 유혹은 '남들이 모두 그러니까'라고 하는 말속에 숨은 유혹이다.

말의 유혹

1

이 세상은 차질(蹉跌)이 있으므로 불행하다. 차질은 어디에나 반드시 있다. 그러나 차질을 오게 하는 자에게는 슬픔이 있으리라. 만약 너희의 손이나 발이, 너희를 실족케 하거든 잘라 버려라. 불구나 절름발이로 생명을 얻는 것이 두 손발이 성하면서 지옥 불에 던져지는 것보다 낫다. 만약 너희의 눈이 너희를 실족케 하거든 뽑아 버려라. 애꾸눈으로 생명을 얻는 것이 두 눈이 멀쩡하게 게헨나(지옥)에 던져지는 것보다 낫다.

―성경

2

상처가 없는 손이 뱀의 독이라도 만질 수 있는 것은 강한 손에는 독이 해를 끼치지 못하기 때문이다. 자신이 악을 만들어 내지 않은 자에게 악은 해롭지 않다.

―석가

3

새로운 천으로 낡은 옷을 깁지 말라. 그렇게 기운 천은 찢어질 것이며 해진 곳이 더욱 크게 되리라. 또 새 포도주를 낡은 가죽 부대에 담지 말라. 만약 그렇게 한다면 주머니가 찢어지고 술은 흘러 버리고 부대도 못쓰게 되리라. 새 포도주는 새 가죽 부대에 넣음으로써 둘 다 안전하다.

―성경

4

죄악의 멍에를 지고도 고통을 느끼지 않는 사람은 대단히 위험한 지경에 직면해 있는 것이다. 자기 죄를 알기는 하나 양심의 고통이나 자책이 없다면 이는 동물과 다를 바가 없다. 죄를 첫걸음 단계에서 내려놓지 못한 인간은 죽을 때까지 지고 가야 한다.

―박스텔

5

어떤 노인에게 악의 유혹이 있었다. 그는 왜 하나님은 이 세상에 악이 존재하도록 버려두셨는가 하는 문제로 고민하고 있었다.

어느 날 노인은 꿈을 꾸었다. 그는 하늘로부터 아름다운 꽃다발을 손에 든 천사가 내려오는 것을 보았다. 천사는 그 꽃다발을 머리 위에 씌워줄 만한 자격이 있는 사람을 찾고 있었다. 노인은 흥분해서 천사에게 물었다.

"어떤 사람이 그 꽃다발을 쓸 수 있을까요? 나는 그러한 상을 받을 만한 일이라면 무엇이든 해 왔습니다."

그러자 천사가 말했다.

"여기를 보라."

그는 북쪽을 손가락으로 가리켰다. 노인은 거기에 있는 시커먼 뭉게구름을 보았다. 구름은 하늘을 태반이나 덮고 지상으로 내려오고 있었다. 그리고 구름이 땅에서 둘로 갈라지자 그 속에서 노인 쪽으로 움직여 오는 흑인의 큰 무리가 있었다. 그 뒤에는 커다랗고 무시무시한 검둥이 하나가 있었다. 그는 커다란 발로 땅을 밟고 버티고 섰다. 텁석부리 얼굴에 부리부리한 눈과 시뻘건 입술을 벌죽거리며 하늘을 보고 있었다. 천사가 말했다.

"저 흑인과 싸워라. 만약 그를 이기면 이 꽃다발을 네 머리에 씌워 주마." 노인은 공포에 떨면서 대답했다.

"저는 어떠한 것과도 싸울 수 있습니다. 그러나 발로 땅을 밟고 머리를 하늘로 들고 서 있는 저 커다란 흑인은 인간의 힘으로 당하지 못합니다. 저는 저 자와 싸울 수 없습니다."

"어리석은 것" 하고 천사가 말을 이었다.

"너는 커다란 흑인 하나가 무서워서 작은 흑인들과도 싸우려 하지 않는구나. 저 작은 흑인은 모두 인간의 정욕이며 저 큰 흑인은 세상의 모든 악을 모아 놓은 것이다. 너는 저 흑인 때문에 하나님을 원망하고 있으나 저것과는 싸울 필요가 없고 두려워할 필요도 없다. 저것은 속이 텅 빈 허수아비에 지나지 않는다. 먼저 자신의 정욕과 싸워라. 그러면 모든 악은 자취를 감출 것이다."

—전설

6

거짓 부끄러움은 악마가 잘 쓰는 무기이다. 거짓 자랑이 커지면 거짓된 부끄러움도 커진다. 거짓 자랑은 악을 낳고 거짓 부끄러움은 선을 마비시킨다.

—존·러스킨

♣

세상에 악은 존재하지 않는다. 악은 인간의 마음속에 있을 뿐이므로 없애 버릴 수 있다.

12월 11일

모든 일 중에서 가장 기쁨이 큰 것은 농사이다.

보람과 기쁨

1

인류의 첫째 도덕은 자신의 불완전함을 인식하는 일이며, 신의 질서에 따르는 것이다. '너는 티끌이다. 그러므로 티끌로 돌아가야 한다.' 이것은 스스로에 관하여 아는 첫째 진리이고 둘째 진리는 토지를 경작하는 것이 가장 중요한 의무라는 것이다.

—존·러스킨

2

곡식을 사는 사람은 엄마 없는 젖먹이 아기와 같다. 엄마 없는 젖먹이는 여러 사람이 젖을 주어도 여전히 부족하지만 자기가 경작한 곡식을 먹는 사람은 어머니의 가슴에서 젖을 먹듯 풍족하다.

—탈무드

3

가장 좋은 음식은 자기나 자식들이 만든 음식이다.

—마호메트

4

모든 인간은 마침내 농경으로 돌아간다.
"키를 잡은 자나 바다를 항해하는 자는 땅으로 오르기 위해 바다로 나간다."

—탈무드

5

이마의 땀으로 곡식을 거두라. 이것은 불변의 법칙이다. 여자는 아이를 낳아야 하고 남자는 일을 해야 한다. 여자는 그에게 주어진 사명에서 벗어날 수 없다. 여자가 자기 아이를 기르지 않으면 그 아이는 남이 키우게 되고 동시에 그 여자는 어머니로서의 기쁨을 잃는다. 그렇듯 남자가 스스로 일하여 짓지 않고 곡식을 먹으면 그는 노동의 기쁨을 잃는다.

―본다레프

6

개미를 보고 배우라는 충고는 수치이다. 그러나 그 충고에 따르지 않는 것은 더 큰 수치이다.

―탈무드

♣

농경은 인간에게 적합한 일이며 자연스러운 일이다. 그리고 가장 큰 행복과 자유를 누리는 일이다.

12월 12일

선은 모든 것을 이기고 무엇에도 굴복되지 않는다.

선의 힘

1

모든 것을 이길 수 있어도 선에는 당할 수 없다.

―루소

2

도덕은 종교에서 벗어날 수 없다. 도덕은 인간과 세계와의 관계에서 이루어진 결과지만 종교는 이미 도덕 자체를 포함하고 있기 때문이다.

3

선행은 전제 조건 없이 이루어져야 한다. 선행이 보수를 전제로 한 것이라면 이미 선이 될 수 없다. 선은 이유나 보응이라는 테두리 밖에 있는 것이다.

4

선량하고 진실한 인간의 힘에는 망치나 철판이나 도끼도 겨눌 수 없다. 어떠한 힘도 선량하고 진실한 인간의 힘에는 맞설 수 없다. 마치 바윗돌 틈을 헤치고 나오는 식물처럼 강하다.

―트로오

5

인간은 사는 동안 반드시 선을 행할 수 있는 기회가 있다.

— 세네카

♣

악담에 좋은 말로 대답하고, 비방에는 봉사로 대하고, 한쪽 뺨을 맞으면 다른 뺨도 내미는 것은 악에 승리하는 유일한 방법이다.

12월 13일

신앙은 행위로 나타난다.

신앙과 행위

1

신앙은 있으나 행위로 나타내지 않으면 무슨 이익이 있으리오! 만약 다른 동포들이 매일 끼니도 없고 옷도 없는데 그들에게 필요한 것은 하나도 돕지 않으면서 말로만 편안히 가라, 잘 먹어라, 곱게 입어라 하면 어찌할 것인가. 행위가 따르지 않는 신앙은 죽은 믿음이다.

너희에게는 신앙이 있으나 나에게는 행위가 있다. 나는 스스로의 행위에 의하여 신앙을 보여줄 것이다. 선한 행위는 모든 난관을 물리칠 수 있다. 넋이 없는 육체가 주검인 것과 같이 행위가 따르지 않는 신앙도 죽음이다.

— 성언

2

진리보다 의식과 교회를 중히 여기는 사람은 기독교보다 교회로서의 종파를 더 중히 여길 것이고 드디어는 자기 자신만을 사랑하게 될 것이다.

— 콜릿지

3

신에 대한 최선의 숭배는 스스로의 의무를 다하는 일이다.

— 립텐벨크

4

낮에는 밤에 꿈자리가 편안하게 행하고 젊어서는 노년의 평안을 위하여 행하라.

―인도 속담

5

믿음이 약한 사람은 남의 믿음을 깨우쳐 줄 수 없다.

―노자

6

인간적인 영예나 표면상의 신성을 꾸미기 위한 신앙의 노력은 가치가 없다. 그것은 천한 마음의 욕구에서 생기는 것이다. 참회와 고행도 거짓의 가르침에서 생기는 일이 흔히 있다.

진정한 참회는 정욕으로부터 순결하게 되는 일이어야 하며 말로 하는 참회는 항상 선과 진실을 입에 담지만 사상의 참회는 스스로를 통제하고 정신을 깨끗이 하고 과묵 속에 선으로 향하는 일이어야 한다.

―마가바라타

7

종교의 두 번째 적은 전혀 종교를 갖지 않는 무신론자다. 신은 많은 것을 인간의 마음속에 두었으나 사람 마음에 자장 높고 넓은 자리는 다른 것이 차지하게 하고 신에게는 다음 자리를 내놓는 것이 불신자다. 그것은 전혀 아무 자리도 내놓지 않는 것만 못한 신에 대한 모독이다.

―죤·러스킨

♣

말을 믿지 말고 행위를 믿어라.

12월 14일

인간의 마음은 신과 하나이다.

마음과 신

1

인간의 마음은 신의 빛이다.

―탈무드

2

신이 이미 인간 속에 존재함으로써 신과 인간의 관계가 성립된 것이다.

17세기 신비의 시인 앙겔스는 말하기를 '내가 신을 보는 눈은 신이 나를 보는 눈과 같은 눈이다'라고 했다.

―아미엘

3

어느 날 강의 물고기들이 회의를 열었다.

"우리는 물을 떠나서는 살 수 없다. 그러나 우리는 물을 본 일이 없다. 따라서 물이 어떻게 생긴 건지 알 수 없다."

그때 조금 지혜 있는 물고기가 말했다.

"저 바다에는 아주 현명하고 학문이 높은 고기가 살고 있어서 무엇이든 잘 알고 있다던데 우리 바다로 나가서 물 구경 좀 하고 물이라는 것이 대체 어떤 것인지 물어 봅시다."

그래서 물고기들은 바다로 나가 현명한 고기가 살고 있는 고장으로 갔다. 그 고기는 이렇게 대답했다.

"그대들이 물을 모르는 것은 그대들이 물 속에 살고 물로 살기 때문이다."

이와 같이 사람들도 하나님 안에 있고 하나님에 의하여 살기 때문에 하나님을 알지 못하는 것이다.

―수우피

4

참된 진리로 높은 경지에 이른 사람은 구름 낀 날 구름 위에 올라 빛나는 태양을 보듯 하나님의 빛을 본다.

5

인간은 눈으로 신을 볼 수 없다. 그것은 신이 너무 가까이 계시고, 너무도 깊이 인간 속에 계시기 때문에 인간이 불완전한 의식 위로 오를 수 없기 때문이다. 그리고 신이 그토록 가까이 계심은, 사람이 신을 인식하기 위하여서가 아니라, 신이 인간에 작용하고, 영향을 주며 인간 스스로가 신에 속하는 것임을 가르치기 위하여서이다. 자부(慈父)와 같이.

—찬닝

6
인간이 불만과 두려움을 버리지 못하는 것은 자기 속에 존재하는 하나님의 사랑을 믿지 않기 때문이다. 하나님을 믿으면 어떠한 일에도 불만이 있을 수 없고 자기 속에 존재하는 하나님의 소망은 무엇이든 이루어진다. 하나님께서 아무 것도 두려워하지 않으시듯 인간도 어떤 일도 두려워할 것 없다.

7
인간의 힘을 자연의 힘에 비교한다면 인간의 운명은 장난감과 같다. 인간은 창조주 하나님의 마음으로 들어갈 때만 화평을 누릴 수 있으며 운명을 기뻐할 수 있다.

—에머슨

8
마음의 본원은 깊고 깊어서 쉽게 알 수 없고 어떻게 정의할 수도 없다.

12월 15일

진리는 신 자체가 아니다. 단지 진리에 의하여 신을 알 수 있을 뿐이다.

신과 진리

1
착오는 도움이 필요하나 진리는 자립한다.

2
어떤 행복도 진리를 깨달은 행복에 비하면 한 푼의 가치도 없다. 어떤 기쁨도 진리를 알게 된 기쁨에 비하면 무가치하다. 진리를 아는 행복은 무한하며 모든 행복을 초월한다.

—석가

3

진리는 모든 것의 시작이며 종말이다. 진리가 없는 곳에는 아무 것도 존재하지 않는다. 그러므로 성자는 진리를 보배를 보는 듯이 한다.

진리는 그 자체로 존재할 뿐만 아니라 모든 것을 만들어 낸다. 진리는 사랑이며 성지이며 참된 도덕이며 외부 세계와 내면 세계를 결합시키는 토대이다. 설사 진리에 주의하지 않더라도 진리 자체는 그 의의를 상실하지 않는다.

―공자

4

착오는 잠깐 있는 일이나 진리는 과거로부터 미래까지 존재한다. 역경이나 의혹, 기피와 간계 그리고 모든 허위를 넘어서 말이다.

♣

끊임없이 진리를 행하고 진리를 말하고 진리를 생각하기를 배워야 한다..이 일을 배우기 시작하면 곧 사람은 얼마나 진리에서 멀리 떨어져 있는가를 깨닫게 될 것이다.

12월 16일

오로지 사랑으로만 현재의 사회제도를 개량할 수 있다.

사랑의 힘

1

생물(生物)은 서로 싸우고 죽이고 파괴하나 그와 동시에 서로 사랑하며 협력하기도 한다. 삶이란 서로 파괴하는 정열로 지탱되지는 않는다. 상호부조(相互扶助)의 방식에 의해서 지탱되는 것이다. 상호부조의 방식은 마음의 언어이며 말로 하면 사랑이라고 할 수 있다. 이 세상의 발전을 보면 볼수록 그 속에 상호부조의 원칙이 발견된다. 역사의 모든 과정은 모든 생물의 상호부조라는 유일한 원칙이 발전돼 가는 과정에 지나지 않는다.

2

성찬・세례・성경 등은 하나님에 대한 경외심을 가르친다. 그러나 그보다 필요한 것은 애들처럼 생각이 부족한 사람에게 상상의 것이 아닌 현존의 것을 가르쳐야 한다. 모두가 이해할 수 있고 모두가 기뻐할 수 있는 서로사랑(相互

愛)의 감정을 심어 주어야 한다.

3

인간의 행위를 선과 악으로 구별하려면 철저한 하나의 표준이 있다. 즉 사랑으로 결속하는 행위는 선이며 정의와 상관없이 친구나 이웃을 이간하는 행위는 악이다.

♣

증오는 인간의 영혼에도, 육체에도, 개성에도, 사회에도, 다 파괴적인 감정이며 사랑은 인간과 인류에게도 진정한 삶과 행복의 의미를 고양한다. 그런 시대를 더욱 빨리 더욱 가까이 오게 하는 것은 오로지 인간이 증오를 증대케 하느냐 아니면 사랑을 더욱 증대하느냐에 달려 있다.

12월 17일

1

만일 발이 "나는 손이 아니니까 신체에 속하지 않겠다"라고 하면, 발이 그렇게 말한다고 해서 신체에 속하지 않는 것이 아니다. 신체가 모두 눈이라면 듣는 곳은 어디인가? 또 모든 부분이 듣는 곳이라면 냄새 맡을 곳은 어디인가? 눈은 손에게 "나는 그대에게 볼일이 없다" 하고 머리가 발에게 "나도 그대에게 볼일이 없다"라고 할 수는 없다. 오히려 신체에서 가장 약하다고 생각되는 부분이 도리어 가장 필요한 부분이다. 신체의 한 부분이 괴로워하면 다른 모든 부분이 같이 괴로워하고 한 부분이 존중되면 모든 부분이 함께 기뻐하게 된다.

— 성경

2

인간은 아무리 원해도 자신의 삶을 인류로부터 떼어낼 수는 없다. 인간은 온 인류 속에 살며 온 인류를 위하여 살며 온 인류에 의하여 살고 있는 것이다. 한 사람의 영혼은 온 인류의 영혼과 유기적으로 연결돼 있어서 유일한 독자(獨者)로 해방될 수는 없다. 인간은 모두 발이나 손이나 눈과 같이 상호협동의 삶을 만들어야 한다. 인간의 배반이 자연의 섭리에 어긋나듯이 서로 화를 내고 떨어지는 것은 신의 명령에 어긋나는 행위이다.

— 오오레리아스

3

다른 사람의 곤경을 보고 이욕(利慾)을 초월해 중심에서 울어나는 마음으로 돌보는 행위의 본질에는 신성한 이상이 있다. 엄밀히 말하면 실천적 신비라고나 할까? 왜냐하면 그런 행위의 결과는 언제나 참된 감동과 기적을 일으키며 그 자체가 신성의 신비를 형성한다. 실로 자비와 진실의 뒤에는 어떤 경우든지 불행과 곤경을 당한 사람이 가련한 자신일 수도 있음을 의식하게 하는 신의 이타적 속성이 발현된다. 거지를 동정하는 선한 마음도 기실은 그 거지의 모습에서 자신의 모습을 볼 수 있는 사람만이 동정할 수 있다. 자기 자신의 모습을 곧 타인의 모습에서 인정하라.

— 쇼펜하우어

4

줄기에서 베어낸 가지는 나무의 생명력과 자존력으로부터 떨어져 버린다. 이웃과 불화하는 인간도 그와 같이 온 사회로부터 고립되고 만다. 나뭇가지는 낯선 사람의 손에 의해 베어지나 인간은 그 증오와 사악에 의해 스스로 이웃으로부터 떨어진다. 그리고 결국은 온 인류로부터 헤어지게 된다. 그러나 모든 인간을 형제처럼 이 세상에 불러내신 신은 그 불화의 뒤에 다시금 친화할 수 있는 자유도 함께 부여하셨다.

— 오오레리아스

5

인간의 일체 의식은 사랑으로 나타난다. 그 결과 삶의 질을 상승시키며 그 사랑의 정도가 클수록 삶은 더욱 넓고 충실하게 되어 모두의 기쁨으로 나타나게 된다.

6

신은 천지간의 만물을 만드셨다. 땅은 그 자신 존재의 행복을 구하지 않는다. 신은 모든 만물을 일체로 형성함으로써 모두의 행복을 의식하게 하셨다. 그 중에 인간은 그 일체의 부분이다. 행복하기 위해서 사람은 일체를 통제하는 신의 뜻과 자신의 의지를 일치시켜야 한다. 그러나 인간은 왕왕 자기 혼자가 전체라고 착각하며 자신은 의지를 가진 능력자로 자신이 중심이며 전체를 자신의 의지적 수단으로 삼으려 한다.

그와 같은 오만과 이기를 버리지 못하면 인간은 신체에서 떨어진 팔 다리와 같이 자신의 생명력과 자존력을 모두 상실하고 만다. 인간은 참된 아(我)로 돌아가 자기는 전체가 아니라 다만 전체의 일부에 지나지 않는다는 사실과 전체의 삶을 통하여 그리고 전체의 삶을 위하여 스스로의 삶이 있다는 것을 명심해야 한다. 전체에서 떨어진 부분은 상실과 소멸이 필연이다. 전체를 위해서 자신을 사랑해야 한다. 좀더 정확히 말하면 전체를 사랑함으로써 자신을 사랑하게 되는 것이며 자신의 생명은 전체 속에서 전체를 통해서만 존재할 수 있다는 것을 이해해야 한다.

자신에 대한 사랑은 자신이 전체를 형성하는 일부라는 생각으로 결정된다. 그러므로 전체의 각 부분이 각기 자신을 사랑하듯 모두를 사랑할 수 있어야 한다.

신체는 손을 사랑한다. 그리고 손이 의지적으로 신체의 모두를 사랑하듯 스스로를 사랑한다. 그 이상의 사랑은 모두 의로움에서 벗어난 것이다.

손이나 발이 제각기 의지를 가진다면 신체에 따르지 않고 사랑의 질서를 유지할 수 없다. 각각의 의지를 행사한다면 무질서와 불행이 있을 따름이다.

신체의 각 부분은 스스로의 의지로 서로 결속하거나 놀라운 조화를 결성하는 것이 아니다. 자연이 조화를 유도하며 각각을 성장케 하여 존재의 목적을 유지한다. 만일 신체의 각 부분이 각자의 지혜를 얻어 그 지혜로 자기 것만으로 취하고 다른 부분에 내어주지 않으려 한다면 모두가 불행을 면치 못한다. 서로 사랑을 멈추고 미워할 수밖에 없다.

행복은 의무를 다 함에 있다. 자신을 사랑하기보다 자신을 사랑하는 공통된 하나의 영혼을 사랑하며 그 활동과 조화하는 것에 행복이 있다.

―파스칼

♣

해결하기 어려운 문제를 대면하게 되면 자신을 건강한 신체 중의 병든 한쪽 다리라고 생각하며 건강한 신체의 아픈 곳이라고 생각하라. 그리고 전신(全身)을 향하여 이 한 다리를 도와 달라고 부탁하라. 전신이란 신을 말한다. 그리고 그 한 다리는 자아(自我)이다.

12월 18일

인류는 부단히 스스로 완성을 지향한다. 그러나 노력 없는 완성은 없다. 완성을 위한 노력에 의해 완성될 뿐이다. 신의 왕국도 노력에 의하여 수립된다.

노력과 완성

1

인생을 변혁하거나 삶의 악을 물리치려는 노력은 모두 헛되다고 말한다. 패악과 무질서도 그 자체로 존재하며 진화는 인위적인 변혁이 아니라 자연히 생긴다는 말이다. 그러나 강을 건너는 배에 사공이 없으면 선객이라도 노를 저어야 하는데 배에 탄 선객들은 배가 물위에서 움직여감으로 뱃사공이 노를 젓고 있다고 생각하는 것과 같다.

2

인생은 그 자체가 하나의 목적이다. 인생도 하나의 목적인 만큼 그리 쉽게 이룰 수 있는 것이 아니다. 그래서 어디서든 허송세월은 금물이다. 허송세월은 부도덕이다. 인생의 목적이 무엇인가를 단언할 수는 없으나 비록 인생의 목적이 어떤 것일지라도 반드시 존재하며 목적 없는 인생은 무의미하다. 인생에 목적이 없는 사람은 무신론자이다. 그는 인생을 모순이며 기만이라고 생각한다.

― 마도지이니

3

신께서 사람에게 원하시는 것은 무수한 사색보다 봉사를 더 원하신다. 세상에 영원한 질서가 존재하는 것은 오로지 신의 원하심에 따라 신의 명령에 의해서 신의 목적을 이루시려는 의지의 발현이다.

― 죤·러스킨

4

인간과 사회의 계속적인 변화와 발전이 불가능하다고 생각한다면 그것은 이 세계를 언제까지나 옛 모양 그대로 존속시키고 현재와 같은 암울한, 마치 죽음과 같은 생기 없는 삶의 환상이다.

인간은 모든 자연과 물체를 변혁하는 힘의 일부가 되어야 한다.

― 솔텔

5

인간은 분별 없는 삶의 방식, 현실적이며 이기적인 목적을 위한 투쟁에 힘을 낭비한다. 그 때문에 여유를 잃고 그래서 현재의 존재만이 계속 존재해야 할 것이라 생각한다. 따라서 사회개혁의 문제가 그렇게 곤란하고 험난하다.
　그래서 최초의 위대한 진리를 지키려는 사람들은 상류계층의 조소나 대중의 저주에 압도되어 결국은 진리는 추방이 되고 고행자의 허리에 쇠사슬이 매여지고 가시로 면류관을 장식해야만 했다.

♣

　아무리 눈에 띄지 않는 사소한 일이라도 그것이 개선과 호혜의 일이라면 사회 개혁을 위한 운동에 참여하라. 눈에 띄지 않는 많은 노력이 모여 인간이 지향하는 행복으로 이끌어 간다. 그러므로 비록 보는 자가 없고 경쟁자가 없다고 해도 속이지 말고 그대의 행로를 달려야 한다.

12월 19일

　참된 행복은 언제나 손안에 있으며 그것은 항상 그림자처럼 선한 행위를 따라 다닌다.

행복과 선행

1

　보다 나은, 보다 행복하게 살 수 있는 길은 하나님이 바로 눈앞에 준비해 놓으셨다.

— 세네카

2

　절대로 병에 걸리지 않는 육체가 없듯이 결코 없어지지 않는 재산도 있을 수 없다. 또 절대로 흔들리지 않는 의지도 없다. 인간의 육신과 그 육신의 생존방식은 언제나 연약해지며 소멸되어 간다. 육적(肉的)인 것에 삶의 목적을 둔 사람은 항상 불안하고 두려움에 초조해 하며 슬픔과 괴로움에서 벗어나지 못한다. 뿐만 아니라 만족을 얻지 못하고 무엇엔가 쫓기듯 도피증에 빠져버리게 된다.
　인간의 영혼은 어떤 요새보다 안전하다. 어째서 사람들은 그 하나밖에 없는 안전한 곳에서 안주하지 못하며 영적 기쁨이 없는 일에 말려드는지 알 수가 없다. 영혼이 화평을 누리며 행복해질 수 있는 과업에 마음을 두어라.
　양심이 깨끗하면 그 무엇도 해칠 수 없다. 일체의 싸움이나 적개심을 버리고 미련한 행위나 하찮은 것을 얻기 위해 무모한 욕망을 갖지 않는 사람이 양심이 깨끗한 사람이다.

―에피쿠페타스

3
정신적인 삶을 우선하면 불평 불만이 사라진다. 왜냐하면 인간이 바라는 모든 것은 인간의 능력 안에 있다는 것을 인식하기 때문이다.

―파스칼

4
참된 행복은 도덕이다.

5
진리와 삶에 대한 이해가 부족하면 항상 생존을 위한 투쟁, 향락의 추구, 고뇌로부터의 도피, 그리고 피할 수 없는 죽음을 지연시키려 한다. 그러나 향락을 원하는 마음은 더욱 더 투쟁력을 강화하며 더 깊이 고뇌하게 하며 죽음을 가까이 한다. 죽음과 고뇌를 감추기 위해 더욱 향락을 갈망한다. 그러나 향락에는 한계가 있어서 그 한계를 넘으면 향락은 고통으로 바뀌고 고통은 공포를 더하며 공포는 죽음을 부른다.

진실한 삶에 대한 이해의 부족은 이 공포의 주된 원인이 향락이라는 것을 알지 못하며 그것을 누리고 소유하기 위해서는 폭력이라도 상관없다고 생각한다. 만인의 행복과 만인의 평등은 자신의 향락에 방해가 될 뿐이라고 여긴다.

그러나 그가 방해라고 여기는 그것이야말로 사랑의 뿌리이며 참된 행복의 시작이다.

6
외면의 장애는 인간의 정신에 아무런 해도 끼칠 수 없다. 외면의 장애는 인간의 정신을 연약하게 할 수도 없다. 짐승들이 장애에 부딪치면 한층 더 사나워지듯이 강한 정신을 가진 인간에게 일체의 장애는 단지 도덕적인 미와 강한 의지를 더할 뿐이다.

―오오레리아스

7
만물은 신이 주신 선물이다. 그러므로 모두가 행복이다. 불행은 근시(近視)

로 말미암아 볼 수 없는 행복에 지나지 않는다.

― 파스칼

8

행복한 정신은 먼저 정신의 평화와 만족(순결한 양심)이다. 다른 하나는 항상 즐거운 기쁨의 상태이다. 첫째의 상태는 인간이 자신에게 아무런 거리낌없이 현세의 행복이 모두 하찮은 것임을 인식하는 조건하에서 가능하며 둘째의 상태는 자연의 선물이다.

― 칸트

9

모두의 행복을 도모하는 행위는 다른 사람에게보다 오히려 자신에게 더 큰 행복이 된다.

10

남이 알아주지 않아도 묵묵히 선을 행하라. 행한 선은 잊어버려도 사라지는 것이 아니다. 선은 행복을 위한 믿을 수 있는 유일한 수단이다.

11

가장 바르고 순결한 인생의 기쁨은 정신적 혼란이 없을 때와 양심의 가책이 없을 때이다.

― 존·러스킨

♣

선을 행하면서도 불행하다고 생각하는 사람은 선을 믿지 않는 사람이고 따라서 신도 믿지 않는 사람이다.

12월 20일

인문수의 교회가 참된 하나님의 나라를 바라는 의로운 사람들을 빌미에 머넜다. 그러나 그리스도의 진리는 고목으로 옮겨 붙는 불꽃처럼 가로막은 장애를 불살라 버리고 새 모습으로 나타났다. 기독교의 참된 의의는 만인에게 증거된 진리이므로 앞을 가로막는 악을 물리칠 수 있으며 이전보다 강력하게 역사하는 데 있다.

사이비 기독교와 참 교회

1

　그리스도의 참된 정의는 그리스도를 이용하는 사이비로부터 벗어나 참 그리스도인 하나님의 말씀 즉 성경의 가르침으로 요약된다. 한갓 보잘것없는 시골의 기름불이나 행렬이 든 횃불 빛이 위대한 태양 빛 앞에서 사라지듯이 하찮고 일시적이며 국지적인 의심스러운 가르침으로 인류를 현혹하는 사교 집단은 영원무궁하신 하나님 앞에서 사라질 것이다.

―아미엘

2

　종교는 인간의 신뢰 위에 기초해야 하며 그것은 인간의 손이 닿지 않는 깊고 높은 곳에서 생겨나야 한다. 인간의 보답을 바라지 않는 선으로, 사랑할 수 있는 믿음으로, 신의 본질에 근거하는 것이어야 한다.

―솔 텔

3

　어떠한 사회도 사회 전체의 목적과 신앙 없이 유지될 수는 없다. 정치적인 장치는 일시적일 뿐이다. 사회의 본원은 종교가 세운다. '완전 지향'의 신앙이 없는 곳에는 반드시 다수의 의지가 지배하나 쉴새 없이 동요하며 압박이 횡행한다. 사랑이 없이 인간을 압박할 수는 있다. 그러나 승복시킬 수는 없다. 신이 없으면 모두 폭군이 될 순 있어도 참되게 양육할 수는 없다.

4

　이기주의와 의혹과 불의의 수렁에서 빠져 나오는 길은 신앙밖에 없다. 신앙 안에서는 영혼의 방황이 끝나며 개인의 목적을 달성하기 위한 투쟁이 동일한 근본, 동일한 종말, 동일한 목적의 의식아래 결속된다. 황폐한 인도(人道)의 폐허를 굳센 신앙은 재건할 수 있다. 인류는 여러 형식에서 그리고 여러 단계에서 신에게 이렇게 기도해야 한다.
　"당신의 나라가 하늘에서 이루어진 것같이 땅에서도 이루어지게 하소서".

―마도리이니

5

　나는 내 앞에 노예의 옷차림으로 모진 노역에 혹사당한 민중을 본다. 넉마를 걸치고, 굶주림에 시달리며, 부자의 사치스러운 향연에서 버린 찌꺼기를 줍는 민중을 본다. 또 혐오와 반항심으로 술 취한 듯 사악하고 거친 감정에 사로잡힌 민중을 본다. 그리고 그러한 야수 같은 얼굴에도 모두 같은 인생의 의미가 있으며 신의 표식이 찍혀 있음을 상기한다. 미래를 향하여 나의 눈을 돌린다. 그러면 이러한 민중의 모습이 나타난다. 즉 같은 신앙으로 평등과 사랑이 같은 쇠사슬로 매이고 시민도덕에 공통된 이상으로 재생된 위대한 민중의 모습이 말이다.

사치로 사악하게 되지 않으며 가난 때문에 짐승같이 되지 않으며 자신의 권리와 의무 의식에 스며든 미래 민중의 모습을 본다. 나는 현실로 말미암아 괴롭지만 미래의 예상(豫想)을 생각하면 더욱 세게 떨린다.

6

기독교라는 테두리에 갇혀 있는 인본주의 교회는 공인된 교회이기는 하나 그 자체를 기독교라고 할 수는 없다. 형식에 치우친 교회적 기독교는 참된 기독교적 진리 앞에서 마치 현장에서 잡힌 죄인과 같다. 그런 교회적인 기독교는 사라져야 한다. 그렇지 않으면 교회 이름으로 새로운 죄악이 쌓일 것이다.

12월 21일

자의식의 정점에 선 인간은 고독하다. 그 고독감의 고통을 이기지 못하고 방황하면 정점에서 떨어지고 만다. 성자는 기도의 힘을 빌어 그 정점에 머문다.

1

신이 인간에게 바라는 것은 모두가 부단히 신의 뜻을 따르는 일이다. 그러나 삶의 의욕과 정념은 끊임없이 그것으로부터 떼어나려고 한다. 그것을 깨달은 인민은 신과 자신의 관계를 계속히는 수단, 즉 기도로 문제를 해결한다. 신에 대한 신뢰와 새로운 의식을 깨우치려 한다. 기도는 죄를 상기시키며 의무를 상기시키며 유혹으로부터 인간을 구한다. 유혹을 받는 순간 즉시 기도로 대응할 수 있으면 어려운 문제로부터 해결점을 스스로 찾을 수 있다.

2

구체(具體)란 제한을 전제로 하므로 어떻게 해석해도 신은 구체적일 수 없다. 기도는 신과 나누는 대화이다. 그러면 구체적이 아닌 신과 어찌 대화를 나눌 수 있는가?

하늘을 관측하는 천문학자는 천체의 별이 움직이는 것이 아니라 움직이는 것은 천문대가 있는 지구라는 것을 안다. 그럼에도 그들은 지구의 운동이 아니라 별의 움직임을 조사하려고 한다. 기도도 마찬가지다. 신은 구체가 아니지만 나는 구체이다. 그러므로 나는 신이 구체가 아님을 알아도 구체로서의 신에 대해서가 아니면 나의 관계를 표현할 수 없다.

3

살아날 가망이 없는 무너진 갱도 속에 떨어져 있는 것 같은 인간, 얼음 벌판에서 혹은 망망한 대해에서 굶어 죽을 것만 같은 인간, 고독으로 몸부림치며 죽을 것 같은 인간, 언제 죽을는지도 모르는 인간, 귀머거리나 장님이 될지도 모르는 인간, 그것이 자신이라는 사실을 생각하면 기도 없이 살 수가 없다.

4

행복을 찾아 헤매다가 지친 인간이 쇠약한 몸으로 하나님께 구원을 청하며 손을 내미는 것, 그것이야말로 아름다운 모습이다.

―파스칼

♣

기도 없이 살 수 있는 경우는 정욕이 삼킬 때와 삶의 전부가 신에 대한 봉사일 때이다. 그러나 정욕과 싸우며 인간의 의무를 다하지 못한 사람에게 기도는 삶을 위한 불가피한 조건이다.

12월 22일

사회제도의 개혁은 외적 형식만 바꿔서 해결될 문제가 아니다. 그러나 그런 형식으로 인간의 과업을 목적에 상관없이 도리어 사회제도에 맞춤으로써 개혁을 방해하게 한다.

사회 개혁

1

사회제도는 인간의 의식으로 만든 것이지 과학적 합리성으로 만든 것이 아니다. 문화는 무엇보다 도덕을 필요로 한다. 정직과, 권리와 의무에 대한 존중과, 이웃에 대한 사랑 등 도덕 없는 문화는 있을 수 없다. 과학도 예술도 공업도 수사(修辭)도 정치도 세관도 도덕 없이는 공중 누각과 같다. 이해 타산과 무장·공포를 앞세워 세운 국가는 믿을 수 없으며 기틀이 연약할 수밖에 없다. 대중의 선한 덕성과 그 덕성의 충분한 표현만이 문화의 기초가 될 수 있다. 그 초석은 의무의 관념이다. 자신의 의무를 다하고 남에게 좋은 모범을 보이는 사람은 사회에 의미 있는 조력과 지지를 보이는 사람이다. 민중을 사악과 파멸로부터 구하기 위해서는 수만의 선한 사람들의 힘이 필요하다.

— 아미엘

2

사상의 참되고 올바른 방향은 편의적이거나 권위적인 새로운 법규를 만드는 일이 아니고 인간의 개성을 인정하고 그 속에 잠재한 능력을 개발하는 것이다. 그 같은 방향을 택할 때만 인류 발전에 이바지될 수 있다. 장님에게 끌려가는 장님과 같은 시도는 도덕을 외면하고 독단과 권위로 묘혈(墓穴)을 파는 격이다.

— 이아토스

3

기독교와 사회주의 중 어느 것을 택하느냐는 문제가 아니다. 그 둘은 비교할 수 없을 만큼 본질을 다르기 때문이다. 기독교는 세계와 만물의 영원한 의의와, 신과 인간의 정신적 본질의 불멸과, 인간의 사명에 대하여, 그리고 그 사명에서 생기는 물질적 결핍을 만족시키기 위해 허용된 가장 바른 방법에 대하여 가르친다. 그러나 사회주의는 기독교에 비하면 제2의적인 문제, 즉 인생의 의의에 대한 가장 중요한 문제는 외면하고 노동계급의 착취와 물질 문제에 대하여만 강조한다. 기독교와 사회주의가 공통된 문제를 제기한다면 기독교도인 나도 사회주의 이론에 동의할 수 있겠으나 그러나 오늘은 기독교도였다가 내일은 사회주의자가 될 수는 없다. 기독교와 사회주의 중 어느 것을 택할 것인가의 문제는 아무런 의미도 없다.

— 표오돌·스트라호프

4

인간은 모두 한 아버지의 자식이며 공통된 같은 규범을 지킨다. 무릇 자신보다 남을 위하여 살아야 한다는 것, 인생의 목적은 행복의 크고 작음에 있는 것이 아니라 보다 도덕적이며 보다 헌신적이며 부정과 착오에 대항하여 싸워야 할 것이 인간의 권리이며 의무라는 점을 이해해야 한다. 무릇 생존의 의무는 죄악을 범치 않고는 할 수 없는 따위의 일을 파괴하는 일이다.

—마도지이니

7

무정부주의란 일체의 제도를 없애버리는 것이 아니라 소수 난폭자의 횡포를 막으려는 다수의 보호제도를 제거하는 것이다. 그런 주의 주장은 이성으로 행사하는 사회 건설은 불가능하며 또 할 바도 아니라고 말한다.

8

사회문제는 끝이 없다.

—빅톨·유고

12월 23일

성현의 깨달음은 인생이 짊어진 영원의 진리를 앎이다.

영원의 진리

1

소크라테스는 처음으로 하늘의 철학을 깨닫고 그것을 가르쳤다. 사람들로 하여금 과학과 덕성과 선악이 어떤 것인가를 알도록 설명했다.

과학과 철학

—시세로

2

박학(博學)과 지혜의 성지(聖智)가 일치할 수는 없다. 성자(聖者)는 많은 지식을 가진 사람이 되는 것이 아니다. 성자가 아는 것은 모든 사람이 다 알고 모두에게 필요한 것들이다. 다만 그가 말하는 것은 누구나 의심 없이 믿을 수 있다는 점이 다를 뿐이다.

3

마음을 깨우친 자는 신의 본질을 깨달은 것이다. 그런 사람은 이성을 신성한 것으로 인정하고 신의 도움을 받을 만한 선을 행사하며 생각을 바르게 갖는다. 사람이 자신을 믿고 자신을 바르게 알 때 자기가 얼마나 풍부한 하나님의 선물을 받았는가를 알게 된다. 그러므로 성지를 받아 그것을 지키는 일이 얼마나 고귀한 것인가를 알게 될 것이다.

— 시세로

4

성경의 근본적인 가르침을 심령으로 알 수 없는 사람은 아무리 비평적인 연구를 해도 그 진리를 알 수 없을 것이다. 심령으로 알 수 있는 사람은 그러한 연구가 필요치 않다는 것도 알게 된다. 그리고 성령의 존재를 깨달은 사람은 성경이 인간을 어떻게 인도하는가를 알게 된다. 성령을 아는 데는 박식한 지식이 필요하지 않다.

6

성자는 박식으로 되는 것이 아니고 박식이 성자를 만드는 것도 아니다.

— 노자

♣

사막에서는 한 잔의 물이 산더미 같은 황금보다 귀하듯이 성지에 의한 행복은 어떤 지식보다 귀하다.

12월 24일

정신 발달은 유년기부터 시작되고 육체의 쇠약과 정비례하여 완성되어 간다. 그러므로 체력의 감소와 정신력의 성장은 바로 세운 원추형과 거꾸로 세운 원추형의 관계처럼 비례한다.

정신발달과 육체의 쇠약

1

조화된 성장은 자연처럼 인간의 침묵과 평온 속에서 이루어진다. 소란은 항상 파괴적이며 죄악적이고 조잡성밖에 보일 수 없다. 참된 정신의 성장과 발달을 위해서는 평온과 침묵의 삶이 필요하다. 대개는 홀로 있을 때 초조해 하고 염증을 낸다. 그러나 평온과 고독에서만 인간은 강한 생명력의 신장(伸長)을 가져온다. 예수는 이렇게 말했다. "기도할 때 골방으로 들어가라"고.

세계 평화가 실현되기 위해서는 이 침묵 속의 성장이 필요하다. 평온은 소란으로부터 떠나 참된 정신적인 성장을 가져오도록 돕는다. 그리고 구원을 위한 새로운 가르침을 알려준다. 무엇보다 필요한 것은 평온이다. 침묵은 해방의 진리를 가르친다.

―류씨·말로리

2

이성의 가르침을 따르라. 그것이 인간의 덕이다. 덕이 낮은 사람은 언제나 무지와 죄악에서 벗어나지 못한다.

―중국 성언

3

정신적으로 완성에 이르면 만인의 정신을 도울 수 있다. 모든 삶의 이치가 거기에 있기 때문이다.

7

신과 인간에 대한 봉사는 젊은 정신으로 하라. 그 젊은 봉사 정신은 쇠하는 육체와 상관없이 깊어진다.

―노자

♣

자신 속에서 정신적인 삶의 존재와 그 성장을 의식하지 않는다면 이는 무서운 일이다. 육신의 삶만을 의식한다면 이윽고 불가항력적으로 쇠약해 드디어는 사라질 것이다. 자신의 정신적 본질을 잊지 말라. 그리고 그것에 의하여 살라. 그러면 그대가 맛보는 기쁨은 그 무엇에 의해서도 없어지지 않는다.

12월 25일

진실을 위해서는 희생까지도 감수하고 자신의 덕성은 자랑하지 말라.

진실을 위한 희생

1

보라는 듯이 자비로운 척하지 말라. 그러면 하나님으로부터 보상을 받을 수 없다. 자비를 베풀 때 위선자와 같이 회당이나 거리에서 나팔을 불지 말라. 진실로 너희에게 이르노니 그들은 이미 그 보답을 받았느니라. 자비를 베풀 때 오른손이 하는 것을 왼손이 모르게 하라. 숨어서 한 것을 아시는 아버지께서 보답해 주시리라.

―성경

2

부자가 가진 만 개의 등(燈)보다 가난한 자의 등 하나가 낫다. 가난한 자가 든 등 하나는 참된 자비이다. 부지런한 일꾼은 일로 얻는 행복을 맛볼 수 있지만 게으른 부자는 그 기쁨을 모른다.

3

부자가 가난한 사람에게 베푸는 자비가 아무리 좋은 것이라도 교만의 굴레에서 벗어나지 못하면 그것은 자비가 아니다. 사람이 길을 물을 때 걸음을 멈추고 가르쳐 주는 것이나 돈을 꾸어달라는 부탁을 받고 여유 돈을 꾸어주는 것은 예의는 되나 자비는 아니다.

5

단합은 필요에 의해 생기고 해산은 의혹 때문에 생긴다. 그러나 자비는 모든 것 속에서 생긴다.

― 메란프튼

♣

물질적인 자비는 오직 그것이 희생일 때에만 선이다. 그럴 경우만 그 자비를 받는 자에게 정신적인 선물일 수 있다. 만약 그것이 희생이 아니라면 그 자선은 받는 자의 마음을 초조하게 할뿐이다.

12월 26일

교육상 가장 필요한 것은 아이들에게 실천을 가르치는 것이 우선이다.

교육의 실천

1

현대의 대다수 신자는 자기들이 기독교 신조와 기독교적인 도덕을 잘 지킨다고 생각한다. 그러나 그것은 착각에 지나지 않는다. 실제에 있어서 그들은 사교도적 도덕에 따르는 경우가 더 많다.

2

유년시절에 받은 인상은 매우 강렬하다. 아이들의 판단은 아이들에게 주어진 실제의 천분의 1의 영향력도 없다. 눈으로 부조리를 보는 한 아무리 책을 읽혀도 모두 헛수고일 뿐이다.

3

아이들의 종교는 보이는 행위의 실제 여하에 달려 있다. 부모가 말로만 가르치는 것은 아무 소용이 없다. 아이의 삶에는 내면적이고 무의식적인 이상이 있다. 부모의 꾸지람이나 형벌이나 노여움은 아이들에게는 한낮의 소나기나 뇌성에 지나지 않는다. 아이는 부모의 신앙을 본능적으로 예감한다. 아이는 어른들의 가면을 꿰뚫고 본성을 감지한다. 그것이 아이들의 관상술이다. 또한 아이는 그 누구에게도 특별한 관심을 끌며 어른들에게 영향을 준다 그것이 아이들의 세심한 외교술이다. 아이들은 자기 천성을 통하여 변형시키면서 반영시키는 가장 큰 어른의 거울이다.

그러므로 교육의 제1원칙은 어른 자신을 먼저 교육하는 것이고 아이들의 의지를 인도하기 위한 첫째 법칙은 어른 자신이 의지를 잘 이끄는 일이다.

—아미엘

4

어른은 아이들에게 다른 동물에 대해 잔인하지 말고 약한 사람을 못살게 굴지 말라고 가르친다. 그러면서 어린이가 부엌에 들어가면 닭이나 오리를 잡거나 깃털을 뽑는다. 어른이 야만적이고 부도덕한 행위를 아이들 눈앞에서 보이면서 도덕을 강조하는 것은 모순이다.

—스트라우에

5

욕망 억제야말로 젊은이들이 훈련해야 할 과제이다. 욕망은 줄이면 줄일수록 행복을 증대시킨다. 이 말은 옛날부터 전해온 진리였으나 모두가 오랫동안 잊어 온 진리이다.

—립텐벨크

6

편하게만 살려는 인간의 속성은 결국 나쁜 결과를 가져온다. 그러므로 어릴 때부터 아이들에게 일하기를 가르치는 것이 가장 중요한 교육이다.

—칸트

7

아이들에게 공손하고 검소하며 부지런히 일하고 이웃을 사랑하며 자비를 베풀라고 가르쳐도 부모들이 사치와 낭비를 일삼고 호화하고 나태하며 가축을 잡아먹는 것을 아이들에게 보여준다면 모든 가르침은 아무 소용이 없다.

♣

아이들에 대한 도덕적인 교육은 좋은 실례를 보여주는 것이다. 유익하고 선한 삶을 보여준다면 아이들에 대한 교육도 좋은 효과를 거둘 것이다.

12월 27일

한때 교회 지도자들이 '하나님은 우리에게 맡기셨다'라고 선언했을 때부터, 그리고 인간이 내면의 소리보다 외면적인 권위를 만들어 냈을 때부터, 그리고 인간 내면에 존재하는 실로 신성하며 거룩한 것과 이성과 양심보다 슬퍼해야 할 교회의 결정을 더 신성하며 중요하다고 인정할 때부터 인류가 잠들게 하는 거짓장난이 시작되었다. 그들은 수많은 사람을 패망시키고도 오늘날까지 그 무서운 결과를 뉘우치지 않는다.

1

국가의 승인을 받고 권력에 의존하는 기독교는 기독교가 아니다. 더구나 비기독교적인 권력이 행사된다면 더욱 아니다. 카톨릭교, 정교, 루터교, 영국교 등은 기독교의 가르침이라고 할 수 없다. 그러한 것은 기독교 정신보다도 권력을 필요로 하기 때문이다. 그러한 권력은 큰 고뇌를 낳고 사형과 화형을 낳는다. 그들 국가의 권력과 결부된 교회가 묵시적(默示錄的) 간음기고 프로테스탄트들로부터 불리고 있음도 일리가 있다. 그런 교회 종파는 기독교 정신을 신봉하는 것이 아닐 뿐더러 참 기독교의 사악한 적이다. 그리고 민중이 참 기독교를 신앙하는데 큰 방해가 된다.

2

국가적 기독교의 근저는 권력이고 참된 기독교의 근본은 사랑이다. 국가는 강제적으로 복종시키지만 기독교는 자진하여 순종한다. 폭군의 칼과 양치기의 막대기는 상극이다.

— 커닝감 · 게이케이

3

영국 국교는 처음에는 예속적이며 폭군의 충실한 종이었다. 국가 권력에 의하여 세력을 펴고 사치스러운 예식을 즐기며 카톨릭교가 유럽에서 달성했던 것과 같은 수위에 도달했다. 그리고 어려운 일이 생길 때마다 국가 권력에 도움을 구했다.

— 렉크

4

1682년 영국에서 정직한 인간이었던 레이튼 박사는 비숍 제도에 반대하는 책을 썼기 때문에 재판에 걸려 다음과 같은 무서운 형벌을 받았다. 그는 무참하게 칼에 찔리고 한 쪽 귀가 잘라지고 코의 한쪽이 찢겨졌다. 그리고 시뻘겋게 달군 쇠로 뺨에 S · S라는 폭동자의 낙인이 찍혔다. 그리고 나서 1주일이 지난 후 다시 칼에 찔리고 척추 살을 도려낸 자리에 새 살이 되살아나기도 전에 다른 귀를 잘리고 코의 다른 쪽이 찢어졌다. 그리고 뺨 위에 또 다른 낙인이 찍혀졌다. 그러한 모든 것이 기독교의 이름으로 이루어졌던 것이다.

— 모리슨 · 다윗드슨

5

그리스도는 교회도 세우지 않았고 아무 대책도 세우지 않았다. 여하한 외면적인 권위도 내세우지 않았다. 그는 오직 인간의 마음속에 하나님의 규범을 새기고 인간 자신이 그것을 지키기를 바랐던 것이다.

— 허어버트 · 뉴우튼

6

1415년 요한 · 구스는 배신행위를 폭로했다는 이유로 신부들로부터 사교도라고 불리고 유혈을 보지 않는 사형, 즉 화형을 당했다.

화형 장소는 라인강가의 벌판에 있는 성문 뒤였다. 구스는 그곳으로 끌려가자 무릎을 꿇고 하나님께 기도를 시작했다. 사형집행인이 장작더미 앞으로 가라고 명하자 그는 펄쩍 뛰며 소리를 질렀다.

"그리스도 예수여! 당신의 뜻에 따라 무섭고도 부끄러운 죽음을 받아들이겠습니다."

　사형 집행인은 구스의 옷을 벗기고 두 손을 기둥에다 결박했다. 구스의 발은 의자 위에 섰다. 주위에는 장작과 짚이 놓여 있었다. 장작더미는 그의 턱밑까지 쌓아 올려졌다. 최후의 시간이 되자 독일 제국은 폰·풋펜가임 장군을 보내어 기독교도를 포기한다면 살려주겠다고 했다.

　"아니다. 나는 아무 죄도 범한 기억이 없다."

　라고 말했다. 그러자 사형 집행인은 장작더미에 불을 질렀다. 구스는 찬송가를 불렀다.

　"나 주의 앞으로 가리다."

　화염은 바람에 불리워 높이 올라갔다. 그리고 구스의 소리는 연기 속으로 날아가 들리지 않게 되었다.

7

　참 신앙을 가진 사람들이 교회를 이루었다고 말한다. 교회 사람들이 참된 신앙을 가진 사람들인지 어떤지 알 수는 없다. 그러나 참된 신앙의 사람이기를 진심으로 원하며 그렇게 되려고 노력하는 사람이 참 신앙인이다.

♣

　교회 안에 있는 사람은 스스로의 정체를 알 수 없다.

12월 28일

　과학은 그 목적이 물리적 법칙을 찾는 데 있다. 아무리 첨단 지식이나 새로운 기술이라도 그 결과가 태만하고 사치한 사람의 호기심을 위한 것이라면 아무 가치가 없다.

1

　오염되고 혼탁한 공기를 마시지 않으려고 호흡을 중단할 수 없는 것과 같이 인간이 삶의 향상과 욕구를 위한 형이상학적(形而上學的) 탐구를 중단하는 일도 결코 없을 것이다. 사색은 영혼의 양식을 경작하는 신성한 노동이다. 그러므로 형이상학은 그 신성한 노동이 만든 양식과 같다는 말이다. 형이상학이 정신의 양식과 같은 것임에도 지나치게 어렵다고 생각하는 이유는 스스로 사색하지 않기 때문이다. 오늘날까지 형이상학이 그 어느 하나도 인간의 정신과 두뇌를 만족시킨 일이 없었다. 그럼에도 불구하고 그 어렵고 골치 아픈 형이상학을 버리는 일도 불가능하다. 이제 순수 이성의 비판을 시도하자. 학문은 삶을 즐기는 것이 아니라 삶을 찾는 일이다.

—칸트

2

지식의 가치는 다른 사람에게 그것을 전할 수 있으며 동시에 다른 사람들이 그것을 믿고 지켜갈 수 있다는 점에 있다. 반드시 그렇게 할 수 있을 때만 그 가치의 중요성이 인정된다.

—쇼펜하우어

3

학문이라는 과업의 중요성은 그것이 인류에게 유익을 줄 수 있음을 증명할 수 있어야 한다. 그런데 학자들은 자기 학문이 인류에 이익이 될 것인가는 전혀 무관심하다. 다만 자신에게 유익하면 그 이상은 필요치 않다고 생각한다.

4

종교에 미신이 있듯이 인간에게는 약점을 묵인해 줄 것이라는 어리석은 희망이 있다. 그것은 종교적인 미신과 같이 매우 해롭다. 인간의 참된 천성은 자기 존재의 부정(不正)을 의식한다. 그리고 그 것을 개선하려 힘쓴다. 학문은 거기에 필요하다. 국가학·경제학·종교학·형법학·정치학·정치경제학·역사학 그리고 근대적인 사회학이라는 것이다. 모든 학문은 개선의 여지를 전제하거나 만족스럽지 못한 상황과 여건을 전제한다. 그러한 법칙에 의하여 생기는 것이다. 인간의 과업은 자신의 약점과 싸우거나 삶의 악을 선으로 개혁하려는데 있는 것이 아니라 학문에 의해 열려진 법칙을 따라서 삶의 흐름을 열어가는데 있다. 미신은 인간의 건전한 사상과 양심에 어긋나는 것이다. 만약 그것이 열악한 삶을 변호함으로써 안식이 주어진다면 끝내는 배척될 것이다.

어떠한 종교적 미신도 이 같은 학문상의 미신만큼 해악을 낳지 않았다.

5

인간의 삶은 장소·시간·동작·온난·광선·영양·물·공기 그리고 모든 수단과 대상을 필요로 하며 대자연 속에 있는 이 모든 것은 서로 밀접하게 결부되어 있어 다른 것을 모르고 하나만을 안다고 그것이 지식이라고 할 수 없다. 전체를 모르고 부분만을 알아서 무슨 지식이 되겠는가? 삶을 알기 위하여서는 그것에 필요한 모든 것을 알아야 한다. 무한한 우주의 모든 것까지 탐구하지 않으면 안 된다. 비록 인간의 힘이 미치지 못한다 해도 말이다. 그러나 결국 인간은 자신의 육체의 삶마저 충분히 알 수가 없다.

─파스칼

12월 30일

모든 인간의 결속은 당위이다.

1

인생은 느끼는 자에게는 비극이며 생각하는 자에게는 희극이다.

─라 브르이에르

2

신에 의해 부여된 인생은 짧아도 즐겁게 보낸 인생은 영겁이다.

─키엘 케고르

3

인간은 누구나 지난 일은 이해할 수 있지만 앞으로 올 일은 알지 못한다.

─키엘 케고르

4

세상에 태어나는 것은 집을 짓는 것과 같아 한 사람이 짓다가 가면 그 집을 다음에 오는 자에게 넘긴다. 그러나 그 사람은 다른 방식으로 또 고쳐 짓는다. 그리하여 누구도 건축을 완성하는 자는 없다.

─괴테

5

인생은 영원한 전장과 같아 거기서는 끊임없이 과거와 미래가 싸운다. 그리고 이 전장에서는 낡은 법칙은 끊임없이 분쇄되고 새로운 법칙이 그것에 대신하며 그 법칙도 또한 그러는 동안 파괴되고 만다.

─로만 롤랑

6

다행스럽게도 인생은 현명한 사람들이 생각하는 이상으로 애정에 차 있다. 인생은 어떤 인간도 어떤 비천한 사람도 추방하지 않기 때문이며 인생은 어떤 사람도 우롱하지 않는다. 정신 세계에는 스스로를 우롱하는 자가 우롱 당한다.

―키엘 케고르

7

운동의 절대적인 연속은 인지에 미칠 바가 아니다. 여하한 운동이든 그 법칙이 우리에게 이해되기에는 우리가 그 운동의 개개 단위를 임의로 포착하고 이를 관찰하는 경우에 한한다. 그러나 그와 동시에 이와 같이 부단한 운동을 제멋대로 단편적인 단위로 분할하는 것에서 인간으로 하여금 판단을 망설이게 하는 것의 대부분이 여기서 발생한다.

―톨스토이 '전쟁과 평화'

8

내가 두려워하는 사람을 사랑할 수 없듯 나를 두려워하는 사람도 나를 사랑할 수 없다.

―시세로

9

도덕을 부르짖으면서 의무를 강요하는 사람은 거의가 이기주의자이다. 그것은 자기에게도 남에게도 해롭다. 도덕과 의무는 두 개의 동그라미와 같고 의무라는 동그라미는 더 큰 도덕 동그라미 속에 갇혀야 한다. 즉 의무는 도덕 속에 포함된다는 말이다.

―마도지이니

♣

신의 본질을 탐구함으로써 생기는 만물 결합의 의식은 자연스럽게 내면적이며 또 외면적이고 사회적인 행복을 베푼다. 그러나 그 의식을 방해하는 것은 미신과 이간이다. 그러나 신의 의식은 진실과 사랑이다.

12월 31일

과거는 이미 존재하지 않고 미래는 아직 오지 않았다. 현재는 존재하지 않는 과거와 존재하지 않는 미래 사이에서 양끝을 잇는 지극히 짧은 한 점이다.

시간과 인생

1

'시간은 흘러간다'고 지나버린 기억을 그렇게 말한다. 그러나 시간은 멈추어 있을 뿐 흘러가는 것은 인생이다.

— 탈무드

2

시간은 우리 뒤와 앞에 있을 뿐 우리 곁에는 없다.

3

인간은 정신과 육체로 이루어져 있고 육체는 누구나 동일하다. 그러나 정신은 어떻게 생겼는지를 아무도 모른다. 인간이 물질을 보듯이 정신을 구별할 능력이 없기 때문이다. 정신에서 생겨나지 않은 것은 모두 동일하지만 정신에서 생긴 것은 그렇지 않다. 왜냐하면 정신은 자립하기 때문이다. 그러나 정신적인 삶은 과거나 미래에 아무 의미가 없다. 그 중요성은 오직 현재에 있을 뿐이다.

— 오오레리아스

4

시간은 아주 큰 환상으로 사상이나 삶을 이해하는 내면적인 프리즘과 같다. 그리고 그 시간 속에서 인간은 초시간적인 것, 즉 관념 속에 존재하는 것을 항상 보고 있다. 눈은 구체(球體)를 단 한 번에 볼 수가 없다. 그러나 구체는 엄연히 존재한다. 구체를 보는 것은 다음 것 중의 어느 하나의 경우에 한한다. 즉 구체가 눈앞에서 회전하든지, 보고 있는 구체의 주위를 눈이 돌든지 그 어느 하나의 경우뿐이다. 첫째 경우는 이 세계가 시각 속에서 회전하든지 아니면 회전하는 듯한 때이다. 둘째 경우는 분석하고 끊임없이 바뀌는 인간의 '사상'이다. 아주 높은 이성에게 시간이란 존재하지 않는다. 미래도 현재이다. 시간과 공간은 단지 무한의 방편이며 무한의 단편에 지나지 않는다.

— 아미엘

5

과거를 기억하기보다는 미래를 예견하는 것이 쉬운, 그 같은 총명한 존재를 생각해 보자. 벌레의 본능으로도 그것이 과거에 의해서보다 미래를 예비하는 자활력에 의해 적응한다. 만약 다른 동물이 과거의 기억과 마찬가지로 미래에 대한 예견을 할 수 있다면 벌레도 인간들보다 나은 존재라고 하지 않을 수 없다. 사실에 대한 예견력은 항상 과거에 대한 기억과 반대 입장에 있다.

―찬닝

6

마음은 육체의 내면에 숨어 있으나 그 속에서도 삶의 전체적 시야인 시간과 공간을 의식으로 본다. 물(物)을 보고 생각을 판단하며 그것의 본질이 자연이라는 필연임을 긍정한다.

―파스칼

♣

시간은 존재하지 않는다. 존재하는 것은 현재라는 순간뿐이다.

세계명언 인생독본

```
1999년  8월 10일 1판 1쇄 인쇄
1999년  8월 15일 1판 1쇄 발행
2010년  3월 20일 1판 2쇄 발행
2013년  2월 25일 1판 3쇄 발행
2014년  2월  5일 1판 4쇄 발행
2015년  5월 25일 1판 5쇄 발행
2020년 12월 20일 2판 1쇄 발행
```

저 자
레프 톨스토이
역 편 자
남창현 · 이경숙 · 김정오
발 행 자
심 혁 창

발 행 처
도서출판 한글
서울특별시 마포구 신촌로 270 백상빌딩 903호
전화 363-0301 / FAX 362-8635
창업 1980. 2. 20 / 제312-1980-000009

▲ 파본은 교환해드립니다
정가 30,000 원

ISBN 97889-7073-142-3-13310

□ 本書 無斷複製 · 轉載禁止 / 潤文中 秘標文句揷入